■ 大学公共课系列教材

文科物理学教程：
物理概念与科学文化素养

WENKE WULIXUE JIAOCHENG
WULI GAINIAN YU KEXUE WENHUA SUYANG

吴大江　呼中陶◎主　编

北京师范大学出版集团
BEIJING NORMAL UNIVERSITY PUBLISHING GROUP
北京师范大学出版社

图书在版编目(CIP)数据

　文科物理学教程：物理概念与科学文化素养/吴大江，呼中陶
主编. —北京：北京师范大学出版社，2010.6(2021.9重印)
　ISBN 978-7-303-10874-9

　Ⅰ. ①文… Ⅱ. ①吴…②呼… Ⅲ. ①物理学-高等学校-教
材 Ⅳ. ①O4

　中国版本图书馆 CIP 数据核字(2010)第 052611 号

营销中心电话　　010-58802181　58805532
北师大出版社科技与经管分社　www.jswsbook.com
电 子 信 箱　　jswsbook@163.com

出版发行：北京师范大学出版社　www.bnupg.com
　　　　　北京市西城区新街口外大街 12-3 号
　　　　　邮政编码：100088
印　　刷：北京虎彩文化传播有限公司
经　　销：全国新华书店
开　　本：730 mm×980 mm　1/16
印　　张：31.25
字　　数：270 千字
版　　次：2010 年 6 月第 1 版
印　　次：2021 年 9 月第 2 次印刷
定　　价：68.00 元

策划编辑：饶　涛　　　　　责任编辑：饶　　涛
美术编辑：毛　佳　　　　　装帧设计：毛　佳
责任校对：李　菡　　　　　责任印制：赵　龙

序　言

在我国当代高等教育由精英教育向大众化教育转变的时期，以培养应用型人才为主要目标的独立学院的创建与发展，是振兴中华、提高全民族文化素质和科学素质的重大举措之一。一切社会活动都是人的活动，要改善我们的社会，就必须改善和提高人的全面素质。因此，我们的教育应当致力于培养德、智、体、能、美等诸方面和谐发展的新一代。

长期以来，我国从中学到大学都实行文理分科制，这种教育制度进一步导致在高等教育中的科学文化和人文文化的严重分裂，从而制约了高级人才的培养，特别是创新人才的培养。然而，21世纪的科学需要文理相通，可持续发展呼唤东西方文化的融合。而要做到这一点，正如著名科学家吴健雄（1912—1997）所强调的：为了避免出现社会可持续发展中的危机，当前一个刻不容缓的问题是消除现代文化中的两种文化——科学文化和人文文化之间的隔阂。而要加强这两方面的交流和联系，没有比大学更合适的场所了。只有当两种文化的隔阂在大学校园里加以弥合之后，我们才能对世界给出连贯而令人信服的描述。

大学物理是高等教育的基础课。物理学是研究物质结构和运动的最基本、最普遍的规律的学科；也是人类文明进步的动力，新技术、新发明的先导和源泉之一。大学物理还是训练学生理论思维和进行方法论教育的重要基础课。掌握物理学的基本概念和规律，以及分析问题及解决问题的方法，不但对理工科的学生来说是至关重要的，而且对人文、经济、法律、社会政治乃至文化艺术等学科的学生也是有益的。

本教材是编著在独立学院的长期教学实践中，根据教学大纲要求，紧密结合学生的实际编写而成的。本教材达到了大学本科的基本水平，突出了科学文化和创新能力的培养，对于广大的大学文科学生来说，学习一门简单的理科课程，将会打开一扇开拓眼界的多彩窗口，获得一个完善素质的难得机会和一次感受科学的全新体验。

本教材具有如下鲜明的特点：

一、围绕大纲要求，对物理学的基本概念、基本知识的学习和应用能力的培养进行科学设计，使两者紧密结合、相互配合。在阐述物理基础知识方面，明晰了概念引入、概念形成和概念应用，继承发扬了理工科精品教材中知识的系统性、科学性、严谨性等特点。与此同时，强调物理文化，突出物理学中的科学方法和创新思维。

二、将经典理论与其在现代科学技术中的应用紧密地结合。同时，引入案例教学，以生动的素材增加趣味性和故事性，从而提高学生学习物理的兴趣。

三、教材以物理模型、例题分析、知识拓展为主线，且贯穿始终，力求促进能力和素质培养。对基本现象、基本概念和基本原理的阐述，深入浅出。增加了典型例题，解题时，强调物理过程、解题思路、抽象思维、形象思维、辩证思维以及科学方法，有利于培养学生的观察力、思维力、自学力和创新能力。

四、在弘扬中华数千年科技文明的同时，本教材结合物理学在中西方两种文化融合方面进行了有意义的探索，努力将注重基础理论和知识传授的传统和学习能力及创新意识培养的理念结合起来。

随着我国高等教育的发展和高校教学改革的不断深入，结合独立学院实际、适合应用性人才培养的精品教材的使用，必将进一步促进我国高校教学质量的提高和创新人才的培养。

王德胜

2010 年 5 月于北京师范大学珠海分校

前　言

　　英国的斯诺（C. P. Snow）于 20 世纪 50 年代末在剑桥大学演讲（"两种文化和科学革命"）中指出，"在我们这个时代，实际上存在两种文化，一种是文人知识分子代表的人文文化，另一种是科学家代表的科学文化"。1948 年，著名建筑大师梁思成在清华大学作了一个题为"半个人的时代"的演讲，谈文、理分家导致人的片面化问题，同时还指出 19 世纪初德国诗人席勒最早提醒世人要注意这个"社会陷阱"。两种文化分裂的后果是：现代人迷失了价值取向，处于危机四伏的生存状态中。表现为人与自然的关系、人与人的关系都被严重地扭曲和破坏了。

　　长期以来，我国从中学到大学都实行文理分科制，这种教育制度进一步导致了在高等教育中的科学文化和人文文化的分裂，从而制约了高级人才的培养，特别是创新人才的培养。在 20 世纪 50 年代的中国，高中没有实行文理分科。当时，有一句话说"学好数理化，走遍天下都不怕"。这句话虽然在当时曾受到"批判"，但实际上鼓励了无数青年发奋地学习科学技术，为改变我国科技落后的面貌起了积极的作用。随后两种文化的分裂也以一种有中国特色的形式表现出来了：在中学实行"文理分科"，大学教育高度专业化，并且"重理轻文"等。这种偏颇到 20 世纪 80 年代以后开始有所认识，但还远未扭转过来。前些年，又凸显为"重文轻理"、"重经济轻理化"，几乎很少有人愿意学物理了。然而，21 世纪的科学需要文理相通，创新人才培养需要文理结合，可持续发展呼唤文理的融合。

　　2005 年 10 月 22～24 日，我有幸参加了在南京国际会议大酒店举行的首届"大学物理课程报告论坛"，聆听了原教育部副部长周远清、著名物理学家冯端、杨福家等数位院士和学者们精彩的报告，受益匪浅。

杨福家院士指出，"爱因斯坦讲过一句话，学校的目标应该是培养有独立行为和独立思考能力的人。我们今天纪念爱因斯坦不仅仅要看到他的相对论、光电效应，还要看到他一系列丰富的思想"。在谈到复旦校训"博学而笃志，切问而近思"时，他引用李政道博士参加复旦大学90年校庆为复旦校训墙揭牌时的讲话，学问就是学习问问题。并强调孔子早就说过"每事要问"，爱因斯坦也说"我没有什么特别的才能，只不过喜欢追根究底地问问题罢了"。杨福家院士还讲了几个非常有趣的故事。

1. 教师应该是广大学生的点火者，而不是灭火者

"3000年前一位哲人说过，头脑不是一个待被填满的容器，而是一个需要被点燃的火种。倪光炯教授同班的一个同学在考进复旦的时候最擅长磨玻璃，但是成绩就不好了。老师不高兴，家长就更不高兴，怎么分心去磨什么玻璃？当时有位资深教授把他找来，说你喜欢磨玻璃，我就找一个人帮你磨，但磨玻璃不简单，里面有光学知识。这个同学就对学习产生了兴趣，感到物理很重要。大学毕业的时候他是中等水平，被分到天文台，后来为我们国家的天文事业做了很大的贡献。所以他的才能、他的火种在哪里，要靠自己、要靠家长、要靠老师一起来发现。"

2. 在物理学的字典中没有改行两个字，学物理的应该很自豪

"我们复旦大学过去20年培养的最有钱的人之一是何华，是复旦物理系毕业的，研究的是夸克。但谁也没有想到他毕业以后到了 Solman Blad Company，十个月为这个公司赚了两亿美金。我问他是怎么赚的？他说我用夸克理论算股票，谁也算不过我。各种学科是相通的，所以我不赞成高中分文理，文理是没有边界的。在物理学的字典中没有改行两个字的，学物理的应该很自豪，出来什么都可以干好的。何华现在已是耶鲁大学的教授了，他代表了一个领域——经济物理学（Econo-physics），代表了物理学工作者对经济的巨大贡献。"

3. 让每一颗金子都发光

"人无全才，人人有才。'法国巴黎高等师范学校'，大家一听到这个名字，又是师范，又是学校，不叫大学，但是它是世界上最有名的大学之一。他也不会改名，他说学校的任务是发挥学生的天才。前提是，承认学生是天才。哈佛大学350年校庆时有人问，学校最值得夸耀的是什么？校长回答说不是学校培养了36位诺贝尔奖得主（现在已经出了46位），而是让进入哈佛的每一颗金子都发光，首先承认进哈佛的都是金子，你要让他发光，要去发掘出他的发光

点。"

杨福家院士在报告的最后部分引用教育家吕型伟的话说："教育是事业，其意义在于奉献，教育是科学，其价值在于求真，教育是艺术，其生命在于创新。"而创新人才的培养，一是要靠辛勤耕耘在教育战线上的园丁们；二是要有优秀的精品教材。倪光炯教授指出："其实一门课要上好，首先要有思想。所谓物理思想，首先指贯穿在物理内容中的人文思想。"

这次会议不仅涉及大学物理课程建设经验，也有教学理念的探讨；同时，杨福家院士和倪光炯教授专题论述了人文文化和科学文化以及物理思想和人文精神的融合。杨福家院士在报告中向耕耘在高校的教师们提出了一个新的课题——如何使科学文化和人文文化这两种文化相融合，如何消除两种文化之间的隔阂？我们认识到，在高校开设"大学文科物理"能使两种文化更好地融合，能较好地消除两种文化之间的隔阂。本书作为"大学文科物理"这门课程的教材，以物理基础知识为载体，弘扬科学文化、突出物理学的文化内涵，展现物理思想和人文精神的融合。

同时，要激发和培养文科学生对科学文化的兴趣，在学习科学文化的同时，还要对科学家有所了解。例如，他们生活的年代、家庭和时代背景，他们是怎样成为科学家的，他们的主要成就、各自的重大科学发现和对科学发展的贡献，他们之间以及同其他科学家的关系等。为了增加本书的可读性和趣味性，在保证历史真实性的前提下，书中还穿插了一些小故事和一些自然奇观，并选配了相关的图片。

本教材由吴大江、吴宇梅编写，呼中陶研究员审阅。本教材的电子教案和网络课件由黄卢记承担。该教材是北京师范大学珠海分校 2009～2010 学年重点建设的质量工程之一。

本教材的编写过程中，得到北京师范大学珠海分校各级领导和同仁的大力支持，在此表示感谢，特别要感谢佛山市汉毅电脑设备有限公司董事长杨义根教授的帮助以及藤丽媚和周伟为本教材提供资料。同时，我们还参阅了兄弟院校有关教材，在此表示衷心感谢。由于水平有限，不足疏漏及错误之处，恳请批评指正，深表感激！

吴大江

2010 年 5 月于北京师范大学珠海分校

目　录

第一篇　绪　论

第1章　科学和科学的方法 /5

1.1　科学的方法：经验和理性 ………… 5

1.2　源远流长的中华文明 ………… 21

1.3　科学起源 ………… 30

1.4　从哥白尼到开普勒 ………… 56

第二篇　经典力学的建立和发展

第2章　牛顿运动定律 /78

2.1　机械运动的基本特征及其描述方法

………… 80

2.2　质点的运动学方程 ………… 81

2.3　位移　速度　加速度 ………… 84

2.4　伽利略和近代力学的诞生 ………… 86

2.5　几种常见的力和基本的自然力 … 95

2.6　牛顿运动三定律 ………… 101

2.7　扬帆远航——牛顿力学的奇妙应用

………… 116

第3章　动量守恒　角动量守恒 /121

3.1　动量　动量守恒定律 ………… 121

3.2 角动量　角动量守恒定律 ·· 129

第4章　功和能 /137

4.1 功　功率 ··· 137

4.2 动能定理 ··· 141

4.3 质点系的势能 ······································ 142

4.4 机械能守恒定律　能量守恒定律 ·········· 144

4.5 对称性与守恒定律 ······························ 150

第三篇　从静电现象到电磁波

第5章　真空中的静电场 /160

5.1 库仑定律 ··· 166

5.2 电场强度 ··· 169

5.3 电通量　高斯定理 ······························ 171

5.4 静电场的环路定理 ······························ 174

5.5 电势 ··· 176

第6章　静电场中的导体和电介质 /180

6.1 静电场中的导体 ·································· 180

6.2 电容　电容器 ····································· 183

6.3 静电场中的电介质　电介质的极化 ······· 185

第7章　稳恒磁场 /191

7.1 电流 ··· 191

7.2 磁场　磁感应强度 ······························ 192

7.3 毕奥—萨伐尔定律及应用 ····················· 197

7.4 磁场的高斯定理和安培环路定理 ··········· 198

7.5 磁场对电流的作用 ······························ 202

7.6 带电粒子在磁场中的运动 ····················· 205

第8章　变化的电磁场 /212

8.1　电磁感应的基本规律 ……………………………… 217

8.2　动生电动势 …………………………………………… 219

8.3　感生电动势 …………………………………………… 221

8.4　自感和互感 …………………………………………… 223

8.5　麦克斯韦电磁场理论简介 ………………………… 224

第9章　交流电 /251

9.1　正弦交流电及其三要素 …………………………… 251

9.2　交流电的功率 ………………………………………… 253

9.3　交流电动机原理 ……………………………………… 254

9.4　变压器 ………………………………………………… 257

9.5　三相交流电 …………………………………………… 260

9.6　空间电磁悬浮技术简介 …………………………… 262

第四篇　振动、波动与波动光学

第10章　机械振动 /267

10.1　简谐振动的描述 …………………………………… 267

10.2　简谐振动的旋转矢量描述 ………………………… 270

10.3　简谐振动的能量 …………………………………… 272

10.4　阻尼振动　受迫振动　共振 ……………………… 273

10.5　简谐振动合成 ……………………………………… 275

第11章　机械波基础 /281

11.1　机械波的形成与传播　简谐波的特征 ………… 281

11.2　平面简谐波的波动方程 …………………………… 283

11.3　惠更斯原理 ………………………………………… 286

11.4　波的叠加原理　波的干涉 ………………………… 288

11.5　驻波　半波损失 …………………………………… 291

11.6　声波　多普勒效应 ………………………………… 296

第12章　波动光学 /303

12.1　光的电磁理论 …………………………………………… 303

12.2　相干光波的叠加 ………………………………………… 308

12.3　杨氏双缝实验　劳埃德镜 ……………………………… 311

12.4　薄膜干涉 ………………………………………………… 314

12.5　迈克尔逊干涉 …………………………………………… 317

12.6　惠更斯—菲涅耳原理　单缝夫琅禾费衍射 …………… 320

12.7　衍射光栅和光栅光谱 …………………………………… 325

12.8　奇妙的光学现象 ………………………………………… 331

第五篇　热学新进展

第13章　统计物理学基础 /341

13.1　分子运动的基本概念 …………………………………… 342

13.2　平衡态　理想气体状态方程 …………………………… 345

13.3　理想气体的压力公式　温度公式 ……………………… 348

13.4　能量按自由度均分定理　理想气体的内能 …………… 352

13.5　麦克斯韦速率分布定律 ………………………………… 354

第14章　热力学定律 /360

14.1　热力学第一定律 ………………………………………… 360

14.2　热机　卡诺循环 ………………………………………… 362

14.3　热力学第二定律 ………………………………………… 367

*14.4　热学新进展　熵 ………………………………………… 373

第六篇　近代物理

第15章　时空观革命 /393

15.1　力学相对性原理 ………………………………………… 394

15.2　狭义相对论基本原理 …………………………………… 396

15.3　狭义相对论时空观——长度缩短、时间膨胀 …… 402

15.4　狭义相对论质点动力学 ……………………… 406

*15.5　广义相对论——宇宙空间是弯曲的 ………… 409

第16章　物质观的革命——量子论 /424

16.1　黑体辐射　普朗克的能量子假说 …………… 424

16.2　光电效应　爱因斯坦的光子假说 …………… 429

16.3　康普顿—吴有训效应 ………………………… 435

16.4　原子结构的玻尔理论 ………………………… 438

16.5　粒子的波动性 ………………………………… 449

16.6　波函数　薛定谔方程 ………………………… 453

第七篇　物理文化

第17章　物理文化 /463

17.1　现代物理学的认识论 ………………………… 463

17.2　现代物理学的方法论 ………………………… 469

17.3　研究自然界的科学方法 ……………………… 475

附录　世界十大经典物理实验 /479

参考书目 /486

第一篇 绪 论

    在当今社会，每一个深思熟虑的人都会既有一种幸福感，又有一种危机感，或者说"机遇与挑战并存"的感觉吧。随着科技的进步，人们的物质生活空前地富裕起来。另一方面，竞争又使生活的节奏变得太快；与此同时，地球上的不可再生资源正在加快节奏地被耗散掉；在人类活动日益加剧的干预下，地球整体生态环境继续恶化。科技革命这把"双刃剑"如何正确地被利用，这关系到我们这个"地球村"究竟能否达到"可持续发展"的目标。那么，危机集中表现在哪里？用物理学的术语"不平衡"来表达是最恰当的。物质文明与精神文明的发展不平衡：人对"自然"的认识或改变似乎已经很多，人对自身的认识或"人性"的改变却太少。人类本来是自然界的一部分，本应与自然和睦相处（天人合一），曾几何时，却凌驾于自然之上受到惩罚而浑然不知。物理学告诉我们：不平衡状态会导致颠覆或者"相变"，人类社会正孕育着巨大的危险。造成这一不平衡态的原因极为复杂，需要深入研究。但是，有一点已被指出的是，四百多年来人类文化和人才教育上的分裂是其中的一个重要因素。正如英国的斯诺（C. P. Snow）于20世纪50年代末在剑桥大学演讲（"两种文化和科学革命"）中提到，"在我们这个时代，实际上存在两种文化，一种是文人知识分子代表的人文文化，另一种是科学家代表的科学文化。两者之间，很难沟通，有着很深的鸿沟……这种分裂和对立，对整个社会来说，是一种很大的损失。"

    1948年，著名建筑大师梁思成在清华大学作了一个题为"半个人的时代"的演讲，谈文、理分家导致人的片面化问题，同时还指出 19 世纪初德国诗人席勒最早提醒世人要注意这个"社会陷阱"。两种文化分裂的后果是：现代人迷失了价值取向，表现为人与自然的关系、人与人的关系都被严重地扭曲和破坏了。正如楼宇烈所说，为了克服和摆脱这种人类创造力的自我异化，单靠科技的发展是无法解决的，而只有重兴人文精神，充实人的精神生活，健全社会的文化结构，重塑现代人的价值取向才有可能解决。人本来是自然界的一部分，本应与自然和谐相处。

随着"文艺复兴"，欧洲走出中世纪，科学发展起来，人类文化中便分出了科学文化，逐渐区分于早已形成的人文文化。与此相应的，在培养年轻人的大学里，实行了高度专业化的教育。于是一个人，尽可能是某种科技（或人文）领域里的专家，却对人类文化的更广大领域所知甚少。这一局限性导致自己专业活动中的短期行为和全局性观念的缺乏。有些科技专家只管埋头于专业工作，人文意识淡薄，他们总是把人类社会可能会产生长期或全局性影响的事情或决定都推给政治家去做。而有的政治家凭各种猜疑、傲慢和偏见，造成了不可挽回的严重后果，这又与他们自身的局限性有着密切的关系，这样的事例，在 20 世纪难道见得还少吗？

一切社会活动都是人的活动，要改善我们的社会，就必须改善和提高人的全面素质。因此，我们的教育应当致力于培养德、智、体、能、美等诸方面和谐发展的新一代。而要做到这一点，正如著名科学家吴健雄所强调：为了避免出现社会可持续发展中的危机，当前一个刻不容缓的问题是消除现代文化中两种文化——科学文化和人文文化——之间的隔阂，而要加强这两方面的交流和联系，没有比大学更合适的场所了。只有当两种文化的隔阂在大学校园里加以弥合之后，我们才能对世界给出连贯而令人信服的描述[①]。可见，在大学校园里消除现代文化中两种文化之间的隔阂，加强这两方面的交流和联系，是当代高校教育工作者神圣的职责和使命。

【吴健雄(1912—1997)，美籍华裔女物理学家。1912年 5 月 31 日生于江苏流河，1934 年毕业于南京中央大学。1936 年留学美国加利福尼亚大学，1940 年获博士学位。1942 年与物理学家袁家骝在美国结婚。1952 年任哥伦比亚大学副教授，1958 年升为教授，同年，普林斯顿大学授予她名誉科学博士称号，并当选为美国科学院院士。1972 年起担任普宾讲座教授，1980 年退休。1975

① 文科物理. 倪光炯. 高等教育出版社，2005.

年曾任美国物理学会第一任女会长。在制造原子弹的"曼哈顿计划"中解决了链式反应无法延续的重大难题，对美国原子弹爆炸成功做出了非常关键的贡献，被称为"原子弹之母""原子核物理的女王"，被美国物理学会宣布为"最伟大的实验物理学家"。】

　　古希腊哲学家往往都是科学家，古希腊深远的哲学思想是近现代物理学发展的源泉，牛顿力学的建立、麦克斯韦电磁理论的提出、相对论的出现、量子理论的创立及基本粒子理论的发展都是建立在西方理性逻辑思维和注重因果关系的哲学思维基础之上的。但是，就现代物理学而言，当我们重新审视那些辉煌成果背后的科学哲学背景时，特别是当新的理论提出时，我们会发现现代物理学引导我们观察、认识世界的方法与中国哲学思想（古老的东方文化）有许多相似之处。当代物理学是现代物理学的继承与发展，当代物理学正酝酿着新的重大的突破，那么传统的东方文化是否会对其产生一些影响呢？

　　随着物理学超出技术领域，人类对宇宙及其相关观念进行了重大的修正，古希腊哲学系统作为物理学的科学哲学基础似乎显得单薄，不足以代表科学哲学的全部，特别是当物理学扩展到了思想与文化的领域。这时，古老的东方文化便引起了许多科学家、科学哲学家的重视。莱布尼茨、爱因斯坦、玻尔、薛定谔、海森堡、狄拉克、汤川秀树、李约瑟、普利高津、哈肯等莫不对中国传统哲学思想赞赏有加，认为它将对今后物理学发展，以及人类对宇宙的认识起重大作用。固然，传统的惯性是科学发展的阻力，但在科学发展（尤其是科学革命）的历史关头，传统的遗泽也可能成为创造的源泉。历史是未来的向导，传统是创造新的科学的必要条件之一。西方科技哲学在处理当代物理前沿问题时遇到了瓶颈，不足以单独承载当代的物理学革命。而中国传统哲学思想与当代物理思想有许多相似之处；从19世纪起，许多科学家、科学哲学家便开始重新审视中国传统哲学思想的现代科学哲学价值。中西方不同的哲学理念、方法论最终会交融在一起，共同成为解决当代物理学问题的科学哲学基础；在这种科学哲学的沃土上，开始新的物理学革命。

　　1988年，在巴黎召开的第一届诺贝尔获奖者大会的闭幕式上，诺贝尔物理学奖获得者内斯·阿尔文说："人类要生存下去，就必须回到25世纪以前，去吸取孔子的智慧。"2004年10月，在北京召开的"纪念孔子2555周年国际学术研讨会"上，许多中外学者认为孔子主张的"和而不同"这一处理人与人关系的原则应当推广为解决当今不同国家、民族和文化间纷争的原则。类似地，中国哲学所推崇的"天人合一"，包含着"天人和谐"这一极其重要的思想。为了扭转当代因为片面甚至盲目地追求科技和经济发展而造成的"天人对立"的危险局面，"人与自然和谐共存、协调发展"已经提到紧迫的议事日程上来了。比利时科学家、耗散结构理论的创立者伊·普利高津于 1998 年在为他《确定性的终结》一书的中文版作序时指出："西方科学和西方哲学一贯强调主体与客体之间的二元性。这与注重天人合一的中国哲学相悖。"我们已知道，西方康德和黑格尔的哲学已开始对主体、客体的二元论提出质疑，他们有时候被套上了"唯心主义"的帽子，实际上比那些强调主体、客体对立而自命为"唯物主义"的哲学家高明很多。

把两种文化融合起来，也就是把人文精神贯穿到科学（技术）工作中去。在这点上，李工真关于德国教育的文章很值得一读。哲学家康德曾经指出："人不应被作为手段，不应被作为一部机器上的齿轮。人是有自我目的的，他是自主、自律、自决、自立的，是由他自己来引导内心，是出于自身理智并按自身的意义来行动的。"被誉为"德国教育之父"的洪堡指出：教育是个人状况全面和谐的发展，是人的个性、特性的一种整体发展，教育是一个人一辈子都不可能结束的过程。教育是人的自身目的，也是人的最高价值体现。教育的一个重要目标是创新人才的培养，何为创新？首先，科技成果的主要评价标准是创新。在基础研究领域，原则上只承认第一名，不承认第二名，一般"外延"式或"跟踪"式研究的价值是不大的。其次要看到，基础研究，特别指所谓"纯科学研究"，与应用研究或为应用的"基础性研究"不同，主要是靠"好奇心"驱动的。爱因斯坦说："推动我进行科学工作的是一种想了解自然奥妙的抑制不住的渴望，而不是别的感觉。我热爱正义，也力求对改善人类的处境做出贡献，但这不同于我的科学兴趣。"因此，重大的科学发现从来都不是预先计划好的。

在我国目前条件下，在基础研究上大幅度增加经费的投入是必要的，但恐怕这并不是主要的问题。在我们看来，更迫切的问题是：大力改革教育，提高科技人员自身的全面素质和营造一个良好的人文环境。人们从无数经验教训中逐渐认识到：一个科学家需要"专"，否则将一事无成。但还需要"博"，这是因为当前科技新的生长点往往在边缘学科或交叉学科处产生，一个固守在一个领域或一个方向上的研究者很难取得突破性进展。现在讲"博"，不但指在一个大学科如"文"或"理"内部要有广阔的视野，还指"文理相通"。要文理相通的一个重要的原因是：一个人的思想方法是决定科研成败、创造大小的关键。例如鲁迅年轻时学过医，所以他才能用医学的眼光剖析社会、鞭辟入里，成为文坛的一代宗师。许多科学家如爱因斯坦、杨振宁、李政道、华罗庚、苏步青、陈省身、李四光、钱学森等，都在文学、艺术或音乐上有相当高的造诣。

第1章 科学和科学的方法

赵凯华教授在为阿特·霍布森所著《物理学的概念与文化素养》一书的序言中指出:"我们的时代是科学和技术的时代,科学技术以极高的速度发展,又推动社会飞速发展,影响着社会的方方面面。它们不仅是经济建设和国防建设的强大手段,又是探索宇宙和微观世界及人类自身的前沿研究、改善我们日常生活质量的工具。正确的世界观和价值观、正确的思想方法、各种观念和思潮,都必须以科学为依据。一个民族只有普及科学知识,受到科学知识的熏陶、崇尚科学,才能告别愚昧,自立于今天世界的民族之林。文科大学生虽然将来从事的专业工作不是科学技术方面的实际工作,但是同样应当受科学精神和科学方法的教育。物理学作为研究自然界最普遍规律的科学和最成熟的自然科学,对科学世界观的形成所取得的作用是最直接的,物理学的方法是科学方法的典型代表。"

1.1 科学的方法:经验和理性

置身于树木之间,难以看到一片森林。同理,由于我们的文化是如此之深地沉浸在科学和技术之中,也就难以对科学和技术得出一个全面而正确的看法。科学怎样运作? 它的价值是什么? 其结论的有效性是什么? 我们将看到,科学并不是一堆知识,而更是一条途径,一种学习方法。"科学方法"或科学认知过程,通常被描述为科学家有时从事的几种活动:观察、假设、实验,等等。但是这种烹调书式的规定并未抓住在生活中科学如何运作这个问题。事实上,每当你用自己的经验深研一个问题时,你就用到了这个科学认识的方方面面。简单地说,科学就是应用经验(常常叫做观察和实验)和理性(常常叫做假说、理论、原理和科学定律)来回答问题。

1.1.1 观察星空(科学认知过程)

物理学研究自然界起源于观察夜空,即天文学。天文学是研究星星和其他天体的科学,通常与物理学有着密切的联系。为了了解科学如何在实际生活中运作,我们来研究天文学的早期历史。星空似乎是比我们日常生活的世界更完

5

美的地方。生活充满了喧嚣，星星是那样宁静；生命如此短暂，而星星是永恒的。

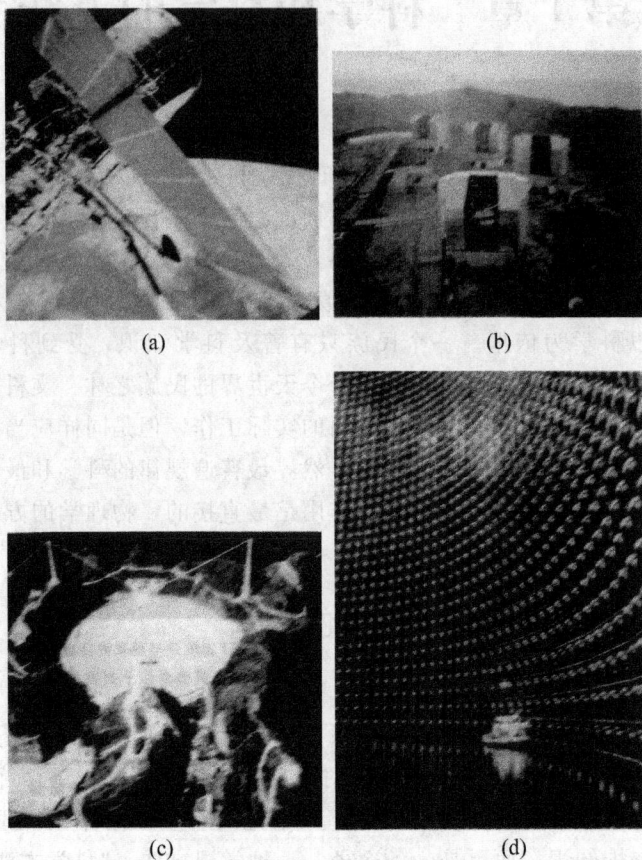

图 1.1-1　对星星的迷恋

【图 1.1-1(a)1990 年发射到太空的哈勃望远镜；(b)欧洲南方天文台建在智利名为"甚大望远镜"的由四个望远镜组成的阵列，于 1998 年投入使用；(c)设在波多黎各的阿雷西博的大型射电望远镜，它接受随地球自转而经过天顶的物体发射的无线电信号；(d)装满水的超级神冈地下中微子探测器或中微子望远镜。数以千计的光电倍增管布置在这个纯净水槽内壁上，用以记录来自太阳或遥远爆炸的恒星中的中微子与水中的原子相互作用时发出的光。】

　　从有历史记录以来，我们就注视着天空，以得知耕种和收割的时令、战争与和平的征兆、探求生命的意义和窥视我们的神灵。虽然相信星星的位置对人间事务有重大影响的占星术成为要破除的迷信已有两个世纪，但是今天人们对星星的迷恋比任何时候更甚。

图 1.1-2　紫金山天文台

【紫金山天文台建成于1934年9月，是我国自己建立的第一个现代天文学研究机构，前身是成立于1928年2月的国立中央研究院天文研究所。它坐落于南京市东郊风景如画的紫金山第三峰上，至今已有76年的历史。】

　　在今天高科技时代，很少有人看星星。如果在某个晴朗的夜晚，远离城市的灯光，花一两个小时跟踪穿越天空的星星，找到月亮、北斗星、北极星、东方地平线上的任何一组星和西方地平线上的一组星，如图1.1-3所示。在1小时或更长的时间内，每15分钟观察一次，会发生什么情况？你将看到月亮和星星向西运动，星星在东方升起，在西方落下，不同的星星彼此的相对位置不变，成群地运动穿越天空，北极星不动，北极星附近的星星环绕北极星做圆周运动，如图1.1-4所示。图1.1-4显示了北极星附近的星星径迹的长时间曝光照片，这样的观察结果似乎提供了令人信服的证据，证明了星星环绕地球做圆周运动。

　　有几颗小而异常明亮的星星样的天体，它们与别的星星运动步调不一致。在观察一星期或更长时间之后，可以发现，它们相对于其他星星(恒星)缓慢地改变位置，这些星体叫做行星(希腊文中的意思是漫游者)，不用望远镜就可以看到五颗行星。月亮和太阳也以不同于恒星的步调运动。

　　通过这些观察，大多数人都会得到这样的结论：恒星、太阳、月亮和行星都围绕地球做圆周运动，它们的转轴固定指向北极星。图1.1-4为这一看法提供了相当令人信服的证据。这是许多世纪之前绝大多数观察者得到的结论。这些观察与结论，对于科学的两个主要过程(观察和理性思考)是有代表性的。其实，科学与人类大量其他的活动没有什么不同。只要我们观察周围并基于观察到的东西产生出一些想法，我们就像科学家那样行动了。

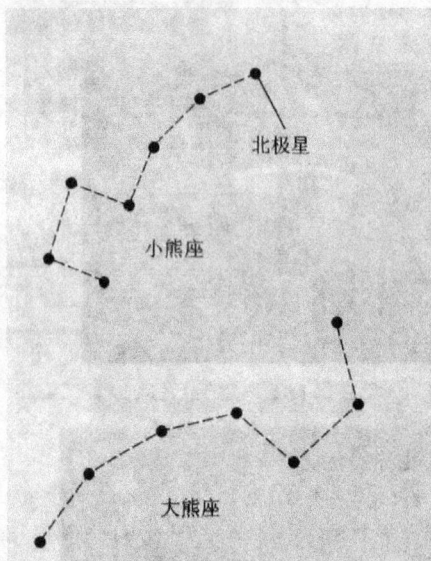

图 1.1-3　夜空中的星座

图 1.1-4　北极星附近星光轨迹

1.1.2　天象奇观

2009 年 7 月 22 日在我国长江中下游很多地区观测到了 500 年一遇的日全食，伴随着绚丽的钻石环和贝利珠。全国所有地区都能看到食分很大的日偏食。2010 年 1 月 15 日世人欣赏到了蔚为壮观的天象——千年以来最长日环食。

（1）日食

日全食必须太阳、月亮、地球在一条直线时才能发生。同时，月亮还必须在新生相的位置上。在日全食的时候，月亮在地球上的影子分为两部分，中心的地区叫做本影，外面的区域叫做半影。只有处在本影的位置才能看到日全食；在半影区域的位置能看到日偏食。一次日全食的过程可以包括以下五个时期：初亏、食既、食甚、生光、复圆。

由于月亮自西向东绕地球运转，所以日食总是在太阳圆面的西边缘开始的。当月亮的东边缘刚接触到太阳圆面的瞬间（日面的东边缘与月面的西边缘相外切的时刻），称为初亏（如图 1.1-5）。初亏也就是日食过程开始时刻。

从初亏开始，就是偏食阶段了。月亮继续往东运行，太阳圆面被月亮遮掩的部分逐渐增大，阳光的强度与热度显著下降。当月面的东边缘与日面的东边缘相内切时，称为**食既**（如图 1.1-6）。此时整个太阳圆面被遮住，食既也就是日全食开始的时刻。

图 1.1-5 初亏　　　　　　　　　　图 1.1-6 食既

在太阳将要被月亮完全挡住时，在日面的东边缘会突然出现一弧像钻石似的光芒，好像钻石戒指上引人注目的闪耀光芒，这就是**钻石环**（如图 1.1-7），同时在瞬间形成一串发光的亮点，像一串光辉夺目的珍珠高高地悬挂在漆黑的天空中，这种现象叫做珍珠食，英国天文学家贝利最早描述了这种现象，因此又称为**贝利珠**（如图 1.1-7）。这是由于月球表面有许多崎岖不平的山峰，当阳光照射到月球边缘时，就形成了贝利珠现象。贝利珠出现的时间很短，通常只有一两秒钟，紧接着太阳光就被全部遮盖住而发生日全食了。

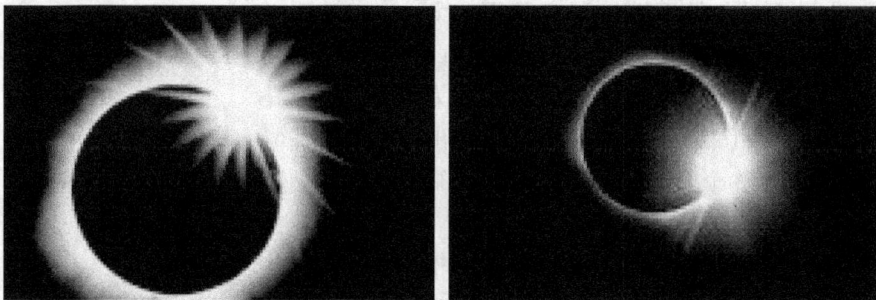

图 1.1-7 钻石环与贝利珠

日全食时，大地变得昏暗，兽惊归巢穴。这时天空中就会出现一番奇妙的景色：明亮的星星出来了，在原来太阳所在的位置上，只见暗黑的月轮，在它的周围呈现出一圈美丽的、淡红色的光辉，这就是太阳的色球层；在色球层的外面还弥漫着一片银白色或淡蓝色的光芒，这就是太阳外层的大气——日冕；

在淡红色色球的某些地区，还可以看到一些向上喷发的像火焰似的云雾，这就是日珥。日珥是色球层上部气体猛烈运动所形成的气体"喷泉"。色球层、日珥、日冕都是太阳外层大气的组成部分，平时在一定的条件下也可以观测到，但在日全食时，这些现象可以看得特别清楚。

食既以后，月轮继续东移，当月轮中心和日面中心相距最近时，就达到**食甚**（如图 1.1-8）。对日偏食来说，食甚是太阳被月亮遮去最多的时刻。月亮继续往东移动，当月面的西边缘和日面的西边缘相内切的瞬间，称为**生光**（如图 1.1-9），它是日全食结束的时刻。在生光将发生之前，钻石环、贝利珠的现象又会出现在太阳的西边缘，但是很快就会消失。接着在太阳西边缘又射出一线刺眼的光芒，原来在日全食时可以看到的色球层、日珥、日冕等现象迅即隐没在阳光之中，星星也消失了，阳光重新普照大地。

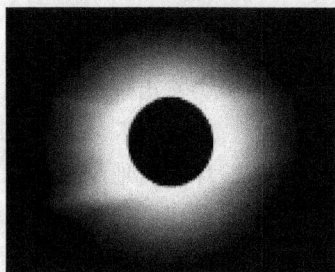

图 1.1-8　食甚

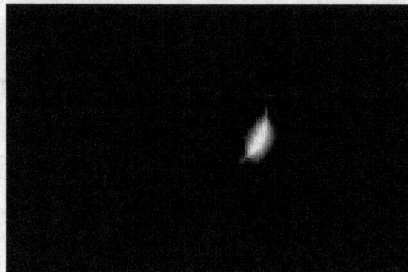

图 1.1-9　生光

生光之后，月面继续移离日面，太阳被遮蔽的部分逐渐减少，当月面的西边缘与日面的东边缘相切的刹那，称为**复圆**（如图 1.1-10）。这时太阳又呈现出圆盘形状，整个日全食过程就宣告结束了。

日偏食的过程和日全食过程大致相同，由于它只发生偏食，因此就只有初亏、食甚和复圆，而没有食既和生光这两个阶段。日环食则同样有初亏、食既、食甚、生光和复圆等阶段。

图 1.1-10　复圆

图 1.1-11 日全食变化全过程

（2）月食

> 幼闻天犬可吞月，
> 六旬依旧心难宽。
> 盈亏有数识正道，
> 昨夜星空蔚奇观。

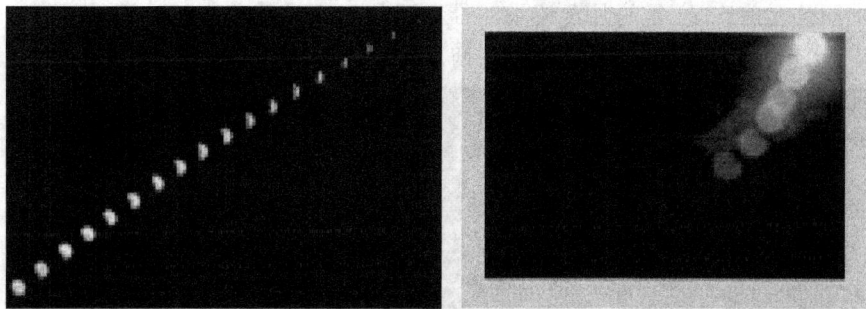

图 1.1-12 月食变化图

月食是由于地球在月亮和太阳之间，地球挡住了月亮反射的太阳光造成的。在农历十五、十六，月亮运行到和太阳相对的方向，这时如果地球和月亮的中心大致在同一条直线上，月亮就会进入地球的本影，而产生月全食。如果只有部分月亮进入地球的本影，就产生月偏食。当月球进入地球的半影时，应该是半影食，但由于它的亮度减弱得很少，不易察觉，故不称为月食，所以月食只有月全食和月偏食两种。月食都发生于在望（满月），但不是每逢在望都有

11

月食，这和每逢在朔不都出现日食是同样的道理。在一般情况下，月亮不是从地球本影的上方通过，就是在下方离去，很少穿过或部分通过地球本影，因此，一般情况下就不会发生月食。每年月食最多发生 3 次，有时一次也不发生。

月食的过程

月食的过程分为初亏、食既、食甚、生光、复圆五个阶段。

初亏：月球刚接触地球本影，标志月食开始。

食既：月球西边缘与地球本影的西边缘内切，月球刚好全部进入地球本影内。

食甚：月球的中心与地球本影的中心最近。

生光：月球东边缘与地球本影东边缘相内切，这时全食阶段结束。

复圆：月球的西边缘与地球本影东边缘相外切，这时月食全过程结束。

古时候，人们不懂得月食发生的科学道理，像害怕日食一样，对月食也心怀恐惧。外国有人传说，16 世纪初，哥伦布航海到了南美洲的牙买加，与当地的土著人发生了冲突。哥伦布和他的水手被困在一个墙角，断粮断水，情况十分危急。懂点天文知识的哥伦布知道这天晚上要发生月全食，就向土著人大喊，"再不拿食物来，就不给你们月光！"到了晚上，哥伦布的话应验了，果然没有了月光。土著人见状诚惶诚恐，赶快和哥伦布化干戈为玉帛。

公元前 2283 年美索不达米亚的月食记录是世界上最早的月食记录，其次是中国公元前 1136 年的月食记录。月食现象一直推动着人类认识的发展。早在 1881 年前，中国汉代天文学家张衡就弄清了月食原理。公元前 4 世纪，亚

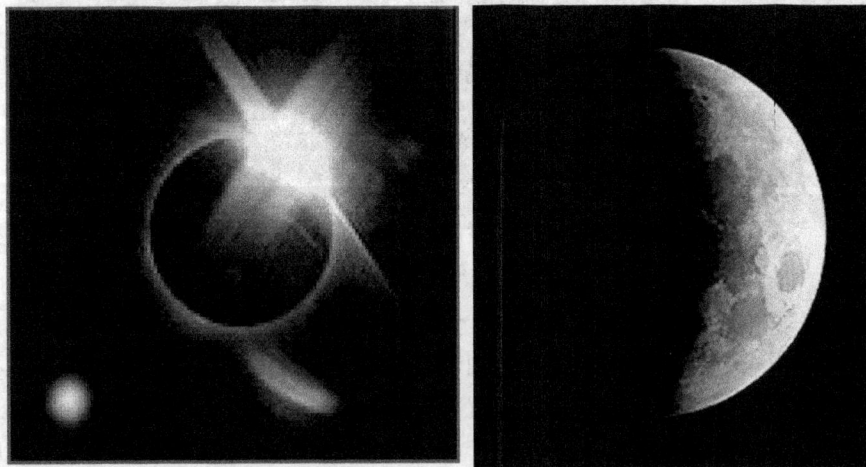

图 1.1-13 美丽的月食

里士多德在月食时看到的地球影子是圆的，而推断地球是球形的。公元前 3 世纪的古希腊天文学家阿利斯塔克(Aristarchus)和公元前 2 世纪的伊巴谷(Hipp-archus)都提出通过月食测定太阳——地球——月球系统的相对大小。伊巴谷还提出在相距遥远的两个地方同时观测月食，来测量地理经度。2 世纪，托勒密利用古代月食记录来研究月球运动，这种方法一直沿用到今天。在火箭和人造地球卫星出现之前，科学家一直通过观测月食来探索地球的大气结构。

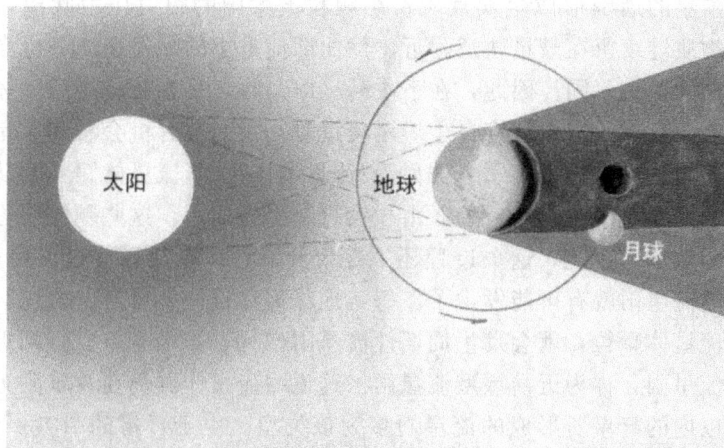

图 1. 1-14　月食形成原理图

图 1. 1-15　美丽的月食

（3）流星雨

在各种流星现象中，最美丽、最壮观的要数流星雨现象。当它出现时，千万颗流星像一条条闪光的丝带，看起来就像是从空中的一点中迸发出来的。这一点或一小块天区叫做流星雨的辐射点。辐射点是一种透视效果。流星雨是由于彗星的破碎而形成的。彗星主要由冰和尘埃组成。当彗星逐渐靠近太阳时冰气化，使尘埃颗粒像喷泉之水一样，被喷出母体而进入彗星轨道。但大颗粒仍保留在母彗星的周围形成尘埃彗头；小颗粒被太阳的辐射压力吹散，形成彗尾。剩余物质继续留在彗星轨道附近。然而即使是小的喷发速度，也会引起微粒公转周期的很大不同。因此，在下次彗星回归时，小颗粒将滞后母体，而大颗粒将超前于母体。当地球穿过尘埃尾轨道时，我们就有机会看到流星雨。

位于彗星轨道的尘埃粒子云被称为"流星群体"。当流星体颗粒刚从彗星喷出时，它们的分布是比较规范的。由于大行星引力作用，这些颗粒便逐渐散布于整个彗星轨道。目前，这个过程还不是十分清楚。在地球穿过流星体群时，各种形式的流星雨就有可能发生了。每年地球都穿过许多彗星的轨道。如果轨道上存在流星体颗粒，就会发生周期性流星雨。只有当母彗星运行到近日点时才发生的流星雨，称为近彗星型流星雨。这说明流星体群仍在彗星附近。周期在几百年以内的彗星所形成的流星雨多为该类型。由于行星的引力摄动作用，长周期彗星的流星体群可能与母彗星相差甚远。当母彗星不在近日点时也有可能发生流星雨，这种流星雨便是远彗星型流星雨。为区别来自不同方向的流星雨，通常以流星辐射点所在天区的星座给流星雨命名。例如每年11月17日前后出现的流星雨辐射点在狮子座中，它就被命名为狮子座流星雨（图1.1-16）。其他流星雨还有宝瓶座流星雨、猎户座流星雨、英仙座流星雨（图1.1-17）、仙女座流星雨（图1.1-18）等。有的流星是单个出现的，在方向和时间上都是随机的，也无任何辐射点可言，这种流星称为偶发流星。流星雨与偶发流星有着本

图1.1-16 狮子座流星雨　　　图1.1-17 英仙座流星雨　　　图1.1-18 仙女座流星雨

质的不同。有时在一小时中只出现几颗流星，但它们看起来都是从同一个辐射点中"流出"的，因此也属于流星雨的范畴；而有时在很短的时间里在同一个辐射点中能迸发出成千上万颗流星，就像燃放礼花那样壮观。当每小时出现的流星数超过 1000 颗时，我们称其为"流星暴"。

（4）彗星

彗星是在扁长轨道（极少数在近圆轨道）上绕太阳运行的一种质量较小的云雾状小天体（如图 1.1-19）。它主要由冰和尘埃组成，俗称"扫把星"。彗星的英文是 Comet，是由希腊文演变而来的，意思是"尾巴"或"毛发"，而中文的"彗"字，则是"扫帚"的意思。在《天文略论》这本书中写道：彗星为怪异之星，有首有尾，俗象其形而名之曰扫把星。《春秋》记载，公元前 613 年，"有星孛入于北斗"，这是世界上公认的首次关于哈雷彗星的确切记录，比欧洲早 600 多年。历史上第一个被观测到相继出现的同一天体是哈雷彗星，牛顿的朋友和捐助人哈雷（1656～1742）在 1705 年认识到彗星是周期性的。它的周期是 76 年。历史记录表明自从公元前 240 年也可能自公元前 466 年来，它每次通过太阳时都被观测到了。它最近一次是在 1986 年。离太阳很远时彗星的亮度很低而且它的光谱单纯是反射阳光的光谱。当彗星进入离太阳 8 个天文单位以内时，它的亮度开始迅速增长并且光谱急剧地变化，科学家看到若干属于已知分子的明亮谱线。发生这种变化是因为组成彗星的固体物质（彗核）突然变热到足以蒸发，并以蒸发的气体云包围彗核。太阳的紫外光引起这种气体发光。彗发的直径通常约为 105 千米，但彗尾常常很长，达 108 千米或 1 天文单位。

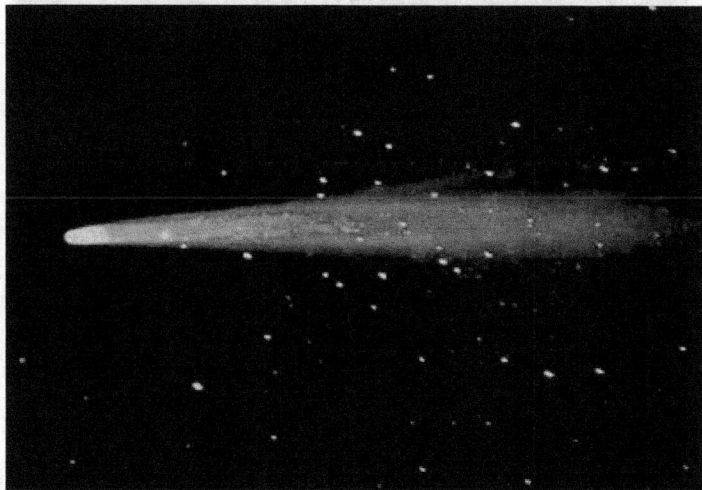

图 1.1-19　1910 年 4 月 20 日哈雷彗星到达近日点

科学家估计一般接近太阳距离只有几个天文单位的彗星将在几千年内瓦解。公元 1066 年，诺曼人入侵英国前夕，正逢哈雷彗星回归。当时，人们怀着复杂的心情，注视着夜空中这颗拖着长尾巴的古怪天体，认为是上帝给予的一种战争警告和预示。后来，诺曼人征服了英国，诺曼统帅的妻子把当时哈雷彗星回归的景象绣在一块挂毯上以示纪念。中国民间把彗星贬称为"扫帚星""灾星"。像这种把彗星的出现和人间的战争、饥荒、洪水、瘟疫等灾难联系在一起的事情，在中外历史上有很多。

（5）双星伴月

2008 年 12 月 1 日傍晚 17 时，金、木二星适逢运行到月球附近，因为这一天是农历初四，月相为新月，特别适合观测"金木双星"。届时，在西南方低空，两颗亮星伴着一弯新月，非常美丽。观测"双星伴月"最好选择一处西方比较开阔的地点，推荐直接目视观测。如使用望远镜，应选择视场较大的双筒望远镜。

傍晚 6 时左右开始，南昌市民抬头便能惊奇地看到罕见的"双星伴月"天文现象。天文专家提醒说，如果天气晴好，2 日黄昏后该天象还会上演，公众仍可大饱眼福。当晚，南昌夜空中最明亮的 3 个天体——月亮、金星和木星在西南方的低空相聚，出现"双星伴月"的天象（如图 1.1-20）。据江西省天文学专家介绍，出现"双星伴月"，是由于近日距离地球最近的行星——金星在运行中由西向东追赶木星。先是金星追上木星，两者相距最近，然后月亮追上木星。当

图 1.1-20　南昌夜空惊现"双星伴月"　2008-12-01　20：21

三者距离最近时，便出现"双星伴月"的现象。

(6)金星凌日

金星，呈金黄色，是天空中最亮的星体，亮度抵得上 15 颗天狼星。金星，中国古称"太白金星"，若处清晨称"启明星"，若处黄昏则称"长庚星"。金星是距离地球最近的行星，平均距离约 4150 万千米。金星半径为 6073 千米，比地球半径仅小 300 千米，体积是地球的 0.88 倍，质量是地球的 4/5，平均密度略小于地球。因此，人们常称金星是地球的姐妹行星。令人费解的是：金星自转方向为由东向西(与地球自转方向截然相反)，所以在金星上看太阳竟是西升东落。而且，金星自转周期长达 243 天，比绕日公转周期 224.7 天还长，所以金星上的一昼夜相当于地球上的 117 天。金星的表面温度高达 447 摄氏度。由于水星、金星是位于地球绕日公转轨道以内的"地内行星"。因此，当金星运行到太阳和地球之间时，我们可以看到在太阳表面有一个小黑点慢慢穿过，这种天象称为"金星凌日"。天文学中，往往把相隔时间最短的两次"金星凌日"现象分为一组。这种现象的出现规律通常是 8 年、121.5 年，8 年、105.5 年，以此循环。据天文学家测算，金星凌日的时间为 2012 年 6 月 6 日。这主要是由于金星围绕太阳运转 13 圈后，正好与围绕太阳运转 8 圈的地球再次互相靠近，并处于地球与太阳之间，这段时间相当于地球上的 8 年。

公元 17 世纪，著名的英国天文学家哈雷曾经提出，金星凌日时，在地球上两个不同地点同时测定金星穿越太阳表面所需的时间，由此算出太阳的视差，可以得出准确的日地距离。可惜，哈雷本人活了 86 岁，从未遇上过"金星凌日"。在哈雷提出他的观测方法后，曾出现过 4 次金星凌日，每一次都受到科学家的极大重视。他们不远千里，奔赴最佳观测地点，从而取得了一些重大发现。1761 年 5 月 26 日金星凌日时，俄罗斯天文学家罗蒙诺索夫发现了金星大气。19 世纪，天文

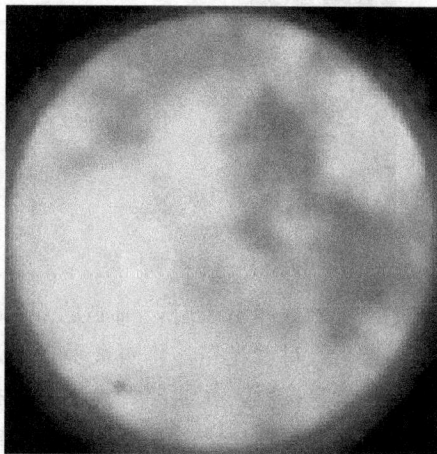

图 1.1-21　金星凌日

学家通过金星凌日搜集到大量数据，成功地测量出日地距离 1.496 亿千米(称为一个天文单位)。当今的天文学家们，要比哈雷幸运得多，可以用很多先进的科学手段，去进一步研究地球的近邻金星了！人们用 10 倍以上倍率的望远

镜即可清楚地看到金星的圆形轮廓，40
～100 倍率的望远镜观测效果最佳。天
文专家提醒，在观看"金星凌日"时，千
万不能直接用肉眼、普通的望远镜或是
照相机观测，而要戴上合适的滤光镜，
同时观测时间也不能过长，以免被强烈
的阳光灼伤眼睛。

　　2004 年 6 月 6 日金星凌日持续约 6
小时，除美国西部、加拿大西北部、南
美洲南部以及个别气候不佳的地区外，
全球各地都能观看到这一天象奇观。

　　金星入凌和出凌时的两种有趣的现
象如图 1.1-23 和图 1.1-24 所示。

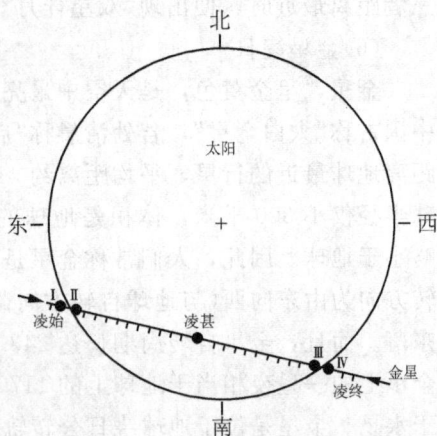

图 1.1-22　2004 年 6 月 6 日金星凌日过程

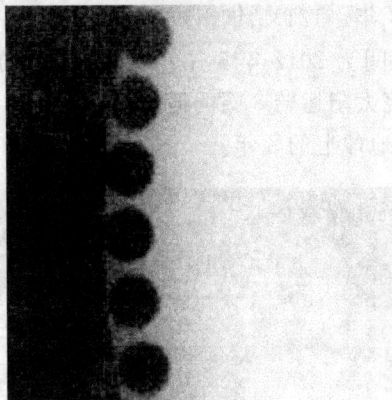

图 1.1-23　黑滴现象

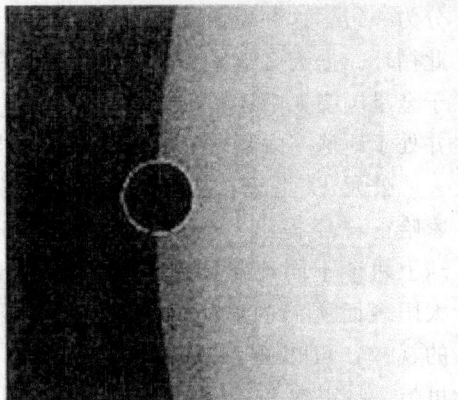

图 1.1-24　光环现象

　　金星入凌和出凌时，细心的观察者可能会发现所谓的"黑滴"现象。实际
上，当我们对着光亮，将两个手指逐渐靠近，当很接近的时候，可以发现尽管
手指还没有接触，就能够看到上下手指之间有阴影把它们联系了起来，像是手
指间有水滴一样，这就是所谓的"黑滴"现象。

　　在凌始内切和凌终内切时，即太阳边缘和内行星边缘互相靠得很近即将接
触时，会发现有非常细的丝将两个边缘连接，这就是凌日时的黑滴现象。成因
是地球大气层、光的衍射以及望远镜"极限分辨率"等多种作用造成的视轮边缘
的模糊。除此之外，在入凌和出凌阶段，有时候金星视面边缘会镶上一丝极细
的"晕环"或"光环"。这个"晕环"是由于金星大气层顶部反射、散射阳光形成

的。使用目镜投影方式可看到它，但如果将望远镜加滤光片，则会更清楚。"晕环"大小的变化，环亮度是否均匀，是否能在太阳圆轮的背景下看到，这些都是很有意思的。

1.1.3　科学：大自然与心智的对话

科学以直接经验（观察和实验）和对这些经验进行组织与理解的理性思维为基础。科学的这种经验与理性的基础将它与基于信仰、直觉、个人权威或权威书籍的其他形式的知识区分开来。虽然，观察是科学认识的开端，但一份观察到的事实的目录并不增加对大自然的了解，就像一本电话簿并不增加对一座城市的了解一样。"了解"，其英文（understand）的字面意义是"站在……之下"，是"看出了一个框架"，科学思想的一个框架叫做理论。在天文学的发展过程中，观察激发思考而得出理论，这些理论反过来又提出新的观察以检验理论和引发新的思考。观察和理论之间的互动是科学本质所在。

天文学早期历史概要标明了这些理论与自然对话的过程（如图 1.1-25）：

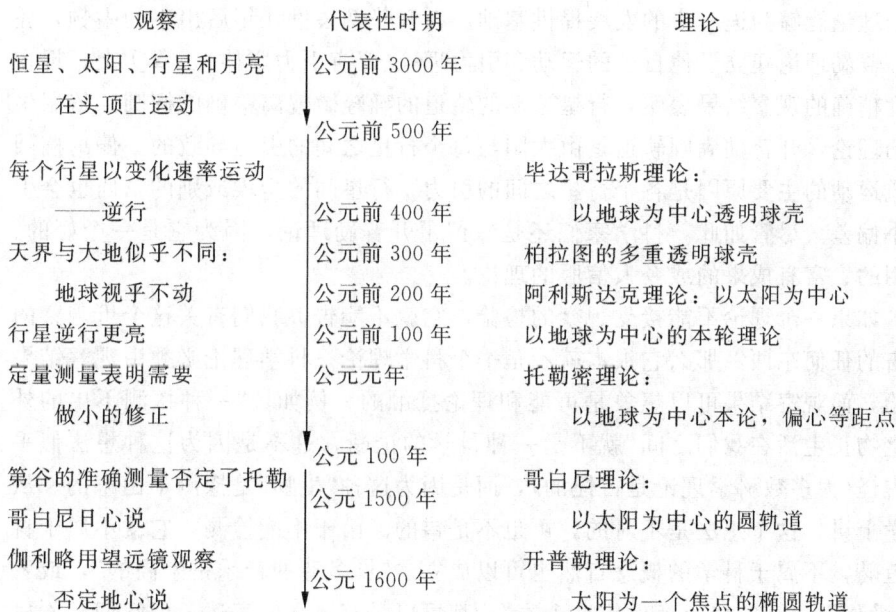

观察	代表性时期	理论
恒星、太阳、行星和月亮 　在头顶上运动	公元前 3000 年	
	公元前 500 年	
每个行星以变化速率运动 　——逆行	公元前 400 年	毕达哥拉斯理论： 　以地球为中心透明球壳
天界与大地似乎不同： 　地球视乎不动	公元前 300 年	柏拉图的多重透明球壳
	公元前 200 年	阿利斯达克理论：以太阳为中心
行星逆行更亮	公元前 100 年	以地球为中心的本轮理论
定量测量表明需要 　做小的修正	公元元年	托勒密理论： 　以地球为中心本论，偏心等距点
第谷的准确测量否定了托勒 哥白尼日心说	公元 100 年 公元 1500 年	哥白尼理论： 　以太阳为中心的圆轨道
伽利略用望远镜观察 　否定地心说	公元 1600 年	开普勒理论： 　太阳为一个焦点的椭圆轨道

图 1.1-25　天文学发展史

观测是指数据采集的过程。测量是定量的观察，而实验则是由人设计和控制的观察，可能是在实验室进行。科学理论是一个得到充分证实的理论框架，对我们观察到的事物进行解释。模型是一种可以直观想象的理论，而原理或定律则是普遍的理论中的一个观念。定律这个词由于听起来如此确定，可能会造成误导。我们将会看到，科学概念不是永远绝对不变的。

某些非科学家认为科学理论只是一种猜测，不需要认真对待，这是错误观念！用来表示一个合理的但是未得到证实的想法（或猜想）的正确的词是假说。例如开普勒最初尚未得到证实的设想，即行星可能在椭圆轨道上运动，就是一个假说，一旦第谷和其他人的数据证实了开普勒的设想，椭圆轨道就具有了理论的地位而不再仅仅是假说。开普勒太阳系理论的普遍形式包括了现已知的八大行星（金、木、水、火、土、地球、天王星和海王星）。这一理论解释了第谷的所有数据和以往所有的观察的结果，并将这些数据归纳为如椭圆轨道原理这样的几条原理。

可以看出，理论体现了极大的简化或约化，它将大量观察结果归纳为几条简单的原理，它还能预言新的观察结果。例如，在发现新行星（天王星、海王星）时，开普勒理论正确地预言它们将在椭圆轨道上运动。非常重要的是，开普勒理论能够为进一步的发展提供基础。在开普勒去世几年后出生的牛顿，凭借开普勒理论建立了他自己的运动和引力理论（万有引力定律）。事实上，现在高度精确的观察结果表明，行星运动的轨道的确轻微偏离精确的椭圆。依据牛顿的理论，开普勒椭圆轨道是由太阳与每个行星之间的引力导致的。偏离椭圆轨道运动的主要原因是各个行星之间的引力，行星间的尘埃或别的东西也会引起小偏差。尽管如此，科学家们还是保留了开普勒理论，因为它是一个好的、有用的、富有成果的或令人信服的理论。

如果一个理论不能接受观察的检验，它就不能告诉我们有关这个可观察的宇宙的任何东西，那么它根本就不是一个科学理论。科学理论必须由观察结果检验，而观察结果可以想象是可能和理论抵触的。例如，"一种探测不出的外星生物正生活在我们之间"就不是一种科学的论断，这不是因为这种想法似乎很古怪（大多数科学理论是古怪的），而是因为这种"生物"是探测不出来的。从科学上讲，这个想法是不对的，可也不是错的。由于不能检测，它就不属于科学范畴，不属于科学的概念自然也可以成立。"贝多芬的音乐是崇高的"，或者"我爱你"，或者"愿上帝保佑这个家"，都可以是有意义的表述，但它们都不属于科学。

第谷精致的仪器和毕达哥拉斯与开普勒的充满灵感的理论表明，科学的兴盛依赖于创造性。这些美妙的发明能够产生一幅宇宙协调一致的图画，这是大自然的一个秘密。正如爱因斯坦所说："这个世界最令人不能理解的一件事就是它能够被理解。"科学家普遍相信毕达哥拉斯学派的思想，即宇宙的基础是几条简单而优美的原理。哥白尼不接受奉为神圣的地心理论而采用日心理论，就是因为后者"令人心智愉快"。开普勒这样的科学家热烈追求的是发现一个优美的框架。爱因斯坦在创造他的理论时常常问自己，如果他是上帝，他会怎样构筑宇宙。

观察和理论化的科学认知过程与我们应付日常生活的方法并没有太多的不同。在科学中与在生活中一样，我们通过对经验的仔细思考来学习。这正是人类活动的特点。总结如下：科学认知过程——科学基于经验（实验和观察的结果）与理性（整理经验使之成为相互关联的理论或假说）之间的互动。这一植根于经验与理性的基础，将科学与基于信仰、直觉、个人权威或权威性著作的其他形式的知识区分开来。

1.2 源远流长的中华文明

中国古代文明中的科技创新可追溯到公元前 7000 年到公元前 9000 年以前，在 1954 年开始发掘的陕西省西安市半坡村遗址中，出土了埋在地下七千年之久的"神瓶"。这"神瓶"中盛满的不是美酒，而是作为生命之泉的水。半坡人制造的"神瓶"陶瓶，小口、腹大、尖底。奇妙的是：打水时，会自动歪倒，灌水入瓶，水满后，瓶口就会自动朝上、竖立。这说明，我们的祖先在七千年前，就巧妙地掌握和利用了"重心原理"。在半坡村遗址考古发掘出土了上万件遗存，在出土的彩陶上，不仅仅有几何图形，还有 22 种文字符号，那是汉字的雏形。从彩陶上的纹饰看，半坡人懂得计算，并有了等边三角形和平行四边形的知识，这充分体现了华夏子孙先民们的高度智慧和创新精神。正是这种创新精神，造就了中国古代文明及中华民族的形成和持续发展；正是这种创新精神，创造了高度发达的现代科学技术，才形成了现代世界的高度文明。一个民族的发展，首先是思想的解放，思想的解放，促进科学技术的创新和发展；而科学技术的创新和发展，将推动生产力的发展，导致产业革命、经济增长和社会进步；社会的进步，又促使人类更加文明，思想更加解放……所以说，创新是一个民族进步的灵魂，是国家兴旺发达的不竭动力。

地球上有史料可以考证的古代文明发源地大体分布在两个地区，一是地中海附近的希腊、埃及和两河流域（西亚底格里斯和幼发拉底两河，即现今叙利亚东部和伊拉克境内）；二是东方的印度和中国。全世界的华人都称自己是"炎黄子孙"，根据传说，黄帝是中原各族的共同的祖先，姬姓，号轩辕氏，曾于阪泉(今河北省涿鹿县东南)打败另一部落(姜氏)首领炎帝(号烈山氏，或神龙氏)，后又于阪泉击杀九黎族首领蚩尤，被拥戴为部落联盟领袖。相传有许多发明创造，如养蚕、车舟、文字、音律、医学(《黄帝内经》图 1.2-1)和算术等，都创始于黄帝时期。中华民族具有古老文明和创新精神，科学知识的创新面涉及数学、天文学、力学、物理学、化学、生物学、医学、地学等领域；在技术层面上涉及打磨石器、钻木取火、建筑、制陶、冶金(铸造鼎图 1.2-2)、兴修水利、农业生产，以及酿造、制笔、榨油、纺织、造纸、印刷、火药、造船等，对当时生产力的发展和社会进步起着极其重要的作用。

图 1.2-1　《黄帝内经》书影　　　　　图 1.2-2　鼎

1.2.1　中国四大发明对世界文明的贡献

12 世纪，我国造纸术传到欧洲；13～14 世纪，我国的火药、指南针相继在欧洲得到使用；15 世纪，印刷术也传到欧洲。先进的技术对欧洲的科学文化和社会的发展曾起过巨大的作用，催生了欧洲的文艺复兴，正如马克思所说：火药、指南针、印刷术是预告资产阶级社会到来的三大发明。近代英国唯物主义哲学的始祖弗兰西斯·培根(Francis Bacon，1561—1626)是英国著名的唯物主义哲学家和科学家，他在文艺复兴时期被尊称为哲学史和科学史上划时代的人物。马克思称他是"英国唯物主义和整个现代实验科学的真正始祖"。培根在《新工具》(Novam Organum，1620)一书中写道："我们充分看到了发明的威力、功效和后果。这种作用无论在什么地方都不如古人在一无所知情况下出现的三大发明更加惹人注目……这三项发明就是：印刷术、火药和指南针。它们改变了世界的整个面貌和事物的状况"。

（1）火药

火药，顾名思义就是着火的药。它的起源与炼丹术有着密切的关系，是古代炼丹士在炼丹时无意中配制出来的。它是硫磺、硝石和炭的混合物，前两项在汉代成书的中国第一部药物学典籍《神农本草经》里都被列为重要的药材。就是火药本身也被归入药类，明代李时珍的《本草纲目》中说，火药能治疮癣、杀虫、辟湿气和瘟疫。火药的发明是人们长期炼丹、制药的实践结果，至今已有一千多年历史。唐朝末年，火药已被用于军事。唐昭宗天祐元年（904 年），杨行密的军队围攻豫章，部将郑璠以所部发机飞火，"烧龙沙门，带领壮士突火先登上城，焦灼被体"（见《九国志·郑璠传》）。这里所说的飞火，就是火炮、火箭之类。火炮是把火药制成环状，把吊线点燃后用抛石机抛掷出去；火箭则是把火药球缚于箭镞之下，将吊线点燃后用弓射出。到了宋代，战争接连不断，促进火药武器的加速发展。北魏政府建立了火药作坊，先后制造了火药箭、火炮和霹雳、震天雷等爆炸性较强的武器。在 1259 年造出了以巨竹为筒，内装火药的突火。到了元代又出现铜铸火铳，称为铜将军。这些都是以火药的爆炸为推动力的武器，在战争中显示了前所未有的威力。在 12～13 世纪，火药首先传入阿拉伯国家，然后传到希腊和欧洲乃至世界各地。对人类社会的文明进步，对经济和科学文化的发展，起了推动作用。美、法各国直到 14 世纪中叶，才有应用火药和火器的记载。

（2）指南针

战国时期出现司南、勺形磁石，后发展为指南针、罗盘，并于 12 世纪末传入欧洲。罗盘是航海的重要工具。

战国末期，《韩非子·有度》中载有"先王立司南端朝夕"，这是关于"司南"的最早记载。《鬼谷子·谋》中也有"郑人之取玉也，载司南之车，为其不惑也"的记载。"司南"是指示方向的器具。公元前 239 年我国有关磁石吸铁的记载："慈石召铁，或引之也。"这是世界上关于磁石吸铁的最早记载之一。

东汉王充的《论衡·是应》中也有司南勺的记载。河南南阳东汉墓出土的石刻上有司南勺的图画。司南勺是指南针的前身。磁性指示方向器具的发明是我国古代人民的伟大贡献。1119 年，北宋朱彧在《萍洲可谈》中第一次记载了指南针用于航海："舟师识地理，夜则观星，昼则观日，阴晦观指南针。"我国是世界上最早应用指南针于航海的国家，在西方，直到公元 1190 年英国人纳肯（Alexander Neckam）才有指南针用于航海的记载。

司南（如图 1.2-3 所示）是用天然磁石做成的像一只勺的东西，其圆形底部可在光滑的方向盘上自由旋转。它静止后，勺把指向就是南方。但是，其磁性较小，转动时摩擦力较大，不能满足航海的要求。后来用人工磁化的方法制造指南鱼，《武经总要》中记载：把薄铁片剪成长约 6.7 cm，宽约 1.7 cm 的鱼形，在炭火中烧红后，沿地磁场磁化，蘸入水中使之迅速冷却（淬火），最后"以密器收之"，可能是把指南鱼放在天然磁石旁边以形成闭合回路，让它保持磁化或继续磁化。这种磁化方法比欧洲同类方法早四百多年。从两宋起，历经元、明到清初，在航海中广泛地使用水浮法指南针，这种指南针用灯芯等较轻的物体做浮标，磁针贯穿而过，使它浮在水面上指南。为了提高准确性，将指南针和方向盘联成一体，称为"罗盘"。从明朝永乐三年（1405 年）起，航海家郑和率领 62 艘船组成的大舰队，官兵 27 000 余人，先后 7 次出使西洋，28 年间访遍三十余国和地区，直达非洲东岸、红海和伊斯兰教圣地麦加，促进了我们与亚非各国的经济和文化交流，写下了世界航海史上辉煌的篇章。

图 1.2-3　司南

图 1.2-4　郑和像

我国指南针约于公元 12 世纪到 13 世纪初经过阿拉伯传入欧洲。1492 年，意大利航海家哥伦布（C. Colombo，1446—1506）发现美洲大陆；1522 年，葡萄牙航海家麦哲伦（F. de Magalhaes，1480—1524）的船队完成环球旅行，世界历史从此揭开了新的一页。

（3）造纸

我国古代在竹简上刻字或在缣帛（如图 1.2-9）上写字，然而"缣贵而简重，并不便于人"（《后汉书·蔡伦传》），于是，先民们发明了造纸术。

图 1.2-5 郑和航海图

【郑和航海图是郑和船队远航的重要图籍和物证，采用中国传统的山水画立体写景形式绘制而成，共绘记 530 多个地名，包括亚非海岸和 30 多个国家和地区，对山岳、岛屿、桥梁、寺院、城市等进行了详细的标注。图上绘注航线 50 多条。郑和航海图说明当时中国海船的远航经验丰富，航海技术已经达到相当完善的程度。郑和航海图不仅是历史研究的图籍，也具有很高的收藏价值。图 1.2-5 为郑和航海图的一部分，描绘了郑和率领的船队从中国出发的地点、沿途经过的城市等。图中的一条粗长曲线代表郑和船队的出航路线。】

图 1.2-6 蔡伦(68—121)

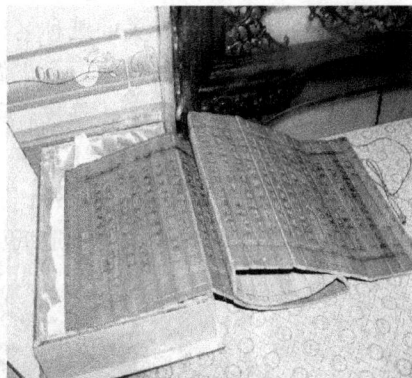

图 1.2-7 竹简

【蔡伦，字敬仲，湖南莱阳县人。蔡伦很有才学，敦厚慎重，公元 97 年，掌管皇宫用的刀、剑等器械，这些器械无不精密、坚固，为后世所效仿。】

图 1.2-8　宣纸

图 1.2-9　帛

　　早在1800多年前，造纸术的发明家蔡伦即使用树肤(树皮)、麻头(麻屑)、敝布(破布)、破鱼网等为原料制成"蔡侯纸"(如图1.2-10)，于公元105年献给东汉和帝，受到高度赞扬。造纸术的发明对中国和世界文明进步做出了巨大贡献。在造纸术发明的初期，造纸原料主要是破布和树皮。当时的破布主要是麻纤维，品种主要是苎麻和大麻(据称，我国的棉是在东汉初叶，与佛教同时由印度传入，故用于纺织应是更晚一些的事了)。另外当时所用的树皮主要是构皮(即楮皮)，对构皮纸曾有"楮先生"之称。到魏晋南北朝时期(公元3～5世纪)，纸的品种、产量、质量都有增加和提高，造纸原料来源更广。史书上曾论及到这时期一些与原料有关的纸种名称，如写经用的白麻纸和黄麻纸，构皮做的皮纸，藤类纤维做的剡藤纸，桑皮做的桑根纸，稻草做的草纸等。由此看来我国在魏晋南北朝时期，麻、构皮、桑皮、藤纤维、稻草等已普遍用作造纸原料。竹子作为造纸原料始于晋还是宋，尚有不同的看法。南北朝书法家萧子良的一封信中曾说"张茂作箔，取其流利，便于行书"，据考据，所谓箔纸即嫩竹纸，张茂是东晋人，看来用竹子造纸可能是初始于晋，但用量很少。

图 1.2-10　造纸

我国唐朝的政治、经济、文化都空前繁荣，造纸业也进入一个昌盛时期，纸的品种不断增加，生产出许多名纸及大量艺术珍品。造纸原料以树皮使用最广。主要是楮皮、桑皮，也有用沉香皮及栈香树皮的记载。藤纤维也广为使用，但到晚唐时期，由于野藤大量被砍伐，又无人管理栽培，原料供不应求，藤纸一蹶不振，到明代即告消失。宋代竹纸发展很快，后期的市场上十之七八是竹纸，用量之大可以想见，就产区而言有四川、浙江、江西、福建、广东、湖南、湖北等，最盛之地当推浙江、四川。在工艺上宋代竹纸大多无漂白工序，纸为原料本色，除色黄之外，竹纸也有性脆的缺点。元明时期竹纸的兴盛创造了历史新篇章，尤以福建发展最突出。使用了"熟料"生产及天然漂白，使竹纸质量大有改进。清代由于造纸业的加大发展，麻及树皮等传统造纸原料已不能满足需要，竹纸在清代占了主导地位，其他草浆也有发展，河南、山东、山西等地有人用麦草、蒲草。陕西、甘肃、宁夏有人用马莲草，西北用芨芨草，东北用乌拉草。这些野生草类植物，在清代末期当地居民已用以制造粗草纸。我国用蔗渣造纸始于清末，张东铭在徐家坡设一造纸厂以蔗渣为原料，对此《清朝续文献通考》卷三八四有记载。清代草浆生产技术有了很大进步，用仿竹浆、皮浆的精制方法制取漂白草浆。著名的泾县宣纸就是用一定配比的精制稻草浆和檀皮浆抄制而成，其生产工序一直延续至今。芦苇在清末也有使用，据光绪三十二年《东方杂志》三卷 3 期载："陈兴泰在汉口桥口地方，设一造纸厂，先后以芦浆（芦苇）、蔗渣、稻草秆等物，试造日用纸张，有成效"。

造纸术在我国由发明而发展，遍及全国。到公元 7 世纪初期（隋末唐初）开始东传至朝鲜、日本；8 世纪西传入撒马尔罕，就是后来的阿拉伯，接着又传入巴格达；10 世纪到大马士革、开罗；11 世纪传入摩洛哥；13 世纪传入印度；14 世纪传到意大利，意大利很多城市都建了造纸厂，成为欧洲造纸术传播的重要基地，从那里再传到德国、英国；16 世纪传入俄国、荷兰；17 世纪传到英国；19 世纪传入加拿大。造纸术西传后所用的原料及工艺仍袭我国之法，以麻和破布为主，不过欧洲的破布普遍是棉纤维，成品纸不如中国产品柔顺薄韧，而且破布日感供不应求。到 19 世纪末，在欧洲产业革命的推动下，以木材为原料的机制纸迅速发展，并普遍认为木材是一种较好的造纸原料。我国在满清末年和民国初年也逐渐出现了机械化的造纸厂，木材和非木材原料均有使用。

（4）印刷

隋唐出现的雕版印刷是在一定厚度的平滑的木板上，粘贴上抄写工整的书稿，薄而近乎透明的稿纸正面和木板相贴，字就成了反体，笔画清晰可辨。雕刻工人用刻刀把版面没有字迹的部分削去，就成了字体凸出的阳文，和字体凹入的碑石阴文截然不同。印刷的时候，在凸起的字体上涂上墨汁，然后把纸覆在它的上面，轻轻拂拭纸背，字迹就留在纸上了。到了宋朝，雕版印刷事业发展到全盛时期。雕版印刷对文化的传播起了重大作用，但是也存在明显缺点。第一，刻版费时费工费料；第二，大批书版存放不便；第三，有错字不容易更正。

北宋平民发明家毕昇发明了活字印刷术，改进了雕版印刷的这些缺点。毕昇是北宋中期的一个普通平民知识分子，当时人称布衣。他总结了历代雕版印刷的丰富的实践经验，经过反复试验，在宋仁宗庆历年间（公元 1041～1048 年）制成了胶泥活字，实行排版印刷，完成了印刷史上一项重大的革命。毕昇的方法是这样的：用胶泥做成一个个规格一致的毛坯，在一端刻上反体单字，字划突起的高度像铜钱边缘的厚度一样，用火烧硬，成为单个的胶泥活字。为了适应排版的需要，一般常用字都备有几个甚至几十个，以备同一版内重复的时候使用。遇到不常用的冷僻字，如果事前没有准备，可以随制随用。为便于拣字，把胶泥活字按韵分类放在木格子里，贴上纸条标明。排字的时候，用一块带框的铁板作底托，上面敷一层用松脂、蜡和纸灰混合制成的药剂，然后把需要的胶泥活字拣出来一个个排进框内。排满一框就成为一版，再用火烘烤，等药剂稍微熔化，用一块平板把字面压平，药剂冷却凝固后，就成为版型。印刷的时候，只要在版型上刷上墨，覆上纸，加一定的压力就行了。为了可以连续印刷，就用两块铁板，一版印刷，另一版排字，两版交替使用。印完以后，用火把药剂烤化，用手轻轻一抖，活字就可以从铁板上脱落下来，再按韵分类放回原来木格里，以备下次再用。毕昇还试验过木活字印刷，由于木料纹理疏密不匀，刻制困难，木活字沾水后变形，以及和药剂粘在一起不容易分开等原因，所以毕昇没有采用。

毕昇的胶泥活字版印书方法，如果只印两三本，不算省事，如果印成百上千份，工作效率就极其可观了，不仅能够节约大量的人力物力，而且可以大大提高印刷的速度和质量，比雕版印刷要优越得多。现代的凸版铅印，虽然在设备和技术条件上是宋朝毕昇的活字印刷术所无法比拟的，但是基本原理和方法是完全相同的。活字印刷术的发明，为人类文化做出了重大贡献。这中间，我国的平民发明家毕昇的功绩是不可磨灭的。毕昇创造活字印刷术的事迹，比较完整地记录在北宋著名科学家沈括的名著《梦溪笔谈》里。

1.2.2 中国古代水利杰作领先世界两千年

公元前 3 世纪，中国在水利工程技术方面有一件发明，这就是有名的灵渠

（如图 1.2-11）。公元前 219 年的时候，秦始皇派遣 50 万大军攻打南粤，就是今天的广西、广东，久攻不下，一个重要的原因就是那里山路崎岖，运输很不方便，从中原运过去的粮食很难保证前线的需要，当时迫切需要修一条连接长江水系和珠江水系的运河，使得中原的运粮和运兵的船只能够一直到达前线。就在今天的广西壮族自治区新山县的地方，在珠江和密江的河谷之间修了一个运河，这个运河工程历时五年完成。在这个水利工程中，包含着三项重大的技术发明，当时修建的时候，计划引湘江水进入漓江，湘江水在广西的新山是由南往北流的，漓江是由北往南流的。第一项技术就是在湘江的河道上修了一个龋齿型道坝，龋齿型的一道边长 334 米，另一个边长 130 米，"龋齿"的角度是108 度，正好对着湘江流过的方向，这样湘江流过这个坝的时候，使得水分为两支了，其中 70% 的水流入湘江的河道，另外有 30% 的水流到漓江里去了，这是世界上最早的大江分流技术，能够按照人们的意愿使江河水按照确定的比例分流。

图 1.2-11 灵渠

　　第二项重要的技术就是在建这个坝的时候，需要把很多巨大的石块连接成一个整体，因为坝体非常长，水流的冲击力非常大，很难有一种办法把分离的石块连接在一起，当时由于中国人已经发明了液态生铁冶炼技术，人们想到一个非常聪明的办法，就是在每一个石块连接的地方，开上一个燕尾槽，对接起来以后，用铸铁浇灌在这个燕尾槽。槽底是宽的，上面是窄的，像燕子的尾巴一样，当熔化的生铁冷凝的时候，这时候就会发生形变，凝结的时候产生一个巨大的力量，这个力量通过燕尾槽的两边，使得铁块非常牢固地连接在一起，由于融化的铁水可以充满任何弥漫的空间，因此，这种拉力是非常均匀的，就用这种办法，把分离的石块连接成一个整体的大坝，这个大坝已经两千多年了，到现在还在使用。

第三项技术就是要把湘江水通过坝再引到漓江去，需要不断地提高水位，这个时候出现了最早的船闸技术，在当时叫斗门。中国人发明了最早的船闸，这项技术使得日后人们在大江大河上筑坝的时候，不再截断航运交通，这项技术对世界的水利工程和交通运输产生了非常深远的影响。

1.3　科学起源

1953 年，在致斯威泽（J. E. Switzer）的信中，爱因斯坦谈到科学的起源，"西方科学的发展是以两个伟大的成就为基础的，那就是：希腊哲学家发明形式逻辑体系（在欧几里得几何学中）以及通过系统的实验发现有可能找出因果关系（在文艺复兴时期）。在我看来，中国的贤哲没有走上这两步，那是不用惊奇的，若是这些发现在中国全都做出来了，倒是令人惊奇的。"由此可以看出科学起源于古希腊。古希腊人从"唯理主义"出发，自觉地展开了对知识理论和科学方法论的探讨。正如周昌忠先生所说："古希腊自然哲学家从倾向唯理主义的认识论出发，制定了科学知识是理性的以抽象概念形式认识事物本质的原理，规定了知识的可证明性、精确性和必然性等规范……创立了包含上述三要素的科学方法论，为近代科学的产生和发展奠定了方法论基础，同样也为现代科学的兴起和发展提供了方法论的思想源泉。"综观西方科学方法论发展史，归纳和演绎，实验和逻辑，相互争辩，相互斗争，推动着科学不断向前发展。虽说是中国的四大发明促进了西方的近代文明的产生，但西方近代文明的基础，毕竟是古希腊人开创的，可以说是对古希腊人科学传统的复兴，奠定了西方近代文明的根本。

科学方法是认识自然或获得科学知识的程序或过程。科学方法源远流长。古希腊科学家泰勒斯、阿基米德、亚里士多德和欧几里得都是最伟大的科学先知、先哲。他们在创造科学知识的程序或过程中，创造了科学方法，是科学创新的先驱。在前科学时代即科学的童年时期，泰勒斯是古希腊的著名哲学家、天文学家、数学家和科学家。他招收学生，建立了学园，创立了米利都学派。他不仅是当时自发唯物主义的代表，同时也是较早的科学启蒙者。他创造的观察——实验——数学——逻辑推理——逻辑证明的科学方法，仍然是现代科学研究行之有效的方法。亚里士多德的《工具论》是古代逻辑方法的集大成著作，欧几里得的几何学和阿基米德的静力学则是其杰出的体现和典范。经过中世纪的漫长跋涉和艰难积淀，借助文艺复兴的东风，终于在近代科学诞生前夜耸立起科学方法的两座永恒的纪念碑：经验论者培根的《新工具》(1620 年)和理性论者笛卡儿的《论方法》(1637 年)。这两部鸿篇巨制代表着科学方法的两翼——经验归纳法和假设演绎法，它们奠定了科学方法的格局或图式。此后两百多年间的发展大都是对它们的拓展和深化，或是在二者之间追寻必要的张力。其间，休谟的敏锐质疑和康德的庞大建构，以及赫舍尔、休厄尔、穆勒、孔德、耶方斯等哲人的不懈探究，使得基于经典科学的科学方法，颇具规模。

1.3.1 泰勒斯(Thales，约公元前 640—前 546)

"科学之祖"泰勒斯是古希腊第一个自然科学家和哲学家，希腊最早的哲学学派，爱奥尼亚学派的创始人。泰勒斯被誉为古希腊数学、天文学、哲学之父，是当之无愧的。

爱奥尼亚包括小亚细亚(今属土耳其)西岸中部和爱琴海中部诸岛，公元前 1200 年到公元前 1000 年间，希腊部落爱奥尼亚人迁移到此，因此而得名。在那里，商人的统治代替了氏族贵族政治。而商人所具有的强烈活动性，为思想的自由发展创造了有利条件。希腊既没有特殊的祭司阶层，也没有必须遵循的教条，这非常有助于科学和哲学与宗教分离开来。米利都是地中海东岸小

图 1.3-1 泰勒斯

亚细亚地区的希腊城邦，位于门德雷斯河口，地居东西方往来的交通要冲，是手工业、航海业和文化的中心。它比希腊其他地区更容易吸收巴比伦、埃及等东方古国累积下来的经验和文化。

泰勒斯生于米利都，他的家庭属于奴隶主贵族阶级，所以他从小就受到了良好的教育。他不仅是当时自发唯物主义的代表，同时也是较早的科学启蒙者。他生活的那个时代，整个社会还处于愚昧落后的状态，人们对许多自然现象是理解不了的。但是，泰勒斯却总想着探讨自然中的真理。因为他懂得天文

和数学，又是人类历史上比较早的科学家，所以，人们称他为"科学之祖"。泰勒斯早年是一个商人，之后游历了巴比伦、埃及等地，很快学会了天文和几何知识。他曾到过不少东方国家，学习了古巴比伦观测日食、月食和测算海上船只距离等知识，了解到腓尼基人英赫·希敦斯基探讨万物组成的原始思想，知道了埃及土地丈量的方法和规则等。他还到美索不达米亚平原，在那里学习了数学和天文学知识。后来，他从事政治和工程活动，并研究数学和天文学，晚年转向哲学，他几乎涉猎了当时人类的全部思想和活动领域，获得崇高的声誉，被尊为"希腊七贤之首"。

（1）观测日食

在天文学方面，泰勒斯进行了很多研究，他对太阳的直径进行了测量和计算，结果他宣布太阳的直径约为日道的七百二十分之一。这个数字与现在所测得的太阳直径相差很小。他在计算后得知，按照"小熊星航行"比按照"大熊星航行"要准确得多，他把这一发现告诉了那些航海的人。通过对日月星辰的观察和研究，他确定了三百六十五天为一年，在当时没有任何天文观察设备的情况下，做出这样的发现是很了不起的。在天文学领域，他更为人们所津津乐道的是正确地解释了日食的原因，并曾预测了一次日食，制止了一场战争。

当时，米底王国与两河流域下游的迦勒底人联合攻占了亚述的首都尼尼微，亚述的领土被两国瓜分了。米底占有了今伊朗的大部分，准备继续向西扩张，但受到吕底亚王国的顽强抵抗。两国在哈吕斯河一带展开激烈的战斗，持续五年也没有决出胜负。战争给平民百姓带来了灾难，平民百姓们流离失所。泰勒斯预先推测出某天有日食，便扬言上天反对人世的战争，某日必以日食作警告。当时，没有人相信他。后来果然不出所料，在公元前585年5月28日，当两国的将士们短兵相接时，天突然黑了下来，白昼顿时变成黑夜，交战的双方惊恐万分，于是马上停战和好，后来两国还互通婚姻。这次战争的结束，当然还有政治、经济等方面的原因，日食只是起到一个"药引"的作用。不过人们更为关心的是另一个重要的问题，泰勒斯是怎样预知日食的呢？后人做过种种推测和考证，一般认为是应用了迦勒底人发现的沙罗周期。一个沙罗周期等于223个朔望月，即6 585.321 124日或18年零11日（若其间有5年闰年则是18年零10日）。日月运行是有周期性的，日月食也有周期。日食一定发生在朔日，假如某个朔日有日食，18年11日之后也是朔日，而日月又大致回到原来的位置上，因此很有可能发生类似的现象。不过一个周期之后，日月位置只是近似相同，所以能看见日食的地点和日食的景象都可能有所变化，甚至根本不发生日食。泰勒斯大概知道公元前603年5月18日有过日食，所以侥幸猜对。

（2）测量金字塔的高度

泰勒斯在数学方面划时代的贡献是引入了命题证明的思想。它标志着人们对客观事物的认识从经验上升到理论，这在数学史上是一次不寻常的飞跃。在数学中引入逻辑证明，它的重要意义在于：保证了命题的正确性；揭示各定理之间的内在联系，使数学构成一个严密的体系，为进一步发展打下基础；使数学命题具有充分的说服力，令人深信不疑。证明命题是希腊几何学的基本精神，而泰勒斯就是希腊几何学的先驱。他把埃及的地面几何演变成平面几何学，并发现了许多几何学的基本定理，如"直径平分圆周"、"等腰三角形底角相等"、"两直线相交，其对顶角相等"、"对半圆的圆周角是直角"、"相似三角形对应边成比例"等，并将几何学知识应用到实践当中去。

据说，埃及的大金字塔修成一千多年后，还没有人能够准确地测出它的高度。有不少人作过很多努力，但都没有成功。一年春天，泰勒斯来到埃及，人们想试探一下他的能力，就问他是否能解决这个难题。泰勒斯很有把握地说可以，但有一个条件——法老必须在场。第二天，法老如约而至，金字塔周围也聚集了不少围观的老百姓。泰勒斯来到金字塔前，阳光把他的影子投在地面上。每过一会儿，他就让别人测量他影子的长度，当测量值与他的身高完全吻合时，他立刻在大金字塔在地面的投影处作一记号，然后丈量金字塔底到投影尖顶的距离。这样，他就报出了金字塔确切的高度。在法老的请求下，他向大家讲解了如何从"影长等于身长"推到"塔影等于塔高"的原理，也就是今天所知道的三角形相似定理。

（3）水生万物，万物有灵

泰勒斯的哲学观点用一句话来总结就是"水生万物，万物复归于水"，他认为世界本原是水。"古希腊七贤"每人都有一句特别有名的格言，而他的格言就是："水是最好的"。泰勒斯向埃及人学习观察洪水，很有心得。他仔细阅读了尼罗河每年涨退的记录，还亲自查看洪水退后的现象。他发现每次洪水退后，不但留下肥沃的淤泥，还在淤泥里留下无数微小的胚芽和幼虫。他把这一现象与埃及人原有的关于神造宇宙的神话结合起来，便得出万物由水生成的结论。对泰勒斯来说，水是世界初始的基本原素。埃及的祭司宣称大地是从海底升上来的，泰勒斯则认为地球就漂在水上。

泰勒斯还有一个很重要的观点就是"万物有灵"。根据这一学说，连石头也是有灵魂的生物。泰勒斯向他哲学上的对立面毕达哥拉斯反复强调说：整个宇宙都是有生命的，而又正是灵魂才使一切生机盎然。这一说法在当时非常流行。泰勒斯曾用磁石和琥珀做实验，发现这两种物体对其他物体有吸引力，便认为它们内部有生命力，只是这生命是肉眼看不见的。由此，泰勒斯得出结论：任何一块石头，看上去冰冷坚硬、毫无生气，却也有灵魂蕴涵其中。直到公元前 300 年，斯多噶派哲学家还用泰勒斯的实验来证实世间万物因有生命而相互吸引。泰勒斯是人类历史上最早的科学家，他无愧于"科学之祖"的称号。

1.3.2　亚里士多德(Aristotle，公元前 384—前 322)

亚里士多德是古希腊哲学家、科学家。生于马其顿的斯塔吉拉镇，卒于希腊的哈尔基斯。亚里士多德是马其顿王家医师尼科马科斯之子，柏拉图的学生，亚历山大大帝的老师。17 岁时他赴雅典，在柏拉图学园就读达 20 年，直到柏拉图去世后方才离开。也许是受父亲的影响，亚里士多德对生物学和实证科学饶有兴趣；而在柏拉图的影响下，他又对哲学推理发生了兴趣。亚里士多德首先是个伟大的哲学家，抛弃了他的老师所持的唯心主义观点。柏拉图认为理念是实物的原型，它不依赖于实物而独立存在。虽然亚里士多德是柏拉图的学生，但他却是第一个公开批评柏拉图的人。

公元前 335 年，亚里士多德在雅典创办吕克昂(Lyceum)学校，形成"逍遥派"，因边讲学边散步而得名。他的著作论述过力学问题。他已经具有正交情况下力的平行四边形法则(静力学公理)的概念。他解释杠杆理论说：距支点较远的力更易移动重物，因为它画出一个较大的圆。他把杠杆端点重物的运动分解为切向的(他称为"合乎自然的")运动和法向的("违反自然的")运动。亚里士多德还认为："凡运动着的事物必然都有推动者在推着它运动"，但一个推一个不能无限地追溯上去，因而"必然存在第一推动者"，即存在超自然的神力。这里的运动是指一般意义上的运动，也包括力学运动在内。亚里士多德

图 1.3-2　亚里士多德

关于落体运动的论述见于《论天》(De Caelo)，他在另一著作《物理学》(中译本，1982 年商务印书馆出版)中曾多次应用他的落体定律。这是一本关于自然哲学的著作，主要讨论运动。亚里士多德是世界古代史上最伟大的哲学家、科学家和教育家。他创立了形式逻辑学，丰富和发展了哲学的各个分支学科，对科学做出了巨大的贡献。

亚里士多德关于落体运动的观点是："体积相等的两个物体，较重的下落得较快"，他甚至说，物体下落的快慢精确地与它们的重量成正比。这个错误

观点对后世影响颇大。后来法国人 N·奥尔斯姆等给出了正确的见解，但没有加以验证。16 世纪末 S·斯蒂文和伽利略不仅从理论上说明，而且用实验证实了亚里士多德的错误。

(1) 哲学观

亚里士多德的著作所表述的哲学观点是，人类生活及社会的每个方面，都是思考与分析的客体；宇宙万物不被神、机会和幻术所控制，而是遵循着一定的规律运行；人类对自然界进行系统而深入的研究是值得的；我们应当通过实验和逻辑分析，得出自己的结论。亚里士多德的这种反传统、反对迷信与神秘主义的主张，对西方文化产生了深远的影响。他特别反对的是柏拉图哲学中有关数学的部分。有人认为虽然亚里士多德熟知当时的数学，他却从来没有理解柏拉图的数学。除此之外，亚里士多德对柏拉图的相论也有批评。虽然他同意一个事物的"形式"是亘古不变的，但他认为这个"形式"本身并不存在，而是人们在感受到实物后形成的概念。因此他认为，"形式"其实就是事物本身的特征。他指出，我们所拥有的任何一种想法、观念都是透过我们的感官进入我们的意识的。但是亚里士多德并不否认人有理性，正是有了理性，人才能将不同的感官印象区分开来。他同时指出，在人的感官体验到任何东西之前，理性是完全真空的。亚里士多德认为自然界有因果关系的存在。他认为自然界有四种不同的原因，即"目的因"、"质料因"、"动力因"和"形式因"。举个例子来说，陶土为陶器提供其质料因，而陶器的设计样式则是它的形式因，轮子和双手是动力因，而陶器的用途是目的因。亚里士多德本人看中的是物体的形式因和目的因，他相信形式因蕴藏在一切自然物体和作用之内。开始这些形式因是潜伏着的，但是物体或者生物一旦有了发展，就显露出来了。最后，物体或者生物达到完成阶段，其制成品就被用来实现原来设计的目的，即为目的因服务。他还认为，在具体事物中，没有无质料的形式，也没有无形式的质料，质料与形式的结合过程，就是潜能转化为现实的运动。这一理论表现出自发的辩证法的思想。

在哲学方面，亚里士多德最大的贡献在于创立了形式逻辑这一重要分支学科。亚里士多德在逻辑学方面则提出了所谓的三段论(逻辑学的三段论式——大前提 M、小前提 S、结论 P)。他的这个理论在后来的两千年内，在西方一直是唯一被承认的论证形式。伦理学方面，亚里士多德强调的是所谓"黄金中庸"。这或许和希腊自然派哲学家的"和谐"概念类似。他认为，人不应该偏向哪一个极端，唯有平衡，人才能过快乐和谐的生活。亚里士多德认为人是天生的政治动物，人不生存在社会中便不是真正的人。他还提出三种良好的政治制度：君主制、贵族政治和民主政治。

逻辑思维是亚里士多德在众多领域建树卓越的支柱，这种思维方式自始至终贯穿于他的研究、统计和思考之中。当然，他也犯错误，但次数少得惊人。亚里士多德的思想对西方文化的根本倾向以及内容产生了深刻的影响。在上古及中古时期，他的著作被译成拉丁文、叙利亚文、阿拉伯文、意大利文、希伯来文、德语和英语。以后的希腊学者研究及推崇他的著作，拜占庭的学者也是如此。他的思想是中世纪基督教思想和伊斯兰经院派哲学的支柱。伊斯兰世界最重要的思想家阿威罗伊，将伊斯兰的传统学说与亚里士多德的理性主义融合成自身的思想体系。最有影响的犹太教思想家迈蒙尼德，用理性主义解释犹太教义，在调和科学、哲学和宗教方面取得了重大成就。随着亚里士多德作品的不断被发现，中世纪出现了一个研究亚里士多德主义的新时代，学者们以此作为求得各方面真知识的基础。亚里士多德在研究方法上，习惯于对过去和同时代的理论持批判态度，提出并探讨理论上的盲点，使用演绎法推理，用三段论的形式论证。如果以现在的标准衡量，亚里士多德的某些思想显得有些极端。例如，他赞同奴隶制及女性所受的不平等待遇，认为这是自然界的安排（当然，这些思想是他所处时代的写照）。但是，亚里士多德的许多思想，今天看来依然非常先进，如"贫穷是革命与罪孽之母"、"立法者应该把主要精力放在教育青年上；忽视教育必然危及国之本"。亚里士多德学识渊博，著述颇丰。

（2）科学观

亚里士多德在古希腊科学史上标志着一个转折点，因为他是最后提出一个整个世界体系的人，而且是第一个从事广泛经验考察的人。

亚里士多德把科学分为：

①理论的科学（数学、自然科学和后来被称为形而上学的第一哲学）；

②实践的科学（伦理学、政治学、经济学、战略学和修饰学）；

③创造的科学——诗学。

亚里士多德认为分析学或逻辑学是一切科学的工具，他力图把思维形式和存在联系起来，并按照客观实际来阐明逻辑的范畴。亚里士多德把他的发现运用到科学理论上来。作为例证，他选择了数学学科，特别是几何学，因为几何学当时已经从泰勒斯对土地测量的经验规则给予合理说明的早期试验阶段，过渡到后来的具有比较完备的演绎形式的阶段。但是逻辑学的三段论法对实验科学确实是毫无用处的。因为实验科学所追求的目标是发现，而不是从公认的前提得到形式证明。

例如，从元素不能再分割为更简单的物体的前提出发，在1890年未尝不

图 1.3-3 亚里士多德像

可提出一个正确的已知元素表，但是到 1920 年，再运用这个前提就会把一切放射性元素排除在外。前提既然已经改变，"元素"一词的意义也就改变了。但是，这个事实并不能证明三段论是没用的，也不能就此认定现代物理学是错误的。幸运的是，现代的实验家并不再为逻辑形式而耗费心神了，但希腊和中古时代的科学界却在亚里士多德的权威下，运用演绎法把许多错误的权威说成是绝对正确的，并用欺骗性的逻辑形式进行了许多错误的推论。

在天文学方面，亚里士多德认为运行的天体是物质的实体，地球是球形的，是宇宙的中心；地球和天体由不同的物质组成，地球上的物质由水、气、火、土四种元素组成，天体由第五种元素"以太"构成。在物理学方面，他反对原子论，不承认有真空存在；他还认为物体只有在外力推动下才运动，外力停止，运动也就停止。在生物学方面，他对五百多种不同的植物动物进行了分类，至少对五十多种动物进行了解剖研究，指出鲸鱼是胎生的，还考察了小鸡胚胎的发育过程。亚历山大大帝在远征途中经常给他捎回各种动植物标本。

亚里士多德还曾提出许多数学和物理学的概念，如极限、无穷数、力的合成等。亚里士多德的逻辑学著作后来由他的注释者汇编成书，取名叫做《工具论》。他们继承了亚里士多德的看法，认为逻辑学既不是理论知识，又不是实际知识，只是知识的工具。《工具论》主要论述了演绎法，为形式逻辑奠定了基础，对这门科学的发展具有深远的影响。亚里士多德的另一著作《物理学》讨论了自然哲学、存在的原理、物质与形式、运动、时间和空间等方面的问题。他认为要使一个物体运动不止，需要有一个不断起作用的原因。亚里士多德在《论天》一书中开始讨论物质和可毁灭的东西，并进而讨论了发生和毁灭。在这个发生和毁灭的过程中，相互对立的原则冷和热、湿和燥，相互作用，而产生了火、气、土、水四种元素。除这些地上的元素外，他又添上了以太。以太作圆运动，并且组成了完美而不朽的天体。《气象学》中讨论了天和地之间的区域，即行星、彗星和流星的地带；其中还有一些关于视觉、色彩视觉和虹的原始学说。在现在看来，亚里士多德的气象学远不如他的生物学著作那样令人满意，然而这部著作在中世纪后期却有很大的影响。亚里士多德的其他重要著作有：《形而上学》、《伦理学》、《政治学》和《分析前篇和后篇》等。这些著作对后来的哲学和科学的发展起了很大的影响。

亚里士多德对世界的贡献之大，令人震惊。他至少撰写了170种著作，其中流传下来的有47种。当然，仅以数字衡量是远远不够的，更为重要的是他渊博的学识令人折服。他的科学著作，在那个年代简直就是一本百科全书，内容涉及天文学、动物学、胚胎学、地理学、地质学、物理学、解剖学、生理学，总之，涉及古希腊人已知的各个学科。他的著作包含三个方面：一是前人的知识积累，二是助手们为他所作的调查与发现，三是他自己独立的见解。作为一位最伟大的、百科全书式的科学家，亚里士多德对世界的贡献无人可比。但他的成就远不止于此。他还是一位真正的哲学家，对哲学的几乎每个学科都作出了贡献。他的写作涉及道德、形而上学、心理学、经济学、神学、政治学、修辞学、教育学、诗歌、风俗，以及雅典宪法。他的研究课题之一是搜集各国宪法，并依此进行比较研究。

（3）教育观

在教育方面，亚里士多德认为理性的发展是教育的最终目的，主张国家应对奴隶主子弟进行公共教育。使他们的身体、德行和智慧得以和谐地发展。他对于政治、逻辑、伦理、历史、物理（自然学科）、心理学、美学、教育学等均有研究并有独到见解，被马克思誉为"古代最伟大的思想家"。亚里士多德的教学思想主要散见于其《政治学》和《伦理学》中。亚里士多德的教学思想是建立在他的人性论、认识论及其对于儿童身心发展考察的基础之上的。他把人的灵魂分为两个部分，一是非理性灵魂，其功能是本能、感觉、欲望等；二是理性灵魂，其功能是思维、理解、认识等。他认为在人的认识过程中，灵魂的主要功能是感觉和思考。灵魂借助于感觉器官感知外界事物，那被感觉的东西是不以人的意志为转移的，从而承认感觉在认识过程中的地位和作用。但是，他又认为感觉在这里只起到一种诱发的作用，真理和知识只有通过理性的思考才能获得。因此，亚里士多德的教学目的是发展灵魂高级部分的理性。

亚里士多德为其哲学学校设立了"百科全书"式的课程。他主张学生在德、智、体、美等方面全面发展，且在不同时期各有所侧重。幼儿期以身体发展（体育）为主；少年期以音乐教育为核心、以德、智、美为主要内容；高年级要学习文法、修辞、诗歌、文学、哲学、伦理学、政治学以及算术、几何、天文、音乐等学科。但不管怎样，重心都应放在发展学生的智力上。他特别强调音乐在培养儿童一般修养上的作用。认为音乐具有娱乐、陶冶性情、涵养理性三种功能，它能使人解除疲乏、锻炼心智、塑造性格、激荡心灵，进而通过沉思进入理性的、高尚的道德境界。在体育教学中，他不同意教师只让学生进行严酷甚至痛苦的训练，要教"简便的体操"和"轻巧的武艺"，着重于让儿童身体正常发展。在教学方法上，亚里士多德重视练习与实践的作用。如在音乐教学中，他经常安排儿童登台演奏，现场体验，熟练技术，提高水平。在师生关系上，亚里士多德不是对导师一味言听计从，而是在继承的基础上敢于思考、坚持真理、勇于挑战。他那"吾爱吾师，吾尤爱真理"的品格，鼓舞着他把柏拉图建立起来的教学理论推进到了一个更高的水平。

亚里士多德是古希腊一位伟大的教学思想家，他所提出的关于人的灵魂三部分自然发展的思想，奠定了其关于依据年龄分期实施教学的认识论基础，这既是一个教学适应自然的良好开端，也是把教学理论建立在人类自身发展和教育发展规律之上的初步尝试。他的自然主义教学观对西方自然主义教学理论的发展产生了重要影响，促进了自然科学的研究风气。他继承并发展了苏格拉底以来的"主智主义"传统，建立了包括自然学科在内的百科全书式的课程体系，提出了注重实践的良好措施，为后人留下了一笔包罗宏富的教育遗产。亚里士多德显示了希腊科学的一个转折点。在他以前，科学家和哲学家都力求提出一个完整的世界体系来解释自然现象。他是最后一个提出完整世界体系的人。在他以后，许多科学家放弃提出完整体系的企图，转入研究具体问题。亚里士多德集古代知识于一身，在他死后几百年中，没有一个人像他那样对知识有过系统考察和全面掌握。他的著作是古代的百科全书。恩格斯称他是"最博学的人"。

1.3.3　欧几里得(Euclid，约公元前 330—前 275)

没有谁能够像伟大的希腊几何学家欧几里得那样，声誉经久不衰。有些人物，如拿破仑、亚历山大大帝和马丁·路德，他们生前的声望远比欧几里得大，但就长期而言，欧几里得的名望可能要比他们持久。埃及的亚历山大城，是地中海南岸的重要海港，经过托勒密国王苦心经营，逐渐成为新的希腊文化的渊薮，希腊本土这时已经退居次要地位。欧几里得就生活在这个时代。欧几里得早期在雅典接受教育，他博览群书，汲取了前人积累起来的大量的几何知识，终于成为一位几何大家。成名之后，受托勒密国王邀请，来到亚历山大教学。他是一位温良敦厚的教育家，对于有志于数学之士，总是循循善诱地教导，但反对在学习上不肯刻苦钻研、投机取巧的作风。据说有一位学生，才开始学习第一个命题，就问欧几里得，学习几何学之后有什么报偿。欧几里得说：给他三个金币，因为他想在学习中获利。

欧几里得的重大功绩是编写了《几何原本》。从来没有一本教科书，像《几何原本》这样长期占据着几何学教科书的头把交椅。从1482年出现活字印刷以来，《几何原本》竟然印刷了一千版以上。而在此之前，它的手抄本统御几何学达1800年之久。欧几里得的影响是如此深远，以至于欧几里得和几何学变成了同义语。

图1.3-4　欧几里得像

《几何原本》的伟大历史意义在于它是用公理方法建立起演绎的数学体系的最早典范。这部著作给予后人以极大的启发，不仅由此引出了公理化演绎的结构方法，给予数学以及其他自然科学以典范的作用。无疑，欧几里得是希腊几何的集大成者，在整个数学史上树立了丰碑。

欧几里得将公元前7世纪以来希腊几何积累起来的丰富成果整理在严密的逻辑系统之中，使几何学成为一门独立的、演绎的科学。除了《几何原本》之外，他还有不少著作，可惜大都失传。《已知数》是除《几何原本》之外唯一保存下来的他的希腊文纯粹几何著作，题例和《几何原本》前6卷相近，包括94个命题，指出若图形中某些元素已知，则另外一些元素也可以确定。《图形的分割》现存拉丁文本与阿拉伯文本，论述用直线将已知图形分为相等的部分或成比例的部分。《光学》是早期几何光学著作之一，研究透视问题，叙述光的入射角等于反射角，认为视觉是眼睛发出光线到达物体的结果。

《几何原本》作为教科书使用了两千多年。在形成文字的教科书之中，无疑它是最成功的。欧几里得的杰出工作，使以前类似的研究黯然失色。该书问世之后，很快取代了以前的几何教科书，而后者也就很快在人们的记忆中消失了。《几何原本》是用希腊文写成的，后来被翻译成多种文字。它首版于 1482 年，此后，《几何原本》已经出版了上千种不同版本。在训练人的逻辑推理思维方面，《几何原本》比亚里士多德的任何一本有关逻辑的著作影响都大得多。在完整的演绎推理结构方面，这是一个十分杰出的典范。公正地说，欧几里得的这本著作是现代科学产生的一个主要因素。

欧几里得几何即是我们在中学当作"几何"学习的学科。然而，中学大部分人会将其视为数学，而不视为物理。当然，它也是数学。但是，欧几里得几何绝不是仅有的可以想得出的数学几何。欧几里得传给我们的特殊几何非常精确地描述了我们生活其间的世界的物理空间，但这不是逻辑的必然——它仅仅是我们物理世界的（几乎准确的）被观察的特征。的确还存在另外称作罗巴切夫斯基（或双曲）的几何，它大多数方面非常像欧几里得几何，但还具有一些有趣的差别。例如，我们记得在欧几里得几何中任意三角形的三个角的和为 $180°$。在罗巴切夫斯基几何中，这个和总是比 $180°$ 小，并且这个差别和三角形的面积成比例（如图 1.3-5）。

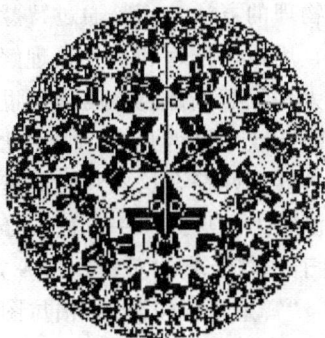

$$\alpha + \beta + \gamma = 180°$$

$$180° - \alpha - \beta - \gamma = 常数 \times 面积$$

图 1.3-5

(a)欧几里得空间中的一个三角形。

(b)罗巴切夫斯基空间中的一个三角形。

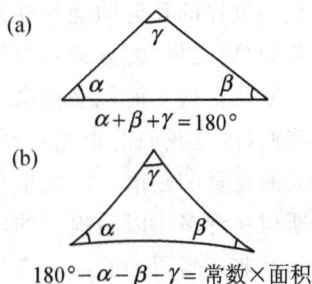

图 1.3-6 罗巴切夫斯基空间的伊歇图

（所有黑鱼和白鱼都认为是全等的）©

1985. M. C. Escher/Cordon Art-Barrn-Hollan

著名的荷兰艺术家毛里兹·C·伊歇，为这种几何给出了一种非常精细和准确的表象（如图 1.3-6）。按照罗巴切夫斯基几何，所有的黑鱼具有相同的大小和形状；类似地，白鱼亦是如此。不能将这种几何在通常的欧几里得平面上完全精密地表达出来，所以在圆周边界的内圆显得非常拥挤。想象你自身位于该模型的某一靠近边界的地方，罗巴切夫斯基几何使你觉得就像位于中间或任何其他地方一样。按照这一欧几里得表象，该模型的"边界"正是罗巴切夫斯基几何中的"无穷远"。此处边界圆周根本不应该被看成罗巴切夫斯基空间的一部分——在圆周之外的任何其他的欧几里得区域就更不是了。该几何中的直线（伊歇鱼就是沿着其中某些直线画出的）即为与边界圆周作直角相交的圆弧。我们的世界在宇宙学的尺度下，实际上很可能是罗巴切夫斯基空间。然而，在这种情形下，三角形亏角和它的面积的比例系数必须是极为微小。在通常的尺度下，欧几里得几何是这种几何的极好的近似。事实上正如我们在第 15 章将要看到的，爱因斯坦的广义相对论告诉我们，在比宇宙学尺度小相当多的情形下，我们世界的几何的确与欧几里得几何有偏离（以一种比罗巴切夫斯基几何更复杂的"更无规"的方式），尽管这偏离在我们直接经验的尺度下仍是极为微小的。欧几里得几何似乎精确地反映了我们世界"空间"的结构的这一事实，作弄了我们（以及我们的祖先），使我们以为几何是逻辑所必需的，或以为我们有种先天的直觉的领悟，欧几里得几何必须适用于我们生活在其中的世界。只有爱因斯坦在许多年以后提出的广义相对论真正地突破了欧几里得几何，欧几里得几何远非逻辑所必需的，它只是该几何如此精确地（虽然不是完全准确地）适合于我们物理空间结构的经验的观测事实！欧几里得几何确实是一个超等的物理理论。这是它作为纯粹数学的一部分的精巧性和逻辑性以外的又一个品质。

在某种意义上，这和柏拉图（约公元前 360 年；大约在欧几里得著名的《几何原本》一书出版之前五十年左右）采纳的哲学观点相差不远。依柏拉图的观点，纯粹几何的对象——直线、圆周、三角形、平面等，在实际的物理世界中只能近似地得以实现。而那些纯粹几何在数学上的精确对象居住在一个不同的世界里——数学观念的柏拉图的理想世界中。柏拉图的世界不包括有可感觉的对象，而只包括"数学的东西"。我们不是通过物理的方法，而是通过智慧来和这个世界接触。只要人的头脑沉思于数学真理，用数学推理和直觉去理解，则就和柏拉图世界有了接触。这个理想世界被认为和我们外部经验的物质世界不同，比它更完美。这样，可以单纯地用思维来研究欧几里得几何，并由此推导其许多性质，而外部经验的"不完美的"世界不必要刚好符合这些观念。基于当时十分稀少的证据，柏拉图以某种不可思议的洞察力预见到：一方面，必须为数学而研究数学，不能要求它完全精确地适用于物理经验的对象；另一方面，实际的外部世界的运行只有按照精确的数学——"智慧接触得到的"柏拉图理想世界才能最终被理解。柏拉图在雅典创建了科学院以推动这种观念。极富影响的著名的哲学家亚里士多德即为其中之出类拔萃者。但是我们要在这里论及另一位比亚里士多德名望稍低的科学院成员，即数学家兼天文学家欧多索斯。他是一位更优秀的科学家，也是古代最伟大的思想家之一。

　　欧几里得几何中有一基本的、微妙的，并的的确确最重要的部分，那就是实数的引进，虽然今天我们几乎不认为它是几何的（数学家宁愿将它称作"分析"的，而非"几何"的）。因为欧几里得几何研究长度和角度，所以必须了解用何种"数"来描写长度和角度。新观念的核心是在公元前4世纪由欧多索斯（约公元前408—前355）提出的。由于毕达哥斯学派发现了如$\sqrt{2}$这样的数不能被表达成分数，使得希腊几何陷入了"危机"之中。将正方形的对角线，以其边长来度量时就必然出现$\sqrt{2}$这个数。对于希腊人来说，为了用算术的定律来研究几何量，将几何测量（比）按照整数（比）来表示是很重要的。欧多索斯的基本思想是提供一种以整数表达长度比例的办法（也就是实数）。他依赖于整数的运算提出了决定一个长度比例是否超过另一个比例，或两者是否完全相等的判据。该思想可概述如下：如果a，b，c和d是四个长度，则断定比例a/b大于比例c/d的判据是：存在整数M和N，使得a增大到N倍超过b增大到M倍，而同时d增大到M倍超过c增大到N倍。可用相应的判据来断定a/b是否比c/d小。而使a/b和c/d相等的判据也就是前两个判据都不能满足。

　　直到19世纪，狄德钦和韦尔斯特拉斯等数学家才发展出完全精确的抽象的实数数学理论。但是他们的步骤和欧多索斯早在22个世纪以前已经发现的思路非常相似！我们在此没有必要描述这个现代发展。然而，在欧多索斯设想和狄德钦与韦尔斯特拉斯设想之间有一个重大差别。古希腊人把实数设想成按照几何量（比）给定的东西，当作"实际"空间的性质。希腊人用算术来描述几何量是为了要严格地

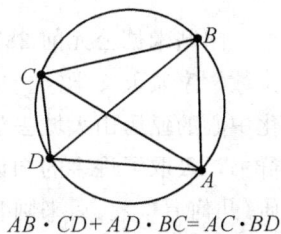

$$AB \cdot CD + AD \cdot BC = AC \cdot BD$$

图 1.3-7　托勒密定理

处理这些量以及它们的和与积——古人那许多美妙几何定理的要素的先决条件。在图1.3-7画出并解释了杰出的托勒密定理，虽然托勒密比欧多索斯要晚许久才发现它——该定理和一个圆周上的四点之间的距离相关，它很清楚地表明了和与积都是需要的。

　　历史证明欧多索斯判据极其富有成果，尤其是它使希腊人能严格地计算面积和体积。然而，对于19世纪尤其是当代的数学家而言，几何的作用已被改变了。古希腊人，尤其是欧多索斯，认为"实"数是从物理空间的几何中抽取出来的东西。现在我们宁愿认为在逻辑上实数比几何更基本。这样的做法还可以允许我们建立所有不同种类的几何，每一种几何都是从数的概念出发。（其关键的思想是16世纪由费马和笛卡儿引进的坐标几何。坐标可用来定义其他种类的几何。）任何这种"几何"必须是逻辑协调的，但不必和我们经验的物理空间

有任何直接的关联。我们似乎感知的特别物理几何是经验的理想化（例如，依赖于我们将其向无限大或无限小尺度的外推）。但是现代的实验已足够精密，以至于我们必须接受"经验的"几何的确和欧几里得观念有差别这一事实。这种经验和从爱因斯坦广义相对论推导的结果相一致。然而，尽管我们的物理世界的几何观点起了变化，欧多索斯 23 个世纪之久的实数概念在实质上并没有改变。它对爱因斯坦理论正如对欧几里得理论一样重要。其实，迄今为止它仍然是一切严肃物理理论的重要部分。欧几里得的《几何原本》的第五部基本上是关于欧多索斯"比例论"的阐述。这对整本书而言是极为重要的。《几何原本》成为后来的几乎所有科学和数学思想的舞台。它全部是由一些被认为空间的"自明"性质，亦即清楚叙述的公理出发演绎而来，其中许多重要推论根本不是显而易见的，而是令人惊异的。无疑地，欧几里得的著作对后世科学思想的发展具有深刻的意义。

1.3.4　数学之神
——阿基米德(Archimedes，公元前 287—前 212)

阿基米德公元前 287 年出生在意大利半岛南端西西里岛的叙拉古。父亲是位数学家兼天文学家。他从小有良好的家庭教养，11 岁就被送到当时希腊文化中心的亚历山大城去学习。在这座号称"智慧之都"的名城里，阿基米德博览群书，汲取了许多的知识，并且做了欧几里得学生埃拉托塞和卡农的门生，钻研《几何原本》。后来阿基米德成为数学家兼力学家的伟大学者，并且享有"力学之父"的美称。后人对阿基米德给予极高的评价，常把他和 I·牛顿、C·F·高斯并列为有史以来三个贡献最大的数学家。据说他确立了力学的杠杆定律之后，曾发出豪言壮语："给我一个支点，我就可以撬动整个地球！"

阿基米德无疑是古代最伟大的数学家。他天才地利用欧多索斯的比例论，计算出诸如球体，或者更复杂的牵涉到抛物线和螺线的许多不同形体的面积和体积。今天我们可以用微积分十分容易地做到这些。但是我们要知道，这是比牛顿和莱布尼茨最终发现微积分早 19 个世纪的事！（人们可以说，阿基米德已经通晓微积分的那一多半——亦即积分的那一半。）阿基米德的论证，甚至以现代的标准看，也是毫无瑕疵的。他的著作深深地影响着许多后代的数学家和科学家，最明显的是伽利略和牛顿。阿基米德还提出了静力学的物理理论（制约平衡的物体，诸如杠杆和浮体的定律）。他用类似于欧几里得发展几何空间和固体几何的科学方法，将其发展成演绎的科学。

传说，亥厄洛国王叫金匠造一顶纯金的王冠，但怀疑掺有银子，可是，做好的王冠无论从重量上、外形上都看不出问题。国王把这个难题交给了阿基米德。阿基米德日思夜想，毫无办法。一天，他去澡堂洗澡，当他慢慢坐进澡盆时，水从盆边溢出来，他望着溢出来的水，于是顿悟到不同质料的物体[茅塞顿开是创新思维的突出贡献，正是阿基米德日思夜想长期思维的积累，使思维由量变到质变。由此可以领略科学创新的魅力]，虽然重量相同，但因体积不同，排去的水也必不相等。根据这一道理，就可以判断王冠是否掺假。阿基米德高兴得跳起来，赤身裸体奔回家中，口中大呼："尤里卡！尤里卡！"（希腊语意思是"我找到了"）阿基米德把王冠放进一个装满水的缸中，一些水溢出来了。他取了王冠，把水装满，再将一块同王冠一样重的金子放进水里，又有一些水溢出来。他把两次的水加以比较，发现第一次溢出的水多于第二次。于是他断定王冠中掺了银。经过一番试验，他算出银子的重量。当他宣布他的发现时，金匠目瞪口呆。这次试验的意义远远大过查出金匠欺骗国王的真相，阿基米德从中发现了一条原理：物体在液体中减轻的重量，等于它所排出液体的重量。他将这一流体静力学的基本原理，总结在他的名著《论浮体》中，后来以"阿基米德原理"著称于世。

图 1.3-8　阿基米德

公元前 215 年，罗马将领马塞拉斯率领大军，乘坐战舰来到了历史名城——叙拉古的城下，马塞拉斯以为小小的叙拉古城会不攻自破。听到罗马大军的显赫名声，城里的人还不开城投降？然而，回答罗马军队的是一阵阵密集的、可怕的镖箭和石头。罗马人的小盾牌抵挡不住数不清的大大小小的石头，他们被打得丧魂落魄，争相逃命。突然，从城墙上伸出了无数巨大的起重机式的机械巨手，它们分别抓住罗马人的战船，把船吊在半空中摇来晃去，最后甩在海边的岩石上，或是把船重重地摔在海里，船毁人亡。马塞拉斯侥幸没有受伤，但惊恐万分，完全失去了刚来时的骄傲和狂妄，变得不知所措。最后只好下令撤退，把船开到安全地带。罗马军队死伤无数，被打得晕头转向。可是，敌人在哪里呢？他们连影子也找不到。马塞拉斯最后感慨万千地对身边的士兵说："怎么样？在这位几何学'百手巨人'面前，我们只得放弃作战。他拿我们的战船当玩具扔着玩。在一刹那间，他向我们投射了这么多镖、箭和石块，他难道不比神话里的百手巨人还厉害吗？"马塞拉斯得知阿基米德利用了机器，找到了

45

自己惨败的原因。当天晚上，马塞拉斯连夜逼近城墙。他以为阿基米德的机器无法发挥作用了。不料，阿基米德早准备好了投石机之类的短距离器械，再次逼退了罗马军队的进攻。罗马人被惊吓得谈虎色变，一看到城墙上出现木梁或绳子，就抱头鼠窜，惊叫着跑开："阿基米德来了。"

年过古稀的阿基米德是一位闻名于世的大科学家。在保卫叙拉古城时，他动用了杠杆、滑轮、曲柄、螺杆和齿轮。他不仅用人力开动那些投射镖箭和石弹的机器，而且还利用风力和水力，利用有关平衡和重心的知识、曲线的知识和远距离使用作用力的知识等。传说，阿基米德还曾利用抛物镜面的聚光作用，把集中的阳光照射到入侵叙拉古的罗马船上，让它们自己燃烧起来。罗马的许多船只都被烧毁了，但罗马人却找不到失火的原因。900多年后，有位科学家按史书介绍的阿基米德的方法制造了一面凹面镜，成功地点着了距离镜子45米远的木头，而且烧化了距离镜子42米远的铝。所以，许多科技史家通常都把阿基米德看成是人类利用太阳能的始祖。

马塞拉斯进攻叙拉古时屡受袭击，在万般无奈下，他带着舰队，远远离开了叙拉古附近的海面，他们采取了围而不攻的办法，断绝城内和外界的联系。3年以后，他们利用叙拉古居民的大意，终于在公元前212年占领了叙拉古城。马塞拉斯十分敬佩阿基米德的聪明智慧，下令不许伤害他，还派一名士兵去请他。此时阿基米德不知城门已破，还在凝视着木板上的几何图形沉思呢。当士兵的利剑指向他时，他却用身子护住木板，大叫："不要动我的图形！"他要求把原理证明完再走，但激怒了那个鲁莽无知的士兵，他竟用利剑刺死了75岁的老科学家。马塞拉斯勃然大怒，他处死了那个士兵，抚慰阿基米德的亲属，为他开了追悼会并建了陵墓。阿基米德被后世的数学家尊称为"数学之神"，在人类有史以来最重要的三位数学家中，阿基米德占首位，另两位是牛顿和高斯。

1906年丹麦语言学家J·L·海贝格在土耳其伊斯坦布尔发现一卷羊皮纸手稿，原先写有希腊文，后来被擦去，重新写上宗教的文字。幸好原先的字迹没有擦干净，经过仔细辨认，证实是阿基米德的著作。其中有在别处看到的内容，也包括过去一直认为是遗失了的内容。后来以《阿基米德方法》为名刊行于世，它主要是论述根据力学原理去发现问题的方法。他把一块面积或体积看成是有重量的东西，分成许多非常小的长条或薄片，然后用已知面积或体积去平衡这些"元素"，找到了重心和支点，所求的面积或体积就可以用杠杆定律计算出来。他把这种方法看作是严格证明前的一种试探性工作，得到结果以后，还要用归谬法去证明它。他用这种方法取得了大量辉煌的成果。

　　阿基米德的方法已经具有近代积分论的思想。然而他没有说明这种"元素"是有限多还是无限多，也没有摆脱对几何的依赖，更没有使用极限方法。尽管如此，他的思想是具有划时代意义的，无愧为近代积分学的先驱。他还有许多其他的发明，没有一位古代的科学家，像阿基米德那样将熟练的计算技巧和严格证明融为一体，将抽象的理论和工程技术的具体应用紧密结合起来。

　　阿基米德在数学上也有着极为光辉灿烂的成就。尽管阿基米德流传至今的著作只有十来部，但多数是几何著作，对于推动数学的发展，起着决定性的作用。它们是：

　　(1)《砂粒计算》，是专门讲计算方法和计算理论的一本著作。阿基米德要计算充满宇宙大球体内的砂粒数量，他运用了很奇特的想象，建立了新的量级计数法，确定了新单位，提出了表示任何大数量的模式，这与对数运算是密切相关的。

　　(2)《圆的度量》，利用圆的外切与内接 96 边形，求得圆周率 π 为：$22/7 <π< 223/71$，这是数学史上最早的，明确指出误差限度的 π 值。他还证明了圆面积等于以圆周长为底、半径为高的正三角形的面积，使用的是穷举法。

　　(3)《球与圆柱》，熟练地运用"穷竭法"证明了球的表面积等于球大圆面积的 4 倍；球的体积是一个圆锥体积的 4 倍，这个圆锥的底等于球的大圆，其高等于球半径。在这部著作中，他还提出了著名的"阿基米德公理"。

　　(4)《抛物线求积法》，研究了曲线图形求积的问题，并用"穷竭法"得到了这样的结论："任何由直线和直角圆锥体的截面所包围的弓形(即抛物线)，其面积都是其同底同高的三角形面积的 $3/4$。"他还用力学权重方法再次验证这个结论，使数学和力学成功地结合起来。

　　(5)《论螺线》，是阿基米德对数学的出色贡献。他明确了螺线的定义，以及对螺线的面积的计算方法。在同一著作中，阿基米德还导出了几何级数和算术级数求和的几何方法。

　　(6)《平面的平衡》，是关于力学的最早的科学论著，讲的是确定平面图形和立体图形的重心问题。

　　(7)《浮体》，是流体静力学的第一部专著，阿基米德把数学推理成功地运用于分析浮体的平衡上，并用数学公式表示浮体平衡的规律。

　　(8)《论锥型体与球型体》，讲的是确定由抛物线和双曲线其轴旋转而成的锥型体体积，以及椭圆绕其长轴和短轴旋转而成的球形体体积。

1.3.5　达·芬奇

　　莱昂纳多·达·芬奇(Leonardo davinci，1452—1519)是意大利文艺复兴时期第一位画家，也是整个欧洲文艺复兴时期最杰出的代表人物之一。他是一位思想深邃、学识渊博、多才多艺的艺术大师、科学巨匠、文艺理论家、大哲学家、诗人、音乐家、工程师和发明家。他在几乎每个领域都做出了巨大的贡献。后代的学者称他是"文艺复兴时代最完美的代表"，是"第一流的学者"，是一位"旷世奇才"。所有的以及更多的赞誉他都当之无愧。

图 1.3-9　莱昂纳多·达·芬奇

（1）天才少年

莱昂纳多·达·芬奇诞生在意大利芬奇镇附近的安基亚诺村，芬奇镇靠近佛罗伦萨。达·芬奇是非婚生子，他的童年是在祖父的田庄里度过的。孩提时代的达·芬奇聪明伶俐，勤奋好学，兴趣广泛。他歌唱得很好，很早就学会弹琵琶，他的即兴演唱，不论歌词还是曲调，都让人惊叹。他尤其喜爱绘画，常为邻里们作画，有"绘画神童"的美称。达·芬奇的家庭是当时佛罗伦萨有名的望族，父亲皮埃罗希望他像自己一样当律师，可后来由于发生了一件事情而使皮埃罗改变了想法，决定让小芬奇学习画画。当时，皮埃罗受一位农民的委托，要画一幅"盾面画"。他听说儿子会画画，想试试儿子的画艺，便将这任务交给了小芬奇。小芬奇凭借自己丰富的想象力，用了一个月的时间，画成了一个骇人的妖怪。这妖怪长着火球般的眼睛，张着血盆大口，鼻孔中喷出火焰和毒气，样子十分的恐怖。作品完成后，请父亲来到他的房间。他把窗户遮去一半，将画架竖在光线恰好落在妖怪身上的地方。皮埃罗刚走进房间时，一眼就看到了这个面目狰狞的怪物，吓得大叫起来。他则笑着对父亲说："请您拿去吧，这就是它该产生的效果。"皮埃罗从此确信儿子有绘画天赋，便将小芬奇送往佛罗伦萨，师从著名的艺术家委罗基奥，开始系统地学习造型艺术。此时的达·芬奇只有14岁。委罗基奥的画舫是当时佛罗伦萨著名的艺术中心，经常有意大利人文主义者在这里聚会，讨论学术问题。达·芬奇在这里结识了一大批知名的人文主义者、艺术家和科学家，开始接受人文主义的熏陶。

达·芬奇在20岁时已有很高的艺术造诣，他用画笔和雕刻刀去表现大自然和现实生活的真、善、美，热情歌颂人生的幸福和大自然的美妙。达·芬奇并不满足于他的这些才干，他要进入人类思想的各个领域。他眼光独到，做事干练，具有艺术的灵魂。有一次，他在山里迷路，走到了一个漆黑的山洞前。他在后来回忆这段经历时说："我突然产生了两种情绪——害怕和渴望：对漆黑的洞穴感到害怕，又想看看其中是否会有什么怪异的东西。"他一生都被这两种情绪所羁束：对生活之不可知或无力探知的神秘感到害怕，而又想把这个神秘之不可知性加以揭露，加以研究，解释其含义，描绘其壮观。他很早就下定决心，要做一个研究者，一个教师，尤其是一个艺术家。

(2)科学巨匠

达·芬奇无论是在艺术领域，还是在自然科学领域，都取得了惊人的成就。他的眼光与科学知识水平超越了他的时代。在文艺复兴早期，人们盲目地接受传统观念，崇拜古代权威和古典著作。人们学习科学知识也只是学习像《圣经》一样的亚里士多德的理论，只相信文字记载。达·芬奇反对经院哲学家们把过去的教义和言论作为知识基础，他鼓励人们向大自然学习，到自然界中寻求知识和真理。他认为知识起源于实践，只有从实践出发，才能探索科学的奥秘。他说"理论脱离实践是最大的不幸"，"实践应以好的理论为基础"。达·芬奇提出并掌握了这种先进的科学方法，采用这种科学方法去进行科学研究，在自然科学方面做出了巨大的贡献。他提出的这一方法，后来得到了伽利略的发展，并由英国哲学家弗兰西斯·培根从理论上加以总结，成为近代自然科学的最基本方法。达·芬奇坚信科学，他对宗教感到厌恶，抨击天主教为"一个贩卖欺骗的店铺"。他说："真理只有一个，它不是在宗教之中，而是在科学之中。"达·芬奇的实验工作方法为后来哥白尼、伽利略、开普勒、牛顿等人的发明创造开辟了道路。

在天文学上，达·芬奇对传统的"地球中心说"持否定的观点。他认为地球不是太阳系的中心，更不是宇宙的中心，而只是一颗绕太阳运转的行星，太阳本身是不运动的。达·芬奇还认为月亮自身并不发光，他只是反射太阳的光辉。他的这些观点的提出早于哥白尼的"太阳中心说"。甚至在当时，达·芬奇就幻想利用太阳能了。

在物理学方面，达·芬奇重新发现了液体压力的概念，提出了连通器原理。他指出：在连通器内，同一液体的液面高度是相同的，不同液体的液面高度不同，液体的高度与密度成反比。他发现了惯性原理，后来为伽利略的实验所证明。他认为一个抛射体最初是沿倾斜的直线上升，在引力和冲力的混合作用下做曲线位移，最后冲力耗尽，在引力的作用下做垂直下落运动。他的这一发现使亚里士多德的落体学说产生了动摇。他发展了杠杆原理，除推导出"作用力与臂长"关系外，还算出了"速度与臂长"的关系。他指出了"永动机"作为能源的不可能性。达·芬奇还预示了物质的原子原理，形象生动地描述了原子能的威力："那东西将从地底下爆起……使人在无声的气息中突然死去，城堡也遭到彻底毁坏，看起来在空中似乎有破坏力。"

达·芬奇在解剖学和生理学上也取得了巨大的成就，被认为是近代生理解剖学的始祖。他掌握了人体解剖知识，从解剖学入手，研究了生理学和医学。他最先采用蜡模来表现人脑的内部结构，也是设想用玻璃和陶瓷制作心脏和眼睛的第一人。他发现了血液的功能，认为血液对人体起着新陈代谢的作用。他说血液不断地改造全身，把养料带到身体需要的各个部分，再把体内废物带走。达·芬奇研究过心脏，他发现心脏有四个腔，并画出了心脏瓣膜。他认为老年人的死因之一是动脉硬化，而产生动脉硬化的原因是缺乏运动。后来，英国的威廉·哈维证实和发展了达·芬奇的这些生理学成果。达·芬奇的研究和发明还涉及军事和机械方面，他发明了飞行机械、直升飞机、降落伞、机关枪、手榴弹、坦克车、潜水艇、双层船壳战舰、起重机等。他还在数学领域和水利工程等方面做出了重大的贡献。可以说，达·芬奇的研究涉及自然科学的每一部门，他的思想和才能深入到人类知识的各个领域。他是世界上少有的全面发展的学者。但是达·芬奇的大多数著作和手稿都没有发表，直到他逝世后多年才被世人所发现。科学史家丹皮尔这样评论达·芬奇："如果他当初发表他的著作的话，科学一定会一下就跳到一百年以后的局面。"

（3）艺术大师

说到艺术创作，在文艺复兴时期当数达·芬奇、米开朗琪罗和拉斐尔的成就最高。他们的艺术成就达到了西方造型艺术继古希腊之后的第二次高峰，仅绘画而言，则达到了欧洲的第一次高峰。其中尤以达·芬奇最为突出，恩格斯称他是巨人中的巨人。在艺术创作方面，达·芬奇解决了造型艺术三个领域——建筑、雕刻、绘画中的重大课题：

①解决了纪念性中央圆屋顶建筑物设计和理想城市的规划问题；

②完成了 15 世纪以来雕刻家深感棘手的骑马纪念碑雕像的课题；

③解决了当时绘画中两个重要领域——纪念性壁画和祭坛画的问题。

达·芬奇的艺术作品不仅像镜子似地反映事物，而且还以思考指导创作，从自然界中观察和选择美的部分加以表现。壁画《最后的晚餐》、祭坛画《岩间圣母》和肖像画《蒙娜丽莎》是他一生的三大杰作。这三幅作品是达·芬奇为世界艺术宝库留下的珍品中的珍品，是欧洲艺术的拱顶之石。

（4）文艺复兴精神的代表

达·芬奇比文艺复兴时期中的任何一个人有更多的、领域更广的幻想。他思想深邃、博学多才。他怀着永无休止的探索精神去研究自然和人生的一切奥秘，他把艺术和科学、理智和情感、形体和精神融于一体，继承和

图 1.3-10　蒙娜丽莎

发扬了前人的人文主义思想和现实主义表现手法，把艺术推进到一个前所未有的高度，为自然科学的发展做出了巨大贡献。达·芬奇是当之无愧的"文艺复兴时代最完美的代表人物"。

1.3.6　培根的科学方法

近代英国唯物主义哲学的始祖——弗兰西斯·培根（Francis Bacon）是英国著名的唯物主义哲学家和科学家，在文艺复兴时期的巨人中被尊称为哲学史和科学史上划时代的人物。马克思称他是"英国唯物主义和整个现代实验科学的真正始祖"。1561 年 1 月 22 日培根生于伦敦一个新贵族家庭，父亲是伊丽莎白女皇的掌玺大臣。培根 12 岁进入剑桥大学。在校期间，对当时被教会奉为经典的亚里士多德深为不满，认为它流于空论，对人生无实际效益。1576 年到巴黎任英国驻法国大使随员。1579 年因父丧回国。以后从事律师工作，并当选为国会议员。1596 年被聘为女皇特别法律顾问。1602 年，伊丽莎

图 1.3-11　弗兰西斯·培根

51

白去世，詹姆士一世继位。培根曾力主苏格兰与英格兰的合并，受到詹姆士的大力赞赏，培根因此平步青云，扶摇直上。1602 年受封为爵士，1604 年被任命为詹姆士的顾问，1607 年被任命为副检察长，1613 年被委任为首席检察官，1616 年被任命为枢密院顾问，1617 年提升为掌玺大臣，1618 年晋升为英格兰的大陆官，授封为维鲁兰男爵，1621 年又被授封为奥尔本斯子爵。但培根的才能和志趣不在国务活动上，而存在于对科学真理的探求上。这一时期，他在学术研究上取得了巨大的成果，并出版了多部著作。1621 年培根被控受贿，经判决，免除一切官职。对于此案，他承认接受过不正当馈赠，但却未因此枉法。后来，培根脱离政治生涯，潜心从事著述。1626 年，培根因病去世，终年 65 岁。培根死后，人们为了怀念他，修建了一座纪念碑，亨利·沃登爵士为他题写了墓志铭：圣奥尔本斯子爵如用更煊赫的头衔应称为"科学之光""法律之舌"……

培根是近代英国唯物主义哲学的始祖，又是近代归纳法的创始人，他还是给科学研究程序进行逻辑组织化的先驱。他本来计划写一部阐述知识原理的百科全书式的著作：《科学的大复兴》，但他只完成了其中两部分：《论科学的价值和发展》和著名的以表示和亚里士多德的《工具论》相区别的《新工具》。前者确定了科学研究的对象并对科学进行分类；后者阐明了所论证的归纳法。培根是唯物论者，他的哲学观点反映了 16 世纪至 17 世纪初生产和自然科学的发展，他主张借助科学发明与发现的力量使人类能制驭自然界。培根是正统的宗教徒，但他主张哲学与神学分离。他激烈地批评了经院哲学，但他与传统的对经院哲学批判的着重点有所不同，他认为经院哲学是一种颓废的学术，他们对自然的历史懂得很少，只是长于辩驳和争论，却不能产生任何为人类生活谋福利的实践效果。他还认为，由于经院哲学与科学以及产生新认识的基础"经验"割断了联系，因此就变成一个死的东西了。为了给科学的认识论开辟道路，培根在《论古人的智慧》《论原则与本原》和《新工具》等著作中，大量论及本体论的问题，建立起他的唯物主义自然观。培根肯定世界是物质的，把万物的物质基础称为原始物质。他反对把物质世界看作抽象的东西。他强调运动是物质自身所固有的。运动是绝对的，静止是相对的，并认为静止是由运动的均衡或由运动的绝对优势引起的，在物体表面的静止中，物体内部的物质分子仍在不断地活动着。他还强调指出物质的无限和永恒的存在，物质不是由什么东西所产生的，没有什么东西在它之前，没有什么东西比它更原始，物质就是原因的原因。培根赋予物质以实在的、能动的性质，是唯物主义的，且具有辩证法的思想因素，与后来的机械物质观不同。马克思称赞培根的物质观，说他所说的物质"带着诗意的感性光辉"。

(1)知识就是力量

培根充分肯定科学的重要性。他主张人应当是自然界的主人，这主要取决于人们知识的水平。他提出，文明人与野蛮人之间的区别，几乎是神与人之间的区别。这种区别不是从土壤中来的，不是从气候来的，也不是从种族来的，而是从学习来的。因此"知识就是力量"是他著名的格言。人类为了控制自然力就需要新的科学。在培根看来，客观物质世界的存在是根本不用怀疑的。科学不认识自然界以外的任何东西，而"科学的真正合法的目标，就只是给人类生活提供新的发现和力量"。培根非常重视实验，他认为人类要支配、控制、改变自然，要达到这个目的，只是对自然进行描写和分类是不够的，还必须干涉、影响自然界。科学的重要性就在于它能够"更改、变化并基本上改变自然"。培根所论述的实验，意义比较广泛，是指每一种有意识地对自然界的干涉，其中包括一切劳动过程，一切与农业和手工业有关系的艺术和技术。他还指出，当时科学不发展的原因是人们轻视实验的研究，进行实验并与自然接触的那些职业，诸如铁匠、陶工、染匠的职业，总是被人视为卑贱的。经验被忽视，科学也没有进步了。其次还由于学校中的传统也是反科学的，学习局限于某些作家的作品，如果有任何人对这些著作持不同的意见，他就要被指控为捣乱分子和标新立异之徒，"但是技术和科学应当像采矿一样，在那里，新的工作和新的进步的喧嚷声到处都可以听见。"

(2)近代归纳法逻辑的创始人

培根是近代归纳逻辑的主要创立者。他认为亚里士多德所提出的三段论不能发现科学原理，而旧的归纳法即简单枚举法又得不出可靠的结论。他批评经院哲学忽视经验，只是注重教条，凭自己的臆想做出判断，这种方法就像蜘蛛似的，他们只从自己肚里抽丝结网。培根也反对只重视经验的做法，他们就如蚂蚁似的，只管采集来供使用。因此，培根给自己提出的任务是清除科学复兴道路上的障碍，制定认识自然的新工具。他在其主要逻辑著作《新工具》一书中，阐述了建立一种新逻辑的设想。他要建立的新逻辑也就是他所说的真正的归纳法。培根十分强调观察和实验，反对那种从经验材料一下子得到最普遍公理的认识方法，他认为归纳的一个基本原则就是不能跳跃地而是逐步地从感性上升到理性。培根对归纳逻辑的重要贡献是提出了"三表法"和"排斥法"，并把它们作为整理和概括经验材料的归纳方法。"三表法"包括：①具有表，用以罗列具有被研究性质的实例；②缺乏表，用以罗列不出现被研究性质的实例；③程度表或比较表，用以罗列被研究性质出现变化的实例。培根指出，在研究过程中，建立起这一或那一种表之后，需要用排斥法，排除去掉表上罗列的实例中的不相干因素，使得剩下的唯一的因素能被断定为是被研究性质的形式即原因。培根的"三表法"和排斥法，实际上是同一个归纳过程中的两个不同的步骤。后来J•S•密尔提出的、著名的求因果方法就是以培根的归纳法为基础的。培根还指出，妨碍认识的"四假相"实际上是在归纳概括中可能产生的谬误。他还研究了能帮助得出归纳结论的一些辅助手段。培根认为自己的方法最完善，他像蜜蜂那样，从花朵中采集物质，而且用自己的力量变化它们、消化它们。他还希望将归纳得来的最低级的普遍的法则，再依次类推归纳出更为普遍的法则。最后，归纳提出的法则还必须用新的情况来检验，假如在新情况下也是正确的，在这个范围内便得到证实。培根的归纳法不是简单事实的罗列，而是必须概括范围更广的事实，而且必须用排除法对所得的结论加以挑选，并注意用新的情况去验证。培根还强调使用他的归纳法必须记住两条规则：

第一条，放弃所有先入为主的概念而重新开始；

第二条，暂时不要企图上升到一般的结论或接近它们。

（3）培根的哲学思想

培根的哲学思想是与其社会思想是密不可分的。他是资产阶级上升时期的代表，主张发展生产，渴望探索自然，要求发展科学。他认为是经院哲学阻碍了当代科学的发展，因此他极力批判经院哲学和神学权威。他还进一步揭露了人类认识产生谬误的根源，提出了著名的"四假相说"：第一种是"种族的假相"，这是由于人的天性而引起的认识错误；第二种是"洞穴的假相"，是个人由于性格、爱好、教育、环境而产生的认识中片面性的错误；第三种是"市场的假相"，即由于人们交往时语言概念的不确定产生的思维混乱；第四种是"剧场的假相"，这是指由于盲目迷信权威和传统而造成的错误认识。培根指出，经院哲学家就是利用四种假相来抹煞真理，制造谬误的。培根的"假相说"渗透了培根哲学的经验主义倾向，未能对理智的本性与唯心主义的虚妄加以严格区别。培根认为当时的学术传统是贫乏的，原因在于学术与经验失去接触，他主张科学理论与科学技术相辅相成。他主张打破"偶像"，铲除各种偏见和幻想，他提出"真理是时间的女儿而不是权威的女儿"，对经院哲学进行了有力的攻击。培根的科学方法论以实验定性和归纳为主。他继承和发展了古代关于物质是万物本源的思想，认为世界是由物质构成的，物质具有运动的特性，运动是物质的属性。培根从唯物论立场出发，指出科学的任务在于认识自然界及其规律，但受时代的局限，他的世界观还具有朴素唯物论和形而上学的特点。

培根对科学感兴趣，尽管他的一般科学见解也是正确的，但他却忽视当时科学中正在研究的问题。他否定哥白尼学说，他对开普勒的《新天文学》也不甚了解，他对当时生物学的进展也缺乏认识，哈维是他的私人医生，但他对哈维的研究工作也不甚了解。他只是研究一般的方法，没有汲取最新的科学研究成果。培根在哲学上的唯物主义带有形而上学的性质，他虽然承认物质的运动，但又认为运动只是已知的十九种固定的运动形式的不断重复。所有这些不足，同样对以后的科学思想产生了深刻的影响。培根在《新工具》中概括他的自然观时写道："在自然中真正存在的东西，虽然除掉个别物体按照一定的规律进行纯粹个体的活动之外，没有什么别的，但是在哲学里，就是这种规律以及对于这种规律的研究、发现和解释构成知识与活动的基调。"培根认为对自然规律的认识构成知识和活动的论断，是唯物主义的科学原理。但是，由于他把自然界的多种多样的事物和现象归结为许多单个物体的运动，只强调对物体的"分解和解剖"，以求分析出物体的"单纯性质"，而这些性质，在他看来，又是"为数不多的""永恒和不变的"形式所决定的。培根对自然物体的这一概括，也会导致自然物体的机械运动的观点。培根的自然观既具有辩证法的因素，也开了近代形而上学思维方式和形而上学唯物主义的先河，对 T·霍布斯的物体论和J·洛克的经验分析法发生了直接的影响。

(4)培根在科学史上的地位

弗兰西斯·培根是近代哲学史上首先提出经验论原则的哲学家。他重视感觉经验和归纳逻辑在认识过程中的作用，开创了以经验为手段，研究感性自然的经验哲学的新时代，对近代科学的建立起了积极的推动作用，对人类哲学史、科学史都做出了重大的历史贡献。为此，罗素尊称培根为"给科学研究程序进行逻辑组织化的先驱"。1597 年，培根发表了他的处女作《论说随笔文集》。他在书中将自己对社会的认识和思考，以及对人生的理解，浓缩成许多富有哲理的名言警句，受到广大读者的欢迎。1605 年，培根用英语完成了两卷集《论学术的进展》，这是以知识为其研究对象的一部著作。培根在书中猛烈抨击了中世纪的蒙昧主义，论证了知识的巨大的作用，提示了知识不能令人满意的现状及补救的办法。在这本书中，培根提出一个系统的科学百科全书的提纲，对后来 18 世纪的以狄德罗为首的法国百科全书派编写百科全书，起了重大作用。1609 年，他出版了第三本著作《论古人的智慧》，他认为，在远古时代存在着人类最古老的智慧，可以通过对古代寓言故事的研究而发现失去的最古老的智慧。1620 年出版的《新工具》是培根最重要的哲学著作，它提出了培根在近代所开创的经验认识原则和经验认识方法。《亨利七世本纪》一书，得到后世史学家的高度评价，被誉为是"近代史学的里程碑"。大约在 1628 年出版的《新大西岛》一书，是一部尚未完成的乌托邦式的作品，由罗素在他去逝的第二年首次发表。作者在书中描绘了自己新追求和向往的理想社会蓝图，设计了一个称为"本色列"的国家，在这个国家里，科学主宰一切，这是培根毕生所倡导的科学的"伟大复兴"的思想信念的集中表现。此外，培根在逝世后还留下了许多遗著，后来，由许多专家学者先后整理出版，包括《论事物的本性》《迷宫的线索》《各家哲学的批判》《自然界的大事》《论人类的知识》等。培根不是无神论者，他承认上帝是万有之源，承认有不死的理性灵魂，承认有自然的真理，也有启示的真理。培根的"双重真理"观，主要是划分科学与宗教，知识与信仰的界限，目的是为科学争地盘，在当时起着进步作用。培根并不是一个科学家，他也从未提出或揭露某一具体学科中新的自然法则，他的贡献是他促进了科学方法的革命性的进展，他特别关心科学在人类生活中的地位。培根对哲学史、科学史做出了重大的历史贡献，马克思给予他极高的评价，称他为"英国唯物主义和整个现代实验科学的真正始祖"。

1.4 从哥白尼到开普勒

我们怎么知道地球是圆的？

图 1.4-1 是 1972 年 12 月 7 日"阿波罗17"离开地球轨道飞向月球之际拍摄的地球照片，照片上显示的是非洲和沙特阿拉伯。这样的照片表明地球是一个在太空中自由运动的球体。但是，古希腊人有什么证据呢？比毕达哥拉斯晚两个世纪的古希腊哲学家亚里士多德提供了很好的根据观察得到的理由，来证明大地是球状而不是扁平的。第一个理由是，船出海时是逐渐地没入地平线的，如图 1.4-2 所示；第二个理由是，希腊旅行者报告：在北方中午时刻的

图 1.4-1 地球照片

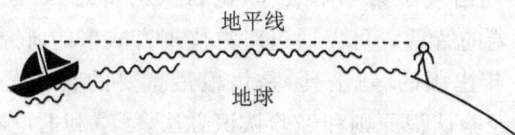

图 1.4-2 大地表面是球面的证据

太阳在天空的位置较南方低；第三个理由是，在月食时观察到地球投影到月亮上的影子，正好符合地球与月亮两者都是球状的假设时所预期的形状。

我们怎么知道地球是绕太阳运动的？

我们知道地球是圆的，且由于地球匀速转动，透明球壳理论曾预言每个行星都是绕地球匀速转动。然而细心的观察表明，它们并非如此。相反，从地球上看去，它们的转速在变化。图 1.4-3 画出了单个行星如火星的这种效应。火星相对恒星通常是由西向东运动。在图 1.4-3 中，火星在 7 月至 8 月间运动比 6 月至 7 月间慢，并且越来越慢。在 10 月份停下来，然后在 10 月至 12 月期间逆向运行，这种现象叫做逆行。12 月至 2 月间又恢复正常的方向。

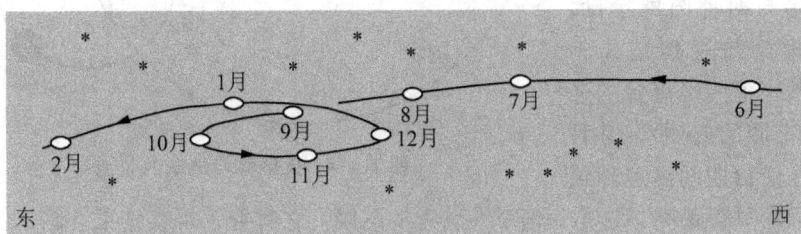

图 1.4-3　火星相对背景恒星的运动

希腊哲学家柏拉图确信天界运动背后存在一个精致的数学实在。他要求他的学生们找到一个能够解释观察到的运动的几何方案。他们构筑了一个与毕达哥拉斯理论类似但更复杂得多的理论，每个行星有多个透明球壳。希腊思想家阿利斯塔克曾指出：是太阳而不是地球静止在宇宙的中心，地球和五个其他行星绕太阳做圆周运动，并且地球还绕自身的轴自转。这在当时是一个全新的想法。甚至从以下几个理由来看，这个理论似乎是荒谬的：地球一点儿也不像天上的东西，它怎么会是像天上的行星一样的一颗行星呢？相信地球运动似乎也是荒谬的，它太大了！是什么巨大的力量推动它、保持它运动呢？如果它真的在运动，像云和鸟这些不附着在地面上的物体似乎应当落在后面。如果地球绕自身的轴旋转，那么物体就应当被抛出去，像一块石头被旋转的抛石器猛甩出去一样。但这些情况从来没有被观察到。基于这些理由，希腊人否定了阿利斯塔克理论。大约过了 2000 年，日心理论才再一次得到考虑。

然而，另一个问题又出现了。希腊人注意到，行星在逆行期间比其他时间显得更亮，仿佛它在这段时期更靠近地球。然而，柏拉图理论中，每个行星都在一个以地球为中心的球面上，这意味着每个行星到地球的距离应该是固定的。为了解释行星亮度的变化，希腊人又做了颇为不同的尝试。如图 1.4-4 所示，一个行星（如火星）沿着一个圆周匀速运动，这个圆的中心又沿着一个以地球为中心的圆周运动。靠外的小圆叫做行星的"本轮"，而靠里以地球为中心的大圆叫做行星的"均轮"。本轮的中心沿着均轮匀速运动，因此火星同时参与两种圆周运动。这个理论与观察结果一致，预言了一段短暂的逆行（在套圈的内侧），并且行星在逆行期间离地球最

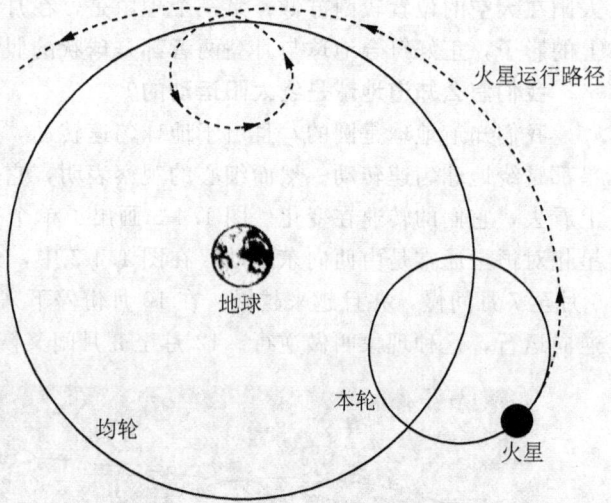

图 1.4-4　火星环绕地球的轨道

近，因而显得最亮。这是一幅令人满意的图画，它解释了观察结果。图 1.4-5 表示作了极大简化后的这一理论。这个理论在公元 100 年前后，由最伟大的天文学家托勒密做了改进和总结。为了与观察结果一致，托勒密引入两个新概念：中心的移动或"偏心率"和"偏心等距点"，从偏心等距点看，运动是匀速的。

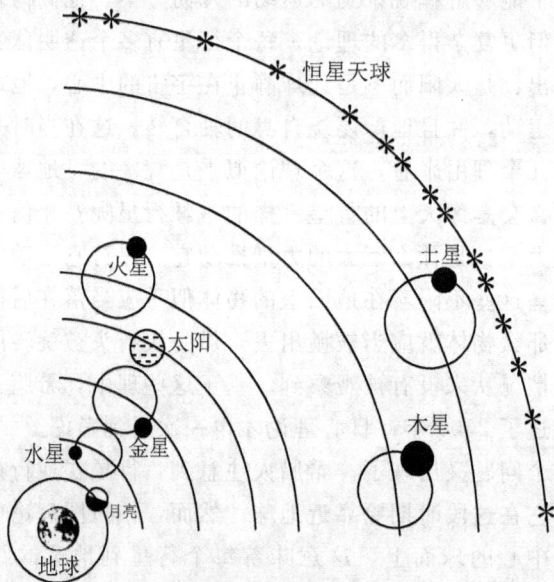

图 1.4-5　托勒密的地心本轮理论

1.4.1　托勒密的地球中心说

在欧洲中古世纪，天文学的宇宙模型是托勒密的地心体系。这种体系认为地球静止地居于宇宙中心，太阳、月球等恒星和行星都绕地球转动，故又称"地球中心说""地心说"或"地静说"。这一学说最初为欧多索斯和亚里士多德所倡导。后来，古希腊学者阿波隆尼提出"本轮均轮"偏心模型。约在公元 140 年，亚历山大城的天文学家托勒密在《天文学大成》中总结并发展了前人的学说，建立了宇宙地心体系（如图 1.4-6）。这一体系包含以下几个要点。

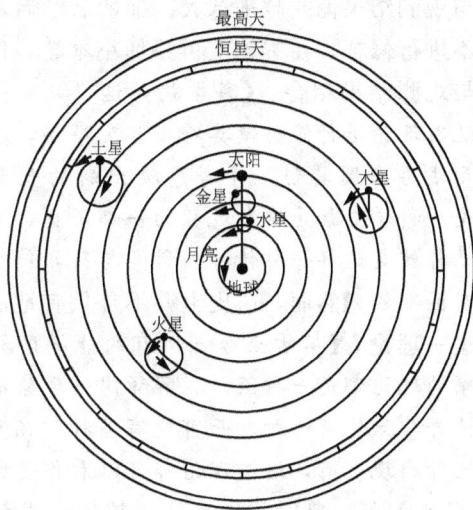

（1）地球位于宇宙中心静止不动。

（2）每个行星都在一个称为"本

图 1.4-6　托勒密地心体系简图

轮"的小圆形轨道上匀速转动，本轮中心在称为"均轮"的大圆轨道上绕地球匀速转动，但是地球不是在均轮的圆心，而是与圆心有一段距离。他用这两种运动的复合来解释行星视运动中的"顺行""逆行""合""留"等现象。

（3）水星和金星的本轮中心位于地球与太阳的连线上，本轮中心在均轮上，一年转一周；火星、木星、土星到它们各自的本轮中心的直线总是与地球——太阳连线平行，这三颗行星每年绕其本轮中心转一周。

（4）恒星都位于被称为"恒星天"的固体壳层上。日、月、行星除上述运动外，还与"恒星天"一起，每天绕地球转一周，于是各种天体每天都要东升西落一次。托勒密适当地选择了各个均轮与本轮的半径的比率、行星在本轮和均轮上的运动速度以及本轮平面与均轮平面的交角，使得按照这一体系推算的行星位置与观测相合。

在当时观察精度不高的情况下，地心体系大致能解释行星的运动，并据此编出了行星的星历表。按照这个理论预报日食、月食，准确度达到一两个小时之内。既然"本轮—均轮"学说与人们当时对天体观测的各种数据相符合，又能预报一定的天象变化，这样的地心说，就不是一种猜想的理论，而是一种唯象的理论，尽管这个理论还未揭露现象的真实结构。【所谓科学，就是能够解释当前所观察到的现象的理论，它未必是唯一的，也可能是不符合客观事实的，它只对感觉负责，只要感觉是来自观察，而不是凭空猜测，这样的一种理论仍然可算是科学。】可是，随着观测精度的提高，按照这一体系推算出的行星位置与观测结果偏差越来越大。他的后继者不得不进行修补，在本轮上再添加小本轮，以求与观测结果相合。【科学就是这样，首先对既有理论进行修补使其符合客观事实，直到无法再自圆其说，才考虑提出新的代替理论。科学史就是这种过程的一部历史，科学精神就是这样一种精神。科学与科学精神是有区别的。】然而，历史上并不是只有地心说这一理论。【从古至今，所有的能够解释现象的理论都是一种假说。解释同一现象的理论并非只能有一种，而可能有多种，在新的例外出现之前，这些理论都可以看作是科学理论。】在古典时代，毕达哥拉斯学派认为地球是球形的，并作了地球运动的第一个推

图 1.4-7　托勒密像

测。亚历山大的天文学家阿利斯塔克（Aristarchus of Samos，公元前 310—前 230）继续发展了这个主张，他不但认为地球是圆的，而且巧妙地运用希腊人的数学工具——几何学，测量了地球、月亮、太阳及其相互距离的相对大小。这个测量记载于他的著作《论日月的体积和距离》一书中。阿利斯塔克在计算的基础上提出日心说，阿基米德在《沙数计算》一书中引述他的观点时写道："行星与地球沿以太阳为中心的圆周绕太阳运动，而恒星所在的天球的中心与太阳中心相符合。"那么为什么在地球上看不到恒星的视位置发生变化，阿利斯塔克解释道，因为恒星离地球的距离比太阳离地球的距离遥远得多。可见他对于天体的分布及其位置关系已有了比较正确的认识。但是，这个理论在当时的条件下没有被人们接受，原因如下。

（1）它与人们的直觉经验相冲突。

（2）它与希腊人的主要哲学观点——亚里士多德的天地"迥然不同论"相冲突。如果接受了它就等于把天上的"不朽之物"与地上的"朽物"视为等同，并把天上独有的完美的圆周运动看作是地球也具有的。【这正是形而上学的精神所在：认定一个先验的前提，这个前提则不容挑战。】

（3）它与当时希腊的力学观念相冲突。如果地球是运动的，为什么地上物

体或云彩不向后漂移呢？

（4）它还不能解释行星的复杂运动，也还没有足够的实验证据支持，基本上仍然是一个猜想的理论。【猜想是科学永恒的主题，离开了猜想，科学也就难以前进一步。】这说明一个理论尽管它实质上是正确的，但如果它对许多现象不能作出合理的解释，它就很难被人们接受。【哥白尼的日心说也逃脱不了这个规律，其学说推出后长久的一段时间内，仍然有大量不能解释的现象。因此不能简单地归因为宗教禁锢。】

从欧多索斯、亚里士多德、阿波隆尼、希帕克到托勒密，经过这样一段时期的发展，地心说体系建立了。这个体系是历史的产物，是总结几千年观察与测算的成果。用一个统一的宇宙模型说明天体的复杂运动，在历史上有它的积极意义。【地心体系有其历史的合理性，它的建立本身也是基于科学的精神，尽管当今科学已经否定了这种理论，但从科学精神的意义上说，它仍然是科学体系整体不可缺少的环节。事实上，科学史证明，科学的发展过程就是像日心说取代地心说一样反复出现的过程。指责地心说愚昧、迷信、是宗教独裁的工具等，并把它从科学整体中去掉，是不恰当的，那实际上也阉割了科学的精神。不能理解地心说的精神，也就不能理解科学的精神。】

1.4.2　近代天文学的奠基人——哥白尼

我们怎么知道地球和别的行星是绕太阳公转的呢？

哥白尼时代仍然没有望远镜，是靠瞄准星星的装置采集数据。依靠为各个行星轨道选用适当的半径、旋转速率和偏心点，哥白尼得到了与观察数据在定量上的一致。他的理论解释了许多现象如逆行，如图 1.4-8 所示。图 1.4-8 说明，当地球超过某一行星（如火星）时，由于地球上的观察者视线的转动，这个行星在恒星背景上看起来就像是向后运动，如同你行驶在高速公路上追过一辆高速行驶的汽车时会出现的效果类似。以远方的树和房屋为背景，由于你的视线的转动，较慢的汽车在几秒钟内，看起来似乎是向后运动。但是，正如哥白尼承认的那样，托勒密的理论也与观察数据相符，两个理论都与观测数据一致。哥白尼的新理论面对一些很有力的反对理由，这些反对理由与早先阿利塔克斯理论所面对的相似。地球如此之大怎么能运动呢？是什么保持它运动？飞鸟和云彩为什么不落在后面？为什么物体不被甩出地球？哥白尼并没有回答这些问题，他只是指出，这些问题在托勒密的巨大的旋转天球中更为突出，而哥白尼理论中旋转的地球毕竟小得多。举这样的论据，哥白尼是假设星星服从的自然定律与地球上的自然定律类似。以前没有人这样想过，这个问题在一个多

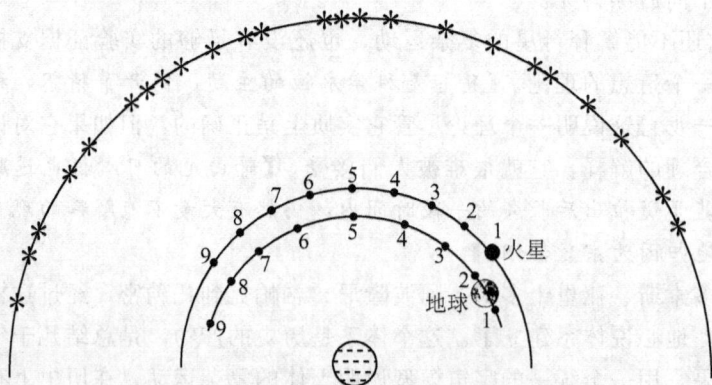

图 1.4-8　哥白尼理论对逆行的说明

世纪里一直没有得到回答，直至牛顿和其他人提出了全新的观点。直到哥白尼去世大约 70 年后，伽利略将望远镜引入天文学中，这时支持日心理论、反对托勒密理论的决定性的一击才出现。在伽利略观察到的各种现象中，其中一种现象是金星经历着与月亮相似的（新月、弦月和满月等）盈亏变化，这说明金星并非自身发光而是反射太阳光。按照托勒密理论，金星本轮的中心应固定在地日连线上，如图 1.4-9 所示，这意味着我们绝不能在地球上看到金星的"满盈"相。另一方面，日心说则预言只要地球与金星两者处于太阳相反的两侧，我们就能看到满盈的金星。如图 1.4-10 所示，金星在其环绕太阳的轨道上，位于太阳的另一侧，伽利略观测到了金星的满盈相，从而推翻了托勒密的理论。

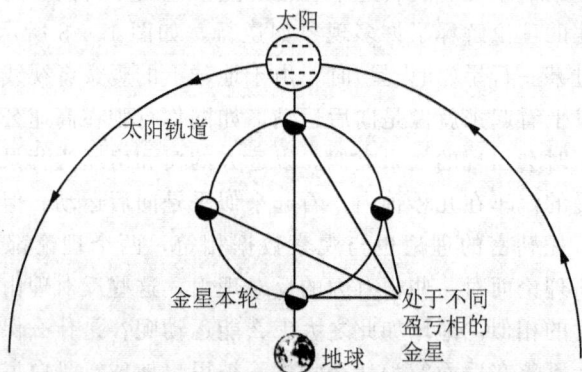

图 1.4-9　托勒密理论预言地球上看不到金星的"满盈"相

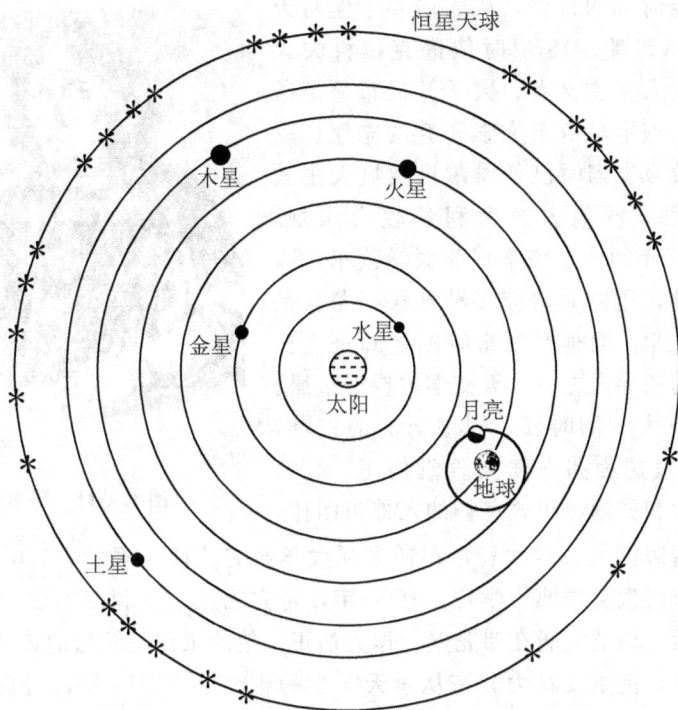

图 1.4-10 哥白尼日心说解释金星"满盈"相

哥白尼的地动学说

自古以来，人类就对宇宙的结构不断地进行着思考，早在古希腊时代就有哲学家提出了地球在运动的主张，只是当时缺乏依据，因此没有得到人们的认可。在古代欧洲，亚里士多德和托勒密主张地心学说，认为地球是静止不动的，其他的星体都围着地球这一宇宙中心旋转。这个学说的提出与基督教《圣经》中关于天堂、人间、地狱的说法刚好互相吻合，处于统治地位的教廷便竭力支持地心学说。因而地心学说长期居于统治地位。随着事物的不断发展，天文观测的精确度渐渐提高，人们逐渐发现了地心学说的破绽。到文艺复兴运动时期，人们发现托勒密所提出的"均轮和本轮"的数目竟多达八十个左右，这显然是不合理、不科学的。人们期待着能有一种科学的天体系统取代地心说。在这种历史背景下，哥白尼的日心学说应运而生了。

哥白尼(Copernicus Nicholas，1473—1543)1473 年 2 月 19 日出生在波兰西部维斯杜拉河畔，托伦城圣阿娜巷。哥白尼 10 岁丧父，由舅父瓦琴洛德抚养。哥白尼从少年时期就热爱天文学，中学时就曾在老师的指导下，制造了一

63

具按日影定时刻的日晷，从而培养了他对天文学的浓厚兴趣。18岁时他进克拉科夫大学，在校受人文主义者、数学教授布鲁楚斯基的熏陶，抱定献身天文学研究的志愿。三年后转回故乡。当时已任埃尔梅兰城大主教的瓦琴洛德，派他去意大利学教会法规。1497～1500年间他在波洛尼亚大学读书，除教会法规外，还同时研究多种学科，尤其是数学和天文学。对他最有影响的老师是文艺复兴运动的领导人之一、天文学教授诺法腊。哥白尼在意大利的时候，因他舅父的推荐，于1497年被选为弗龙堡大教堂僧正。1501年他从意大利回国，正式宣誓加入神甫团体，

图1.4-11 哥白尼

但随即又请假再次去意大利，在帕多瓦大学研究法律与医学。1503年，在费拉拉大学获得教会法博士学位。1506年，哥白尼从意大利回到波兰。1512年他舅父死后，他就定居在弗龙堡。作为僧正，他的工作是轻松的，他始终保持冷静的头脑，把主要精力放在从事天文学的研究上。1515年，哥白尼开始写作《天体运行论》一书。1525年，安娜衷心爱上了这位伟大的科学家，她不顾别人的流言蜚语，来到了被教会剥夺了结婚权利的哥白尼身边。由于她的精心照顾和帮助，才使得《天体运行论》一书的写作得以顺利进行。哥白尼从护卫大教堂的城墙上选一座箭楼做宿舍，并选择顶上一层有门通向城上的平台作为天文台。这地方后来被称为"哥白尼塔"，自17世纪以来被人们作为天文学的圣地保存下来。1516年，当时波兰政府滥发劣质货币，造成物价飞涨，货币贬值，给国内市场带来极大的混乱。哥白尼写了一本《货币的一般理论》的小册子，主张对货币实行改革，建立"货币同盟"，并规定加入同盟的国家只准流通一种货币，只准一个机关发行，货币发行量必须得到控制……由于封建主的反对，他的主张未能实行，然而，他是近代第一个提出进行劣币淘汰的良币理论的经济学家。

哥白尼不仅是一位杰出的经济学家，而且也是一位伟大的爱国主义者，当条顿骑士团疯狂侵略波兰时，他挺身而出，保卫自己的祖国。1519年，条顿骑士团来犯，埃尔门兰德地区的僧侣全给吓跑了，而他却勇敢地组织和领导了奥尔兹丁城的人民奋勇反击侵略者，经过五天五夜的激战，终于打退了敌人的进攻。波兰国王为了表彰他在保卫战中的功绩，委任他为"埃尔门兰德总理"，

主管该地区的一切政务。哥白尼是一位多才多艺的学者，他医术高明，利用业余时间行医，免费为穷苦人治病，是一位颇有名望的医生，被人们誉为"神医"。他精通拉丁文和希腊文，对古希腊罗马文学也颇有研究；他还是一位画家，做过自画像；他还绘制过埃尔门兰德地区的地图，设计过埃尔门兰德城市的自来水。哥白尼还是一位出色的数学家，他的巨著《天体运行论》附录里，发表过他的球面三角论文。在哥白尼的一生事业中，无论是数学、医学还是法学、经济学等领域，他都做出了可喜的成绩，然而他之所以能名垂青史，却是因为他在天文学方面的伟大贡献。1543 年 5 月 24 日，伟大的波兰科学家哥白尼病逝。

尼古拉·哥白尼是伟大的波兰天文学家，日心说的创立者，近代天文学的奠基人。他以惊人的天才和勇气揭开了宇宙的秘密，奠定了近代天文学的基础。哥白尼以毕生的精力进行天文研究，创立了《天体运行论》这一"自然科学的独立宣言"。哥白尼经过长期的天文观测和研究，创立了更为科学的宇宙结构体系——日心说，从此否定了在西方统治达一千多年的地心说。日心说经历了艰苦的斗争后，才为人们所接受，这是天文学上一次伟大的革命，不仅引起了人类宇宙观的重大革新，而且从根本上动摇了欧洲中世纪宗教神学的理论支柱。从此自然科学便开始从神学中解放出来，科学的发展也开始大踏步前进。他的这些成就使他成为了人类科学发展历史上最伟大的革命家之一。

新柏拉图主义曾率先做出推定："圆形是最完美的形状，运动比静止更趋向于神性，太阳应居于宇宙的中心，制约着绕它运转的它的孩子即各个行星。"哥白尼受此启发，提出一个新的日心说：宇宙是有限的，太阳居于宇宙的中心，地球和其他行星以同心圆的方式匀速绕其运转（如图 1.4-10）。其实哥白尼并不是一位革新家，他主观上是保守的。他基于圆的完美性而将行星的轨道假设为圆，并且认为宇宙是有限的，让太阳取代地球居于宇宙的中心，这都是承自于地心说的。显然，这种理论很不完善，有许多天文现象无法完美地解释。而其核心思想又触动教会的利益，受到教会的打击与迫害，因此，在很长一段时间内都没有得到广泛支持和传播。日心说的完善工作由其后来人来完成。除了开普勒和伽利略之外，有一个人我们也该铭记，他就是意大利科学家乔尔丹·布鲁诺。他是日心说的坚定支持者，并且更正了日心说的一些错误。哥白尼认为，宇宙是有限的，但为了解决由地球转动造成的恒星视差的问题，他又不得不假设恒星之间相距非常遥远。布鲁诺把这一假设在逻辑上推向极限，他认为宇宙是无限的，并且，宇宙中还有无数像太阳系这样的星系。这种思想无疑是大大地进步了。不幸的是，由于教会的迫害，布鲁诺于公元 1600 年 2 月 17

日在罗马的鲜花广场被火刑处死。早在哥白尼时代以前，亚里士多德－托勒密的地球中心说就已被基督教会改造成为基督教义的支柱。然而，由于观测技术的进步，在托勒密的地心体系里必须用 80 个左右的均轮和本轮才能获得同观测比较相合的结果，而且这类小轮的数目还有继续增加的趋势。一个理论的体系当它解释现象时变得愈来愈复杂、愈来愈烦琐，要求愈来愈多的附加条件，在新的事实面前愈来愈牵强附会时，怀疑的时刻就到来了。哥白尼的天文学老师诺法腊就批评托勒密体系太繁复、不合数学和谐的原理，这给哥白尼后来的学说以极大的影响。这些就是哥白尼学说产生的历史条件。哥白尼在意大利时研究过大量的古希腊哲学和天文学著作。他赞成毕达哥拉斯学派的治学精神，主张以简单的几何图形或数学关系来表达宇宙的规律。他了解到古希腊人阿利斯塔克等曾有过地球绕太阳转动的学说，受到很大启发。【文艺复兴时期的大量成就都是从故纸堆中捡回来的。】哥白尼分析了托勒密体系中的行星运动，发现每个行星都有三种共同的周期运动，即：一日一周、一年一周和相当于岁差的周期运动。他认为，如果把这三种运动都加到被托勒密视为静止不动的地球上，就可消除地心说体系里不必要的复杂性。【以某种假说为方向，然后罗列证据以证明之，这就是科学手段。】因此，哥白尼建立起一个新的宇宙体系，即太阳居于宇宙的中心静止不动，而包括地球在内的行星都绕太阳转动的日心体系。离太阳最近的是水星，其他依次是金星、地球、火星、木星和土星，如图1.4-10 所示。只有月球绕地球转动。恒星则在离太阳很远的一个天球上静止不动。哥白尼把统率整个宇宙的支配力量赋予太阳，而各个天体则都有其自然的运动。

　　哥白尼用了"将近四个九年的时间"来测算、校核、修订他的学说。他曾写过一篇《要释》，简要地介绍他的学说。这篇短文曾在他的友人中间手抄流传。但是，他迟迟不愿将他的主要著作——《天体运行论》公开出版。因为，他很了解，他的书一经刊布，便会引起各方面的攻击。批判可能来自两种人：一种人是顽固的哲学家，他们坚持亚里士多德－托勒密的说法，把地球当作宇宙的固定中心；另一种人是教士，他们会说日心说是离经叛道的异端邪说，因为《圣经》上明白指出地球是静止不动的。当哥白尼终于听从朋友们的劝告，将他的手稿送去出版时，他想出一个办法，在书的序中写明将他的著作大胆地献给教皇保罗三世。他认为，在这位比较开明的教皇的庇护下，《天体运行论》也许可以问世。《天体运行论》还有另外一篇别人写的前言。哥白尼当时已重病在身，辗转委托教士奥塞安德尔去办理排印工作。这位教士为使这书能安全发行，假造了一篇无署名的前言，说书中的理论不一定代表行星在空间的真正运动，不过是为了计算编排星表、预测行星的位置而想出来的一种人为的设计。这篇前言里说了许多称赞哥白尼的话,细心的读者很容易发现这是别人写的。然而,这个"迷眼的沙子"起了很大的作用,在半个多世纪的时间里,骗过了许多人。1542 年秋,哥白尼因中风已陷入半身不遂的状况,到 1543 年初已临近死亡。延至 5 月 24 日,当一本印好的《天体运行论》送到他的病榻的时候,已是他弥留的时刻了。

在《天体运行论》中,哥白尼首先论述了地动说。他从运动的相对性出发,论证了行星的视运动是地球运动和行星运动复合的结果。他说:"无论观测对象运动,还是观测者运动,或者两者同时运动但不一致,都会使观测对象的视位置发生变化(等速平行运动是不能互相觉察的)。我们是在地球上看天穹的旋转;如果假定是地球在运动,也会显得地外物体作方向相反的运动。"接着,他提出了地球在宇宙中的位置问题,认为地球并不在中心,而是像其他行星一样距离太阳有一段距离,在自己的轨道上运行。他写道,"我们把太阳的运动归之于地球运动的效果,把太阳看成是静止的,恒星的东升西落并不受影响。然而行星的顺行、逆行、和、留,则不是由于行星本身的行动,却只是地球运动的反映。于是,我们认为,太阳是宇宙的中心。"此外,他还谈到月亮的运动,行星在太阳系中的排列等。哥白尼的"日心说"很好地解释了每两年一次的火星绕地球逆行的现象。

爱因斯坦高度地评价了哥白尼的功绩及其对人类认识史的深远影响。他写道:"哥白尼对于西方摆脱教权统治和学术统治枷锁的精神解放所做的贡献几乎比谁都要大","要令人信服地详细说明太阳中心概念的优越性,必须具有罕见的思考的独立性和直觉,也要通晓天文事实,而这些事实在那个时代是不易得到的。哥白尼的这个伟大的成就,不仅铺平了通向近代天文学的道路,而且也帮助人们在宇宙观上引起了决定性的变革。一旦认识到地球不是世界中心,而只是较小的行星之一,以人类为中心的妄想也就站不住脚了。"然而,值得注意的是,哥白尼的太阳中心说并不是无懈可击的。他不能解释:为什么人们感觉不出地球的运动?地球既然自转,地球上的物体下落何以不产生偏斜?哥白尼还不能摆脱亚里士多德哲学的束缚,他接受了圆运动是天体最完善的运动方式的观念,因而在哥白尼的体系里,一切行星都沿圆周运动,而宇宙则是所谓最完善的、有限的球形。所有这些缺点和不完善的地方,随着自然科学的发展,都不断地得到了修正。约在 1515 年前,哥白尼为阐述自己关于天体运动学说的基本思想撰写了一篇题为"浅说"的论文。他认为天体运动必须满足以下七点:

(1)不存在一个所有天体轨道或天体的共同的中心;

（2）地球只是引力中心和月球轨道的中心，并不是宇宙的中心；

（3）所有天体都绕太阳运转，宇宙的中心在太阳附近；

（4）日地距离同天穹高度之比，就如同地球半径同日地距离之比一样渺小；

（5）在天空中看到的任何运动，都是地球运动引起的；

（6）在空中看到的太阳运动的一切现象，都不是它本身运动产生的，而是地球运动引起的，地球带着大气层，像其他行星一样围绕太阳旋转，由此可见，地球同时进行几种运动；

（7）人们看到的行星向前和向后运动，是由于地球运动引起的。

此外，哥白尼还描述了太阳、月球、三颗外行星（土星、木星和火星）和两颗内行星（金星、水星）的视运动。书中，哥白尼批判了托勒密的理论。科学地阐明了天体运行的现象，推翻了长期以来居于统治地位的地心说，并从根本上否定了基督教关于上帝创造一切的谬论，从而实现了天文学中的根本变革。

1.4.3 《天体运行论》

哥白尼认识到"浅说"中的论断是用假设的方式提出的，并且他的模型所用数据并非亲自观测得出，缺乏可信度。1515 年，哥白尼便开始着手准备撰写《天体运行论》这一更为完整的论著。十几年间，哥白尼进行了大量的天文观测，收集了大批资料，终于在 1533 年完成了这部巨著的初稿。随后，他又长期进行观测、验证、修改，使得他的宇宙体系更具说服力，成为一种科学理论。

《天体运行论》的第一卷是全书的精髓，论述了"宇宙是球形""大地也是球形""天体的运动是均匀永恒之圆运动或复合运动"。哥白尼说，"天体的这种旋转运动对于球来说是固有的性质，它反映了球形的特点。球这种形状的特点是简单，没有起点，也没有终点，旋转时不能将各部分相区别。而且球体形状也正是旋转作用本身造成的。"

哥白尼赞同毕达哥拉斯学派的主张，即应当用简明的几何图像来表示宇宙的结构和天体的运行规律。在第一卷的第十章中，哥白尼正确地将行星以及地球绕日运转轨道进行排列，并刊载了他的宇宙模型图。这张我们现在看似普通的天球次序图，在当时却是人类认识宇宙的一次巨大的飞跃。哥白尼在《天体运行论》中还详细讲解了地球的三种运动（自转、公转、赤纬运动）所引起的一系列现象，岁差现象、月球运动、行星运动以及金星、水星的纬度偏离和轨道平面的倾角和恒星的周年视差（地球在绕日公转，从其椭圆轨道之一端运行至另一端，在此两端观测远处恒星，方位应有所改变），哥白尼在《天体运行论》中只能强调恒星非常遥远，因而周年视差非常微小，无法观测到。这确实是事实。将恒星周年视差观测出来是 19 世纪由 F. W. 贝塞尔办到的，1838 年他公布了对恒星天鹅座 61 观测到的周年视差。J. 布拉德雷发现恒星的周年光行差，作为地球绕日公转的证据，和恒星周年视差同样有力，但那也是 1728 年的事了。

由于哥白尼的学说触犯了基督教的教义，遭到了教会的反对。他的著作更是被列为禁书。但真理是封锁不住的，哥白尼的学说后来得到了许多科学家的继承和发展。1882 年，罗马教皇不得不承认哥白尼的学说是正确的。这一光辉学说经过了 3 个世纪的艰苦斗争，终于获得完全胜利并为社会所承认。

1.4.4 哥白尼的历史地位

哥白尼是欧洲文艺复兴时期的一位巨人。他用毕生的精力去研究天文学，为后世留下了宝贵的遗产。由于时代的局限，哥白尼只是把宇宙的中心从地球移到了太阳，并没有放弃宇宙中心论和宇宙有限论。在德国的开普勒总结出行星运动三定律、英国的牛顿发现万有引力定律以后，哥白尼的太阳中心说才更加稳固。后来的研究结果证明，宇宙空间是无限的，它没有边界，没有形状，因而也就没有中心。虽然哥白尼的观点并不完全正确，但他的理论的提出给人类的宇宙观带来了巨大的变革。

恩格斯在《自然辩证法》中对哥白尼的《天体运行论》给予了高度的评价。他说："自然科学借以宣布其独立并且好像是重演路德焚烧教谕的革命行动，便是哥白尼那本不朽著作的出版，他用这本书向自然事物方面的教会权威挑战，从此自然科学便开始从神学中解放出来。"

1.4.5 开普勒行星运动三定律

开普勒(Johannes Kepler，1571—1630)，德国天文学家。1600 年，开普勒到布拉格担任第谷·布拉赫的助手。1601 年第谷去世后，他继承了第谷的事业，利用第谷多年积累的观测资料，仔细分析研究，发现了行星沿椭圆轨道运行，并且提出行星运动三定律(开普勒定律)，为牛顿发现万有引力定律打下了基础。在第谷的工作基础上，开普勒经过大量的计算，编制成《鲁道夫星表》，表中列出了1005 颗恒星的位置。这个星表比其他星表要精确得多，因此直到 18 世纪中叶，《鲁道夫星表》仍然被天文学家和航海家们视为珍宝，它的形式几乎没

图 1.4-12 开普勒像

有改变地保留到今天。开普勒的主要著作有《宇宙的神秘》《光学》《宇宙和谐论》《哥白尼天文学概要》《彗星论》和《稀奇的 1631 年天象》等。其中，在《宇宙和谐论》中，开普勒找到了最简单的世界体系，只需 7 个椭圆就可以描述天体运动的体系了；在《彗星论》中，他指出彗星的尾巴总是背着太阳，是因为太阳排斥彗头的物质造成的，这是距今数个世纪以前对辐射压力存在的正确预言。此外，开普勒还发现了大气折射的近似定律。

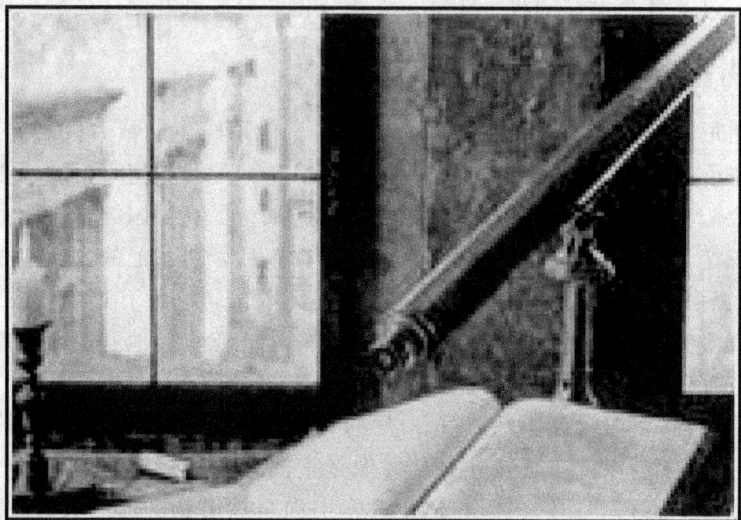

图 1.4-13 第谷用过的望远镜

图 1.4-14 开普勒像

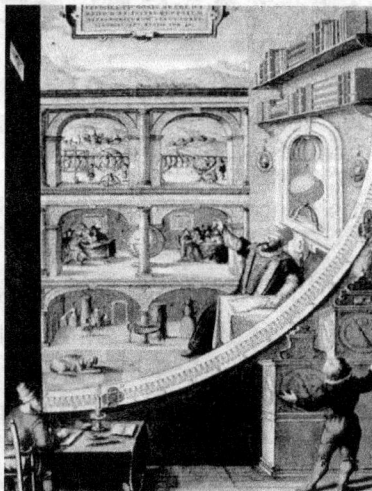

图 1.4-15 第谷在天文台

为了纪念开普勒的功绩，国际天文学联合会决定将 1134 号小行星命名为开普勒小行星。开普勒行星运动三定律也统称为"开普勒三定律"，是指行星在宇宙空间绕太阳公转所遵循的定律，也叫"行星运动定律"。开普勒在 1609 年出版的《新天文学》中发表了关于行星运动的两条定律。

开普勒第一定律（椭圆轨道定律）

每一行星沿一个椭圆轨道环绕太阳，而太阳则处在椭圆的一个焦点中（如图 1.4-16）。

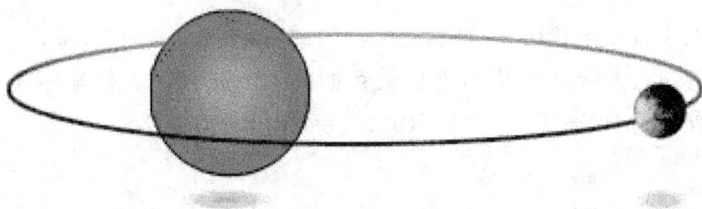

图 1.4-16 椭圆轨道定律图

开普勒第二定律（面积定律）

从太阳到行星所连接的直线在相等的时间内扫过相等的面积。

图 1.4-17：用地球绕太阳运动显示开普勒第一定律、第二定律。太阳位置 S 是椭圆的焦点，经过椭圆轨道的近日点 P 是 1 月 2 日，经过椭圆轨道的远日点 A 是 7 月 4 日。地球从 12 月 5 日到 1 月 30 日这 56 天内扫过的面积等于从 6 月 6 日到 8 月 1 日这 56 天内扫过的面积。

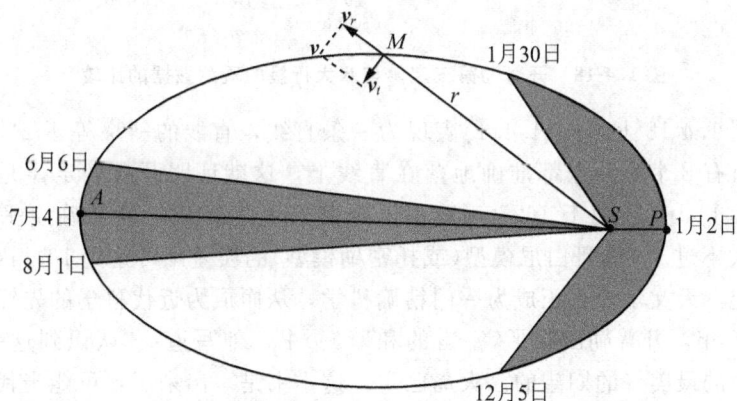

图 1.4-17 用地球绕日运动显示开普勒第一定律、第二定律

1618 年，开普勒又发现了第三条定律：

开普勒第三定律（周期定律）

所有的行星轨道的半长轴的三次方与其公转周期的二次方的比值都相等。用公式表示为

$$T^2 = KR^3 \tag{1.4.1}$$

式中，R 为行星公转轨道半长轴，T 为行星公转周期。通常把地球与太阳间的平均距离（日地距离）作为一个天文（距离）单位，记为 AU（$1\text{AU} = 1.5 \times 10^{11}\text{m}$），周期 T 以年为单位，则常数 $k = G\dfrac{M}{4T^2} = 1$。例如：火星到太阳间的平均距离为 1.5AU，由式（1.4.1）有 $T^2 = (1.5)^3 = 3.4, T = 1.8\text{a}$，式中 a 表示年。现在已知八大行星的 R 和 T 的关系如图 1.4-18 所示，横坐标 T 和纵坐标 R 都以对数（$\lg$，即 $\lg T^2 = 2\lg T, \lg R^3 = 3\lg R$）为标度。

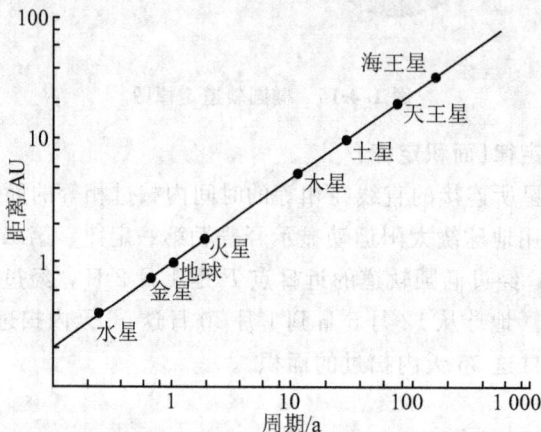

图 1.4-18　开普勒第三定律与八大行星的观测数据的比较

在图 1.4-18 上，式（1.4.1）表现为一条直线，直线的斜率等于 2/3。我们看到，所有 8 个实测点都准确地落在直线上，这就证明开普勒定律是很准确的。事实上，开普勒 1627 年算出了新的行星运行表，其准确度平均达到 $10'$，最大不过 $1°$，而哥白尼模型（或托密勒模型）的误差则可达到 $10°$。因此，从开普勒起，天文学才真正成为一门精确科学，从而成为近代科学的先锋。

1619 年，开普勒出版了《宇宙的和谐》一书，他写道："认识到这一真理，是超出我的最美好的期望的。大局已定，这本书是写出来了，可能当代有人阅读，也可能是供后人阅读的。它很可能要等一个世纪才有信奉者，这一点我不管了。"开普勒已经认识到：他的定律强烈地暗示了太阳对行星有一种吸引力，这个力随距离之增大而减弱。这样才能理解例如为什么水星（离太阳最近）的运

动速度比金星的快，因而周期最短的事实。但这是什么样的力呢？开普勒还想不出来，揭示这一自然奥秘的任务是后来牛顿完成的，但开普勒的理论为牛顿经典力学的建立提供了重要基础。

1.4.6　开普勒定律的意义

首先，开普勒定律在科学思想上表现出无比勇敢的创造精神。远在哥白尼创立日心宇宙体系之前，许多学者对于天动地静的观念就提出过不同见解。但对天体遵循完美的均匀圆周运动这一观念，从未有人敢怀疑。开普勒却毅然否定了它，这是个非常大胆的创见。哥白尼知道几个圆合并起来就可以产生椭圆，但他从来没有用椭圆来描述过天体的轨道。正如开普勒所说，"哥白尼没有觉察到他伸手可得的财富"。

其次，开普勒定律彻底摧毁了托勒密的本轮系，把哥白尼体系从本轮的桎梏下解放出来，为它带来充分的完整和严谨。哥白尼抛弃古希腊人的一个先入之见，即天与地的本质差别，获得一个简单得多的体系。但它仍须用三十几个圆周来解释天体的运动。开普勒却找到最简单的世界体系，只用七个椭圆说就全部解决了，不需再借助任何本轮和偏心圆就能简单而精确地推算行星的运动。

最后，开普勒定律使人们对行星运动的认识明晰。它证明行星世界是一个匀称的（开普勒所说的"和谐"）系统。这个系统的中心天体是太阳，受来自太阳的某种统一力量所支配。太阳位于每个行星轨道的焦点之一。行星公转周期决定于各个行星与太阳的距离，与质量无关。而在哥白尼体系中，太阳虽然居于宇宙"中心"，却并不扮演这个角色，因为没有一个行星的轨道中心是同太阳相重合的。

利用前人进行的科学实验和记录下来的数据而作出科学发现，在科学史上是不少的，但像行星运动定律的发现那样，从第谷的 20 余年辛勤观测到开普勒长期的精心推算，道路如此艰难，成果如此辉煌的科学合作，则是罕见的。这一切都是在没有望远镜的条件下得到的！被称为"星子之王"的第谷·布拉赫在天体观测方面获得不少成就，死后留下 20 多年的观测资料和一份精密星表。他的助手开普勒利用了这些观测资料和星表，进行新星表编制。然而工作伊始便遇到了困难，按照正圆轨道来编制火星运行表一直行不通，火星这个"狡猾家伙"总不听指挥，老爱越轨。经过一次次分析计算，开普勒发现，如果火星轨道不是正圆，而是椭圆，那么矛盾不就烟消云散了吗？经过长期细致而复杂计算以后，他终于发现：行星在通过太阳的平面内沿椭圆轨道运行，太阳位于椭圆的一个焦点上。这就是行星运动第一定律，又叫"轨道定律"。当开普勒继续研究时，"诡谲多端"的火星又将他骗了。原来，开普勒和前人都把行星运动当作等速来研究的。他按照这一方法苦苦计算了 1 年，却仍得不到结果。后来他发现，在椭圆轨道上运行的行星速度不是常数，而是在相等时间内，行星与太阳的连线所扫过的面积是相等的。这就是行星运动第二定律，又叫"面积定律"。开普勒又经过 9 年努力，才找到行星运动第三定律。

思考题和习题

1. 你对哲学感兴趣吗？有什么体会呢？

2. 你对在高等教育中强调"人文文化与科学文化的融合"的必要性和迫切性有何认识？

3. 爱因斯坦指出的近代科学发展在方法论上需要两大发现，是_____和_____。

4. 《易经》中包含的_____的思想成为我国辩证法思想的发源。

5. 近代哲学一般认为是从法国数学家、演绎法的奠基人_____开始的。他有一句名言："我思故我在"。

6. 仅通过直接观察，你怎样辨别天空中的一个特定天体是不是行星？

7. 描述一个你用眼睛能做的观察以否定下述理论：各行星附在一些透明球壳上，这些球壳以复杂的方式旋转，但总是以地球为中心，行星就是这样绕地球运行的(地心说)。

8. 开普勒喜欢哥白尼理论中的哪些地方，不喜欢哪些地方？

9. 哥白尼赞成毕达哥拉斯学派，认为宇宙是和谐的，可以用简单数学关系表达宇宙规律的基本思想。可是在托勒密的_____中，对环绕地球运动的太阳和其他五颗行星的运动描述非常烦琐复杂、牵强。哥白尼发现如果把_____作为宇宙的中心，一切将变得简单、清晰。

10. 开普勒在第谷的观测数据的基础上，经过各种尝试，认识到了行星运动轨道不是圆而是_____，由此他提出了两个定律，分别是：

(1)椭圆定律，即_____；

(2)等面积定律，即_____。

11. 伽利略用来驳斥亚里士多德的教义——宇宙中只有地球一个中心，一切都围绕它转的重要发现是_____。

12. 科学最重要和最有特色的特点是什么？

13. 诸如占星术、推理教、超感官知觉(ESP)、外星人来访、地球年龄是6000年、百慕大三角以及金字塔魔力等信念的"科学"态度是什么?

14. 一光年(1. y)是光走一年的距离。我们最邻近的恒星离我们4光年。光从太阳到达地球要8分钟,用这一事实计算最邻近的恒星离我们有多少个天文单位(AU)?

15. 亚里士多德把运动分为_____和_____。伽利略否定了这种划分,而是从运动的基本特征量_____和_____出发,把运动分为_____和_____。

16. 伽利略选择了最简单的变速运动——匀加速运动进行研究,还开创性地设计了_____,这个实验被评为物理学史上"最美丽"的十大实验之一。

17. 爱因斯坦说:"伽利略的发现以及他所用的科学推理方法是人类思想史上最伟大的成就之一,而且标志着物理学的真正开端。"伽利略对科学方法的贡献是,他开创了_____方法,并将_____与_____相结合,获得了突破性的发现。

18. 从特殊到一般,再从一般回到特殊。前者被英国哲学家培根称为_____,它是以实验为基础的;后者被数学家兼哲学家笛卡儿称为_____,它必须依靠数学作为工具。在牛顿以前,一般认为这两种方法是互相排斥的。牛顿在科学方法上的重大贡献就是将两种方法结合起来。他用自己的一系列重大成果表明:就科学研究全过程而言,这两种方法是相辅相成、不可或缺的。

(A)观察法　　　(B)归纳法　　　(C)测量法　　　(D)演绎法

第二篇 经典力学的建立和发展

近代自然科学的诞生是从天文学的突破开始的。

经典力学是从伽利略和开普勒时代开始的，到牛顿时代到达成熟阶段。从科学方法上看，它的建立和发展离不开科学实验方法和数学的引入，也就是离不开归纳法（需要实验）和演绎法（需要数学）两者的结合。

伟大的科学家、经典物理学理论体系的创立者

牛顿（Isaar Newton），1643 年 1 月 4 日诞生于英格兰林肯郡的小镇乌尔斯索普的一个自耕农家庭。出生之前，父亲已去世。牛顿生来孱弱。3 年后，他的母亲再嫁给一位牧师，把他留在祖母身边抚养。8 年之后，牧师病故，牛顿的母亲带着"和后夫所生"的一子二女又回到乌尔斯索普。牛顿自幼沉默寡言，性格偏躄，这种习性可能来自他的家庭环境。牛顿 12 岁

图 2-1 牛顿

进入离家不远的格兰瑟姆中学。他的母亲原希望他成为一个农民，能赡养家庭，但牛顿本人却无意于此而酷爱读书，以致经常忘了干活。随着年龄的增大，牛顿越发爱好读书，喜欢沉思，做科学小试验。他在格兰瑟姆中学读书时，曾寄宿在一位药剂师家里，使他受到化学实验的熏陶。牛顿在中学时代学习成绩并不出众，只是爱好读书，对自然现

象有强烈的好奇心，例如颜色、日影四季的移动，尤其爱好几何学、哥白尼的日心说等。他还分门别类地记读书心得笔记，又喜欢别出心裁地做些小工具、小技巧、小发明、小试验。当时英国社会渗入基督新教思想，牛顿家里有两位以神甫为职业的亲戚，这可能影响了牛顿晚年的宗教生活。从这些平凡的环境和活动中，看不出幼年的牛顿是一个才能出众异于常人的儿童，但格兰瑟姆中学的校长 J·斯托克斯和牛顿的一位当神甫的叔父 W·艾斯库，别具慧眼，鼓励牛顿上大学读书。牛顿于 1661 年以减费生的身份进入剑桥大学三一学院，1665 年获学士学位。牛顿于 1727 年 3 月 31 日在伦敦郊区的肯辛顿逝世，以国葬礼葬于伦敦威斯敏斯特教堂。

英国著名诗人 Pope
　写道：
　　自然界和自然界的规律隐藏在黑暗中，
上帝说：
"让牛顿去吧！"
于是一切成为光明。

图 2-2　牛顿发明反射望远镜

　　牛顿一生的重要贡献是集 16 世纪、17 世纪科学先驱成果的大成，建立起一个完整的物理学理论体系，把天地间万物的运动规律概括在一个严密的统一理论中。这是人类认识自然的历史中第一次理论的大综合。以牛顿命名的牛顿力学是经典物理学和天文学的基础，也是现代工程力学以及与之相关的工程技术的理论基础。这一成就，使以牛顿为代表的机械论的自然观，在整个自然科学领域中取得了长达两百年的统治地位。牛顿一生，不仅在物理学、天文学、数学和化学等多种科学领域上做出了堪称一流的开创性贡献，而且在自然哲学和科学研究方法方面同样做出了创造性的贡献，为近代科学革命奠定了基础。

第2章 牛顿运动定律

　　力学是一门古老的学问，其研究的范围如图 2-3 所示。其渊源在我国可追溯到公元前 5 世纪《墨经》中关于杠杆原理的论述，在西方可追溯到公元前 4 世纪，古希腊学者柏拉图认为圆运动是天体中最完美的运动和亚里士多德关于力产生运动的说教。但是，力学（以及整个物理学）成为一门科学理论应该说是从 17 世纪伽利略论述惯性运动开始，继而牛顿提出运动三定律，以此为基础的力学理论叫做牛顿力学或经典力学。它曾经被尊为完美无缺的普遍的理论而兴盛了 300 多年。在 20 世纪初虽然发现了它的局限性，在高速领域为相对论所取代，在微观领域为量子力学所取代。但是在一般的技术领域，包括机械制造、土木建筑，甚至于航空航天技术中，经典力学仍保持着充沛的活力而处于基础理论的地位。它的这种实用性是我们学习经典力学的一个重要原因。

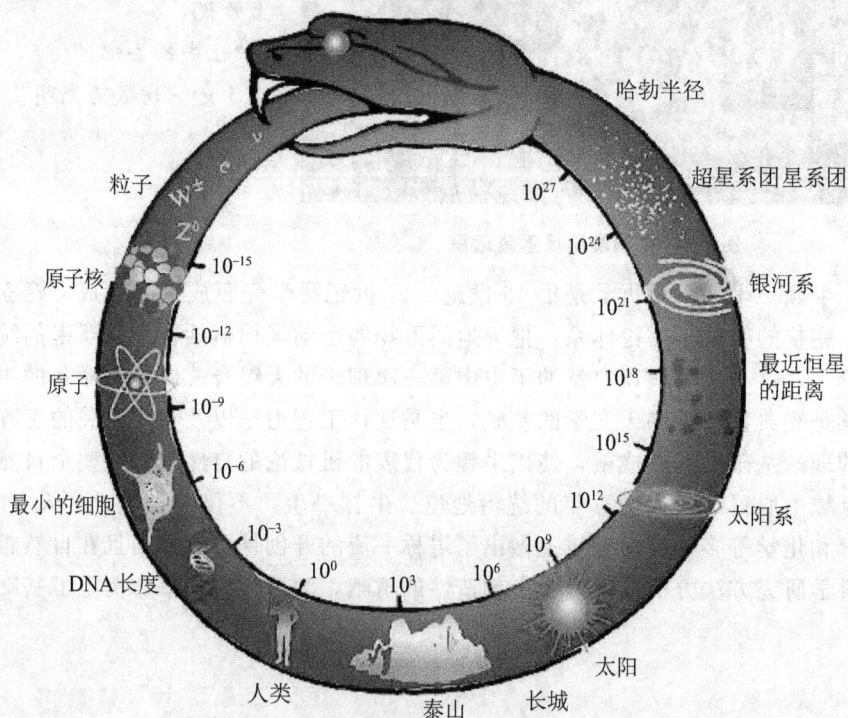

图 2-3 物理学研究的范围/m

经典力学一向认为是决定论。但是，在 20 世纪 60 年代，由于电子计算机的发明和应用，发现经典力学问题大部分是决定论的，但是，是不可预测的。牛顿力学告诉我们：在物体受力已知的情况下，给定了初始条件，物体以后的运动情况（任一时刻的位置、速度……）就完全决定了，并且可以预测，这种认识称为决定论的可预测性。原来，牛顿力学显示出来的决定论的可预测性只是那些受力和位置或速度有线性关系的系统才具有的，这样的系统叫线性系统。对于受力比较复杂的非线性系统，情况就不同了，虽然受牛顿力学的决定论的支配，但是后果却是不可预测的！决定论的不可预测性，是在 19 世纪法国伟大的数学家庞加莱在研究三体问题时提出来的，但是，当时没有引起物理学家的高度重视。直到美国气象学家洛伦兹使用计算机发现混沌运动时指出：长期的天气预报是不可能的。他把这种天气预报对于初值的极端敏感反应用一个很有趣的词"蝴蝶效应"来表述——"今天在北京一只蝴蝶拍动一下翅膀，可能下月就会在纽约引起一场暴风雪"。在自然界中，决定与混乱（或随机）共存而且紧密联系。对混沌现象的研究目前不但在自然科学领域受到人们的极大关注，而且已扩展到人文学科，比如经济学和社会学等领域。

自然界的一切物质都处于永恒的运动中，物质运动的形式是多种多样的，其中，机械运动是最简单的又是最基本的运动。力学就是研究物体机械运动的规律及其应用的科学，而牛顿运动定律是经典力学的基础。本章我们着重阐述下列三个问题。

第一，如何描述物体的运动状态。在运动学中，物体的运动状态是用位置矢量和速度矢量来描述的，而物体运动的变化则是用加速度矢量来描述。通过速度和加速度等概念的建立，加深对运动的相对性、瞬时性、矢量性和叠加性等基本性质的认识。

第二，从惯性、物体间的相互作用和牛顿运动三定律出发，首先得出现代物理学表征机械运动的三个基本量：动量、角动量和动能。然后再进一步揭示机械运动的三大守恒定律和定理：动量守恒定律、角动量守恒定律和能量守恒定律，以及动量定理、角动量定理和动能定理。

第三，利用矢量代数和微积分知识，通过举例说明如何在给定条件下，建立和解出物体的运动学方程、轨迹方程，从而对物体运动过程的全貌有一定的认识。

2.1 机械运动的基本特征及其描述方法

要描述机械运动必须抓住它的基本特征，机械运动的基本特征有哪些呢？这就是运动的绝对性和相对性，运动的瞬时性和运动的矢量性。如何来描述运动，必须依据概念原理，建立基本概念，进而建立物体的理想模型（质点），应用数学（三角、几何、代数、矢量、微积分）手段进行数理逻辑推理，得出结论。最后，讨论其物理意义。

2.1.1 运动的基本概念

1. 参考系

自然界中，所有的物体都在不停地运动着，绝对静止不动的物体是不存在的。描述一个物体的运动，首先要选择一个或几个相对静止的其他物体作为比较的基准，这个其他物体或物体群称为参考系。不同的参考系对同一物体运动的描述是不同的。例如在匀速行驶的火车中，静坐的乘客相对于车厢的速度为零，而对于路边某一固定的物体，乘客和火车一起做匀速运动。因此，在描述某一物体的运动状态时，必须指明是相对哪个参考系而言。

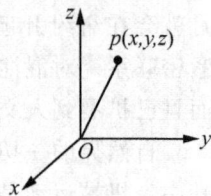

图 2.1-1

参考系的选取是任意的，一般要根据问题的性质和研究的方便来选取。例如，研究物体在地面上的运动时，选取地面作为参考系最方便；而研究地球绕太阳的运动，则要选取太阳作为参考系。

为了定量地说明一个物体相对于其参考系的空间位置，需要在此参考系上建立固定的坐标系。常用的坐标系是笛卡儿直角坐标系（$oxyz$），如图 2.1-1所示，物体在坐标系的位置为 $p(x,y,z)$。

2. 质点

任何物体都有大小和形状，一般来说，物体运动时其各部分位置的变化是不同的。因此，要精确描述物体各部分的运动状态不是一件容易的事。将所研究的物体假设为一个具有一定质量的几何点（抓住质量这个主要矛盾，忽略其大小和形状），这样的理想模型称为质点。例如，研究地球绕太阳的运动时，由于地球离太阳的距离（$r \approx 1.5 \times 10^8$ km）比地球的半径（约 $R \approx 6.4 \times 10^3$ km）大得多，因此地球上各点相对太阳的运动可视为相同，这时可把地球当作质点。

研究质点运动是研究物体运动的基础。在不能把物体当作质点时，可把整个物体视为由许多质点组成，弄清这些质点的运动，就可以了解整个物体的运动。

在本书的力学内容中，除刚体的定轴转动外，都把物体当作质点来处理。

2.1.2 运动的基本特征

1. 运动的绝对性

自然界的一切物质都是处在永恒不息的运动中，这就是运动的绝对性。

2. 运动的相对性

描述一个物体的运动是相对参考系而言的，参考系不同，其结果不同，这是运动的相对性。

3. 运动的瞬时性

物体运动的情况是随时间不断地变化的，这就是运动的瞬时性。

4. 运动的矢量性

运动的方向性和叠加性称为运动的矢量性。

2.1.3 运动的描述

在本书的各章中（除刚体外），都是把物体当做质点来处理的。质点是经过科学的抽象而形成的物理模型。把物体当做质点来处理是有条件的、相对的而不是无条件的、绝对的。例如，研究地球绕太阳公转时，可以把地球当做质点；但在研究地球上物体的运动时，就不能把地球看做是质点来处理了。

2.2 质点的运动学方程

2.2.1 质点运动的基本概念

位置坐标

质点在笛卡儿直角坐标系中的位置，称为位置坐标。质点某时刻 t 在 P 点的位置坐标可用坐标原点 O 指向 P 点的有向线段 r 来表示，矢量 r 称为位置矢量，如图 2.2-1 所示。

从图 2.2-1 中可以看出，位置矢量在 x，y 和 z 轴上的投影（P 点的坐标）为 x，y 和 z。所以，质点 P 某时刻 t 在坐标系中的位置也可表示为 $P(x,y,z)$。

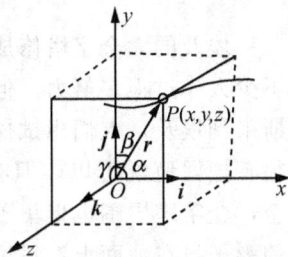

图 2.2-1

81

2.2.2　位置矢量

质点 P 在笛卡儿直角坐标系中的位置，可以用从原点到此点的一有向线段来表示，记为 r，矢量 r 的大小和方向完全确定了质点 P 相对于参考系的位置，r 称为位置矢量，简称位矢。

位置矢量的数学表达式为

$$r = x\boldsymbol{i} + y\boldsymbol{j} + z\boldsymbol{k} \tag{2.2.1}$$

式中，$\boldsymbol{i}, \boldsymbol{j}$ 和 $\boldsymbol{k}$ 分别为 x, y 和 z 轴正方向的单位矢量。位置矢量的大小为

$$|\boldsymbol{r}| = \sqrt{x^2 + y^2 + z^2}$$

方向余弦为

$$\cos\alpha = \frac{x}{|\boldsymbol{r}|}, \quad \cos\beta = \frac{y}{|\boldsymbol{r}|}, \quad \cos\gamma = \frac{z}{|\boldsymbol{r}|} \tag{2.2.2}$$

式(2.2.2)中 α 为位置矢量与 x 轴的夹角，β 为位置矢量与 y 轴的夹角，γ 为位置矢量与 z 轴的夹角(如图 2.2-1)。

2.2.3　质点的运动学方程和轨迹方程

位置矢量 $\boldsymbol{r}(t)$ 随时间变化的函数式(2.2.1)，称为质点的运动学方程。

从 $x = x(t), y = y(t), z = z(t)$ 中消去 t，可得到质点的轨迹方程。

例如：选用直角坐标系 oxyz，质点从原点 O 开始以速度 v_0 沿 x 轴做平抛运动，其运动方程为

$$x = v_0 t, \quad y = -\frac{1}{2}gt^2 \tag{2.2.3}$$

从式(2.2.3)的 x，y 中消去 t，可得到质点的轨迹方程

$$y = -\frac{1}{2}g\left(\frac{x}{v_0}\right)^2 \tag{2.2.4}$$

2.2.4　例题解析

埃及的大金字塔修成一千多年后，还没有人能够准确地测出它的高度。有不少人作过很多努力，但都没有成功。一年春天，古希腊"科学之父"——泰勒斯来到埃及，人们想试探一下他的能力，就问他是否能解决这个难题。泰勒斯很有把握地说可以，但有一个条件——法老必须在场。第二天，法老如约而至，金字塔周围也聚集了不少围观的老百姓。泰勒斯来到金字塔前，阳光把他的影子投在地面上。每过一会儿，他就让别人测量他影子的长度，当测量值与他的身高完全吻合时，他立刻在大金字塔地面的投影处作一记号，然后再丈量

金字塔底到投影尖顶的距离。这样，他就得出了金字塔确切的高度。在法老的请求下，他向大家讲解了如何从"影长等于身长"推到"塔影长等于塔高"的原理。也就是今天所说的相似三角形定理。试利用"塔影长等于塔高"的原理，解下题。

例 2.2.1 身高为 l 的人，夜间在一条笔直的马路上匀速行走，速率为 v_0，路灯高为 h。求人影中头顶部的运动学方程。

解题思路 由形象思维（根据已知条件作图）→抽象思维（数理逻辑推理）→由物理图像转变为数学模型。

第一步，选定研究对象，研究其运动全过程；第二步，建立数学模型；第三步，数理逻辑推理得出结论（答案）。

解 设路灯位于 P 点处，人的头部为 Q。

（1）选取人影中头顶部 B 为研究对象。

（2）研究质点 B 运动的全过程（如图 2.2-2 所示）。

当人位于路灯正下方时，B 与 O 重合；任一时刻 t，人位于 A 处，则人影中头顶部位于 $B(OB = x)$ 处；人匀速 v_0 前进，则 $OA = v_0 t$，求 B 的运动学方程 $f(x)$。

（3）建立坐标系（OX 轴）。

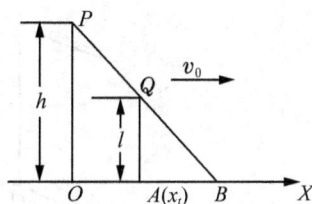

图 2.2-2

如图 2.2-2[形象思维]，利用相似三角形定理可得

$$\frac{OB}{OP} = \frac{AB}{AQ},$$

因为 $AB = x - v_0 t$, $AQ = l$, $OP = h$, $OB = x$，代入上式可得

$$\frac{x}{h} = \frac{x - v_0 t}{l},$$

所以

$$x = \frac{v_0 t h}{h - l}$$

即为 B 的运动学方程。

在数学和物理中，作图法很重要，可帮助我们理解。希望同学们在学习中重视图形的用处，体会用图来分析说明问题的重要性和必要性。

2.3　位移　速度　加速度

2.3.1　位移矢量 Δr

质点在某时段内的位移等于同一时间内位矢的增量，如图 2.3-1 所示。

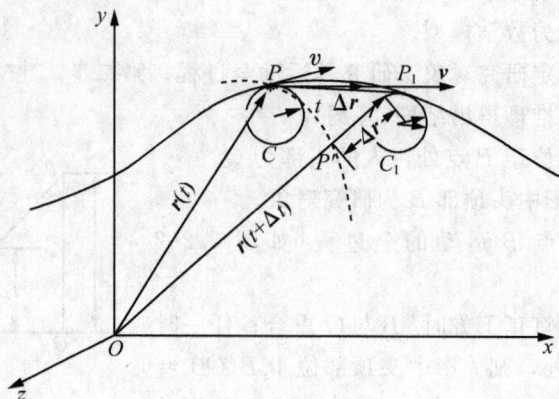

图 2.3-1　位移矢量图

数学表达式为

$$\Delta r = r(t + \Delta t) - r(t) \tag{2.3.1}$$

＊从图 2.3-1 中可以看出 $|\Delta r| = PP_1$，$P_1P' = \Delta r$，所以，位移的大小 $|\Delta r| \neq \Delta r$。

2.3.2　平均速度

我们把位移 Δr 与发生这段位移所经历的时间 Δt 的比值，称为平均速度，用 $\bar{v}$ 表示。

其数学表达式为

$$\bar{v} = \frac{\Delta r}{\Delta t} = \frac{r(t + \Delta t) - r(t)}{\Delta t} \tag{2.3.2}$$

平均速度是矢量，其方向与 Δr 相同；其大小的单位为米/秒，用符号 $\mathrm{m \cdot s^{-1}}$ 表示。

2.3.3　平均速率

我们把运动所经过的路程 Δs 与所经历的时间 Δt 的比值，称为质点在这段时间内的平均速率，它是路程对时间的变化率，用 $\bar{v}$ 表示。

其数学表达式为

$$\bar{v} = \frac{\Delta s}{\Delta t} \tag{2.3.3}$$

平均速率是标量，其单位为米/秒，用符号 $m \cdot s^{-1}$ 表示。

2.3.4　瞬时速度(速度矢量)

我们把 $\Delta t \to 0$ 时，平均速度 $\frac{\Delta \boldsymbol{r}}{\Delta t}$ 的极限定义为质点在 t 时刻的瞬间速度，它是位移对时间的变化率，其数学表达式为

$$\boldsymbol{v} = \lim_{\Delta t \to 0} \frac{\Delta \boldsymbol{r}}{\Delta t} = \frac{\mathrm{d}\boldsymbol{r}}{\mathrm{d}t} \tag{2.3.4}$$

* 为什么可以这样定义质点在 t 时刻的瞬间速度？

如图 2.3-1 所示，当 $\Delta t \to 0$ 时，弧长 $S = \overset{\frown}{PP_1}$ 等于弦长 $\overline{PP_1}$，曲线(S)变成直线(Δr)、平均速度 $\bar{\boldsymbol{v}} = \frac{\Delta \boldsymbol{r}}{\Delta t}$ 变成瞬间速度 $\frac{\mathrm{d}\boldsymbol{r}}{\mathrm{d}t}$。即当 $\Delta t \to 0$ 时，P_1 点无限接近 P 点，$\overset{\frown}{PP_1}$ 趋近于 P 点的切线，质点在任一时刻的速度的方向总是沿该时刻质点所在处轨道的切线，指向前进的方向。

在直角坐标系中，速度可以表示为

$$\boldsymbol{v} = \frac{\mathrm{d}\boldsymbol{r}}{\mathrm{d}t} = \frac{\mathrm{d}x}{\mathrm{d}t}\boldsymbol{i} + \frac{\mathrm{d}y}{\mathrm{d}t}\boldsymbol{j} + \frac{\mathrm{d}z}{\mathrm{d}t}\boldsymbol{k} = v_x\boldsymbol{i} + v_y\boldsymbol{j} + v_z\boldsymbol{k} \tag{2.3.5}$$

其大小为

$$v = |\boldsymbol{v}| = \sqrt{v_x^2 + v_y^2 + v_z^2} \tag{2.3.6}$$

2.3.5　速率

平均速率的极限值称为质点的瞬时速率，其单位为米/秒，用符号 $m \cdot s^{-1}$ 表示。

当 $\Delta t \to 0$ 时($|\Delta r| - \Delta r$)，则有

$$v = \lim_{\Delta t \to 0} \frac{\Delta s}{\Delta t} = \frac{\mathrm{d}s}{\mathrm{d}t} \tag{2.3.7}$$

且

$$\frac{|\mathrm{d}\boldsymbol{r}|}{\mathrm{d}t} = \frac{\mathrm{d}s}{\mathrm{d}t}$$

即质点速度的大小与速率相等。

2.3.6　加速度

在研究了质点在某时刻的位置矢量、速度矢量，了解了平均速度、瞬时速

度之后，我们可以类比推理得到有关加速度的基本概念。

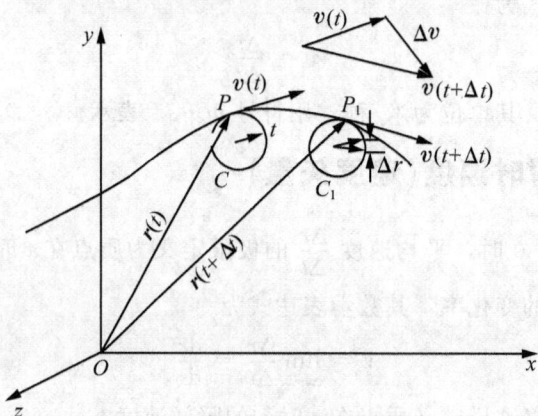

图 2.3-2　加速度图

如图 2.3-2 所示，质点在 Oxy 平面内的运动轨迹是一条曲线。设在 t 时刻，质点位于 P，其速度为 $v(t)$；在 $t + \Delta t$，质点位于 P_1 点，其速度为 $v(t + \Delta t)$。则在时间间隔 Δt 内，其速度增量为 $\Delta v = v(t + \Delta t) - v(t)$，它在单位时间内的速度增量即平均加速度为

$$\bar{a} = \frac{\Delta v}{\Delta t} \tag{2.3.8}$$

平均加速度是矢量，其大小的单位为 $\mathrm{m \cdot s^{-2}}$。

当 $\Delta t \to 0$ 时［曲线转化为直线——辩证思维］，平均加速度的极限值叫做瞬时加速度，它是速度对时间的变化率，用 a 表示，即

$$a = \lim_{\Delta t \to 0} \frac{\Delta v}{\Delta t} = \frac{\mathrm{d} v}{\mathrm{d} t} = \frac{\mathrm{d}^2 r}{\mathrm{d} t^2} = a_x i + a_y j + a_z k \tag{2.3.9}$$

加速度的大小为

$$a = |a| = \sqrt{a_x^2 + a_y^2 + a_z^2} \tag{2.3.10}$$

值得注意，加速度 a 既反映了速度方向的变化，又反映了速度大小的变化。所以质点做曲线运动时，任一时刻的加速度方向并不与速度方向相同，即加速度的方向不沿曲线的切线方向。由图 2.3-2 可以看出，在曲线运动中，质点加速度的方向指向曲线的凹侧。

2.4　伽利略和近代力学的诞生

伽利略（Galileo Galilei，1564—1642）是伟大的意大利物理学家和天文学

家，科学革命的先驱。历史上他首先在科学实验的基础上融会贯通了数学、物理学和天文学的知识，扩大、加深并改变了人类对物质运动和宇宙的认识。为了证实和传播哥白尼的日心说，伽利略贡献了毕生精力。他晚年受到教会迫害，被终身监禁。伽利略以系统的实验和观察推翻了以亚里士多德为代表的、纯属思辨的传统的自然观，创思想实验之先河，开创了以实验事实为根据并具有严密逻辑体系的近代科学，因此，他被称为"近代科学之父"。他的工作为牛顿的理论体系的建立奠定了基础。

2.4.1　近代科学之父

图 2.4-1　伽利略

　　伽利略于 1564 年 2 月 15 日生于比萨，自幼受父亲的影响，对音乐、诗歌、绘画以及机械兴趣极浓，也像他父亲一样，不迷信权威。17 岁时遵从父命进入比萨大学学医，可是他对医学感到枯燥无味，而对世交、著名学者 O·里奇讲述的欧几里得几何学和阿基米德静力学，感到浓厚的兴趣。1587 年他带着关于固体重心计算法的论文到罗马大学求见著名数学家和历法家 C·克拉维乌斯教授，受到称赞和鼓励。克拉维乌斯回赠他罗马大学教授 P·瓦拉的逻辑学讲义与自然哲学讲义，这对于他以后的工作大有帮助。1588 年他在佛罗伦萨研究院做了关于 A·但丁《神曲》中炼狱图形构想的学术演讲，其文学与数学才华大受人们赞扬。次年他发表了关于几种固体重心计算法的论文，其中包括若干静力学新定理。由于有这些成就，当年比萨大学便聘请他任教，讲授几何学与天文学。第二年他发现了摆线。1592 年伽利略转到帕多瓦大学任教，他经常参加校内外各种学术文化活动，与具有各种思想观点的同事论辩。此时他一面吸取前辈如 N·F·塔尔塔利亚、G·B·贝内代蒂、F·科门迪诺等人的数学与力学研究成果，一面经常考察工厂、作坊、矿井和各项军用民用工程，广泛结交各行各业的技术员工，帮他们解决技术难题，从中吸取生产技术知识和各种新经验，并得到启发。

　　16～17 世纪力学上发生了一场革命，即近代力学的创立。这主要是由工程问题引起的。马克思说："机器在 17 世纪间的应用是极重要的，因为它为当时的大数学家创立现代力学提供了实际的支点和刺激。"16 世纪初，随着枪炮武器的发展，抛射体问题变得越来越突出。伽利略为了工程技术上迫切需要解决的抛射体运动问题而去研究落体运动。正是在此时期，他深入而系统地研究了落体运动、抛射体运动、静力学、水力学以及一些土木建筑和军事建筑等，发现了惯性原理，研制了温度计和望远镜。1597 年，伽利略收到开普勒赠阅的《神秘的宇宙》一书，开始相信日心说，承认地球有公转和自转两种运动。但这时他对柏拉图的圆运动最自然最完善的思想印象太深，以致对开普勒的行星椭圆轨道理论不感兴趣。1604 年天空出现超新星，亮光持续 18 个月之久。他便趁机在威尼斯作几次科普演讲，宣传哥白尼学说。由于讲得精彩动听，听众逐次增多，最后达千余人。前人对于光速是否有限从来没有明确的认识。伽利略观察了闪电现象，认为光速是有限的，并设计了测量光速的"掩灯方案"。但限于当时的实验条件，用这种测量方法实际测到的主要只是实验者的反应时间和人手的动作时间，而不是光的行进时间。然而，如果有了明暗变化有规律的光源或高速机械控制的器件代替人手动作，是可以测量到真正的光速的，后来的木卫星食法、转动齿轮法、转镜法、克尔盒法、变频闪光灯法等光速测量方法都借鉴于掩灯方案。伽利略因观察到教堂悬灯的摆动开始对摆进行实验研究，发现单摆的周期与摆长的平方根成正比，而与振幅大小和摆锤重量无关。这个规律为以后的振动理论和机械计时器件的设计奠定了基础。

开普勒应用数学对哥白尼的理论加以完善，伽利略则收集了更多的天文学证据使其为人们所接受。1608 年前后，荷兰人发明了望远镜。消息传到意大利，伽利略揣摩了它的原理，自己动手，于 1609 年制作了一个倍率为 9 的望远镜，邀请威尼斯参议员到塔楼顶层，用望远镜观看远景，观者无不惊喜万分。参议院最后决定任命他为帕多瓦大学的终身教授。1610 年年初，他又将望远镜放大率提高到 33，用来观察日月星辰。新发现甚多，如月球表面高低不平，月球与其他行星所发的光都是太阳的反射光，木星有 4 颗卫星，银河原是无数发光体的总汇，土星有多变的椭圆外形等，开辟了天文学的新天地。同年 3 月，他出版了《星空信使》一书，震撼全欧洲。随后又发现金星盈亏与大小变化，这对日心说是一强有力的支持。伽利略日后回顾在帕多瓦的 18 年时，认为这是他一生中工作开展最好、精神最舒畅的时期。事实上，这也是他一生中学术成就最多的时期。伽利略认为，知识来自观察，来自实验，来自自然界。"自然界是经常展示在我们面前的伟大的书。"基于这样的新的科学思想，伽利略倡导了数学与实验相结合的研究方法。这种研究方法是他在科学上取得伟大成就的源泉，也是他对近代科学的最重要贡献。用数学的方法研究物理问题，原非伽利略首倡，可以追溯到公元前 3 世纪的阿基米德，14 世纪的牛津学派和巴黎学派以及 15、16 世纪的意大利学术界，在这方面都有一定成就，但他们并未将实验方法放在首位，因而在思想上未能有所突破。伽利略重视实验的思想可见于 1615 年他写给克利斯廷娜公爵夫人的一封信上的话："我要请求这些聪明细心的神甫们认真考虑一下臆测性的原理和由实验证实了的原理二者之间的区别。要知道，做实验工作的教授们的主张并不是只凭主观愿望来决定的。"

1615 年，一个诡诈的教士集团和教会中许多与伽利略为敌的人联合攻击他为哥白尼学说的辩护，控告他违反基督教义。1616 年，教皇保罗五世下达"1616"禁令，禁止他保持、传授或捍卫日心说。随后，1633 年 6 月 22 日在圣玛丽亚修女院，由 10 名枢机主教联席宣判，判处他终身监禁，罪名是违背"1616"禁令和圣经教义。随后，改为在家软禁，直至 1642 年 1 月 18 日病逝。在家软禁期间，他将最成熟的科学成果撰写成《关于两门新科学的对话与数学证明对话集》。伽利略在人类思想解放和文明发展的过程中做出了划时代的贡献。虽然他晚年被剥夺了人身自由，但他开创新科学的意志并未动摇。他的追求科学真理的精神和成果，永远为后代所景仰。1979 年，梵蒂冈教皇 J·保罗二世代表罗马教廷为伽利略公开平反昭雪，认为 300 多年前迫害他是严重的错误。

图 2.4-2　罗马教廷对伽利略的审判

2.4.2　相对性原理的提出

哥白尼经过长期的天文观测和研究，创立了更为科学的宇宙结构体系——日心说，在《天体运行论》中，哥白尼首先论述了地动说。他从运动的相对性出发，论证了行星的视运动是地球运动和行星运动复合的结果。他说："无论观测对象运动，还是观测者运动，或者两者同时运动但不一致，都会使观测对象的视位置发生变化。要知道，我们是在地球上看天穹的旋转；如果假定是地球在运动，也会显得地外物体作方向相反的运动。"实质上，哥白尼在这里提出了运动相对性原理。

伽利略在研究哥白尼的日心说和发现惯性定律的基础上，通过"思想实验"或称为"理想实验"（伽利略探索运动问题奥秘的方法，是在物理学上称为理想实验的方法。它是在细心观察和认真分析实验事实的基础上，大胆地运用假设，构造一个理想的实验环境，进行科学推理的一种研究方法。爱因斯坦曾经高度赞扬说："伽利略的发现以及他所用的科学推理方法是人类思想史上最伟大的成就之一，而且标志着物理学的真正的开端。"①），提出了相对性原理：力学规律在所有惯性坐标系中是等价的。力学过程对于静止的惯性系和运动的惯性系是完全相同的。换句话说，在某一系统内部所作任何力学的实验都不能够决定这个惯性系统是在静止状态还是在作等速直线运动。

伽利略在 1632 年发表的"关于托勒密和哥白尼两大世界体系的对话"一文中写道："把你和一些朋友关在一条大船甲板下的主舱里，再让你们带几只苍蝇、蝴蝶和其他小飞虫。舱内放一只大水碗，其中放几只小鱼。然后，挂上一个水瓶，让水一滴一滴地滴到下面的一个宽口罐里。船停着不动时，你留神观察，小虫都以相等的速度向舱内各个方位飞行，鱼儿向各个方向随便游动，水滴滴进下面的罐子中。你把任何东西扔给你的朋友时，只要距离相等，向这一方向不必比向另一方向用更多的力，你双脚齐跳，无论向哪个方向跳过的距离都相等。当你仔细地观察着这些事件后，再使船以任何速度前进，只要运动是匀速的，也不会忽左忽右地摆动。你将发现，所有上述现象丝毫没有变化，你也无法从其任何一个现象来确定，船是在运动还是停着不动。"这就是说：当你在密闭的、运动着的船舱里（惯性参照系：该系统的运动是匀速的）观察力学过程时，只要运动是匀速的，绝不忽左忽右摆动，你将发现你无法从其中任何一个现象来确定，船是在运动还是停着不动。即使船运动得相当快，在跳跃时，你将和以前一样，在船底板上跳过相同的距离，你跳向船尾也不会比跳向船头来得远，虽然你跳到空中时，脚下的船底板向你跳的相反方向移动。你把任何东西扔给你的同伴时，不论他是在船头还是在船尾，只要你自己站在他对面，你也并不需要用更多的力。水滴将像先前一样，垂直地滴进下面的罐子，

---

① 爱因斯坦、英费尔德著. 周肇威译. 物理学的进化. 上海科学技术出版社，1962.

一滴水也不会滴向船尾，虽然水滴在空中时，船已行驶了很远。鱼儿在水中游向水碗的前部所用的力，不比游向水碗后部来得大；它们一样悠闲地游向放在水碗边缘任何地方的食饵。最后，蝴蝶和苍蝇将继续随便地到处飞行，它们也绝不会向船尾集中，并不因为它可能长时间留在空中，脱离了船的运动，为赶上船的运动显出累的样子。如果点香冒烟，将看到烟像一朵云一样向上升起，不向任何一边移动。所有这些一致的现象，其原因在于船的运动是船上一切事物所共有的，也是空气所共有的。伽利略上面所描述的现象，说明了描述力学现象的规律不随观察者所选用的惯性参照系的不同而改变，或者说，在研究力学现象的规律时，一切惯性系都是等价的，这称为力学相对性原理（伽利略相对性原理）。相对性原理是伽利略为了答复地心说对哥白尼体系的责难而提出的（如果地球是运动的，为什么地上物体或云彩不向后漂移呢？）。这个原理的意义远不止此，它第一次提出惯性参照系的概念，是爱因斯坦狭义相对论的先导。

伽利略相对性原理的时空观——伽利略变换的空间的绝对不变性。

伽利略绝对时空观的关系为：

$$L = x_2 - x_1,\ L' = x'_2 - x'_1,\ L = L',\ t = t'$$

显然，一根杆的长度在两个参照系 $S(x,\ y,\ z)$ 和 $S'(x',y',z')$ 中任何时候都应该是不变的；同时测得的时间也是不变的。这就证明了伽利略绝对时空观的正确性。根据伽利略相对性原理，伽利略时代的科学家们普遍地认为：时间（t）和空间（xyz）都是绝对的，可以脱离物质运动而存在，而且时间和空间也没有任何的联系。

伽利略相对性原理力学规律

设物体 $P(xyz)$ 在两个参考系 $S(xyz)$ 和 $S'(x',y',z')$ 中的速度、加速度和所受的力，分别为：$(v,v'),(a,a'),(f,f')$，则力学规律的数学表达为：

伽利略速度变换：$v' = v - u$，其中 u 为 S' 参考系相对 S 参考系的运动速度；

伽利略加速度变换：$a' = a$；

伽利略牛顿定律变换：$f' = f = ma = ma'$。

2.4.3　富有革命性的科学

伽利略的科学纲领像开普勒的纲领一样，确实是富有革命性的，而且，它还包含了有可能会潜在地影响所有科学的方法和结论，从这一点来讲，它有着更为重要的意义。与开普勒不同，伽利略的著作广为流传，他的著作对他那个时代的科学家和科学思想就已产生巨大的影响。这种影响甚至随着对他进行的著名的审讯和定罪而扩大了。伽利略得出了大量发现，他的革命活动主要在以下这四个独特的领域著称于世：

(1)望远镜天文学；

(2)运动原理和运动规律；

(3)数学与经验的关系的模式；

(4)实验科学(特别是思想实验)或实验法科学。

此外，伽利略在另一个领域也很著名，这个领域就是科学哲学。

伽利略首次公开展示他的富有革命性的科学是在 1610 年，当时，他发表了用望远镜探索天空所取得的最初一部分成果。他用类比推原理和物理光学，说明月球表面也像地球一样，峭壁林立，起伏不平。他发现太阳使月球生辉发亮。他看到木星系有四个卫星，金星有位相变化。他的望远镜不仅展示了有关太阳、地球以及行星这些以前已为人知的天体的一些新的消息，而且在可视的范围内向人们展现出了用肉眼从未看到过的大量的恒星(和卫星)。伽利略的发现，首次向人们说明了天空是什么样。金星的位相，如果与行星的表现尺寸联系起来，就能证明金星轨道所环绕的是太阳而不是地球，并由此证明托勒密是错的。所有这些发现都与哥白尼的日心说相一致：地球只不过是另一个行星；也就是说，所有的发现表明，地球更像是个行星而不像是与行星不同的东西。他证明了哥白尼体系的正确性。这些发现使观测天文学发生了革命性转变，并且从根本上使哥白尼天文学讨论的层次发生了变化。在 1610 年以前，哥白尼体系可能更像是一种思想实验，一种假设的计算系统。而在 1610 年后，科学家能够证明，地球与其他行星实在相似，而且理应有同样的运动(哥白尼非常准确地指出，地球只不过是"另一颗行星")。

伽利略在其中引起革命性变化的第二个领域就是运动学。这一课题一直被认为是自然哲学的中心；所以，在其《两种新科学》第三天对话的开场白中，伽利略夸耀说，他正在引进"一门有关一个极为古老课题的崭新的学科"。也许，许多有关运动的新定律和新原理都应归功于伽利略。他发现了摆的等时性——当一个自由摆动的摆(沿弧线运动)的弧长越来越短时，它的运动速度也会减慢，但它完成每次摆动的全程所需要的时间却(总是)保持不变；他通过激动人心的实验证明，而并不像以前亚里士多德认为的那样是与物体的重量成比例的。他发现，物体的自由降落是"匀加速运动"，在这种情况下，运动速度随着时间的持续而增加，运动的距离与时间的平方成正比；他提出了矢量速度的独立性原理，并运用矢量速度组合(合成)法来解决抛射体的轨道问题。他发现，这种运动的路线是一条抛物线。因此，他指出，当大炮的炮筒与地平线成45°

倾角时，大炮的射程最远。在对抛射体的抛物路线所作的分析中，伽利略勾画出了惯性运动原理形成初期的情况。一系列相继得到了改造的概念导致了牛顿1687 年的惯性定律，显然，其中第一个概念就是伽利略提出来的。不过必须要记住的是，伽利略主要是从运动学角度来分析运动的。也就是说，尽管伽利略的讨论有一些或者包含着一些力的作用问题，但他既没有尝试去找出"引起（或导致）运动的力"，也不曾试图去发现作用力与运动之间严格的数学关系。

伽利略的第三个贡献是在数学领域。现代科学，尤其是物理学，其特征就是用数学来表述其最高原理和定律。到了 17 世纪，科学的这一特征开始显示出了重要意义。从伽利略在《两种新科学》中对"自然加速运动"的讨论里，我们可以看到伽利略方法论具有革命性的一面。伽利略在提出这一话题时解释说，假设任何一种运动必须从数学上说明其本质，这种做法是完全合理的。不过，他愿遵循另一种方针，亦即"找出并阐明与大自然所进行的那种运动。在考虑在某一高度静止不动的石头是怎样下落之后，他得出结论说，"新增值的速度"的连续获得，是由"最简单和最明显的规律导致的"，这就是说，这种增值总是以同样的比率持续进行。因此，在所消逝的每一连续相等的时间间隔内，速度的增加肯定总是相等的。伽利略出于逻辑上的理由对等距规则不予考虑，转而着手阐述等时规则的各种数学推论，其中有这样一个结论：在"匀加速"运动中，"物体在任何时间内所通过的距离都与各自所用的时间成倍比"（也就是说，它们各自都与那些时间的平方成正比）。伽利略随后对"这是否就是大自然在它的下落的物体上施加的加速作用"提出了疑问。答案是通过一项实验找到的，这一实验程序"在把数学证明应用于物理学推论的那些学科中是非常有用和非常必要的"。实验也许看起来是相当容易的，但实验设计和对实验结果的解释，需要对现代科学的基本原理有高水平的理解。伽利略要根据（并举例说明）自然界中实际出现的运动来阐述有关运动的数学定律，这是一个大胆的举动。以前没有人发展到用实验检验来证明物理学定律——而这正是伽利略为科学做出重要贡献的第四个领域。

伽利略在数学上阐述了诸多运动定律，其中包括匀速运动定律，匀加速运动定律，以及抛物运动定律等。这例证了 17 世纪科学的一个普遍特征，亦即这一思想：基本的自然规律必须是用数学阐明的。在 17 世纪中，对数学的这种强调有着多种多样的形式。例如，从最初级的水平上讲，数学也许仅仅意味着数量的确定，计数作用。也许存在着这样的柏拉图教条：宇宙中的真理将借助数学而不是借助观察和实验来发现，首先应该考虑的是数学方面的特性，而不是与经验世界的一致。我们已经看到，在相当长一段人类的历史中，人们感到圆是一种完美的体现，天体运动最应表现出这种完美的特点。伽利略驳斥了所有此类抽象的几何属性观，他认为，也许有些不同的几何特征最能说明某些特殊情况。当然，从数学上阐述科学是对科学的最高级的表述这种观点，在17世纪并不是十分新鲜的东西；托勒密曾经把他的伟大的天文学杰作取名为《数学的综合》或《综合》。对伽利略而言，这些传统的数学观与新科学的数学观之间的差异意味着，在经验世界与抽象的数学形式之间将会有一种和谐，这种和谐可以通过实验和批评性观察来获得。不过，在伽利略撰写的数学著作中，他所阐述的并不是通常我们所想到的那种数学，亦即代数方程的应用，混合比例（例如"距离与时间的平方成比例"），流数或微积分等。他所论述的是数列。以下规则即为其中一例：若取自由落体在第一段时间间隔末的速度值作为速度单位，则它在相继且相等的时间间隔末的速度为从一开始的自然数（或整数），或者说它在相继且相等的时间间隔内所走过的路程彼此的比为奇数，或者说，在这一系列时间间隔末，所走过的总距离是按"平方律"变化的。在《试金者》中，伽利略对自然界的数学问题作了精彩的陈述，谈到伽利略与数学的关系时，重要的并不在于数学本身的水平有什么创新之处，而在于他清晰而引人注目地表述了用数学来阐述自然现象的必要性，以及以实验和观察为基础确立自然界的数学规律的必要性。

谈到伽利略与科学实验方法论的关系，不得不提伽利略的两个著名实验。伽利略曾在一个高塔上抛下重量不等的物体，这样做是为了了解：传统的"常识"观是否正确，重物在空气中自由下落时的速度是否与它们各自的重量成比例。伽利略用另一种实验来检验他的假说——自由下落的物体的运动是均匀加速的。我们要问的是：自由落体的速度的增值是否与消逝的时间成正比呢？我们会看见，要直接检验这种比率是不可能的。所以，伽利略检验了另一个定律，一个他希望检验的逻辑推论，这就是：距离与时间的平方成正比。即使这一检验也超出了伽利略的能力所为，因为自由下落的物体运动得太快，他难以进行测量。因此，正像他所说的那样，他"冲淡重力"，在一个斜面上进行了实验。他在实验中发现，时间平方律，确实经受住了实验的检验。当然，伽利略是位伟大的实验家，他充分认识到，进行大量不同角度的斜面实验是很重要的；在所有这些斜面实验中，定律都经受住了检验。伽利略在所选择的例子中表明，随着思想的发展和"科学"的日益复杂，必须要设计出一个实验用来检验那些哪怕看起来最简单的定律如：距离与时间的平方成正比。伽利略不仅认识到对运动所作的抽象的数学推理一般均可适用于自然界中所观察到的真实的运动，并且通晓用实验来检验数学规则的技术，他也熟知怎样说明思想状态与实验状态的差距。例如，他通过实验发现，从一个高塔上下落较重的物体比较轻的物体略微早一点接触地面；他把这个微小的差额归因于空气阻力以及重的物体和轻的物体克服这种阻碍作用的相对能力。于是，他得出结论说，在理想状态下，在真空中或自由空间内，它们下落的情况是完全相同的。在进行实验设计以便对假说加以检验的同时，伽利略还对自然现象作了实验探讨。伽利略名符其实地成为科学的探究方法的奠基人。

伽利略大量的实验和天文学观察包含了他的科学的哲学中两个革命的特征。一个是伽利略所表明的信念："感性经验和必要的证明不仅优于哲学信条而且优于神学信条。"第二个特征与伽利略的探讨工作有关，这就是"在裁决任何科学问题时，权威不足为据。"在《水中的物体》中，伽利略更进一步评论说："阿基米德的权威并不比亚里士多德的权威更加重要；阿基米德之所以正确，是因为他的结论与实验相符。"德雷克怀疑"除了他那些自身就可以说明问题的发现外，伽利略对其科学中任何新颖的问题都要考虑。"我们可以同意德雷克的看法，即伽利略仅仅"把他自己看作是把托勒密运用于天文学上的方法用在了物理学上；也就是，在不考虑古老的（亚里士多德的）意义上的因果条件或（借助于）形而上学原则的情况下，用几何学方法和算术方法把辛勤测量的结果运用在可检验的预见之上。"伽利略的成果广为人知，人们也都因此承认，他使运动学得到了改革和更新。

2.5　几种常见的力和基本的自然力

魔术——独轮爬山

图 2.5-1　独轮爬山

魔术师将独轮轻轻地放在斜坡的最底部，松开手后，独轮向斜坡高处爬去。独轮爬到一定的高度才会停下来。这是为什么？

2.5.1　几种常见的力

应用牛顿定律解决动力学问题，首先必须能正确分析物体的受力情况。在日常生活和工程技术中经常遇到的力有：重力、摩擦力和弹性力等。这些力产生的原因和它们的特征，大家在中学物理学习时已经比较熟悉了，下面简单地总结一下这些力的知识。

1. 重力与浮力

地球表面附近的物体都受到地球的吸引作用，这种由于地球吸引而使物体受到的力叫做重力。由重力作用产生的加速度称为重力加速度，用符号 g 表示。若以 W 表示物体受到的重力，以 m 表示物体的质量，则根据牛顿第二定律就有：$W = mg$，即：重力的大小等于物体的质量和重力加速度大小的乘积，重力加速度的方向和重力的方向相同，即竖直向下。

例 2.5.1　液体有（天然）形状吗？试设计一个实验证明之。

解：（1）题意分析——观察。似乎液体一般都没有（天然）形状，其形状与其容器相同，为什么？可能是重力的原因引起的。

（2）掌握的知识

在日常生活中，仔细观察你会发现：当给朋友斟酒时，白酒尽管在重力的作用下，但是酒杯上方会呈现球面，这是表面张力（液体分子之间的吸引力）的结果。由此可见液体有自然形状。

（3）其他准备知识

用浮力排除重力的影响。

阿基米德定律：物体在液体中所受到的浮力等于其排开液体的重量。

（4）设计实验

橄榄油（密度为 $0.92 \times 10^3\,\mathrm{kg/m^3}$）在水里会浮起，但是在酒精（密度为 $0.79 \times 10^3\,\mathrm{kg/m^3}$）里会下沉。因此可以用水（密度为 $1.0 \times 10^3\,\mathrm{kg/m^3}$）和酒精混合成一种稀酒精液（密度为 $0.92 \times 10^3\,\mathrm{kg/m^3}$），用一只注射器将橄榄油注入稀酒精液里，会看到一个神奇的现象：橄榄油球，既不下沉，也不上浮，静静地悬浮在那里，如图 2.5-2 所示。结论：液体有天然形状，天然形状为球状。

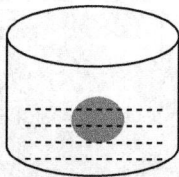

图 2.5-2

图 2.5-3　曹冲称象

2. 弹力

发生形变的物体，由于要恢复原状，对与它接触的物体会产生力的作用，如图 2.5-4 所示，

$$T_1 = T'_1 = T_2 = T'_2$$

这就是说，忽略绳的质量时，绳内各处的张力都相等；而且用同样的方法可以证明，

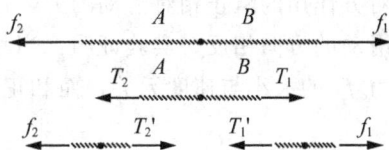

图 2.5-4　绳的拉力和张力

这张力也等于连接体对它的拉力 f_1 和 f_2 以及它对连接体的拉力。

（1）弹簧的拉力

当弹簧被拉伸或压缩时，它就会对物体有弹力的作用，如图 2.5-5 所示，这种弹力总是要使弹簧恢复原长。

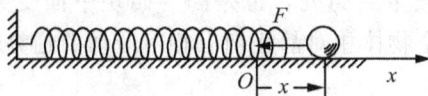

图 2.5-5　弹簧的弹力

（2）正压力或支持力

通过一定面积相接触，

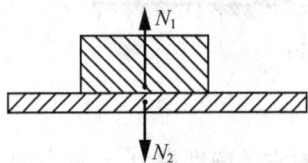

图 2.5-6　正压力

相互压紧的两个物体都会发生形变（这种形变常常十分微小以至于难以观察得到），因而产生对对方的弹力作用，这种弹力叫做正压力或支持力。它们的大小取决于相互压紧的程度，它们的方向总是垂直于接触面而指向对方（如图 2.5-6）。

弹力遵守胡克定律：

在弹性范围内，弹力与形变成正比。以 f 表

97

示弹力，x 表示形变，即弹簧的长度相对于原长的变化，根据胡克定律就有

$$f = -kx \tag{2.5.1}$$

式中 k 叫做弹簧的劲度系数(亦称弹性系数)，决定于弹簧本身的结构。负号表示弹力的方向：当 x 为正，也就是弹簧被拉长时，f 为负，即与被拉长的方向相反；当 x 为负，也就是弹簧被压缩时，f 为正，即与被压缩的方向相反。总之，弹簧的弹力总是指向要恢复它原长的方向。

3. 摩擦力

(1)滑动摩擦力

两个物体(固体)有一接触面，而且沿着这接触面的方向有相对滑动时，一般由于接触面粗糙(实际原因要比这复杂得多)，每一个物体在接待面上都受到对方作用的阻止相对滑动的力，这种力叫做滑动摩擦力。它的方向总是与相对滑动的方向相反。实验证明：当相对滑动的速度不是太大或太小时，滑动摩擦力 f_k 的大小与速度无关，而和正压力 N 成正比，即

$$f_k = \mu_k N \tag{2.5.2}$$

式中，μ_k 为滑动摩擦系数，它与接触面的材料和表面的形态(光滑程度)有关。

(2)静摩擦力

实际上，有接触面的两个物体，不但在相对滑动时相互间有摩擦力的作用，而且即使没有相对滑动，而只有相对滑动的趋势时，它们之间也有摩擦力产生。用力推动停止在地板上的重木箱，没有推动，如图 2.5-7(a)所示，就是由于木箱底面受到了地板的摩擦力。如图 2.5-7(b)所示，砖块之所以能停留在运输机的皮带上被带到高处，也是因为砖块下面受到皮带的摩擦力的缘故。当有接触面的两个物体相对静止但有相对滑动的趋势时，它们间产生的摩擦力叫做静摩擦力。

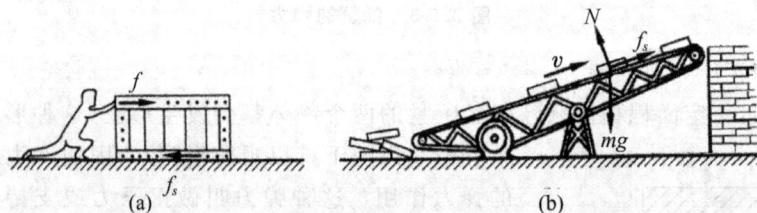

图 2.5-7 摩擦力

由图 2.5-7 可以看到：一个物体受到另一个物体对它的静摩擦力 f_s 的方向是和它相对于后者的可能的运动方向相反的。所谓"可能的"运动方向是指：如果没有摩擦力存在时，它将要运动的方向。在图 2.5-7 中，如果没有摩擦力，木箱

将向右移动，而砖块将在皮带上向下滑，这就是它们可能运动的方向。

由图 2.5-7(a)可以理解：静摩擦力的大小是可以改变的。在人推木箱时，由于木箱是静止的，所以静摩擦力 f_k 一定等于人的推力，因而静摩擦力 f_k 随着人的推力的变化而改变。当然，静摩擦力 f_k 的大小也有个限度。事实上，当人的推力大到一定程度时，木箱就要被推动了。这个静摩擦力 f_k 的限度叫做最大静摩擦力。实验证明：最大静摩擦力与物体之间的正压力 N 成正比，即

$$f_{max} = \mu_s N \tag{2.5.3}$$

式中 μ_s 叫静摩擦系数，它取决于接触面的材料与表面的形态。对同样的两个接触面，静摩擦系数 μ_s 总是大于滑动摩擦系数 μ_k。

2.5.2　基本的自然力

近代科学已经证明：自然界中存在 4 种基本的力，下面分别做一简单的介绍。

1. 引力(或称为万有引力)

引力是指存在于任何两个物体(质点)之间的吸引力。它的规律首先由牛顿发现。任何两个质点都相互吸引，其大小与它们的质量的乘积成正比，和它们的距离的平方成反比，称为引力定律。以 m_1 和 m_2 分别表示两个质点的质量，r 表示它们的距离，则引力定律的数学表达式为

$$F = G\frac{m_1 m_2}{r^2} \tag{2.5.4}$$

式中 F 是两个质点间的相互吸引力，G 是一个比例系数，叫引力常量，在国际单位制中，它的值为 $G = 6.67 \times 10^{-11} \text{ N} \cdot \text{m}^2/\text{kg}^2$。式(2.5.4)中的质量反映了物体的引力性质，是物体与其他物体相互吸引的性质的量度，因此又叫引力质量。引力质量和反映物体抵抗运动变化这一性质的惯性质量在意义上是不同的。但实验证明同一物体的这两个质量是相等的，因此可以说：它们是同一质量的两种表现。

2. 电磁力

电磁力是指带电的粒子或带电的宏观物体间的作用力。它是由光子作为传递介质的。两个静止的带电粒子之间的作用力由一个类似于引力定律的库仑定律支配着。库仑定律指出：两个静止的点电荷相斥或相吸，这斥力或吸力的大小 f 与它们的电量 q_1 和 q_2 的乘积成正比，与其距离 r 的平方成反比，即

$$F = K\frac{q_1 q_2}{r^2} \tag{2.5.5}$$

式中 $K = 9 \times 10^9$ N·m²/C²，这种力要比万有引力大得多。例如，两个邻近的质子之间的电力可以达到 10^2 N，是它们之间的万有引力（10^{-34} N）的 10^{36} 倍。运动点电荷相互之间除了有电力作用外，还有磁力的相互作用。磁力实际上是电力的另一种表现，或者说，磁力和电力具有同一本源。因此，磁力和电力统称为电磁力。

由于分子和原子都是由电荷组成的系统，所以它们之间的作用力是电磁力。中性分子或原子间也有相互作用力。这是因为：虽然，中性分子或原子的正负电荷数相等，但是它们内部的正负电荷有一定的分布，对外部电荷的作用并没有完全抵消，所以仍然显示出电磁力的作用。中性分子或原子间的电磁力可以说是一种残余的电磁力。

从本质上讲，相互接触的物体之间的弹力、摩擦力和流体阻力，以及气体的压力、浮力和黏结力等都是相互靠近的原子或分子之间的作用力的宏观表现，因而从根本上说也是电磁力。

3. 强力

我们知道：绝大多数原子核内不止一个质子，原子间的电磁力是排斥力。但是，事实上核的各部分并没有自动飞离，这说明在质子间还存在一种比电磁力还要强的自然力，正是这种力把原子核内的质子以及介子紧紧地束缚在一起。这种存在于质子、中子和介子等强子之间的作用力称为强力。强力是夸克所带的"色荷"之间的作用力——色力——的表现。色力是以胶子作为传递介质的。两个相邻质子之间的强力可以达到 10^4 N，强力的力程（作用可及的范围）非常短。强子间的距离超过约 10^{-15} m 时，强力将变得很小而可以忽略不计；小于 10^{-15} m 时，强力占主要的支配地位，而且直到大约 0.4×10^{-15} m 时，它都表现为吸引力；距离再减小，则强力就表现为排斥力。

4. 弱力

弱力也是各种粒子之间的一种相互作用，但是仅仅在粒子间的某些反应（如 β 衰变）中才显示出它的重要性。弱力是以 W^+、W^- 和 Z^0 等中间玻色子作为传递介质的。它的力程比强子还要短，而且力很弱。两个相邻质子之间的弱力大约为 10^{-2} N。

物理学家总有一个愿望或理想，就是认为这 4 种基本自然力实际上是一种力的不同表现。现在，已经从理论上和实验上证实：在粒子能量大于一定值（如 100 GeV）的情况下，电磁力和弱力实际上是一种力，现在称为电弱力。这使得人类在对自然界的统一性的认识方面又前进了一大步。现在，物理学家正在努力，以期建立起包括电、弱、色相互作用的"大统一理论"。人们还期望，有朝一日能最终建立起把 4 种基本相互作用都统一起来的"超统一理论"。

表 2.5-1 列出了 4 种基本自然力的特征，其中力的强度是指两个质子中心的距离等于它们直径时的相互作用力。

表 2.5-1　4 种基本自然力的特征

力的种类	相互作用的物体	力的强度	力　程
万有引力	一切质点	10^{-34} N	无限远
弱力	大多数粒子	10^{-2} N	小于 10^{-17} m
电磁力	电荷	10^2 N	无限远
强力	核子、介子等	10^4 N	10^{-15} m

2.6　牛顿运动三定律

16 世纪，丹麦天文学家第谷对行星绕日运行作了长年累月的观测，他死后德国天文学家开普勒整理并分析了第谷 20 年的观测记录，总结出行星运动的著名开普勒三定律。这个发现不仅为经典天文学奠定了基础，更重要的是导致了其后万有引力定律的发现。关于万有引力的发现，牛顿这样回忆到[①]："就在这一年(1665 年)，我开始想到把重力引申到月球的轨道上，并且在弄清怎样估计圆形物在球体中旋转时压于球面的力量之后，我就从开普勒关于行星公转的周期与其轨道半径的二分之三次方成比例的定律中，推导出推动行星在轨道上运行的力量必定与它们到旋转中心的距离的平方成反比例；于是我把推动月球在轨道上运行的力与地面上的重力加以比较，发现它们符合得非常好，这一切都是 1665 年与 1666 年的事，因为在那些日子里，我正在发现旺盛的年代，对于数学和哲学，比以后任何年代都更加关心。惠更斯先生后来发表了关于离心力的研究成果，我想这些研究成果的取得应当在我以前。"

2.6.1　牛顿运动三定律

1. 牛顿第一定律

任何物体都保持静止或匀速直线运动状态，直到其他物体作用的力迫使它改变这种状态为止。这就是牛顿第一定律，也称为惯性定律。

2. 力的概念

牛顿第二定律阐明了任意时刻作用于物体的外力与该时刻物体动量变化率

---

① 　W·C·丹皮尔. 科学史. 223.

的关系：动量为 $\boldsymbol{P}$ 的物体，在合外力 $\boldsymbol{F}$ 的作用下，其动量随时间的变化率等于作用在物体的合外力，即

$$F = \frac{\mathrm{d}\boldsymbol{P}}{\mathrm{d}t} = \frac{\mathrm{d}(m\boldsymbol{v})}{\mathrm{d}t} \tag{2.6.1}$$

3. 牛顿第二定律

当物体在低速情况下运动时，即物体运动的速度远小于光速时，物体的质量可以视为是不依赖于速度的常量，于是式(2.6.1)可以写成

$$F = \frac{\mathrm{d}\boldsymbol{P}}{\mathrm{d}t} = \frac{\mathrm{d}(m\boldsymbol{v})}{\mathrm{d}t} = m\frac{\mathrm{d}\boldsymbol{v}}{\mathrm{d}t} = m\boldsymbol{a} \tag{2.6.2}$$

牛顿第二定律的基本意义如下。

(1)牛顿第二定律阐明了加速度与质量的关系：从式(2.6.2)中不难看出，质量不同的两个物体，在相同的外力作用下，所产生的加速度大小和它们的质量成反比。质量较小的物体，加速度较大，速度容易改变，即其惯性较小；质量较大的物体，加速度较小，速度不容易改变，即其惯性较大。所以，物体的质量是其惯性的度量。

(2)牛顿第二定律概括了力的独立性(或叠加原理)。实验表明：如果物体同时受到几个力 $\boldsymbol{F}_1, \boldsymbol{F}_2, \cdots$ 的作用，它所产生的加速度等于合外力 $\boldsymbol{F} = \sum\limits_i \boldsymbol{F}_i$ 所产生的加速度，也等于每个力单独所产生的加速度 $\boldsymbol{a}_1, \boldsymbol{a}_2, \cdots$ 的矢量和。也就是说，每一个力对物体作用的结果，并不因为有其他力的同时作用而有所改变，这就是力的独立性原理(或称为力的叠加原理)。该原理的数学表达式为：

$$\boldsymbol{F} = \sum_i \boldsymbol{F}_i = \boldsymbol{F}_1 + \boldsymbol{F}_2 + \cdots = m\boldsymbol{a}_1 + m\boldsymbol{a}_2 + \cdots = m\sum_i \boldsymbol{a}_i = m\boldsymbol{a}$$

$$\tag{2.6.3}$$

故 $\boldsymbol{F}$ 应理解为所有外力的矢量和；$\boldsymbol{a}$ 就是合外力作用下物体的加速度。

应用牛顿第二定律必须注意以下两点。

(1)力与加速度的瞬时性关系。在 $\boldsymbol{F} = \sum\limits_i \boldsymbol{F}_i = m\boldsymbol{a}$ 中，$\boldsymbol{a}$ 表示某一时刻的瞬时加速度。那么，$\boldsymbol{F}$ 就是该时刻作用于物体的合外力。合外力改变了，加速度必随之改变。当合外力为零时，物体的加速度也为零，即保持原状态不变。

(2)式(2.6.2)是矢量方程，实际应用时，常用其分量式。在直角坐标系中，分量式为

$$F_x = ma_x = m\frac{\mathrm{d}^2 x}{\mathrm{d}t^2}, \; F_y = ma_y = m\frac{\mathrm{d}^2 y}{\mathrm{d}t^2}, \; F_z = ma_z = m\frac{\mathrm{d}^2 z}{\mathrm{d}t^2}$$

应用上式时应注意各分量的正、负号：力的分量和加速度的分量沿坐标轴正方向时取正值，反之取负值。质点在平面上作曲线运动时，式(2.6.2)按轨道分

解为法向和切向两个分量式，即

$$F_n = ma_n = m\frac{v^2}{\rho}, \qquad F_t = ma_t = m\frac{\mathrm{d}v}{\mathrm{d}t} \qquad (2.6.4)$$

式中 ρ 为该处的曲率半径，F_n 和 F_t 分别是合外力的法向和切向分量。

4. 牛顿第三定律

当两个质点相互作用时，作用在一个质点上的力 $\boldsymbol{F}$ 与作用在另一个质点上的反作用力 $\boldsymbol{F}$ 的大小相等，方向相反，且在同一直线上，即

$$\boldsymbol{F} = -\boldsymbol{F}' \qquad (2.6.5)$$

牛顿第三定律表明，物体间的作用力总是相互的，所以力总是成对地出现。关于牛顿第三定律，应注意以下几点：

(1)作用力与反作用力同时产生，同时消失，任何一方都不能孤立地存在；

(2)作用力与反作用力分别作用在两个物体上，因此不能相互抵消；

(3)作用力与反作用力是属于同种性质的力，如果作用力是万有引力，那么反作用力也是万有引力。

必须指出：牛顿运动定律应用的对象是质点。牛顿运动定律不但是质点动力学的基础，而且是研究一般物体机械运动的基础。因此，应该深刻地领会牛顿三定律的含义，并在理解有关概念、掌握有关规律的基础上，学会应用它解决具体的力学问题。

2.6.2 万有引力公式的建立

牛顿在《原理》中写道："如果我们考虑一下抛射体的运动，就很容易了解行星是可以靠向心力维持在固定轨道上的。因为一块抛出的石头由于自身的重量就离开了单纯抛射时应走的直线，而在空中划出一条曲线；抛射体经过这条曲线最后才落地，抛射的速度越大，它落地前所经过的距离就越远。所以我们可以假定不断增加速度，抛射体会画出 1 哩(miles)、2 哩、5 哩、10 哩、100 哩、1000 哩的弧，直到最后超出地球的界限，它将会在地球之外飞过而不接触地球。"为了解决地球的引力是否一直伸展到月球，造成月球绕地球旋转这个问题，我们首先要搞清楚月球运行的离心加速度实际上有多大，根据惠更斯发现的离心力公式可以计算出来：

$$a = \frac{v^2}{R} \qquad (2.6.6)$$

当时测量学测量得到地球周长为 123 249 600 巴黎尺(以下简称尺)，而地球到月球的距离为地球半径的 60 倍，于是算得月球轨道周长为 123 249 600×60＝7 394 976 000 尺，而月球运行一周的周期为 27 天 7 小时 43 分或 39 343 分钟。

因此它的轨道速度为

$$v = 7\ 394\ 976\ 000 \div 39\ 343 = 187\ 961.67（尺/分钟）$$

月地距离 $R = 7\ 394\ 976\ 000 \div 2\pi = 1\ 176\ 944\ 200$ 尺，故 $a = 30.017$ 尺/平方分钟。很显然，如果地球的引力一直延伸到月球，使月球保持在自己的轨道上，它所造成的向心加速度必定是 30.017 尺/平方分钟。如果地球的确恰好以这么大的引力吸引月球，那么地球的引力会随着被吸引物体的距离的大小而发生什么样的变化呢？牛顿当时猜想：这个力量与距离的平方成反比。但光有猜想不行。牛顿说："如果数学家提出问题，想要解决一切工作，那么他首先必须甘心情愿地去当个计算者或机械的劳动者。"牛顿完成这个工作是按行星椭圆轨道运用微积分推算出来的，但他在早期是用简化的圆形几何法推算出来的。从惠更斯离心加速度公式得

$$a = \frac{v^2}{R} = \frac{\left(\frac{2\pi R}{T}\right)^2}{R} = \frac{4\pi^2 R}{T^2} \tag{2.6.7}$$

得到行星与太阳之间的引力

$$F = ma = \frac{4\pi^2 mR}{T^2} \tag{2.6.8}$$

将开普勒第三定律 $R^3 = KT^2$ 代入上式，得

$$F = \frac{4\pi^2 KmR}{R^3} = 4\pi^2 K \frac{m}{R^2} \tag{2.6.9}$$

现在由天上回到地上，用月球围绕地球的运动来检验平方反比定律。按平方反比定律，地面上落体加速度

$$g = \frac{F}{m} = \frac{4\pi K}{R_e^2}（R_e \text{ 为地球半径}）$$

月球受地球的引力加速度为

$$a_m = \frac{F}{m} = \frac{4\pi^2 K}{R_m^2}（R_m \text{ 为地月距离}），\text{所以 } a = g\frac{R_e^2}{R_m^2}$$

当时测量得到地球与月球距离为地球半径的 60 倍，并根据惠更斯单摆公式

$$T = 2\pi\sqrt{\frac{v}{g}}$$

测得 $g = 30.017$ 尺/秒^2，与上面计算的实际数据正好相符。于是平方反比得到验证。在式(2.6.7)中，太阳与行星的引力 F 与行星质量 m_1 成正比，根据作用力与反作用力大小相等方向相反的定律，行星也有一作用力 $F' = -F$ 吸引太阳。由 $F = ma$ 的公式，这个力显然与太阳的质量 m_2 成正比，$4\pi^2 k$ 可以写

成 Gm_2，G 为万有引力常数。于是得到万有引力公式

$$F = G\frac{m_1 m_2}{r^2} \qquad (2.6.10)$$

【行星绕日运动的轨道究竟是什么样？这是当时科学界所关心的问题。这问题答案的公开和《原理》的出版密切相关，科学史上已有生动的记载。1684年1月，C·雷恩、哈雷和胡克，3位英国当时科学界著名人士在伦敦相叙讨论行星运动轨道问题。胡克虽说他已通晓，但拿不出计算结果。于是牛顿的好友哈雷专程去剑桥请教牛顿。牛顿告诉哈雷他自己已计算过了，肯定地说，行星绕日轨道是椭圆；但手稿压置多年一时找不到，应允重新计算，约期3个月后交稿。哈雷如约再度访剑桥，牛顿交给他一份手稿《论运动》，哈雷大为赞赏。牛顿在此基础上，另外写了一书《论物体运动》，1684年12月送交英国皇家学会。此书第一部分主要相当于后来的《原理》第一编和第二编；而其余部分成为《原理》的第三编。哈雷怂恿牛顿写成《原理》全书公开出版，由他出资印刷，并亲自监督校正。1687年7月《自然哲学的数学原理》第1版问世，时距1664年（牛顿开始思考并进行计算）已23年。牛顿写这本书用了18个月，这本著作不但把他过去的研究成果汇集起来，而且用一贯的理论贯穿起来加以系统化。许多原理都要用几何的方法重新证明，这些都是巨大的工程。《原理》第2版于1713年出版，第3版于1725年出版。《原理》原用拉丁文写成。牛顿逝世后第二年，由A·莫特译成英文付印，即今天所见的流行的《原理》英文本。

关于引力反比于距离平方定律，历史上记载了当时对此发现权的争论，有人以为距离平方反比定律可以从开普勒第三定律直接推出，但缺乏向心力的概念和运算，不可能推出这定律。而向心力的概念与运算都是牛顿最早提出来的。当《原理》第1版在印刷时，胡克通过哈雷向牛顿要求分享此定律的发现权，牛顿加以拒绝。在《原理》（第3版）上述命题4下的注释中提到距离平方反比定律适用于天体运动时，牛顿说："雷恩爵士、胡克博士和哈雷博士曾分别注意过。"同时也提及"惠更斯先生在他的出色著作《钟摆的振荡》中曾把重力比之于旋转体的离心力"。这样，人们对距离平方反比定律的发现权就有所了解了。牛顿万有引力定律的发现，是在1666年。但直到1687年才在《自然哲学的数学原理》一书中发表，中间隔了二十年的时间，这主要是因为牛顿还没有解决一个球体对外面一点的作用可以看作是球心对它的引力，这个问题直至1685年牛顿才用微积分加以解决。】

牛顿发现万有引力定律的正式发表是在1687年出版的《原理》一书中，由于地面上两物体之间的引力太微弱，所以常数 G 的测量相当困难。直到1798

年，由英国物理学家卡文迪许（H. Cayendish，1731—1810）测得。如图 2.6-1
所示，用一根长 6 英寸（1.83 米）的轻质木杆，两端各连接一个小金属球，做
成哑铃状，并用金属丝悬挂起来。然后，在靠近它们的地方各放一个重 350 磅
（159 公斤）的大球，它们对小球产生吸引力，这个力矩使金属丝产生扭转。一
旦测得扭转角度，就可知道力的大小。为了较精确地测量出微小的转角，在悬
丝上装一面小镜子。小镜子作为"放大器"（光放大原理），扭丝的微小转动将引
起反射光束在标尺上的亮点有较大的移动。测得反射光点的移动即可知道扭丝
的扭转角，从而得到力的大小。

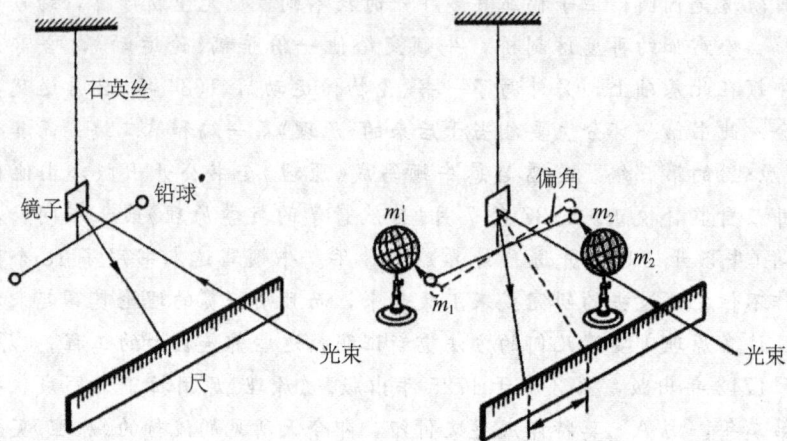

图 2.6-1　卡文迪许扭秤实验

当时，卡文迪许测得 $G = 6.745 \times 10^{-11}$ N·m²·kg⁻²，与现代的公认值
$6.672\,6 \times 10^{-11}$ 很接近。在测得 G 值后，卡文迪许就利用实验测得的重力加速
度计算出了地球的质量，成为第一个称得地球质量的人。他的实验的成功，使
牛顿万有引力定律成了更完美的理论。卡文迪许的扭秤实验也被《物理学世界》
杂志评为历史上"最完美的十大物理实验之一"。

2.6.3　质量概念的确立

质量概念的确立与牛顿发现万有引力定律紧密联系着。当牛顿将地上的重
力与天上的引力统一起来考虑，对万有引力定律进行"地—月"检验时，他就清
楚地认识到物体的重量是离地心的距离的函数，为了表示物体的"某种与位置
无关"的基本性质，牛顿引进了"物质之量"（质量）的概念，从而区别了两个概
念：重量（weight）和质量（mass）。当他从量上来确定"物质的量"是多少的时

候，他记起了玻意耳的气压实验，在不同的压力下，气体的数量由体积与密度的乘积来决定。由此类推，牛顿得出了他的质量定义。

定义1：“物质的量”是用它的密度和体积一起来量度的。例如，空气的密度加倍，体积也加倍，它的质量就增加四倍。可是密度又如何定义？当然密度就是单位体积的质量。马赫最早指出，牛顿陷入了循环定义的逻辑错误。不过亦有一些哲学家和物理学家认为，牛顿的密度概念，指的是单位体积中所含的粒子数目。所以质量或“物质的量”的概念，起源于牛顿的原子论思想。一个物体所包含原子数目越多，其质量就越大，这个思想与伊壁鸠鲁、伽桑弟、伽利略等人的原子论思想有关。伊壁鸠鲁认为，原子是自己的度量单位；伽利略和伽桑弟认为，质量是所含原子数量的总和。一旦定义了质量，把质量当作力学概念系统中最基本的概念来阐述，其余几个概念的定义问题就比较容易了。爱因斯坦指出：“只有引进质量这一新概念之后，他（牛顿）才能把力和加速度联系起来。”

定义2：运动的量是用它的速度和质量一起来量度。即用 mv 来量度动量。

定义3：物质固有的力（innate force）是每个物体按其一定的量而存在于其中的一种抵抗能力，在这种力的作用下物体保持其原来的静止状态或者在一条直线上等速运动的状态（这里讲的是惯性，就是物质保持自己静止或等速直线运动的那样一种能力，这种能力与“物质的量”成正比）。

定义4：外加力（An impressed force）是一种为了改变一个物体的静止或等速直线运动状态而加于其上的作用力。这种力只存在于作用的过程中，当作用过去以后，它就不再留在物体之中。因为物体只需用它的惯性来保持他所得到的每一个新的状态。而外加力的来源则不同，如它可以来自碰撞，来自压力，来自向心力。

在《原理》第一编之前，除定义一章之外，还有公理或称运动定理一章。在这一章里，牛顿阐述了著名的运动三定律。第一运动定律一般称作惯性定律，通常认为已由伽利略和笛卡儿所说；第二运动定律是在伽利略的自由落体定律和惠更斯的向心加速度定律的工作基础上建立起来的；第三运动定律是在惠更斯、雷恩、沃利斯等人研究碰撞的基础上建立起来的。弹性物体的碰撞定律，在力学的逻辑体系中，是从牛顿运动定律中推出的，但从定律的发现过程看，牛顿第二、第三运动定律均是从碰撞定律、动量守恒定律的研究中逐步形成的。发现的过程从具体到抽象，而逻辑的过程却是从抽象到具体。

2.6.4　理论预言的实践检验——哈雷彗星和海王星的发现

万有引力定律的建立不仅可正确地解释已知行星运动的规律，还准确无误预言了彗星的轨道和出现的周期等，而且进一步在发现的天体上经受了考验。目前每年平均可以看到 5 颗彗星。因为彗星作为不速之客来到地球附近时，往往拖着很长的尾巴，方向背离太阳，这是彗星气态质受到太阳风挤压而形成的现象。它们和行星一样，都是太阳系的成员。与行星不同的是：它的轨道或者是偏心率很大的椭圆，或者接近抛物线，后者的周期可长达百万年，来访一次后再也看不到它了。前者却几乎可周期性地回复，约有 100 来颗彗星的周期短于 200 年，其中最亮的一颗叫哈雷彗星，它是牛顿好友哈雷所预告的，并由此得名。哈雷注意到这颗彗星于 1531 年，1607 年，1682 年三次来访，并预告它将于 1758 年，1834 年，1910 年，1986 年等再次来访，平均周期为 77 年(实际周期因受行星摄动而有起伏)，轨道偏心率 $e=0.97$，近日点距离为 0.59AU（1 AU$=149597870\times10^3$ m)，轨道倾角为 162°(事实上，这颗哈雷彗星的记录可上溯到公元前 467 年，从公元 240 年以后一直有记录)，哈雷按牛顿定律画出彗星的轨道如图 2.6-2 所示。它是很扁的椭圆。

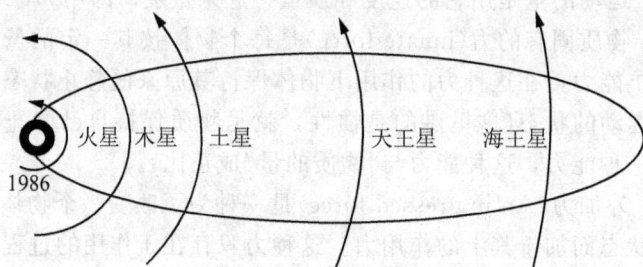

图 2.6-2　哈雷彗星的轨道

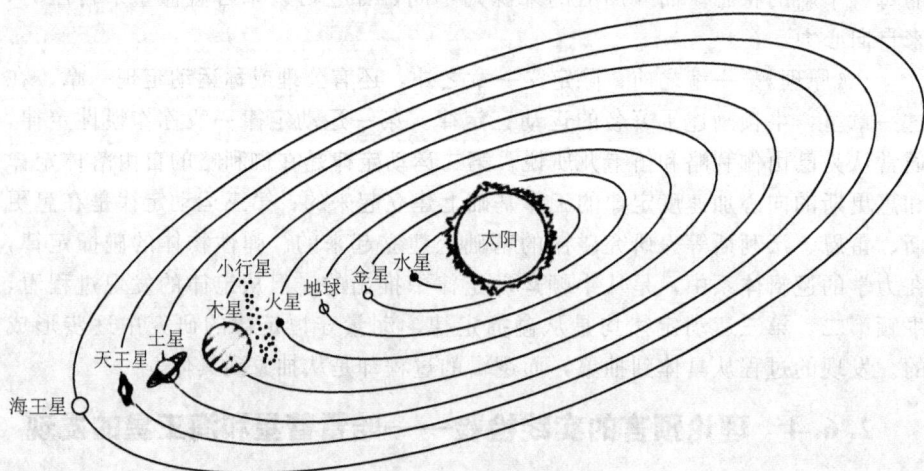

图 2.6-3　八大行星的轨道

哈雷彗星的远日点在海王星轨道之外，海王星的发现更有趣。1781 年英国天文学家赫歇耳(F. W. Herschel，1738—1822)首先发现天王星，直到 1845年都认为它是离太阳系中最远的行星。可是观察表明它的运动轨迹很不规则，即使计入比它更近太阳的各个行星(木星，土星等)对它的摄动，还不能解释，难道牛顿的万有引力定律有问题吗？

当时有两位年轻人，美国的亚当斯(J. C. Adams)和法国的勒维烈(J. Leverier，1811—1877)同时假定天王星之外有一颗未知的行星，正是由于它对天王星的摄动，才使后者轨迹发生很不规则的变化。亚当斯首先于 1845年完成计算，请英国皇家天文学会会长艾里(G. H. Airy)在天空中去寻找这颗新行星。可惜艾里把亚当斯的报告草草地看后即束之高阁。另一方面，勒维烈于 1846 年把他的计算结果寄给柏林的天文学家伽勒(J·Galle)，伽勒通过仔细观测，于同年 9 月 23 日，果然在勒维烈预告的偏差不到 1°的方向上，时差不超过 1 小时的夜空中，找到了那颗新行星，以后定名为海王星，它离太阳的平均距离为 31.1 AU，轨道周期 165 年，相对于地球轨道的偏角为 1.8°，偏心率仅为 0.009，质量为地球的 17 倍，平均密度为 1.7×10^6 kg·m³。从理论上看，它与天王星可谓是"双生子"，其大气成分主要是甲烷，表面温度为 -220 ℃，有两颗卫星。

牛顿万有引力定律在天文学上已经取得了无可置疑的胜利，天上地下的鸿沟已不复存在，这极大地加强了自然规律是统一的信念。牛顿万有引力定律正是今天在世界范围内发展航天技术的基础，使人类飞天的梦想得以实现。人造卫星的上天，载人航天器的发射，把人类航天活动推向高潮。载人航天飞船发射成功，标志着我国航天事业又跃上了一个新的台阶。

2.6.5 牛顿的自然哲学思想

亚里士多德的哲学讲求事物的和谐，求和谐思想是正确的，但亚里士多德认为天上的日、月、星辰的运行轨道是圆形，因为只有圆运动才是完美的、和谐的，而地上的运动，例如重物直线下落是凡俗的。古希腊哲学家的和谐思想不能在天与地之间连贯。到了 17 世纪，牛顿用引力理论和运动三定律把天上的行星和它们的卫星运动规律，同地上重力下坠的现象统一起来，实现了天上人间的统一，这是牛顿在自然哲学上的伟大贡献。

牛顿万有引力定律和运动定律的发现，标志着文艺复兴以来自然科学知识的一次大综合，必然要给那个时代的人们的自然观以决定性的影响。首先，它推动唯物主义的发展，这是因为牛顿力学阐明了地上的力学能用于天上，天上的力学也能用于地上，说明天地之间的物质统一性。古希腊和整个中世纪，在人们头脑中存在着天体有特殊神秘性质的顽固观念。伽利略的望远镜对这种观念作了一次大扫除，而牛顿运动定律的建立进一步扫除了这个中世纪的观念，为唯物主义的发展奠定了自然科学基础。其次，我们还看到，牛顿的力学促进了机械自然观的形成。这是因为，当时自然科学发展的特点是力学占了首要的支配地位，成了带头科学，其他的科学尚未成熟，尚未建立自己学科的基本规律。这就必然要用力学的观点来解释一切、论证一切，形成机械论的自然观。到了后来，由哲学家将这种观点发展成一个机械论的哲学体系。牛顿的认识论和方法论，基本上是唯物主义的经验论，强调归纳在认识过程中的作用，他反对"笛卡儿主义"的方法。笛卡儿的方法是强调直觉在认识过程中的作用，以假说和猜度作为认识的基础。牛顿认为认识的基础是实验与归纳，所以他把自己的方法叫做"实验哲学"。在《原理》一书第三编中，一开始就讨论了"哲学中的推理法则"，这些法则就是牛顿的归纳法原理。

法则1：除那些真实而已足够说明其现象者外，不必去寻求自然界事物的其他原因。因此哲学家说，自然界不作无用之事；自然界喜欢简单化，而不是爱用什么多余的原因以夸耀自己。

法则2：对于自然界中同一类结果，必尽可能归之于同一种原因。例如人和牲畜的呼吸，陨石在欧洲和美洲的下落，炉火和太阳的光，光线在地球上和在行星上的反射。

法则3：物体的属性，凡是既不能增强也不能减弱者，又为我们实验所能及的范围内的一切物体所具有者，就应视为所有物体的普遍属性。依靠实验和天文观察，普遍发现地球周围的所有物体都被吸向地球，而且这种吸引正比于这些物体各自所含的物质之量；月球同样也按其物质之量而被地球所吸引；那么，根据这条规律，我们必须普遍承认，无论何种物体，都赋有一个原则，即它们能够被地球吸引。

法则4：在实验哲学中，我们必须把那些从各种现象中运用一般归纳而导出的命题看作是完全正确的，或者非常接近于正确的，虽然可以想象出任何与之相反的假说，但是没有出现其他现象足以使之更为正确或者出现例外之前，仍然应当给予如此对待。

以上四条法则可以简单地归结为：简单性原理、因果性原理、统一性原理和真理性原理。同时，说明了牛顿归纳法的理论根据，说明牛顿十分强调实验和归纳在认识中的作用，并把实验、归纳看作是认识的基础和出发点。他又说："实验科学只能从现象出发，并且只能用归纳来从这些现象中推演出一般的命题。相互吸引的证明正是这样。"

简单性原理

该原理源于古希腊毕达哥拉斯学派，从哥白尼、开普勒、伽利略到牛顿，在他们的研究中，都贯穿了自然界是简单和谐的指导思想。牛顿明确地提出："真理是在简单中发现的"。同样，爱因斯坦在《物理学的进化中》一书的结尾中写道："如果不相信我们的理论结构能够领悟客观实在，如果不相信我们世界的内在和谐性，那就不会有任何的科学。这种信仰是，并且永远是一切科学创造的根本动机。"我们确实看到，爱因斯坦的一系列成果的获得是来自于这种信仰的。

因果性原理

因果性原理的实质是决定论，根据牛顿第二定律，如果已知某一个力学体系在某一时刻的运动状态，以及与周围物体的相互作用，则以后任一时刻的运动状态都可以从数学上求解微分方程严格决定。所以牛顿力学必然导致机械决定论。爱因斯坦也是一位因果决定论者，但 20 世纪 30 年代量子力学的诞生，对因果决定论提出了挑战，在微观世界中人们必须放弃决定论，而把概率性看成是本质的基本规律。

统一性原理

统一性原理应该是四条法则中最主要的一条，也是自然哲学的根本所在。正是在这种思想的指导下，牛顿把天上的行星和地下的物体的运动规律统一在万有引力和运动三定律之下，牛顿光的微粒说的提出也正是鉴于统一性原理的思想指导，实际上统一性原理是承认物质世界具有共同的物质性。寻找在表面上看来完全不同的事物的普遍属性，认识到它们的统一性是自古以来自然哲学家、物理学家们所共同追求的目标，也可以说它们永远是自然科学的一个向往的主题。正如爱因斯坦所说："从那些看来与直接可见的真理十分不同的复杂现象中认识到它们的统一性，那是一种壮丽的感觉。"

真理性原理

牛顿在此法则中既承认从实验现象中通过归纳分析得出的结论是真实的或接近真实的，既承认客观真理的存在；同时又指出以后可能会出现新的现象，通过进一步的归纳分析可使结论变得更准确，或出现例外的情况而对原来的结论做出修正，使相对真理逐步接近绝对真理。

牛顿强调实验与归纳基本上是正确的，同时关于假说，牛顿也认为有它的合理的一面。这就是：

(1)实验与归纳是科学认识的基础；

（2）当假说与实验事实违背时，应毫不犹疑地抛弃旧的假说；

（3）重要的问题不仅在于在条件未成熟时对事物的本质与原因提出猜测，而且在于，以一定的假说作指导，对现象进行数学的描写和解释。

牛顿的片面性在于，在理论上一般否定假说，认为"假说在实验哲学中没有它们的地位"，并进而宣称"我们应当力戒去考虑假说，正如应当力戒不恰当的论辩一样……"[1]牛顿的这种片面性被他的继承者加以发挥。

众所周知，牛顿在理解光的本质上持微粒说。但他在同胡克、惠更斯等讨论光的本质时，说光具有这种或那种本能激发以太的振动。这意味着以太是光振动的介质。于此，似乎牛顿对光的双重性有所理解；其实不然，他视以太介质之存在似空气之无所不在，只是远为稀薄、微细而具有强有力的弹性。他又说，就是由于以太的动物气质才使肌肉收缩和伸长，动物得以运动。他又进一步以以太来解释光的反射与折射，透明与不透明，以及颜色的产生（包括牛顿环），他甚至设想地球的引力是由于有如以太气质不断凝聚使然。《原理》第二编第六章诠释的结尾说，从记忆中他曾做实验倾向于以太充斥于所有物体的空隙之中的说法，虽然以太对于引力没有觉察的影响。14、15世纪以来欧洲的学者对以太着了迷，以太学说风靡一时。当时科学巨擘笛卡儿对以太存在深信不疑。他认为行星之运行可用以太旋涡来解释。以太学说成为一时哲学的思潮。尊重实验的牛顿也不免卷入这股哲学思潮激流中去，倾向于它的存在。当时人们对超距作用看法不一。牛顿曾经指出他的引力相互作用定律并不是最终的解释，而只是从实验中归纳出来的一条规则。因此，牛顿并未就引力本质做出结论。

牛顿在科学上的成就须由他的哲学思想和科学方法来寻根求源。牛顿的学生R·科茨曾在《原理》第2版序言中道出了其中的奥妙。古希腊、罗马的哲学家凭着对自然现象的观察和思考总结出论断（中国先秦时代也有类似之处），例如泰勒斯的学说：万物的根源是水。即使像德谟克利特、卢克莱修的原子论，现在来评价也还是很高的。但是他们的方法是凭天才的臆测、思维与辩论，称为思辨哲学。到了中世纪，经院哲学统治着欧洲，科学、哲学沦为神学的奴婢，到15、16世纪，哥白尼、布鲁诺、伽利略等人不畏坐牢、火刑等，坚持不屈地向教会作斗争，挣脱了侍奉上帝的桎梏，对自然现象的观察、测量和实验的风气逐渐形成了。在物理学中伽利略的实验工作是实验物理学的开端，牛顿深受其影响。随后，牛顿使作为实验科学的物理学形成一个光辉体系，同时

---

① H·S·塞耶编. 牛顿自然哲学著作选. 7.

也使科学实验方法闯入了哲学思想的殿堂。牛顿认为从现象中可以得出科学原理，或者说科学基本原理可以从现象中得到或推出。牛顿在《原理》和《光学》两书中明白地表达了他做学问的方法，即要明白无误地区别猜测、假设和实验结果（及由此而归纳得出的结论），还有在某些假设条件下所得到的数学推导。

有些人可能认为牛顿只注重从实验运用归纳法得出定律，而无视演绎法的重要性。这是违背事实的。牛顿指出："在自然科学里，应该像在数学里一样，在研究困难的事物时，总是应当先用分析的方法，然后才用综合的方法。这种分析方法包括做实验和观察，用归纳法去从中做出普遍结论，并且不使这些结论遭到异议，除非这些异议来自实验或者其他可靠的真理方面……一般地说，从结果到原因，从特殊原因到普遍原因，一直论证到最普遍的原因为止，这就是分析的方法；而综合的方法则假定原因已经找到，并且已把它们立为原理，再用这些原理去解释发生的现象，并证明这些解释的正确性。"1713 年牛顿在出版《原理》第 2 版时，在给他的学生科茨的信中提到"运动定律是居于首位的定律或称之为公理"，并说它们都是从现象中推断或演绎而来的，并运用归纳法使之普适化。牛顿说："这是一个命题在哲学中所能达到最高境界的例证。"诚然，必须看到，归纳与演绎不能人为地对立起来。恩格斯指出"归纳和演绎正如分析和综合一样，是必然相互联系着的。不应当牺牲一个而把另一个捧到天上去"，牛顿在此捷足先登。

关于实验与假设之间的关系，牛顿在各种场合都有论述。他在给奥尔登堡的信中说："进行哲学研究的最好和最可靠的方法，看来第一是勤勤恳恳地探索事物的属性并用实验来证明这些属性。然后进而建立一些假说，用以解释这些事物的本性。"给科茨信中说："任何不是从现象中推论出来的说法都应称为假说，而这样一种假说无论是形而上学的还是物理学的，无论属于隐蔽性质的还是力学性质的，在实验哲学中都没有它们的地位。"牛顿这些论述奠定了自然哲学的基础，开启了实验科学的大门，300 年来为自然科学的繁荣立下了不朽功勋。牛顿研究事物规律的方法不同于那些只从简单的物理假设出发的人，而是通过逻辑的演绎法得到对事物现象的解释。爱因斯坦指出："牛顿第一个成功地找到了一个用公式清楚表述的基础，从这基础出发他用数学的思维，逻辑地、定量地演绎出范围很广的现象并且同经验相符合。""在牛顿之前还没有什么实际的结果支持那种认为物理因果关系有完整链条的信念。"牛顿是完整的物理因果关系创始人；而因果关系正是经典物理学的基石。

牛顿出身于笃信基督教的家庭。《原理》完成后，他便着手有关基督教《圣经》的研究，并开始写这方面的著作，手稿达 150 万字之多，绝大部分未发表。

可见牛顿在宗教著述上浪费了大量时间和精力。关于牛顿在 1692～1693 年间答复本特莱大主教的 4 封信，论造物主（上帝）之存在，最为后人所诟病。所谓"神臂就是第一推动"出于第 4 封信中。从现代宇宙学来说，第一推动完全可能在物理框架中解决，而无须"神助"。牛顿反对那时英国的国教"英格兰教"，他反对三一教义，但不鲜明地表白自己的意志，只是隐蔽地表明不愿担任圣职，请人说情免受圣职而仍旧享受剑桥大学僧侣的待遇。总之，在对待纯宗教问题上，牛顿比之前他的先驱者如哥白尼、布鲁诺、伽利略等赴汤蹈火而不辞的精神，则逊色多了。

由于哥白尼、开普勒、伽利略、牛顿对天体力学的研究，上帝在太阳系的地位一步一步地降低。哥白尼体系否定了上帝的"创世说"，但他认为太阳是万物的中心的统驭者，"太阳如坐在皇座上，管理着他的儿女们，就是绕着他转的那些行星。"[①]哥白尼还把人类社会的贵贱观搬到了太阳系。开普勒修正了行星运行的轨道，但仍然接受了哥白尼的天体贵贱观，并且认为"如果至高无上的上帝高兴要一个物质居所，并选择一个地方和他那些有福的天使住在一起的话，在我们看来，只有太阳才配得上上帝居住。"[②]这样，从上帝创造宇宙，到上帝居住在太阳上，再到牛顿提出上帝对太阳系只在开始时有第一推动，上帝在太阳系的作用一步步地在减小。

17 世纪，牛顿与德国数学家莱布尼茨，为了争论微积分的发现权进行了论战。在他们双方和支持者的相互攻击中，不仅涉及微积分的发现权，还涉及彼此的哲学观点以及对上帝的态度。"莱布尼茨也批评牛顿，说他把上帝当作了一个伟大的巨匠，保持他所创造的那架宇宙机器，不至于使他会偶然处于瘫痪状况而停止不动。"这些批评还记录在当时英国《不列颠名人传记》中，在牛顿条下有以下记载："莱布尼茨重新攻击牛顿的反宗教倾向，并且试图贬抑牛顿的哲学，因为在流数问题上他有点愤慨。这种在牛顿脸上抹黑的做法，起了一定的作用。"英国贝克莱主教也批评牛顿提出的绝对空间与绝对时间的概念会导致无神论，是"有害而荒唐的概念"。哥白尼、开普勒、伽利略、牛顿都是有神论者，都是信仰上帝的教徒，他们在自然科学领域是一个朴素的唯物主义者，但受当时社会历史条件的限制，他们不可能是彻底的唯物主义者，因此没有和神学彻底决裂，这当然会对他们的自然观产生影响。但是，随着科学的发展，不断地扩大了唯物主义的地盘，他们为上帝留下的地方，也正是科学上的空

---

① 贝尔纳. 历史上的科学. 科学出版社，1959：231.

② F·梅森. 自然科学史. 上海人民出版社，1957：126.

白，这只能随着科学的进一步发展而得到解决。科学家个人的宗教信仰会影响他的自然观，但不能简单地将牛顿提出神的第一推动，仅仅归结为他是一个虔诚的宗教信徒造成的，需要进行历史的全面的考察。在 300 多年前，牛顿提出的自然哲学思想对 17～20 世纪科学和哲学的发展影响十分巨大，牛顿正是从自然哲学的高度来审视具体科学问题，在力学、光学、微积分、天文学等方面都做出了开创性的贡献。现代科学也在牛顿自然哲学思想的推动下迅速发展，牛顿被誉为近代科学革命的主要奠基人。1942 年爱因斯坦为纪念牛顿诞生 300 周年而写的文章中，对牛顿的一生作了如下的评价"只有把他的一生看作为永恒真理而斗争的舞台上一幕才能理解他"。此赞语最恰当不过了。

2.6.6　站在巨人肩上的牛顿

牛顿对自己的巨大成就有着清醒的认识，他谦虚谨慎，有自知之明。他在给物理学家胡克的信中写道："如果说我比其他人看得远一点的话，那是因为我站在巨人的肩上。"这里不言而喻指的是哥白尼、伽利略、开普勒和笛卡儿等人。

牛顿善于继承前人的成果，奋发好学，勤于思考。有人问牛顿是怎样发现万有引力定律的，他的回答是："靠不停的思考"，他思考时常常废寝忘食。例如：他想去餐厅吃饭，却转错了弯，走到大街上，甚至忘了为什么要出来，于是又返回了居室。他对真理的追求是永无休止的，尽管他为现代科学革命已做出了丰功伟绩，但请读他的临终遗言："我不知世人将如何看待我，但是在我看来，我不过像一个在海滨玩耍的孩子，有时为发现一块比平常光滑的石子或美丽的贝壳而感到高兴；但那浩瀚的海洋，却还在我的面前未曾发现呢。"

2.6.7　牛顿力学的局限性

牛顿《原理》一书，从一些基本概念和几个运动定律出发，使人们对自然的了解有了前所未有的扩展和统一。牛顿的自然哲学思想被人们所接受。在当时，一些科学家甚至开始将牛顿的物理学作为终极的绝对真理接受下来，但科学不是绝对的，即便一个科学原理经过反复证实，但仍然有待新的实验的检验，有待人们去不断认识它，应用它。在 19 世纪的最后 20 年中，物理学上空出现了两朵"乌云"，牛顿的物理学一筹莫展，只有等候去发现和获取新的知识，创造新的理论。总的来说，当物体运动的速度很高时(接近光速)，当所描写的物体系很小时(微观体系)，当所描述的物质体系很大时，或引力很强时，牛顿万有引力、运动定律和牛顿时空观就完全不正确了，将需由新的理论来代替。

2.7 扬帆远航——牛顿力学的奇妙应用

图 2.7-1 中是一艘帆船，当风起时，挂起帆，它便可以乘风远航。在古代，帆船是人类最重要的水上交通运输工具之一。正是利用帆船，哥伦布发现了新大陆，麦哲伦完成了环球航行，在 15 世纪初期，中国明代郑和率领庞大的帆船船队 7 次出海，到达亚洲和非洲三十多个国家，传播了中华文明。在人类文明的发展的历史长河中，帆船起了重要的作用。说到帆船的航行就离不开两个非常重要的部件——帆和舵。帆，是帆船航行的动力来源，是帆船的发动机，它将风力转化为帆船的动力，一般帆的朝向是可以调整的，以便更好地利用风力。舵，也称尾舵，一般装在船的尾部，在水下，是用来调整帆船的航行方向的，

图 2.7-1

是帆船的方向盘。有一个关于帆船舵的成语——"见风使舵"，现指人不讲原则，随风倒，圆滑，世故，其实它的本义是指帆船航行时需要按照风向操纵船舵来调整航向。那为什么要根据风向来调整航行呢？航行目标不是确定的吗？对于这个成语的解释如图 2.7-2 所示。

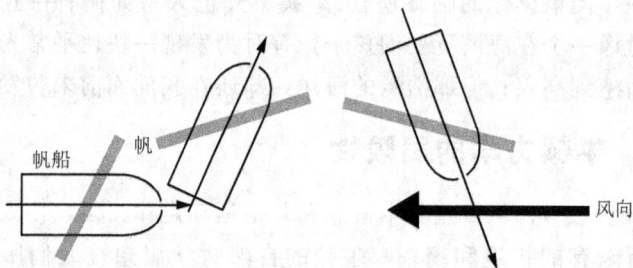

图 2.7-2 见风使舵

通过图 2.7-2 可以看到，在逆风（当头风）吹来时，如果不调整航向，无论如何调整帆的朝向都是不能借助风力使船前航行的。这时我们需要操纵船舵来调整航向，使当头风变成侧风，这时便可以借助风力前进，当然在行驶到一定距离后，我们需要再次调整航行，走"Z"字形路线驶向我们目的地。

因此，在操纵帆船航行的过程中，不仅要时刻注意调整帆的朝向，还要控

制船的航向来使帆船更好地行驶。那么如何控制船的航向及帆的朝向才能使船以最快的速度驶向目的地呢？

我们仅以帆船起航时为例，具体情形如图 2.7-3 所示：海面上东风劲吹，设帆船要从 A 点驶向正东方的 B 点，确定起航时的航向角 θ，以及帆的朝向角 α，使帆船尽可能快地到达目的地 B 点。

由牛顿第一定律可知，帆船起航时，由静止开始运动，是由于受到力的作用。而帆船所受到的力，主要是风对帆船的力。风吹向帆船时，会受到帆船迎风面的阻挡，帆船会给风一个阻力，由牛顿第三定律可知，风也会对帆船一个反作用力，这个力就是帆船运动的动力来源。

帆船在航行过程中既受到风通过帆对船的推力 w，又受到风对船体的阻力 p，需要对这两种力做合理、简化的分解，找出它们在航向的分力。

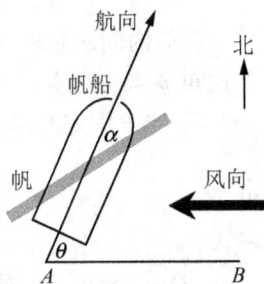

图 2.7-3

风对帆的推力 w 可以分解为：垂直于帆的力 w_1 和平行于帆的力 w_2。平行于帆的力 w_2 对于帆的作用可以忽略，会随风吹过，而垂直于帆的力 w_1 又可以分解为：在航向上的推力 f_1 和垂直于船身的力 f_2。力 f_2 可以被船舵抵消，不用考虑；力 f_1 就是推动船在航向上前进的真正动力。

同样地，风对船体的阻力 p 分解为：航行方向的阻力 p_1 和垂直于船体的力 p_2。类似地，力 p_2 也可以被船舵抵消，不用考虑。因此在航向方向上，帆船所受到的净推力为 $f_1 - p_1$。根据流体力学的知识我们知道，在航行速度不大的情况下，航速与净推力成正比。

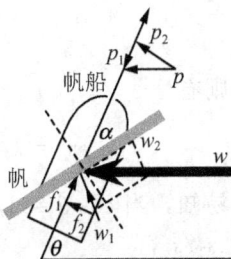

图 2.7-4

于是航向 θ 以及帆的朝向 α 的确定，应该使船在正东方向的速度，即净推力在正东方向的分力达到最大。

模型假设

1. 风对帆的推力 w 与帆的迎风面积 s_1 成正比，风对船体的阻力 p 与船的迎风面积 s_2 成正比，比例系数相同，且 s_1 远大于 s_2；

2. w 的分力 w_2 与帆面平行，可以忽略；

3. f_2，p_2 垂直于船身，可由舵抵消，不予考虑；

4. 航速 v 与净推力 $f = f_1 - p_1$ 成正比。

117

模型建立

由力的几何关系有：

$$w = ks_1, \quad P = ks_2, \quad \omega_1 = w\sin(\theta - \alpha)$$

则 $f_1 = w_1\sin\alpha = w\sin\alpha\sin(\theta - \alpha)$，$p_1 = p\cos\theta$，$v = k_1(f_1 - p_1)$

船在正东方向的速度分量

$$v_1 = v\cos\theta = k_1(f_1 - p_1)\cos\theta$$

我们的问题是求 θ，α，使 v_1 最大，这是一个二元函数的极值问题，且由上式知 p_1 与 α 无关，可分两步进行计算。

(1) 当 θ 固定时求 α，使 f_1 最大

$$f_1 = w[\cos(\theta - 2\alpha) - \cos\theta]/2$$

得

$$\alpha = \theta/2 \text{ 时，} f_1 = w(1 - \cos\theta)/2，\text{为最大}$$

(2) 令 $\alpha = \theta/2$，求 θ，使 v_1 最大（$w = ks_1$，$P = ks_2$）

$$v_1 = k_1\left[w\frac{1 - \cos\theta}{2} - P\cos\theta\right]\cos\theta = \frac{k_1 w}{2}\left[1 - \left(1 + \frac{2P}{w}\right)\cos\theta\right]\cos\theta，\text{其}$$

中 $w = ks_1$，$P = ks_2$. 令

$$t = 1 + \frac{2s_2}{s_1}; \quad k_2 = \frac{k_1 w}{2}$$

则有

$$v_1 = k_2(1 - t\cos\theta)\cos\theta = k_2 t\left[\frac{1}{4t^2} - \left(\cos\theta - \frac{1}{2t}\right)^2\right]$$

易知，当 $\cos\theta = 1/2t$，$\theta = \arccos(1/2t)$，$\alpha = \theta/2$ 时取到最大值，其中 $t = 1 + 2s_2/s_1$，

结果分析：

由于帆迎风面积 s_1 远大于船的迎风面积 s_2，可知，$1/4 < \cos\theta < 1/2$，即在起航时航向角 θ 应在 $60°$ 和 $75°$ 之间，而帆的朝向角 α 为 θ 的一半。

实际上这也只是在起航时的结论，行驶中 B 点将不在船的正东方，上述结论不再成立，所以应该不断调整 θ 和 α，才能尽快地到达 B 点。有兴趣的读者可以考虑 B 点不在船的正东方时如何确定航向及船帆的朝向。

思考题和习题

1. 牛顿出版的一部划时代的著作叫《自然____的数学原理》。

(A) 现象　　　　(B) 科学　　　　(C) 哲学　　　　(D) 规律

2. 第二宇宙速度是指_____，这个概念最先是由_____提

出的。

(A)绕地球运行的速度，伽利略　　　(B)逃离地球的速度，牛顿

(C)逃离太阳的速度，牛顿　　　　　(D)绕地球运行的速度，牛顿

3. 万有引力公式 $F = G\dfrac{m_1 m_2}{R^2}$ 中的 G 叫做_____，它最早是由_____

____通过_____实验测得的。

4. 万有引力定律不仅正确地解释了已知行星的运动规律，并准确预言了_____彗星的轨道和出现的周期等，还发现了一颗新的行星，它是_____。

5. 一辆汽车行驶的速率是 30 km·h⁻¹，接着司机踩加速踏板，产生 2.25 km·h⁻¹·s⁻¹ 的加速度，维持 4 s。问在 4 s 末汽车的速率是多少？

6. 一个光滑的球在光滑的桌面上滚动。起初，没有水平的力作用于球。然后，你拿一块磁铁靠近运动的球，但并不清楚磁铁是否真的对球施加了一个磁力。你怎么才能判断磁铁是否对球施加了一个水平力呢？

7. 把书放在桌上，用锤子沿水平方向给书短促而有力的一击。不忽略摩擦力，从你用锤子即将击到书时开始，描述该书的运动情况，并计算该书在整个运动过程中，作用在书上的合力的大小和方向。

8. 你是愿意有一块在月亮上重 1 N 的黄金，还是愿意有一块在地球上重 1 N 的黄金？或者它们并没有什么不同？

9. 你的手使一个苹果加速上升，苹果的重量与你的手给它向上的力哪个更大？如果你手掌里的苹果加速向下如何？如果你以不变的速度举起这个苹果如何？如果你以不变的速度往下放这个苹果又将如何？

10. 一斜抛物体的水平速度是 v_{0x}，它的轨道最高点处的曲率圆的半径是多大？

11. 如图 2.1 所示，在粗糙的水平桌面上放着质量为 M 的物体 A，在 A 上放有一表面粗糙的小物体 B，其质量为 m. 试分别画出：当用水平恒力 F 推 A 使它做加速运动时，B 和 A 的受力图。

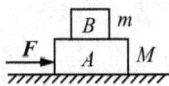

图 2.1

12. 如图 2.2 所示，滑轮、绳子质量及运动中的摩擦阻力都忽略不计，物体 A 的质量 m_1 大于物体 B 的质量 m_2. 在 A、B 运动过程中弹簧秤 S 的读数是

(A) $(m_1 + m_2)g$　　(B) $(m_1 - m_2)g$

(C) $\dfrac{2m_1 m_2}{m_1 + m_2}g$　　(D) $\dfrac{4m_1 m_2}{m_1 + m_2}g$

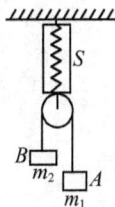

图 2.2

119

13. 自由落体的物体从 $t=0$ 时刻开始下落，用公式 $h=\dfrac{1}{2}gt^2$ 计算得，它下落的距离达到 19.6 m 的时刻为 $t=\pm0.2$ s。问这 -2 s，有什么物理意义？该时刻物体的位置和速度各如何？

14. 以下五种运动形式中，a 保持不变的运动是

(A)单摆的运动

(B)匀速率圆周运动

(C)行星的椭圆轨道运动

(D)抛物运动

(E)圆锥摆运动

15. 一辆做匀加速直线运动的汽车，在 6 s 内通过相隔 60 m 远的两点。已知汽车经过第二点时的速率为 15 m/s，则

(1)汽车通过第一点的速率 $v_1=$ _____；

(2)汽车的加速度 $a=$ _____。

16. 一质点从 P 点出发，以匀速率 0.1 m/s 做顺时针转向的圆周运动。圆的半径为 1 m。当它走过 2/3 圆周 Q 点时，走过的路程是 _____。这段时间的平均速度的大小为 _____，其方向是 _____。

第3章　动量守恒　角动量守恒

我们研究了牛顿定律，并知道牛顿第二定律给出了力的瞬时作用规律。实际上，力对物体的作用总是要延续一段时间。在这段时间内，力的作用将积累起来产生一个总效果。力的时间积累效应的规律，就是动量定理。把动量定理应用于质点系，导出一个重要的守恒定律——动量守恒定律。然后，研究和动量概念相关的、描述物体转动特征的重要的物理量——角动量。在牛顿第二定律的基础上，导出角动量变化率和外力矩的关系——角动量定理，并进一步导出了另一条重要的守恒定律——角动量守恒定律。动量守恒定律、角动量守恒定律以及与之相关的动量定理、角动量定理和能量定理深刻反映了机械运动与其他运动形式相互转化之间的关系，具有普遍的意义，它们是自然界最基本、最普遍的规律。

3.1　动量　动量守恒定律

动量守恒定律，机械能守恒定律以及角动量守恒定律，揭示了在物体运动变化过程中保持不变的东西。这些守恒定律常被人们用作处理动力学问题的出发点，使问题的处理简单、方便，而不必知道物理过程的细节，就可以由初始条件推演出过程结束时的运动情况。

3.1.1　动量　力的冲量　动量守恒定律

先让我们来做一个思想实验，充分发挥我们的想象力，认真地思考。研究压缩弹簧是如何使两辆车分开的，如图 3.1-1 所示。在光滑的桌面上有两辆小车 A 和 B，中间夹着一个压缩弹簧。

开始时用手压住它们使之静止不动，当同时松开手后，弹簧自动弹开，施力于车。在弹簧还没有弹开之前，我们也可以说：A 车施力 F_{AB} 于 B 车，B 车施力 F_{BA} 于 A 车。在图 3.1-1 中建立坐标系，以 O 点为原点，x 轴向右为正向。根据牛顿第三定律，有

$$F_{AB} = - F_{BA} \tag{3.1.1}$$

在有力作用的短时间 Δt 内，质量分别为 m_A, m_B 的两车分别获得加速度 a_A, a_B，

由牛顿第二定律和式(3.1.1)，可得

$$m_A a_A = - m_B a_B \tag{3.1.2}$$

因为

$$a_A = \frac{\Delta v_A}{\Delta t}, \; a_B = \frac{\Delta v_B}{\Delta t} \tag{3.1.3}$$

将式(3.1.3)代入式(3.1.2)，消去 Δt，便有

$$m_A \Delta v_A = - m_B \Delta v_B \tag{3.1.4}$$

Δv_A 和 Δv_B 是在时间 Δt 内，两车分别获得的"速度增量"，它们是随时间改变的。从 $t = 0(v_{0A} = 0, v_{0B} = 0)$ 开始，直到两车分开接触时为止，一直增加到最后的值 v_A 和 v_B，于是

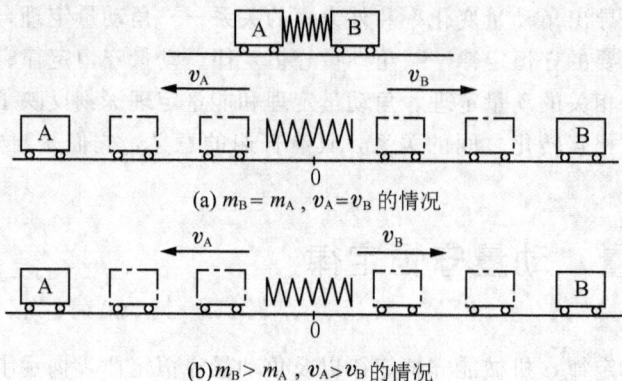

(a) $m_B = m_A$，$v_A = v_B$ 的情况

(b) $m_B > m_A$，$v_A > v_B$ 的情况

图 3.1-1　压缩弹簧使两辆车分开

由式(3.1.4)可写出

$$m_A v_A = - m_B v_B \quad 或 \quad m_A v_A + m_B v_B = 0 \tag{3.1.5}$$

这样我们看到，两车分开后，它们获得的速度 v_A 和 v_B 的方向相反，其大小分别与车的质量 m_A，m_B 成反比，如图 3.1-1(b)所示。

从这个实验中，我们了解了其中的几个概念和定律。

1. 动量

由式(3.1.5)知，当 $m_A < m_B$ 时，则有 $|v_A| > |v_B|$，但 m 与 v 的乘积大小对两车是相等的，这个乘积即为动量。

2. 冲量

物体运动状态的变化必须在物体运动的过程中受到力的作用，力作用到质点上，可以使质点的速度或动量发生变化，这种变化称为力的冲量，用 $\boldsymbol{I}$ 表示。

冲量引起动量的变化：

$$I = F\Delta t = \Delta P \qquad (3.1.6)$$

式中，乘积 $F\Delta t$ 就表示力在时间 Δt 内的积累量，叫做在时间 Δt 内质点所受合外力的冲量。式(3.1.6)表明：在时间 Δt 内质点所受合外力的冲量等于在同一时间内质点动量的增量。

3. 动量守恒定律

为什么车能从静止变成运动呢？原因是弹簧从压缩变为伸展，施力于两车，把式(3.1.1)到式(3.1.4)连起来看，我们可以写出

$$F_{AB}\Delta t = m_B \Delta v_B = -F_{BA}\Delta t = -m_A \Delta v_A \qquad (3.1.7)$$

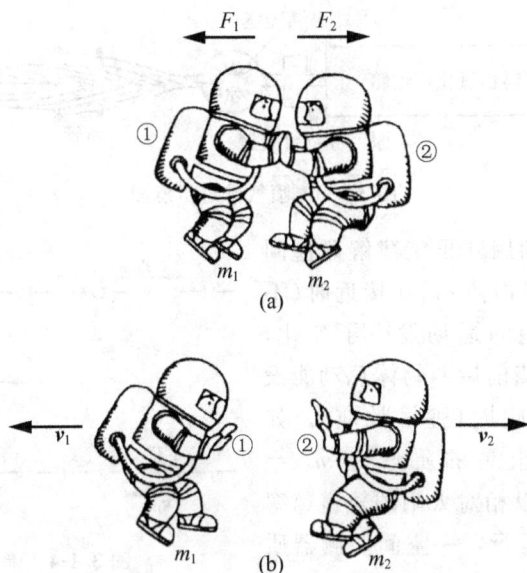

图 3.1-2 两宇航员在太空互推

这表示在 Δt 时间内，力 F_{AB} 的冲量 $F_{AB}\Delta t$ 引起 B 车动量的增量 $m_B \Delta v_B$，力 F_{BA} 的冲量 $F_{BA}\Delta t$ 引起 A 车动量的增量 $m_A \Delta v_A$。时间间隔在空间是没有方向性的，但力 F 是有方向性的，所以冲量是一个有方向性的矢量，与此相应，动量也是一个矢量

$$P = mv \qquad (3.1.8)$$

动量作为机械运动的一个有普遍意义的度量，在于它有守恒性，如式(3.1.5)一般可写为

$$P_A + P_B = 常矢量 \qquad (3.1.9)$$

此式表示在一个封闭（不受外力）的力学系统内，在内力（包括 F_{AB} 和 F_{BA}）作用下，其总动量保持守恒（由于初始时，两小车动量之和为零，所以这个常矢量等于零）——这就叫动量守恒定律。

我们强调："封闭系统"这个条件至关重要。如果系统不封闭，即受外力作用，动量守恒定律对这个系统就不适用。在满足封闭条件下，动量守恒定律无论对宏观物体还是微观粒子都适用。图 3.1-2 是两宇航员在太空互推的图，图 3.1-3 表示了喷气推进的原理，都是动量守恒的例子。动量守恒在航空航天事业中有着更广泛的运用，下面再看一个弹道导弹发射时常用的弹弓效应的例子，如图 3.1-4 所示。

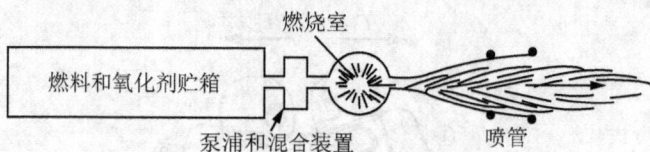

图 3.1-3 喷气推进示意图

例 3.1.1 利用守恒定律解碰撞问题。当两个质点（物体）相互接近时（不一定接触），它们的运动发生了变化，称为碰撞。若碰撞前后两物体总动能没有损失，叫弹性碰撞（弹弓效应）。如图 3.1-4 所示，土星的质量为 $m_2 = 5.67 \times 10^{26}$ kg，以相对太阳的轨道速率 $v_{20} = 9.6$ km/s 运行，一空间探测器质量为 $m_1 = 150$ kg，以相对太阳的速率 $v_{10} = 10.4$ km/s 向土星飞行。

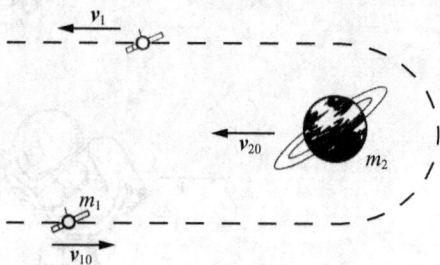

图 3.1-4 弹弓效应

由于土星的引力，探测器绕过土星，沿和原来相反的方向离去，求它离开土星后的速度。

解：这是一道弹性碰撞题（动量守恒和动能守恒），设向左为正。

1. 动量守恒：$m_1 v_{10} + m_2 v_{20} = m_1 v_1 + m_2 v_2$ （1）

2. 动能守恒：$\frac{1}{2} m_1 v_{10}^2 + \frac{1}{2} m_2 v_{20}^2 = \frac{1}{2} m_1 v_1^2 + \frac{1}{2} m_2 v_2^2$ （2）

3. 数理逻辑推理——联立式（1）和式（2）求解。

转化式（1）和式（2） $\qquad \dfrac{m_1}{m_2} = \dfrac{v_{20} - v_2}{v_{10} + v_1}$ （3）

$$\frac{m_1}{m_2} = \frac{(v_2 + v_{20})(v_2 - v_{20})}{(v_{10} + v_1)(v_{10} - v_1)} \tag{4}$$

联立式（3）和式（4）得

$$v_1 = v_{20} + v_{10} + v_2 \tag{5}$$

将式（5）代入式（3），可得

$$v_2 = \frac{m_2 - m_1}{m_1 + m_2}v_{20} - \frac{2m_1}{m_1 + m_2}v_{10} \tag{6}$$

将式（6）代入式（5），得

$$v_1 = \frac{m_2 - m_1}{m_1 + m_2}v_{10} + \frac{2m_2}{m_1 + m_2}v_{20} \tag{7}$$

4. 讨论：因为 $m_2 \gg m_1$，故在式（7）$m_1 \to 0$，则

$$v_1 = v_{10} + 2v_{20} = 29.6(\text{km/s})$$

这说明探测器从土星旁绕过后，由于引力的作用而速率增大了——弹弓效应。弹弓效应是航天技术中增大宇宙探测器速率的一种有效办法。

1989 年 10 月发射伽利略探测器，1990 年 10 月发射尤里西斯太阳探测器，1996 年 12 月发射"火星探路者"，并于 1997 年 7 月 4 日准时降落在火星上，这些宇宙探测器的发射都利用了弹弓效应。美国宇航局于 1997 年 10 月 15 日又发射了一颗探测土星的核动力航天器，重 5.67 吨的"卡西尼"号（如图 3.1-5 所示），它航行了 7 年，行程 3.5×10^9 km，两次掠过金星，1999 年 8 月在 900 km 上空掠过地球，然后掠过木星。在掠过这些行星时，都是利用弹弓效

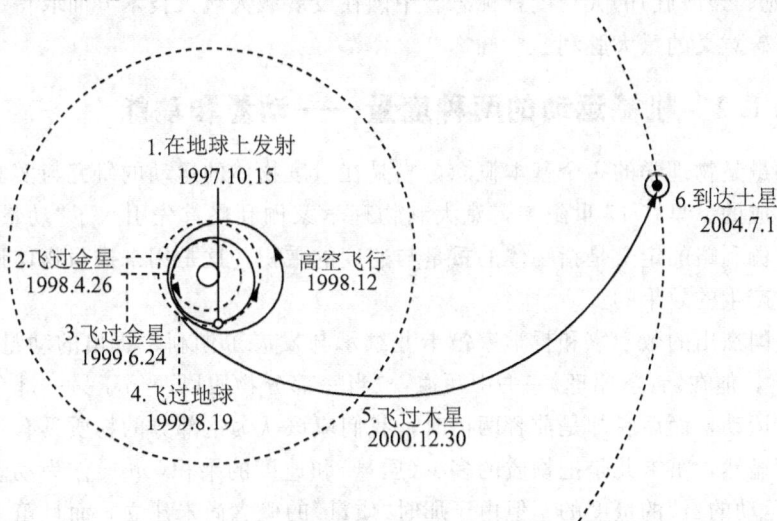

1. 在地球上发射
1997.10.15

2. 飞过金星
1998.4.26

高空飞行
1998.12

3. 飞过金星
1999.6.24

4. 飞过地球
1999.8.19

5. 飞过木星
2000.12.30

6. 到达土星
2004.7.1

图 3.1-5　土星探测飞船"卡西尼"号的漫长旅程

应加速并改变方向，最后于 2004 年 7 月进入土星轨道，开始对土星的光环系统和它的卫星进行为期 4 年的考察。它所携带的"惠更斯"号探测器在土星最大的卫星——土卫六的表面着陆，考察这颗和地球早期（45 亿年前）极其相似的天体。

火箭的飞行原理

火箭是一种利用燃料燃烧后喷出的气体产生反冲推力的发动机。它自带燃料与助燃剂，因而可以在空间任何地方发动。火箭技术在近代有很大发展，火箭炮以及各种各样的导弹都利用火箭发动机作动力。空间技术发展更以火箭技术为基础，各式各样的人造地球卫星、飞船和空间探测器都是靠火箭发动机发射并控制航向的。在科学史上，火箭是中国最早发明的。我国南宋时有作为烟火玩物的"起火"，明代对多箭头的火箭以及称为"火龙出水"的二级火箭已有书籍记载。1990 年 4 月 7 日，我国成功地将亚洲 1 号通信卫星送入太空，说明我国运载火箭技术成熟可靠。"长征二号"是我国独立研制的多用途三级火箭，它长 43.25 m，最大直径 3.35 m，起飞质量约为 202 吨，起飞推动力 248 吨，可将 1.4 吨重的卫星送入离地约 3.6 km 的地球同步转移轨道，有效载荷能力居世界第四位。该火箭的特点是第一、二级用常规推进剂，而第三级则使用液氢、液氧推进剂，这是低温高能推进剂，它代表现代火箭技术的新水平。2005 年 11 月 26 日，在北京举行庆祝"神舟"六号载人航天飞行圆满成功的大会上，胡锦涛说：中国仅用两年的时间就实现了从"一人一天"（杨利伟）到"多人多天"（费俊龙、聂海胜）的大跨度，标志着中国在发展载人航天技术方面取得了又一个里程碑意义的重大胜利。

3.1.2 机械运动的两种度量——动量和动能

动量是物理学的一个基本概念，它是在量度物体的运动的研究与实验中引入与形成的。早在 17 世纪初，意大利物理学家伽利略首先引入了"动量"这个名词，伽利略的定义是指物体的重量与速度的乘积，这是用来描写物体遇到阻碍时所产生的效果的。

法国杰出的数学家和哲学家笛卡儿继承与发展了伽利略提出的动量概念。1644 年，他在《哲学原理》一书中写道："当一部分物质以两倍于另一部分物质的速度运动，而后者却是前者两倍时，我们应该认为这部分的物质具有相同的运动。"显然，笛卡儿是把物质的多少（质量）和速度的乘积（mv）作为动量——物体"运动的量"的量度的。但由于那时"质量"的概念尚未建立，而且笛卡儿还未考虑到速度的方向性。因此动量的意义还未十分明确。

　　荷兰科学家惠更斯在研究物体碰撞问题时做出了突出的贡献。他在研究中发现动量是个矢量，在计算动量时，考虑到了速度的方向性。这是对动量概念的一大发展，但是惠更斯与笛卡儿一样还没有明确的质量概念，并常常把重量概念与质量概念混用，因此这时的动量概念还是处在形成与发展过程中。

　　1687 年，英国物理学家牛顿在《自然哲学之数学原理》（下简称《原理》）的巨著中，首次十分明确地定义了质量的概念，紧接着就定义了动量。他说："运动的量是用它的速度和质量一起来量度的。"在这里，牛顿关于运动量度的思想是同笛卡儿、惠更斯等一致的，但因为建立了质量的概念和明确了速度的方向性，把动量作为一个矢量。因此，这是物理学的发展史上第一次真正建立了动量的概念。牛顿还通过他所总结出的牛顿第二定律，揭示出了在物体的相互作用中，正是动量这个物理量反映着物体运动变化的客观效果。笛卡儿、惠更斯、牛顿等关于动量概念的思想，并没有得到一些科学家的赞同。同时，在 17～18 世纪，由于"力"的概念不是完全确定的，对于力的各种效应以及与之相应的各个物理量的意义和使用范围也是不清楚的，因而引起笛卡儿学派和莱布尼茨学派关于物体运动的力的正确表示方法的旷日持久的一场争论，使动量概念得到了进一步的明确与发展。

　　所谓"运动的力"，就是指一个正在运动的物体所具有的使另一物体运动的能力，如推开它或迫使它向前运动，或者运动物体克服障碍和阻力的能力。那么，这个力决定于哪些量呢？笛卡儿学派从他们所发现的运动量守恒的基本定律出发，认为应该把物体的质量和速度的乘积作为"力"或物体的"运动量"的量度。1687 年，牛顿在他的《原理》中明确提出了动量的定义，并且通过他所总结的第二定律提示出在物体的相互作用中，正是动量这个物理量反映着物体运动变化的客观效果。这样，把动量作为运动的量度，一度得到了科学界的普遍承认。

　　1686 年，德国哲学家莱布尼茨在他的论文"关于笛卡儿和其他人在确定物体的运动力中的错误的简要论证"中对笛卡儿学派的这个量度提出了批判。他认为："力必须由它所产生的效果来衡量，例如用它能将一个重物举起的高度来衡量……而不是用它传给另一物体的速度来衡量。"他由此得出，应该用量值 $\frac{1}{2}mv^2$ 而不是用 mv 来量度物体运动的力。

　　莱布尼茨论证的要点是：当质量为 m 的物体从高 h 处降落下来时，它就获得了运动力，如果使它的运动方向反过来，它就能重新上升到高 h 处；这个同样的力将能把质量为 m/n 的物体送到高 nh 处，这两个物体降落下来时，获得的运动力必然相等。但是，根据伽利略的落体定律，如果第一个物体下落到地面时的速度为 v，则第二个物体的速度为 $\dfrac{1}{v}$，而按照笛卡儿的量度计算得到的即两物体落下时获得的运动量不相等。而按照莱布尼茨的量度，则它表明上述两物体落下时有相等的运动量。

莱布尼茨由此得出结论：笛卡儿提出的运动的量度是同落体定律相矛盾的，所以 mv 不适宜充作运动的量度，mv^2 才是运动的真正量度。后来根据科里奥利的建议以 $\dfrac{1}{2}mv^2$ 代替 mv^2，这就是后来所说的运动物体的动能。莱布尼茨也看到了笛卡儿提出的运动的量度在某些情况下是适用的。例如在杠杆、滑轮、轮轴等简单机械装置中，研究平衡的情况时，mv 作为量度是正确的。因此在 1696 年莱布尼茨指出，运动有两种量度，这是因为"动力"有两种，一种是"死力"，即相对静止的物体间的力，如吊绳的拉力，桌面的支撑力等，"死力"可用物体的质量和该物体由静止状态转入运动状态时所获得的速度的乘积来量度，所以，动量是"死力"的量度；另一种动力是"活力"，mv^2 就是物体的"活力"，物体正是由于自身具有这种"活力"，才成为活动的、永不静止的；而且在自然界中真正守恒的东西正是总的"活力"。和笛卡儿一样，莱布尼茨也相信宇宙中力的总量必须保持不变，不过他认为应该用 mv^2 表示这个力。莱布尼茨也看到，在有些情况下，如非完全弹性碰撞中活力会减少，但他认为，实际上活力并没有损失，而只是被物体内部的微小粒子吸收了，微粒的活力增加了。这个思想是深刻的，可惜他没有进一步的说明。

莱布尼茨的发现是有重大意义的。

第一，他提出的两种运动量度的矛盾，打破了把 mv 看作是运动的唯一的量度的传统观念，促进了关于运动的量度问题的研究；

第二，他所推崇的新的物理量 mv^2，实际超出了对机械运动进行研究的范围。

两种量度的争论，持续了半个世纪之久，不少著名的数理学家都参加到争论中去。1743 年，法国力学家达朗贝尔(J. D'lembert，1717—1783)在他的《动力学论》的序言里，指出了两种量度的等价性，宣布对争论做出"最后的判决"。他指出，"运动物体的力"只能用物体克服障碍的能力来表示。他把"障碍"分为如下三种。

第一种是"不能克服的障碍"，它"完全消灭一切运动"，所以无论物体的动量或活力如何变化，都不能在这种障碍上表现出来，"它们不能以任何尺度来给力下定义"。

第二种是"其阻抗足以使运动停止（而且是在一瞬间做到这一点）的障碍"，即平衡的情况。这时物体克服障碍的能力和物体的动量成正比，所以动量可用来做为"运动物体的力"的量度。

第三种是逐渐使运动停止的减速运动情况，"作用是由直到运动完全消失时为止所通过的那段距离表现出来的，而这种作用与速度平方成正比"，因而，活力可作为"运动物体的力"的量度。由此达朗贝尔做出结论："如果力的量度在平衡状态中和在减速运动中有所不同，这又有什么不方便呢?"这个"判决"指出了两种量度都有效，同时，达朗贝尔也模糊地谈到了动量的变化和力的作用时间有关，活力的变化则与物体运动的距离有关。

19 世纪中叶以后，自然科学家们仍然没有从运动量度的这场争论的混乱中完全摆脱出来。恩格斯根据自然科学的最新成就，尤其是能量守恒与转化定律的发现，提示了两种量度的本质区别。恩格斯指出，在不发生机械运动"消失"而产生其他形式的运动的情况下（如在简单机械的平衡条件下的运动传递，完全弹性碰撞的运动传递等），运动的传递和变化都可以用动量 mv 去量度。就是说，"mv 表现为简单移动的，从而是持续的机械运动的量度"；但当发生了机械运动"消失"而其他形式的运动产生，即机械能和其他形式的能（包括位能、热能、电磁能、化学能）相互转化的过程，在所有这些情况中，都应以 $\frac{1}{2}mv^2$ 去量度。在这里，mv^2 表现为已经消失了的机械运动的量度。

这样，恩格斯便得出结论说：机械运动确实有两种量度，每一种量度适用于某个界限十分明确的范围之内的一系列现象。总之，mv 是以机械运动来量度的机械运动；$\frac{1}{2}mv^2$ 是以机械运动转化为定量的其他形式的运动的能力来量度的机械运动。

实际上，动量和动能这两种量度性质不同，适用范围也不同，所以互不矛盾。至于两种量度问题的更深入一步的解决，则是 20 世纪初爱因斯坦创立狭义相对论之后的事情了。

3.2 角动量 角动量守恒定律

一般若物体在任何情况下，形状和大小都不发生变化，则称为刚体。为了改变刚体原来的运动状态，必须对刚体施加作用力。外力对刚体转动的影响，不仅与作用力的大小有关，而且与力的方向和作用点的位置有关。例如，我们用同样大小的力推开门时，当作用点靠近门轴，不易把门打开；当作用点远离门轴，门就容易推开。由此可以看出，要改变刚体原来的运动状态就必须考虑作用力的大小、方向和作用点三要素。为此，我们引入力矩这一物理量。

3.2.1 力矩

如图 3.2-1 所示，设转轴 O 垂直于刚体的转动平面，作用力 F 和作用点的矢径 r 都在平面内，力 F 与矢径 r 的夹角为 φ。显然，力 F 越大、力的作用点离 O 轴越远（矢径 r 越大），且其夹角 φ 越接近于 $90°$，力产生的效果就越显著。因此，我们定义作用力对转轴的力矩为

$$M = r \times F \tag{3.2.1}$$

由式（3.2.1）可知力矩的大小为

$$M = rF\sin\varphi = Fr\sin\varphi \tag{3.2.2}$$

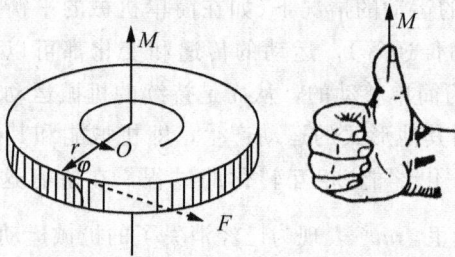

图 3.2-1　力矩的方向——右手螺旋法则

令式（3.2.2）中 $r\sin\varphi = d$，则 d 是转轴 O 与作用线间的垂直距离，称为力臂。

3.2.2 质点的角动量

物理学中经常会遇到质点绕一定点转动的情况。例如：行星绕太阳的运动，原子中电子绕原子核的转动等。在这类转动的问题中，如果用动量来描述质点的转动问题会很不方便，因为动量的方向随时间不断地变化。为此，我们引入角动量的概念，并讨论其所遵循的规律。

设质量为 m 的质点，相对于某一参考点 O 运动，如图 3.2-2 所示。在某一时刻，质点相对于参考点 O 的位置矢量为 r，其速度为 v，则质点动量为 $P = mv$。我们定义：质点的位置矢量 r 与其动量 P 的矢积为质点相对于 O 点的角动量，用 L 表示，即

$$L = r \times P = r \times mv \tag{3.2.3}$$

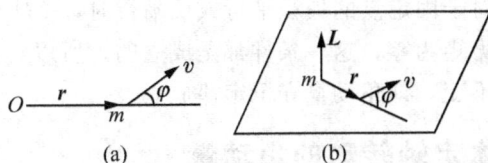

图 3.2-2　质点的角动量

从角动量的定义，可以看出：

1. 质点的角动量与参考点的选择有关，对同一质点的运动，参考点的选择不同，其角动量不同；

2. 角动量是矢量，其大小为 $L = mvr\sin\varphi$，φ 为位置矢量 r 与速度 v 的夹角。角动量的方向由右手螺旋法则决定，如图 3.2-2(b) 所示。

在国际单位制中，角动量的单位是 $kg \cdot m^2/s$。

3.2.3　质点的角动量定理

质量为 m 的质点，在某时刻质点的位置用矢量 r 表示，r 是由惯性系中某参考点引向质点的矢径(如图 3.2-1)。r 的大小和方向不仅与质点的位置有关，而且与参考点的选择有关。用 r 叉乘(矢量积)牛顿第二定律等式的两边，则有：

$$r \times F = r \times ma = r \times \frac{d(mv)}{dt} = \frac{d(r \times mv)}{dt} = \frac{dr}{dt} \times mv + r \times \frac{d(mv)}{dt}$$

$$M = \frac{dL}{dt} \qquad (3.2.4)$$

式(3.2.4)表明：质点的角动量对时间的变化率，等于质点所受的力矩，这就是质点的角动量定理。

关于质点的角动量定理需要注意的是：

角动量定理中的角动量 L 和力矩 M，必须相对于同一个参考点。

3.2.4　角动量守恒定律

如果对某一固定点，质点所受合外力矩为零，则此质点对该固定点的角动量矢量保持不变，称为角动量守恒定律。

角动量守恒定律和动量守恒定律一样，也是自然界的一条最基本、最重要的定律，并且在更广泛的情况下，它不依赖于牛顿定律。

关于外力矩为零，这一条件应该指出的是：由于力矩 $M = r \times F$，所以它既可能是外力为零，也可能外力不为零。在外力不为零的情况下，任意时刻如

131

果外力总是与质点对于固定点的矢径平行或反平行时，$|\mathbf{M}| = rF\sin 0° = 0$。在这两种情况下，外力矩为零，这一条件都是成立的。所以，此质点对该固定点的角动量矢量保持不变，即角动量守恒定律成立。

3.2.5 刚体定轴转动的角动量

如图 3.2-3 所示，刚体绕定轴转动时，应该具有角动量 L。当刚体绕定轴以角速度 ω 转动时，它绕该轴角动量为：

$$L = \sum_i \Delta m_i r_i v_i = \left(\sum \Delta m_i r_i^2\right)\omega = I\omega$$

对 Z 轴角动量表达为

$$M_z = \frac{\mathrm{d}(I_z\omega)}{\mathrm{d}t} = \frac{\mathrm{d}L}{\mathrm{d}t} \qquad (3.2.5)$$

说明：刚体所受的外力矩等于刚体角动量对时间的变化率。式(3.2.5)和质点角动量定理公式(3.2.4) $\mathbf{M} = \dfrac{\mathrm{d}\mathbf{L}}{\mathrm{d}t}$ 类似，不同

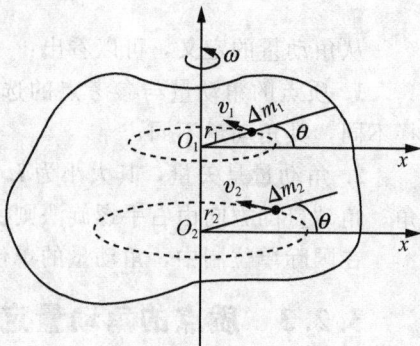

图 3.2-3

的是：前者中的 M 和 L 是对定轴说的，而后者中的 M 和 L 是对定点而言；可以证明式(3.2.5)是式(3.2.4)沿定轴 Z 方向的分量式。L 的单位是 kg·m²/s。

1. 刚体定轴转动的角动量定理

在定轴转动中，刚体对转轴 Z 的角动量 L 对时间的变化率，等于作用在刚体上所有外力对该轴的力矩之和，称为刚体定轴转动的角动量定理。其积分式为

$$L = \int_{t_0}^{t} M\mathrm{d}t = I_z\omega - I_z\omega_0 \qquad (3.2.6)$$

2. 刚体定轴转动的角动量守恒定律

在定轴转动的过程中，当 $M_z = 0$ 时，$I_z\omega = I_z\omega_0$，即　　$L_z = $ 常量

$$L_z = I_z\omega \qquad (3.2.7)$$

这就是说，刚体定轴转动，当其所受合外力矩为零时，对该固定轴的角动量矢量保持不变，称为刚体定轴转动的角动量守恒定律。

当行星在远日点和近日点之间的任意位置上时，其角动量的一般定义是：如果某一个物体在某一位置的动量为 $\mathbf{P} = m\mathbf{v}$，从某一固定点到该点位置的位矢是 $\mathbf{r}$，而从 $\mathbf{r}$ 转到 $\mathbf{P}$ 的夹角为 θ，则物体对此固定点的角动量矢量 $\mathbf{L}$ 定义为两个矢量 $\mathbf{r}$ 和 $\mathbf{P}$ 的矢积

$$L = r \times P \tag{3.2.8}$$

角动量矢量 L 的大小为 $L = |L| = rmv\sin\theta$，其方向按右手螺旋法则：四指握拳由 r 转到 P，则大拇指方向为角动量矢量 L 的方向。行星运动到远日点和近日点时，其动量和矢径均垂直，$\sin 90° = 1$，所以

$$L_1 = mv_1 r_1, \quad L_2 = mv_2 r_2$$

行星在万有引力的作用下沿椭圆轨道运动，不管运动到椭圆轨道的哪个位置，万有引力均指向太阳，而太阳可以看作是不动的。任意时刻万有引力总是与行星对于固定点（太阳）的矢径反向平行，有

$$|M| = rF\sin 180° = 0$$

即力矩为零，这样行星相对太阳运动的角动量守恒。

航天器在地球万有引力的作用下沿椭圆轨道运动与行星绕太阳的运动完全相似。因此，航天器相对地球中心这一固定点的角动量也是守恒的。由角动量守恒定律很容易得到航天器在椭圆轨道上运动的特点：在远地点其速度最小，在近地点的运动中，其速度不断地增大，到达近地点时，速度最大。

在日常生活中应用角动量守恒的例子也很多，例如冰上舞蹈演员，她们先将腿踢出，手伸开，使身体转起来。当她们突然间手和腿收缩回去，靠近身体时，整个身体就加速旋转起来了。这正是利用了在没有外力矩时角动量守恒的原理。当手和腿收缩回去时，质量 m 没有改变，但手和腿离开转动轴（连接头和脚的直线）的距离 r 都变小了，则必然导致旋转速度增加，才能保持角动量 L 不变，如图 3.2-4 所示。

又如跳水运动员在跳板上起跳时，总是向上伸直双手臂，跳到空中时，又将身体收缩，以减小 r 来加快空翻速度；当接近水面时，又伸直双手臂以减小旋转速度以便竖直进入水中，如图 3.2-5 所示。

图 3.2-4 冰上舞蹈

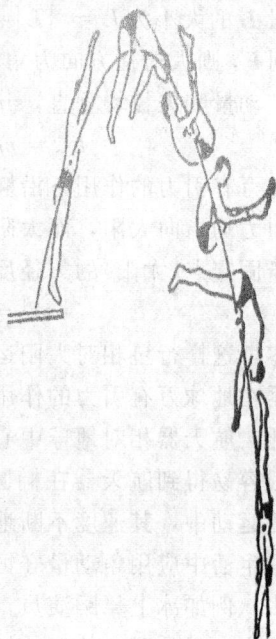

图 3.2-5　跳水运动员

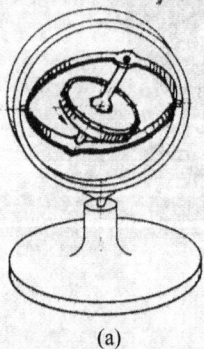

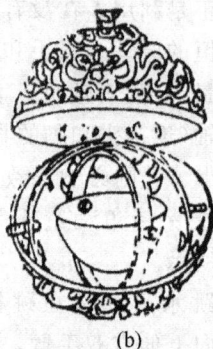

(a)　　　　　　　　　　　　　(b)

图 3.2-6　回转仪

　　角动量守恒在现代科学技术中的一个重要的应用是惯性导航，所用的装置叫回转仪，也叫陀螺。它的核心部分是装置在常平架上的一个质量较大的转子，如图 3.2-6（a）所示。常平架是由套在一起分别具有竖直轴和水平轴的两个圆环组成。转子装在内环上，其轴与内环的轴相互垂直。转子精确地对称于其转轴的圆柱，各轴承均高度润滑，这样转子就具有可以绕其自由转动的三个相互垂直的轴自由转动。因此，不管常平架如何移动或转动，转子都不会受到任何力矩的作用。所以，一旦使转子高速转动起来，根据角动量守恒定律，它将保持其对称轴在空间的指向不变。安装在船、飞机、导弹或宇宙飞船上的这种回转仪就能指出这些船或飞行器的航向相对空间某一定向的方向，从而起到导航的作用。

在这种应用中，往往用三个这样的回转仪并使它们的转轴相互垂直，从而提供一套绝对的笛卡儿直角坐标系。我们可以想一下，这些转子竟能在浩瀚的太空中认准一个确定的方向，并且使自己的转轴始终保持指向它而不改变，多么不可思议的自然界！上述导航装置出现不过一百年，但是，常平架在我国早就出现了，那是西汉丁缓设计制造的被中香炉，如图 3.2-6(b)所示。他用两个套在一起的环形支架架住一个小香炉，香炉由于受到重力，总是悬着。不管支架如何转动，香炉总不会倾倒。遗憾的是：这种装置只是用来保证被褥中取暖时的安全，而没有得到任何在技术上的应用。虽然如此，它也闪烁了我们祖先的智慧的光辉。在日常生活中，角动量守恒还有着其他广泛的应用。

思考题和习题

1. 动量守恒定律的矢量表示形式为＿＿＿＿＿＿＿＿。

2. 在水平冰面上以一定速度向东行驶的炮车，向东南(斜向上)方向发射一炮弹，对于炮车和炮弹这一系统，在此过程中(忽略冰面摩擦力及空气阻力)

(A)总动量守恒

(B)总动量在炮身前进的方向上的分量守恒，其他方向的动量不守恒

(C)总动量在水平面上任意方向的分量守恒，竖直方向分量不守恒

(D)总动量在任何方向的分量均不守恒

3. 物体 m 被放在斜面 M 上，如果把 m 和 M 看成一个系统。请问在下列哪种情况下，系统水平方向分动量守恒：

(A) m 和 M 间无摩擦，而 M 与地面间有摩擦

(B) m 和 M 间有摩擦，而 M 与地面间无摩擦

(C)两处都没有摩擦

(D)两处都有摩擦

4. 物体对某固定点的角动量矢量 L 定义为＿＿＿＿＿＿＿＿＿。

5. 角动量守恒定律可表述为＿＿＿＿＿＿＿＿＿＿。

6. 质点的动量守恒与角动量守恒的条件是什么？两者能否同时守恒？试说明之。

7. 花样滑冰运动员想高速旋转时，她先把一条腿和两臂伸开，并用脚蹬冰使自己转起来，然后她再收拢腿和臂，她的转速就明显地加快了，这利用了什么原理？

8. 宇航员悬立在飞船坐舱内的空中时，不触按舱壁，只要用右脚顺时针画圈，身体就会向左转，如图 3.1(a)所示；当两臂伸直向后画圈时，身体又会向前转，如图 3.1(b)所示，这是为什么？

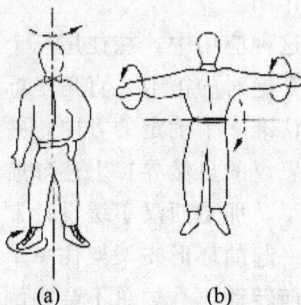

(a)   (b)

图 3.1　宇航员悬立在飞船坐舱内

9. 如图 3.2 所示，有一个小块物体，置于一个光滑的水平桌面上。有一绳。其一端连接此物体，另一端穿过中心的小孔。该物体原以角速度 ω 在距孔为 R 的圆周上转动，今将绳从小孔缓慢往下拉，则物体

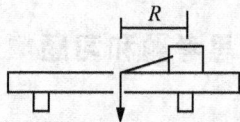

图 3.2

（A）动能不变，动量改变

（B）动能改变，动量不变

（C）角动量不变，动量不变

（D）角动量改变，动量改变

（E）角动量不变，动能和动量都改变

10. 假设卫星环绕地球中心做圆周运动，则在运动过程中，卫星对地球中心的

（A）角动量守恒，动能不守恒

（B）角动量不守恒，动能不守恒

（C）角动量守恒，动能守恒

（D）角动量不守恒，动量也不守恒

（E）角动量守恒，动量也守恒

第 4 章　功和能

在许多实际工作中，常常考虑在质点的位置发生一定变化的过程中，力对它的作用会产生什么样的效果，也就是要研究力的空间（或沿一段路径）积累效果。力的空间积累效果用力做的功来表示。本章开始介绍功的概念和计算方法。然后，进一步研究动能的概念及与此相关的动能定理。对于做功与路径无关的保守力，做功的计算比较简单，并因此引入势能的概念。机械能守恒定律是自然界中的一条基本规律，它是普遍的能量守恒定律的一种特殊形式。

4.1　功　功率

4.1.1　功的概念

功是描写力对质点引起的空间累积效应的物理量，一般以作用在质点上的力与质点位移的标积来定义。

按此定义，力所做的元功为

$$\mathrm{d}A = \boldsymbol{F} \cdot \mathrm{d}\boldsymbol{r} = F\cos\theta \mathrm{d}r \qquad (4.1.1)$$

上式表明，虽然力和位移都是矢量，但它们的标积是标量。

将式（4.1.1）改写成 $\mathrm{d}A = F(\mathrm{d}r\cos\theta)$，那么功的定义也可以描述成：

力对质点所作的功为质点的位移在力的方向上的分量和力的大小的乘积。

4.1.2　恒力的功

恒力对直线运动的质点所做的功等于力在作用点位移方向上的分量与位移大小的乘积，如图 4.1-1 所示。

$$A = \boldsymbol{F} \cdot \boldsymbol{s} = F\cos\theta \qquad (4.1.2)$$

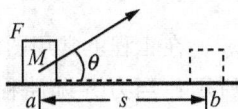

图 4.1-1　恒力的功

4.1.3　变力的功

（如图 4.1-2）

1. 研究对象　质点 P；

2. 研究条件　变力 $\boldsymbol{F}$、曲线运动；

3. 研究方法。

(1)辩证思维和想象力

当 Δt 趋于无限小时，"变力"可视为恒力，曲线可视为直线；"变力、曲线运动"转化为"恒力、直线运动"，求"质点作曲线运动时变力做功"，转化为求"质点作直线运动恒力做功"。这就解决了过河的"桥和船"的问题。如图 4.1-2 所示，将质点沿 ab 运动的曲线分为许多微小元段（N 段），研究质点 P 在任一元段 Δr_i 受力 F_i 做的功：

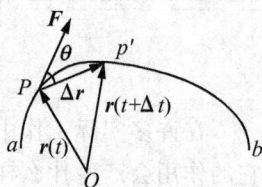

图 4.1-2 变力的功

$$\Delta A_i = F_i \cdot \Delta r_i \tag{4.1.3}$$

(2)运用叠加原理（积分法）和数理逻辑推理

质点 P 沿 ab 曲线，在变力 F 的作用下运动做的总功 A 为其间所有元功 ΔA_i 的代数和：

$$A = \lim_{N \to \infty} \sum_i^N (F_i \cdot \Delta r_i) = \int_a^b F \cdot \mathrm{d}r \tag{4.1.4}$$

4.1.4 合力的功

若有几个力同时作用在质点上，它们所做的功称为合力的功。设有 F_1，F_2，F_3，…，F_n，…作用在质点上，此合力的功为

$$A = A_1 + A_2 + A_3 + \cdots + A_n + \cdots \tag{4.1.5}$$

式(4.1-5)表明，合力对质点所作的功，等于每一个分力所作的功的代数和。显然，上述结果是依据力的叠加原理（力的独立性原理）得出的。

在国际单位制中，力的单位是 N，位移的单位是 m，所以功的单位是 N·m，我们把这个单位叫做焦耳，简称焦，用符号 J 表示。

4.1.5 示功图

在工程上常用图解法来计算功，如图 4.1-3 所示：当力 F 随路程 S 的变化关系已知时，做出 $F\cos\theta$ 随 S 的变化曲线，在横坐标轴 S 上选取 S_a 和 S_b，分别与曲线轨道上的 a 和 b 点相对应的区间分为许多小段 $\mathrm{d}S$，则力 F_i 在任一小段路程 $\mathrm{d}S$ 上的元功等于图中阴影部分的面积。在 $\mathrm{d}S$ 趋于零的情况下，所有元功的总和，

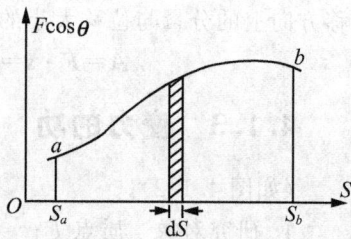

图 4.1-3 变力的功的示功图

即变力 $\boldsymbol{F}_i$ 在整个路程上所做的功就等于图中变力曲线与 S_a 和 S_b 之间所围成的面积，这一图形称为示功图。用图解法求功有直接和方便的优点，是工程上常用的计算功的方法。

4.1.6　功率

在实际问题中，我们不仅要知道力做功的大小，而且要了解做功的快和慢。我们定义，功随时间的变化率叫做功率，用字母 P 表示，则有

$$P = \frac{\mathrm{d}A}{\mathrm{d}t} \tag{4.1.6}$$

在国际单位制中，功率的单位为瓦特，简称瓦，符号是 W。

推论：由于　$P = \dfrac{\mathrm{d}A}{\mathrm{d}t} = \boldsymbol{F} \cdot \dfrac{\mathrm{d}\boldsymbol{r}}{\mathrm{d}t} = \boldsymbol{F} \cdot \boldsymbol{v}$

即　　　　　　　　　　　$P = Fv\cos\theta \tag{4.1.7}$

这就是说，瞬时功率等于力矢量 $\boldsymbol{F}$ 与力作用点的速度矢量 $\boldsymbol{v}$ 的标积。也就是说，功率等于力在物体运动上的分量与物体速度的乘积。

由式(4.1.7)可以看出，当发动机的功率一定时，若要加大牵引力就得降低速度；反之亦然，若要获得较大的速度，牵引力就得减小。若 A 为给定时间 t 内所作的功，那么在此时间 t 内的平均功率为

$$\overline{P} = \frac{\Delta A}{\Delta t} \tag{4.1.8}$$

所以，平均功率称为单位时间内所做功的大小。

4.1.7　保守力做功

保守力和非保守力的定义：

作用在质点上的力对其运动所作的功与路径无关，仅由质点的始末位置决定。我们把这种特性的力统称为保守力，而不具有这种特性的力统称为非保守力。

下面，介绍三种保守力做功。

1. 重力做功

如图 4.1-4 所示，质点 P 质量为 m，受重力为 mg，方向与 Z 轴方向相反，即 $\boldsymbol{F} = -mg\boldsymbol{k}$，经验证，沿任意路径（Ⅰ）和（Ⅱ），重力做功相等，这表明，重力的功由起点和终点位置决定，与路径无关；也就是说，重力沿任一闭合路径的功为零。

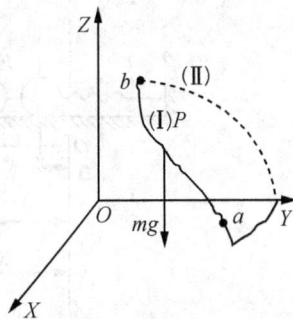

图 4.1-4　重力的功

2. 万有引力做功

如图 4.1-5 所示，质量为 m 的质点受到 M 的万有引力可表示为 $\boldsymbol{F} = -G\dfrac{mM}{r^3}\boldsymbol{r}$，式中 $\boldsymbol{r}$ 为质点的位矢。当质点沿任意曲线路径 L 从 a 点到达 b 点时，引力所做的功为

$$A = -GmM \int_a^b \frac{\mathrm{d}r}{r^2} = -GmM\left(\frac{1}{r_b} - \frac{1}{r_a}\right) \qquad (4.1.9)$$

由此可见，万有引力做功只与质点 m 的始末位置有关，与其路径无关。

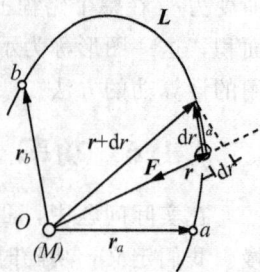
图 4.1-5　万有引力的功

3. 弹性力做功

如图 4.1-6(a)所示，一放置在光滑平面上的弹簧，其一端固定，另一端与一质量为 m 的物体相连接。当弹簧在水平方向不受外力作用时，它将不发生形变。此时，物体位于 O 点，即 $x=0$ 处，这一位置称为平衡位置，如图 4.1-6(b)所示。若物体受到沿 Ox 轴正向的外力 $\boldsymbol{F}$ 的作用，弹簧将沿 Ox 轴正向被拉长。弹簧的伸长量为 x。根据胡克定律，在弹性范围内，弹簧的弹性力 $\boldsymbol{F}$ 与弹簧的伸长量 x 之间的关系为

$$F = -kx$$

式中 k 为弹簧的弹性系数。在弹簧被拉伸的过程中，弹性力是变力，但弹簧伸长 $\mathrm{d}x$ 时的弹力可近似看成是不变的。于是，物体位置为 $\mathrm{d}x$ 时，弹力作的元功为

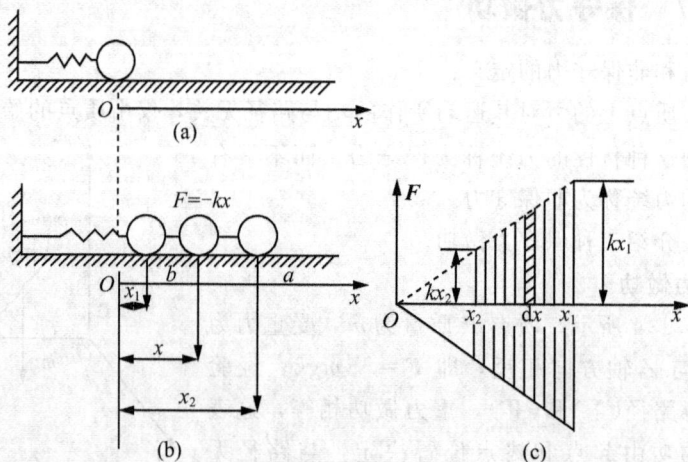
图 4.1-6　弹性力的功

$$dA = -kx\,dx$$

这样，当弹簧伸长量由 x_1 变为 x_2 时，弹性力所作的功就等于各个元功之和，数值上等于图 4.1-6(c)中各个微小矩形面积之和，即图 4.1-6(c)中梯形的面积。由积分可得

$$A = \int_a^b \boldsymbol{F} \cdot d\boldsymbol{r} = -k \int_{x_a}^{x_b} x\,dx = -\frac{1}{2}k(x_b^2 - x_a^2) \tag{4.1.10}$$

可见弹性力所做的功只与弹簧始末位置 x_1 和 x_2 有关，而与弹簧形变的过程无关。

4.2 动能定理

我们从力对空间的积累作用出发，讨论了力对物体做功的定义及其数学表述。而力对物体做功，则要使物体的运动状态发生变化，它们之间的关系如何呢？

如图 4.2-1 所示，研究质量为 m 的质点，受合外力 $\boldsymbol{F}_i$，其位移为 $d\boldsymbol{r}_i$ 时的元功为 $dA = \boldsymbol{F}_i \cdot d\boldsymbol{r}_i$；

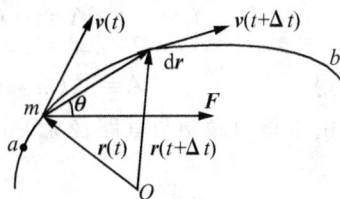

图 4.2-1 质点的动能定理

当质点沿曲线从 a 运动到 b 时，合力 F 所做的功为

$$A = \int_a^b \boldsymbol{F} \cdot d\boldsymbol{r} = \frac{1}{2}mv_b^2 - \frac{1}{2}mv_a^2 \tag{4.2.1}$$

式(4.2.1)表明，作用于质点的合力在某一路程中对质点所做的功，等于质点在该路程的始末状态动能的增量，这就是质点的动能定理。

关于质点的动能定理必须说明两点。

(1)功与动能之间的联系和区别

功是与合外力的作用下质点的位移相联系的，所以功是一个过程的量；而动能是由质点的运动状态决定的，故动能是质点运动状态的函数。合力做的功是能量变化的度量。

(2)与牛顿第二定律一样，动能定理也适用于惯性系。此外，在不同的惯性系中，质点的位移和速度是不同的，因此，功和动能均依赖于惯性系的选取。

4.3 质点系的势能

在讲授势能时，按常见的教材的讲法，虽然也提到了势能是属于物体系的势能。但是，这种说法不免有些使同学们感到比较牵强。下面，我们以重力为例，分析重力势能的概念的建立过程。

如图 4.3-1 所示，质量为 m 的质点，沿任一曲线路径由 a 运动到 b，作用在质点上的重力对质点位移 $\mathrm{d}\boldsymbol{r}$ 所做的功为

$$\mathrm{d}A = m\boldsymbol{g} \cdot \mathrm{d}\boldsymbol{r} = -mg\mathrm{d}z$$

积分可得

$$\int_a^b \mathrm{d}A = -mg \int_{z_0}^z \mathrm{d}z$$

得
$$A = -(mgz - mgz_0) \qquad (4.3.1)$$

由于重力做功与其路径无关，引出重力势能的概念

$$A_b = -(E_P - E_{P0})$$

联立式(4.3.1)，得

$$E_P - E_{P0} = mgz - mgz_0 \qquad (4.3.2)$$

图 4.3-1 质点系的势能

这就是重力势能的建立过程。上述过程不够严密，在引入保守力这一概念时，应该说明：一对力(作用力与反作用力)做功的和与路径无关，只决定于初态和终态的相对位置，具有这种性质的力才是保守力。谈论保守力时，有意义的只是保守力做的功，而保守力的功总是指一对力(作用力与反作用力)做功之和，这个做功之和的负值等于势能的增量。在引入重力势能时，我们已经考虑了地球对质点作用力的功和质点对地球反作用力的功，仅仅因为这一对相互作用力的功的和与参考系无关，在计算这对相互作用力的功的和时，选取了最简单、方便的方法，即选取地球为参考系。这一对相互作用力的功的和，同时也表现为重力对质点做功了。即使我们选取任何其他物体为参考系，计算这一对相互作用力的功的和，其结果都是一样的。

从上面关于万有引力、重力和弹性力做功的讨论中，我们知道：这些力做功均只与物体的始末位置有关(这些力称为保守力)。为此，我们引入保守力场和势能的概念。

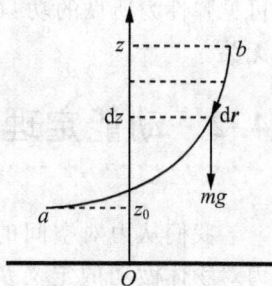

4.3.1　保守力场

质点所受保守力作用的空间分布称为保守力场。重力场就是保守力场。

4.3.2　势能

我们把能量的大小决定于物体之间的相互作用和相互位置的这种能量称为势能，用 E_P 表示。于是，三种势能可分别写成

重力势能

$$E_P = mgy \qquad (4.3.3)$$

弹簧弹性势能

$$E_P = \frac{1}{2}kx^2 \qquad (4.3.4)$$

引力势能
$$E_P = -G\frac{m_1 m_2}{r} \qquad (4.3.5)$$

以上三式可统一写成

$$A_{保守力} = \int_a^b \boldsymbol{F} \cdot \mathrm{d}\boldsymbol{r} = -(E_{Pb} - E_{Pa}) = -\Delta E_P \qquad (4.3.6)$$

此式物理意义为：保守力的功等于势能增量的负值。

对于势能概念的理解，应注意以下几点。

（1）势能是态函数

在保守力作用下，只要确定了物体的始、末位置，保守力所做的功也就确定了。所以说势能是坐标的函数，即是态函数，可写成 $E_P = E_P(x,\ y,\ z)$。

（2）势能的相对性

势能的值与势能零点的选择有关。一般选择地面为重力势能的零点，无限远处为引力势能的零点，弹簧振子的自然端为弹性势能的零点。实际上，势能零点可以任意地选择。但是，选取不同的势能的零点，势能值将有所不同。所以，势能具有相对的意义。然而，不论势能零点如何选取，两固定位置之间的势能差是相同的。

（3）势能的属性

势能是由于系统的各物体间具有保守力作用而产生的，因此它是属于系统的，单独谈单个物体的势能是没有任何意义的。例如，重力势能是属于地球和物体所组成的系统的。离开地球作用的宇宙飞船，也就无所谓重力势能了。

4.4 机械能守恒定律 能量守恒定律

质点系的动能定理为

$$A_外 + A_内 = \sum_i \frac{1}{2} m_i v_i^2 - \sum_i \frac{1}{2} m_i v_{i0}^2 = E_k - E_{k0}$$

内力中可能既有保守力，也有非保守力，因此内力的功为 $A_内 = A_保 + A_{非保}$，所以 $A_外 + A_保 + A_{非保} = E_k - E_{k0}$，

在第三节中我们对保守内力定义了势能

$$A_{保守力} = \int_a^b \boldsymbol{F} \cdot \mathrm{d}\boldsymbol{r} = -(E_{Pb} - E_{Pa}) = -\Delta E_P$$

因此，我们有

$$A_外 + A_{非保} = (E_k + E_P) - (E_{k0} + E_{P0}) \tag{4.4.1}$$

系统的总动能和势能之和叫做机械能，通常用 E 来表示，即 $E = E_k + E_P$。若以 E_0 和 E 分别表示系统初、末状态的机械能，则式(4.4-1)可写成

$$A_外 + A_{非保} = E - E_0 \tag{4.4.2}$$

此式表明：质点系在运动过程中，它所受的外力的功与系统内非保守力的功的总和等于它的机械能的增量。

4.4.1 机械能守恒定律

在一个孤立系统内(外力为零)，非保守力不做功，则该系统的机械能保持不变，称为机械能守恒定律。即

$$A_外 = 0 \text{ 和 } A_{非保内} = 0 \text{ 时，则有 } E_k + E_P = 恒量 \tag{4.4.3}$$

4.4.2 功能原理

一个质点系的机械能的增量等于外力的功和非保守内力的功的和，称为系统的功能原理。

$$A_外 + A_{非保守力} = \Delta E = E - E_0 \tag{4.4.4}$$

由此可以看出：功与能是既密切联系，又有区别的。功总是和能量的转换过程相联系，它是能量转换的度量；而能量是表示系统在一定状态下，所具有做功的本领，它和系统的状态有关。例如，机械能与系统的机械运动状态有关。

4.4.3　能量守恒定律

在长期的生产活动和科学实验中，人们总结出一条重要的结论：各种形式的能量是可以相互转换的。但是，无论如何转换，能量既不能消灭，也不能创造；它只能从一种形式转换为另一种形式，其总和保持不变，称为能量守恒定律。

4.4.4　应用举例——宇宙速度

例 4.4.1　第一宇宙速度 v_1：由地面发射物体环绕地球运动（人造地球卫星）所需最小的速度。

解：人造地球卫星环绕地球运动，看作是匀速圆周运动，如图 4.4-1 所示。

力学法解题：卫星受地球力吸引

$$F=GM_Em\ \frac{1}{r^2}$$

正好等于其向心力

$$f=m\ \frac{v^2}{r}$$

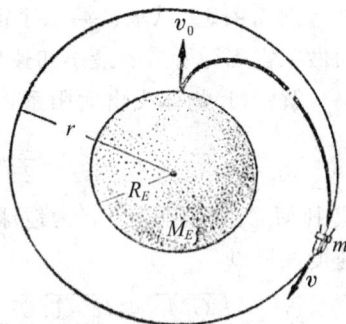

图 4.4-1　发射卫星

即

$$GM_Em\ \frac{1}{r^2}=m\ \frac{v_1^2}{r}$$

解得

$$v_1=\sqrt{\frac{GM_E}{r}}=\sqrt{\frac{6.67\times10^{-11}\times5.97\times10^{24}}{6.37\times10^6}}=7.9\times10^3\,(\mathrm{m/s})$$

例 4.4.2　试求：第二宇宙速度 v_2，即能使地面上的物体脱离地球引力场而做宇宙飞行所需的最小初速度。

解：这是一道系统内的功能转换问题——应用势能、动能的概念和动能定理，问题便迎刃而解。

（1）解法一　动能定理：$A_外+A_内=E_k-E_{k0}$

因为 $F_外=0$，则 $A_外=0$；当物体从初始位置（地球表面 $r_a=R$）运动到末位置（脱离地球的引力，$r_b=\infty$）时，内力（万有引力）的功 $A_内=-G\dfrac{mM}{R}$；而

$E_k=\dfrac{1}{2}mv_2^2$，所以

$$-G\frac{mM}{R}=-\frac{1}{2}mv_2^2,$$

即
$$v_2=\sqrt{\frac{2GMm}{R}}=11.2\times10^3\,(\text{m/s})$$

（2）解法二　机械能守恒定律

$$0+\left(-G\frac{mM}{R}\right)=\frac{1}{2}mv_2^2+0(\text{无限远为零势能点，}V\approx0)$$

解得 $G\dfrac{mM}{R}=\dfrac{1}{2}mv_2^2$，即 $v_2=\sqrt{\dfrac{2GMm}{R}}=11.2\times10^3\,(\text{m/s})$。

例 4.4.3　试求：第三宇宙速度 v_3，即能使地面上的物体脱离太阳引力场而做宇宙飞行所需的最小初速度。

解：（1）物体飞出太阳系，脱离太阳的引力必须满足如下条件：

$$\frac{1}{2}mv_3'^2+\left(-G\frac{mM_s}{r'}\right)=0$$

式中 M_s 为太阳质量、r' 为地球和太阳间的距离、v_3' 为物体相对太阳系的逸出速度，所以

$$v_3'=\sqrt{\frac{2GM_s}{r'}}=\sqrt{\frac{2\times6.67\times10^{-11}\times1.99\times10^{30}}{1.49\times10^{11}}}=42.2\times10^3\,(\text{m/s})$$

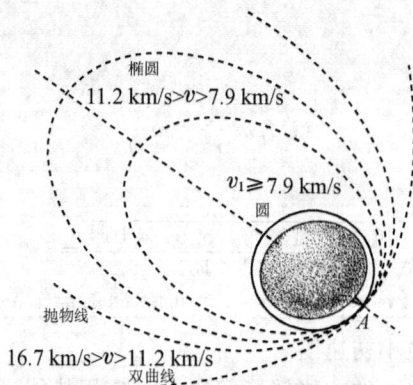

图 4.4-2　第一、第二、第三宇宙速度

（2）地球绕太阳运动的速度为 29.8×10^3 m/s，物体发射速度相对地球为

$$v_3''=(42.2-29.8)\times10^3\text{ m/s}=12.4\times10^3\text{ m/s}$$

（3）从地面发射的物体，飞出太阳系，既要脱离地球的引力，又要脱离太阳的引力，根据机械能守恒定律，有

$$\frac{1}{2}mv_3^2 = \frac{1}{2}mv_3'^2 + \frac{1}{2}mv_3''^2$$

$$v_3 = \sqrt{v_3'^2 + v_3''^2} = \sqrt{11.2^2 + 12.4^2} = 16.7 \times 10^3 \, (m/s)$$

4.4.5 重力势能、功与机械能守恒之间的关系

让我们再看看伽利略斜面实验，如图 4.4-6 所示。观察到一个从某一高度 h 沿着光滑斜面向下滑动的物体，经过一段光滑平面后，又滑上另一光滑斜面，在没有空气阻力的情况下，小球从左方斜面滚下，又滚上右方斜面，最后停在同一高度。在这过程中速度的大小和方向都在不断地变化，动量显然是不守恒的。但它强烈地暗示：在运动中存在另一个守恒量。这个守恒量就是机械能，机械能由两部分组成——动能和势能。

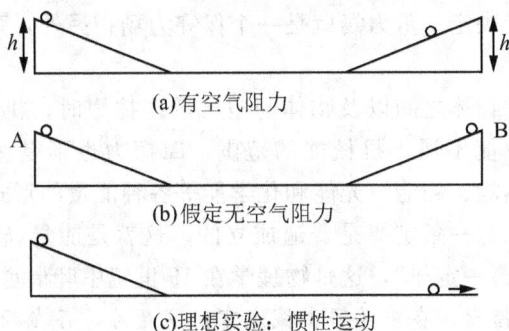

(a)有空气阻力

(b)假定无空气阻力

(c)理想实验：惯性运动

图 4.4-3 伽利略的斜面实验

动能就是上面提到的"活力"——$\frac{1}{2}mv^2$，初态和末态都是 $\frac{1}{2}mv_0^2$，它与 v^2 成正比，所以是无方向性的，是标量；而动量是一个有方向的矢量。为什么动能不是 mv^2 呢？这个系数 $\frac{1}{2}$ 需要引入"功"的概念并用牛顿理论才能解释。

以下通过重力做功来引入重力势能，并通过势能和动能之间的转化来说明动能应取 $\frac{1}{2}mv^2$。

当我们将一质量为 m 的物体（小球）举到距平面为 h 高度的斜面 A 处时，必须克服地球引力对物体做功，其大小为重力 mg 与高度 h 的乘积

$$A = mgh \tag{4.4.5}$$

这个功变为物体的势能 $E_P = mgh$ 储存起来了。当此物体从高度 h 下滑时，重力对物体做功。当物体从高度 h 下滑到光滑平面（$h=0$）时，重力对物体做功

（取零势能点在平面上 $h=0$ 处）完全转化为物体的动能。设 t 为下滑的时间，末速度为 v，则有 $v=gt$，以及 $h=\frac{1}{2}gt^2$，于是可以得到

$$A=mgh=mg\times\frac{1}{2}gt^2=\frac{1}{2}mv^2 \qquad (4.4.6)$$

由此可见，动能为 $E_k=\frac{1}{2}mv^2$。

值得注意的是：在下滑的过程中，势能不断地转化为动能，但两者之间的和，即机械能保持不变，这就是机械能守恒

$$E=E_k+E_P=常数 \qquad (4.4.7)$$

还要指出：机械能守恒也是有条件的，即只有在保守力场中才成立。所谓保守力场是指在这种力作用下，所做的功与运动物体经历的路程无关，仅由其始点和终点的位置决定。重力场就是一个保守力场；另外，弹性力和静电力也都是保守力。

我们如果考虑物体之间以及物体与空气的摩擦力时，机械能就不守恒了，因为摩擦产生的热能不属于机械能的范围，摩擦力也不是保守力。除机械能外，还有电能、热能、磁能、光能和化学能等各种能量的形式。把它们考虑进去后，科学家发现有一条定律是普遍成立的，这就是能量（转化或）守恒定律，当年也叫"热力学第一定律"，这是物理学在 19 世纪中叶最重要的发现之一。

【还要进一步指出，在中学解机械能守恒试题时，存在两个方面的问题。

一、既然选择小球和地球作为研究对象组成一个系统，为什么表示系统的机械能中没有地球的动能一项？

二、选择小球和地球组成一个系统，就不能同时把地球或固定在地球上的某些地区作为参考系，而且考虑到地球的运动，地面参考系也不是惯性参考系，上述的分析当然就不正确了。

严格来讲，应该相对于另外的某个惯性系来分析小球和地球这一系统的运动。但是，由于地球的质量远远大于小球的质量，所以在小球下降的时间内，它和小球的相互作用力引起地球的速度的变化是非常小的。这样就可以十分近似地把地球看成是静止于惯性参考系中，小球相对于那个惯性参考系的速度也可以用它相对于地球的速度代替。同时，地球相对于那个惯性参考系的速度也很小，地球的动能可以忽略不计。这就是系统的机械能中不出现地球的动能的原因。当然，由于地球质量与地面物体相比非常之大，所以这种近似是足够精确的。实际上，在一般讨论地球和物体系的能量问题时都是这样处理的。然而，这毕竟是一种近似的处理，我们必须要认识其本质。】

机械能守恒并不能反映或体现普遍的能量转化与守恒定律的特征。普遍的能量转化与守恒定律是物理学的也是自然界的重要守恒定律，这个规律最本质之处是它揭示了各种形式的能量在转化过程中保持守恒，而机械能守恒则把机械能与其他形式之间可能发生的转化排除在外，它不考虑系统内部成对的非保守力做功。事实上，机械能守恒与否并没有"绝对"意义，在某一特定的惯性参考系中机械能守恒，在另一惯性参考系中机械能则不守恒，至于变换到非惯性参考系就更是如此。

4.4.6 进一步讨论几个问题

1. 关于"力与位移"的功

上面，我们讨论了机械能的概念与"力做功"的联系；而功（概念）是力与位移的乘积，且力和位移都是矢量。如图 4.4-4 所示，一个小孩在冰地上拉雪橇，绳子与地面的夹角为 θ。当雪橇在地面上运动了 s 的位移后，小孩做的功等于

$$W = F s \cos \theta \qquad (4.4.8)$$

实际上，小孩做的功都化为克服地面摩擦力过程中所产生的热能了，雪橇在匀速前进中，动能并不增加。在这个例子中，我们只能谈"功"和"能量守恒"，而不能谈"机械能守恒"。由此可见，"功"和"能"是更一般的概念，是超出只讨论机械运动的力学范围的。

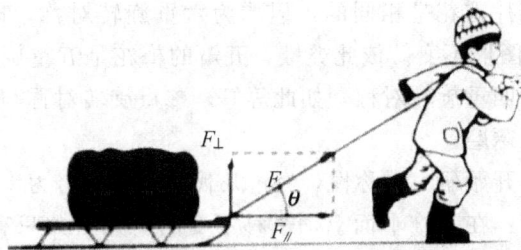

图 4.4-4 拉力的功

2. 现在我们看得更清楚了：为什么一个物体的机械运动需要两个度量（而不是一个）呢？

这是因为：动量 $P = mv$ 是有方向的，它是外力 F 作用下冲量 $I = F\Delta t$ 随时间 t 积累的结果，而动能 $E_k = \frac{1}{2}mv^2$ 是无方向的"标量"，它是外力 F 对空间 Δs 积累的结果，时间间隔 Δt 与空间位移 Δs，一个无方向，一个有方向，它们

是相对独立的。

因此，动量 $P=mv$ 与动能 $E_k=\frac{1}{2}mv^2$ 也是相对独立的。

3. 从以上讨论我们已经初步看出：动量和动能的概念之所以在物理学中显得越来越重要，是因为它们分别有一个守恒定律，因而可推广到机械运动之外的各种自然现象。与之相应的是：力的概念尽管在应用上还很方便，但在本质上却日益淡化，在很多情况下，力的分析已被"势能"的概念替代。

4.5　对称性与守恒定律

刘姥姥在怡红院中对着穿衣镜里那满头插花的老婆子，误以为是亲家母。那是她喝醉了酒，否则一眼就会认出镜中人与自己一模一样，这就是镜像对称。"不完全一样！刘姥姥左手戴的银镯在镜中人的右手上。"读者的眼真尖！但镜像确实保留了原像的全部信息，只是左右对调了一下。镜像属于空间的一种对称性，还有另一些空间对称性：拉链具有一维平移对称性，将之沿长度方向平行移动一个单元(小齿)，其形状保持不变。墙纸和瓷砖的图案具有二维平移对称性，可以沿两个方向平行移动一个单元而形状保持不变。平移对称性并不只限于空间，钟表"滴答、滴答"的周期运动具有时间平移对称性。从信息观点看：单元具有全部的信息，平移只是重复，毫无新意。用显微镜细看雪花，会发现虽然没有两片雪花是相同的，但均为六重旋转对称，即绕中心旋转60度(圆周的1/6)其图形不变。依此类推，五瓣的梅花是五重旋转对称，十字花科的四瓣花朵均为四重旋转对称，如此等等。二重旋转对称与镜像对称是否一回事？读者可自己琢磨。

科学家从晶体开始研究对称性，经过几代科学家的努力，发现了一些有关对称性的重要性质：在二维平面上，平移不变的单元一共只有17种；在三维空间中，平移不变的单元一共只有230种；晶体结构相同而化学成分不同的晶体，有许多性质是相似的；反之，化学成分相同而晶体结构不同的物质，则可以具有非常不同的性质，如石墨、钻石、碳-60均为同质异构，即为显例。可见，晶体结构的对称性对物性有重要作用。

研究对称性的数学工具是群论，由19世纪法国的一位天才青年数学家伽罗瓦在研究五次方程的解时首先采用，可惜他英年早逝，20岁时为了一位神秘女郎与"情敌"决斗身亡。幸运的是他的群论手稿几经周折，终于保存下来得以发表。群论不仅对晶体学起了巨大的推动作用，而且成为研究分子、原子、核子以及其他基本粒子对称性的极为重要的工具。

　　对称的另一个重要性质是由一位德国女数学家诺特发现的，她证明了诺特定理：每一种对称性均对应于一个物理量的守恒定律，反之亦然。例如：空间平移对称对应于动量守恒定律，时间平移对称对应于能量守恒定律，旋转对称对应于角动量守恒定律……乍看难以理解，细细琢磨确有道理：宇宙飞船在外太空靠惯性自由飞行，按动量守恒定律其速度保持不变。如果飞到空间某处，飞船的速度突然改变了——作为速度与质量乘积之动量就不再守恒；由于没有任何外来作用，这只能归之于空间性质的改变——空间平移不再对称。如果还不明白，可以再看一个形象化的比喻：冰球受击后以等速滑行，因为冰面是平移对称的；如在某处发现冰球速度突然改变，那一定是该处冰面有障碍——平移不再对称。对其余的对应关系也可以作类似的理解。

　　好奇的读者会问："镜像对称对应于什么守恒定律呢？"问得好！这关系到20世纪50年代物理学的一个重大突破。过去物理学家一直认为镜像对称是宇宙的基本规律，基本粒子也不例外，所对应的守恒定律称为"宇称守恒定律"。20世纪50年代杨振宁和李政道共同研究基本粒子衰变实验结果中的一个矛盾，发现在已知的物理定律范围内无法解决。经过仔细核对与缜密思考，他们提出：在弱相互作用下宇称可能不守恒。这一大胆设想以吴健雄等人以实验证实，杨振宁和李政道因此获得1957年诺贝尔物理学奖。按照诺特定理，宇称不守恒意味着镜像不对称。换言之，在粒子世界中，即使刘姥姥没有喝醉，所见之镜中人也不是她自己！天工之妙，妙不可言！

　　更妙的是，对称性与美学有密切关系。正常人的外貌具有左右镜像对称性，设想一个人少一只眼，或者嘴歪在一边，那一定被视为丑八怪。此外，对于动物尤其是脊椎动物，也都是以左右对称为美；中国、希腊、罗马的古建筑绝大多数是左右对称的；圆形的杯、碗、碟、花瓶等工艺品的造型大都是旋转对称的。这些都说明：对称是美。人类和自然界都喜欢对称。对称是形象美的重要因素之一，远古时期人类就有这种感觉了。图4.5-1所示的"半坡角纹"是我国古代文明中的对称美的杰作，是形象美的典型示范。

图 4.5-1　半坡角纹

当今世界利用对称给人以美感的形体到处可见，北京故宫的每座宫殿都是对其中轴线左右对称的，而整个建筑群基本上是以南北中心线按东西对称分布的；天坛的"祈年殿"（如图 4.5-2）和滕王阁（如图 4.5-3）均具有严格的对于竖直中心线的轴对称性。这样的设计给人以庄严、肃穆和优美的感觉。现代建筑群也不乏以对称求美的例子。

人们的服饰及其上的图案也常常具有对称性，从而增加了体态美。

在我国的古诗中，就有一种"回文诗"，顺念、倒念都成章，这是文学创作中表现出来的对称性。其中，宋朝的大诗人苏东坡的《题金山寺》可谓经典，诗中写道：

潮随暗浪雪山倾，
远浦渔舟钓月明。
桥对寺门松轻小，
巷当泉眼石波清。
迢迢远树江天晓，
蔼蔼红霞晚日清。
遥望四山云接水，
碧峰千点数鸥轻。

图 4.5-2　祈年殿

图 4.5-3 滕王阁

　　大自然的对称性表现是随时可见的。植物的叶子和花卉（如图 4.5-4 和图 4.4-5），几乎都有左右对称的形状。花的美丽和花瓣的轴对称性或左右对称的分布有直接的关系。动物的形体几乎都是左右对称的，蝴蝶的美丽和它的体态花样的左右对称是分不开的（如图 4.5-6）。

图 4.5-4 铁树开花

图 4.5-5　含羞草花

图 4.5-6　蝴蝶

　　我们已经介绍了动量守恒、角动量守恒和能量守恒定律，自然界中还存在其他的守恒定律，比如：质量守恒定律，电磁现象中的电荷守恒定律，粒子反应中的重子数、轻子数、奇异数和宇称的守恒定律等。守恒定律都是关于变化过程的规律，它们所说的是：只要过程满足一定的要求或整体条件，就可以不必考虑过程的细节而对系统的初、末状态的某些特征下结论。不研究过程的细节而对系统的状态下结论，这就是各个守恒定律的特点和优点。在物理学中分析问题时，常常用到守恒定律。对于一个待研究的物理过程，物理学家通常首先用已知的守恒定律来研究其特点，而先不涉及其细节，这是因为很多过程的细节有时不知道，有时因太复杂而难以处理。只是在守恒定律都用过之后，还未得到所要求的结果时，才对过程细节进行细致而复杂的分析，这就是守恒定律在方法论上的意义。

正是守恒定律的这一重要意义，使物理学家们总是想方设法在研究的现象中找出哪些量是守恒的。一旦发现了某种守恒现象就首先用过去的经验总结出定律。而后，在新的事例或现象中对它进行检验，并且借助于它做出有把握的预见。如果在新的现象中发现某一定律不对，人们就会更精确地或更全面地对现象进行观察研究，以便寻找那些被忽视了的因素，从而再认定该守恒定律的正确性。在有些看来守恒定律失败的情况下，人们还千方百计地寻求"补救"的方法，比如扩大守恒量的概念，引进新的形式，从而使守恒定律更加普遍化。但是，这也并非都是可能的。曾经有物理学家看到有的守恒定律无法"补救"时，便大胆地宣布这些守恒定律不是普遍成立的，认定它们是有缺陷的守恒定律。不论是哪种情况，都能使人们对自然界的认识进入一个新的更深入的阶段。事实上，每一守恒定律的发现、推广和修正，在科学史上的确都曾对人类认识自然的过程起过巨大的推动作用。我们知道许多守恒定律都是从牛顿定律出发导出的，但是，在牛顿运动定律已经不适用的物理现象中，这些守恒定律仍然保持成立，这说明，这些守恒定律有更普遍更深刻的根基。现代物理学已经确定地认识到：这些守恒定律是和自然界的更为普遍的属性——时空对称性——相联系的。

1. 任一给定的物理实验（或现象）的发展过程和该实验所在的空间位置无关，即换一个地方做，该实验的进展的过程完全一样。这个事实叫做空间平移对称性，也叫空间的均匀性。动量守恒定律就是这种对称性的表现。

2. 一给定的物理实验（或现象）的发展过程和该实验装置在空间的取向无关，即把实验装置改一个方向，该实验的进展的过程完全一样，这个事实叫做空间移动对称性，也叫空间的各向同性。角动量守恒定律就是这种对称性的表现。

3. 任一给定的物理实验（或现象）的发展过程和该实验开始的时间无关，

该实验的进展的过程完全一样。这个事实叫做时间平移对称性。也叫时间的均匀性。能量守恒定律就是这种对称性的表现。多么美妙的自然规律啊！

对称美是科学美，科学也有所谓美学原理，科学家在探索未知世界时，除了以实验为判据外，美也是一个重要的考虑。英国著名物理学家狄拉克在被问及"是怎样得到那著名的相对论量子方程"时，他回答得很干脆："我发现它美！"这种科学美也与对称性密切相关。爱因斯坦将之发挥到了极致，在他以前，科学家是从定律中发现对称性，爱因斯坦反其道而行之——从对称性中发现定律。他的广义相对论就是一个范例：从引力与加速度等效原理出发，凭协变对称性就能写出引力方程。这种从对称性中找定律的方法被沿用至今，在物理学的前沿探索中发挥着越来越大的作用。所以科学家不只是求真，也在寻美。

思考题和习题

1. 你下楼时，地球对你做功吗？

2. 你所熟识能量的基本形式有几种？哪一种是最早的人类文化的基础？哪一种是产业革命的基础？哪些其他形式已为早期文化使用，哪些其他形式在今天还在使用？

3. 在电动车（或电动搅拌）工作时，主要是什么能转化（输入和有用输出）？烤面包机（或微波炉）呢？白炽灯（或日光灯）呢？

4. 一个 60 kg 重的跑步的人，在 0.5 s 内，速率由 0 加速到 10 m·s^{-1}，求他的功率输出。

5. 同一过程中的某一个力做的功，比如，你在匀速运动的卡车上把木箱拉动一段距离时，你的拉力做的功，其大小与参考系的选择有关吗？

6. 一个物体的机械能和参考系有关吗？

7. 在由两个物体组成的系统不受外力作用而发生非弹性碰撞的过程中，系统的

(A)动能和动量都守恒　　　　(B)动能和动量都不守恒

(C)动能不守恒，动量守恒　　(D)动能守恒，动量不守恒

8. 质点的质量为 m，置于光滑球面的顶点 A 处（球面固定不动），如图 4.1 所示．当它由静止开始下滑到球面上 B 点时，它的加速度的大小为

(A)$a = 2g(1 - \cos\theta)$

(B)$a = g\sin\theta$

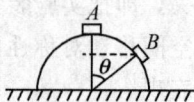

图 4.1

(C)$a=g$

(D)$a=\sqrt{4g^2(1-\cos\theta)^2+g^2\sin^2\theta}/\sin\theta$

9. 关于机械能守恒条件和动量守恒条件有以下几种说法，其中正确的是

(A)不受外力作用的系统，其动量和机械能必然同时守恒

(B)所受合外力为零，内力都是保守力的系统，其机械能必然守恒

(C)不受外力，而内力都是保守力的系统，其动量和机械能必然同时守恒

(D)外力对一个系统做的功为零，则该系统的机械能和动量必然同时守恒

10. 如图 4.2 所示，质量分别为 m_1 和 m_2 的物体 A 和 B，置于光滑桌面上，A 和 B 之间连有一轻弹簧。另有质量为 m_3 和 m_4 的物体 C 和 D 分别置于物体 A 与 B 之上，且物体 A 和 C、B 和 D 之间的摩擦系数均不为零。首先用外力沿水平方向相向推动 A 和 B，使弹簧被压缩。

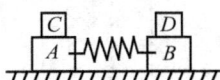

图 4.2

然后同时撤掉外力，则在 A 和 B 弹开的过程中，对 A、B、C、D 弹簧组成的系统

(A)动量守恒，机械能守恒   (B)动量不守恒，机械能守恒

(C)动量不守恒，机械能不守恒   (D)动量守恒，机械能不一定守恒

11. 质量为 M 的木块静止在光滑的水平面上．质量为 m、速率为 v 的子弹沿水平方向打入木块并陷在其中，试计算相对于地面，木块对子弹所做的功 W_1 及子弹对木块所做的功 W_2。

12. 劲度系数为 k 的轻弹簧，一端固定，另一端与桌面上的质量为 m 的小球 B 相连接。用外力推动小球，将弹簧压缩一段距离 L 后放开。假定小球所受的滑动摩擦力大小为 F，且恒定不变，滑动摩擦系数与静摩擦系数可视为相等。试求 L 必须满足什么条件时，才能使小球在放开后就开始运动，而且一旦停止下来就一直保持静止状态。

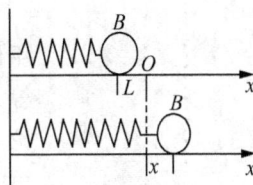

图 4.3

13. 一质量为 m 的质点，在半径为 R 的半球形容器中，由静止开始自边缘上的 A 点滑下，到达最低点 B 时，它对容器的正压力为 N。则质点自 A 滑到 B 的过程中，摩擦力对其做的功为

(A)$\frac{1}{2}R(N-3mg)$ (B)$\frac{1}{2}R(3mg-N)$

(C)$\frac{1}{2}R(N-mg)$ (D)$\frac{1}{2}R(N-2mg)$

第三篇　从静电现象到电磁波

　　电磁学是研究电磁现象规律的学科。我们的祖先早在公元前4世纪到公元前3世纪就有关于电磁现象的观察和记录，战国时期《韩非子》中有关于"司南"（一种天然磁石做成的指南针）的记载，《吕氏春秋》中有关于"慈石能召铁"的记载。公元1世纪王充在《论衡》一书中写道："顿牟缀芥，磁石引针"（顿牟即琥珀，缀芥即吸引轻微物体）。在西方国家，可以追溯到公元前6世纪希腊学者泰勒斯，他观察到用布摩擦过的琥珀能吸收轻微物体。吉尔伯特（Willam Gilbert，1540—1603）对"顿牟缀芥"现象以及磁石的相互作用做了较仔细的观察和记录，electricitys（电）就是他根据希腊文创造的。

　　关于电磁现象的定量的理论研究，最早可从库仑1785年研究电荷之间的相互作用算起。随后，通过泊松、高斯等人的研究，形成了静电场（以及静磁场）的（超距作用）理论。伽伐尼于1786年发现了电流，后来伏特、欧姆、法拉第等人发现了关于电流的定律。1820年奥斯特发现了电流的磁效应，很快（一年内），毕奥、萨伐尔、安培、拉普拉斯等做了进一步的定量研究。1831年法拉第发现了著名的电磁感应现象，进一步揭示电与磁的联系。在此基础上，麦克斯韦集前人之大成，加上他极富有成效的、创新的关于感应电场和位移电流的假设，建立了一整套宏伟的电磁场理论（麦克斯韦方程组），这是科学理论创新的典范！这一历史过程中，有偶然的机遇，也有有目的的探索；有精巧的实验技术，也有大胆的理论独创；有天才的物理模型设想，也有严密的数学方法的应用。最后形成的麦克斯韦方程组是完整的，它使人类对宏观电磁现象的认识达到了一个崭新的高度，是从牛顿建立力学理论到爱因斯坦提出相对论的这段时期中物理学史上最重要的理论成果。

1905 年爱因斯坦创建了相对论，这不但使人们对牛顿建立的力学有了更全面的认识，也使人们对已知的电磁现象和理论有了更深刻的理解。根据电磁现象的规律必须满足相对论时空观的洛伦兹变换(这本质上是自然界的一种重要的对称性——匀速直线运动的对称性或洛伦兹对称性的表现)的要求，可以证明：从不同的参考系观测，同一电磁场可以表现为电场，或者是磁场，或电场和磁场并存。更确切地说，表征电磁场的物理量——电场强度和磁场感应强度——是随参考系改变的。更说明电磁场是一个统一的实体，且麦克斯韦方程组可在此基础上加以统一的论证。

经典电磁学理论是基于电磁场是连续分布在空间这种认识的，20 世纪初，关于光电效应及热辐射规律的研究，提出了电磁场是由不带电的、分立的粒子——光子组成的观点，从而建立了量子场论，它更全面而深刻地阐述了电磁场的规律。

第5章 真空中的静电场

本章主要讨论真空中的静电场的基本性质和规律。除介绍用库仑定律求静电场的方法外，特别强调更有普遍意义的高斯定理及应用它求静电场的方法。对称分析已成为现代物理学的一种基本的分析方法，无论是概念的引入、定律的表述或分析方法的介绍，就思维方法来讲，对称分析对整个电磁学(甚至整个物理学)都具有典型的意义。下面简单地回顾一下库仑定律建立之前的几个重要事件。

一、捕捉雷电

本杰明·富兰克林(Benjamin Franklin，1706—1790)，18世纪美国最伟大的科学家，著名的政治家和文学家。他一生最真实的写照是他自己所说过的一句话

"诚实和勤勉，应该成为你永久的伴侣。"

【富兰克林是18世纪美国的实业家、科学家、社会活动家、思想家和外交家。他是美国历史上第一位享有国际声誉的科学家和发明家。为了对电进行探索曾经做过著名的"风筝实验"，在电学上成就显著，为了深入探讨电运动的规律，创造了许多专用名词如正电、负

图5.1 富兰克林

电、导电体、电池、充电、放电等成为世界通用的词汇。他借用了数学上正负的概念，第一个科学地用正电、负电概念表示电荷性质。并提出了电荷不能创生、也不能消灭的思想，后人在此基础上发现了电荷守恒定律。他最先提出了避雷针的设想，由此而制造的避雷针，避免了雷击灾难，破除了迷信。他同时是一位优秀的政治家，是美国独立战争的老战士，参加起草了《独立宣言》和美国宪法，积极主张废除奴隶制度，深受美国人民的崇敬。他是美国第一位驻法国大使，所以当时在世界上也享有较高的声誉。

1790年4月17日，富兰克林与世长辞。在他出殡的那一天，为他送葬的人数多达两万，充分表达了美国人民对他的痛悼之情。同时，不仅美国国会决定为他服丧一个月，法国国民议会也决议为他哀悼，表明了他不仅属于美国，

也属于全世界。】

1746 年，一位英国学者在波士顿利用玻璃管和莱顿瓶表演了电学实验。富兰克林怀着极大的兴趣观看了他的表演，并被电学这一刚刚兴起的科学强烈地吸引住了。随后富兰克林开始了电学的研究。富兰克林在家里做了大量实验，研究了两种电荷的性能，说明了电的来源和在物质中存在的现象。在 18 世纪以前，人们还不能正确地认识雷电到底是什么。当时人们普遍相信雷电是上帝发怒的说法。一些不信上帝的有识之士曾试图解释雷电的起因，但都未获成功，学术界比较流行的观点是认为雷电是"气体爆炸"。

在一次试验中，富兰克林的妻子丽德不小心碰到了莱顿瓶，一团电火闪过，丽德被击中倒地，面色惨白，足足在家躺了一个星期才恢复健康。这虽然是实验中的一起意外事件，但思维敏捷的富兰克林却由此而想到了空中的雷电。他经过反复思考，断定雷电也是一种放电现象，它和在实验室产生的电在本质上是一样的。于是，他写了一篇名叫"论天空闪电和我们的电气相同"的论文，并送给了英国皇家学会。但富兰克林的伟大设想竟遭到了许多人的嘲笑，有人甚至嗤笑他是"想把上帝和雷电分家的狂人"。

富兰克林决心用事实来证明一切。1752 年 6 月的一天，阴云密布，电闪雷鸣，一场暴风雨就要来临。富兰克林和他的儿子威廉一道，带着上面装有一个金属杆的风筝来到一片空旷地带。富兰克林高举风筝，他的儿子则拉着风筝线飞跑。由于风大，风筝很快就被放上高空。刹那间，雷电交加，大雨倾盆。富兰克林和他的儿子一道拉着风筝线，父子俩焦急地期待着，此时，刚好一道闪电从风筝上掠过，富兰克林用手靠近风筝线上的铁丝，立即掠过一种恐怖的麻木感。他抑制不住内心的激动，大声呼喊："威廉，我被电击了！"随后，他又将风筝线上的电引入莱顿瓶中。回到家里以后，富兰克林用雷电进行了各种电学实验，证明了天上的雷电与人工摩擦产生的电具有完全相同的性质。富兰克林关于天上和人间的电是同一种东西的假说，在他自己的这次实验中得到了光辉的证实。

风筝实验的成功使富兰克林在全世界科学界的名声大振。英国皇家学会给他送来了金质奖章，聘请他担任皇家学会的会员。他的科学著作也被译成了多种语言。他的电学研究取得了初步的胜利。然而，在荣誉和胜利面前，富兰克林没有停止对电学的进一步研究。1753 年，俄国著名电学家利赫曼为了验证富兰克林的实验，不幸被雷电击死，这是做电学实验的第一个牺牲者。血的代价，使许多人对雷电试验产生了戒心和恐惧。

但富兰克林在死亡的威胁面前没有退缩，经过多次试验，他制成了一根实

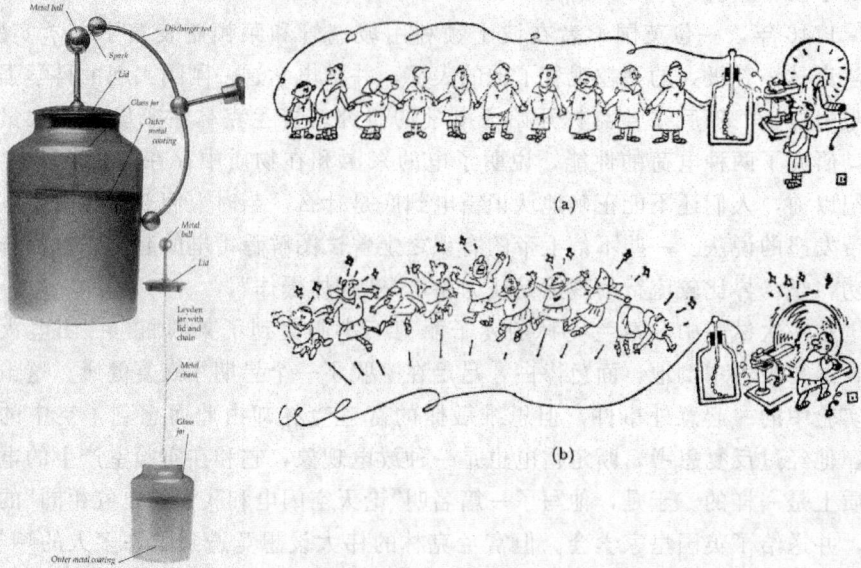

图 5.2　莱顿瓶，用来储存电荷

用的避雷针：把几米长的铁杆，用绝缘材料固定在屋顶，杆上紧拴着一根粗导线，一直通到地里。当雷电袭击房子的时候，它就沿着金属杆通过导线直达大地，房屋建筑却完好无损。1754 年，避雷针开始应用，但有些人认为这是个不祥的东西，违反天意会带来旱灾。就在夜里偷偷地把避雷针拆了。然而，科学终于将战胜愚昧。一场挟有雷电的狂风过后，大教堂着火了；而装有避雷针的高层房屋却平安无事。事实教育了人们，使人们相信了科学。避雷针相继传到英国、德国、法国，最后普及世界各地。

二、范德格拉夫起电机(Van de Graaff Generatoter)

使金属带电的巧妙途径是设法让电荷进入金属壳的内壁。利用此法让金属壳获得大量电荷的装置称为范德格拉夫起电机，其重要应用之一就是金属壳与大地之间的强电场可以加速带电粒子(静电加速器)，如图 5.3 所示。

图 5.3 中 K 是真空金属罩(近似于封闭金属壳)，叫做高压电极。T 是抽成高真空的加速管，管的上方有发射电子的装置(离子源)。当 K 对地有正高压时，我们得到高速离子流。

高压可用下述方法获得：

在金属轮 A 和 B 间装一条由绝缘材料制成的传动带，带的下端附近装一排针尖 C，针尖与直流电源(电压约几万伏)的正极相接，电源的负极和轮 A 接地。这样一来，针尖 C 与轮 A 之间的几万伏电压使空气电离，负电荷跑到针尖上，正电荷跑向传动带并附在其上。用电动机带动轮 A，传动带把正电荷向上（B）输送，高压电极 K 的内侧装一排针尖 D。把高压电极 K 近似看作是封闭金属壳，则壳内壁在传动带的正电荷感应下带负电。传动带与针尖 D 间形成强电场，使空气电离，正负离子在强电场的作用下不断地跑向针尖和传动带。实际上，就是传动带上的正电荷通过针尖 D 不断地传到电极的外壁，并使电极与地之间的电压不断地升高（最终因漏电而平衡，可达数兆伏）。这是从内部向导体壳输送电荷的一个应用实例。去掉加速管 T 后，就是一个范德格拉夫起电机，在静电实验中有重要应用。

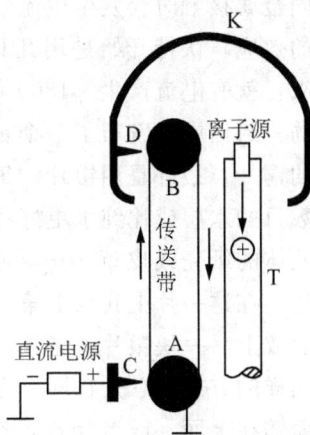

图 5.3　静电加速器示意图

三、伏特电池

伏特（Alessandro Vlota，1745—1827），意大利物理学家，巴黎科学院国外院士。1745 年 2 月 18 日生于科摩，1827 年 3 月 5 日卒于同地。成年后出于好奇，才去研究自然现象。1774 年伏特担任科摩大学预科物理教授。同年发明了起电盘，这是靠静电感应原理提供电的装置。伏特还研究了化学，进行各种气体的爆炸实验。

1774～1779 年伏特任科莫大学预科物理学教授，1779 年他担任巴佛大学物理教授。1779～1815 年任帕维亚大学实验物理学教授，1815 年任帕多瓦大学哲学系主任。1782 年他成为法国科学学会的成员。1791 年

图 5.4　伏特像

英国皇家学会聘请他为国外会员，3 年后又因创立伽伐尼电的接触学说被授予科普利奖章。1801 年拿破仑一世召他到巴黎表演电堆实验，并授予他金质奖章和伯爵称号。

伏特的主要成就是发明了伏特电堆。伏特在伽伐尼实验的基础上，致力研究两种不同金属的接触。他得出了新的结论，认为两金属不仅仅是导体，而且它们产生电流。用伏特自己的话来说：金属是真正的电流激发者，而神经是被动的。伏特把这种电流命名为"金属的"或"接触的"电流。伏特不仅发现两种不

同金属接触时会发生电流效应，而且发现当金属浸入某些液体时，也会有同样的效应。伏特开始是用几只碗盛了盐水，把几对黄铜和锌做成的电极连接起来，就有电流产生。1800 年 3 月 20 日，伏特在给伦敦皇家学会会长约瑟爵士的一封信中，宣布了一个重要的发现。他说："用 30 块、40 块、60 块或更多的铜片，最好是用银片，每一片都和一块锡片（最好是锌片）接触，并且用相同数目的水层或比纯水更好些的导电液体层，如食盐水或碱水等，或是浸透这些液体的纸壳或皮革……在桌子上或台子上，我水平地放一块金属片，例如银片，在这一片上我放上第二片，即锌片；在第二片上我放上了一张浸液片；然后放上另一块银片，紧接着是另一块锌片，上面放上一张浸液片。如此，我以同样的方式，总是在同一方向上，把银片和锌片合起来，那就是说总是银在下面锌在上面，或者相反，这要看我是怎样开始放的，在两对合起来的片子之间，都夹上一层浸液片。我如此继续下去，就形成了一个高到不致自己垮下来的圆柱。"伏特证明这个堆的一端带正电，另一端带负电，这就是伏特堆（蓄电池原理）。当时引起极大的轰动。这是第一个能产生稳定、持续电流的装置。有了持续电流，对电学的研究打开了新的局面。伏特电池的发明，使得科学家可以用比较大的持续电流来进行各种电学研究，促使电学研究有一个巨大的进展。伏特的成就受到各界普遍赞赏，科学界用他的姓氏命名电势、电势差（电压）的单位，即为"伏特"，简称"伏"。伏特于 1769 年发表《论电的吸引》。1775年发明起电盘。1778 年建立导体的电容 C、电荷 Q 及其张力 T（电位差）之间的关系式：$Q=CT$。1787 年发明灵敏的麦秸静电计。1776 年发现沼气。他还发明了气体燃化计（可研究气体燃烧时容积的变化）等。1799 年，伏特以含食盐水的湿抹布，夹在银和锌的圆形板中间，堆积成圆柱状，制造出最早的电池——伏特电池。将不同的金属片插入电解质水溶液形成的电池，通称伏特电池。

伏特电池产生的背景

当时对于电已经有相当的认识（静电、导电、电的种类），加上对雷电的正确了解，尤其是避雷针的研制成功，消除了人们对雷电的畏惧。蓄电装置发明后，科学家开始动脑筋去想如何能够有效地运用电。

意大利波洛尼亚大学的解剖学教授伽法尼（Luigi Galvani，1737—1798）经常利用电击研究生物反应，1780 年秋天无意间发现，即使在没通电源的情况下，剥下来的青蛙腿也会发生痉挛的现象，后来经过十年的研究，在 1791 年发表成果。他一直认为这是一种由动物本身的生理现象所产生的电，称为动物电，因此开发了一支新的科学——电生理学的研究。同时也带动了电流研究的开始，导致电池的发明。关于这次意外的发现说法如下：一次寻常的闪电，使伽法尼解剖室实验台上的起电机发生电气火花的同时，放在桌子上与钳子和镊子环连接触的一只青蛙腿发生痉挛，而此时起电机与青蛙腿之间并无导体连接。接着他把青蛙的一只脚吊高，再用黄铜钩刺在脊髓上，并使其接触银制的台板，让另一只脚可以在台板上方自由活动，当它碰到银台时，脚的肌肉就会收缩而离开台板，但是离开台板后即又再度伸长碰到银台，如此反复摇摆。如果将钩与台改换成同一种金属，就看不到这种现象。

伏特和伽法尼的争辩

伏特反复重做伽法尼的实验，仔细观察后发现电并不是发生于动物组织内，而是由金属或是木炭的组合而产生的。于是伏特完全不使用动物的组织，仅用不同的金属相接触，使用莱顿瓶及金箔验电器进行实验，发现在接触面上会产生电压，称为接触压。这种装置可以同时用不同的几种金属，提高实验效果，但是总无法产生连续不断的电流。

伏特注意到伽法尼的实验中也是使用不同的金属，而实验中的青蛙腿可以看作一种潮湿的物质，所以就使用能够导电的盐水液体代替动物组织试验，终于发现了电池的原理，做出了著名的伏特电堆与伏特电池。

伽法尼和伏特是朋友，伽法尼相当坚持自己的看法，伏特的反对意见促使伽法尼更进一步地研究，这一次他干脆不用任何金属做导体，剥出一条青蛙腿的神经，一端缚在另一条腿的肌肉上，另一端和脊髓相接，结果腿仍然会有抽搐现象，证明了表现在青蛙腿上的电刺激，可以仅仅来自动物本身，这就是所谓的伽法尼电池、伽法尼电流（Galvanic Cell、Galvanic Current、Gagnometer）。伽法尼创造出动物电，导致电生理学的建立。

伏特电堆与伏特电池

伏特电堆由几组圆板堆积而成，每一组圆板包括两种不同的金属板。所有的圆板之间夹放着几张盐水泡过的布，潮湿的布具有导电的功能。伏特进一步试验不同金属对所产生的电动势效果。同时他也试过不同的导电液，后来就用硫酸液代替盐水。至于电堆的原理，伏特则认为是由于金属接触的机械原因所导致的，一直到后来赫尔姆霍兹才指出这个错误，而认为这是化学作用所引起的。

1800 年，伏特将十几年的研究成果，写成一篇论文《论不同金属材料接触所激发的电》，寄给英国皇家学会，不幸遭到当时皇家学会负责论文工作的一位秘书尼克尔逊有意的搁置，后来伏特以自己的名义发表，终于使尼克尔逊的窃取行为遭受学术界的唾弃。当时法国国王拿破仑平素喜欢学者，1800 年 11

月 20 日在巴黎召见伏特，当面观看实验顿觉感动，立即命令法国学者成立专门的委员会，进行大规模的相关实验。

在伏特之前，人们只能应用摩擦发电机，运用旋转发电，再将电存放在莱顿瓶中，以供使用。这种方式相当麻烦，所得的电量也受限制。伏特电池的发明改进了这些缺点，使得电的取得变得非常方便，现在电气所带来的文明，伏特电池是一个重要的起步，它带动后续电气相关研究的蓬勃发展。后来利用电磁感应原理研发的电动机和发电机也得归功于它，而发电机之后电气文明的开始，导致了第二次产业革命。

5.1　库仑定律

5.1.1　电荷

我们知道，用丝绸或毛皮摩擦过的玻璃、塑料、硬橡胶等都能吸引轻小物体，这表明它们在摩擦后进入一种特别的状态。我们把这种状态的物体叫做带电体，并说明它们带有电荷。

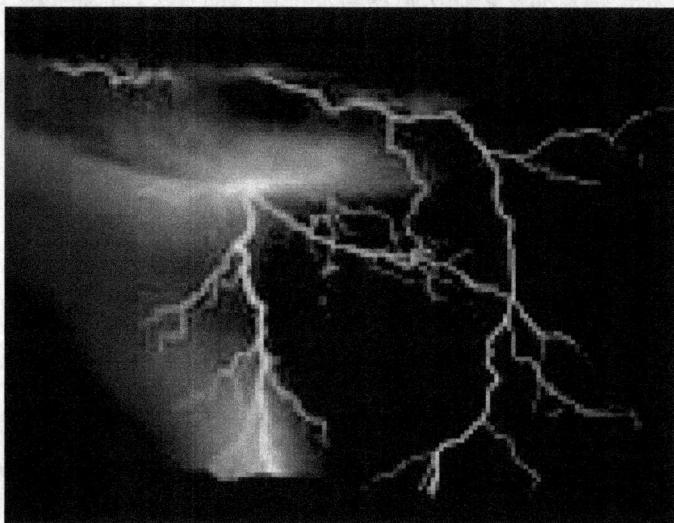

图 5.1-1　雷电现象

雷电是人类最早观察到的电现象，人们对电现象的研究始于摩擦起电。大量实验证明，自然界中只有两种不同的电荷，富兰克林把一种与丝绸摩擦过的玻璃棒所带的电荷，叫正电荷；另一种与毛皮摩擦过的橡胶棒所带的电荷，叫负电荷。玻璃棒的原子核吸附性较弱，所以容易失去电子，呈正电。橡胶棒的原子核吸附性较强，所以容易从毛皮上得到电子，呈负电。

物体能产生电磁现象，现在都归结为物体上带了电荷以及这些电荷的运动。通过对电荷（包括静止的和运动的电荷）的各种相互作用和效应的研究，人们认识到电荷的基本性质有以下几个方面。

1. 电荷有两种，同性相斥，异性相吸。

美国物理学家富兰克林首先以正电荷和负电荷的名称来区分两种电荷，这种命名法一直延续到现在。宏观带电体所带电荷种类的不同根源于组成它们的微观粒子所带电荷种类的不同：电子带负电荷，质子带正电荷。现代物理实验证实，电子的电荷集中在半径小于 10^{-18} m 的小体积内。因此，电子被当成是一个无内部结构而有有限质量和电荷的"点"，这样的电荷称为点电荷。

描述电荷多少的物理量称为电量，电量的国际单位为库（仑），用符号 C 表示。

2. 电荷守恒定律

现代物理实验证实，任何带电体所带电量都是元电荷 e（$e = 1.6022 \times 10^{-19}$ C）的整数倍，电荷量是量子化的。并且，在一个孤立系统中，无论系统中的电荷怎么样移动，系统内正、负电荷电量的代数和始终保持不变，即电荷守恒，这就是电荷守恒定律。电荷守恒定律是物理学中的基本定律之一。

5.1.2　库仑定律

在发现电现象后两千多年的时期内，人们对电的认识一直停留在定性阶段。从 18 世纪中叶开始，不少人着手研究电荷之间作用力的定量规律。静止电荷之间的作用力称为静电力；研究静止电荷之间的相互作用的理论的学科叫做静电学，它是以 1785 年法国物理学家库仑（Charles Coulomb，1736—1806）通过扭秤实验总结出来的规律——库仑定律——为基础的。

库仑定律

在真空中两个静止点电荷之间的静电作用力与这两个点电荷 q_1，q_2 所带电量的乘积成正比，与它们之间的距离 r 的平方成反比，作用力的方向沿着它们连线的方向。类比万有引力定律可得其数学表达式

$$F = k \frac{q_1 q_2}{r^2}, \quad k \approx 9.0 \times 10^9 \text{ Nm}^2/\text{C}^2 = \frac{1}{4\pi\varepsilon_0} \tag{5.1.1}$$

矢量表达式

$$F = \frac{q_1 q_2}{4\pi\varepsilon_0 r^3} \boldsymbol{r} \tag{5.1.2}$$

式中，$\varepsilon_0 = 8.85 \times 10^{-12}$ C^2/Nm^2 为真空介电常数，q_1 和 q_2 分别表示两个点电荷的电量（带有正、负电荷），r 表示两个电荷之间的距离，$\boldsymbol{r}$ 表示 r 乘单位矢量。在国际单位制中，电量单位是库仑，以 C 表示；距离单位为米，以 m 表示；力的单位为牛顿，以 N 表示。

5.1.3　静电力叠加原理

实验事实又指出：两个点电荷同时的相互作用力并不因为第三个点电荷的存在而有所改变。因此，两个以上的点电荷同时对一个点电荷的作用力等于各个点电荷单独存在时对该点电荷的作用力的矢量和。这个结论叫做电力叠加原理。

例 5.1.1　计算氢原子内电子和原子核间的静电作用力与万有引力之比值（氢的原子核质量 $M_2 = 1846 M_1$，电子质量 $M_1 = 9.11 \times 10^{-31}$ kg）

解：氢原子内电子和原子核的电量相等，都是 e；距离为 r，则静电力为

$$f_e = \frac{q q_0}{4\pi\varepsilon_0 r^2} = \frac{e^2}{4\pi\varepsilon_0 r^2} \tag{1}$$

万有引力
$$f_m = \frac{G m_1 m_2}{r^2} \tag{2}$$

$$m_2 = 1846 m_1 \tag{3}$$

得

$$\frac{f_e}{f_m} = \frac{e^2}{4\pi\varepsilon_0 r^2} \bigg/ \frac{G m_1 m_2}{r^2} = K e^2 / 1846\, m_1^2$$

$$= \frac{9 \times 10^9 \times (1.6 \times 10^{-19})^2}{1846 \times 6.67 \times 10^{-11} \times (9.11 \times 10^{-31})^2} \approx 2.26 \times 10^{39}$$

可见，万有引力与静电力相比，可忽略不计！

【库仑（Charles Augstin de Coulomb，1738—1806），法国物理学家，1736 年 6 月 14 日出生于法国昂吉莱姆，从小受过良好教育，曾在巴黎军事工程学院学习。离校后，到西印度公司工作。8 年后，在埃克斯岛瑟堡等地服役多年后因健康原因，被迫回家。回家后，从事科学研究工作，他把主要的精力放在研究工程力学和静力学方面，在结构力学、梁的断裂、材料力学、扭力和摩擦理论等方面都取得过成就，特别是在电磁学方面做出了开创性的工作。1777 年，法国科学院悬赏改良航海指南针中磁针的方法。库仑认为：磁针支架在轴上必然会带来摩擦，要改进磁针就必须从根本问题着手。他提出：用细头发或

丝线悬挂磁针，同时对磁力进行研究，特别注意温度对磁体性质的影响。随后，他发现：悬线扭转时的扭力与磁针偏转的角度成比例，从而利用这种装置算出静电力与磁力的大小。他发明了扭秤，扭秤能以极高的精度测量出非常小的力。由于他成功地设计了新的航海指南针和在研究机械理论方面做出的贡献，1782 年他当选为法国科学院院士。

图 5.1-2 是库仑电扭秤的图片，它装在一个直径和高都为 12 英寸的玻璃圆缸中，以免受空气的影响。上面盖一块玻璃板，板上有两个洞，中间安上一根高为 24 英寸的玻璃管，管下挂一根银丝，银丝固定在扭头上。银丝下面吊有一绝缘材料制成的横杆，杆的一端为小木球 A，另一端是平衡体。玻璃圆缸上有刻度。悬丝自由下垂时，横杆上的小木球指向零刻度。在此小木球旁又固定挂下了另一个完全相同的小木球 B。

实验时，先让固定的小木球 B 带电，然后 A、B 两球接触一下再分开。此时，两球所带电量相等，由于同性相斥，两球分离，使悬丝扭转，直到扭力与斥力相平衡。转动的角度可以从一固定刻盘上读出。银丝的转角与斥力成正比。】

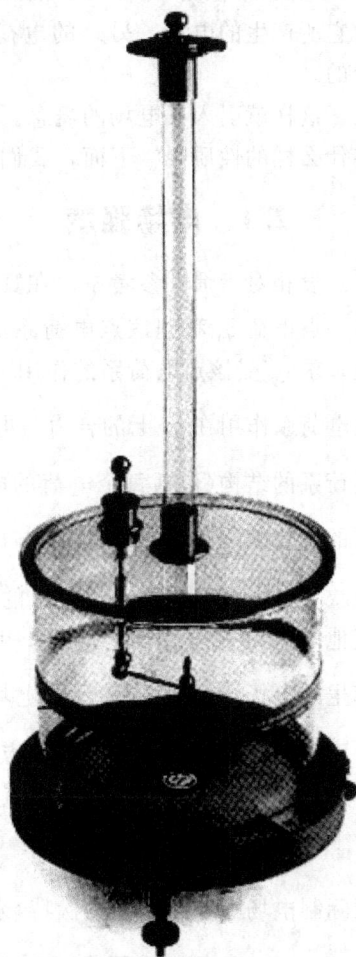

图 5.1-2　库仑的电扭秤

5.2　电场强度

关于两个带电物体之间的相互作用是怎样进行的，在物理学史上，曾经有过不同的看法。在很长的一个时期内，人们认为两个电荷之间的相互作用和两个质点之间的引力作用一样，都是超距作用，即一个电荷对另一个电荷的作用力是隔着一定的空间距离直接给予的，不需要中间物体的传递，也不需要时间。直到 19 世纪 30 年代，法拉第提出了另一种观点：一个电荷的周围存在着由它所产生的电场，另外的电荷所受到的这一电荷的作用力就是通过电场给予的。

这样就引入了电场的概念。电场概念的引入有什么样的意义呢？电场又有些什么样的性质呢？下面，我们就来研究这些问题。

5.2.1　电场强度

设相对于惯性参考系，在真空中有一固定不动的点电荷系 $q_1, q_2, \cdots, q_n$。将另一点电荷 q_0 移到该点电荷系周围的 $P(x, y, z)$ 点（称为场点）处并保持静止，求 q_0 受该点电荷系的作用力。虽然，该力由式（5.1.2）给出。但是，由于点电荷系作用在 q_0 上的合力与电荷 q_0 的电量成正比，所以比值 $\dfrac{F}{q_0}$ 只取决于点电荷系的结构（包括每个电荷的电量以及各电荷之间的相对位置）和电荷 q_0 所在的位置 $P(x, y, z)$ 点，而与电荷 q_0 的电量无关。因此，可以认为：比值 $\dfrac{F}{q_0}$ 反映了点电荷系周围空间各点的特殊性质，它能给出该电荷系对静止于各点的其他电荷 q_0 的作用力。此时，可以说：该点电荷系周围空间存在着由它们所产生的电场。比值 $\dfrac{F}{q_0}$ 表示了电场中各点的强度，叫做电场强度。

电场强度定义：电场中某点处场强 E 的大小等于单位电荷在该点受到力的大小，其方向为正电荷在该点受力的方向。数学表达式为

$$E = \frac{F}{q_0} \tag{5.2.1}$$

国际制电场强度的单位为伏特/米，用符号 $V \cdot m^{-1}$ 表示。

5.2.2　场强叠加原理

电场中任一点处的总场强 E 等于各个点电荷单独存在时在该点各自产生的场强的矢量和，这就是场强叠加原理。数学表达式为

$$E = E_1 + E_2 + \cdots + E_n = \sum_i E_i \tag{5.2.2}$$

应该指出的是，电场强度概念的引入给电荷周围空间各点赋予了一种局域性，如果知道了某一小区域的 E，无需更多的条件，就可以知道任意电荷在此区域内的受力情况，从而进一步知道它的运动。如果知道在空间各点的电场，我们就有了对整个系统的完整描述，并可以揭示出所有电荷的位置和大小。这种局域性场的引入是物理概念上的重要发展。

近代物理学的理论和实验完全证实了场的观点的正确性。电场和磁场已被证明是一种客观实在，它们运动（或传播）的速度是有限的，这个速度就是真空中的光速。电磁场还具有能量、动量和动能。尽管如此，在研究静止电荷的相互作用时，电场的引入可以认为只是描述电荷的相互作用的一种简便方法；而在研究有关运动电荷，特别是其运动速度改变的电荷的现象时，电磁场的实在性就突出地显示出来了。

例 5.2.1　选择题：由电场强度的定义式 $E=F/q_0$ 可知：

(A)E 与 F 成正比，F 越大，E 越大

(B)E 与 q_0 成反比，q_0 越大，E 越小

(C)E 的方向与 F 一致

(D)E 的大小可由 F/q_0 决定

解：(A)和(B)显然是错误的，$E(q, r)$ 不是单变量函数，是由电场本身的性质所决定的；E 的方向与正电荷在该点受力的方向一致，与负电荷在该点受力的方向相反，(C)也是不对的；E 的大小是由 F/q_0 决定的，所以(D)为答案。

5.3　电通量　高斯定理

上一节我们研究了描述电场性质的一个重要的物理量——电场强度，并从叠加原理出发，讨论了点电荷系和带电体的电场强度。为了更好地描述电场，下面我们将在介绍电场线的基础上，引入电场强度通量（简称为电通量）的概念，并导出静电场的重要定理——高斯定理。

5.3.1　电场线

为了形象地描绘电场中电场强度的分布，通常引入电场线的概念。在电场中画出一系列从正电荷出发到负电荷终止的曲线，使曲线上每一点的切线方向和该点电场强度的方向一致。这样的曲线称为电场线，如图 5.3-1 所示。

电场线不仅能描述电场中某点电场强度的方向，同时也能表示出该点电场强度的大小，即用该点附近电场线数密度表示电场强度的大小。电场中某点电场数密度是指穿过该点与电场线垂直的单位面积的电场线条数，即过电场中某点作一垂直于电场强度方向的面元 $dS_\perp$，通过该面元的电场线条数为 dN，如图 5.3-2所示，则该点的电场强度大小为

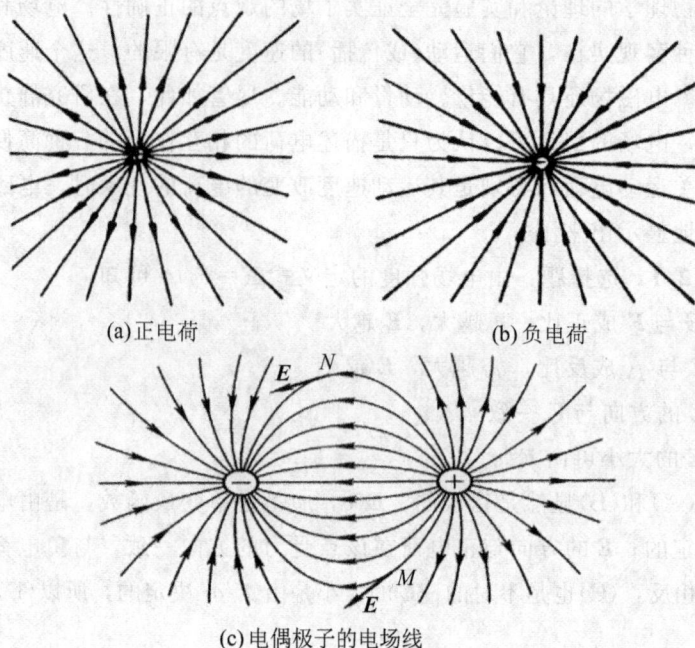

(a)正电荷　　　　　　　　　(b)负电荷

(c)电偶极子的电场线

图 5.3-1

$$E = \frac{\mathrm{d}N}{\mathrm{d}S_\perp} \qquad (5.3.1)$$

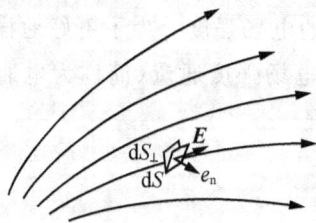

图 5.3-2　电场线数密度与场强大小的关系

我们令该点的电场强度的大小与其电场线密度相等，这样，就可以用电场线的疏密程度直观地描述电场强度的大小。电场强度大的地方电场线密；电场强度小的地方电场线疏。

电场线的特征

1. 静电场的电场线总是起自正电荷，终止于负电荷；既不中断，也不形成闭合回路。

2. 任何两条电场线不可能相交，场强为零处，没有电场线通过；电场线越密，场强越大，如图 5.3-1 和图 5.3-2 所示。

5.3.2　电场强度通量

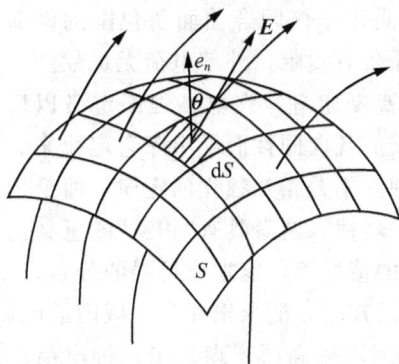

图 5.3-3　通过任意曲面的电通量　　　图 5.3-4　通过封闭曲面的电通量

在电场中通过任何曲面 S 的电场线条数，称为穿过该面的电场强度通量，用 Φ_e 表示，单位为 $N \cdot m^2 \cdot C^{-1}$。在均匀电场中（如平行板电容器），通过某垂直于场强 E、面积为 S 的平面的电通量（净穿过该平面的电场线的总条数）为

$$\Phi_e = ES \qquad (5.3.2)$$

对于不同的曲面，面上各处法向单位矢量的正向可以任意取这一侧或那一侧。因此，对于封闭曲面，由于它使整个空间划分为内、外两部分，所以，一般规定自内向外的方向为各面元法向的正方向。如图 5.3-4 所示，当电场线从内部穿出时，$0 \leqslant \theta_1 \leqslant \dfrac{\pi}{2}$，$d\Phi_e$ 为正；当电场线从外部穿入时，$\dfrac{\pi}{2} \leqslant \theta_2 \leqslant \pi$，$d\Phi_e$ 为负。

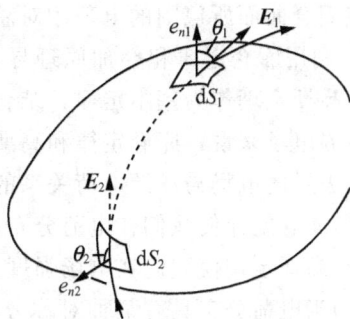

式(5.3.2)中表示的通过整个封闭曲面的电通量 Φ_e 就等于穿出与穿入封闭曲面的电场线的条数之差，也就是净穿出封闭曲面的电场线的总条数。

5.3.3　高斯定理

高斯(K. F. Gauss, 1777—1855)是德国物理学家和数学家，他在实验物理和理论物理以及数学方面都做出了很多贡献，他推导出的高斯定理是电磁学的一条重要的规律。该定理是用电通量表示电场和场源电荷关系的定理，它给出了通过任一封闭曲面的电通量与封闭曲面内部所包围的电荷的关系。

高斯定理：在真空中的任何静电场中，通过任一封闭曲面的电场强度通量等于该闭合曲面所包围的电荷的代数和乘以 $\dfrac{1}{\varepsilon_0}$。

对高斯定理的理解应特别注意以下几点。

1. 高斯定理表达式中的场强 E 是曲面上各点的场强，它是由全部电荷(包括面内和面外的电荷)共同产生的合场强，并不是只由封闭曲面内的电荷产生。

2. 通过任一封闭曲面的总电通量只决定于该闭合曲面所包围的电荷，即只有该闭合曲面所包围的电荷才对总电通量有贡献，外部电荷无贡献。

3. 利用库仑定律和叠加原理导出了高斯定理，在电场强度定义以后，也可以把高斯定理作为基本定律，结合空间的各向同性而导出库仑定律来。这说明：对静电场来说，库仑定律和高斯定理并不是相互独立的定律，而是用不同的形式表示的电场与场源电荷关系的同一规律，两者具有"相逆"的意义：

(1)库仑定律使我们在电荷分布已知的情况下，能求出场强的分布；

(2)高斯定理使我们在电场强度分布已知时，能求出任意区域内的电荷；

(3)当电荷分布具有某种对称分布时，可用高斯定理求出这种电荷系的场强分布，而且这种方法在数学上比用库仑定律简便得多；

(4)对于静止电荷的电场，可以说库仑定律与高斯定理是等价的，但是，在研究运动电荷的电场或一般随时间变化的电场时，人们发现，库仑定律不再成立，而高斯定理却仍然有效，所以说：高斯定理是关于电场的更普遍的基本规律。

5.4 静电场的环路定理

在上一节，我们研究了电场强度，它说明电场对电荷有作用力。既然电场对电荷有作用力，那么，当电荷运动时，电场力就要做功。根据功和能量的关系，可知能量和电场是相联系的。下面，我们来研究与静电场相联系的能量。

5.4.1 静电场力做功

从功能的角度研究静电场的性质，我们先从库仑定律出发证明静电场是保守力场。如图 5.4-1 所示，以 q 表示固定于 O 点的电荷，当另一电荷 q_0 在电场中由 a 点沿任一曲线(路径)移到 b 点时，q_0 受电场力所做的功如下。

1. 点电荷 q 的电场，电场力对试验电荷 q_0 所做的功

如图 5.4-1 所示，q_0 沿 a 点经 c 点移到 b 点；在 c 点时，E 与 dl 的夹角为 θ，d$l\cos\theta = dr$，c 点处的场强为

$$E_c = \frac{q}{4\pi\varepsilon_0 r^2}, F = \frac{qq_0}{4\pi\varepsilon_0 r^2}$$

静电场力做功为

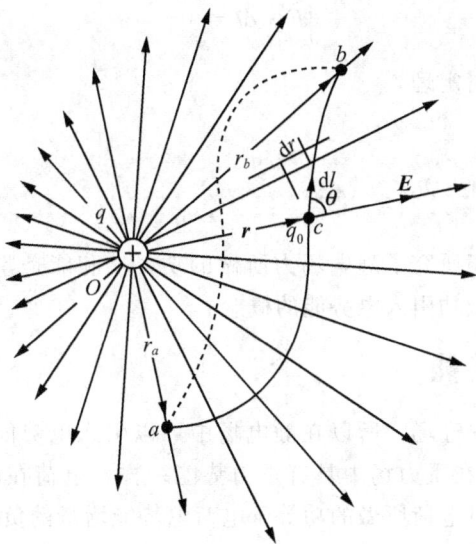

图 5.4-1

$$A = \int_a^b \boldsymbol{F} \cdot \mathrm{d}\boldsymbol{l} = q_0 \int_a^b \boldsymbol{E} \cdot \mathrm{d}\boldsymbol{l} = \frac{q q_0}{4\pi\varepsilon_0}\left(\frac{1}{r_a} - \frac{1}{r_b}\right) \tag{5.4.1}$$

结论：在点电荷 q 的电场中，电场力对试验电荷做的功，只决定于运动路线的起点和终点位置，与路径无关，经任一闭合线路回到原处的功为零。

2. 点电荷系电场的电场力对试验电荷做功

在点电荷系的电场中，试验电荷在电场中运动时，电场力做的功等于各点电荷所做的功的代数和。

我们可以得出结论：对任何静电场，电场力的功都取决于起点 a 和终点 b 的位置，而与路径无关，静电场的这一特性叫做静电场的保守性，静电场是保守力场，称为无旋场。

5.4.2　静电场的环路定理

静电场的保守性的另一种表述形式：如图 5.4-1 所示，q_0 从 a 点经过实线 c 处移到 b，再由 b 经过虚线回到 a 点，则电场力做功为零。这是因为场强沿此闭合路径的线积分为零：

$$A = q_0 \int_a^b \boldsymbol{E} \cdot \mathrm{d}\boldsymbol{l} = 0,$$

$$\oint_l \boldsymbol{E} \cdot \mathrm{d}\boldsymbol{l} = 0 \tag{5.4.2}$$

这就是静电场的环路定理。

5.5 电势

在上一节，我们研究了静电场力所做的功，功和能是紧密联系在一起的。下面，由静电场力做功引入电势能的概念。

5.5.1 电势能

由于静电场是保守场，所以在静电场中可以引入电势能的概念。（采用类比推理方法）与物体在重力场中具有重力势能一样，电荷在电场中具有一定的电势能。静电场力对电荷所做的功等于电荷电势能增量的负值。这样，当检验电荷 q_0 从 a 点移到 b 点时，静电场力所做的功为

$$A = q_0 \int_a^b \boldsymbol{E} \cdot \mathrm{d}\boldsymbol{l}$$

若用 W_a 和 W_b 分别表示检验电荷 q_0 在电场中 a 点和 b 点的电势能，则有

$$A_{ab} = q_0 \int_a^b \boldsymbol{E} \cdot \mathrm{d}\boldsymbol{l} = -(W_b - W_a)$$

电势能也和重力势能一样，是一个相对量。在重力场中，要确定物体在某点的重力势能，就必须选择一个势能为零的参考点。同理，要确定电荷在某点的电势能，就必须选择一个电势能为零的参考点。在上式中，若选 q_0 在点 b 处的电势能为零，即 $W_b = 0$，则 q_0 在 a 点处的电势能可表示为

$$W_a = q_0 \int_a^{\text{参考点}b} \boldsymbol{E} \cdot \mathrm{d}\boldsymbol{l} \tag{5.5.1}$$

在数值上等于把它从 a 点移到电势能为零的参考点处电场力做的功。

电势能为零的参考点的选择是任意的，这要视处理问题的方便而定。一般多选电荷在无穷远处的电势能为零，则 q_0 在电场中某一点 P 处的电势能为

$$W_P = q_0 \int_P^\infty \boldsymbol{E} \cdot \mathrm{d}\boldsymbol{l} \tag{5.5.2}$$

在国际单位制中，电势能的单位是焦耳，用符号 J 表示。

5.5.2　电势

有了电势能的概念，就可以建立电势的概念。我们可以定义电场中某点的电势。从上面的讨论可知：电势能与检验电荷 q_0 有关，所以不能用电荷在静电场中的电势能来描述静电场的性质。但是，比值 W_p/q_0 却是一个与检验电荷 q_0 无关的量值，反映了电场本身的性质。我们就将该比值定义为静电场中某点的电势，用符号 U 表示，在国际单位制中，电势单位是伏特，简称伏（V）。

在电场中某点 a 处的电势，等于单位正电荷从该点经过任意路径到电势能零参考点时，电场力所做的功。

$$U_P = \frac{W_p}{q_0} = \int_p^\infty \boldsymbol{E} \cdot \mathrm{d}\boldsymbol{l} \tag{5.5.3}$$

此式表明，静电场中某点的电势，在数值上等于单位电荷在该点的所具有的电势能。或者说，在数值上等于把单位正电荷从该点移到电势零点的过程中，电场力所做的功。

关于电势这个物理量需要注意以下几点：

1. 电势是描述静电场的物理量，与检验电荷 q_0 无关；
2. 电势是标量，在电场中，电势沿电场线逐渐降低；
3. 电势是相对量，与选择的电势零点有关。

5.5.3　电势差

由静电场的环路定理可知，静电场是保守力场，静电场的保守性意味着，对静电场来说，存在着一个由电场中某点的位置所决定的标量函数。此函数在 a 和 b 两点的数值差等于从 a 到 b 电场强度沿任一路径的线积分：

$$\int_a^b \boldsymbol{E} \cdot \mathrm{d}\boldsymbol{l} = \frac{q}{4\pi\varepsilon_0}\left(\frac{1}{r_a} - \frac{1}{r_b}\right) = U_a - U_b = U_{ab} \tag{5.5.4}$$

称为 a 和 b 两点之间的电势差。

5.5.4　电势叠加原理

在点电荷系产生的电场中，某点的电势是各个点电荷单独存在时，在该点产生的电势的代数和

$$U_a = \sum_i U_{ai} \tag{5.5.5}$$

电势和电势差具有相同的单位，在国际单位制中，电势的单位是伏（特），

符号为 V，1 V(伏)＝1 J/C(焦耳/库仑)。

思考题和习题

1. 至今发现的人类关于电的最早文字记载是在＿＿＿＿＿中。

(A)英国医生吉尔伯特的专著《磁学论》

(B)北宋时期我国科学家沈括的《梦溪笔谈》

(C)战国代哲学家墨翟所著《墨经》

(D)我国商周时期的甲骨文

2. 曾参加起草独立宣言的美国政治活动家富兰克林，也对电学现象有深入的研究，发现了＿＿＿＿＿，发明了＿＿＿＿＿＿，研究了＿＿＿＿＿。

3. 著名的库仑定律是由法国工程师、物理学家库仑所建立的，从中我们可以看到＿＿＿＿＿在科学研究中所起的重大作用。

(A)观察法　　　(B)归纳法　　　(C)测量法　　　(D)类比法

4. 为什么静电场中的电场线不可能是闭合曲线？

5. 如果通过闭合曲面 S 的电通量为零时，是否能肯定：

(1)面 S 上的每一点的场强为零？

(2)面内没有电荷？

(3)面内静电荷为零？

6. 举例说明在选无穷远处为电势零点的条件下，带正电的物体的电势是否一定为正？电势等于零的物体是否一定不带电？

7. 如图 5.1 所示，两个同心的均匀带电球面，内球面带电荷 Q_1，外球面带电荷 Q_2，则在两球面之间，距离球心为 r 处的 P 点的场强大小 E 为

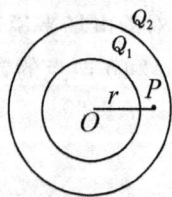

图 5.1

(A) $\dfrac{Q_1}{4\pi\varepsilon_0 r^2}$　　　(B) $\dfrac{Q_1+Q_2}{4\pi\varepsilon_0 r^2}$

(C) $\dfrac{Q_2}{4\pi\varepsilon_0 r^2}$　　　(D) $\dfrac{Q_2-Q_1}{4\pi\varepsilon_0 r^2}$

8. 下面列出的真空中静电场的场强公式中，哪个是正确的？

(A)点电荷 q 的电场强度：

$$E=\frac{q}{4\pi\varepsilon_0 r^2}\ (r\ \text{为点电荷到场点的距离})$$

(B)"无限长"均匀带电直线(电荷线密度 λ)的电场强度：

$$E = \frac{\lambda}{2\pi\varepsilon_0 r^3}r$$

(C)"无限大"均匀带电平面(电荷面密度 σ)的电场强度:

$$E = \frac{\sigma}{2\varepsilon_0}$$

(D)半径为 R 的均匀带电球面(电荷面密度 σ)外的电场强度:

$$E = \frac{\sigma R^2}{\varepsilon_0 r^3}r$$

(r 为球心到场点的矢量)

9. 两个同心薄金属球壳,半径分别为 R_1 和 $R_2 (R_2 > R_1)$,若分别带上电荷 q_1 和 q_2,则两者的电势分别为 U_1 和 U_2(选无穷远处为电势零点)。现用导线将两球壳相连接,则它们的电势为

(A) U_1 　　　　　　　　　　　(B) U_2

(C) $U_1 + U_2$ 　　　　　　　　(D) $\frac{1}{2}(U_1 + U_2)$

10. 如图 5.2 所示为某静电场的等势面图,在图中画出该电场的电场线。

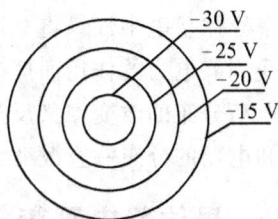

图 5.2

第6章 静电场中的导体和电介质

在科学实验和工程技术中，我们常利用导体带电形成电场，而且还使用绝缘体（电介质）来改变电场和电荷的分布。本章讨论静电场对导体的作用以及电介质与电场的相互作用、相互影响以及所遵循的规律。最后，研究静电场的能量，从另一侧面反映电场的物质性。

6.1 静电场中的导体

金属导体的重要特征是在它的内部具有大量的自由电子。当导体不带电也不受电场力作用时，自由电子做微观热运动，没有电荷的定向的宏观运动，整个导体呈电中性。将金属导体置于静电场中，金属导体内部大量的自由电子将受到静电力的作用而产生定向运动，这一运动将改变导体上电荷的分布。这种电荷分布的改变，又反过来影响改变导体内部和周围的电场的分布。这种电荷和电场的分布一直改变到静电平衡为止。

导体静电平衡条件

1. 静电感应现象

如图 6.1-1 所示，导体（金属板 G）在电场强度 E_0 的外电场中，外电场引起导体内部正、负电荷的重新分布；在导体的两端出现等量、异号的电荷，这种现象称为静电感应现象。

金属板 G 内部的电子在电场力的作用下，将逆着外电场的方向运动，于是在金属板 G 的两侧出现等量异号电荷。这些电荷在金属板 G 内部建立起一个附加电场，其场强 E' 和外电场的方向相反。这样，金属板 G 内部的场强 E 是 E_0 和 E' 这两个场强的叠加，即 $E = E_0 + E'$。因为 E_0 和 E' 的方向相反。所以，$E = E_0 - E'$。开始时，$E' < E_0$，即金属板 G 内部的电场强度的方向向右，自由电子不断地向左运动，从而使 E' 增大，直到 $E' = E_0$，即金属板 G 内部的电场强度为零为止。这时，导体内部的自由电子停止定向运动。这种状态，称为静电平衡状态。

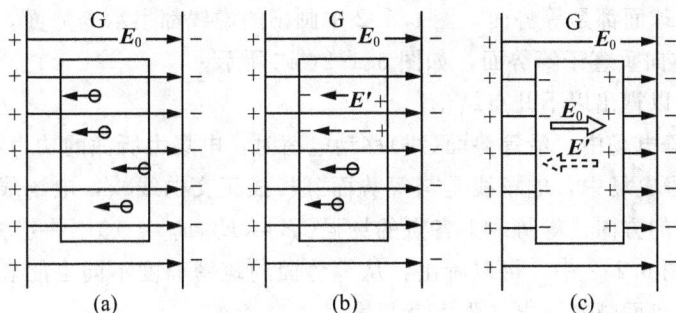

图 6.1-1

2. 导体静电平衡条件

综上所述，使导体处于静电平衡，必须满足以下两个条件：

(1)导体内任一点的电场强度都等于零；

(2)导体表面紧邻处的电场强度必定和导体表面垂直，即 $E_n = 0$，E_t 垂直表面。

研究等势面进一步证明上述结论的正确性(如图 6.1-2 所示)：

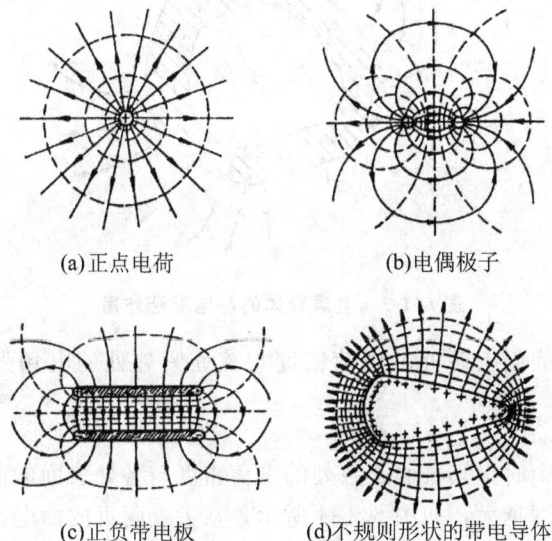

(a)正点电荷　　　　　　　　(b)电偶极子

(c)正负带电板　　　　　(d)不规则形状的带电导体

图 6.1-2　等势面

以点电荷 q 为例

$$U = \frac{q}{4\pi\varepsilon_0 r}$$

则 r 相等的球面都是等势面，图 6.1-2 中画出的虚线都表示等势面，而且电场强度 E 的方向垂直于等势面，如图 6.1-2（a）所示。

由此可以得出以下几点结论：

（1）在静电场中，沿等势面（线）移动电荷时，电场力所做的功为零；

（2）在静电场中，电场线是与等势面（线）成正交的线族，电场线的方向指向电势降落的方向。等势线上各点的场强（$E = E_n, E_t = 0$）不一定相等；

（3）在图 6.1-2 中，可以看出：从等势面的疏密程度不同也能表示出场强的大小，等势面越密，电场强度就越大；

（4）导体上的电荷分布

导体静电平衡时，其内部没有电荷（静电屏蔽，如图 6.1-3 所示），电荷分

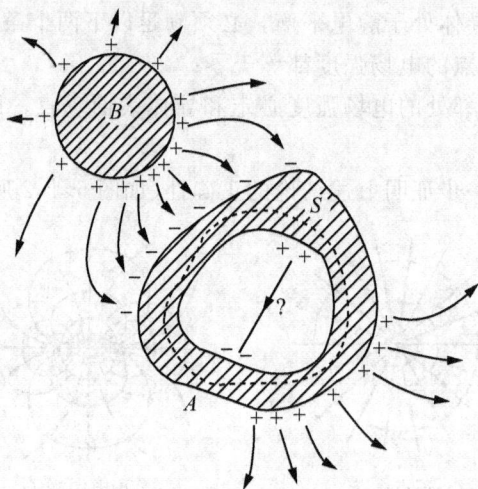

图 6.1-3　金属导体的静电屏蔽作用

布在其表面。其表面上各处的电荷密度与该处紧邻处的电场强度的大小成正比，即 $E = \dfrac{\sigma}{\varepsilon_0}$。

导体静电平衡时，其表面上各处的电荷密度与各处表面的曲率有关，曲率越大，面电荷密度越大，如图 6.1-4 所示，在尖端附近的面电荷密度最大。尖端上的电荷过多时，会引起尖端放电现象。

这是因为：尖端上的电荷密度很大，其周围的电场很强，空气中的电子或离子在强电场的作用下做加速运动，于是可以获得足够大的能量，以至于它们和空气分子相碰，又产生新的带电粒子，由此产生大量的带电粒子。与尖端上电荷相异的粒子飞向尖端；而与尖端上电荷相同的粒子则飞离尖端如图 6.1-4

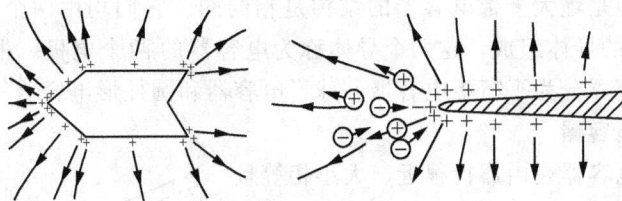

图 6.1-4 尖端放电示意

所示，就像尖端上的电荷被"喷射"出来一样。在高压设备中，为了防范因尖端放电而引起的危害和漏电造成损失，输电线的表面应是光滑的。高电压的零部件也必须做得十分光滑并尽可能做成球形。相反，火花放电设备的电极往往做成尖端形状，避雷针就是利用尖端的电场强度大，空气被电离，形成放电通道，使云地间电流通过导线流入地下而达到避雷的目的。

6.2 电容 电容器

电容是电学中一个重要的物理量，它反映了电容器储存电荷及电能的能力。本节将首先介绍孤立导体的电容，然后再讨论几种典型电容器的电容。

6.2.1 孤立导体的电容

我们已知真空中，一半径为 R，所带量为 Q 的孤立导体金属球，其电势为 $U = \dfrac{Q}{4\pi\varepsilon_0 R}$（取无穷远处为电势零点），由理论和实验可以证明，该导体的电势与它所带的电量成正比。因此，我们定义：孤立导体所带电量 Q 与其电势 U 的比值为该导体的电容，用符号 C 表示，即

$$C = \frac{Q}{U} \tag{6.2.1}$$

因此，真空中孤立导体金属球的电容为 $C = 4\pi\varepsilon_0 R$。它是反映导体自身性质的物理量，只与导体的大小和形状有关，与导体是否带电无关。

在国际单位制中，电容的单位名称是法拉，符号为 F，$1\,\text{F} = 1\,\text{C} \cdot \text{V}^{-1}$。实际上，1 F 是非常大的，常用的单位是微法（$\mu$F）、皮法（pF）

$$1\,\mu\text{F} = 10^{-6}\,\text{F},\ 1\,\text{pF} = 10^{-12}\,\text{F}$$

6.2.2 电容器

电容器是一种常见的储存电荷及电能的元器件，电容器大小、形状不一，

种类繁多，但是绝大多数电容器的结构是相同的。它们均由两个用电介质（绝缘材料）隔开的导体组成，这两个导体称为电容器的两个电极。根据电极的形状可以将电容器分为平行板电容器、球形电容器和圆柱形电容器等。

平行板电容器

平行板电容器是由靠得很近、大小相等且相互平行的两块金属板所组成的。两板的面积为 S，极板间的距离为 d，如图 6.2-1 所示。

设电容器充电后，两极板分别带有电荷 $+Q$ 和 $-Q$，两板间为匀强电场。由高斯定理，可求得其电场强度为 $E = \dfrac{Q}{\varepsilon_0 S}$，因此两极板间的电势为

图 6.2-1 平行板电容器

$$U_{AB} = \int_0^d \boldsymbol{E} \cdot \mathrm{d}\boldsymbol{l} = Ed = \frac{Qd}{\varepsilon_0 S}$$

根据电容的定义，有

$$C = \frac{Q}{U} = \frac{\varepsilon_0 S}{d} \tag{6.2.2}$$

从式（6.2.2）可知：平行板电容器的电容与极板面积成正比，与板间距离成反比，而与它所带的电量无关。

两条输电线间、电子线路中两段导线间等都存在电容，这种电容实际上反映两部分导体间通过电场产生的相互作用和影响，有时叫做"杂散电容"或"分布电容"。在有些情况下（高频电路），它会对电路的性质产生明显的影响。

6.2.3 电容器储存静电场的能量

以平行板电容器为例，研究通过外力做功，将其他形式的能量转化为电（场）能的原理，导出电场能的公式。

平行板电容器中静电场的能量

电容器充电的过程，就是通过外力（由电源提供）做功把正电荷从电容器的负极板搬运到正极板的过程。在这个过程中，外力不断地做功，使电容器储存的能量不断地增加，直到电容器的两极板都带有等量、异号的电荷 Q 为止。设在某一时刻，电容器极板所带电量为 q，且 $0 < q < Q$；电容器的电容为 C，则两板间的电势差为：$U = \dfrac{q}{C}$。此时将电荷 $\mathrm{d}q$ 从负极移到正极，需外力克服静电场力做功 $\mathrm{d}A$，功的表达式为

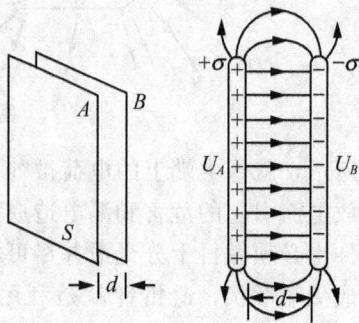

$$dA = Udq = \frac{q}{C}dq \qquad (6.2.3)$$

整个充电的过程中，两极板从最初不带电到最后分别带有$+Q$和$-Q$的电荷，外力所做的总功为

$$A = \int dA = \int_0^Q q\frac{dq}{C} = \frac{Q^2}{2C} \qquad (6.2.4)$$

即静电场的能量（电场储存的能量W等于电源所做的功）为

$$W_e = A = \frac{CU^2}{2} = \frac{QU}{2} \qquad (6.2.5)$$

式(6.2.5)中，U为电容器带有电荷Q时，两极板间的电势差。该式虽然是从平行板电容器充电过程中导出的。但是，可以证明：它适用于所有的电容器。

6.3　静电场中的电介质　电介质的极化

实际的电容器两板间总是充满着某种电介质，比如：油、云母、瓷器等。电介质对电容器的电容量，有什么样的影响呢？这可以通过下面的实验观察出来。

如图 6.3-1(a)所示，由两块平行金属板组成电容器，两板分别带有电量相等、符号相反的电荷，其间是空气，可近似地当成真空处理。两板分别连到静电计的直杆和外壳上，这样就可以由直杆上指针偏转的大小测定两带电板上的电压 U_0。

如果保持两板的距离和电荷不变，而在板间充满电介质或将其放置于油中，如图 6.3-1(b)所示。实验指出：此时，两板间的电压

$$U = U_0/\varepsilon_r \qquad (6.3.1)$$

式中 ε_r 为一个大于 1 的常数，它的大小随电介质的种类和状态（如温度）的不同而不同，是电介质的一种特性常数，叫做电介质的介电常量（或相对电容率）。

6.3.1　电介质及其分类

电介质亦称绝缘体，例如：气体、石蜡、煤油、变压器油、云母、陶瓷、玻璃、聚乙烯和尼龙等，这些基本不导电的物质均称为电介质。由于电介质原子

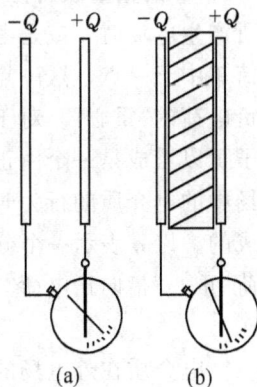

图 6.3-1

中的原子核和核外电子的结合非常紧密，电子处于被束缚的状态。因此，电介质中几乎没有自由电子，一般情况下呈电中性。

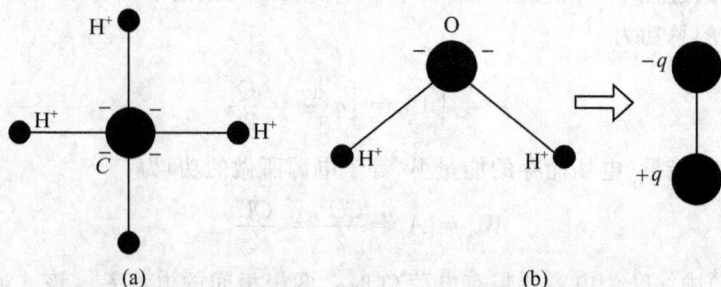

(a)　　　　　　　　　　　　(b)

图 6.3-2　无极分子和有极分子结构

对于各向同性的电介质可分为两类：一类是无极分子，如甲烷、石蜡等，它们分子中的正负电荷在无外电场时是重合的，如图 6.3-2(a)所示；另一类是有极分子，如水、有机玻璃、纤维素、聚氯乙稀等，它们分子中的正负电荷在无外电场时是不重合的，如图 6.3-2(b)所示。

6.3.2　电介质的极化

电介质中每个分子都是一个复杂的带电系统，它的原子或分子中的电子和原子核的结合力很强，电子处于束缚状态。在一般条件下，电子不能挣脱原子核的束缚，因而导电能力极弱，所以我们忽略电介质导电的微弱性，把它看作是绝缘体。但是，由于电介质中有正电荷，有负电荷，它们分布在一个线度为 10^{-10} m 的数量级的体积内，而不是集中在一点上。在考虑这些电荷在较远处所产生电场时，或是考虑一个分子受外电场作用时，都可以认为：其中的正电荷集中于一点，这一点叫正电荷的"重心"，而负电荷集中于另一点，这一点叫负电荷的"重心"。对于中性分子，由于正、负电荷的电量相等。所以，一个分子可以看成是一个由正、负点电荷相隔一定距离所组成的电偶极子。在讨论电场中的电介质的行为时，可以认为电介质是由大量的这种微小的电偶极子所组成的。以 q 表示一个分子中的正电荷或负电荷的电量的数值，以 l 表示从负电荷"重心"指向正电荷"重心"的矢量距离，则这个分子的电矩是：

$$P = ql 。$$

电介质在外电场的作用下，电介质表面出现束缚电荷(面极化电荷)的现象，称为电介质的极化。外电场越强，电介质表面出现束缚电荷就越多。

1. 有极分子电介质的取向极化

有极分子电介质在正常情况下，它具有固有电矩，如图 6.3-3(a)所示，它们统称为极性分子。当外电场 E 存在时，每个分子偶极子将由于受到力矩的作用而转向，力矩力图使每个电偶极子都转到与外电场的方向一致，这将是一种强烈的极化。由于分子热运动的存在，所以感生力矩不可能都转到与外电场的方向一致，其大小与外电场有关，外电场越大，感生电矩就越大。这种由于分子偶极子转向外电场方向而形成的极化，叫做转向极化，如图 6.3-3 所示。实际上，有的极分子除了发生转向极化外，还有位移极化，只是在通常情况下，后者比前者弱得多。

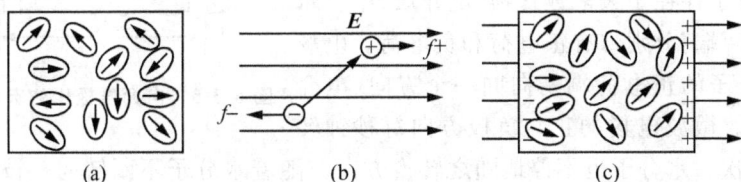

图 6.3-3 有极分子的转向极化

2. 无极分子电介质的位移极化

另一类电介质，在正常情况下，它们内部的电荷分布具有对称性，因而正、负电荷的重心重合，这样的分子叫做非极性分子。当外电场 E 存在时，两者的重心将分开一段微小距离，因而使分子具有了力矩，这种力矩称为感生力矩，约为固有电矩的 10^{-5}，是一个很小的量，如图 6.3-4 所示。显然，感生电矩的电荷的方向总是与外电场的方向相同，分子在外电场作用下的这种变化，叫做位移极化。

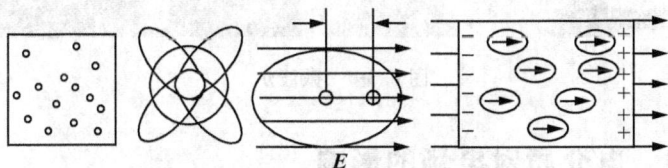

图 6.3-4 无极分子电介质的位移极化

3. 电介质极化的宏观效应

虽然，两种电介质受外电场的影响所发生的变化的微观机制不同。但是，其宏观效果是一样的。在电介质内部的宏观微小的区域内，正负电荷的电量仍然相等，因而仍然表现为中性。但是，在电介质的表面上却出现了只有正电荷

或只有负电荷的电荷层，如图 6.3-5 所示。这
种出现在电介质的表面上的电荷叫面束缚电荷
或面极化电荷，它不像导体中的自由电荷那样
能用传导的方法引走。当外电场不太强时，它
只能引起电介质的极化，不会破坏电介质的绝
缘性能。（实际上，各种电介质中总有数目不
等的少量的自由电荷，所以总有微弱的导电
能力。）

4. 电介质极化的应用（微波炉原理）

水分子存在于大多数食物（电介质）中。水
分子的"两端"分别带有正电荷和负电荷。电场
会使水分子的正电荷端指向同一个方向（电介
质极化）。微波电场的正、负极方向每秒钟转

图 6.3-5　电介质极化的宏观效果

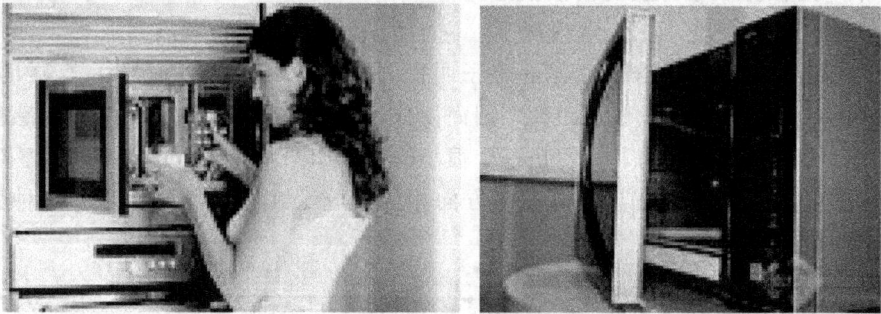

换 49 亿次，水分子也不停地随之转换方向。随着水分子不断转向，彼此发生
碰撞，相互摩擦进而产生热量。陶瓷和玻璃容器中不含水分，因而不会发热，
但变热的食物会通过热传导使它们变热。这就是微波炉的工作原理。

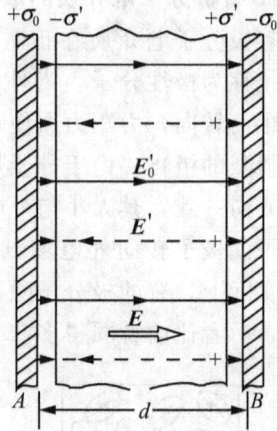

图 6.3-6　微波炉

6.3.3　电介质对电场的影响

电介质由于受到外电场的作用而产生极化电荷，极化电荷所激发的电场
E'，对外电场 E_0 产生影响。因此，电介质中的电场 E 是外电场 E_0 和极化电荷
激化的电场 E' 的矢量和，即 $E = E_0 + E'$。由图 6.3-7 知，极化电荷所产生电场
E' 的方向与外电场 E_0 的方向相反。所以，电介质中的电场强度 E 的值比插入
电介质前的外电场 E_0 的值要小，即

$$E = E_0 - E' < E_0$$

实验表明
$$E = \frac{E_0}{\varepsilon_r}$$

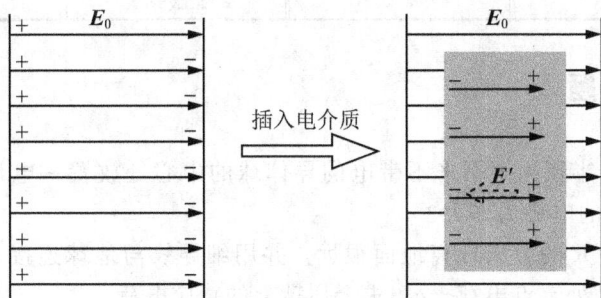

图 6.3-7 电介质对电场的影响

式中 $\varepsilon_r > 1$，为电介质的相对电容率，是一个无量纲值，它由电介质的性质所决定的。不同的电介质其值不同。例如，空气的 $\varepsilon_r = 1.00059$，云母的 $\varepsilon_r = 5.4$。

6.3.4 电介质的击穿

如果外加电场很强，则电介质的分子中的正负电荷有可能被拉开而变成自由移动的电荷。由于大量这种电荷的产生，电介质的绝缘性能就会遭到明显的破坏而变成导体，这种现象叫做电介质的击穿。一种电介质材料所能承受的不能被击穿的最大电场强度叫做介电强度或击穿场强。例如，空气的击穿场强为 $3 \ \text{kV/mm}$，云母的击穿场强为 $10 \sim 100 \ \text{kV/mm}$，多数电介质的击穿场强都比空气的击穿场强大。所谓电容器的耐压能力，就是由电容器两板间的电介质的介电强度决定的。一旦两板间的电压超过一定限度，其电场将击穿两板间的电介质，两板就不再能绝缘了，电容器就被毁坏了。正是由于电介质的电极化，当两板间充满电介质的电容器带电时，其间电介质的两个表面将出现与相邻极板符号相反的电荷。这样，电容器两板间的电场强度比真空时就减小了。

6.3.5 几种电介质的相对介电常量

电介质	相对介电常量	电介质	相对介电常量
真空点	1	尼龙（或纸）	3.5
氢（20 ℃，1 atm）	1.000064	云母	4.0（或硫黄）~7.0
空气（20 ℃，1 atm）	1.00055	陶瓷	6.0~8.0
石蜡（或煤油）	2.0	玻璃	5.0~10

续表

电介质	相对介电常量	电介质	相对介电常量
变压器油(20 ℃)层	2.24	水(20 ℃，1 atm)	80.0
聚乙烯	2.3	钛酸钡	$10^3 \sim 10^4$

思考题和习题

1. 在一个半径为 r 原来不带电的导体球的中心处放置一电量为 q 的点电荷，此导体球的电势为多大？

2. 半径为 R 的金属球离地面很远，并用细导线与地球连接。在与球心的距离为 $D = 3R$ 处有点电荷 $+q$，求金属球上的感应电荷。

3. 半径为 $R_1 = 0.1$ m 的金属球 A 带电 $q = 1.0 \times 10^{-8}$ C，把一个原来不带电、半径为 $R_2 = 0.2$ m 的薄金属球壳 B 同心地罩在金属球 A 外面。求：

(1)离球心 $R_3 = 0.15$ m 处 P 点的电势；

(2)把 A 和 B 连接起来，再求上述 P 点的电势。

4. 空气平行板电容器两板间充满某种电介质，板间距离 $d = 2$ mm，电压为 600 V。若断开电源、抽出电介质，则电压升高到 1800 V。求：

(1)电介质的相对介电常数(电容率)；

(2)电介质中的电场强度。

5. 作近似计算时，把地球当作半径 $R = 6.4 \times 10^6$ m 的孤立球体。求：

(1)其电容量是多少？

(2)若地球表面的场强 $E = 100$ V/m，则其所带负电荷是多少？

(3)地球表面的电势是多少？

6. 两板距离 $d = 0.5$ mm 的空气平板电容器，若使其电容为 1 F，求平板的面积。

7. 地球和电离层可当作球形电容器，它们间的距离为 100 km。求其电容量(设地球与电离层间为真空)。

8. 一平行板电容器，两极板为圆形，其半径为 $R = 8.0$ cm，极板间距为 $d = 1.0$ mm，中间充有电容率为 5.5 的电介质。若电容器充电到 100 V，求两板所带的电量为多少？其储存的电能是多少？

9. 一空气平行板电容器，两极板间距为 0.01 cm。其工作时，两板间电压为 1600 V，问电容器会被击穿吗？(已知空气被击穿场强为 4.7×10^6 V/m)

若保持工作电压不变，在电容器两板间充满击穿场强为 1.8×10^7 V/m 的聚乙稀薄膜，这时电容器会被击穿吗？

第 7 章　稳恒磁场

前几章我们研究了静止电荷间的相互作用的规律，本章将讲解运动电荷间的相互作用的规律。为此，首先介绍电流的概念及其微观图像。运动电荷间或电流之间的相互作用力是通过磁场发生的，称为磁力。本章将用运动电荷受的力来定义描述磁场的物理量——磁感应强度，并介绍磁场对电流的作用力的规律和磁介质中的磁场特性及其规律。

磁现象是最早被人类认识的物理现象之一，其代表指南针是中国古代四大发明之一。磁场是广泛存在的，地球、恒星（如太阳）、星系（如银河系）、行星、卫星，以及星际空间和星系际空间，都存在着磁场。为了认识和解释其中的许多物理现象和过程，必须考虑磁场这一重要因素。在现代科学技术和人类生活中，处处可遇到磁场，发电机、电动机、变压器、电报、电话、收音机乃至加速器、热核聚变装置、电磁测量仪表等无不与磁现象有关。甚至在人体内，伴随着生命活动，一些组织和器官内也会产生微弱的磁场。地球的磁极与地理的两极相反。

7.1　电流

电流是电荷的定向运动，从微观上看，电流实际上是带电粒子的定向运动。形成电流的带电粒子统称为载流子，它们可以分为电子、质子、正的或负的离子，在半导体中还可能是带正电的"空穴"。自由电子在导体中相对晶体点阵做定向运动形成的电流和正负离子在电解质中做定向运动形成的电流，称为传导电流；此外，带电体在空间的机械运动，也可以形成电流，称为运流电流。本节只研究传导电流。

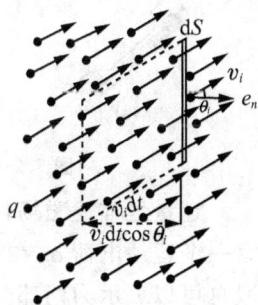

图 7.1-1　运动的载流子

电流的强弱用电流强度来描述，电流强度 I 定义为：单位时间内，通过导体中任一横截面的电量，简称为电流。若 Δt 时间内流过导体任一横截面的电量为 Δq，则电流强度为 $I = \dfrac{\Delta q}{\Delta t}$，如果电流强度的大小随时间变化，我们就用瞬间电流强度 I 来表示：

$$I = \lim_{\Delta t \to 0} \frac{\Delta q}{\Delta t} = \frac{dq}{dt} \tag{7.1.1}$$

在国际单位制中，电流强度的单位是安(培)，符号为 A，1 A＝1 C/s。

7.2　磁场　磁感应强度

为了说明磁力的作用，我们也引入场的概念，产生磁力的场叫做磁场。一个运动电荷在它的周围除了产生电场之外，还产生磁场。另一个在它附近运动的电荷所受到的磁力就是该磁场对它的作用。

7.2.1　磁力与电荷的运动

1. 磁力之间的相互作用：同极性(N 与 N、S 与 S)相斥，异极性相吸(N 与 S)，如指南针等(如图 7.2-1)；

2. 磁力与通电流(电荷的运动)导线之间的相互作用：通电导线近旁，小磁针偏转(如图 7.2-2)。

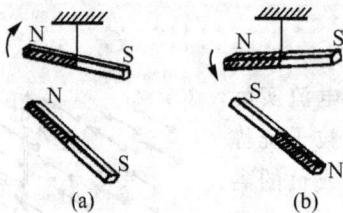

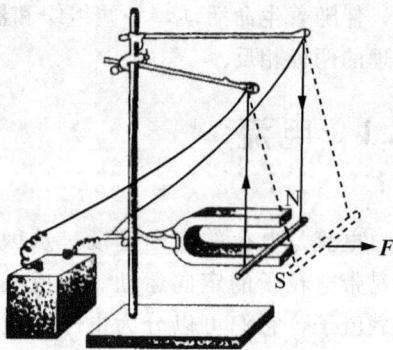

图 7.2-1 　　　　　　　　　　　　　图 7.2-2

定量地描述磁场，需要根据定量的实验。实验表明：在某一惯性系 S 中观察一个运动电荷 q_0 在另外的运动电荷的周围运动时，它所受到的作用力 $\boldsymbol{F}$ 一般总可以表示为两部分矢量的和：

$$\boldsymbol{F} = \boldsymbol{F}_e + \boldsymbol{F}_m \tag{7.2.1}$$

式中，$\boldsymbol{F}_e$ 为与 q_0 运动无关的电场力，且

$$\boldsymbol{F}_e = q_0 \boldsymbol{E} \tag{7.2.2}$$

而 $\boldsymbol{F}_m$ 与电荷 q_0 相对于惯性系 S 的运动速度 v 有直接关系，把它归结为磁场力

的作用，称为磁场力或磁力，可表达为

$$F_m = q_0 v \times B \tag{7.2.3}$$

$$F = q_0 E + q_0 v \times B = q_0 (E + v \times B) \tag{7.2.4}$$

这个表达式即为一个运动电荷 q_0 在另外的运动电荷的周围运动时，它所受到的作用力，式(7.2.3)又叫洛伦兹力公式，通常把 F_m 叫做洛伦兹力。

7.2.2 磁感应强度

在研究静电场时，曾根据试验电荷 q 在电场中的受力的性质，引入描述静电场性质的物理量——电场强度。与此类比，用运动电荷在磁场中受到的磁力来定义描述磁场力性质的物理量——磁感强度。

根据洛伦兹力公式，原则上可以设计以下的实验步骤来确定空间任何一点 P 处的磁感应强度 B 的大小和方向。

(1)将一检验电荷 q_0 置于运动电荷(或电流、永磁体)周围某点 P，并保持静止；测出这时它所受的力 F_e。然后，测出 q_0 以某一速度 v 通过 P 点它所受的力 F，由式(7.2.3)，得出 F_m。

(2)令 q_0 沿其他不同方向运动通过 P 点，重复上述的方法测出 F_m。这时可发现当 q_0 沿某一特定的方向(或反方向)时，不受磁力，这一方向或它的反方向就定义为 B 的方向。

(3)q_0 沿其他不同方向运动时，它所受的磁力 F_m 的方向总与上述 B 的方向垂直，也与 q_0 的速度 v 的方向垂直。我们可以根据任一次 v 和 F_m 的方向进一步规定 B 的指向，使它满足式(7.2.3)所表示的矢量矢积关系的要求。

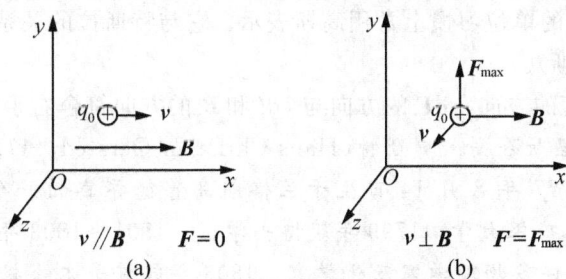

图 7.2-3 运动电荷在磁场中的受力

(4)以 θ(或 φ)表示 q_0 速度 v 的方向和 B 的方向的夹角，则可以发现：磁力的大小 F_m 和 $q_0 v \sin \varphi$ 这一乘积成正比，则 B 的大小为：

$$B = \frac{F_m}{q_0 v \sin \varphi}$$

若 F_{max} 为运动电荷所受的最大磁场力，则

$$B = \frac{F_{max}}{q_0 v} \tag{7.2.5}$$

这样就可以完全确定磁场中各处的磁感应强度 $\boldsymbol{B}$ 了。

（5）通过磁场中的电流元 $I d\boldsymbol{l}$，观察 q 所受磁力的大小和方向，实验中发现：

$d\boldsymbol{F} = I d\boldsymbol{l} \times \boldsymbol{B}$（$I = nSvq$，与 $\boldsymbol{F}_m = q_0 \boldsymbol{v} \times \boldsymbol{B}$ 一致，只是电量发生了变化，不再是一个点电荷，而是大量的电荷），此时，可定义 $\boldsymbol{B}$ 为

$$\boldsymbol{B} = \frac{d\boldsymbol{F}}{I d\boldsymbol{l}} \tag{7.2.6}$$

（6）$I d\boldsymbol{l}$ 为电流元，$d\boldsymbol{F}$ 为电流元受到的磁场力，也称为安培力，则

$$d\boldsymbol{F} = I d\boldsymbol{l} \times \boldsymbol{B} \tag{7.2.7}$$

安培力的大小为

$$dF = I dlBS \sin \theta \tag{7.2.8}$$

式中 θ 为 $I d\boldsymbol{l}$ 与 $\boldsymbol{B}$ 之间的夹角，$d\boldsymbol{F}$ 的方向与 $I d\boldsymbol{l}$ 和 $\boldsymbol{B}$ 的方向符合右手螺旋法则。

1. 磁感强度的单位

在国际单位制中，力的单位是牛顿（N），电流的单位是安培（A），长度单位是米（m），磁感应强度的单位称为特斯拉（T），有：

$$1 \text{ T} = 1 \text{ N/A} \cdot \text{m}$$

磁感应强度的单位习惯上常用高斯表示，它与特斯拉的关系为：1 T（特斯拉）$= 10^4$ G（高斯）。

2. 磁感强度的方向：$d\boldsymbol{F}$ 的方向与 $I d\boldsymbol{l}$ 和 $\boldsymbol{B}$ 的方向符合右手螺旋法则

【汉斯·克里斯蒂安·奥斯特（Hans Christian Oersted，1777—1851），丹麦物理学家。1777 年 8 月 14 日生于兰格朗岛鲁德乔宾的一个药剂师家庭。1794 年考入哥本哈根大学，1799 年获博士学位。1801～1803 年间去德、法等国访问，结识了许多物理学家及化学家。1806 年起任哥本哈根大学物理学教授，1815 年起任丹麦皇家学会常务秘书。1820 年因电流磁效应这一杰出发现获英国皇家学会科普利奖章。1829 年起任哥本哈根工学院院长。1851 年 3 月 9 日在哥本哈根逝世。

奥斯特对物理学、化学和哲学进行过多方面的研究。由于受康德哲学与谢林的自然哲学的影响，坚信自然力是可以相互转化的，长期探索电与磁之间的

图 7.2-4 奥斯特

联系。1820 年 4 月终于发现了电流对磁针的作用，即电流的磁效应。同年 7 月 21 日以"关于磁针上电冲突作用的实验"为题发表了他的发现。这篇短短的论文使欧洲物理学界产生了极大震动，导致了大批实验成果的出现，由此开辟了物理学的新领域——电磁学。

奥斯特是一位热情洋溢，重视科研和实验的教师，他说："我不喜欢那种没有实验的枯燥的讲课，因为归根到底，所有的科学进展都是从实验开始的。"因此受到学生欢迎。他还是卓越的讲演家和自然科学普及工作者，1824 年倡议成立丹麦科学促进协会，创建了丹麦第一个物理实验室。

1908 年丹麦自然科学促进协会建立"奥斯特奖章"，以表彰做出重大贡献的物理学家。1934 年以"奥斯特"命名 CGS 单位制中的磁场强度单位。1937 年美国物理教师协会设立"奥斯特奖章"，奖励在物理教学上做出贡献的物理教师。

科学成就

1. 1820 年发现电流的磁效应

自从库仑提出电和磁有本质上的区别以来，很少有人再会去考虑它们之间的联系，而安培和毕奥等物理学家更是认为电和磁不会有任何联系。可是奥斯特一直相信电、磁、光、热等现象相互存在内在的联系，尤其是富兰克林曾经发现莱顿瓶放电能使钢针磁化，更坚定了他的观点。当时，有些人做过实验，寻求电和磁的联系，结果都失败了。奥斯特分析这些实验后认为：在电流方向上去找效应，看来是不可能的，那么磁效应的作用会不会是横向的？

在 1820 年 4 月的一次晚上讲座上，奥斯特演示了电流磁效应的实验。当伽伐尼电池与铂丝相连时，靠近铂丝的小磁针摆动了。这一不显眼的现象没有引起听众的注意，而奥斯特非常兴奋，他接连三个月深入地研究，在 1820 年 7 月 21 日，他公布了实验情况。

奥斯特将导线的一端和伽伐尼电池正极连接，导线沿南北方向平行地放在小磁针的上方，当导线另一端连到负极时，磁针立即指向东西方向。把玻璃板、木片、石块等非磁性物体插在导线和磁针之间，甚至把小磁针浸在盛水的铜盒子里，磁针照样偏转。

奥斯特认为在通电导线的周围，发生一种"电流冲击"。这种冲击只能作用在磁性粒子上，对非磁性物体是可以穿过的。磁性物质或磁性粒子受到这些冲击时，阻碍它穿过，于是就被带动，发生了偏转。导线放在磁针的下面，小磁针就向相反方向偏转；如果导线水平地沿东西方向放置，这时不论将导线放在磁针的上面还是下面，磁针始终保持静止。他认为电流冲击是沿着以导线为轴线的螺旋线方向传播，螺纹方向与轴线保持垂直。这就是形象的横向效应的描述。

奥斯特对磁效应的解释，虽然不完全正确，但并不影响这一实验的重大意义，它证明了电和磁能相互转化，这为电磁学的发展打下基础。

2. 其他方面的成就

奥斯特曾经对化学亲合力等作了研究。1822 年他精密地测定了水的压缩系数值，论证了水的可压缩性。1823 年他还对温差电作了成功的研究。他对库仑扭秤也作了一些重要的改进。

奥斯特在 1825 年最早提炼出铝，但纯度不高，以致这项成就在冶金史上归属于德国化学家 F. 维勒(1827)。他最后一项研究是 19 世纪 40 年代末期对抗磁体的研究，试图用反极性的反感应效应来解释物质的抗磁性。同一时期 M. 法拉第在这方面的成就超过了奥斯特。法拉第证明不存在所谓的反磁极。并用磁导率和磁力线的概念统一解释了磁性和抗磁性。不过，奥斯特研究抗磁体的方法仍具有很深的影响。

3. 出版了《奥斯特科学论文》集

他的重要论文在 1920 年整理出版，书名是《奥斯特科学论文》。

奥斯特发现的电流磁效应，是科学史上的重大发现。它立即引起了那些懂得它的重要性和价值的人们的注意。在这一重大发现之后，一系列的新发现接连出现。两个月后安培发现了电流间的相互作用，阿拉果制成了第一个电磁铁，施魏格发明电流计等。安培曾写道："奥斯特先生……已经永远把他的名字和一个新纪元联系在一起了。"奥斯特的发现揭开了物理学史上的一个新纪元。

奥斯特不只是一位著名的物理学家，还是一位优秀的教师。他的讲课有表演，有分析。他非常重视实验，他说过"我不喜欢那种没有实验的枯燥的讲课，因为归根到底，所有的科学进展都是从实验开始的"。】

7.3　毕奥—萨伐尔定律及应用

1820 年，丹麦年青的物理学家奥斯特发现了电流的磁效应之后，同年 10 月毕奥(Biot)和萨伐尔(Savart)两人通过大量的实验，总结出电流在其周围产生磁场的基本规律。

7.3.1　电流元

通电导体中的电流在其周围产生磁场，电流对磁针的作用是横向力，而沿电流方向纵向无作用；垂直电流方向作用力最大。闭合导线中的电流是连续的，按微分思想，无限分割载流导线为电流元 Idl，求出电流元 Idl 产生的磁感应强度 dB，再叠加求和，以 r 表示从该电流元 Idl 指向某一场点 P 的矢径(如图 7.3-1)，通过积分可以得到总电流产生的空间各位置的磁感应强度。电流是标量，电流元 Idl 是矢量，Idl 是其大小，dl 是导线上的线元，即导线中电流空间的方向，表示电流元 Idl 的方向。

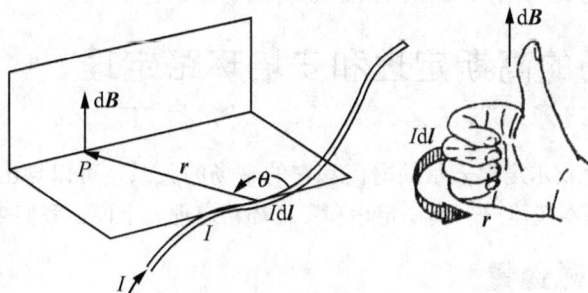

图 7.3-1

7.3.2　毕奥—萨伐尔(实验)定律

在毕奥和萨伐尔两人大量的实验基础上，数学家拉普拉斯(Laplace)将他们的实验结果归纳为数学公式，总结出电流元 Idl 产生磁场的基本规律——毕奥—萨伐尔定律。

定律指出：电流元 Idl 在空间某点 P 产生的磁感应强度 $d\boldsymbol{B}$ 的大小与 Idl 成正比，与 Idl 跟到 P 点处的矢径 $\boldsymbol{r}$ 之间的夹角的正弦成正比，而与 r^2 成反比，即

$$d\boldsymbol{B} = \frac{\mu_0}{4\pi} \frac{Id\boldsymbol{l} \times \boldsymbol{r}}{r^3} \qquad (7.3.1)$$

式中 μ_0 为真空中的磁导率，且

$$\mu_0 = \frac{1}{\varepsilon_0 C^2} = 4\pi \times 10^{-7} \ \text{N/A}^2 \qquad (7.3.2)$$

$d\boldsymbol{B}$ 的方向垂直于电流元 Idl 与矢径 $\boldsymbol{r}$ 所组成的平面，并沿 $Idl \times \boldsymbol{r}$ 的方向，即满足右手螺旋法则：当右手弯曲，四指从 Idl 方向沿小于 π 转向 $\boldsymbol{r}$ 时，伸直的大拇指所指的方向就是 $d\boldsymbol{B}$ 的方向，如图 7.3-1 所示。

7.3.3　磁感应强度叠加原理

磁感应强度叠加原理：磁场中某点的总磁感应强度(或称磁场)等于所有电流元 Idl 各自在该点产生的磁感应强度 $d\boldsymbol{B}$ 的矢量和，即

$$\boldsymbol{B} = \int d\boldsymbol{B} = \frac{\mu_0}{4\pi} \int_l \frac{Id\boldsymbol{l} \times \boldsymbol{r}}{r^3} \qquad (7.3.3)$$

毕奥—萨伐尔定律和磁场叠加原理是在实验基础上总结出来的，由于电流元不能单独地存在。因此，不能由实验直接加以证明。但是，由此定律出发得出的结果与实验很好地符合，可以间接地证明该定律的正确性。

7.4　磁场的高斯定理和安培环路定理

由毕奥—萨伐尔定律表示的电流和它的磁场的关系，可以导出表示恒定电流的磁场的两条基本规律——高斯定理和安培环路定理。下面，我们来研究它们。

7.4.1　磁通量

1. 磁感应线

类比电场的研究：我们用电场线形象地描绘电场的分布，同样，在研究磁

(a) 直电流　　(b)圆电流　　(c) 螺线管电流

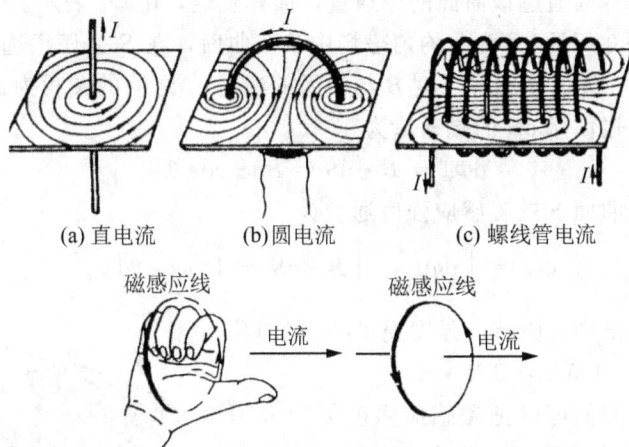

图 7.4-1　磁感应线

场时，我们引入磁感应线（如图 7.4-1 和图 7.4-2）来形象地描绘磁场的分布。我们规定，具有如下性质的线为磁感应线：

（1）磁感应线上任一点的切线方向与该点磁感应强度矢量 **B** 的方向一致；

（2）磁感应线永远没有端点，无论磁场是由什么形状的导线中激发的；

（3）磁感应线是与激发磁场的电流相互套连的闭合线，磁感应线的绕行方向和电流流向形成右螺旋的关系，如图 7.4-1 所示。

说明：图 7.4-1 中的磁感线是人为引入的理想线，而在图 7.4-2 中的磁感应线是磁粉在磁场中形成的实线，它们吻合得很好。这就很好地说明了磁感线形象、直观生动、而真实性地描述了磁场的分布。

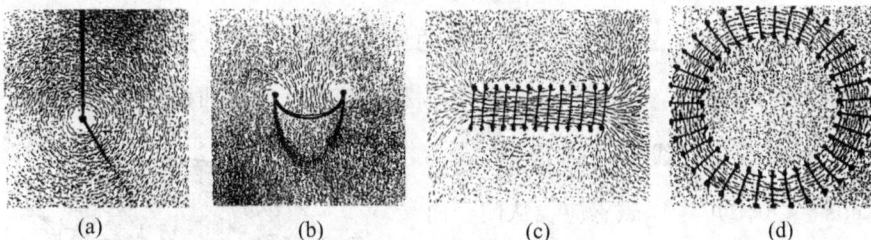

(a)　　　　　(b)　　　　　(c)　　　　　(d)

图 7.4-2　磁粉磁感应线

2. 磁通量

任何一个矢量场，都可以引进通量的概念，磁感应强度矢量 **B** 自然也不例外。与电通量类比，我们引入磁通量的概念。通过磁场中某一给定曲面的磁感应线的总数，称为通过该曲面的磁通量，简称磁通，用 Φ_m 表示。

如图 7.4-3 所示，S 为非均匀磁场中某一曲面，在 S 上任意选取任一面元 $\mathrm{d}S$，此面元所在处的磁感应强度 $\boldsymbol{B}$ 与面元的法向 $\boldsymbol{e}_n$ 之间的夹角为 θ，根据磁通量的定义，通过面元 $\mathrm{d}S$ 的磁通量为

$$\mathrm{d}\Phi_m = \boldsymbol{B} \cdot \mathrm{d}\boldsymbol{S} = B\mathrm{d}S \cos\theta \tag{7.4.1}$$

穿过整个曲面 S 的磁感应强度通量为

$$\Phi_m = \int_S \mathrm{d}\Phi_m = \int_S \boldsymbol{B} \cdot \mathrm{d}\boldsymbol{S} = \int_S B\cos\theta \mathrm{d}S \tag{7.4.2}$$

在国际单位标准中，磁感应强度通量 Φ_m 的单位是 Wb（韦伯），$1\ \mathrm{Wb} = 1\ \mathrm{T} \cdot \mathrm{m}^2$。

反过来，我们可以把磁感应强度矢量 $\boldsymbol{B}$ 看成是单位面积的磁通量，称为磁通密度，其单位是：$\mathrm{Wb} \cdot \mathrm{m}^{-2}$（每平方米之一韦伯）。如果是封闭曲面，仍然规定：由里向外为法线的正方向。

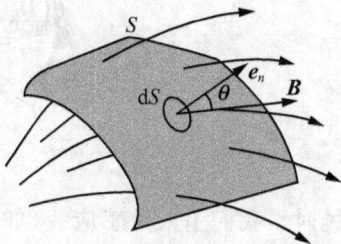

图 7.4-3

例 7.4.1　均匀磁场的磁感强度 $\boldsymbol{B}$ 垂直于半径为 r 的圆面。今以该圆周为边线，作一半球面 S，则通过 S 面的磁通量的大小为 _____。

解：根据磁感强度 $\boldsymbol{B}$ 和磁通量的定义，可解此题。

$$\Phi_m = BS，圆面积为 S = \pi r^2$$

所以

$$\Phi_m = \pi r^2 B$$

7.4.2　磁场的高斯定理

对于封闭曲面，通常规定封闭曲面的外法线方向为正。这样，在磁感应线穿出曲面处，$\theta < \dfrac{\pi}{2}$，$\cos\theta > 0$，$\mathrm{d}\Phi > 0$，磁感应线从闭合曲面内穿出的磁通量为正；而在磁感应线穿入曲面处，$\theta > \dfrac{\pi}{2}$，$\cos\theta < 0$，$\mathrm{d}\Phi < 0$，磁感应线从闭合曲面外穿入的磁通量为负，如图 7.4-4 所示。由于磁感应线为一系列闭合曲线，因此，对任一闭合曲线来说，有多少条磁感应线穿入闭合曲面，就有相应的多

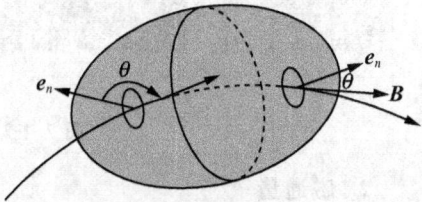

图 7.4-4

少条磁感应线穿出闭合曲面，也就是说，通过任意闭合曲面的磁通量必定等于零。

从另一个角度也很容易理解：

由毕—萨定律可知：一个电流元 Idl 所产生的磁场 B，是以 Idl 为轴对称分布的，磁感应线都是以 Idl 为轴的同心圆，每一条磁感应线都是无始无终的闭合圈，没有间断点。在这样的磁场中，任一闭合曲面 S 上的磁通量等于零，这就是磁场的高斯定理

$$\oint_S \boldsymbol{B} \cdot \mathrm{d}\boldsymbol{S} = 0 \tag{7.4.3}$$

磁场的高斯定理不仅对稳恒磁场适用，而且对非稳恒磁场也同样适用。与静电场的高斯定理比较可知，稳恒磁场和静电场是不同性质的场。静电场的高斯定理表明静电场是有源场，磁场的高斯定理表明磁场是无源场。

7.4.3 安培环路定理

在静电场中，电场强度 E 沿任意闭合环路的线积分为零，它反映了静电场是保守场这样一个基本性质。1821 年，安培研究了磁感应强度 B 沿任一闭合环路 L 的线积分的规律，提出了著名的安培环路定理，表述如下：

在磁场中，磁感应强度 B 沿任一闭合环路 L 的线积分，等于穿过环路的所有电流强度 I 的代数和的 μ_0 倍，即

$$\oint_L \boldsymbol{B} \cdot \mathrm{d}\boldsymbol{l} = \mu_0 \sum_i I_i \tag{7.4.4}$$

应用安培环路定理可简便地求得距离无限长载有恒定电流 I 的导线 r 处的磁场为

$$B = \frac{\mu_0 2I}{4\pi a} = \frac{\mu_0 I}{2\pi r}$$

式中 r 为该点至载流导线的距离，磁场线为在垂直于导线的平面内围绕导线的同心圆，其绕向与电流方向成右手螺旋关系。

应该强调：

1. 虽然，$\sum_i I_i$ 是环路 L 所包围的电流的代数和。但是，$\oint_L \boldsymbol{B} \cdot \mathrm{d}\boldsymbol{r}$ 中的 B 却代表空间所有电流产生的磁感应强度的矢量和，也包括那些不被 L 所包括的电流产生的磁场，只不过后者的磁场对线积分没有贡献罢了。

2. 实际上，安培环流定理揭示了磁场不同于静电场，不是保守力场，而是有旋场。

3. 应该明确的是，安培环流定理中的电流应该是闭合、恒定电流。对于一段电流的磁场，它不成立；对于变化磁场它也不成立！

7.5 磁场对电流的作用

以上我们已经讨论过磁场的基本性质，磁场对磁场中的运动电荷施以作用力。在载流导体中，电流是自由电子的定向运动形成的。因此，将载流导体置于磁场中，这些有定向运动的自由电子将受到磁力的作用，通过导体内部的电子与晶体点阵之间的相互作用，使导线在宏观上表现出来受到磁场的作用力，这种力称为安培力。安培力所遵守的规律称为安培定律。

7.5.1 安培定律

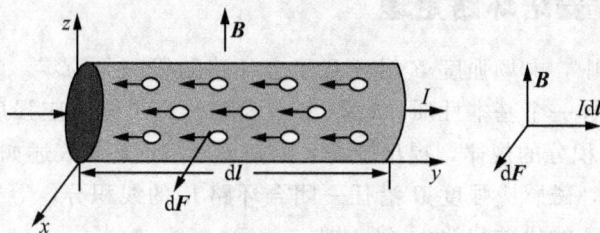

图 7.5-1 磁场对电流的作用

如图 7.5-1 所示，电流元 $I\mathrm{d}l$ 在磁场中任一点处，此处的磁感应强度为 $\boldsymbol{B}$，电流中的电子以速度 v 作定向运动，其方向与电流方向相反。由洛伦兹力公式可知：一个电子所受到的作用力为

$$\boldsymbol{F}_i = q v \times \boldsymbol{B} = - e v \times \boldsymbol{B}$$

设电流元中自由电子数为 $\mathrm{d}N$，其受的总力为

$$\mathrm{d}\boldsymbol{F} = \mathrm{d}N(-ev \times \boldsymbol{B})$$

根据电流强度的定义

$$I = \frac{\mathrm{d}q}{\mathrm{d}t} = \frac{\mathrm{d}N(e)}{\mathrm{d}t}$$

则

$$I\mathrm{d}l = \frac{e\mathrm{d}N}{\mathrm{d}t}\mathrm{d}l = e\mathrm{d}N \frac{\mathrm{d}l}{\mathrm{d}t} = (\mathrm{d}N)ev$$

因为电流的方向与电子的运动方向相反，所以

$$I\mathrm{d}\boldsymbol{l} = - (\mathrm{d}N)ev$$

将此式代入 $\mathrm{d}\boldsymbol{F} = \mathrm{d}N(-ev \times \boldsymbol{B})$，可得

$$d\boldsymbol{F} = I d\boldsymbol{l} \times \boldsymbol{B} \qquad\qquad (7.5.1)$$

式中，$\boldsymbol{B}$ 为该处的磁感应强度，$d\boldsymbol{F}$ 称为安培力。式(7.5.1)称为安培定律，亦称为安培公式。

安培定律表述为：磁场对电流元 $I d\boldsymbol{l}$ 的作用力，在数值上等于电流元的大小、电流元所在处的磁感应强度的大小以及电流元 $I d\boldsymbol{l}$ 和 B 之间的夹角的正弦的乘积

$$dF = I d l B \sin\theta$$

$d\boldsymbol{F}$ 的方向为 $I d\boldsymbol{l} \times \boldsymbol{B}$ 的方向，即右手螺旋法则：右手的四指从 $I d\boldsymbol{l}$ 沿小于 π 的角转向 B 时，伸直的大拇指的方向就是 $d\boldsymbol{F}$ 的方向。

7.5.2　磁场对载流平面线圈的作用

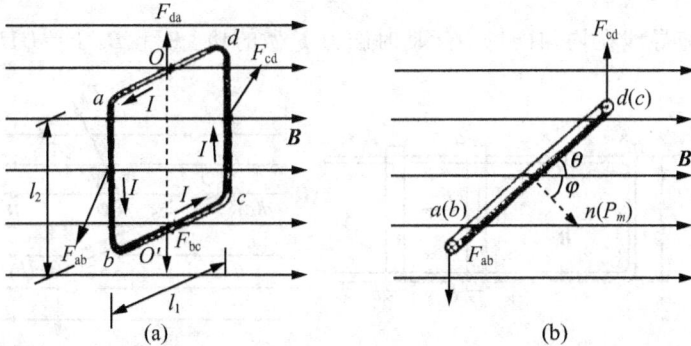

图 7.5-2

如果一个线圈的各个部分都处在一个平面内，则称其为平面线圈。按右手定则：这时拇指所指方向便是载流平面线圈的法向单位矢量 $\boldsymbol{n}$ 的方向。如图 7.5-2 所示：可绕 OO' 轴自由转动的平面线圈 $abcd$ 载有电流 I，位于匀强磁场 B 中；ad 和 bc 平行，且电流方向相反，它们所受的力（F_{da} 和 F_{bc}）大小相等，方向相反，即 $F_{da} = F_{bc} = I l_2 B$，对平面线圈是一对平衡力，合力为零。

同理可得：F_{ab} 和 F_{cd} 大小相等，方向相反，作用在不同的边框上，成为一力偶矩。该力矩的两个力臂相等，均为 $\frac{1}{2} l_1 \sin\varphi$，力矩的方向一致，合力矩的大小为

$$M = F_{ab} \times \frac{1}{2} l_1 \sin\varphi + F_{cd} \times \frac{1}{2} l_1 \sin\varphi = B I l_1 l_2 \sin\varphi = I B S \sin\varphi$$

$$(7.5.2)$$

因为载流线圈的面积 $S = l_1 l_2$，令 $\boldsymbol{S} = S\boldsymbol{n}$，$\boldsymbol{P}_m = I\boldsymbol{S}$，式中 S 表示线圈的面积的大小，$\boldsymbol{n}$ 表示其法线的方向矢量，则式(7.5.2)可改写成

$$\boldsymbol{M} = I\boldsymbol{S} \times \boldsymbol{B} = \boldsymbol{P}_m \times \boldsymbol{B} \qquad (7.5.3)$$

若线圈数为 N，则

$$\boldsymbol{M}_N = \boldsymbol{P}_N \times \boldsymbol{B} \qquad (7.5.4)$$

式中 $\boldsymbol{P}_N = NI\boldsymbol{S}$，即为线圈的磁矩。$P_m$ 的单位为安平方米($A \cdot m^2$)，M 的单位为牛·米($N \cdot m$)。

7.5.3　磁场力的功

研究磁力的功是为了进一步了解电磁能是如何转化为机械能的，这也是为寻找由电磁能转化为机械能的一种途径，电动机的发明就是依据此原理而实现的。

1. 载流导线在均匀磁场中运动时磁力 $\boldsymbol{F}$ 做的功($\boldsymbol{F} \perp \boldsymbol{B}$, $F = BIL$)

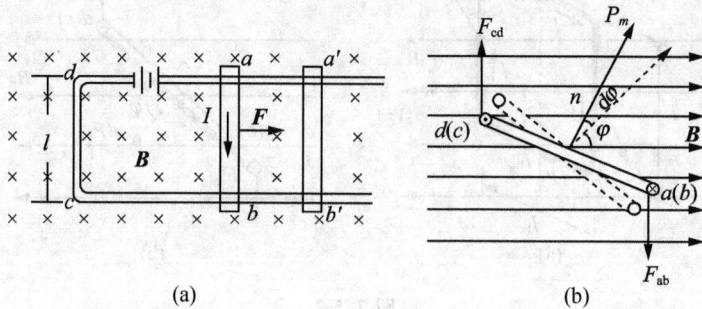

图 7.5-3

如图 7.5-3(a)所示，

$$A = \int_L \boldsymbol{F} \cdot d\boldsymbol{r} = F\overline{aa'} = BIl\,\overline{aa'} = BI\Delta S = I\Delta\Phi \qquad (7.5.5)$$

此式说明：当回路中的电流不变时，磁力做的功等于回路电流乘以穿过回路所包围面积内磁通量的增量。

2. 载流线圈在均匀磁场中转动时磁力矩 M 做的功

如图 7.5-3(b)所示，$\boldsymbol{M}_N = \boldsymbol{P}_N \times \boldsymbol{B}$，磁力矩 M 的元功为

$$dA = -Md\Phi = -BIS\sin\theta d\Phi$$

式中的负号是由于力矩的方向与角位移的方向相反，或理解为 $d\Phi < 0$，当磁力做正功，当线圈从 Φ_1 转到 Φ_2 时磁力所做的总功为

$$A = \int dA = \int_{\Phi_1}^{\Phi_2} I d\Phi = I(\Phi_2 - \Phi_1) = I\Delta\Phi \qquad (7.5.6)$$

7.6　带电粒子在磁场中的运动

1821～1825 年，法国物理学家安培提出磁场对载流导体之所以有力的作用，其关键在于导体通有电流。电流是由电荷的定向运动形成的。因此，安培力是磁场对运动电荷作用力的宏观表现。

7.6.1　洛伦兹力

荷兰物理学家洛伦兹在电子论的基础上，于 1895 年提出了著名的洛伦兹公式，经实验证明：

$$\boldsymbol{F} = q\boldsymbol{v} \times \boldsymbol{B} \qquad (7.6.1)$$

其大小为

$$F = qvB\sin\theta$$

其方向遵循右手螺旋法则，如图 7.6-1 所示。

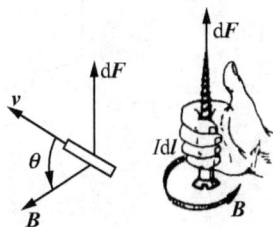

7.6.2　带电粒子在均匀磁场中的运动

图 7.6-1

1. 当 $v \parallel \boldsymbol{B}$ 时

$\theta = 0°$，$\sin\theta = 0$，$|\boldsymbol{F}| = |q\boldsymbol{v} \times \boldsymbol{B}| = qvB\sin\theta = 0$，做匀速直线运动。

2. 当 $v \perp \boldsymbol{B}$ 时

$\theta = 90°$，$\sin\theta = 1$，$\boldsymbol{F} = q\boldsymbol{v} \times \boldsymbol{B} = qvB$；$v \perp \boldsymbol{F}$，做匀速圆周运动，有 $qvB = m\dfrac{v^2}{R}$，式中 R 称为带电粒子做圆周运动的回转半径

$$R = \frac{mv}{qB} \qquad (7.6.2)$$

回转周期

$$T = \frac{2\pi R}{v} = \frac{2\pi m}{qB} \qquad (7.6.3)$$

3. 当 v 与 $\boldsymbol{B}$ 成任意 θ 角度时

把 v 分为 $v \parallel \boldsymbol{B}$ 和 $v \perp \boldsymbol{B}$ 两个分量：$v_{//}$ 和 $v_\perp$，$v_{//} = v\cos\theta$，$v_\perp = v\sin\theta$，显然，$v_\perp$ 不改变 v 的大小，而改变方向，带电粒子做匀速圆周运动；而 $v_{//}$ 的存在

（它不受磁场的影响，保持不变）使带电粒子做螺旋运动，其迹轨为一螺旋线。

4. 带电粒子在均匀电场和磁场中的运动

$$\boldsymbol{F}_e = q\boldsymbol{E}, \boldsymbol{F}_m = q\boldsymbol{v} \times \boldsymbol{B};$$
$$\boldsymbol{F} = q\boldsymbol{E} + q\boldsymbol{v} \times \boldsymbol{B} = m\boldsymbol{a}$$

7.6.3 现代科技上的应用

1. 磁聚焦

一束电子以速度 v_0 通过一横向电场后，进入一纵向均匀磁场，其运动轨迹为螺旋线，如图 7.6-2 所示（通常是在一组平行板上加一交变电压产生横向电场；用一载流长螺旋管产生纵向均匀磁场）。

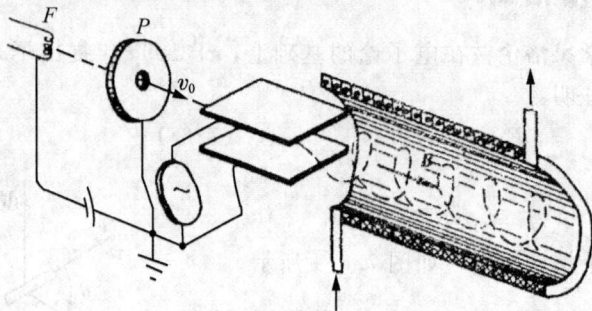

图 7.6-2

磁聚焦原理：由于电子沿螺旋线运动的周期 T 与其速度无关，则以不同速度、沿不同半径螺旋线运动的电子，在同一时间内，前进同一个螺距。设电子在磁场中运动的纵向路径长度为 L，调节 B，使得：$n = \dfrac{L}{v_{0x}T}$ 为一个整数，则散开的电子又重新会聚于一点，可以在电子射线管的荧光屏上观察到一个细小的亮点，这就是磁聚焦。电子横向速度 v_{0x} 可由电子枪的加速电压 U 求得，根据能量守恒：

$$\frac{1}{2}mv_{0x}^2 = eU \tag{1}$$

$$T = \frac{2\pi m}{eB} \tag{2}$$

$$n = \frac{l}{v_{0x}T} \tag{3}$$

联立式（1）、（2）和（3），可得

$$\frac{e}{m} = \frac{8\pi^2 n^2 U}{b^2 l^2}$$

由此式可测得电子的质荷比。

例 7.6.1　汤姆逊测定电子的比荷(荷质比)。

实验装置如图 7.6-3 所示:电子从阴极 K 射出后,受到阴极 K 和阳极 A 之间加速电场的作用,穿过 A′ 中心的小孔,进入电场和磁场同时存在的区域 P_1、P_2。

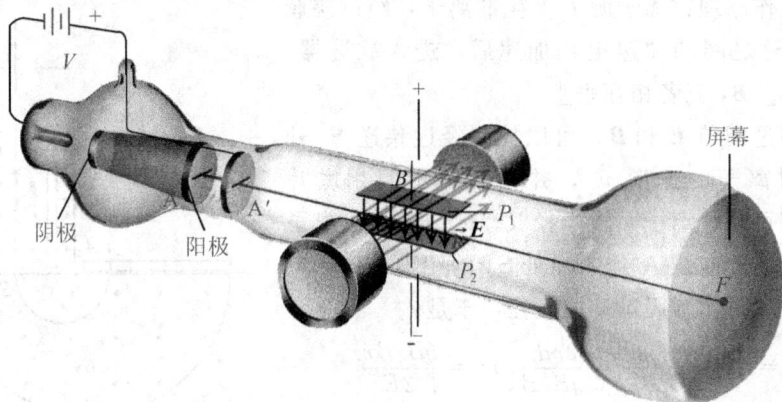

图 7.6-3

P_1、P_2 两块平行板加上电压后,存在一个电场强度为 E 的均匀电场,E 的方向垂直向下;同时此区域还存有一个磁感应强度为 B 的均匀磁场,且 E 和 B 相互垂直。设电子束沿 X 轴方向以初速度 v_0 入射时,电子在电场力作用下($F_e = -eE$),向上偏转;而电子在磁场力($F_m = -ev_0 \times B$)作用下,向下偏转。当这两个力的方向相反、大小相等时,即:$eE = ev_0 B$,电子受到的合外力为零,其以 $v_0 = E/B$ 的速率到达荧光屏的中心 F 处(E 和 B 都是可以调节的)。

当年汤姆逊测定阴极射线粒子的比荷 e/m 约为氢离子的比荷 e_H/m_H 值的 2000 倍。根据这种粒子的电荷与氢离子的电荷值相同可推测,其质量 m 极其微小。1897 年 4 月 30 日,汤姆逊宣布,把它称为"微粒"。后来人们把这种"微粒"称为电子,这在近代物理学的发展中具有重大的意义。

2. 速度选择器

在亥姆霍线圈中放一平行板电极,可形成相互垂直的均匀电场和均匀磁场,如图 7.6-4 所示。如果带点粒子沿图中方向、以速度 v 进入,若其所受电场力正好

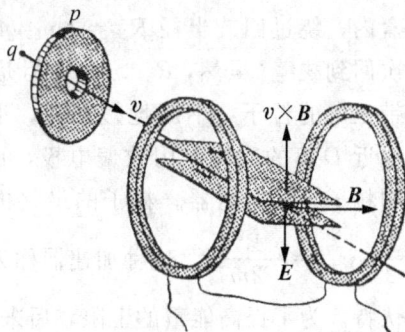

图 7.6-4

等于磁场力：$Eq = Bvq$，则粒子将无偏离地通过平行板电极的缝隙沿直线运动，其余速度的粒子将偏转到电极板上，这种装置称为速度选择器。

3. 质谱仪

倍恩勃立奇质谱仪（Bainlnidge）构造如图 7.6-5 所示。

工作原理：离子源 P 产生的离子，经过狭逢 S_1 和 S_2 之间的加速电场加速后，进入滤速器。$v \perp E \perp B$，三者相互垂直。

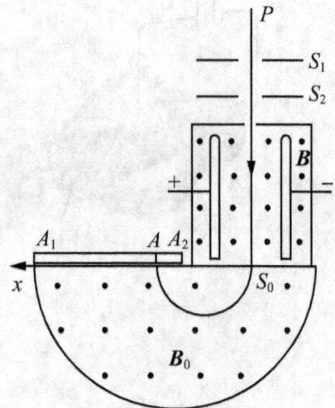

通过调节 E 和 B，可以控制经过狭逢 S_0 处的入射离子的速度 v_0，并得到离子照相底片 A_1A 即可测定离子回转半径 R。记录下的该离子在底片上的谱线 A 到入口处 S_0 的距离为 x，恰好等于离子作圆周运动的直径，于是：

$$x = 2R = \frac{2mv}{qB_0} = \frac{2mE}{qB_0B}, \quad m = \frac{qB_0Bx}{2E}$$

此式能算出其相应质量。

图 7.6-5

4. 回旋加速器

理论原理：利用回旋周期与粒子速度无关的性质，使带电粒子获得最高能量。回旋加速器装置如图 7.6-6 所示。

工作原理：当 D_2 电极高于 D_1 电极时，从离子源 O 发出的带正电的粒子，在狭缝中被加速，以 v_1 进入 D_1 内部，在均匀磁场作用下，粒子绕过回旋半径 $R_1 = mv_1/qB$ 的半个圆周后又回到缝隙。如果这时的电场刚好反向，即交变电场的周期 $T = 2\pi m/qB$，则粒子再次加速，以更大的速度 v_2 进入 D_2 盒内，绕过回旋半径 $R_2 = mv_2/qB$ 的半个圆周后再次回到狭缝（虽然，$R_2 > R_1$，但是 T 相等）。这样，带正电的粒子，不断地被加速，沿着螺旋轨迹逐渐趋近 D 盘的边缘。用致偏电极，可将达到预期速率

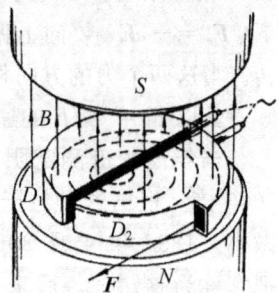

图 7.6-6

的粒子导出加速器。粒子的最终的速率为：$v_{\max} = qBR/m$，其动能为：$E_k = \frac{1}{2}mv_{\max}^2 = \frac{q^2B^2R^2}{2m}$，这种加速器称为经典加速器，其最高能量限于 20 万兆电子伏特。为了提高能量的上限，后来又发展了调频回旋加速器和等时性加速器。

5. 霍耳效应

当载有电流 I 的金属导体或半导体，放在磁感应强度为 **B** 的均匀磁场中，使磁场方向垂直于电流方向，则在与磁场和电流二者垂直的方向上，出现横向电势差，如图 7.6-7 所示。这一现象早在人们认识洛伦兹力以前，就于 1879 年由美国科学家霍耳在实验中发现，称为霍耳效应，横向电势差称为霍耳电压。

霍耳效应是因为外加磁场是漂移运动的电子或载流子发生横向偏转而形成的。

若载流薄板宽为 l，厚为 d，外加磁场 **B** 垂直薄板表面。设载流子所带电量 q 为负，则在洛伦兹力作用下，b 面积聚负电荷，a 面出现正电荷，形成霍耳电场。

当静电平衡时，$qvB = qE$，霍耳电场

$$E_H = vB \tag{1}$$

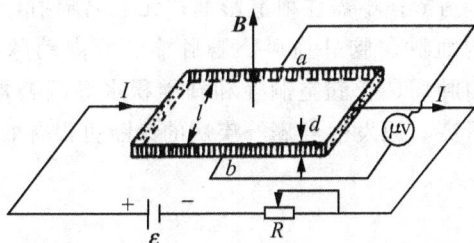

图 7.6-7

霍耳电压

$$U_{ab} = lE_H = lvB \tag{2}$$

$$I = nqvS = nqvld \quad [n \text{ 为粒子数密度}] \tag{3}$$

联立式(1)、式(2)和式(3)解得

$$U_{ab} = \frac{IB}{nqd} = R_H \frac{IB}{d}$$

式中，$R_H = \dfrac{1}{nq}$ 称为霍耳系数。

通过对霍耳系数的实验测定，可以判定导电材料的性质。因为半导体的 n 较小，霍耳效应明显。测定霍耳电压可以判定半导体载流子种类，计算其浓度和测定 B 的大小。

6. 核磁共振(MRI)

又叫核磁共振成像技术。是继 CT 后医学影像学的又一重大进步。自 20 世纪

80 年代应用以来，它以极快的速度得到发展。

其基本原理：将人体置于特殊的磁场中，用无线电射频脉冲激发人体内的氢原子核，引起氢原子核共振，并吸收能量。在停止射频脉冲后，氢原子核按特定频率发出射电信号，并将吸收的能量释放出来，被体外的接收器收录，经电子计算机处理后获得图像，这就叫做核磁共振成像。

核磁共振是一种物理现象，作为一种分析手段广泛应用于物理、化学、生物等领域，到 1973 年才将它用于医学临床检测。为了避免与核医学中放射成像混淆，把它称为核磁共振成像术（MR）。

MR 是一种生物磁自旋成像技术，它是利用原子核自旋运动的特点，在外加磁场内，经射频脉冲激发后产生信号，用探测器检测并输入计算机，经过处理转换在屏幕上显示图像。MR 提供的信息量不但大于医学影像学中的其他许多成像术，而且不同于已有的成像术，因此，它对疾病的诊断具有很大的潜在优越性。它可以直接作出横断面、矢状面、冠状面和各种斜面的体层图像，不会产生 CT 检测中的伪影；不需注射造影剂；无电离辐射，对机体没有不良影响。MR 对检测脑内血肿、脑外血肿、脑肿瘤、颅内动脉瘤、动静脉血管畸形、脑缺血、椎管内肿瘤、脊髓空洞症和脊髓积水等颅脑常见疾病非常有效，同时对腰椎椎间盘后突、原发性肝癌等疾病的诊断也很有效。

思考题和习题

1. 你有三根铁棒，其中只有两根是永久磁铁，由于磁化，所有三根铁棒乍一看来都显得很有磁性。不用任何其他物体，你怎样能确定哪一根不是永久磁铁？

2. 如图 7.1 所示，在磁感强度为 B 的均匀磁场中作一半径为 r 的半球面 S，S 边线所在平面的法线方向单位矢量 n 与 B 的夹角为 α，则通过半球面 S 的磁通量（取弯面向外为正）为

(A)$\pi r^2 B$　　　　　(B)$2\pi r^2 B$

(C)$-\pi r^2 B \sin \alpha$　　(D)$-\pi r^2 B\cos \alpha$

3. 电流的磁效应是由丹麦物理学家_____发现的。他发现与通电导线_____的磁针将转向_____的方向。他能发现这个细微的现象除了由于严谨的科学态度，还基于他信奉康德的哲学，认为自然界中的_____。

4. 在国际单位制中，电流的单位是_____。这是由一位法国物理学家

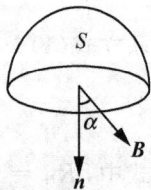

图 7.1

的姓氏命名的。他提出的"磁性起源假说"，在揭开原子结构和物质结构的秘密后得到了肯定，现代称为＿＿＿＿＿＿＿，物质磁性就是由它引起的。

(A)伏特，环形电流　　　　　　　　　　(B)安培，分子电流

(C)安培，原子电流　　　　　　　　　　(D)伏特，原子电流

5. 图 7.2 中，六根无限长导线互相绝缘，通过电流均为 I，区域Ⅰ、Ⅱ、Ⅲ、Ⅳ均为相等的正方形，哪一个区域指向纸内的磁通量最大？

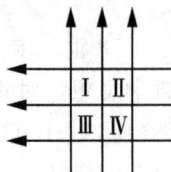

(A)Ⅰ区域　　　　　　　　　　(B)Ⅱ区域

(C)Ⅲ区域　　　　　　　　　　(D)Ⅳ区域

(E)最大不止一个

图 7.2

6. 一长直导线弯成如图 7.3 所示的形状，通过的电流为 I，半径为 R。求圆心 O 处的磁感应强度的大小和方向。

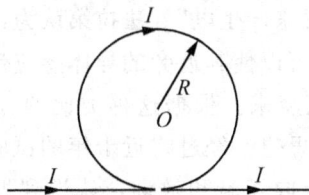

图 7.3

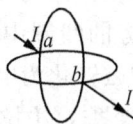

图 7.4

7. 如图 7.4 所示，两个半径为 R 的相同的金属环在 a、b 两点接触(ab 连线为环直径)，并相互垂直放置。电流 I 沿 ab 连线方向由 a 端流入，b 端流出，则环中心 O 点的磁感强度的大小为

(A)0　　(B)$\dfrac{\mu_0 I}{4R}$　　(C)$\dfrac{\sqrt{2}\mu_0 I}{4R}$　　(D)$\dfrac{\mu_0 I}{R}$　　(E)$\dfrac{\sqrt{2}\mu_0 I}{8R}$

8. 如图 7.5 所示的一细螺绕环，它由表面绝缘的导线在铁环上密绕而成，每厘米绕 10 匝。当导线中的电流 I 为 2.0 A 时，测得铁环内的磁感应强度的大小 B 为 1.0 T，则可求得铁环的相对磁导率 μ_r 为(真空磁导率 $\mu_0 = 4\pi \times 10^{-7}$ T·m·A^{-1})

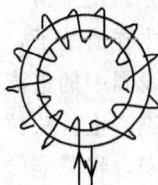

(A)7.96×10^2　　　　(B)3.98×10^2

(C)1.99×10^2　　　　(D)63.3

图 7.5

第8章　变化的电磁场

　　18世纪末19世纪初，康德(1724—1804)关于基本力及其向其他力转化的哲学思想，对物理学界有很大的影响力。在那以前，人们都相信英国的吉尔伯特(1542—1603)的断言：电力和磁力没有任何的联系。而丹麦年轻的物理学家奥斯特(1777—1861)信奉康德的哲学，他认为电力和磁力必然存在某些内在的联系，并对电力和磁力的转化进行了实验研究。1812年，他在《关于化学力和电力统一的研究》一文中，预言"电流会产生磁效应"。在奥斯特电流磁效应的启发下，以英国杰出的物理学家法拉第(1791—1867)为代表，许多学者都力图观察到磁力产生电力的逆转变，"由磁来产生电"。法拉第认为：既然磁铁可以使其近旁的铁块带磁(磁化)，静电荷可以使其近旁的导体感应带电；那么，电流也可以使其近旁的线圈中感应出电流来。根据这种类比的方法，1822年他在日记中写下了"磁转化为电"的光辉思想。经过将近十年的试验——失败——再试验，1831年夏季，法拉第认真汲取经验和教训，认识到失败的原因就在于：他和其他学者一样，总是和静止的现象类比(静电感应、静磁感应)，只看见静止的现象，想象不到运动后可能会发生的现象，从而误入歧途，归于失败。失败乃成功之母，静的不行，动的情况又将会如何？辩证唯物论认为："静"和"动"是对立的，但又是统一的。辩证思维应该把静止看作是运动的一种特殊的状态。那么，从电荷运动(导线中的电流)产生磁效应(充电导线近旁，小磁针的偏转)进行类比，就应该得出结论：运动的磁荷，必然会产生电流效应。正是由于法拉第的天才，也可以说是由于他的夜以继日地进行大量实验，才弄清楚了，电流的产生是一个动力学过程。1831年10月17日的实验表明，线圈中的电流感应是一种动态现象，只有当磁铁被推进或抽出线圈时，才有电流产生。法拉第做出了划时代的发现——电磁感应现象，实现了电与磁的逆转变，将磁能转变为电能。又经过二十多年的努力奋斗，他创立了电磁感应定律，从而把电磁现象的经典研究推到了顶峰，开辟了现代科学技术的新时代，这是科学创新的又一个光辉的典范！为后来人焦耳和迈尔等科学家提出著名的能量守恒和转化定律开辟了道路。

　　【迈克尔·法拉第(Michael Faraday，1791—1867)，英国著名物理学家、化学家。在化学、电化学、电磁学等领域都做出过杰出贡献。他家境贫寒，未受过系统的正规教育，但却在众多领域中作出了惊人成就，堪称刻苦勤奋、探索真理、不计个人名利的典范，对年轻人富有教育意义。

1. 刻苦认真　自学成才

迈克尔·法拉第，于 1791 年 9 月 22 日出生在萨里郡纽因顿的一个铁匠家庭。13 岁就在一家书店当送报和装订书籍的学徒。他有强烈的求知欲，挤出一切休息时间"贪婪"地力图把他装订的一切书籍内容都从头读一遍。读后还要临摹插图，工工整整地作读书笔记；用一些简单器皿照着书上进行实验，仔细观察和分析实验结果，把自己的阁楼变成了小实验室。在这家书店待了 8 年，

图 8-1　法拉第

他废寝忘食、如饥似渴地学习。他后来回忆这段生活时说："我就是在工作之余，从这些书里开始找到我的哲学的。有两本书对我特别有帮助，一是《大英百科全书》，我从它那第一次得到电的概念；另一本是马塞夫人的《化学对话》，它给了我这门课的科学基础。"在哥哥的赞助下，1810 年 2 月至 1811 年 9 月间他听了十几次自然哲学的通俗讲演，每次听后都重新誊抄笔记，并画下仪器设备图。1812 年 2 月至 4 月间又连续听了汉弗莱·戴维的 4 次讲座，从此燃起了进行科学研究的愿望。他曾致信皇家学院院长求助。失败后，他写信给戴维："不管干什么都行，只要是为科学服务"。他还把他的装帧精美的听课笔记整理成《汉弗莱·戴维爵士讲演录》寄上。他对讲演内容还作了补充，书法娟秀，插图精美，显示出法拉第的一丝不苟和对科学的热爱。经过戴维的推荐，1813 年 3 月，24 岁的法拉第担任了皇家学院的助理实验员。后来戴维曾把他发现法拉第作为自己最重要的功绩而引以为荣。1813 年法拉第随同戴维赴欧洲作科学考察旅行，1815 年回国后继续在皇家学院工作，长达 50 余年。1816 年他发表了第一篇科学论文。他最初从事化学研究工作，也涉足合金钢、重玻璃的研制。在电磁学领域，他倾注了大量心血，取得了出色成绩。1824 年被选为皇家学会会员，1825 年接替戴维任皇家学院实验室主任，1833 年任皇家学院化学教授。

2. 长期实践　大胆探索

法拉第工作异常勤奋，研究领域十分广泛。1818～1823 年他研制合金钢期间，首创金相分析方法。1823 年从事气体液化工作，标志着人类系统进行气体液化工作的开始。采用低温加压方法，液化了氯化氢、硫化氢、二氧化

213

硫、氢等。1824 年起研制光学玻璃，这次研究促使他在 1845 年利用自己研制出的一种重玻璃(硅酸硼铅)，发现了磁致旋光效应。1825 年在把鲸油和鳝油制成的燃气分馏中发现了苯。

他最出色的工作是电磁感应的发现和场的概念的提出。1821 年在读过奥斯特关于电流磁效应的论文后，他被这一新的学科领域深深吸引。因受苏格兰传统科学研究方法影响，通过奥斯特实验，他认为电与磁是一对和谐的对称现象。既然电能生磁，他坚信磁亦能生电。经过 10 年探索，历经多次失败后，1831 年 8 月 26 日终于获得成功。这次实验因为是用伏特电池在给一组线圈通电(或断电)的瞬间，在另一组线圈中获得感生电流，他称之为"伏特电感应"。尔后，同年 10 月 17 日完成了在磁体与闭合线圈相对运动时在闭合线圈中激发电流的实验，他称之为"磁电感应"。经过大量实验后，他终于实现了"磁生电"的夙愿，宣告了电气时代的到来。

作为 19 世纪伟大实验物理学家的法拉第，他并不满足于现象的发现，还力求探索现象后面隐藏着的本质；他既十分重视实验研究，又格外重视理论思维的作用。1832 年 3 月 12 日他写给皇家学会一封信，信封上写有"现在应当收藏在皇家学会档案馆里的一些新观点"。那时的法拉第已经孕育着电磁波的存在以及光是一种电磁振动的杰出思想，尽管还带有一定的模糊性。为解释电磁感应现象，他提出"电致紧张态"与"磁力线"等新概念，同时对当时盛行的超距作用说产生了强烈的怀疑："一个物体可以穿过真空超距地作用于另一个物体，不要任何一种东西的中间参与，就把作用和力从一个物体传递到另一个物体，这种说法对我来说，尤其荒谬。凡是在哲学方面有思考能力的人，绝不会陷入这种谬论之中"。他开始向长期盘踞在物理学阵地的超距说宣战。与此同时，他还向另一种形而上学观点——流体说进行挑战。1833 年，他总结了前人与自己的大量研究成果，证实当时所知摩擦电、伏特电、电磁感应电、温差电和动物电五种不同来源的电的同一性。他力图解释电流的本质，并促使他研究电流通过酸、碱、盐溶液，结果在 1833～1834 年间发现电解定律，开创了电化学这一新的学科领域。他所创造的大量术语沿用至今。电解定律除本身的意义外，也是电的分立性的重要论据。

1837 年他发现电介质对静电过程的影响，提出了以近距"邻接"作用为基础的静电感应理论。不久以后，他又发现了抗磁性。在这些研究工作的基础上，他形成了"电和磁作用通过中间介质、从一个物体传到另一个物体的思想。"于是，介质成了"场"的场所，场这个概念正是来源于法拉第。正如阿尔伯特·爱因斯坦所说，引入场的概念，是法拉第的最富有独创性的思想，是艾萨克·牛顿以来最重要的发现。牛顿及其他学者的空间，被视作物体与电荷的容器；而法拉第的空间，是现象的容器，它参与了现象。所以说法拉第是电磁场学说的创始人。他的深邃的物理思想，强烈地吸引了年轻的麦克斯韦。麦克斯韦认为，法拉第的电磁场理论比当时流行的超距作用电动力学更为合理，他正是抱着用严格的数学语言来表述法拉第理论的决心闯入电磁学领域的。

法拉第坚信："物质的力借以表现出的各种形式，都有一个共同的起源"，这一思想指导着法拉第探寻光与电磁之间的联系。1822年，他曾使光沿电流方向通过电解波，试图发现偏振面的变化，没有成功。这种思想是如此强烈，执着的追求使他终于在1845年发现强磁场使偏振光的偏振面发生了旋转。他的晚年，尽管健康状况恶化，仍从事广泛的研究。他曾分析研究电缆中电报信号迟滞的原因，并研制了照明灯与航标灯。

他的成就来源于勤奋，他的主要著作《日记》由16041则汇编而成；《电学实验研究》有336节之多。

3. 治学谨严 刚正真诚

法拉第一生热爱真理，真诚质朴，作风严谨。他说："一件事实，除非亲眼目睹，我绝不能认为自己已经了解。""我必须使我的研究具有真正的实验性。"在1855年给化学家申拜因的信中说："我总是首先对自己采取严厉的批判态度，然后才给别人以这样的机会。"在一次哲学会的讲演中他指出："自然哲学家应当是这样一些人：他愿意倾听每一种意见，却下定决心要自己作判断；他应当不被表面现象所迷惑，不对某一种假设有偏爱，不属于任何学派，在学术上不盲从大师；他应当重事不重人，真理应当是他的首要目标。如果有了这些品质，再加上勤勉，那么他确实可以有希望走进自然的圣殿。"他是这样说的，也确实是这样做的。

他在艰难困苦中选择科学为目标，就决心为追求真理而百折不回，义无反顾，不计名利，刚正不阿。他热爱人民，把纷至沓来的各种荣誉、奖状、证书藏之高阁，却经常走访贫苦教友的家庭，为穷人只有纸写的墓碑而浩然兴叹。他关心科学普及事业，愿更多的青少年奔向科学的殿堂。1826年他提议开设周五科普讲座，直到1862年退休他共主持过100多次讲座，并积极参与皇家学院每年的"圣诞节讲座"。根据他的讲稿汇编出版的《蜡烛的故事》一书，被译为多种文字出版，是科普读物的典范。

他生活简朴，不尚华贵，以致有人到皇家学院实验室作实验时错把他当作守门的老头。1857年，皇家学会学术委员会一致决议聘请他担任皇家学会会长。对这一荣誉职务他再三拒绝。他说："我是一个普通人。如果我接受皇家学会希望加在我身上的荣誉，那么我就不能保证自己的诚实和正直，连一年也保证不了。"同样的理由，他谢绝了皇家学院的院长职务。当英王室准备授予他爵士称号时，他多次婉言谢绝说："法拉第出身平民，不想变成贵族"。他的好友 J. Tyndall 对此作了很好的解释："在他的眼中，宫廷的华丽，和布来屯（Brighton）高原上面的雷雨比较起来，算得了什么；皇家的一切器具，和落日比较起来，又算得了什么？其所以说雷雨和落日，是因为这些现象在他的心里，都可以挑起一种狂喜。在他这种人的心胸中，那些世俗的荣华快乐，当然没有价值了"。"一方面可以得到 15 万镑的财产，一方面是完全没有报酬的学问，要在这两者之间去选择一种。他却选定了第二种，遂穷困以终。"这就是这位铁匠的儿子、订书匠学徒的郑重选择。1867 年 8 月 25 日法拉第逝世，终年76 岁，墓碑上照他的遗愿只刻有他的名字和出生年月。

后世的人们，选择了法拉作为电容的国际单位，以纪念这位物理学大师。在电学方面，法拉第研究负载直流电的导体与附近磁场之间的关系，在物理学中建立起磁场这个概念。他发现了电磁感应、抗磁性及电解。另外，他也发现磁场能对光线产生影响，进而发现两者间的基本关系。另外，法拉第还发明了一种依电磁转动的装置，为电动机的前身。在化学方面，法拉第发现了不同的化学物质，如苯类。他还发明了一种加热工具，是本生灯的前身。化学中的氧化数也出自法拉第之手，另外如阳极、阴极、电极及离子等现今电化学中经常使用的专有名词，也是由法拉第推广给世人的。

虽然法拉第只受过很少的正式教育，这使得他的数学程度相对有限，但不可否认，法拉第仍是历史上最伟大的科学家之一。他把电孕育成可用技术，为了纪念法拉第，电容值的国际单位被命名为法拉，符号为F；此外，1摩尔的电子所含的电量（约 96485 库仑）也被称为法拉第常数，让世人缅怀他在电学上无与伦比的贡献。法拉第在英国皇家研究机构（Royal Institution）中任化学教授，并指为终身职。在所有任过此职者中，法拉第为第一个，也是最为出名的学者。

4. 法拉第被公认为最伟大的"自然哲学家"之一

法拉第的伟大成功也许正是部分地归因于他所生活的时代。丰富的想象力加上足智多谋的实验才能、工作热情和相应的耐性，使他能够迅速地分辨假象，统观一切。他具有哲学思想，他在几何学和空间上的洞察力，以及善于持久思考的能力，正好补偿了他数学上的不足。在他留下来的笔记中，有下面一段话："我一直冥思苦索什么是使哲学家获得成功的条件。是勤奋和坚韧精神加上良好的感觉能力和机智吗？难道适度的自信和认真精神不是必要的条件吗？许多人的失败难道不是因为他们所向往的是猎取名望，而不是纯真地追求知识，以及因获得知识而使心灵得到满足的快乐吗？我相信，我已见到过许多人，他们是矢志献身于科学的高尚的和成功的人，他们为自己获得了很高的名望，但是在他们心灵上总是存在着妒忌或后悔的阴影，我不能设想一个人有了这种感情还能够做出科学发现。至于天才及其威力，可能是存在的，我也相信是存在的，但是，我长期以来为我们实验室寻找天才却从未找到过。不过我看到了许多人，如果他们真能严格要求自己，我想他们已成为有成就的实验哲学家了。"

开尔文勋爵对法拉第非常了解，他在纪念法拉第的文章中说："他的敏捷和活跃的品质，难以用言语形容。他的天才光辉四射，使他呈现出智慧之光，他的神态有一种独特之美，这有幸同时在皇家学院和他家里见过他的任何人都会感觉到的：从思想最深刻的哲学家到最质朴的儿童。"】

8.1　电磁感应的基本规律

法拉第的实验大体上可以归结为两类：一类是磁铁对线圈的运动，当磁铁对线圈有相对运动时，线圈中产生电流；另一类是当线圈中的电流发生变化时，在它附近的其他线圈中也产生电流。法拉第将这些现象与静电感应类比，把它们称作"电磁感应"现象。

8.1.1　电磁感应现象

如图 8.1-1(a)所示，静止的线圈 1 与电流计 G 组成闭合回路。如果没有外界的影响，电路中没有电流，电流计 G 指针不动。相对于线圈 1 静止的磁铁，无论怎么放置或产生多么强的静磁场，也不会在静止的线圈 1 中引起电流。但是，如果静止的线圈 1 和磁铁有相对运动，就会发现电流计 G 指针转动，说明有电流通过线圈 1。在图 8.1-1(b)中，用通电螺线管 2 代替磁铁，仍有类似的效应发生。利用电键 S 接通或切断螺线管 2 中电流的瞬间，可观察到线圈 1 有感应电流。我们将当通过一个闭合回路所包围的面积内磁通量发生变化时，回路中就产生电流的现象，称为电磁感应现象。对所有的电磁感应现象实验的分析表明：当穿过一个闭合导体回路所限定的面积的磁感应强度通量发生变化时，回路中就出现电流，这种电流叫作感应电流。在电磁感应现象实验中，没有静电荷作为静电场的源，感应电流应该是电路中一种非静电力对带电粒子作用的结果，是非静电力克服静电力移动电荷维持一个电势差。类比化学力的作用电动势这一概念，我们将单位正电荷绕闭合回路一周时，非静电力所做的功，称为电动势（或感应电动势）。

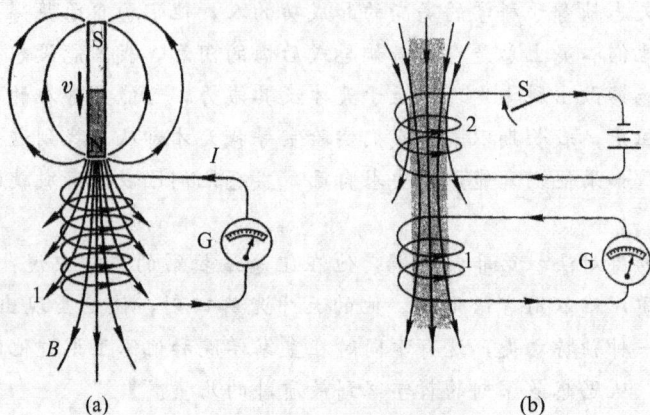

图 8.1-1　法拉第电磁感应定律

实验表明：感应电动势的大小和通过导体回路的磁通量的变化率成正比；其方向有赖于磁场的方向和它变化的情况。这就是法拉第电磁感应定律。若以 Φ 表示通过闭合导体回路的磁通量，以 ε 表示此磁通量发生变化时在导体回路产生的感应电动势，由实验总结的规律为

$$\varepsilon = -\frac{\mathrm{d}\Phi}{\mathrm{d}t} \tag{8.1.1}$$

式中的负号反映感应电动势方向与磁通量变化的关系。该式就是法拉第电磁感应定律的数学表达式。

8.1.2　楞次定律

在图 8.1-1 中，导体回路中产生的电动势将按自己的方向产生感应电流，此感应电流将在导体回路中产生自己的磁场。圆环在上面时，其中感应电流在环内产生的磁场向上；在下面时，其中感应电流在环内产生的磁场向下。和感应电流的磁场联系起来考虑，上述借助于式（8.1.1）中的负号所表示的感应电动势方向的规律可以表述如下：闭合回路中，感应电流的方向总是使得它自身所产生的磁通量反抗引起感应电流的磁通量的变化，这就是楞次定律。

在判定感应电动势的方向时，应规定导体回路 L 绕行的正方向，如图 8.1-2所示。当回路中磁感线的方向和所规定回路绕行的正方向有右手螺旋关系时，磁通量 Φ 为正值。

这时，如果穿过回路的磁通量增大，$\dfrac{\mathrm{d}\Phi}{\mathrm{d}t} > 0$，则 $\varepsilon < 0$，这表明，此时感应

电动势的方向和 L 的绕行正方向相反，如图 8.1-2(a) 所示；如果穿过回路的磁通量减小，$\dfrac{\mathrm{d}\Phi}{\mathrm{d}t} < 0$，则 $\varepsilon > 0$，这表明，此时感应电动势的方向和 L 的绕行正方向相同，如图 8.1-2(b) 所示。

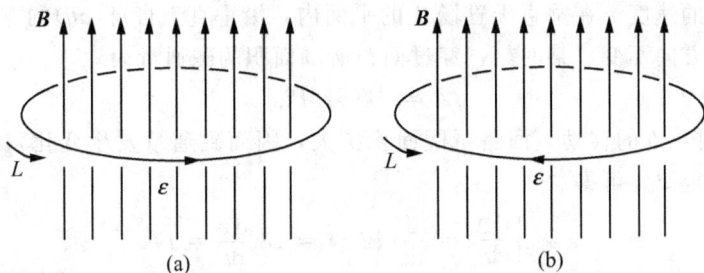

图 8.1-2　感应电动势的方向判断

实际上，线圈常常是由许多匝串联而成的，在这种情况下，在整个线圈中产生的感应电动势应是每匝线圈中产生的感应电动势之和。当穿过各匝线圈的磁通量分别为 $\Phi_1,\Phi_2,\cdots,\Phi_n$ 时，总电动势则应为：

$$\varepsilon = -\left(\frac{\mathrm{d}\Phi_1}{\mathrm{d}t} + \frac{\mathrm{d}\Phi_2}{\mathrm{d}t} + \cdots + \frac{\mathrm{d}\Phi_n}{\mathrm{d}t}\right) = -\frac{\mathrm{d}}{\mathrm{d}t}\left(\sum_i \Phi_i\right) = -\frac{\mathrm{d}\Psi}{\mathrm{d}t} = -N\frac{\mathrm{d}\Phi}{\mathrm{d}t}$$

$$(8.1.2)$$

式中 $\Psi = \displaystyle\sum_i \Phi_i$ 是穿过各匝线圈的磁通量的总和，叫做穿过各匝线圈的全磁通，当穿过各匝线圈的磁通量相等时，N 匝线圈的全磁通为 $\Psi = N\Phi$，叫磁链。

在国际单位制中，磁通量和磁链的单位是韦伯，符号为 Wb；感应电动势的单位是伏特，用 V 表示，故 $1\ \mathrm{V} = 1\ \mathrm{Wb/s}$。

8.2　动生电动势

下面，我们将讨论：导体在恒定磁场中运动时产生的感应电动势，这种感应电动势叫做动生电动势。

1. 感生电动势

导体或导体回路不动，由于磁场变化产生的电动势称为感生电动势。

2. 动生电动势

磁场不变，由于导体或导体回路在磁场中运动而产生的电动势称为动生电动势。

3. 动生电动势产生的机制

一是，导体中的自由电子随导体以速度 v 在磁场中运动时，受到洛伦兹力作用。如图 8.2-1 所示，一矩形导体回路，可动边是一根长为 l 的导体棒 ab，它以恒定的速度 v 在垂直于磁场 $\boldsymbol{B}$ 的平面内，沿垂直于自身(ab)的方向向右平行移动，方向不变。某时刻，穿过回路所围面积的磁通量为

$$\Phi = BS = Blx \tag{8.2.1}$$

随着棒 ab 的移动，回路所围面积扩大，因而磁通量发生变化，由法拉第电磁感应定律，可得

$$\varepsilon = \left|\frac{\mathrm{d}\Phi}{\mathrm{d}t}\right| = \frac{\mathrm{d}}{\mathrm{d}t}(Blx) = Bl\frac{\mathrm{d}x}{\mathrm{d}t} = Blv \tag{8.2.2}$$

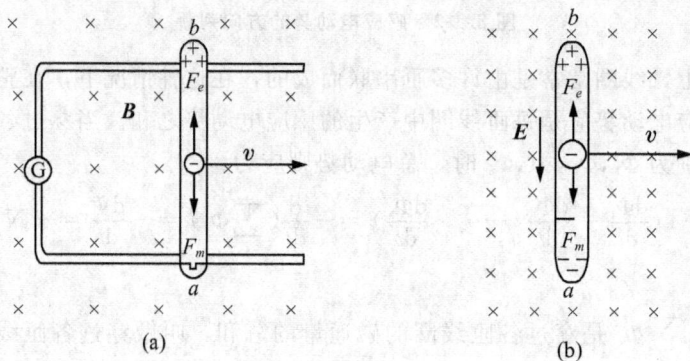

图 8.2-1

其方向由楞次定律判断为逆时针方向。由于其他边都未动，所以动生电动势的产生应该归结为棒 ab 的移动。像这样一段导体在磁场中运动时，所产生动生电动势的方向可以以简便的右手法则来判断：伸平右掌，使拇指与其他四指垂直，让磁感应线从掌心穿入。当拇指指向导体运动方向时，四指就指向导体中产生的动生电动势的方向。

二是，自由电子堆积在导体的一端，形成上正下负的电荷的堆积。

如图 8.2-1 中的情况，感应电动势集中于回路的一段内，此段可视为整个回路中的电源部分。由于在电源内，电动势的方向是由低电势处指向高电势处。所以，在棒 ab 上，b 点的电势高于 a 点的电势。我们知道：电动势是非静电力作用的表现。这里的非静电力就是洛伦兹力。当棒 ab 向右以速度 v 运动时，棒内的自由电子被带着以同一速度 v 向右运动。因而，每一个电子都受到洛伦兹力的作用，如图 8.2-1 所示。于是有洛伦兹力

$$F_m = -e(v \times B) \tag{8.2.3}$$

洛伦兹力在单位时间内使电荷沿导线运动所做的功，宏观上就是感应电动势驱动电流做的功。在单位时间内外力反抗洛伦兹力做的功，宏观上就是外力拉动导线做的功。洛伦兹力做的总功为零，实质上表示了能量的转换与守恒。洛伦兹力在这里起了一个能量转替者的作用，一方面接受外力做的功，同时将这部分功用来驱动电荷运动做功。由此可以看出：外力拉动导线做的功，转化为感生电动势驱动电流做功。

8.3 感生电动势

本节讨论引起回路中磁通量变化的另一种情况，一个静止的导体回路，当它包围的磁场变化时，穿过它的磁通量也会发生变化，这时回路中也会产生感应电动势。这样产生的电动势，叫做感生电动势。

8.3.1 电磁感应定律的普遍形式

产生感生电动势的非静电力是什么呢？一个静止的导体回路不可能像动生电动势中那样有洛伦兹力。由于这时的感生电流是原来宏观静止的电荷受非静电力作用形成的，而静止电荷受到的力只能是电场力。所以，这种非静电力只能是一种电场力，该电场来源于变化的磁场。麦克斯韦在研究了大量的电磁感应现象后，于 1862 年提出：变化的磁场将在其周围空间产生具有闭合电场线的变化电场。由于这种电场是磁场的变化引起的，所以叫做感生电场。它就是产生感生电动势的"非静电场"，以 E_v 表示感生电场的电场强度，即感生电场作用于单位电荷的力，则根据电动势的定义，由于磁场的变化，在一个导体回路 L 中产生的感生电动势应为

$$\varepsilon = \oint_L E_v \cdot dl \tag{8.3.1}$$

根据法拉第电磁感应定律，有

$$\varepsilon = \oint_L E_v \cdot dl = -\frac{d\Phi}{dt} \tag{8.3.2}$$

法拉第当时只着眼于导体回路中感应电动势的产生，而麦克斯韦则更着重于电场和磁场的研究。麦克斯韦指出：当磁场变化时，不但会在导体回路中，而且在空间任一地点都会产生感生电场，感生电场沿任何闭合回路的环路积分都满足式(8.3.2)所表示的关系。用 B 来表示磁感应强度，则式(8.3.2)可以

用下面的形式更明显地表示出电场和磁场的关系

$$\oint_L \boldsymbol{E}_v \cdot \mathrm{d}\boldsymbol{l} = -\int_S \frac{\partial \boldsymbol{B}}{\partial t} \cdot \mathrm{d}\boldsymbol{S} \tag{8.3.3}$$

式中 $\mathrm{d}\boldsymbol{l}$ 表示空间内任一静止回路 L 上的位移元，S 为该回路所包围的面积。由于感生电场的环路积分不等于零，所以它又叫做涡旋电场，此式表示的规律可以非常确切地理解为变化的磁场产生电场。其电场线类似于磁感应线，呈涡旋形，是无头无尾的闭合曲线，即感生电场不是保守力场。

在一般的情况下，空间的电场可能既有静电场（沿闭合路线积分为零），又有感生电场。根据叠加原理，总场强 $\boldsymbol{E}$ 沿某一闭合回路 L 的环路积分就等于 $\boldsymbol{E}_v$ 的环流。因此，利用式（8.3-3），可得

$$\oint_L \boldsymbol{E} \cdot \mathrm{d}\boldsymbol{l} = -\int_S \frac{\partial \boldsymbol{B}}{\partial t} \cdot \mathrm{d}\boldsymbol{S} \tag{8.3.4}$$

这一公式是关于磁场和电场关系的又一个普遍的基本规律——电磁感应定律的普遍形式。

8.3.2　感生电场的应用

感生电场的存在，已经由大量实验所证实。在现代科学技术中，感生电场已得到广泛的应用，其中较典型的实例是：电磁炉和电子感应加速器等。大量实验证明：当大块金属导体在变化磁场中，会感应出涡旋电场，从而形成一系列涡旋状感应电流，称为涡电流或涡流。又因为金属导体的电阻 R 较小，形成的涡流很大，热效应显著。涡流的热效应已经广泛地应用在特种钢的冶炼、半导体的提纯、金属焊接、封口等工艺过程。在电动机或变压器铁芯中涡流的热效应是有害的，通常用相互绝缘的叠片或铁芯来减小其中的热损害。

冰上炒鸡蛋（电磁炉应用电磁感应原理），如图 8.3-1 所示。

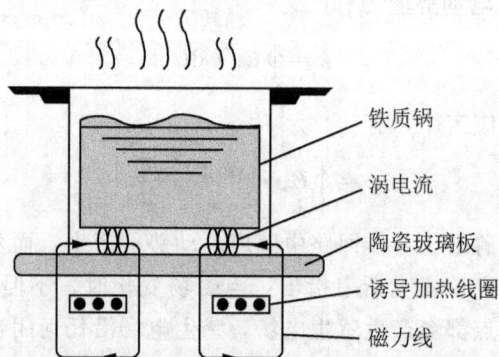

图 8.3-1　冰上炒鸡蛋

　　电磁炉的炉面是耐热陶瓷板，交变电流通过陶瓷板下方的线圈产生磁场，磁场内的磁感线穿过铁锅、不锈钢锅等底部时，产生涡流，令锅底迅速发热，达到加热食品的目的。

　　电磁炉加热原理如图 8.3-1 所示，灶台台面是一块高强度、耐冲击的陶瓷平板(结晶玻璃)，台面下边装有高频感应加热线圈(即励磁线圈)、高频电力转换装置及相应的控制系统，台面的上面放有平底烹饪锅。

　　其工作过程如下：电流电压经过整流器转换为直流电，又经高频电力转换装置使直流电变为超过音频的高频交流电，将高频交流电加在扁平空心螺旋状的感应加热线圈上，由此产生高频交变磁场。其磁感线穿透灶台的陶瓷台板而作用于金属锅。在烹饪锅体内因电磁感应就有强大的涡流产生。涡流克服锅体的内阻流动时完成电能向热能的转换，所产生的焦耳热就是烹调的热源。

8.4　自感和互感

　　在实际电路中，磁场的变化常常是由于电流的变化引起的。因此，把感应电动势直接和电流的变化联系起来是有重要意义的。自感和互感现象的研究就是要找出这方面的规律。

8.4.1　自感

　　当一个电流回路中的电流 i 随时间变化时，通过回路自身的全磁通量也发生变化，因而回路自身也产生感应电动势，这就是自感现象，这时产生的电动势叫做自感电动势，如图 8.4-1 所示。实验表明：回路全磁通量与其电流成正比。

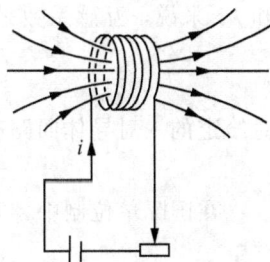

图 8.4-1

　　1. 自感系数：当闭合回路通有电流 I 时，其激发的磁场感应强度 B 与 I 成正比；穿过该回路的总磁通量 Φ 与 I 成正比：

$$\Phi = \psi_m = LI \qquad (8.4.1)$$

其中，L 称为自感系数，自感系数是一个与电流无关，仅仅由回路的匝数、形状、大小和周围的介质的磁导率决定的物理量。

　　在国际单位制中，自感系数的单位是亨利(H)，$1\ \text{H} = 1\ \text{Wb/A} = 1\ \Omega \cdot \text{s}$。

　　2. 自感电动势：导体回路中，由于自身电流的变化，在自身回路中产生的电动势，称为自感电动势，数学表达式为

$$\varepsilon_L = -\frac{d\Phi}{dt} = -\frac{L\,dI}{dt} \qquad (8.4.2)$$

8.4.2 互感现象、互感系数和互感电动势

当一闭合导体回路中的电流随时间变化时，它周围的磁场也随时间变化。在它周围附近的导体回路中就会产生感应电动势，这种电动势叫做互感电动势。

1. 互感现象：某一个导体回路中电流的变化，对其邻近导体产生感应电动势的现象，称为互感现象，如图 8.4-2 所示。

2. 互感电动势

在图 8.4-2 中，有两个固定的回路 L_1 和 L_2，闭合回路 L_2 中的互感电动势是由于回路 L_1 中的电流 i_1 随时间的变化引起的，以 ε_{21} 表示此电动势。下面说明 ε_{21} 与 i_1 的关系：由毕奥—萨伐尔定律可知，电流 i_1 产生的磁场正比于 i_1，因而通过 L_2 所围面积的全磁通也应该和 i_1 成正比，即

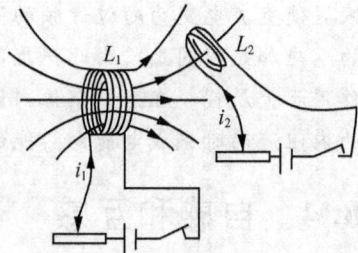

图 8.4-2

$$\Psi_{21} = M_{21}i_1 \qquad (8.4.3)$$

式中 M_{21} 称为回路 L_1 对回路 L_2 的互感系数，它取决于两个回路的几何形状、相对位置、它们的各自的匝数和它们周围介质的性质。对两个固定的回路 L_1 和 L_2 来说，互感系数是一个常数。在 M_{21} 一定的条件下，电磁感应定律给出

$$\varepsilon_{21} = -\frac{d\Psi_{21}}{dt} = -M_{21}\frac{di_1}{dt} \qquad (8.4.4)$$

对给定的一对导体回路有

$$M_{21} = M_{12} = M \qquad (8.4.5)$$

在国际单位制中，互感系数的单位是亨利（H）。

8.5 麦克斯韦电磁场理论简介

电磁感应现象反映出，变化的磁场能够激发一个涡旋的电场。那么，一个变化的静电场会如何呢？下面，从电流的连续性来讨论这个问题。

8.5.1 位移电流

我们知道，恒定电流的磁场遵从安培环路定理，即

$$\oint_L \boldsymbol{H} \cdot \mathrm{d}\boldsymbol{l} = \oint_S \boldsymbol{j} \cdot \mathrm{d}\boldsymbol{S} = I \qquad (8.5.1)$$

式中 $\boldsymbol{j}$ 是单位面积上通过的电流，称为电流密度，它在导体内的大小和流向可以不同，所以是矢量。

在含有电容器的电路中，无论电容器被充电还是放电，传导电流都在导线内流过。但是，它不能在电容器的两板之间流过。如图 8.5-1 所示，给电容器充电时，客观上在电容器两板间虽然没有传导电流。但是，电路导线中的电流 I 是非稳恒电流，它随时间变化。若在极板 A 的附近取一个闭合回路 L，并以此回路 L 为边界作两个曲面 S_1 和 S_2，其中 S_1 与导线相交，S_2 在两板之间，不与导线相交，S_1

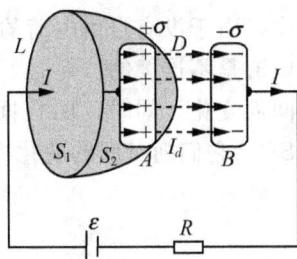

图 8.5-1

和 S_2 构成一个封闭曲面。取 S_1 和 S_2 的边界线 L 作为安培环路线。根据安培环路定律，磁场强度 $\boldsymbol{H}$ 沿此环路的线积分只和穿过回路所在的电流有关。设通过面 S_1 的电流密度为 $\boldsymbol{j}_c$，由面 S_1 得到

$$\oint_L \boldsymbol{H} \cdot \mathrm{d}\boldsymbol{l} = \oint_S \boldsymbol{j}_c \cdot \mathrm{d}\boldsymbol{S} = I \qquad (8.5.2)$$

而 S_2 上没有任何部分存在电流，则

$$\oint_L \boldsymbol{H} \cdot \mathrm{d}\boldsymbol{l} = \oint_S \boldsymbol{j}_c \cdot \mathrm{d}\boldsymbol{S} = 0 \qquad (8.5.3)$$

显然，磁场强度通过一个回路线积分得到两个不同的结果，是矛盾的。要解决这个矛盾，在科学史上有两种途径：一是，在大量实验的基础上，提出新概念，建立与实验相符合的新理论；二是，在原有理论的基础上，提出合理的假设，对原有理论作必要的修正，使矛盾得到解决，并用实验检验假设的合理性。为了解决这个矛盾，麦克斯韦提出位移电流的假设。

在图 8.5-2 的电容器放电电路中，当电容器放电时，设正电荷从 A 板沿导线向 B 板流动，则在 $\mathrm{d}t$ 时间内通过电路中的任一截面的电荷量为 $\mathrm{d}q$，而这个 $\mathrm{d}q$ 也就是电容器的极板上所失去（或得到）的电荷量。所以，极板上电荷量对时间的变化率为 $\dfrac{\mathrm{d}q}{\mathrm{d}t}$，也就是电路中的传导电流。

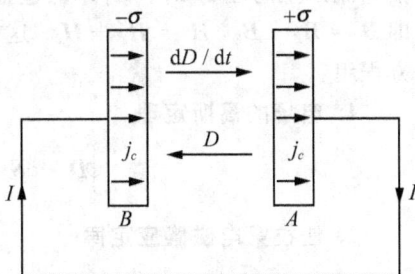

图 8.5-2 电容器放电过程

若板的面积为 S，则板内的传导电流为

$$I_c = \frac{dq}{dt} = \frac{d(S\sigma)}{dt} = S\frac{d\sigma}{dt} \tag{8.5.4}$$

传导电流可理解为 $j_c = \frac{I_c}{S} = \frac{d\sigma}{dt}$。至于在电容器两板之间（真空或电介质）中，由于没有自由电荷的流动，传导电流为零。所以，对整个电路来说，传导电流是不连续的。但是，在电容器的放电的过程中，板上的电荷面密度 σ 随时间而变化。同时，两板间电场中电位移矢量的大小 $D = \sigma$、电位移通量 $\Phi = SD$，它们随时间的变化率分别为

$$\frac{dD}{dt} = \frac{d\sigma}{dt}, \frac{d\Phi}{dt} = S\frac{d\sigma}{dt}$$

由此可以看出，板间电位移矢量随时间的变化率 $\frac{dD}{dt}$，在数值上等于板内的传导电流密度的大小；板间电位移通量随时的变化率 $\frac{d\Phi}{dt}$，在数值上等于板内的传导电流。詹姆斯·克拉克·麦克斯韦在引入位移电流的概念后，又提出了创新的全电流的概念：在一般情况下，全电流 I 由传导电流和位移电流两部分组成。

$$I = \sum_{i_i} I + I_d \tag{8.5.5}$$

故在非恒定电流的情况下，安培环流定理为：

$$\oint_L \mathbf{H} \cdot d\mathbf{l} = \int_S (\mathbf{J} + \frac{\partial \mathbf{D}}{\partial t}) \cdot d\mathbf{S} = \sum I_i + \int_S \frac{\partial \mathbf{D}}{\partial t} \cdot d\mathbf{S} \tag{8.5.6}$$

8.5.2 麦克斯韦方程组

麦克斯韦指出：电场既包括自由电荷产生的静电场 E_1、D_1 也包括变化磁场产生的涡旋电场 E_2、D_2，所以 $E = E_1 + E_2$，$D = D_1 + D_2$；同样，磁场既包括电流产生的磁场 B_1、H_1，也包括位移电流（变化电场）产生的磁场 B_2、H_2，即 $B = B_1 + B_2$，$H = H_1 + H_2$。这样就得到了在一般情况下的电磁场所满足的方程组。

1. 电场的高斯定理

$$\oint_S \mathbf{D} \cdot d\mathbf{S} = \int_V \rho dV = \sum_i q_i \tag{8.5.7}$$

2. 法拉第电磁感应定律

$$\oint_L \mathbf{E} \cdot d\mathbf{l} = -\int_S \frac{\partial \mathbf{B}}{\partial t} \cdot d\mathbf{S} = -\frac{d\Phi_m}{dt} \tag{8.5.8}$$

3. 磁场的高斯定理

$$\oint_S \boldsymbol{B} \cdot \mathrm{d}\boldsymbol{S} = 0 \tag{8.5.9}$$

4. 全电路的安培环路定理

$$\oint_L \boldsymbol{H} \cdot \mathrm{d}\boldsymbol{l} = \int_S \left(\boldsymbol{J} + \frac{\partial \boldsymbol{D}}{\partial t} \right) \cdot \mathrm{d}\boldsymbol{S} = \sum I_i + \int_S \frac{\partial \boldsymbol{D}}{\partial t} \cdot \mathrm{d}\boldsymbol{S} \tag{8.5.10}$$

上述四个方程称为麦克斯韦方程组的积分形式，除此之外还有几个描述介质的方程：

$$\boldsymbol{D} = \varepsilon \boldsymbol{E} \tag{8.5.11}$$

$$\boldsymbol{B} = \mu \boldsymbol{H} \tag{8.5.12}$$

$$\boldsymbol{J} = \gamma \boldsymbol{E} \tag{8.5.13}$$

其中，γ 为电导率。有了以上七个方程，原则上，可以解决各种电磁场的问题。

麦克斯韦方程组的形式既简洁又优美，全面地反映了电场和磁场的基本性质，把电磁场作为一个整体，用统一的观点阐明了电场和磁场之间的关系。在此基础上，麦克斯韦还预言了电磁波的存在，并指出电磁波的速度为

$$c = \frac{1}{\sqrt{\mu_0 \varepsilon_0}} \tag{8.5.14}$$

式中 μ_0 和 ε_0 分别为真空中的磁导率和电容率，电磁波的速度 $c = 3 \times 10^8$ m/s。麦克斯韦的预言，后来被赫兹的实验所证实。麦克斯韦电磁理论的建立是 19 世纪物理学发展史上又一个重要的里程碑。正如爱因斯坦所指出的："这是自牛顿以来物理学所经历的最深刻和最有成果的一项观念上的变革。"我们研究由描述宏观电磁学理论的麦克斯韦（Maxwell）方程组推导出电磁场波动方程，从而得出：在真空中，电磁波的传播速度，即真空中的光速 c 是不变的，与所采用的参考系无关，即光速不变原理。

8.5.3　预言电磁波　实现第三次大综合

麦克斯韦方程是物理与数学相结合的伟大成果。【在这里我们可看到数学不仅是表达物理规律的工具，科学家正是利用数学方法从庞大的经验事实中找出自然界普遍的高于感性经验的客观规律来。】电磁波的预言正是从方程组中得到，后来被实验所证实的。

由麦克斯韦方程组出发，麦克斯韦发现，如果在空间某处有一电磁振源，并假定其能产生交变的电场（或磁场），则在其周围可产生交变磁场（或电场）。

磁 电场 磁 电场 磁 电场 电场 磁 电场 磁 电场 磁 电场
场 场 场 场 场 场 场

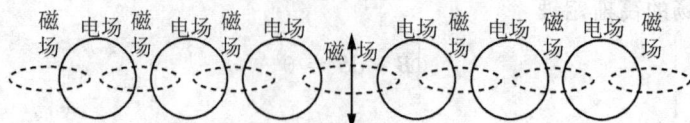

(a)电磁波的形成和传播

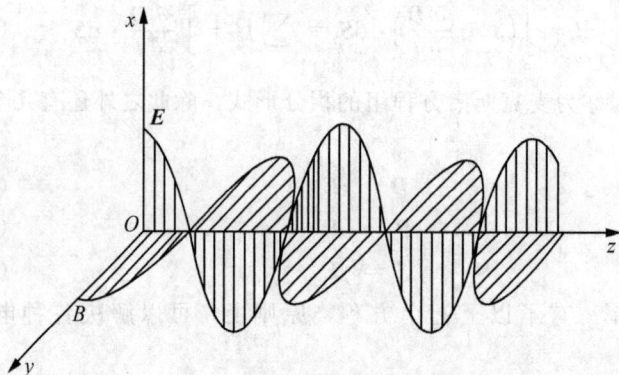

(b)沿z方向传播的简谐平面电磁波，在x和y方向振动的电场和磁场是同相的

图 8.5-3 电磁振荡在空间的传播

于是，这种交变电磁场可不断由振源向远处传播开来，电磁振荡在空间的传播
就形成了电磁波。图 8.5-3(a)是电磁振荡沿某一直线传播过程的示意图。图
中实线表示涡旋电场线，虚线为涡旋磁感线。实际电磁振荡可向各个方向传
播。由此前讨论可知，电磁波能脱离振源向远处传播。电磁波是横波，即其中
振动的电场和磁场互相垂直，且振动方向又都与传播方向垂直。若电场 E 沿 x
方向，磁场 B 沿 y 方向，则电磁场传播方向为 z 方向，三者组成右手螺旋关
系，见图 8.5-3(b)。在远离振源处，波面在一定范围内可看成是平面，所以
可把它称为平面电磁波。麦克斯韦还推导出了电磁波在真空中的传播速度，由
此麦克斯韦预言了电磁波的存在，并提出了光是电磁波的论断。

  麦克斯韦于 1864 年提出的理论是如此的深刻、完美和新颖，加上对电磁
波预言和光是电磁波的论断在开始时并未得到实验的证明，所以他的理论在问
世以后相当长的时间内并不为人们完全接受。直到 1888 年，赫兹
(H. R. Hertz，1857～1894)用实验证实了电磁波的存在，并证明了电磁波不仅
传播速度和光速一样，而且具有类似光的特性，如反射、折射、衍射和偏振
等。麦克斯韦理论这才真正得到世人的公认。从此，麦克斯韦不仅将电和磁统
一起来，而且将物理学的另一个分支光学也归并到电磁统一体之中，即电学、
磁学和光学都统一起来了，实现了继牛顿力学和能量守恒与转化定律提出以来

的物理学史上的第三次大综合，这一发展是 19 世纪科学史上最伟大的成就。

电磁波的发现轰动了整个物理学界，全世界许多实验室投入到对电磁波性质及其应用的研究。在赫兹宣布他的发现后不到 6 年，意大利的马可尼与俄罗斯的波波夫分别实现了无线电波远距离传播，并很快投入实际应用。无线电报、无线电广播、无线电话、传真、电视以及雷达等无线电技术如雨后春笋般涌现出来，近几十年来，又实现了遥控、遥测、卫星通信等。可以说麦克斯韦电磁理论和赫兹实验为人类开创了一个电子技术的新时代。

麦克斯韦的贡献不仅在于科学理论本身，而且为后人提供了丰富的科学思想和研究方法，另外还应该指出的是，他是英国科学史上第一位创建和领导正规物理实验室和开拓实验物理领域的科学家。这个实验室就是在现代科学革命中起先锋作用的英国剑桥的卡文迪许实验室，他是第一任卡文迪许实验室教授，他为卡文迪许实验室立下的方针、政策和宗旨，使该室在现代科学的整个进程中培养了无数科学人才，并做出了大量杰出的成果。

8.5.4 光就是电磁波

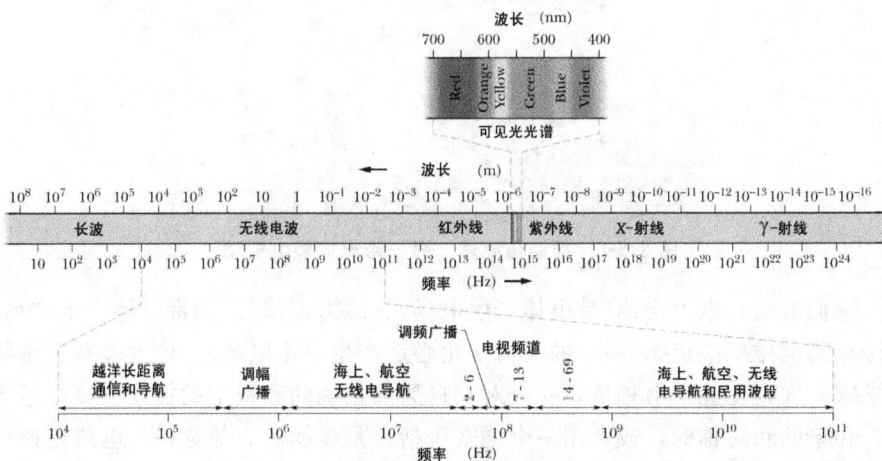

图 8.5-4 电磁波谱

我们怎么知道运动的带电体周围会有电磁场的变化？

假设你用一把橡胶梳子梳理头发，将使电子从你的头发上转移到梳子上。这把带电梳子就在周围空间产生一个电场，这个电场可以通过把一张摩擦过的透明片靠近这把梳子而检测出来。如果你将这把梳子快速地上下摇动一次，周围空间的电场也将摇动。这可以通过透明片随着梳子摇动被探测到，梳子在运

229

动短暂的时间内也产生一个磁场。这个短暂的磁场可以通过放在梳子附近的磁针的短暂摇动被探测出。总之，梳子的运动引起它周围电磁场的变化，这个变化可以用其他带电体和磁针探测到，如图 8.5-5 所示。

关于这个实验有一个令人感兴趣的问题，这是一个 19 世纪许多科学家提出过的问题：一个远处的探测器在什么时候感觉到场的变化？这个作用是即时的吗？假设你在中午 12 点整摇动梳子，透明片也正好在中午 12 点整摇动吗？还是稍晚一些？在 19 世纪 60 年代，英国物理学家麦克斯韦对电磁现象进行了深入的研究，以麦克斯韦方程组的形式，强调场的概念，并描述了带电体是如何产生电磁场的。当时，已经知道有关电磁场的三条基本原理。

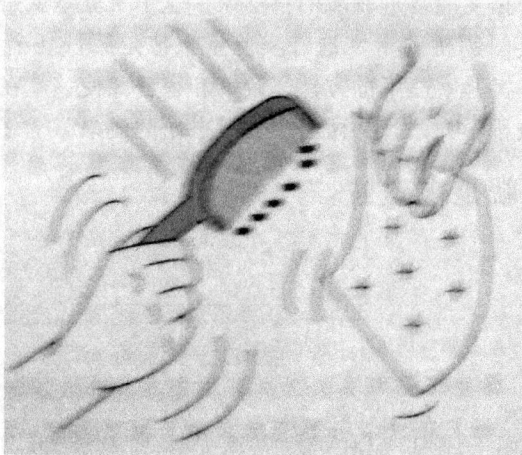

图 8.5-5　摇动带电体，另一带电体随之摇动

它们就是：电力定律（带电体产生电场）、磁力定律（运动带电体产生磁场）和法拉第电磁感应定律（磁场的任何变化必定产生一个电场）。像大多数理论物理学家一样，麦克斯韦相信，一个对大自然的正确的和根本的描述应该是适当的、和谐的和对称的，或者用一个词来概括，是美丽的。他觉得，电磁定律应该以对称的方式讨论它的两个侧面：电现象和磁现象。在这方面三条定律似乎缺了点什么？这些定律的头两条说，电场由带电体产生，磁场由运动的带电体产生。法拉第定律则说电场可以通过第二种方式，即通过变化的磁场产生。在麦克斯韦看来还应该存在第四条定律，这条定律应该是对法拉第定律的补充，提供产生磁场的第二种方法。这第四条定律应该与法拉第定律对称，即磁场可以通过变化的电场产生。于是，这个理论将以对称的方式处理电场和磁场：一个场的改变总要产生另一个场。当与另外三条理论结合起来后，麦克斯韦的发

现导致他预言了电磁波的存在，并预言了光就是电磁波。他预言如今已经得到充分的证实，它显示出理论的巨大成功。我们再一次看到科学中美和对称的重要性。（法国物理学家居里 1894 年指出，如果在大自然中除了电荷之外还存在一种叫做"磁单极子"的纯"磁荷"。那么，麦克斯韦的四条定律所展现的电学与磁学之间的对称性就将是完整的了。我们知道每一块磁铁都有南北两极，你不能把这一极从那一极孤立出来。一个磁单极子应该是一个纯北极或纯南极的磁极，即使它不动也会产生磁场。尽管还没有观察到磁单极，但是理论家们一直没有放弃这个想法。今天，探索基本粒子的"大统一理论"的理论家们认为，磁单极子是存在的，或至少在大爆炸的早期阶段曾一度存在过。）

麦克斯韦以精确的数学语言表述的理论预言了电场力的时间延迟。关键的因素是一个场的变化产生另一个场，这意味着电场和磁场能够相互产生和再产生。麦克斯韦理论给出，空间一点的场一旦发生变化，例如把带电的梳子摆一下，这个变化会向外传播，使邻近的场在稍后一个时间发生变化，而这个变化的场又把这个变化向外送出更远，如此等等。由此可知，电力与磁力并不是瞬时传送的。麦克斯韦的分析表明，如果你在某一点扰动电磁场，这个扰动将通过场向外传播。这正好像第 11 章所说的"波动"那种行为。不过这种新的波不是在水那样的实物介质中的波，相反，介质就是电磁场本身。任何这样通过电磁场传递的扰动叫做电磁波。你不能像看见水波那样看见电磁波，因为电磁波的介质是非实物的电磁场而不是像水那样的实物。尽管如此，电磁波还是可以在波发出之后的稍晚时刻在与波源相隔一段距离的地方用其他带电体或磁化物体检测到，如图 8.5-6 所示。

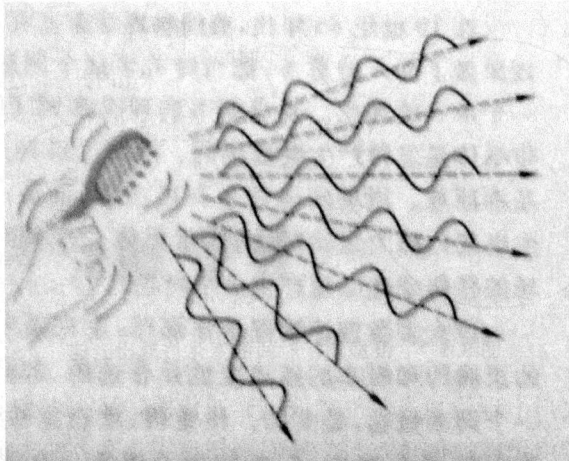

图 8.5-6　画出看不见的电磁波

这一切都是麦克斯韦理论定量推出的，这个理论不仅预言了电场力的传递一定有衍射，而且还预言了传递的速率。预言的速率为 $3 \times 10^8 \mathrm{~m} \cdot \mathrm{s}^{-1}$，这个速率早在麦克斯韦理论创立前近两个世纪所做的实验中，就已经出现了。但是，这些早先做的实验似乎与麦克斯韦所研究的电磁效应毫无关系，$3 \times 10^8 \mathrm{~m} \cdot \mathrm{s}^{-1}$ 这个速率是已知的光的传播速率！

我们怎么知道光的速率的？

人们一度认为光是不需要传播时间的。当然，光比声音传播要快，我们在听到雷声之前看到闪电，就可以证明这一点。伽利略是最早测试光速的人之一，方法是测量光传播到远处山岭后往返的时间。由于这段时间太短，用伽利略的方法测量不出来。因此，伽利略的实验失败了。

光速有限而非无穷大的第一个证据来自几十年后的天文观测，把望远镜指向木星的一个卫星，天文学家发现他们测得的这个卫星绕木星一周的时间并不保持恒定，这真是不可思议。为什么一个卫星的某几次绕行要比别的几次绕行要花更长的时间？月亮绕地球一周每次都是 27.3 天，天文学家发现这些变化根本不是木星的卫星引起的，而是与地球绕太阳的运动有关。如果来自木星卫星的光以有限的而非无穷大的速率传播，那么绕行时间的这种变化正是人们应该预期的，如图 8.5-7 所示(光从木星的卫星传到 A 点大约要 35 分钟，传到 B 点大约 43 分钟。因此，如果地球从 A 点运动到 B 点，木星的卫星正好绕木星一周，那么在地球上测得的绕行周期将比实际周期长 8 分钟。这个效应造成测得的周期发生变化，这个变化可以通过假设光速有限非无穷大来解释)。根据绕行时间的变化，可以估算出光速。

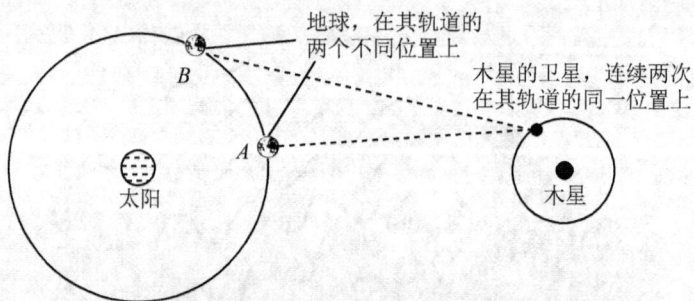

图 8.5-7　根据绕行时间的变化估算出光速

既然，麦克斯韦理论预言了电磁波以光速传播，那么麦克斯韦假设光也许实际上就是一种电磁波。但是，科学家们不知道用什么方法去证实这个诱人的想法，直到 20 年之后，通过使带电体振荡并在一段距离之外观察其效应，才能够直接检验麦克斯韦理论。

我们怎么知道电磁波的存在的？

证实麦克斯韦理论的一个方法是：以可见光的频率（约 1000 万赫兹）振动一个带电体，看看这个振动是否会产生光。如何实现这样快的振动呢？德国物理学家 H·赫兹（为了纪念这位伟大的科学家，将振动频率的单位定义为赫兹）想到了一个非常巧妙的方法：他组装了一个电路，这个电路包括一个微小的断开间隔即空气间隙。在通常的情况下，这样一个间隙会阻止电荷流动。但是，赫兹利用巧妙的方法，使这个空气间隙的两端能够积累大量的电荷（一端有过量的电子，另一端有过量的质子）。积累大量的电荷之后，间隙中的空气被电离，出现火花放电的现象（像雷电一样）。在赫兹的电路中，电子的一次跳跃，引起短暂的一系列这种越过空隙的往复跳跃，其频率大约为每秒 10 亿次。如果麦克斯韦是正确的，这些振荡应该产生频率为 10 亿赫兹的电磁波。

在离这个预言的电磁波一定的距离外，赫兹放置了第二个电路。这个电路完全是无源的，不带电池或其他内部电源。如果麦克斯韦是正确的，来自第一个电路的电磁波应该在第二个电路中产生振荡的电流，其频率也是 10 亿赫兹，从一个电路到另一个电路的传送应该以光速进行。赫兹的实验完全证实了这些预言。尽管赫兹的波不是光波，但是他的工作却使科学家们确信电磁波的存在，而光实际上是一种电磁波。作为一个副产品，赫兹的工作引起了天才的意大利发明家马可尼的注意，掀起了无线电和电视的革命。今天，我们知道赫兹的波就是无线电波。

麦克斯韦的统一是一个非常漂亮的统一，麦克斯韦理论正确地描述了电、磁、光和无线电，所有这些都是一个基本实体——电荷的不同的呈现。我们把这些观念小结如下：

光的电磁波理论

每个振动的带电体，在自己的电磁场中产生一个扰（波）动。这个扰动以光速 3×10^8 m·s^{-1} 通过电磁场向外传播。光就是这样一种电磁波。

更精确地说，光和所有的电磁波在真空中的速度都是 399792.458 km·s^{-1}。然而在实物中传播时，由于光被原子不断地吸收和再发射，所以速率要小一些。

8.5.5　统一论先驱——集电磁学大成的伟大科学家麦克斯韦

麦克斯韦（1831—1879）是继法拉第之后，集电磁学大成的伟大科学家。他依据库仑、高斯、欧姆、安培、毕奥、萨伐尔、法拉第等前人的一系列发现和实验成果，建立了第一个完整的电磁理论体系，不仅科学地预言了电磁波的存在，而且揭示了光、电、磁现象的本质的统一性，完成了物理学的又一次大综合。这一自然科学理论的成果，奠定了现代的电力工业、电子工业和无线电工业的基础。

图 8.5-8　詹姆斯·克拉克·麦克斯韦

一、集电磁学大成的伟大科学家

麦克斯韦 1831 年 11 月 13 日出生于英国爱丁堡，正好是法拉第发现电磁感应那一天后的第三十三天。好像上帝将他送到人间就是专门准备来接替法拉第似的。他的父亲原是律师，但他的主要兴趣是在制作各种机械和研究科学问题上，他这种对科学的强烈爱好，对麦克斯韦一生有深刻的影响。九岁那年母亲因肺病去世，于是他从小与父亲相依为命。麦克斯韦 10 岁进入爱丁堡中学，14 岁在中学时期就发表了第一篇科学论文《论卵形曲线的机械画法》，反映了他在几何和代数方面的丰富知识。

麦克斯韦的父亲是一位极聪明而又不愿受传统束缚的工程师，一次，他在桌上摆一瓶花，教儿子写生。不想画完后交来的却是满纸的几何图形：花朵是些大大小小的圆圈，叶子是些三角形，花瓶是个大梯子。父亲摸着儿子稚气的脸蛋说："看来你是个数学天才，将来在这方面必有所成。"于是便开始教他几何、代数。麦克斯韦也真是个神童，在中学举办的一次数学、诗歌比赛中，他一个人竟囊括了两项一等奖；十五岁那年中学还未毕业就写了一篇讨论二次曲线的论文，居然在《爱丁堡皇家学会学报》上发表。16 岁进入爱丁堡大学学习物理，一次上课，他突然举手站起来，说老师在黑板上推导的一个方程有错误。这位讲师也赌气似地说："要是你对，我就叫它'麦氏公式'！"不想这位老师下课以后仔细一算，果然是学生对了。1850 年，父亲又把他送到剑桥大学学习。1854 年他以数学优等第二名的成绩毕业，毕业后他即对电磁学产生了浓厚的兴趣。第二年就发表了《论法拉第的力线》。正当他才华初露将要在新领域大显身手时，忽然接到家信，便急忙赶了回去。麦克斯韦是一个孝子，一进家门看见父亲形容枯槁，卧床不起，便想到自己幼年失母，父亲拉扯自己的艰辛，不觉抱头痛哭。之后他终日侍药床前，百般依顺。为了就近照顾父亲，他写信给剑桥大学辞去职务，准备在离家不远的阿伯丁港的马锐斯凯尔学院任教。第二年，父亲溘然长逝。他就到马锐欺凯尔学院上任，主持一个"自然哲学"的讲座。冬去春来，转眼到了 1860 年，麦克斯韦来这里已经四个年头，他关于土星光环、气体力学的研究虽已取得重要成果，却无暇顾及他时刻挂念的电磁学。这时又赶上马锐斯凯尔学院和另一家学院合并，他主持的讲座也被取消，新的饭碗还不知道在哪里。这时他的母校爱丁堡大学正要招一名自然哲学讲座的教授，他连忙报名。同考的有三人，论学问和名声，他自然稳被录取。不想在口试的时候，他面对台前母校里的那些前辈师长，不知不觉又紧张起来，虽然也努力想放松一点，但反而时快时慢，语句断断续续。最后终因"口头表达能力欠佳"而落选了，他只好带着妻子再次来伦敦投靠皇家学院。但塞翁失马，焉知非福？他没想到正是由于在爱丁堡落选，却成就了他的一番事业。

在剑桥学习时，麦克斯韦打下了扎实的数学基础，为他此后把数学分析和实验研究紧密结合创造了条件。他阅读了 W·汤姆生的科学著作，十分赞同法拉第提出的新观点，并且精心研究法拉第的《电学的实验研究》一书。他以法拉第的力线概念为指导，透过这些似乎杂乱无章的实验记录，看出了它们之间实际上贯穿着一些简单的规律。于是，他发表了第一篇电磁学论文《论法拉第的力线》。在这篇论文中，法拉第的力线概念获得了精确的数学表述，并且由此导出了库仑定律和高斯定律。这篇文章还只是限于把法拉第的思想翻译成数学语言，还没有引导到新的结果。1862 年他发表了第二篇论文《论物理的力线》，不但进一步发展了法拉第的思想，扩充到磁场变化产生电场，而且得到了新的结果：电场变化产生磁场。

1864 年发表了他的第三篇论文《电磁场的动力学理论》，从几个基本实验事实出发，引入位移电流的概念、运用场论的观点，以演绎法建立了一组微分方程。这个方程组确定了电荷、电流(运动的电荷)、电场、磁场之间的普遍联系，是电磁学的基本方程——麦克斯韦方程组。它表明空间某处只要有变化的磁场就能激发出涡旋电场，而变化的电场又能激发涡旋磁场。交变的电场和磁场互相激发就形成了连续不断的电磁振荡即电磁波。1873 年出版的《电磁学通论》一书是集电磁学大成的划时代著作，全面地总结了 19 世纪中叶以前对电磁现象的研究成果，建立了完整的电磁理论体系。电场变化产生磁场，由此预言了电磁波的存在，并证明了这种波的速度等于光速，这不是偶然的巧合，而是由于光和电磁波在本质上是相同的，从而揭示了光的电磁本质。这是一部可以同牛顿的《自然哲学的数学原理》、达尔文的《物种起源》和赖尔的《地质学原理》相媲美的里程碑式的著作。

麦克斯韦被大多数近代物理学家看作是 19 世纪的科学家，但他对 20 世纪的物理学影响很大，他与牛顿和爱因斯坦齐名。1931年爱因斯坦在麦克斯韦生辰百年纪念会上曾指出：麦克斯韦的工作"是牛顿以来，物理学最深刻和最富有成果的工作"，从而使物理学现实的概念得到了改变。麦克斯韦提出的电磁辐射的概念和他的场方程组，是根据法拉第的电力线和磁力线的实验观察提出来了，从而引出了爱因斯坦的狭义相对论，并建立了质量和能量的等效性原理。麦克斯韦说，他最重要的工作是把法拉第的物理观点用数学表达出来了。麦克斯韦曾表示电磁波是能在实验室内产生的，这种可能性首先由赫兹在1887年实现了，这时麦克斯韦已去世8年。所以，具有广泛应用价值的无线电工业实际上来源于麦克斯韦的著述。在电磁理论以外，麦克斯韦在物理学其他领域中也有重大贡献。20多岁时麦克斯韦曾写过一篇有关土星的论文证实土星外围的那些环都是由一块块不相黏附的物质组成的，100多年以后当一架"航行者"太空推测器到达土星周围时，证实了这一理论。1871年麦克斯韦被推选为卡文迪许讲座教授。他设计了卡文迪许实验室。

麦克斯韦的主要科学贡献在电磁学方面，同时在天体物理学、气体分子运动论、热力学、统计物理学等方面，都做出了卓越的成绩。正如量子论的创立者普朗克（Max Plank，1858—1947）指出的："麦克斯韦的光辉名字将永远镌刻在经典物理学家的门扉上，永放光芒。从出生地来说，他属于爱丁堡；从个性来说，他属于剑桥大学；从功绩来说，他属于全世界。"

二、法拉第、麦克斯韦和电磁理论

【韦伯穿过一个又一个欧姆，把回音带给我——"我是你忠实而又真诚的法拉，充电到一个伏特，表示对你的爱。"——麦克斯韦】

法拉第通过实验发现了电磁感应现象，并从直观的猜想提出了磁力线、场的假设，但是他一时无法用实验去证实，便将这个预言存入皇家学院地下室的文件柜里，专等知音上门。他于1832年3月，等了整整二十三年，也未见有一人上门，未听到一句能理解他的知心话。相反，倒是常有不少人，包括当时一些著名的物理学家，经常讽刺挖苦他。他只有靠发奋工作来消除这些烦恼。当他在工作很疲倦时，便靠在椅子上闭目养神，有时不由自主地想起了开普勒在发现三定律后说的那段话："反正我是发现了，也许要到一百年以后才会有人理解。看来此生不会有人同我分享发现的欢乐，我只能忍受这种发现的孤独了。"一天，他正唉声叹气地翻着每天收到的一大摞学报、杂志，忽然眼前一亮，一篇论文的题目豁然映入眼帘：论法拉第的力线。他犹如饿汉得到一块甜面包一样，一口气将那些文字连标点一起扫了个精光。这的确是一篇好论文，是专门阐述他的发现、他的思想的，而且，妙就妙在文章将法拉第充满力线的场比作一种流体场，这就可以借助流体力学的成果来解释；又把力线概括为一个矢量微分方程，可借助数学方法来描述。

法拉第从小失学，未受过正规学校的训练，最缺的就是数学，现在突然有人从数学的角度来为他帮忙，真是如虎添翼。他忙看文章的作者是谁，却是一个陌生的名字：詹姆斯·克拉克·麦克斯韦。从这一天起他就到处打听这个作者，但是就如这篇文章的突然出现一样，作者也突然无影无踪了。法拉第只好望着天花板叹气了。就在法拉第盼望着与麦克斯韦见面，却又无从找寻之时，通往苏格兰古都爱丁堡的大路上正匆匆走着一个小伙子。这人正是麦克斯韦。他本是在伦敦剑桥大学毕业后留校工作的，但是前几天突然接到家里来信，说父亲病重，便放下手头的工作赶回老家来了。法拉第自从阅读了麦克斯韦的那篇文章后，就天天留心有无类似的文章发表，同时也到处打听麦克斯韦的消息，谁知就如彗星划过天空一样，从此杳无音讯。而他也一天天地老了，到1860 年他已是一个 79 岁高龄的老人，唯一放心不下的就是自己的发现不为人知。莫非那地下室里的文件真要到百年后才能实现吗？这天早晨，当他拄着拐杖在自家门前的草坪上散步时，远处却走来一男一女。男的年轻潇洒，女的恬静美丽。那对男女走到法拉第的眼前，女的手中提着一大堆花花绿绿的礼品，男的迎上前弯下腰，恭敬地问道：

"您可是尊敬的法拉第先生？"

"是的，我就是迈克尔·法拉第，是一个很普通的人。"

法拉第最怕别人对他恭维，所以总要加这个定语。

"我是您的忠实学生麦克斯韦。"

"你就是写论文谈论我的力线的麦克斯韦先生吗？"

"是的。我在您的面前，在您的学识面前，不过是个小孩子。"

麦克斯韦整整小法拉第 40 岁呢。

当法拉第证实站在眼前的就是麦克斯韦时，他一下就摔掉拐杖，眼里顿时放出光芒，麦克斯韦也一下扑上去，两人紧紧地拥抱在一起。一个是实验大师，一个是数学天才，这是物理和数学的拥抱，是物理学的大幸事。法拉第说："我等你等得好苦。你终于回伦敦来了"，"是您身上的磁场太强了，终于把我又吸引回来了。这次不但回到了伦敦，并且还回到了皇家学院，回到了您的身边。"法拉第谦虚地笑了笑说："可惜我老了，不过还来得及。第谷向开普勒交班时，生命只剩下一年。上帝能给我一年也就够了。""老师您会长寿的。""祝我们的新理论长寿吧！"两人都高兴得哈哈大笑起来。法拉第经过几年的研究已经证明了磁能产生电，能产生出电流，能变出电场。电流和电场并不一样，电流能很明显地使导线发热，能电解水，叫传导电流。而变化的电场虽然也有电流的某些性质，却并不明显，聪明的麦克斯韦就给它起了一个名字叫"位移电流"。传导电流能激发出磁场，影响磁针偏转，那么这位移电流（变化电场）能否激发出磁场呢？这不比那具体的有热效应、能击人的电；也不比那很明显能吸铁的磁，它们实在太不明显了，太玄妙了。法拉第实验了多少年还是没有找到它们之间的联系。正像一些微雕专家在头发丝上能刻出一首诗一样，他早已不是依靠眼，而只是靠感觉来操作了。到了最关键的时候，问题往往不是用实验所能解决的，而只能靠推理来决定。这个难题果然由麦克斯韦用数学公式推导出来了。1865 年的科学史上，统一的电磁场理论终于诞生了。麦克斯韦发表了一组描述电磁场运动规律的方程，他证明变化的磁场可以产生电场，变化的电场又可产生磁场。这要比法拉第的"磁性"能产生电流，电流又能产生"磁性"高了一筹。磁场——电场——磁场——电场，这两个场的作用（电磁波）在一定的条件下不断地变换着，并不像牛顿力学所描述的"真空的超距作用"。法拉第的预言得到了最完美的阐述和严密的数学论证，而且更妙的是麦克斯韦用自己的方程居然推出了电磁波的速度正好等于光速，这又证明了光也是一种电磁波。光学和电磁学在这里融合了。当年牛顿和胡克、惠更斯为了光的本质所发生大伤感情的对立，今天才得到了真正的统一。

　　法拉第毕竟要比第谷幸运得多，他看到了自己理论的完善，看到了自己接班人的业绩。在电磁理论确立后的第二年——1867 年，这位电磁学的创始人带着满足离开了人世。而麦克斯韦在 1865 年发表公式以后，就立即回到乡间老家的庄园里，闭门谢客，专心写作详细阐述这一理论的《电磁学通论》。八年后这本可以和牛顿 1687 年出版的《自然哲学》媲美的巨著终于出版了。牛顿筑起了一座经典力学的宏伟大厦，而麦克斯韦则建起了一座经典电磁学的摩天大楼。物理学经过 186 年的艰难攀登，终于又跃上了第二高峰。19 世纪后半叶，詹姆斯·克拉克·麦克斯韦在他写的影响很大的精辟著作《光的电磁理论》中，总结了光、磁、电这三个尚未弄清的现象。该书阐明了光波就是电磁波，在电磁波中，电场同磁场成直角，同时它们两者都同波的传播方向成直角。人们能计算出光波的波长。它们的变化从红光的 700 nm 到紫光的 400 nm 不等。麦克斯韦还预言，其他波长的电磁波能够由人工制造出来。第一位做成这件事的人是海因利希·赫兹。他在 1887 年利用电气装置制造出具有数厘米波长的电磁波。7 年以后，更讲求实际的年轻意大利人马可尼偶然发现可用这些波传递信息，于是，无线电问世了。麦克斯韦的电磁理论，把电磁现象和光现象的本质统一起来了，完成了物理学的一次大融合，这是 19 世纪科学史上的一件大事。但在当时，由于书中所用的数学方法比较深奥，极具抽象性，并且在书出版之后的很长一段时间里又没有发现电磁波。因此，支持他的理论的人寥寥无几，怀疑和反对的意见却接踵而来。这样一来，能否证实电磁波的真实存在就成了检验麦克斯韦理论的关键。

麦克斯韦尽管对近代物理学做出了重大贡献，可在当时生活得却并不幸福。他的学说无人理解，妻子身体久病不愈需要照顾。他主持的演讲——电磁理论的讲座门庭冷落。有时，空旷的大教室里仅坐着两名学生。种种不顺心的事使他心力交瘁疲惫不堪，身体越来越差。1879 年 11 月 5 日，伟大的科学家麦克斯韦终因肺病去世。

三、法拉第、麦克斯韦和赫兹

19 世纪，在物理学中产生了许多革命性的进步，尽管这些进步——无论就其科学内容或思想内容来说——没有哪一个像达尔文革命那样产生过世界性的影响。19 世纪物理学所取得的成功包括：新的能量学说、能量守恒定律、光的波动说、气态运动论和统计力学，电流定律，磁学和电磁学理论，电动机和发电机原理，新的光谱（分光）学说、关于辐射和吸收热量的发现、把辐射扩展到红外线和紫外线辐射，以及其他许多诸如此类的进步等。但是，多数物理学家以及现代物理学的新一代历史学家一致认为，其中最深刻的一场革命——即使不是唯一的最深刻的革命——是以麦克斯韦的理论而著称的革命——人们有时把这场革命归功于麦克斯韦和迈克尔·法拉第，而且有时也被人们比较公正地归功于法拉第、麦克斯韦和海因利希·赫兹三人。麦克斯韦革命的重要性在于，它不仅对电、电磁和光的理论作了根本的修正，而且是对牛顿的自然科学的思想体系的第一次大规模的修正。

虽然这次革命的某些特点可以被所有读者理解，但是，麦克斯韦思想的核心或精髓，甚至对于许多受过物理学训练的历史学家来说，也是难以把握的。这里的一个主要问题是要弄清楚迈克尔·法拉第的思想与麦克斯韦所发展了的理论之间的联系。毫无疑问，法拉第的贡献是极为重要的，其中包括他关于磁场是由力线组成的重要概念以及关于电磁感应的传导并不是瞬间完成的而是需要时间的非凡的见识。不过，从根本上说他是非定量的和非数学的系统表达，并没有产生他所说的传导时间的一个数值。在《论法拉第的力线》一文中，麦克斯韦极力赞颂法拉第的含蓄的思想，并且更进一步说，"虽然完全清楚地知道空间、时间和电（磁）力的基本形式，但是，也许是为了科学的利益，法拉第并没有成为一个职业数学家"。法拉第"用自然的非技术的语言"表述了他的思想，而且，麦克斯韦说："我写作这篇论文主要是期望使这些思想成为一种数学方法的基础。"所有研究过这一学科历史的人们都告诫我们，如果把麦克斯韦的贡献"仅仅看作是在阐释方面的贡献，那么就会严重低估它的价值"（特里克尔，1966）。正如 M. 普朗克曾经雄辩地指出，"麦克斯韦具有丰富的想象力和数学见识。他远远超出了他曾对其观点进行概括、归纳并使之更为准确的法拉第"。麦克斯韦"因此创造了一种理论，这种理论不仅可以与被公认为正确的电和磁的理论相比拟，而且最终完全超越了它们"（1931）。历史学家以及具有历史意识的科学家们一致认为，如果麦克斯韦在创立一种数学理论的过程中没有对法拉第的思想进行深刻改造，法拉第的那些论文可能永远不会引起一场革命——因此我们也可以称麦克斯韦的数学理论为法拉第——麦克斯韦理论。麦克斯韦不仅把法拉第的思想改造成为具有数学形式的思想，而且发展了一种把静电学和电磁学的基本原理与光速联系在一起的量的表达方式——这一成就使电磁理论的道理更为明晰，并且开辟了通过电磁波的实际生成而进行实验检测的可能性。

麦克斯韦在 1855～1856 年，1861～1862 年，1863 年，1864 年和 1865 年发表的一系列论文中发展了自己的思想，而且在 1873 年的"论电和磁"一文中，这些思想基本形成。但是，在此后几年，这一革命性的新的学说仍然只是理论上的一场革命，而且，只是当海因利希·赫兹的工作证实电磁波之后，它才成为科学中的一场革命。由于这一原因，这场革命有时被人们称为法拉第-麦克斯韦-赫兹革命；甚至那些探讨麦克斯韦的革命性工作的人们也都指出，这场革命并不是麦克斯韦一个人所引起的革命。例如，阿尔伯特·爱因斯坦讨论了"将永远将法拉第、麦克斯韦和赫兹的名字联系在一起的伟大变革"。但是，他又立刻补充说，"麦克斯韦对这场革命做出了最大最重要的贡献"。在另外一个场合，他则无意中忽略了赫兹而且只是提到"法拉第和麦克斯韦在电动力学和光学中所引起的革命"；他说，这场革命是"自牛顿以来，理论物理学中第一个伟大的重要的进步"。但是，爱因斯坦在他的自传中仅仅谈到"麦克斯韦的理论"，并且说，在他还是一个学生的时候，这一理论就显得是"革命性的"理论。

四、麦克斯韦对法拉第思想的改造

这一改造过程可以在麦克斯韦著名的论文《论物理中的力线》中看到。在讨论法拉第关于在某个存在磁力线的空间中必定存在某种应力的思想时，麦克斯韦实际上在开始提出了这样一个问题：空间要展现法拉第的假设所需要的实际的应力分配，究竟需要哪一种传导体呢？C·W·F·埃弗里特追溯了麦克斯韦用以吸取苏格兰工程师 W·J·M·兰金的思想以及威廉·汤姆森（开尔文勋爵）的结论从而创立自己关于物理中的力线的理论的途径。在这里我们可以看到对科学思想作权威改造的过程的要素，这一改造产生出一种全新的思想，电可以"通过空间传播"，而且不一定仅仅是"局限于导管的一种流体"。麦克斯韦在他的论文的结论中谈到人们所说的一个"惊人的发现"——这个新提出的导体的振动不仅将证明磁力线，而且也将具有与光同样的性质"。麦克斯韦表达了他的结果与众不同的特点。他写道，我们"几乎不可能回避这样一个推论：光是一种介质中的横向波动，这种介质也是电磁现象的起因。但是，甚至就此而言，麦克斯韦思想的萌芽也可以在法拉第的一篇值得注意的论文——载入1846 年 5 月《哲学杂志》中的一篇题为《对光线——振动的若干思考》的论文——中找到。在这篇论文中，法拉第提出，关于"辐射是力线中一种高级形式的振动"的大胆看法，是"一种思辨的影子"。在这篇论文中可能最使我们感兴趣的是它没有引起人们多大的注意，甚至比较早为法拉第写传记的人也都没有注意这篇论文。因为这些人是在麦克斯韦的光的电磁理论被普遍认可之前写作传记的，所以他们在其中还尚未认识到人们后来赋予它的重要性。约翰·廷德尔(1868)把法拉第的思索仅仅看作是"曾经一位科学家所进行的最卓越的思辨之一"而不予考虑；亨利·本斯·琼斯在 1870 年只是用半行字顺便提到过它。约翰·霍尔·格拉德斯通在 1872 年甚至都没有提及它。但是，麦克斯韦后来说，"横向磁场干扰的传播排斥正常磁场的看法显然是法拉第教授在他的《对光线——振动的若干思考》中提出来的"。在麦克斯韦看来，"他（法拉第）提出的光的电磁理论，实质上与我在这篇论文中开始展开的理论是同一理论，只是在1846 年没有任何数据测算传播的速度"。对麦克斯韦对法拉第"对光线振动的若干思考"所作的评论要有所保留，因为，那篇论文的"任何直接的影响"在麦克斯韦思想的发展过程中都可以清楚地看出。"这些评论是在事后几年做出的，而且是麦克斯韦堂吉诃德式的慷慨的一个例证。他在那时与法拉第和汤姆森的信件中的评论并未表示出任何这样的影响"。

在关于麦克斯韦对物理学的贡献的一篇评论中，R. T. 格莱兹布鲁克提请人们注意麦克斯韦理论的五个基本特点并且"承认，在麦克斯韦所处的时代，没有多少关于它们的直接证据"。麦克斯韦所作的最大胆的设想之一就是，维持光波的同一种介质必定能够成为电磁场中的介质。他断言，在空间中必定存在电磁波。而且，作为空间分析方面的一位先驱，麦克斯韦指出，把电的单位即静电单位和电磁单位的两种系统联结在一起的因素是一种速率而已，事实上有一个非常接近光速的数值。这意味着，光本身就是一种电磁现象，是一连串的电磁波。麦克斯韦在 1864 年想说数字的结果似乎"揭示了光和磁是同一种物质的作用，而且，光是一种根据电磁规律通过场传播的电磁干扰"。

马克斯·普朗克在这个见识中看到了对"评价一种理论的标准"的最可行的说明和例证。"它真正解释了除那些它以此为基础的现象之外的其他现象"。普朗克设想无论是法拉第还是麦克斯韦"最初都没有联系他们对电磁学基本定律的考察来考虑成研究光学"，但是，"一百多年来激起来自力学方面的抨击的整个光学领域却被麦克斯韦的《电磁场的动力学理论》一举征服了"，所以，"从那时以来，每一种光学现象都可被直接视为一个电磁学的问题"。对普朗克来说，"在任何时候，这都将是人类理智的努力的最伟大的凯旋之一"。

五、海因利希·赫兹的贡献

这里是一个检验——不仅要看看电磁波是否可以产生出来，而且要弄清楚它们是否有光的速度。这样，我们就可以理解海因利希·赫兹在 1888 年所进行的一系列实验的重要性；他的这些实验最终证实了麦克斯韦理论的预言。赫兹不仅生产出了电磁波，并且（通过测量已知频率的驻波的波长）发现了电磁波的速度。他通过实验表明，这些电磁波在反射、折射和衍射等特点方面与光相似，而且，它们是可以被聚焦的。赫兹把这一理论看作是"麦克斯韦在法拉第观点的基础上创立的并且我们称其为法拉第－麦克斯韦理论的一种理论"。

赫兹的贡献并不仅仅是计划并实施了一个机敏的实验，虽然这个实验的成就是巨大的。他还表明，他的实验作为"对一个假定的远距离活动的有限传播的第一个证明"是多么重要。因此，他的实验的作用在于使物理学家们关于电磁学的观点实现了从"远距离的瞬间活动"向"麦克斯韦关于电磁过程是在电介体中发生的，以及一种电磁以太包含着比较古老的发光的以太的功能的看法"的根本转变。但是，要完成这一革命，赫兹还必须清楚地阐明，"当物理学家们自称麦克斯韦的追随者时"，"他们所赞成的是什么理论"。最后，他除去了这一理论的某些"不必要地使形式主义复杂化"的物理学的特点，并且断言，"麦克斯韦的理论"不过是"麦克斯韦的方程式体系"。由于对麦克斯韦理论的接受，尤其是在欧洲大陆对这一理论的采纳，都是遵循赫兹提出的思路，所以我们就可以理解，为什么爱因斯坦和其他一些人在讨论这场革命时把赫兹的大名也包括在内。

由于许多原因，麦克斯韦的理论是难以接受和理解的。第一，它在概念上是创新的，拥有诸如"位移电流"这样一些激进的概念；第二，麦克斯韦不只是把这一理论看作是对新的原理在数学上的精练或推敲，而且也是根据物理学的形式提出来的。首先，这些新的原理体现在诸如嵌齿轮和滑车等机械装置中；他的真诚的追慕者——格莱兹布鲁克禁不住把一个"多少有些粗俗的看法"引入到这些装置之中，尽管他确实强调这些装置对于它们的创造者来说只是"一个形式"。麦克斯韦从未完全放弃旋转的电子管和以太的涡旋。在他的《电和磁》中，他写道，"磁力是涡旋的离心力的作用"，而"电动势"则是"加于起联结作用的结构的应力的结果"。法国数学家亨利·彭加勒对于麦克斯韦的理论持有鲜明的态度。他禁不住介绍了一本书，即《麦克斯韦理论和光的电磁理论讲演录》，目的在于表明，当"一位法国读者第一次打开麦克斯韦的书的时候"，一种不安甚至通常是疑惑的感觉与他的赞美交织在一起。在另一部著作中，彭加勒承认，麦克斯韦归之于以太的"复杂结构""使他的体系古怪而又枯燥乏味"。彭加勒认为，事实上，人们"似乎是在阅读对有传动装置、有传导运动并且在作用力之下弯曲的拉杆，有轮子、传动带和加速器的工场的描述"。而且，彭加勒认为，它体现了"英国人对这种概念的偏好；这些概念的出现正是迎合了英国人的心意"。但是，他也注意到，麦克斯韦本人"首先放弃了他自己的离奇的理论"，而且，"它并不是出现在他的完整著作中"。这里所说的"完整著作"可能是指麦克斯韦的那一系列论文。彭加勒立刻补充说，我们绝不能懊恼"麦克斯韦的智慧追寻了这一僻径，因为它因此导致了最重要的发现"，而且彭加勒坚持认为"麦克斯韦著作中永恒的要素"在于这样一个事实："它独立于一切特殊的解释"。

赫兹在德国伟大的物理学家亥姆霍兹的建议下所进行的实验证实了麦克斯韦的预言。在欧洲大陆，尤其是在德国，高斯、韦伯等人倾向于——正如普朗克所解释的——"根据位势理论——这是高斯从牛顿的远距离作用的定律为静电磁场推演出来的，而且由此产生了很高的数学成就"——专门探求"电动力学的成就"。法拉第—麦克斯韦关于不存在任何这样的"直接的远距离作用"以及力场具有"一种独立的物理实在"的见解，是如此令人不可思议和如此难以理解，以致普朗克认为，这种新的理论"在德国找不到任何立足点，而且，甚至几乎引不起人们的注意"。亥姆霍兹提出了他自己的一种理论，在这种理论中，他试图保持瞬时作用的程式，而且仍然包含着麦克斯韦的方程式。他鼓励赫兹进行实验，不仅是为了发现电磁波是否存在或是否能够被产生（因为这两者都是他的理论和麦克斯韦的理论所需要的），而且是为了在两种不同看法之间做出选择，因为这两种看法都导致了关于电磁波的物理特性的非常困难的预言。

在关于"麦克斯韦的理论和赫兹的动摇"的一部通俗的——也就是说，非数学的——著作中，彭加勒解释了赫兹的实验如何在麦克斯韦的理论与它的对手之间提出了"实验难题"。这两种理论都一致同意许多被证实的预言（例如，电干扰沿一导线传播的速度与光速相同，电磁干扰通过空间传导），它们就这些作用在空间中传播的时间则有不同意见。假若不存在麦克斯韦的"位移电流"，那么传播就应当是瞬间的。但是，根据麦克斯韦的理论，在空气或真空中的传播速度，应当与沿导线传播的速度为同一速度——也就是说，它应当与光速相同。因此，彭加勒提出了这样一个问题："因而，这里是一个实验难题：我们必须测定，电磁干扰以什么速度依靠感应通过空气传播。如果这个速度是无穷大的，那么我们就必须遵循旧的理论；假如它与光速相等，那我们就必须接受麦克斯韦的理论。"赫兹最初的实验并没有提供一个容易的答案。实验的结果"似乎无可否认地驳斥了旧的电动力学理论"，但是，"又似乎谴责了麦克斯韦的理论"。在1899年的著作中，彭加勒说，"这个失败仍然不能获得令人满意的解释"。他推测，赫兹用了一面"对于波长来说过于小的"反射镜，所以，"折射反而扰乱了所观察的现象"。无论怎样，后来的实验无可辩驳地证明，麦克斯韦的理论是正确的。这标志着以远距离瞬时作用为基础的理论的终结，并且表明，人们开始普遍接受麦克斯韦范式中场的理论，以及与光速相等的有限的传播速度。因此，法拉第－麦克斯韦理论上的革命转变成为法拉第－麦克斯韦－赫兹科学中的革命。

六、趣闻逸事

1. 从"乡巴佬"到"神童"

麦克斯韦8岁那年，母亲去世，但在父亲深切的关怀和照顾下，麦克斯韦的童年仍然充满着美好。当他10岁进入爱丁堡中学读书时，衣着土里土气，带着浓重的乡下口音，在班里受到出身名门的富家子弟的嘲笑、欺侮，叫他"乡巴佬"，但他十分顽强，勤奋学习，不受干扰，很快就显示出自己的才华，扭转了别人的看法。他在全校的数学竞赛和诗歌比赛中都取得了第一名，成了有名的"神童"。"神童"不是天生的，是他强烈的求知欲望和刻苦钻研的结果。

麦克斯韦从小就有很强的求知欲和想象力，爱思考，好提问。据说还在他两岁多的时候，有一次爸爸领他上街，看见一辆马车停在路旁，他就问："爸爸，那马车为什么不走呢？"父亲说："它在休息。"麦克斯韦又问："它为什么要休息呢？"父亲随口说了一句："大概是累了吧？""不，"麦克斯韦认真地说，"它是肚子疼！"还有一次，姨妈给麦克斯韦带来一篮苹果，他一个劲地问："这苹果为什么是红的？"姨妈不知道怎么回答，就叫他去玩吹肥皂泡。谁知他吹肥皂泡的时候，看到肥皂泡上五彩缤纷的颜色，提的问题反而更多了。上中学的时候，他还提过类似"死甲虫为什么不导电"等问题。父亲很早就教麦克斯韦学几何和代数。上中学以后，课本上的数学知识麦克斯韦差不多都会了，因此父亲经常给他开"小灶"，让他带一些难题到学校里去做。每当同学们欢蹦乱跳地玩的时候，麦克斯韦却进入了数学的乐园，他常常一个人躲在教室的角落里，或者独自坐在树荫下，入迷地思考和演算着数学难题。

2. 巧遇名师

19岁的麦克斯韦初到剑桥，一切都觉得新鲜。这段时间内，麦克斯韦专攻数学，读了大量的专著。不过，他读书不大讲系统性。有时候，为了钻研一个问题，他可以接连几个星期什么事都不干；有时候，他又可能见到什么读什么，漫无边际。这个善于学习和思考的年轻人，需要名师点拨，才能放出异彩。幸运的是，一次偶然的机会，麦克斯韦遇到了一位好老师，这就是霍普金斯。霍普金斯是剑桥大学数学教授，一天，他到图书馆借书，他要的一本数学专著不巧被一位学生先借走了。那书是一般学生不可能读懂的，教授有些奇怪。他询问借书人名字，管理员答道"麦克斯韦"。教授找到麦克斯韦，看见年轻人正埋头摘抄，笔记本上涂得五花八门，毫无头绪，房间里也是乱糟糟的。霍普金斯不禁对青年发生了兴趣，诙谐地说："小伙子，如果没有秩序，你永远成不了优秀的数学物理家。"从这一天开始，霍普金斯成了麦克斯韦的指导教授。霍普金斯很有学问，培养过不少人才。麦克斯韦在他的指教下，首先克服了杂乱无章的学习方法。霍普金斯对他的每一个选题，每一步运算都要求很严。这位导师还把麦克斯韦推荐到剑桥大学的尖子班学习，这个班由有多方面成就的威廉·汤姆生（开尔文）和数学家斯托克主持，他俩也曾是霍普金斯的学生，数学造诣很高。经这两位优秀数学家的指点，麦克斯韦进步很快，不到三年，就掌握了当时所有先进的数学方法，成为有为的青年数学家。霍普金斯曾对人称赞他说："在我教过的所有学生中，毫无疑问，这是最杰出的一个。"

3. 接过大师的火炬

1854年，麦克斯韦毕业后不久，就读到了法拉第的名著《电学实验研究》。法拉第在这书中，把他数十年研究电磁现象的心得归结为"力线"的概念。法拉第做了一个构思精细、设计巧妙的实验：把铁粉撒在磁铁周围，铁粉就呈现出有规则的曲线，从一磁极到另一磁极，连续不断。法拉第把这种曲线称为力线，他还进一步用实验证明，这种力线具有物理性质。他把布满磁力线的空间称为磁场，而磁力就是通过连续磁场传递的。麦克斯韦完全被书中的实验和新颖的见解吸引住了。法拉第的著作，把他带到一个崭新的知识领域，使他无比神往。一年之后，24岁的麦克斯韦发表了《法拉第的力线》，这是他第一篇关于电磁学的论文。在论文中，麦克斯韦通过数学方法，把电流周围存在磁力线这一特征，概括为一个数学方程。这一年，恰好法拉第结束了长达30多年的电学研究，在科学笔记上写下了最后的一页。麦克斯韦接过了这位伟大先驱手中的火炬，开始向电磁领域的纵深挺进。4年后，在一个晴朗的春天，麦克斯韦特意去拜访法拉第。他们虽然通信几年了，还没有见过面。这是一次难忘的会晤。两人一见如故，亲切交谈起来。阳光照耀着这两位伟人。他们不仅在年龄上相隔 40 年，在性情、爱好、特长等方面也颇不相同，可是他们对物质世界的看法却产生了共鸣。这真是奇妙的结合：法拉第快活、和蔼，麦克斯韦严肃、机智。老师是一团温暖的火，学生是一把锋利的剑。麦克斯韦不善于说话，法拉第演讲起来娓娓动听。两人的科学方法也恰好相反：法拉第专于实验探索，麦克斯韦擅长理论概括。

在谈话中，法拉第提到了麦克斯韦 4 年前的论文《法拉第的力线》。当麦克斯韦征求他的看法时，法拉第说："我不认为自己的学说一定是真理，但你是真正理解它的人。""先生能给我指出论文的缺点吗?"麦克斯韦谦虚地说。"这是一篇出色的文章"法拉第想了想说，"可是你不应停留于用数学来解释我的观点，而应该突破它。""突破它!"法拉第的话大大地鼓舞了麦克斯韦，他立即以更大的热忱投入到新的战斗，要把法拉第的研究向前推进一步。麦克斯韦在紧张的研究中，两年的时光过去了。这是努力探求的两年，也是丰收的两年。

1862 年，麦克斯韦在英国《哲学杂志》上，发表了第二篇电磁论文《论物理的力线》。文章一登出来，立即引起了强烈的反响。这是一篇划时代的论文，它与 7 年前麦克斯韦的第一篇电磁论文相比，有了质的飞跃。因为《论物理的力线》，不再是法拉第观点单纯的数学解释，而是有了创造性的引申和发展。麦克斯韦从理论上引出了位移电流的概念，这是电磁学上继法拉第电磁感应提出后的一项重大突破。麦克斯韦并未到此为止，他再一次发挥自己的数学才能，由这一科学假设出发，推导出两个高度抽象的微分方程式，这就是著名的麦克斯韦方程组。这组方程不仅圆满地解释了法拉第电磁感应现象，还作了推广：凡是有磁场变化的地方，周围不管是导体或者介质，都有感应电场存在。方程还证明了，不仅变化的磁场产生电场，而且变化的电场也产生磁场。经过麦克斯韦创造性的总结，电磁现象的规律，终于被他用明确的数学形式揭示出来。电磁学到此，才成为一种科学的理论。

在自然科学史上，只有当某一科学达到了成熟阶段，才可能用数学表示成定律形式。这些定律不仅能解释已知的现象，还可以揭示出某些尚未发现的东西。正如牛顿的万有引力定律预见了海王星一样，麦克斯韦的方程组预见了电磁波的存在。因为，既然交变的电场会产生交变的磁场，而交变的磁场又会产生交变的电场，这种交变的电磁场就会以波的形式，向空间散布开去。麦克斯韦做出这一预见时，年仅 31 岁。这是麦克斯韦一生中最辉煌的一年。

麦克斯韦继续向电磁领域的深度进军。1865 年，他发表了第三篇电磁学论文。在这篇重要文献中，麦克斯韦方程的形式更完备了。他采用一种新的数学方法，由方程组直接推导出电场和磁场的波动方程，从理论上证明了电磁波的传播速度正好等于光速！这与麦克斯韦 4 年前用实验推算出的结论完全一致。至此，电磁波的存在是确信无疑了！于是，麦克斯韦大胆地宣布：世界上存在一种尚未被人发现的电磁波，它看不见、摸不着，但是它充满在整个空间中。光也是一种电磁波，只不过它可以被人看见而已。麦克斯韦的预言，震动了整个物理界，麦克斯韦《电磁学通论》的出版，更是成了当时物理学界的一件大事，第一版几天内就销售一空。

4. 教授与爱犬

麦克斯韦教授每天都到剑桥大学的卡文迪许物理实验室去。他巡视每个人的工作，但在任何地方都不过多地停留。有时他沉湎于自己的思考之中，竟然连学生向他提出的问题都听不见。因此，当第二天教授走到某个学生身旁对他说话时，这个学生会感到出乎意外的愉快。"哦，昨天是你向我提出了一个问题，我考虑过了，可以告诉你……"教授的回答自然是全面而详尽的，这里无须再加说明。麦克斯韦一向尽力使他的学生们相信，他只是向他们提出建议，而不想让他们把他的话当作是教训，仅仅是建议而已。为使巡视实验室的工作尽量显得随便、自然，他到哪儿去的时候几乎总带着一条小狗，狗的名字叫"托比"，是他从格林列依带来的。"假如散步不带着狗，我就觉得自己很糊涂。"麦克斯韦总喜欢重复这句话。托比在实验室里表现很好，当离它不远的地方由于放电而"啪、啪"作响时，它就发怒地叫起来，显出一副惊恐不安的样子，直到主人抚摸它后，才安静下来。它能满足主人的一切要求，即使把电极触在它颈上也可以，这时托比悄悄地叫几声，不过是装装样子而已。

有人在亨利·卡文迪许的记事簿上发现有这样的记载：狗毛摩擦放电要大于猫毛摩擦放电。托比在实验室似乎应该为狗的同类捍卫这种荣誉。通常将托比安置在一个专门的坐垫上，之后，人们就用毛皮来摩擦。出于对主人的恭顺，托比忍耐着，而心里多半指望这一切能够早点结束。"活狗比死狮子强！"有一次麦克斯韦说道，并停止在爱犬身上做实验。当然只是在卡文迪许的实验被证实以后，他才这样说。唯有托比享有特殊优待，当主人做实验时，它可以一直待在实验室里。麦克斯韦时常由于醉心于工作而忘掉了世界上的一切。工作时他总喜欢吹口哨，沉思时不由自主地把手伸向托比卧着的地方，抚摸着爱犬，一边还用低沉的嗓音说着："托比……托比……托比"。

5. 艰难困苦的晚年

任何新理论的问世，都要经过严峻的考验。《电磁学通论》虽然被抢购，但真正读懂它的人却不多。不久，就听到有人批评它艰深难懂。电磁理论问世后，在相当长的时间里，并未得到科学界和社会的承认，最初，只有一些剑桥大学的青年科学家支持他。许多人，包括一批卓有威望的学者，对未经证明的新理论，都采取观望态度。一位著名的现代物理学家曾感叹说："麦克斯韦的思想是太不寻常了，甚至像亥姆霍兹和波耳兹曼这样有异常才能的人，为了理解它，也花了几年的力气。"

麦克斯韦晚年的生活相当不幸。他的学说没有人理解，妻子又久病不愈。这双重的打击，压得他精疲力竭。妻子病后，整个家庭生活的秩序都颠倒了。麦克斯韦为了看护她，有时整整三周没在床上睡过觉。尽管如此，他的讲演，他的实验室工作，却从没有中断过。过分的焦虑和劳累，终于夺去了他的健康。同事们注意到这位勤奋的科学家很快消瘦下去，面色也越来越苍白。只有他那颗科学家坚强的心灵，永远没有衰退。1879 年，是麦克斯韦生命的最后一年。这一年的春天来得很晚，也格外地冷。他的健康已经明显恶化，可是仍然坚持着工作，不懈地宣传电磁理论。他的讲座有天仅有两名听众，一名是美国来的研究生，另一名就是后来发明了电子二极管的弗莱明。这是一幕多么令人感叹的情景啊！空旷的阶梯教室里，只有第一排位置上坐着两个学生。麦克斯韦夹着讲义，照样步履坚定地走上讲台，他面孔消瘦，目光闪烁，表情庄重。他仿佛不是在向两名听众，而是向全世界解释自己的理论。

1879 年 11 月 5 日，麦克斯韦因癌症不幸去世，终年 49 岁。物理学史上一颗可以同牛顿交辉的明星坠落了。他正当壮年，却不幸夭折，这是非常可惜的。他的理论为近代科学技术开辟了一条崭新的道路，可是他的功绩生前却未得到重视。直到他死后许多年，在赫兹证明了电磁波存在后，人们才意识到他是自牛顿以来最伟大的理论物理学家。

思考题和习题

1. 电子感应加速器中，电子加速所得的能量是从哪里来的？试定性解释。
2. 法拉第发现了＿＿＿＿＿，但他对物理学更大的贡献是＿＿＿＿＿＿＿，为此爱因斯坦说，"想象力比知识更重要"。
   (A)磁性起源假说，建立"场"的概念
   (B)磁性起源假说，电磁感应
   (C)电磁感应，磁性起源假说
   (D)电磁感应，建立"场"的概念

3. 由于缺乏严谨的数学表达,"场"的概念一开始不被人接受,但_____认识到了"场"的革命性意义,并以此为出发点,建立了电磁场理论的基本方程;他还预言了电磁波的存在,后来被_____证明。

(A)麦克斯韦,赫兹

(B)法拉第,库仑

(C)库仑,赫兹

(D)法拉第,麦克斯韦

4. 真空中电磁波的速度是_____。

5. 如图 8.1 中,M,P,O 为由软磁材料制成的棒,三者在同一平面内,当 K 闭合后,

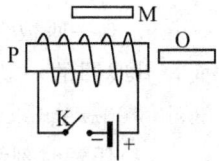

(A)M 的左端出现 N 极

(B)P 的左端出现 N 极

(C)O 的右端出现 N 极

(D)P 的右端出现 N 极

图 8.1

6. 如图 8.2 所示载流铁芯螺线管,其中哪个图画得正确?(电源的正负极,铁芯的磁性,磁力线方向相互不矛盾)

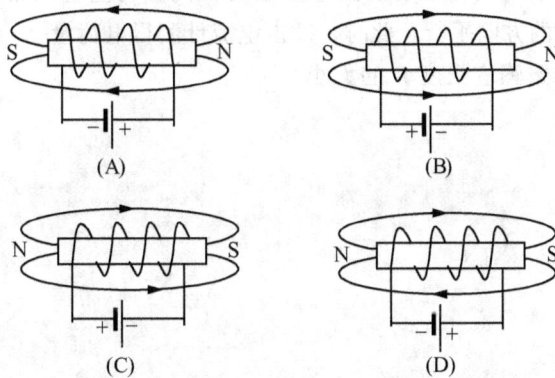

图 8.2

7. 有一匝数 $N=200$ 的线圈,令通过每匝线圈的磁通量 $\Phi=5\times10^{-4}\sin 10\pi t$ Wb. 求:

(1)在任一时刻线圈内的磁感应电动势;

(2)在 $t=10$ s 时,线圈内的磁感应电动势。

8. 如图 8.3 所示,用一根硬导线弯成半径为 r 的一个半圆,使这根半圆形导线在磁感应强度为 $\boldsymbol{B}$ 的均匀磁场中以角速度 ω 旋转。整个电路的电阻为 R,

求感应电动势的表达方式和最大值。

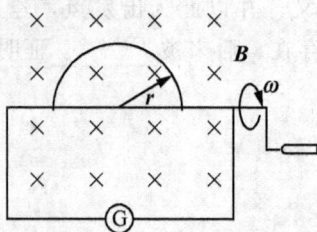

图 8.3

9. 有一匝数 $N = 150$ 的边长为 $a = 0.4$ m 的正方形线圈与一无限长导线共面，其线圈的一边与导线平行，距离 $b = 0.4$ m。若载流导线中电流 $i = 30\sin 100\pi t$ A。求：

(1) 任意时刻线圈中的感应电动势；

(2) $t = 0$ 时刻线圈中的感应电动势。

10. 有一测量磁感应强度的线圈，其横截面积 $S = 4.0 \times 10$ cm^2，匝数 $N = 160$ 匝，电阻 $R = 50$ Ω。线圈与一内阻 $R_i = 30$ Ω 的冲击电流计相连。若开始时，线圈平面与均匀磁场的磁感应强度 B 的方向垂直，然后很快线圈平面与磁感应强度 B 的方向平行。此时，冲击电流计测得电荷量 $\Delta q = 4.0 \times 10^{-5}$ C。求此均匀磁场的磁感应强度 B 的大小。

第9章 交流电

我们每天的生活和学习都离不开电。为我们服务的"电"大多数是交流电。交流电的形式多种多样，和我们关系最紧密的是正弦交流电。学习正弦交流电的有关知识，不仅会使我们对这种与我们关系密切的"电"有所认识，同时也为以后继续学习其他非简谐交流电打下坚实的基础。

9.1 正弦交流电及其三要素

9.1.1 正弦交流电压和电流

直流电的波形为一条直线，如图 9.1-1 所示。

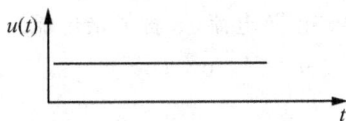

图 9.1-1　直流电的波形

正弦交流电压或电流是指按正弦规律变化的电压或电流，如图 9.1-2 所示。

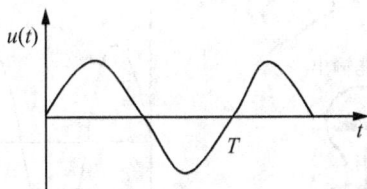

图 9.1-2　正弦交流电压波形

9.1.2 正弦交流电的三要素

设一正弦交流电压的数学表达式为

$$u = U_\mathrm{m} \sin(\omega t + \varphi) \tag{9.1.1}$$

251

式中，u 为正弦交流电在某一瞬时的电压的量值，称为瞬时值；$(\omega t + \varphi)$ 是描写振动状态的物理量，称为相位，其中 ω 称为角频率，当 $t = 0$ 时，相位中 $\omega t = 0$，故 φ 称其为初相位（简称初相）。相位和初相的单位是弧度，用符号 rad 表示。

U_m, ω, φ 称为正弦交流电压的三要素。同理，也存在正弦电流、电动势等物理量的三要素。

(1) 最大值 U_m 也称为正弦交流电的振幅；

(2) 角频率 ω、频率 f、周期 T 的关系为

$$\omega = \frac{2\pi}{T} = 2\pi f$$

(3) 通常初相位 φ 的范围为 $(-\pi, +\pi)$。

交流电也称"交变电流"，简称"交流"。一般指大小和方向随时间作周期性变化的电压或电流。正弦电流就是一种典型的交流电。我国交流电供电的标准频率规定为 50 赫兹，日本等国家为 60 赫兹。交流电随时间变化的形式可以是多种多样的。不同变化形式的交流电其应用范围和产生的效果也是不同的，以正弦交流电应用最为广泛。其他非正弦交流电一般都可以经过数学处理后，转化成为正弦交流电的迭加。正弦电流（又称简谐电流），是时间的简谐函数

$$i = I_m \sin(\omega t + \varphi_0) \tag{9.1.2}$$

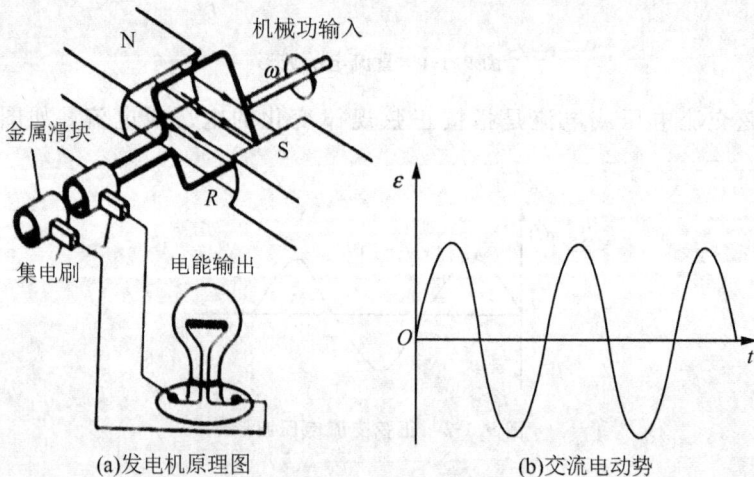

(a) 发电机原理图　　　　　　　　(b) 交流电动势

图 9.1-3　发电机原理

当线圈在磁场中匀速转动时（如图 9.1-3），线圈里就产生大小和方向作周

期性改变的交流电。现在使用的交流电，一般是方向和强度每秒改变 50 次。我们常见的电灯、电动机等用的电都是这种交流电。在实用中，交流电用符号"～"表示。可知：正弦交流电需用频率 f、峰值 I_m（振幅）和位相（$\omega t + \varphi_0$）三个物理量来描述。交流电所要讨论的基本问题是电路中的电流、电压关系以及功率（或能量）的分配问题。由于交流电具有随时间变化的特点，因此产生了一系列区别于直流电路的特性。在交流电路中使用的元件不仅有电阻，而且有电容元件和电感元件，使用的元件多了，现象和规律就复杂了。

9.2　交流电的功率

9.2.1　瞬时功率和有功功率

交流电路中电压与电流之间有相位差 φ，即

$$u(t) = U_0 \cos \omega t \tag{9.2.1}$$

$$i(t) = I_0 \cos(\omega t - \varphi) \tag{9.2.2}$$

则电源输给交流电路的瞬时功率（active power）为

$$P(t) = u(t)i(t) = U_0 I_0 \cos \omega t \cos(\omega t - \varphi)$$

得　$$P(t) = \frac{1}{2}U_0 I_0 \cos \varphi + \frac{1}{2}U_0 I_0 \cos(2\omega t - \varphi) = UI \cos \varphi + UI \cos(2\omega t - \varphi)$$

$$\tag{9.2.3}$$

即：瞬时功率由两项组成，一项是与时间无关的常数项，另一项是以倍频随时间变化的周期性函数。

9.2.2　平均功率（average power）也称有功功率

$\cos \varphi$ 功率因数，表示有功功率在 UI 中所占比率。交流电的有功功率等于电压和电流的有效值与功率因数三者的乘积。

$$P = \frac{1}{T}\int_0^T P(t)\mathrm{d}t = UI \cos \varphi \tag{9.2.4}$$

在纯电阻电路中，$\varphi = 0$，$\cos \varphi = 1$，表示电源提供给电路的有功功率为最大。

瞬时值为正值，表示电源向电路提供能量；瞬时值为负值，表示电路将能量回授给电源。平均功率为零，说明电源向电路提供的能量与电路回授给电源的能量相等。纯电感或纯电容电路中 $\varphi = \pm\pi/2$，$\cos \varphi = 0$。功率瞬时值并不总

为零，即正值功率的时间与负值功率时间相等。一般情况 $+\pi/2>\varphi>-\pi/2$，$1>\cos\varphi>0$，正值功率的时间长于负值功率的时间，即电源对电路提供的能量大于电路回授给电源的能量。

9.2.3　视在功率和无功功率

视在功率（表观功率 apparent power）为电压有效值 U 与电流有效值 I 的乘积，$S=UI$，电路或用电器消耗的功率

$$P = UI\cos\varphi$$

电力设备输出的电压有效值 U 与电流有效值 I 的乘积也称为视在功率，对外提供的功率还必须再乘以功率因数。实际电压和电流都不得超过所标额定值。额定电压与额定电流的乘积称为额定视在功率，或称容量。

复阻抗的电抗部分必定不消耗功率只储存功率。电抗储存功率的最大值为无功功率（reactive power）

$$P_q = I^2 Z\sin\varphi = I^2 X \tag{9.2.5}$$

视在功率也可用阻抗来表示 $S = UI = I^2 Z$

视在功率、有功功率和无功功率三者关系为

$$S = \sqrt{p^2 + p_q^2} \tag{9.2.6}$$

视在功率的单位是 V·A（伏·安）和 kV·A（千伏·安），无功功率的单位是 Var（乏）和 kVar（千乏），有功功率的单位 W（瓦）和 kW（千瓦）。

9.2.4　提高功率因数的意义和方法

输电线消耗功率、电路或用电器吸收或获得的功率以及电力系统输出功率，都与功率因数有密切关系。

提高功率因数可减小输电线和电源内阻上的电势降落，从而保证电器用户得到一定的电压。提高功率因数可以充分发挥电力设备的能力。改变电路电抗可以改变阻抗，从而改变功率因数。对于感抗性（或容抗性）负载，总是用并联或串联适量电容（或电感）的方法提高其功率因数。

9.3　交流电动机原理

目前较常用的交流电动机有两种：1. 三相异步电动机；2. 单相交流电动机。第一种多用在工业上，而第二种多用在民用电器上。

9.3.1　三相异步电动机原理

电动机要旋转起来的先决条件是具有一个旋转磁场，三相异步电动机的定子绕组就是用来产生旋转磁场的。我们知道，三相电源相与相之间的电压在相位上是相差120度的，三相异步电动机定子中的三个绕组在空间方位上也互差120度，这样，当在定子绕组中通入三相电源时，定子绕组就会产生一个旋转磁场，产生的过程如图9.3-1所示。图中分四个时刻来描述旋转磁场的产生过程。

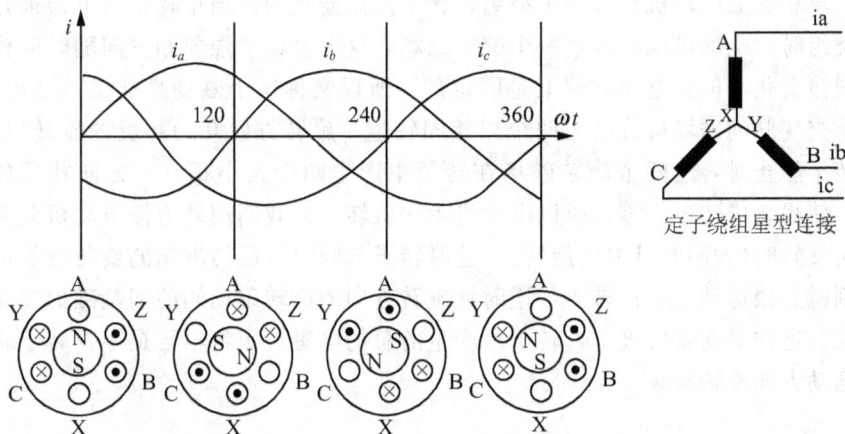

图 9.3-1

电流每变化一个周期，旋转磁场在空间旋转一周，即旋转磁场的旋转速度与电流的变化是同步的。旋转磁场的转速为：

$$\omega = f/P \qquad (9.3.1)$$

式中 f 为电源频率，P 是磁场的磁极对数，ω 的单位是：每秒钟转数。根据此式我们知道，电动机的转速与磁极数和使用电源的频率有关，为此，控制交流电动机的转速有两种方法：1. 改变磁极法；2. 变频法。以往多用第一种方法，现在则多利用变频技术实现对交流电动机的无级变速控制。

观察图9.3-1还可发现，旋转磁场的旋转方向与绕组中电流的相序有关。相序A、B、C顺时针排列，磁场顺时针方向旋转，若把三根电源线中的任意两根对调，例如将A相电流通入C相绕组中，C相电流通入A相绕组中，则相序变为：C、B、A，则磁场必然逆时针方向旋转。利用这一特性我们可很方便地改变三相电动机的旋转方向。定子绕组产生旋转磁场后，转子导条（鼠笼条)将切割旋转磁场的磁力线而产生感应电流，转子导条中的电流又与旋转磁场相互作用产生电磁力，电磁力产生的电磁转矩驱动转子沿旋转磁场方向以 ω_1 的转速旋转起来。一般情况下，电动机的实际转速 ω_1 低于旋转磁场的转速 ω。因为假设 $\omega = \omega_1$，则转子导条与旋转磁场就没有相对运动，就不会切割磁力线，也就不会产生电磁转矩，所以转子的转速 ω_1 必然小于 ω。为此我们称三相电动机为异步电动机。

9.3.2 单相交流电动机原理

单相交流电动机只有一个绕组，转子是鼠笼式的。当单相正弦电流通过定子绕组时，电动机就会产生一个交变磁场，这个磁场的强弱和方向随时间作正弦规律变化，但在空间方位上是固定的，所以又称这个磁场是交变脉动磁场。这个交变脉动磁场可分解为两个以相同转速、旋转方向互为相反的旋转磁场，当转子静止时，这两个旋转磁场在转子中产生两个大小相等、方向相反的转矩，使得合成转矩为零，所以电动机无法旋转。当我们用外力使电动机向某一方向旋转时（如顺时针方向旋转），这时转子与顺时针旋转方向的旋转磁场间的切割磁力线运动变小；转子与逆时针旋转方向的旋转磁场间的切割磁力线运动变大。这样平衡就打破了，转子所产生的总的电磁转矩将不再是零，转子将顺着推动方向旋转起来。

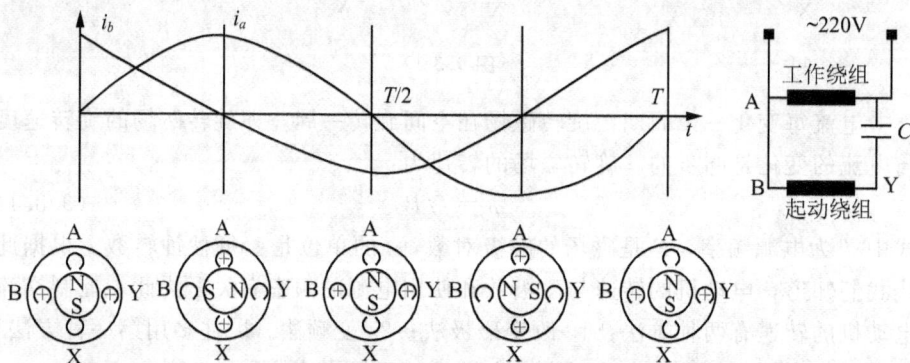

图 9.3-2　单相电动机原理

要使单相电动机能自动旋转起来，我们可在定子中加上一个起动绕组，起动绕组与主绕组在空间上相差90度，起动绕组要串接一个合适的电容，使得与主绕组的电流在相位上近似相差90度，即所谓的分相原理。这样两个在时间上相差90度的电流通入两个在空间上相差90度的绕组，将会在空间上产生

（两相）旋转磁场，如图 9.3-2 所示。在这个旋转磁场作用下，转子就能自动起动，起动后，待转速升到一定时，借助于一个安装在转子上的离心开关或其他自动控制装置将起动绕组断开，正常工作时只有主绕组工作。因此，起动绕组可以做成短时工作方式。但有很多时候，起动绕组并不断开，我们称这种电动机为电容式单相电动机，要改变这种电动机的转向，可由改变电容器串接的位置来实现。

在单相电动机中，产生旋转磁场的另一种方法称为罩极法，又称单相罩极式电动机。此种电动机定子做成凸极式的，有两极和四极两种。每个磁极在 1/3～1/4 全极面处开有小槽，如图 9.3-3 所示，把磁极分成两个部分，在小的部分上套装上一个短路铜环，好像把这部分磁极罩起来一样，所以叫罩极式电动机。单相绕组套装在整个磁极上，每个极的线圈是串联的，连接时必须使其产生的极性依次按 N、S、N、S 排列。当定子绕组通电后，在磁极中产生主磁通，根据楞次定律，其中穿过短路铜环的主磁通在铜环内产生一个在相位上滞后 90 度的感应电流，此电流产生的磁通在相位上也滞后于主磁通，它的作用与电容式电动机的起动绕组相当，从而产生旋转磁场使电动机转动起来。

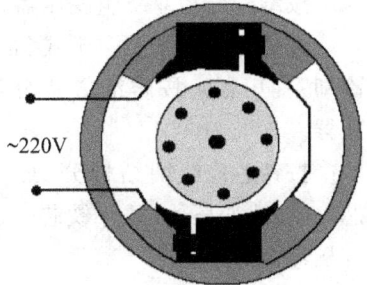

图 9.3-3　单相罩极式电动机

9.4　变压器

变压器是一种常见的电气设备，可用来把某种数值的交变电压变换为同频率的另一数值的交变电压，也可以改变交流电的数值及变换阻抗或改变相位。变压器是利用电磁感应原理，从一个电路向另一个电路传递电能或传输信号的一种电器，是电能传递或作为信号传输的重要元件。变压器是一种静止电机，利用电磁感应原理，能够将一种电压的电能转换为另一种电压的电能，以满足不同负荷的需要。

9.4.1　变压器分类

通常情况下，变压器可分为电力变压器、电炉变压器、电焊变压器、整流变压器、仪用变压器和电子变压器等。在电力系统中，变压器的地位十分重要，不仅所需数量多，而且性能十分稳定，运行安全可靠。变压器除了应用在电力、冶金、化工等系统中，还应用在需要特种电源的其他行业中。变压器的功能主要有：电压变换；阻抗变换；隔离；稳压（磁饱和变压器）等，变压器常用的铁芯形状一般有 E 型和 C 型两种。

按其用途不同，有电源变压器、电力变压器，调压变压器，仪用互感器、隔离变压器、音频变压器、中频变压器、高频变压器、脉冲变压器。

按结构分为双绕组变压器、三绕组变压器、多绕组变压器及自耦变压器。

按冷却方式分类：干式（自冷）变压器、油浸（自冷）变压器、氟化物（蒸发冷却）变压器。按防潮方式分类：开放式变压器、灌封式变压器、密封式变压器。

按铁芯或线圈结构分类：芯式变压器（插片铁芯、C 型铁芯、铁氧体铁芯）、壳式变压器（插片铁芯、C 型铁芯、铁氧体铁芯）、环型变压器、金属箔变压器。

按电源相数分类：单相变压器、三相变压器、多相变压器。

9.4.2　变压器的意义

发电厂欲将 $P = 3UI\cos\varphi$ 的电功率输送到用电的区域，在 $P, \cos\varphi$ 为一定值时，若采用的电压愈高，则输电线路中的电流愈小，因而可以减少输电线路上的损耗，节约导电材料，所以远距离输电采用高电压是最为经济的。目前，我国交流输电的电压最高已达 500 kV。这样高的电压，无论从发电机的安全运行方面或是从制造成本方面考虑，都不允许由发电机直接生产。发电机的输出电压一般有 3.15 kV、6.3 kV、10.5 kV、15.75 kV 等几种，因此必须用升压变压器将电压升高才能远距离输送。电能输送到用电区域后，为了适应用电设备的电压要求，还须通过各级变电站（所）利用变压器将电压降低为各类电器所需要的电压值。在用电方面，多数用电器所需电压是 380V、220V 或 36 V，少数电机也采用 3kV、6kV 等。我们可以说，倘无变压器，则没有现代工业今天的发展。

9.4.3　变压器原理

变压器原理是把交流电动势通过螺旋线圈转化为感应电动势，通过原线圈的匝数和副线圈的匝数比来控制电压的增大倍数或缩小倍数。

变压器的最基本结构，包括两组绕有导线的线圈，当一交流电流通过其中之一组线圈时，于另一组线圈中将感应出具有相同频率的交流电压，而感应的电压大小取决于两线圈耦合及磁链的程度。一般连接交流电源的线圈称之为一次线圈（又称初级线圈）；而跨于此线圈的电压称之为一次电压。二次线圈（又称次级线圈）的感应电压可能大于或小于一次电压，是由一次线圈与二次线圈的匝数比所决定的。因此，变压器区分为升压变压器与降压变压器两种。

大部分的变压器均有固定的铁芯，其上绕有一次与二次的线圈。基于铁材

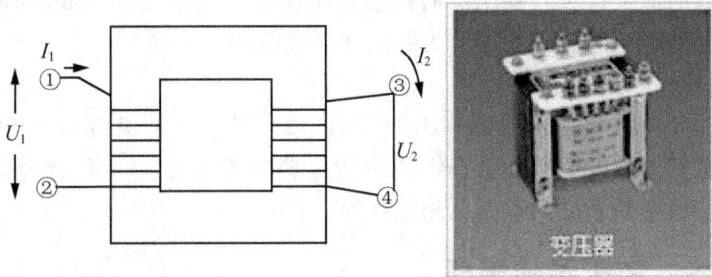

图 9.4-1

的高导磁性，大部分磁通量局限在铁芯里（如图 9.4-1），借此可获得相当高程度的磁耦合。在一些变压器中，线圈与铁芯二者间紧密结合，其一次与二次电压的比值几乎与二者的线圈匝数比相同。因此，变压器的匝数比，一般可作为变压器升压或降压的参考指标。

图 9.4-1 是变压器的原理简图，当一个正弦交流电压 U_1 加在初级线圈两端时，导线中就有交变电流 I_1，并产生交变磁通 Φ_1，它沿着铁芯穿过初级线圈和次级线圈形成闭合的磁路。在次级线圈中感应出互感电势 U_2，同时 Φ_1 也会在初级线圈上感应出一个自感电势 ε_1，ε_1 的方向与所加电压 U_1 方向相反而幅度相近，从而限制了 I_1 的大小。为了保持磁通 Φ_1 的存在就需要有一定的电能消耗，并且变压器本身也有一定的损耗，尽管此时次级没有连接负载，初级线圈中仍有一定的电流，这个电流我们称为"空载电流"。如果次级接上负载，次级线圈就产生电流 I_2，并因此而产生磁通 Φ_2，Φ_2 的方向与 Φ_1 相反，起了互相抵消的作用，使铁芯中总的磁通量有所减少，从而使初级自感电压 ε_1 减少，其结果使 I_1 增大，可见初级电流与次级负载有密切关系。当初级负载电流加大时，I_1 增加，Φ_1 也增加，并且 Φ_1 增加部分正好补充了被 Φ_2 所抵消的那部分磁通，以保持铁芯里总磁通量不变。如果不考虑变压器的损耗，可以认为一个理想的变压器次级负载消耗的功率也就是初级从电源取得的电功率。变压器能根据需要通过改变次级线圈的圈数而改变次级电压，但是不能改变允许负载消耗的功率。

9.4.4　变压器的基本结构

（1）铁芯

变压器由套在一个闭合铁芯上的两个或多个线圈（绕组）构成，铁芯和线圈是变压器的基本组成部分。铁芯构成了电磁感应所需的磁路。为了减少磁通变化时所引起的涡流损失，变压器的铁芯要用厚度为 $0.35\sim0.5\text{mm}$ 的硅钢片叠成。片间用绝缘漆隔开。铁芯分为芯式和壳式两种。

（2）线圈

变压器和电源相连的线圈称为原绕组（或原边，或初级绕组），其匝数为 N_1，和负载相连的线圈称为副绕组（或副边，或次级绕组），其匝数为 N_2。绕组与绕组及绕组与铁芯之间都是互相绝缘的。

9.4.5　变压器的损耗

当变压器的初级绕组通电后，线圈所产生的磁通在铁芯流动，因为铁芯本身也是导体，在垂直于磁力线的平面上就会感应电势，这个电势在铁芯的断面上形成闭合回路并产生电流，好像一个旋涡，所以称为"涡流"。这个"涡流"使变压器的损耗增加，并且使变压器的铁芯发热，变压器的温度升高。由"涡流"所产生的损耗我们称为"铁损"。另外要绕制变压器需要用大量的铜线，这些铜导线存在着电阻，电流流过时这电阻会消耗一定的功率，这部分损耗往往变成热量而消耗，我们称这种损耗为"铜损"。所以变压器的温升主要由铁损和铜损产生。由于变压器存在着铁损与铜损，所以它的输出功率永远小于输入功率，为此我们引入了一个效率的参数来对此进行描述，效率 $\eta=$ 输出功率/输入功率。

9.5　三相交流电

目前，我国生产、配送的都是三相交流电。三相交流电有很多优越性，比如使用三相交流电的电动机、发电机节能节材、维护方便等。三相交流电是三个交流电的组合，频率相同，只是相位彼此相差 $120°$。发电机的转子为一磁铁，当它以匀角速度旋转时，每一个定子线圈都会产生交变电动势。三个线圈产生的交变电动势的幅值和频率都相同，位相彼此差 $120°$。

工业上用的三相交流电，有的直接来自三相交流发电机，但大多数还是来自三相变压器，对于负载来说，它们都是三相交流电源，在低电压供电时，多采用三相四线制。在三相四线制电源供电时，三相交流电源的三个线圈采用星形(Y形)接法，即把三个线圈的末端 X、Y、Z 连接在一起，成为三个线圈的公用点，通常称它为中点或零点，并用字母 O 表示。供电时，引出四根线：从中点 O 引出的导线称为中线或零线；从三个线圈的首端引出的三根导线称为 A 线、B 线、C 线，统称为相线或火线。在星形接线中，如果中点与大地相连，中线也称为地线。我们常见的三相四线制供电设备中引出的四根线，就是三根火线一根地线。

每根火线与地线间的电压叫相电压，其有效值用 U_A、U_B、U_C 表示；火线间的电压叫线电压，其有效值用 U_{AB},U_{BC},U_{CA} 表示，如图 9.5-1 所示。因为三相交流电源的三个线圈产生的交流电压位相相差 $120°$，三个线圈作星形连接时，线电压等于相电压的 $\sqrt{3}$ 倍。我们通常讲的（相）电压 220 伏，线电压 380 伏，就是三相四线制电源供电时的相电压和线电压。

在日常生活中，我们接触的负载，如电灯、电视机、电冰箱、电风扇等家用电器及单相电动机，它们工作时都是用两根导线接到电路中，都属于单相负载。在三相四线制电源供电时，多个单相负载应尽量均衡地分别接到三相电路中去，而不应把它们集中在三根电路中的一相电路里。如果三相电路中的每一根所接的负载的阻抗和性质都相同，就说三根电路中负载是对称的。在负载对称的条件下，因为各相电流间的位相彼此相差 $120°$，所以，在每一时刻流过中线的电流之和为零，若把中线去掉，用三相三线制电源供电也是可以的。但实际上多个单相负载接到三相电路中构成的三相负载不可能完全对称。在这种情况下中线显得特别重要，而不是可有可无。有了中线每一相负载两端的电压总等于电源的相电压，不会因负载的不对称和负载的变化而变化，就如同电源的每一相单独对每一相的负载供电一样，各负载都能正常工作。若是在负载不对称的情况下又没有中线，如图 9.5-1 所示，就形成不对称负载的三相三线制供电。由于负载阻抗的不对称，相电流也不对称，负载相电压也自然不能对称。有的相电压可能超过负载的额定电压，负载可能被损坏（灯泡过亮烧毁）；有的

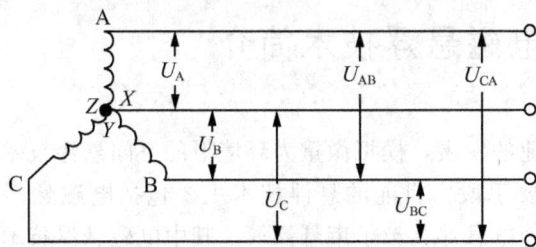

图 9.5-1 三相交流电

相电压可能低些，负载不能正常工作(灯泡暗淡无光)。像图 9.5-2 中那样的情况随着开灯、关灯等原因引起各相负载阻抗的变化，相电流和相电压都随之而变化，灯光忽暗忽亮，其他用电器也不能正常工作，甚至被损坏。可见，在三相四线制电源供电的线路中，中线起到保证负载相电压对称不变的作用，对于不对称的三相负载，中线不能去掉，不能在中线上安装保险丝或开关，而且要用机械强度较好的钢线做中线。

家庭配送电的电压是相电压(220 伏)，由供电系统提供。进入各家庭的电缆线都是连接到每一栋楼房的配电房(或配电柜)的专用设备上，家庭配送电如图 9.5-2 所示。

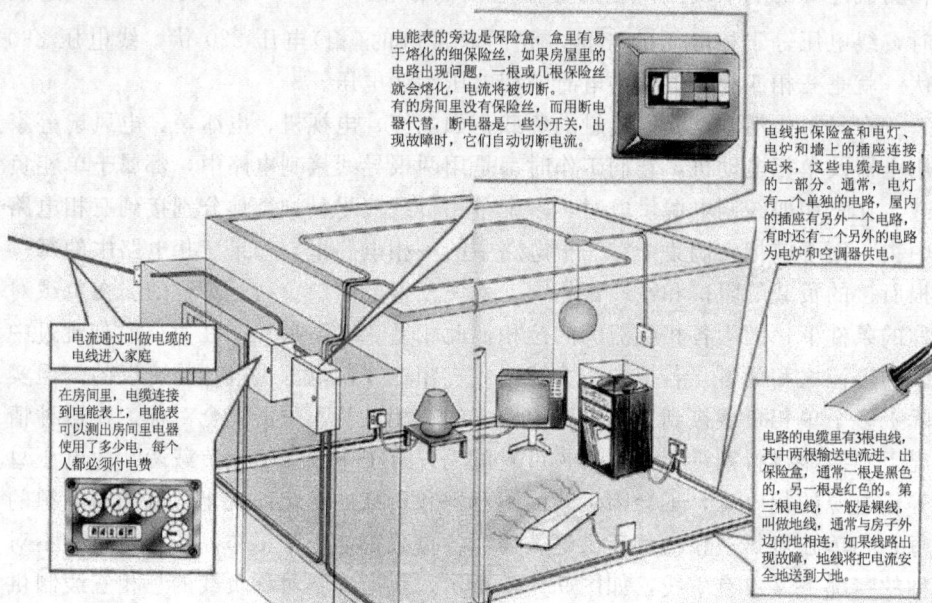

电能表的旁边是保险盒，盒里有易于熔化的细保险丝，如果房屋里的电路出现问题，一根或几根保险丝就会熔化，电流将被切断。
有的房间里没有保险丝，而用断电器代替，断电器是一些小开关，出现故障时，它们自动切断电流。

电线把保险盒和电灯、电炉和墙上的插座连接起来，这些电缆是电路的一部分。通常，电灯有一个单独的电路，屋内的插座有另外一个电路，有时还有一个另外的电路为电炉和空调器供电。

电流通过叫做电缆的电线进入家庭

在房间里，电缆连接到电能表上，电能表可以测出房间里电器使用了多少电，每个人都必须付电费

电路的电缆里有3根电线，其中两根输送电流进、出保险盒，通常一根是黑色的，另一根是红色的。第三根电线，一般是裸线，叫做地线，通常与房子外边的地相连，如果线路出现故障，地线将把电流安全地送到大地。

图 9.5-2　家庭配送电图

9.6　空间电磁悬浮技术简介

随着航天事业的发展，模拟微重力环境下的空间悬浮技术已成为进行相关高科技研究的重要手段。目前的悬浮技术主要包括电磁悬浮、光悬浮、声悬浮、气流悬浮、静电悬浮、粒子束悬浮等，其中电磁悬浮技术比较成熟。电磁悬浮技术(electromagnetic levitation)，简称 EML 技术。它的主要原理是利用

高频电磁场在金属表面产生的涡流来实现对金属球的悬浮。

将一个金属样品放置在通有高频电流的线圈上时，高频电磁场会在金属材料表面产生一高频涡流，这一高频涡流与外磁场相互作用，使金属样品受到一个洛伦兹力的作用。在合适的空间配制下，可使洛伦兹力的方向与重力方向相反，通过改变高频源的功率使电磁力与重力大小相等，即可实现电磁悬浮。一般通过线圈的交变电流频率为 104～105 Hz。同时，金属上的涡流所产生的焦耳热可以使金属熔化，从而达到无容器熔炼金属的目的。目前，在空间材料的研究领域，EML 技术在微重力、无容器环境下晶体生长、固化、成核的研究中发挥了重要的作用。

目前世界上有三种类型的磁悬浮：一是以德国为代表的常导电式磁悬浮；二是以日本为代表的超导电动磁悬浮，这两种磁悬浮都需要用电力来产生磁悬浮动力；而第三种，就是我国的永磁悬浮，它利用特殊的永磁材料，不需要任何其他动力支持。

日本和德国的磁悬浮列车在不通电的情况下，车体与槽轨是接触在一起的，而利用永磁悬浮技术制造出的磁悬浮列车在任何情况下，车体和轨道之间都是不接触的。中国永磁悬浮与国外磁悬浮相比有五大方面的优势：一是悬浮力强；二是经济性好；三是节能性强；四是安全性好；五是平衡性稳定。

上海磁悬浮列车，从浦东龙阳路站到浦东国际机场站，三十多公里只需 6～7 min。上海磁悬浮列车是"常导磁吸型"(简称"常导型")磁悬浮列车。是利用磁性的"同性相斥，异性相吸"原理设计的，是一种吸力悬浮系统，利用安装在列车底部及两侧转向架的顶部的电磁铁，在"工"字轨的上方和上臂部分的下方分别设反作用板和感应钢板，控制电磁铁的电流使电磁铁和轨道间保持 1 cm 的间隙，让转向架和列车间的吸引力与列车重力相互平衡，利用磁铁吸引力将列车浮起 1 cm 左右，腾空行驶，创造了近乎"零高度"空间飞行的奇迹。

悬浮列车的驱动和同步直线电动机原理一模一样。在位于轨道两侧的线圈里流动的交流电，能将线圈变成电磁体，由于它与列车上的电磁体的相互作用，使列车开动。

列车头部的电磁体 N 极，被安装在靠前一点的轨道上的电磁体 S 极所吸引，同时又被安装在轨道上稍后一点的电磁体 N 极所排斥。列车前进时，线圈中的电流方向就反过来，即原来的 S 极变成 N 极，N 极变成 S 极。循环交替，列车就向前奔驰。

稳定性由导向系统来控制。"常导型磁吸式"导向系统，是在列车侧面安装一组专门用于导向的电磁铁。列车发生左右偏移时，列车上的导向电磁铁与导

图 9.6-1　上海磁悬浮列车

向轨的侧面相互作用，产生排斥力，使车辆恢复正常位置。列车如运行在曲线或坡道上时，控制系统通过对导向磁铁中的电流进行控制，达到控制运行的目的。

"常导型"磁悬浮列车的构想由德国工程师赫尔曼·肯佩尔于1922年提出。"常导型"磁悬浮列车及轨道和电动机的工作原理完全相同。只是把电动机的"转子"布置在列车上，将电动机的"定子"铺设在轨道上。通过"转子""定子"间的相互作用，将电能转化为前进的动能。我们知道，电动机的"定子"通电时，通过电磁感应就可以推动"转子"转动。当向轨道这个"定子"输电时，通过电磁感应作用，列车就像电动机的"转子"一样被推动着做直线运动。

上海磁悬浮列车时速 430 km，一个供电区内只能允许一辆列车运行，轨道两侧 25 m 处有隔离网，上下两侧也有防护设备。转弯处半径达 8000 m，肉眼观察几乎是一条直线；最小的半径也达 1300 m。乘客不会有不适感。轨道全线两边 50 m 范围内装有目前国际上最先进的隔离装置。

思考题和习题

1. 什么是交流电的周期、频率、角频率？它们相互有何关系？

2. 什么是相位、初相位？它们有何作用？

3. 什么是交流电的峰值、有效值？其大小如何确定？

4. 我国使用的(三相和单相)交流电压的频率和有效值的大小各为多少？

5. 正弦电流最大值 $I_m = 20$ mA，频率 $f = 50$ Hz，初相位 $\varphi = 24°$。求当 $t = 0.0001$ s 时，电流的瞬时值？

6. 已知 $u_A = 220\sqrt{2}\sin 314t$ V，$u_B = 220\sqrt{2}\sin(314t - 120°)$V。

(1)试指出各正弦量的振幅值、有效值、初相位、频率、角频率、周期及两者之间的相位差各是多少？

(2)画出它们的波形图。

第四篇 振动、波动与波动光学

　　振动与波动是一种很普遍的物质运动的形式。广义地说，凡是描述物质运动状态的物理量（如电压、电流、电场强度、磁场强度等），在某一数值附近做周期性的变化都称为振动。机械振动特指物体在一定位置附近所做的往返运动。机械振动的基本规律是研究其他振动以及波动、波动光学和无线技术等的基础。

　　振动在空间的传播过程称为波动，简称波。机械振动在弹性介质的传播过程称为机械波，除了机械波之外，还有其他形式的波动。比如：电磁波、物质波和引力波等。因此，研究机械波的传播、干涉和衍射等规律，是研究其他波动形式的基础。波动光学则是在研究光的干涉、衍射和光的偏振现象时发展起来的，它是以光的波动性为基础，研究光的传播规律。本篇以光的电磁波理论为基础，讨论光的波动性。

第 10 章 机械振动

从日常生活到生产技术以及自然界中，振动无所不在。一切发声体都在振动，钟摆的摆动、汽缸中活塞的往返运动都是振动。虽然，电磁振荡与机械振动有本质的不同。但是，它们随时间的变化以及许多其他方面的性质在形式上都遵循相同的规律，因此，研究机械振动的规律有助于了解其他运动的规律。

振动有简单的和较为复杂的，我们研究的方法是从最简单的问题入手。最简单的、最基本的振动就是简谐振动。因为，一切复杂的振动都可以认为是由许多的简谐振动合成的。本章讨论简谐振动的基本规律，用旋转矢量法描述简谐振动及其合成，并简单介绍阻尼振动、受迫振动和共振。

10.1 简谐振动的描述

物体运动时，如果离开平衡位置的位移（或角位移）按余弦（或正弦）函数随时间变化，这样的振动称为简谐振动。简谐振动可以通过弹簧振子来演示。

10.1.1 简谐振动的动力学方程

一个质量为 m 的物体和一个弹性系数为 k 的轻质弹簧（质量可忽略不计）连在一起，弹簧一端固定，构成一个可在光滑平面上自由运动的系统，这样的系统称为弹簧振子（如图 10.1-1）。

设任意时刻，质点相对于平衡位置的位移为 x，由胡克定律可知：在弹性范围内，质点所受力的大小与其位移成正比，方向与位移的方向相反，其数学表达式为 $F = -kx$，式中 k 为弹簧的劲动系数。根据牛顿运动第二定律，质点的加速度

$$a = \frac{F}{m} = -\frac{k}{m}x$$

因为 k 和 m 都是常量，可令 $\omega^2 = k/m$，则简谐振动的动力学方程为

$$a = -\omega^2 x \tag{10.1.1}$$

10.1.2 简谐振动的运动学方程

式（10.1.1）表明做简谐运动的物体的加速度与其位移的大小成正比，方向

相反。这就是做简谐运动物体的运动学特征。为求其运动学方程，将该式改写为

$$\frac{\mathrm{d}^2 x}{\mathrm{d}t^2} + \omega^2 x = 0 \tag{10.1.2}$$

这是简谐振动的运动微分方程，其解称为运动学方程，为

$$x = A\cos(\omega t + \varphi) \tag{10.1.3}$$

式(10.1.3)又称为弹簧振子的简谐振动方程。

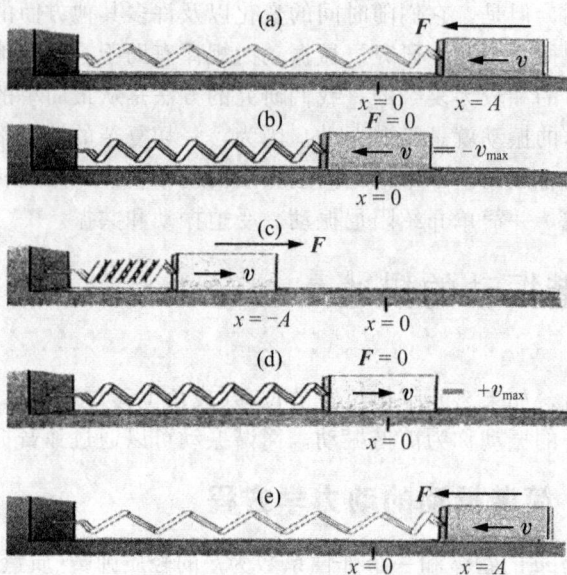

图 10.1-1　弹簧振子的简谐振动

将式(10.1.3)对时间求一阶、二阶导数，可分别得到作简谐振动的物体的速度 v 和加速度 a 为

$$v = \frac{\mathrm{d}x}{\mathrm{d}t} = -A\omega\sin(\omega t + \varphi) \tag{10.1.4}$$

$$a = \frac{\mathrm{d}^2 x}{\mathrm{d}t^2} = -A\omega^2\cos(\omega t + \varphi) \tag{10.1.5}$$

由式(10.1.3)、式(10.1.4)和式(10.1.5)可以作出如图 10.1-2 所示的 $x-t$、$v-t$ 和 $a-t$ 图。由图可以看出，物体作简谐运动时，其位移、速度和加速度都作周期性变化。

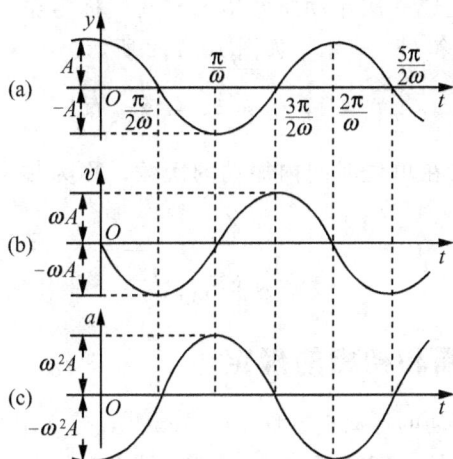

图 10.1-2 简谐运动图解

10.1.3 简谐振动的几个特征量

1. 振幅 式(10.1.3)中，A 表示质点离开其平衡位置的最大距离，称为简谐振动的振幅(正向为正，反向为负)，确定了其运动范围。单位是米，用符号 m 表示。

2. 相位 角频率 从式(10.1.3)和式(10.1.4)中可以看出，当振幅 A 和角频率 ω 确定后，振动物体在任一时刻相对于平衡位置的位移 x 和速度 v 都决定于物理量($\omega t + \varphi$)，其称为质点在任意时刻 t 的相位，也就是说($\omega t + \varphi$)是描写振动状态的物理量，其中 ω 称为角频率。当 $t=0$ 时，相位($\omega t + \varphi$)$= \varphi$，故 φ 称为初相位(简称初相)。相位和初相的单位是弧度，用符号 rad 表示。例如，图 10.1-1 的弹簧振子中，当

($\omega t + \varphi$)$= 0$ 时，弹簧振子位于 x 轴正向最大位移处，$v = 0$；

($\omega t + \varphi$)$= \dfrac{\pi}{2}$ 时，弹簧振子位于平衡位置，且向 x 轴负方向运动；

($\omega t + \varphi$)$= \pi$ 时，弹簧振子位于 x 轴负向最大位移处，$v = 0$；

($\omega t + \varphi$)$= \dfrac{3\pi}{2}$ 时，弹簧振子位于平衡位置，且向 x 轴正向运动；

($\omega t + \varphi$)$= 2\pi$ 时，弹簧振子位于 x 轴正向最大位移处，$v = 0$。

当($\omega t + \varphi$)随时间变化 2π（即 t 变化一个周期 T）时，振动物体的位置、速度和加速度又回到原来的运动状态。由此可见，用相位描述物体的运动状态，才能充分体现运动的周期性。

3. 周期　质点完成一次振动所经历的时间，称为振动的周期，用符号 T 表示。单位是秒，用符号 s 表示，如图 10.1-2 所示。

$$\omega T = 2\pi, T = \frac{2\pi}{\omega} = 2\pi\sqrt{\frac{m}{k}} \qquad (10.1.6)$$

4. 频率 ν　质点在单位时间内振动的次数，称为频率。单位是赫兹，用 Hz 表示：

$$\nu = \frac{1}{T}, \nu = \frac{1}{2\pi}\sqrt{\frac{k}{m}} \qquad (10.1.7)$$

10.1.4　振幅和初相的确定

在物体做简谐振动的运动学方程 $x = A\cos(\omega t + \varphi)$ 中，角频率是由振动系统的固有性质所决定的，而振幅 A 和初相 φ 是由初始条件所确定的。若在初始时刻，即 $t=0$ 时，质点的位移为 x_0，速度为 v_0，代入运动学方程

$$x_0 = A\cos\varphi$$
$$v_0 = \frac{dx}{dt} = -\omega A\sin\varphi$$

联立上两式，解得

$$A = \sqrt{x_0^2 + \frac{v_0^2}{\omega^2}}, \varphi = \arctan\frac{-v_0}{\omega x_0} \qquad (10.1.8)$$

式中，φ 的正、负决定于 v_0 和 x_0 的正、负。

物体在 $t=0$ 时的位置 x_0 和速度 v_0，叫做初始条件。上述结果说明，对一定的弹簧振子（即 ω 为已知量），其振幅 A 和初相 φ 是由初始条件决定的。总之，对于给定的振动系统，周期（或频率）是由其本身的性质决定，而振幅 A 和初相 φ 是由初始条件决定的。

10.2　简谐振动的旋转矢量描述

为了直观地描述简谐振动表达式中的 A, ω, φ 三个物理量的意义并为以后研究振动的合成提供简便的方法，本节将介绍简谐振动的旋转矢量法，如图 10.2-1 所示。

建立坐标系 Oxy，自坐标原点 O 作一矢量 $\boldsymbol{A}$，使它的模等于简谐振动的振幅 A，并使矢量 $\boldsymbol{A}$ 在 Oxy 平面内，绕 O 点逆时针旋转，其角速度的大小等于简谐振动的角频率 ω，这个矢量称为旋转矢量，亦称振幅矢量。当 $t=0$ 时，旋

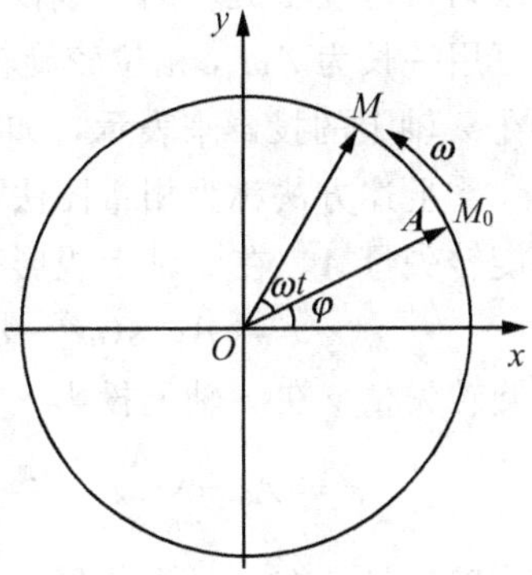

转矢量 A 的矢端位于 M_0 处，它与 Ox 轴的夹角为 φ，即等于简谐振动的初位相角。在 t 时刻，旋转矢量 A 沿逆时针转过的角度为 ωt，旋转矢量 A 的矢端位于 M 处，它与 Ox 轴的夹角为 $\omega t + \varphi$，正是简谐振动在 t 时刻相位的大小，旋转矢量 A 在 x 轴上的大小为

$$x = A\cos(\omega t + \varphi) \tag{10.2.1}$$

此式正是质点做简谐振动的运动学方程。

值得注意的是：旋转矢量 A 本身并不做简谐运动，而是矢量端点在 Ox 轴上的投影做简谐运动。旋转矢量以角速度 ω 旋转一周，其在 x 轴上的投影做了一次完全的振动。简谐振动位移、速度和加速度随时间的变化的关系曲线如图 10.2-2 所示。采用旋转矢量法描述质点的简谐振动，有助于简化在研究中的数学处理，对确定简谐振动的初相，研究简谐振动的合成都带来了方便。

为了比较相位，把简谐振动的速度和加速度分别表述如下：

简谐振动的速度

$$v = \frac{\mathrm{d}x}{\mathrm{d}t} = -A\omega\sin(\omega t + \varphi)$$

即

$$v = -A\omega\sin(\omega t + \varphi) = A\omega\cos\left(\omega t + \frac{\pi}{2} + \varphi\right) \tag{10.2.2}$$

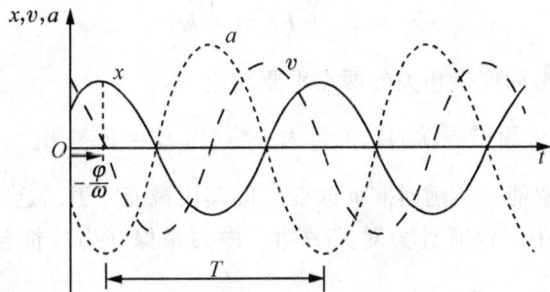

图 10.2-1 旋转矢量

图 10.2-2 x, v, a 关系曲线

简谐振动的加速度

$$a = \frac{\mathrm{d}v}{\mathrm{d}t} = A\omega^2\sin(\omega t + \pi + \varphi) \tag{10.2.3}$$

不难看出，简谐振动的速度可用一长为 $A\omega$，相位较旋转矢量 A 超前 $\dfrac{\pi}{2}$、并

以匀角速度 ω 旋转的矢量 ON 在 x 轴上的投影来表示；同理，简谐振动的加速度可用一长为 $A\omega^2$，相位较旋转矢量 A 超前 π、并以匀角速度 ω 旋转的矢量 OP 在 x 轴上的投影来表示，如图 10.2-3 所示。

上述方法称为相量图法，即：

旋转矢量 A，在 x 轴上投影

$$x = A\cos(\omega t + \varphi)$$

旋转矢量 v 在 x 轴上投影

$$v = A\omega\cos(\omega t + \frac{\pi}{2} + \varphi)$$

旋转矢量 a 在 x 轴上投影

$$a = A\omega^2\sin(\omega t + \pi + \varphi)$$

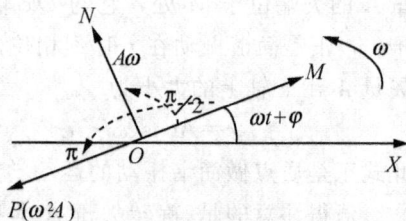

图 10.2-3　相量图法

10.3　简谐振动的能量

我们通过对弹簧振子运动的研究，来探究简谐振动的能量，如图 10.1-1 所示的水平弹簧振子振动为例。当物体的位移为 x、速度为 v 时，弹簧振动的总机械能 E 为

弹性势能　　　$$E_p = \frac{1}{2}kx^2 = \frac{1}{2}kA^2\cos^2(\omega t + \varphi) \tag{10.3.1}$$

弹簧振子动能　$$E_k = \frac{1}{2}mv^2 = \frac{1}{2}kA^2\sin^2(\omega t + \varphi) \tag{10.3.2}$$

$$E = E_p + E_k = \frac{1}{2}kA^2 \tag{10.3.3}$$

以下为简谐振动能量相关的两点重要结论。

1. 弹簧振子做简谐振动的总能量为一恒量：$E = E_p + E_k = \frac{1}{2}kA^2$。由此可见，弹簧振子的总能量不随时间而改变，即其机械能守恒。这也就是说，弹簧振子在运动过程中，没有外力对其做功，内力是保守力，符合机械能守恒的条件。

2. 根据对时间的平均值的定义，可得一个周期内的平均势能和平均动能值。

势能的平均值　$$\overline{E_p} = \frac{1}{T}\int_0^T \frac{1}{2}kx^2\,\mathrm{d}t = \frac{1}{T}\int_0^T \frac{1}{2}kA^2\cos^2(\omega t + \varphi)\,\mathrm{d}t = \frac{1}{4}kA^2$$

动能的平均值 $\overline{E_k} = \dfrac{1}{T}\displaystyle\int_0^T \dfrac{1}{2}mv^2\,\mathrm{d}t = \dfrac{1}{T}\displaystyle\int_0^T \dfrac{1}{2}kA^2\omega^2\sin^2(\omega t + \varphi)\,\mathrm{d}t = \dfrac{1}{4}kA^2$

简谐振动在一个周期内的平均势能和平均动能相等，而且都等于总机械能的一半。这一结论也同样适用于其他简谐运动。在工程实际中，常用能量的方法，即先写出振动系统的总机械能的表达式，再求出系统的固有频率。

10.4 阻尼振动 受迫振动 共振

振动的物体在实际过程中，总是或多或少地受到阻力的作用，例如介质的阻力或摩擦力。系统在振动时，一方面，克服阻力做功使机械能转化为热而耗损；另一方面，振动还会引起周围介质的振动，使能量逐渐变为波的能量，向空间辐射，其结果是使系统的能量减小，从而使其振幅减小。若无能量补充，振动将最后停止，这种振幅逐渐衰减的振动，称为阻尼振动或减幅振动，如图10.4-1所示。阻尼振动周期大于无阻尼的自由振动的周期，它不仅决定于弹簧振子本身的性质，还与阻尼的大小有关。阻尼较小的阻尼运动，称为欠阻尼运动。

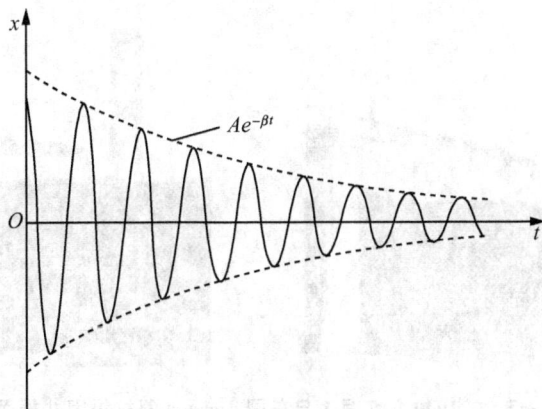

图 10.4-1 阻尼振动位移-时间曲线

将弹簧振子放置在黏度系数较大的油类介质中，可以观察到弹簧振子在大阻尼状态下的运动。例如，银行、宾馆等大型建筑物的弹簧门上常安装一个消振油缸，其作用就是避免大门来回振动，使其保留在大阻尼状态，也称为过阻尼。

在临界阻尼的情况下，系统从开始振动后回到平衡位置所经过的时间最短，此情况称为临界阻尼。在某些精密仪器（比如陀螺经纬仪、灵敏电流计和精密天平等），广泛地采用临界阻尼系统，它们都工作在临界状态，使仪器指针尽快地停到其应该指示的位置。

在现实生活和生产中，阻尼是不可避免的。如果没有外界补充能量，系统将因为阻尼耗散掉能量，振动最终将停止。为了维持系统做等幅振动，就必须对系统施加周期性的强迫力，不断地补充能量，保持稳定的振动，其振幅不随时间而衰弱。振动系统在周期外力作用下所作的等幅振动，称为受迫振动。

在受迫振动时，达到稳定状态的振幅 A 的大小与周期性外力的角频率 P、阻尼系统 β 及振动系统的固有角频率 ω_0 有关，如图 10.4-2 所示。

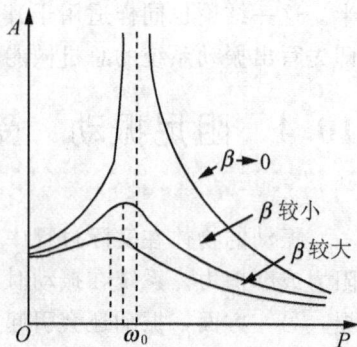

图 10.4-2　共振

当受迫振动的振幅有最大值时，即受迫振动的振幅出现最大值的现象称为共振。

图 10.4-3　　1940 年 7 月 1 日美国 Tocama 斜拉桥因共振而倒塌

由图 10.4-2 可以看出：阻尼系数 β 越小，共振时的振幅 A 就越大、越强烈。研究共振现象最早的是我们的祖先，公元 3 世纪《庄子·徐无鬼》中，就有这样的记载："为之调瑟（一种弦乐器），废（放置）于一堂，废于一室，鼓宫（一种音调）宫动，鼓角（一种音调）角动，音律同矣。"这就是说：如果两只瑟音调相同的话，弹奏这只瑟会引起另一只瑟的共鸣，即共振。通过调频接收音像信号，就是共振原理的巧妙应用。共振有利也有弊。据传，当年，拿破仑率部入侵西班牙，法国军队以整齐的步伐在通过一座铁链大桥时，轰隆一声巨响，大桥坍塌，官兵纷纷坠入水中。几十年后，一支部队通过圣彼得堡卡坦卡桥时也发生了同样的惨剧。从此，世界各国军队过桥改为步伐凌乱无序的碎步通过，以避免军队的步伐的频率与桥的固有频率相近而发生共振，导致桥毁人亡的悲剧重演。

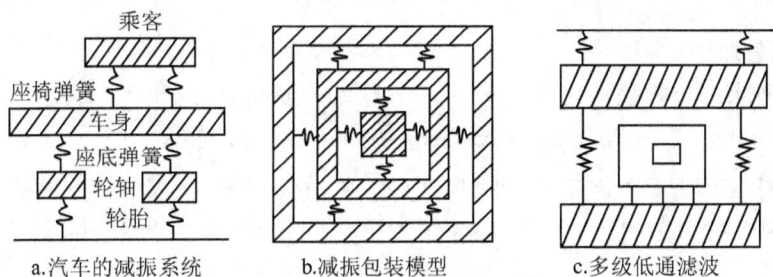

a.汽车的减振系统　　　b.减振包装模型　　　c.多级低通滤波

图 10.4-4　减振器

在现代化的生活中，充满了各种各样自然的、人为的、必要的、不必要的以及有害的振动。这些振动使得减振和防振的研究，在工程技术和科学研究工作中成为一项重要的任务。减振和防振的有效方法有，一种是使用阻尼器，吸收振动的能量；更积极的方法是利用共振原理，设计各种机械装置，把最有害的波段滤掉。图 10.4-4(a)中汽车减振装置有三级滤波，最下面是轮轴和轮胎组成的"弹簧-质量"系统；车身和底座弹簧构成第二级；乘客和座位弹簧构成第三级。当质量较大而弹簧的劲动系数相对来说较小时，各级振动系统的固有频率足够低，就可以形成一个低通过滤器，把大部分有害的高频振动滤掉。图 10.4-4(b)是运输精致物件所用的两层减振包装模型，这也是一个低通机械滤波装置。一些现代的精密仪器，如扫描隧道显微镜需要高度防振可用如图 10.4-4(c)所示的多级低通滤波装置。

10.5　简谐振动合成

一个质点(或物理量)可以同时参与两个或两个以上的振动。比如：乐队中的各种乐器的声音同时引起耳膜的振动、天线接受多种电磁波产生的电磁振荡、多束光在空间相遇引起电场强度和磁场强度的变化等。根据力学中运动的叠加原理，该质点所作的运动就是多种振动的合成运动。一般振动的合成比较复杂，下面研究几种基本的、重要的简谐振动的合成。

10.5.1 同方向、同频率的简谐振动的合成

设一质点同时在一直线上参与两个同频率的谐振，其谐振方程分别为

$$x_1 = A_1\cos(\omega t + \varphi_1), \quad x_2 = A_2\cos(\omega t + \varphi_2)$$

研究此问题有两种简便的方法：一是运动方程（三角函数）叠加法；二是旋转矢量法。

1. 叠加法

两种谐振方程叠加，则有 $x = x_1 + x_2 = A_1\cos(\omega t + \varphi_1) + A_2\cos(\omega t + \varphi_2)$

由三角函数公式 $\cos(\alpha \pm \beta) = \cos\alpha\cos\beta \mp \sin\alpha\sin\beta$，可得

$$x_1 = A_1[\cos\omega t\cos\varphi_1 - \sin\omega t\sin\varphi_1], \quad x_2 = A_2[\cos\omega t\cos\varphi_2 - \sin\omega t\sin\varphi_2]$$

令 $A\cos\varphi = A_1\cos\varphi_1 + A_2\cos\varphi_2$, $A\sin\varphi = A_1\sin\varphi_1 + A_2\sin\varphi_2$

所以

$$x = A\cos\varphi\cos\omega t - A\sin\varphi\sin\omega t = A\cos(\omega t + \varphi) \tag{10.5.1}$$

其中

$$A = \sqrt{A_1^2 + A_2^2 + 2A_1A_2\cos(\varphi_2 - \varphi_1)}$$

$$\varphi = \arctan\frac{A_1\sin\varphi_1 + A_2\sin\varphi_2}{A_1\cos\varphi_1 + A_2\cos\varphi_2}$$

结论：同一直线上两个同方向、同频率的谐振合成后，仍为同频率的谐振。

2. 旋转矢量法

如图 10.5-1 所示，令 $\boldsymbol{A}_1 = \boldsymbol{OM}_1$, $\boldsymbol{A}_2 = \boldsymbol{OM}_2$ 分别以匀角速度 ω 逆时针旋转，它们在 y 轴上的投影分别

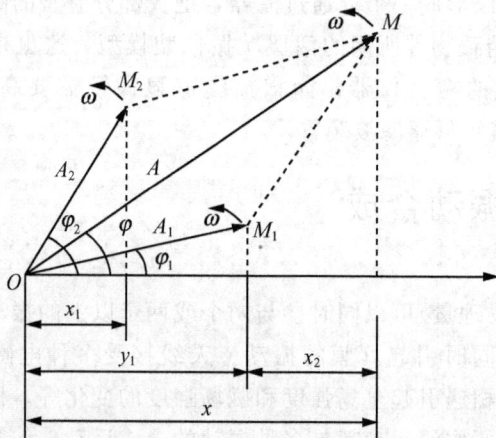

图 10.5-1 旋转矢量的合成

$$x_1 = A_1\cos(\omega t + \varphi_1)$$

$$x_2 = A_2\cos(\omega t + \varphi_2)$$

$$x = x_1 + x_2 = A\cos(\omega t + \varphi) \tag{10.5.2}$$

$$A = \sqrt{A_1^2 + A_2^2 + 2A_1 A_2\cos(\varphi_2 - \varphi_1)} \tag{10.5.3}$$

$$\varphi = \arctan\frac{PM}{OP} = \arctan\frac{A_1\sin\varphi_1 + A_2\sin\varphi_2}{A_1\cos\varphi_1 + A_2\cos\varphi_2} \tag{10.5.4}$$

由式(10.5.3)可看出，位相差 $\varphi_2 - \varphi_1$ 起到了相当重要的作用，在今后波和光的干涉、衍射时是很有用处的。

10.5.2　同方向、不同频率的简谐振动的合成拍

设一质点同时在一直线上参与两个不同频率($\omega_1 \neq \omega_2$)的简谐振动，其简谐振动方程分别为：$x_1 = A_1\cos(\omega_1 t + \varphi_1)$，$x_2 = A_2\cos(\omega_2 t + \varphi_2)$，其合振动为：

$$x = x_1 + x_2 = A_1\cos(\omega_1 t + \varphi_1) + A_2\cos(\omega_2 t + \varphi_2) \tag{10.5.5}$$

可得(余弦定理)

$$A = \sqrt{A_1^2 + A_2^2 + 2A_1 A_2\cos(\omega_2 - \omega_1)t} \tag{10.5.6}$$

合振幅 A 的大小在极大值 $|A_1 + A_2|$ 和极小值 $|A_1 - A_2|$ 之间呈现周期性变化，其频率为

$$\nu = \frac{\omega_2 - \omega_1}{2\pi} = \nu_2 - \nu_1 \tag{10.5.7}$$

利用旋转矢量法：如图 10.5-2 所示。

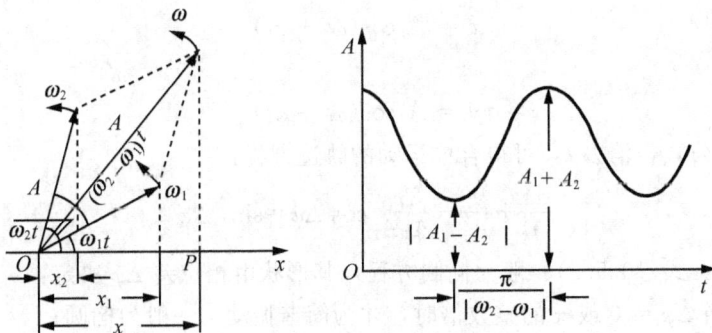

图 10.5-2　同方向、不同频率的简谐振动的合成

利用三角函数解析法：$\cos\alpha + \cos\beta = 2\cos\dfrac{\alpha + \beta}{2}\cos\dfrac{\alpha - \beta}{2}$

若 $A = A_1 = A_2$，$\varphi_1 = \varphi_2 = 0$，则　$x_1 = A\cos\omega_1 t$，$x_2 = A\cos\omega_2 t$

$$x_1 + x_2 = 2A \cos \frac{(\omega_2 - \omega_1)t}{2} \cos \frac{(\omega_2 + \omega_1)t}{2} \quad\quad (10.5.8)$$

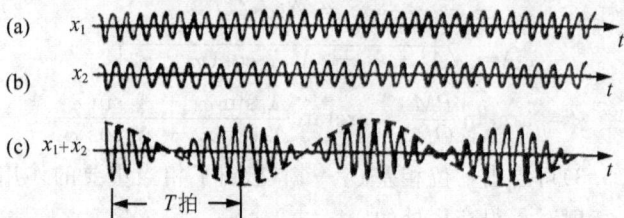

图 10.5-3 拍

倘若两谐振的振动频率较大，且非常接近，即 $|\omega_2 - \omega_1| \ll (\omega_1 + \omega_2)/2 \cong \omega_1$ 的情况，如图 10.5-3 所示。由于 $|\omega_2 - \omega_1| \ll (\omega_1 + \omega_2)/2 \cong \omega_1$，式 (10.5.8) 中第一个因子比第二个因子随时间变化要缓慢得多，整个合成运动可以近似看作是角频率为 $(\omega_2 + \omega_1)/2$，振幅为 $\left| 2A_1 \cos \frac{\omega_2 - \omega_1}{2} t \right|$，且随时间相对缓慢变化的简谐振动，像这种振幅的大小随时间变化的现象，称为拍；其频率称为拍频，其大小为 $\nu = |\nu_2 - \nu_1|$，如图 10.5-3(c) 所示。

10.5.3　垂直方向、同频率的简谐振动的合成

设一质点同时参与相互垂直的同频率的振动，

x 轴方向

$$x = A_1 \cos(\omega t + \varphi_1)$$

y 轴方向

$$y = A_2 \cos(\omega t + \varphi_2)$$

利用三角公式，消去 t，可得合成运动的轨迹方程：

$$\frac{x^2}{A_1^2} + \frac{y^2}{A_2^2} - \frac{2xy}{A_1 A_2} \cos \Delta\varphi = \sin^2 \Delta\varphi \quad\quad (10.5.9)$$

物理意义：式 (10.5.9) 一般为椭圆方程，其形状由相位差 $\Delta\varphi$ 决定：

(1) 当 $\Delta\varphi = 0$ 或 π 的整数倍时，才为简谐振动，一般为椭圆；

(2) 当 $\Delta\varphi = \pi/2$ 或 $3\pi/2$ 时，为正椭圆，且 $A_1 = A_2$ 时，退化为圆；

(3) 当 $0 < \Delta\varphi < \pi$ 时，质点沿顺时针方向运动，当 $-\pi < \Delta\varphi < 0$ 时，质点沿逆时针方向运动；如图 10.5-4 所示。

(4) 垂直方向、同频率的谐振的合成在研究电磁波和光的偏振及偏振实验技术中有重要应用。

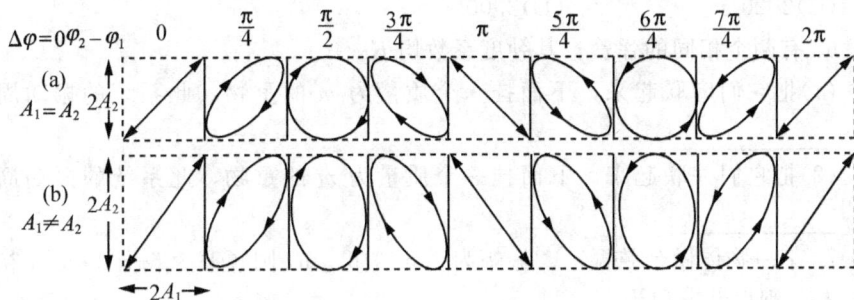

图 10.5-4　李萨如图形

思考题和习题

1. 弹簧振子的无阻尼自由振动是简谐振动，同一弹簧振子在简谐驱动力持续作用下的稳态受迫振动也是简谐振动，这两种简谐运动有什么区别？

2. 任何一个实际的弹簧都是有质量的，如果考虑弹簧的质量，弹簧振子的振动周期将变大还是变小？

3. 一质点沿 x 轴作简谐运动，振动方程为 $x = 4 \times 10^{-2} \cos \left(2\pi t + \frac{1}{3}\pi \right)$ (SI)，从 $t = 0$ 时刻起到质点位置在 $x = -2$ cm 处，且向 x 轴正方向运动的最短时间间隔为

(A)1/8 s　　　　　(B)1/4 s

(C)1/2 s　　　　　(D)1/3s

(E)1/6 s

4. 某一质点作简谐运动，振幅 $A = 4$ cm，周期 $T = 2$ s，其平衡位置为坐标原点。若 $t = 0$ 时，第一次通过 $x = -2$ cm 处，且向 x 轴负方向运动，则质点第二次通过 $x = -2$ cm 处的时刻为

(A)1 s　　　　　(B)$\frac{2}{3}$ s

(C)$\frac{4}{3}$ s　　　　　(D)2s

5. 一条简谐运动曲线如图 10.1 所示，则振动周期是

(A)2.62 s　　　　　(B)2.40 s

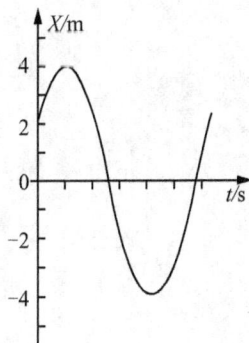

图 10.1

(C)2.20 s   (D)2.00 s

6.有两个相同的弹簧，其劲度系数均 K。

(1)把它们串联起来，下面挂一个质量为 m 的重物，此系统的振动周期为：_____；

(2)把它们并联起来，下面挂一个质量为 m 的重物，此系统的振动周期为：_____。

7.某一物体做余弦振动，振幅为 1.5×10^{-2} m，圆频率为 6π rad·s^{-1}，初相为 0.5π，则振动方程为：_____。

8.质量为 2 kg 的质点，按方程 $x = 0.2\sin(5t - \pi/6)$ (SI)，沿 x 轴振动。求：

(1)$t=0$ 时，作用在质点上的力的大小？

(2)作用在质点上的力的最大值和此时质点的位置。

9.两个同方向、同频率的简谐振动，$x_1 = 3 \times 10^{-2}\cos(\omega t + \pi/3)$，$x_2 = 4 \times 10^{-2}\cos(\omega t - \pi/6)$ (SI)，它们的合振幅是：_____。

10.图 10.2 中两曲线 a 和 b 分别表示两同频率、同振动方向的谐振 $x-t$ 图的关系。求其合振动的方程。

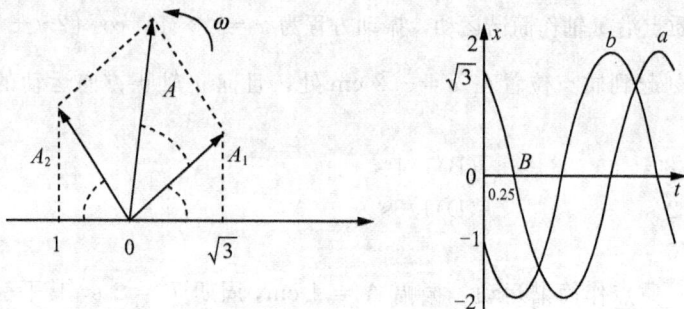

图 10.2

第 11 章 机械波基础

振动传播的过程称为波动，简称为波。机械振动在介质中传播，称为机械波，如水波、声波和地震波等。电磁振荡中的变化电场和磁场在空间的传播，称为电磁波，如无线电波。虽然，各种各类的波的本质不同，各有其特殊的性质和规律。但是，在形式上它们也具有许多共同的特征和规律：都有一定的传播速度；都伴随着能量的传播；都能产生反射、折射、干涉和衍射等现象。

本章主要研究机械波，特别是简谐波的形成过程、波函数及其特征。然后，说明波的传播速度与弹性介质的关系以及传递能量的规律。讲述波的传播规律——惠更斯原理，及波的叠加现象——驻波，并介绍多普勒效应。

11.1 机械波的形成与传播 简谐波的特征

将一根细绳的一端固定在墙壁上，用手沿水平方向拉紧，如图 11.1-1 所示。上下抖动细绳就会看到一个起伏的扰动沿绳向另一端传去。这是因为各段绳之间存在着相互作用的张力（或称为弹性力），当手向上抖动绳这端的第一个质点时，它就带动第二个质点向上运动，第二个质点带动第三个质点，依次传下去……当手向下拉动第一个质点回到原来位置时，它就带动第二个质点回来，而后第三个质点、第四个质点等也将依次带动回到各自原来的位置。由此，振动就在绳中传播开来。这种振动的传播称为横波。抖动一次的振动叫做脉冲，脉冲的传播叫做脉冲波。

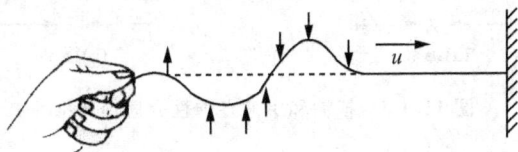

图 11.1-1 横波

如图 11.1-1 所示的波，质点的运动方向和振动的传播的方向垂直，这种波叫做横波，其在外形上有波峰和波谷。

对图 11.1-2 中的弹簧，用手在其一端沿水平方向突然向前推一下，则靠

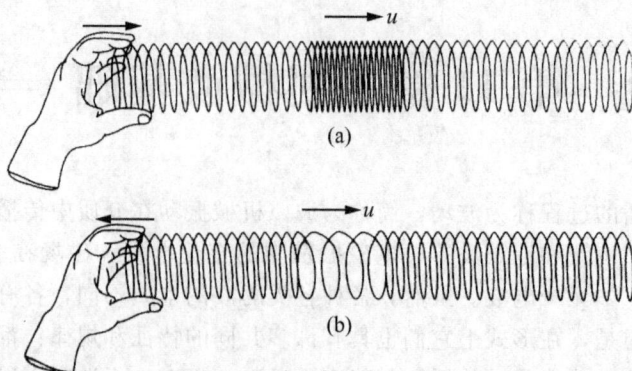

图 11.1-2　纵波

近此端的弹簧就被压缩。由于各段弹簧之间弹力的相互作用，这一压缩的扰动也会沿弹簧向另一端传播而形成一个脉冲波。这种扰动质点的运动方向与其传播方向在一条直线上，即质点振动方向与波的传播方向平行的波，称为纵波。

横波和纵波是在弹性介质中传播的波的两种基本形式（如图 11.1-3），要特别强调的是：不管是横波还是纵波，都仅仅是扰动（即一定的运动形态）的传播，介质本身并没有发生沿波的传播方向上的迁移。

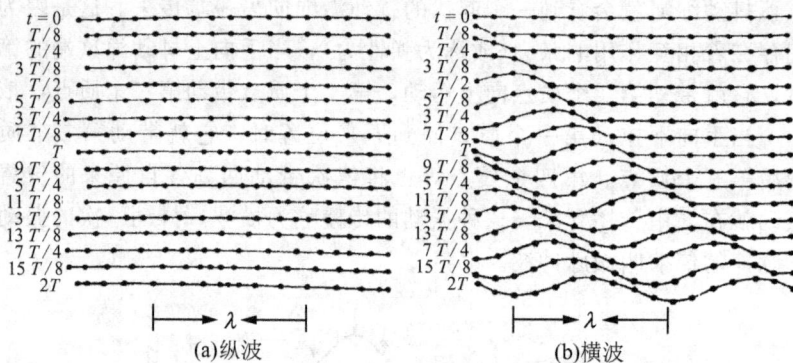

图 11.1-3　横波和纵波在弹性介质中传播

自然界中地震波既有横波（S 波）的成分，又有纵波（P 波）的成分，还有使地面扭曲的表面波成分。水波看起来似乎是横波，实际上要复杂得多，它是横波和纵波的叠加，水波水分子质元是做圆周运动（或椭圆运动）的，如图11.1-4所示。

为了更好地描述波在空间中的传播，可用几何图形来描述波的传播方向和

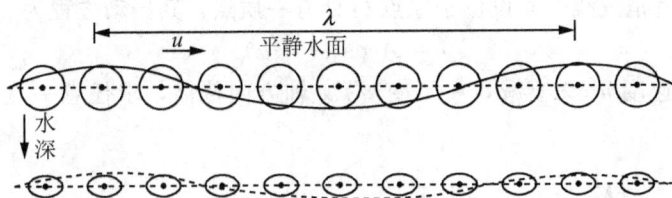

图 11.1-4 水波

各质点的振动相位等。下面引入两个基本概念，如图 11.1-5 所示。

1. 波线：沿波的传播方向做一些带有箭头的线（箭头指向波的传播方向）。称为波线。

2. 波阵面：波在传播过程中，任一时刻介质中各质点振动位相相同的点连成的面，称为波阵面。

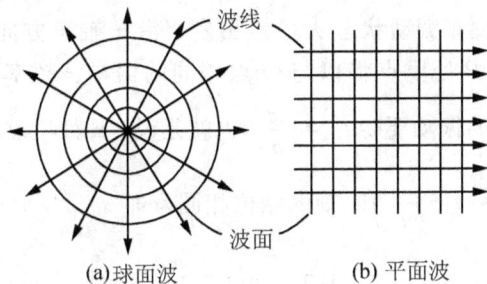

(a)球面波 (b) 平面波

图 11.1-5 波线、波阵面

11.2 平面简谐波的波动方程

既然波是振动状态的传播，倘若波源做简谐振动，则在波传播到的区域中各处的质点都做简谐振动，这样的波，称为简谐波。正如复杂的振动都可以通过许多的简谐振动合成一样，任何复杂的波都可以看成是许多的简谐波叠加而成。因此，简谐波是最基本、最重要的波，研究简谐波的规律是研究更复杂的波的基础。下面，我们主要研究波阵面是平面的简谐波，又称为平面简谐波。

11.2.1 平面简谐波的波动方程

一平面简谐波在无吸收（波在传播过程中无能量损耗）、各向同性、均匀且无限大的介质中传播，如图 11.2-1 所示。它的波面就是一系列垂直于 x 轴的

平面，x 轴就是波线。假设位于原点 O 处有一质点，其振动方程为

$$y = A\cos(\omega t + \varphi) \tag{11.2.1}$$

振动状态以速度 u（无衰减，A 不变）沿 x 轴方向传播，求任意一点 P 的位移 y_P。

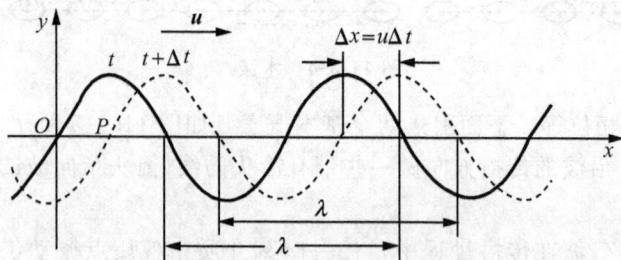

图 11.2-1　平面简谐波在介质中传播

从波的定义出发，振动状态从 O 点出发，沿 x 轴正方向、以速度 u，经 t' 时间传到 P 点，则 P 处质点将以与 O 点相同的振幅、频率重现 O 点的振动．P 点的振动比 O 点的振动要晚 $t' = \dfrac{x}{u}$。也就是说，P 处质点在 t 时刻的相位和 O 处质点在 $\left(t - t' = t - \dfrac{x}{u}\right)$ 时刻的相位相同，即

$$y_P = A\cos\left[\omega\left(t - \frac{x}{u}\right) + \varphi\right] \tag{11.2.2}$$

11.2.2　简谐波的特征量

1. 波长（λ）：在同一条波线上两个相邻的、相位差为 2π 的质点间的距离，称为波长。

2. 周期（T）：波前进一个波长的距离所需要的时间，称为周期。

3. 频率（ν）：单位时间内，波前进距离中，通过波线上某点，完整的波的数目，称为频率，且

$$\nu = \frac{1}{T} \tag{11.2.3}$$

4. 波速（u）：振动状态在介质中传播的速度，称为波速，用 u 表示。在数值上等于任一振动状态或振动相位在单位时间内传播的距离，故也称为相速度，简称相速。在一个周期内，波前进一个波长的距离，故有

$$u = \frac{\lambda}{T} = \nu\lambda \tag{11.2.4}$$

此式是表示波的空间周期与时间周期两者间关系的重要公式，对于各类波都适用，具有普遍的意义。应该指出的是：波的周期（或频率），决定于波源的周期（或频率），与介质无关；而波速则决定于介质的性质，与波源无关。可以证明，机械波的速度由介质的弹性模量和密度决定。

因为 P 是 x 轴上的任意点，所以上式适用于沿 x 轴正向传播的波，略去下标 P，可得平面简谐波波动方程，它是时间和空间的函数，描述了波的传播过程。

$$y = A\cos \omega\left[\left(t \pm \frac{x}{u}\right) + \varphi\right] \tag{11.2.5}$$

式中负号表示波沿 x 轴的正方向传播，正号表示波沿 x 轴的负方向传播。

式(11.2.5)又可转化为

$$y = A\cos\left[2\pi\left(\frac{t}{T} - \frac{x}{\lambda}\right) + \varphi\right] \tag{11.2.6}$$

同理可得

$$y = A\cos\left[2\pi\left(\nu t - \frac{x}{\lambda}\right) + \varphi\right] \tag{11.2.7}$$

$$y = A\cos\left[\frac{2\pi}{\lambda}(ut - x) + \varphi\right] \tag{11.2.8}$$

物理意义如下（为简化讨论，设 $\varphi = 0$）。

(1)当 $x = x_0$（某一特定 P 点，即 x_0 为常数）时，将其代入式(11.2.1)的谐振方程

$y_P = A\cos \omega\left(t - \frac{x_0}{u}\right) = A\cos \omega(t - \varphi_P)$，式中 $\varphi_p = \omega x_0/u$（质点谐振的初相）为常数。

(2)当 $t = t_0$ 时，同理可得：$y(x) = A\cos \frac{2\pi}{\lambda}(x - ut_0)$，令式中 $\varphi = \frac{2\pi}{\lambda}ut_0$ 为常数，$y(x) = A\cos\left(\frac{2\pi}{\lambda}x - \varphi\right)$ ——波线上各点处质点的振幅。

(3)如果 x 和 t 都变化，则平面简谐波波动方程为

$$y(x,t) = A\cos\left[\omega\left(t - \frac{X}{u}\right) + \varphi\right] \tag{11.2.9}$$

该式（波函数）描述了波传播的过程。

(4)波线上各点处质点的相位不同，任意两点间的相位差也不同

由式(11.2.9)，可知，x_1 和 x_2 的相位分别为

$$\varphi_1 = \omega\left(t - \frac{x_1}{u}\right) + \varphi = 2\pi\left(\frac{t}{T} - \frac{x_1}{\lambda}\right) + \varphi$$

$$\varphi_2 = \omega\left(t - \frac{x_2}{u}\right) + \varphi = 2\pi\left(\frac{t}{T} - \frac{x_2}{\lambda}\right) + \varphi$$

则相位差

$$\Delta\varphi = \varphi_1 - \varphi_2 = 2\pi \times \frac{x_2 - x_1}{\lambda} = \frac{2\pi}{\lambda}\Delta x \qquad (11.2.10)$$

式中 $\Delta x = x_2 - x_1$ 称为波程差。

11.3　惠更斯原理

　　水面波在传播时，波的形状不会改变；当遇到障碍物时，比如小孔，如图 11.3-1 所示。无论原来波面是什么形态，只要孔径小于其波长，则通过小孔后的波面将形成以孔为中心的圆形，就像小孔是点波源一样。如图 11.3-2 所示，在演示波动现象的水波盘中，放一中间有小孔的隔板，无论原来波面是平面波(图 11.3-2 中(a)、(b))或圆形波

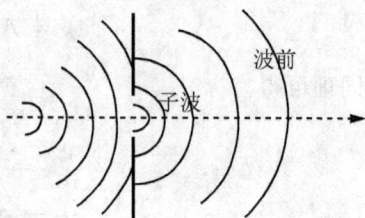

图 11.3-1　小孔成为新的波源

(图 11.3-2 中(c))通过小孔 O 后，在隔板后方出现以 O 为圆心的圆形波。在这个实验里，可以说隔板使左方传来的波只在 O 点引起振动，显示了其波源的作用，从这个意义上可以说：介质中波到达各处的振动质点也起着波源的作用。早在 17 世纪末，荷兰人惠更斯为了说明光(他认为光是弹性波)的传播提出了著名的惠更斯原理(后人为了纪念这位伟大的物理学家，就以他的名字命名)：介质中波传到的各点都可看作开始发射子波的点波源，在以后的任一时刻，这些子波的包络面就是该时刻的波前。

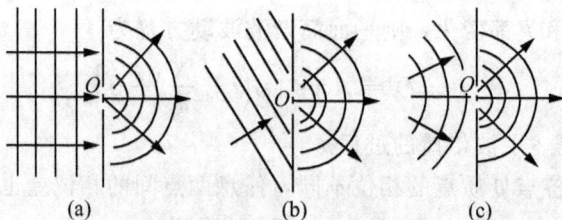

(a)　　　　　(b)　　　　　(c)

图 11.3-2　水波盘中演示波动现象

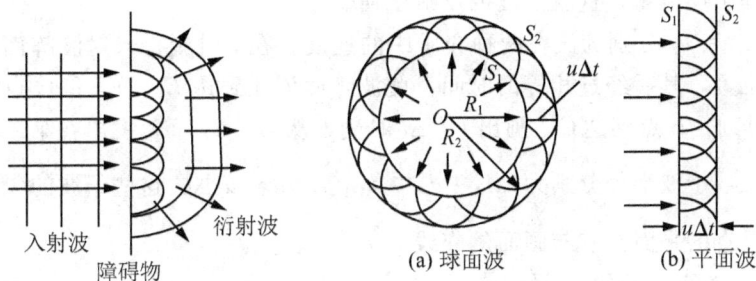

(a) 球面波　　(b) 平面波

图 11.3-3　惠更斯原理

由此可知，根据惠更斯原理，用几何作图法就可以很容易地得到以后任一时刻的波阵面，因而在广泛的范围内解决了波的传播问题（反射和折射）。但是，惠更斯原理存在一定的缺陷，比如："子波假设"不涉及子波的振幅、相位的分布等问题，也不能说明为什么不出现反方向的波；只能定性地解释波的衍射问题，不能定量地给出衍射波在各个方向上的强度。下面，我们根据惠更斯原理，用几何作图法来研究波的反射和折射定律。

设入射波的波阵面和两种介质的分界面均垂直于画面。在 t 时刻的波阵面与画面的交线 AB 到达图示位置时，A 点和界面相遇，此后 AB 上各点将依次到达界面。设经过相等的时间，此波阵面与画面的交线，依此与分界面在 E_1，E_2 和 C 点相遇，而在 $t + \Delta t$ 时刻，B 点到达 C 点。我们可以做出此刻分界面上各点发出的子波的包迹。波在同一介质中传播，波速 u 不变，在 $t + \Delta t$ 时刻，从 A、E_1，E_2 发出的子波半径分别是：$d, \dfrac{2}{3}d, \dfrac{1}{3}d$，其中 $d = u\Delta t$。它们与画面的交线为 CD，而且 $CD = AB$，做垂直于此波阵面的直线，即得反射线。与入射波阵面 AB 垂直的线，称为入射线。在图 11.3-4 中，nA 和 nC 为分界面的法线，i 和 i' 分别为入射角和反射角；两个直角三角形 $\triangle ABC \cong \triangle DCA$ 即

$$\angle BAC = \angle DCA$$
$$i = i' \tag{11.3.1}$$

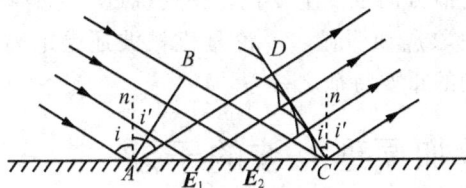

图 11.3-4　反射定律

287

入射角等于反射角，这就是波的反射定律。

设 u_1 和 u_2 分别为波在两种介质中的速度。在 t 时刻，入射波阵面 AB 到达图示位置，其后经过相等的时间，此波阵面依此到达 E_1、E_2 和 C 点，而在 $t+\Delta t$ 时刻，B 点到达 C。画出 $t+\Delta t$ 时刻，从 A、E_1、E_2 发出在第二种介质中的子波，子波半径分别为：$d,\dfrac{2}{3}d,\dfrac{1}{3}d$，其中 $d=u_2\Delta t$。这些子波的包迹也是与画面垂直的平面。它与画面的交线为 CD，且 $\Delta t=\dfrac{BC}{u_1}=\dfrac{AD}{u_2}$，作垂直于此波阵面的直线，即为折射线。设 $\angle ACD=r$，$\angle BAC=i$，由图 11.4-5 可得

$$BC=u_1\Delta t=AC\sin i$$

$$AD=u_2\sin r$$

则有 $\dfrac{BC}{AD}=\dfrac{u_1}{u_2}=\dfrac{\sin i}{\sin r}=n_{21}$

此式就是波的折射定律

$$\dfrac{\sin i}{\sin r}=\dfrac{u_1}{u_2}=n_{21} \quad (11.3\text{-}2)$$

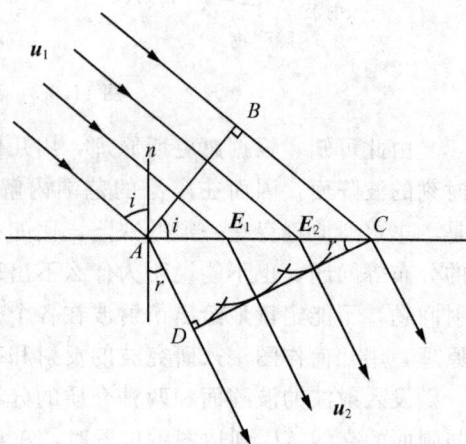

图 11.3-5

n_{21} 称为第二种介质对于第一种介质的相对折射率，如图 11.3-5 所示。如果 $u_2>u_1$，则当入射角 i 大于某一值时，入射波将全部反射回原来的介质中，这种现象称为全反射，入射角称为临界角，以 A 表示。

波的衍射现象：波在传播过程中遇到障碍物时，能绕过障碍物的边缘继续前进，这种现象叫做波的衍射现象，如图 11.3-3 所示。平面波到达一宽度与波长接近的缝时，缝上各点都可以看成是发射子波的波源。做出这些子波的包络，就得出新的波阵面。此时的波阵面与原来的平面略有不同，在靠边缘处，波阵面弯曲，振动传播方向也发生变化。振动绕过了障碍物而继续传播。随着缝宽的减小，衍射现象愈加明显。不论是机械波还是电磁波都会产生衍射现象，衍射现象是波动的重要特征之一。

11.4 波的叠加原理 波的干涉

观察和研究表明：几列波可以保持各自的特点(频率、波速、振幅和振动

方向等)同时通过同一介质,好像在各自的传播过程中没有遇到任何其他的波一样。因此,在几列波相遇或叠加的区域内,任一点的位移为各列波单独在该点产生的位移的合成,这一关于波的传播的规律称为波的叠加原理(或称波的独立性原理)。

11.4.1　波的叠加原理

1. 波传播的独立性原理

人们发现波所传播的振动,不因波相遇而发生相互影响,每个波列都保持单独传播时的振动特性而继续传播。

2. 波的叠加原理

在波相遇时,介质中各点的振动就是各波列单独传播时在该点振动的合成,称为波的叠加原理。图 11.4-1 是一石头投入湖水中产生的波形图,而图 11.4-2是两个石头投入湖水中两列波叠加时所产生的波形图。我们看到:有的地方合振动始终较强,有些地方合振动始终较弱(水质元几乎不振动),这

图 11.4-1　石头投入湖水中产生的波形图

(a)

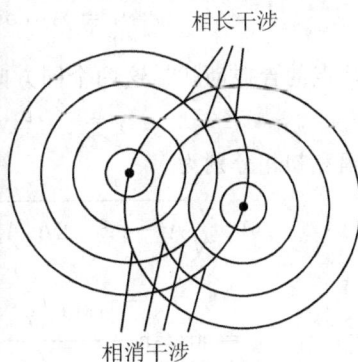

相长干涉

相消干涉

(b)

图 11.4-2　波的干涉现象

些振动强弱的地方在水面上形成一种稳定的分布。这种在波的叠加区域中的各点合振动强弱形成稳定分布的现象，称为波的干涉现象。下面，对波的干涉作进一步的分析，定量地研究其规律。

11.4.2 波的干涉

在一般的情况下，同一介质中有几列波存在，且各波的频率、相位、振动方向等不一定相同。所以，它们在相遇处引起的合振动的计算是很复杂的。我们只讨论最简单也是最基本的一种情况，就是由两列频率相同、振动方向相同的和相位差恒定的波源所发出的波的叠加。满足上述要求条件的两列波，称为相干波。能发出相干波的波源称为相干波源。两列相干波在空间相遇时，某些点处的振动始终加强，而另外一些点的振动始终减弱甚至完全抵消，形成稳定分布的图样，这种现象称为波的干涉现象。

如图 11.4-3 所示，设 S_1 为波源 1，其振动方程为 $y_1 = A\cos(\omega t + \varphi_1)$；$S_2$ 为波源 2，其振动方程为 $y_2 = A\cos(\omega t + \varphi_2)$。若在同一介质中，且不考虑介质对能量的吸收，两列波的波长均为 λ，它们到 P 点的距离分别为 r_1 和 r_2。若两列波经 t' 后，在 P 点相遇，位相落后为 $\omega t'$，由于 $t' = r/u$，其中 u 为波传播速度，则 $\omega t' = 2\pi r/\lambda$，

图 11.4-3 两列波相遇

所以它们的相位分别比波源落后 $2\pi r_1/\lambda$ 和 $2\pi r_2/\lambda$，故在 P 点引起的两个分振动为

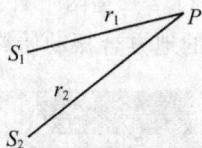

$$y_1 = A_{10}\cos\left(\omega t + \varphi_1 - \frac{2\pi r_1}{\lambda}\right) \tag{11.4.1}$$

$$y_2 = A_{20}\cos\left(\omega t + \varphi_2 - \frac{2\pi r_2}{\lambda}\right) \tag{11.4.2}$$

P 点的合振动就是这两个同方向、同频率振动的合成，其方程为

$$y = y_1 + y_2 = A\cos(\omega t + \varphi) \tag{11.4.3}$$

其振幅和初相分别为

$$A = \sqrt{A_1^2 + A_2^2 + 2A_1 A_2 \cos\left[(\varphi_2 - \varphi_1) - \frac{2\pi(r_2 - r_1)}{\lambda}\right]} \tag{11.4.4}$$

$$\varphi = \arctan \frac{A_1 \sin\left(\varphi_1 - \frac{2\pi r_1}{\lambda}\right) + A_2 \sin\left(\varphi_2 - \frac{2\pi r_2}{\lambda}\right)}{A_1 \cos\left(\varphi_1 - \frac{2\pi r_1}{\lambda}\right) + A_2 \cos\left(\varphi_2 - \frac{2\pi r_2}{\lambda}\right)} \tag{11.4.5}$$

P 点处的两个分量的相位差为

$$\Delta\varphi = \varphi_2 - \varphi_1 = \frac{2\pi}{\lambda}(r_2 - r_1) \qquad (11.4.6)$$

对以上方程进行讨论，可以得出如下几个重要结论。

1. 波的相干条件：当频率 ω 相同、振动方向相同、有恒定的位相差（$\Delta\varphi$ 为常数）。两列相干简谐波叠加时，产生干涉。

2. 两种特例

(1)当 $\Delta\varphi = \pm 2k\pi$（$k = 0$，1，2，3…）时，由式(11.4.6)可知：

$$A = A_1 + A_2 \quad\text{——}A\text{ 为最大，称为相长干涉}$$

(2)当 $\Delta\varphi = \pm(2k+1)\pi$（$k = 0$，1，2，3…）时，由式(11.4.6)可知：

$$A = |A_1 - A_2| \quad\text{——}A\text{ 为最小，称为相消干涉}$$

3. 推论　若 $\varphi_1 = \varphi_2$，则 $\Delta\varphi = 2\pi\dfrac{r_1 - r_2}{\lambda} = 2\pi\dfrac{\Delta r}{\lambda}$。

推论一：当 $\Delta r = \pm k\lambda$（$k = 0$，1，2，3…）时，由式(11.4.6)可知：

$$A = A_1 + A_2 \quad\text{——}A\text{ 为最大，称为相长干涉}$$

推论二：当 $\Delta r = \pm(2k+1)\dfrac{\lambda}{2}$（$k = 0$，1，2，3…）时，由式(11.4.6)可知：

$$A = |A_1 - A_2| \quad\text{——}A\text{ 为最小，称为相消干涉}$$

干涉现象是波动特有的现象，对光学、声学和许多工程技术学科都非常重要，并具有广泛的实际应用。例如大礼堂、影院的设计都必须考虑到声波的干涉，以避免某些区域声音过强，而在某些区域声音又过于弱。在噪音太大的地方，还可以利用干涉原理达到消除噪音的目的。

11.5　驻波　半波损失

驻波是两列振幅、频率和振动方向完全相同的相干波，沿相反的方向在同一直线上传播，叠加时形成一种特殊的波的干涉现象。利用绳或弦上波的传播很容易演示驻波现象，如图 11.5-1 所示。设两列相干波，分别沿 x 轴正、反方向传播；选取它们重合的时刻为计时零点，并选取合振幅最大点之中的一个为坐标原点，则其波动方程为

$$y_1 = A\cos\left(\omega t - \frac{2\pi}{\lambda}x\right), y_2 = A\cos\left(\omega t + \frac{2\pi}{\lambda}x\right)$$

y_1 和 y_2 叠加

$$y = y_1 + y_2 = A\cos\left(\omega t - \frac{2\pi}{\lambda}x\right) + A\cos\left(\omega t + \frac{2\pi}{\lambda}x\right)$$

利用三角函数的和差化积公式 $\left(\cos\alpha+\cos\beta=2\cos\dfrac{\alpha+\beta}{2}\cos\dfrac{\alpha-\beta}{2}\right)$，可得驻波方程

$$y_1+y_2=2A\cos\frac{2\pi x}{\lambda}\cos\omega t \tag{11.5.1}$$

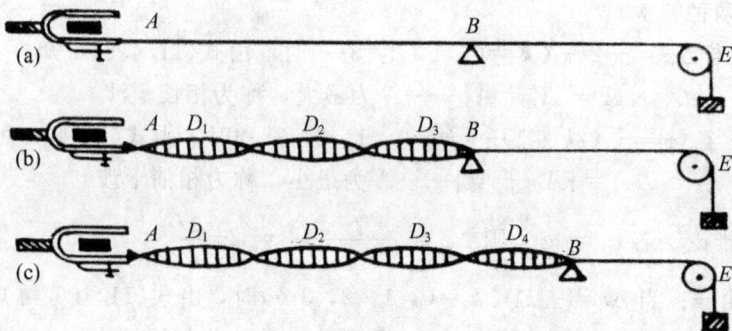

图 11.5-1 驻波

振幅因子 $A'=2A\cos\dfrac{2\pi x}{\lambda}$，仅仅与位置 x 相关；各质点作简谐振动。对于坐标为 x 的任一点，由式(11.5.1)可以看作是振幅为 A'，频率为 ω 的简谐振动；各点的振幅不同，随其坐标 x 而变化。但是，式(11.5.1)这一函数不满足

$$y(t+\Delta t,x+u\Delta t)=y(t,x)$$

它不表示行波，只表示各点都在作简谐运动，其频率相同，都是原来波的频率。

各点振幅随位置不同而不同，振幅最大的各点称为波腹，它对应于 $\left|\cos\dfrac{2\pi}{\lambda}x\right|=1$，即 $\dfrac{2\pi}{\lambda}x=k\pi$ 的各点，$x=k\dfrac{\lambda}{2},k=0,\pm1,\pm2\cdots$

振幅为零的各点称为波节，它对应于 $\left|\cos\dfrac{2\pi}{\lambda}x\right|=0$，即 $\dfrac{2\pi}{\lambda}x=(2k+1)\dfrac{\pi}{2}$ 的各点，$x=(2k+1)\dfrac{\lambda}{4},k=0,\pm1,\pm2\cdots$

由以上分析可以算出相邻的两个波节和相邻的两个波腹之间的距离都是 $\lambda/2$，这一点为我们提供了一种测定行波波长的方法：只要测出相邻的两个波节或波腹之间的距离就可以确定原来两列行波的波长 λ。

虽然式(11.5.1)中的振动因子为 $\cos\omega t$，但是不能认为：驻波中各点的振动位相都是相同的，这是因为系数 $2A\cos\dfrac{2\pi x}{\lambda}$ 在 x 的值不同时，有正有负。把

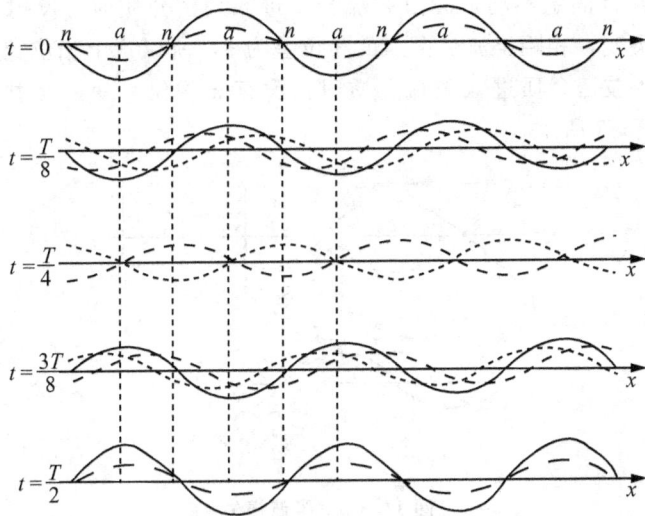

图 11.5-2　驻波形成的物理过程

相邻两个波节之间的各点叫做一段，则由余弦函数取值的规律可以知道：$2A\cos\dfrac{2\pi x}{\lambda}$ 的值对于同一段内的各点有相同的符号，对于分别在相邻两段内的两点则符号相反。以 $\left|2A\cos\dfrac{2\pi x}{\lambda}\right|$ 作为振幅，这种符号相同或相反就表明：在驻波中，同一段上的各点的振动同相，而相邻两段中的各点的振动反相。因此，驻波实际上就是分段振动的现象。在驻波中，没有振动状态或相位的传播，也没有能量的传播，所以称为驻波。图 11.5-2 画出了驻波形成的物理过程，其中点线表示向右传播的波，虚线表示向左传播的波，粗实线表示合成振动。

图 11.5-1 为电动音叉在绳上产生驻波的描绘，这一驻波是由音叉在绳中 A 点处引起的向右传播的波和在 B 点处反射后向左传播的波合成的结果。改变拉紧绳的张力，就能改变波在绳上的传播速度。当这一速度和音叉的频率正好使得绳长为半波长的整数倍时，在绳上就能有驻波产生。在这一实验中，在反射点 B 处绳是固定不动的，因而此处只能是波节。从振动的合成考虑，这意味着反射波与入射波的相位在此正好相反，或者说，入射波在反射时有 π 的相跃变。由于 π 的相跃变相当于波程差半个波长，所以入射波在反射时发生反相的现象常称为半波损失。当波在自由端反射时，则没有 π 的相跃变，形成的驻波在此端将出现波腹。

当反射点 B 固定不动，波由波疏介质进入波密介质时，反射波与入射波有 π 的相位突变，相距半波长两点的相位差为 π，所以这个相位突变产生半波损失。当波由波密介质进入波疏介质时，没有 π 相位突变，反射波无半波损失，如图 11.5-3 所示。

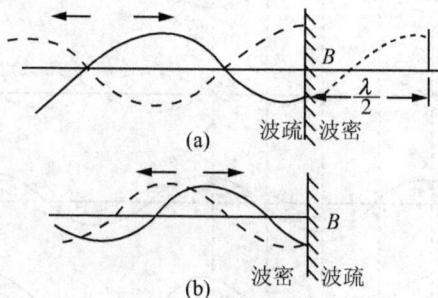

图 11.5-3　半波损失

驻波现象有许多应用，例如将一根弦线两端用一定的张力固定在相距 L 的两点间。当拨动弦线时(如图 11.5-4 所示)，弦线中就产生来回的波动，形成驻波。但是，不是所有波长的波都能形成驻波。由于两个端点不动，所以这两点必须是波节，因此驻波的波长必须满足下列条件：

$$L = n\frac{\lambda}{2}, n = 1, 2, 3\cdots \tag{11.5.2}$$

设 λ_n 为某一 n 值对应的波长，则

$$\lambda_n = \frac{2L}{n}$$

其频率

$$\nu_n = \frac{nu}{2L}, n = 1, 2, 3\cdots$$

式中 ν_n 称为振动的本征频率，每一频率对应于一种可能的振动方式，称为弦线的谐振模式，其中最低频率 ν_1 称为基频，图 11.5-4 中下部画出 ν_1, ν_2, ν_3 三种振谐模式。一个驻波系统有许多固有频率，这与弹簧振子只有一个固有频率不同。

当外界驱动源以某一频率激发系统振动时，如果这一频率与系统的某一个谐振模式频率相同或相接近时，就会激起强驻波，这种现象称为共振，用电动驱动音叉演示驻波时，观察到的就是驻波共振现象。系统究竟按哪种方式振动，取决于初始条件。一般情况下一个驻波系统的振动，是它的各种谐振模式的叠加。弦乐器的发声就服从驻波的原理，当拨动弦线使它振动时，在发出的

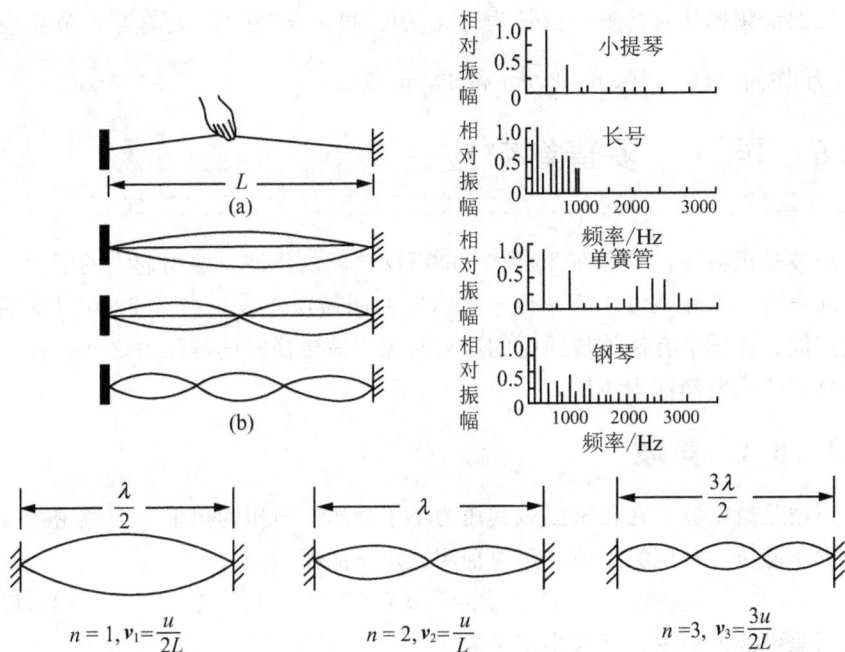

图 11.5-4　弦的振动

声音中就包含了各种频率。

　　管乐器内的空气系统究竟按哪种方式振动呢？这取决于初始条件。一般情况下一个驻波系统的振动，是它的各种谐振模式的叠加。管乐器内的空气柱、锣面、鼓皮等也都是驻波系统，它们振动时也同样有其相应的谐振模式和共振现象，但是其谐振模式要比弦复杂得多。乐器振动发声时，其音调由基频决定，同时发出的谐频的频率和强度决定声音的音色。

　　例 11.5.1　一把二胡的"千斤"（弦的上方固定点）和"码子"（弦的下方固定点）之间的距离 $L = 0.3$ m，如图 11.5-5 所示。弦的质量线密度 $\eta = 3.8 \times 10^{-4}$ kg/m，拉紧后的张力 $T = 9.4$ N。求此弦发出的声音的基频是多少？其三次谐频振动的节点在何处？

　　解：此弦中产生的驻波基频为：

$$\nu_1 = \frac{u}{2L} = \frac{1}{2L}\sqrt{\frac{T}{\eta}} = \frac{1}{2 \times 0.4}\sqrt{\frac{9.4}{3.8 \times 10^{-4}}} = 262\,(\text{Hz})$$

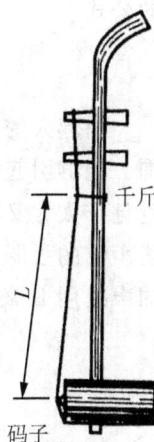

图 11.5-5　二胡

此基频是"C"调；

三次谐频振动时，整个弦长为 $\frac{1}{2}\lambda_n$ 的三倍，从"千斤"处算起，节点应在离"千斤"往下 0cm，10cm，20cm 和 30 cm 处。

11.6 声波 多普勒效应

声波是机械波，频率在 20 到 20000 Hz 之间的声波，能引起人的听觉，称为可闻声波，简称声波。频率低于 20 Hz 的叫做次声波，高于 20000 Hz 的叫做超声波。介质中有声波传播时的压力与无声波传播时的静压力之间存在一定的差额，这一差额称为声压。

11.6.1 声波

声波是疏密波，在稀疏区域其压力小于静压，声压为负值；在稠密区域其压力大于静压，声压为正值。可以证明：声压的振幅为

$$p_m = \rho u A \omega \tag{11.6.1}$$

声强就是声波的强度，其大小定义为

$$I = \frac{1}{2}\rho A^2 \omega^2 u$$

可见，I 与其振幅的平方、频率的平方成正比，将式(11.6.1)代入，可得声强的公式

$$I = \lg \frac{1}{2}\frac{\rho_m^2}{up} \tag{11.6.2}$$

引起人的听觉的声波，不仅有一定的频率范围，而且还有一定的声强的范围。能够引起听觉的声强的范围大约为 $10^{-12} \sim 1(\mathrm{W/m^2})$，声强太小不能引起听觉，太大又会引起痛感。由于可闻声强的级数相差悬殊，通常是用声级来描述声波的强弱。规定声强 $I_0 = 10^{-12}$ W/m² 作为测定声强的标准，则某一声强 I 的声级用 L 来表示，有

$$L = \lg \frac{I}{I_0} \text{ (B)} \tag{11.6.3}$$

或

$$L = 10\lg \frac{I}{I_0} (\mathrm{dB}) \tag{11.6.4}$$

声级 L 的单位名称为贝[尔]，符号为 B，通常用分贝（dB）为单位，1 B = 10 dB。

例 11.6.1 《三国演义》第四十二回"张翼德大闹长坂桥"中描述蜀国大将

张飞"立马桥上……厉声大喝……夏侯杰惊得肝胆破裂，倒撞于马下，曹（操）便回马而走……"张飞大退曹兵的故事，令人印象深刻。设张飞大喝一声的声级为 140 dB，频率为 400 Hz，空气密度 $\rho = 1.29\ \text{kg/m}^3$，声速 $u = 340\ \text{m/s}$，$I_0 = 10^{-12}$。求：

(1)张飞大喝一声的声压和振幅各是多少？

(2)如果一个士兵的喝声的声级为 90 dB，张飞大喝一声相当多少士兵同时大喝一声？

解：(1) $L = 10\lg\dfrac{I}{I_0}$ (dB)，即 $140 = 10\lg\dfrac{I}{I_0}$，解得

$$I = I_0 \times 10^{14} = 10^{-12} \times 10^{14} = 100\ (\text{W/m}^2)$$

由 $I = \dfrac{1}{2}\dfrac{P_m^2}{u\rho}$ 得，$p_m = \sqrt{2uI\rho} = \sqrt{2 \times 1.29 \times 340 \times 100} = 300\ (\text{N/m}^2)$

空气质元的振幅由 $I = \dfrac{1}{2}\rho A^2 \omega^2 u$ 可求得

$$A = \frac{1}{\omega}\sqrt{\frac{2I}{u\rho}} = \frac{1}{2\pi \times f}\sqrt{\frac{2I}{u\rho}} = \frac{1}{2\pi \times 400}\sqrt{\frac{2 \times 100}{1.29 \times 340}} = 2.7 \times 10^{-4}\ (\text{m})$$

(2)由 $L = 10\lg\dfrac{I}{I_0}$ (dB)，可求得每个士兵喝声的声强 I_1 为

$$I_1 = I_0 \times 10^{L/10} = 10^{-12} \times 10^9 = 10^{-3}\ (\text{W/m}^2)$$

则 $n = \dfrac{I}{I_1} = \dfrac{10^2}{10^{-3}} = 10^5$，即张飞大喝一声相当 10 万士兵同时大喝一声。

表 11.6-1　几种声音的声强、声级和响度

声　源	声强（W/m²）	声级（dB）	响　度
聚焦声波	10^9	210	
炮声	1	120	
痛觉阀	1	120	
铆钉机	10^{-2}	100	震耳
闹市车声	10^{-5}	70	响
普通谈话	10^{-6}	60	正常
室内轻声收音机	10^{-8}	40	较轻
耳语	10^{-10}	20	轻
树叶沙沙声	10^{-11}	10	极轻
听觉	10^{-12}	0	

11.6.2 多普勒效应(Dopple Effect)

以上我们讨论的是波源和观察者(或接收器)相对于介质静止不动的情况，所以波的频率和波源的频率相等，观察者接收到的频率和波的频率也相同。但是，在现实生活中，经常会发生波源或观察者相对于介质运动的情况。比如在铁道旁的观察者，当火车快速驶近时，他所听到的汽笛声的音调较火车静止时的鸣笛声的波长变短、音调要高；而远离时的波长变长、音调较静止时低。如果波源或观察者，或两者都相对于介质运动，则实践证明观察者(或接收器)接收到的频率与波源的频率不相等。这种观察者接收到的波的频率有赖于波源或观察者运动的现象，称为多普勒效应。声波(机械波)和光波(电磁波)都会发生多普勒效应，但是两者有本质上的区别：机械波的多普勒效应依赖于介质(例如：水、空气……)传播；电磁波的多普勒效应不依赖于介质传播。下面，我们就分别探讨这两种多普勒效应。

1. 机械波的多普勒效应

应用伽利略运动相对性原理来研究声波接收频率的变化。假设 v_s 为波源相对于介质的运动速度；v_R 为观察者相对于介质的运动速度；u 为波相对于介质的运动速度，$\nu_w = u/\lambda$ 为波的频率(单位时间内，通过介质中的完全波的数目)，λ 为波长。

(1)相对于介质，波源不动，$v_s = 0$

波的频率就是波源的频率($\nu_s = \nu_w$)，观察者以速度 v_R 相对于介质运动，并且在波源与观察者的连线上，向波源运动(如图 11.6-1 所示)。在这种情况下，观察者在单位时间内所接收到的完全波的数目比其静止时要多，因为 $v'_R = v_R + u$，速度发生变化，引起频率的变化。所以

$$\nu_R = \frac{v_R + u}{\lambda} = \frac{v_R + u}{u/\nu_w} = \frac{v_R + u}{u}\nu_s = \left(1 + \frac{v_R}{u}\right)\nu_s$$

(11.6.5)

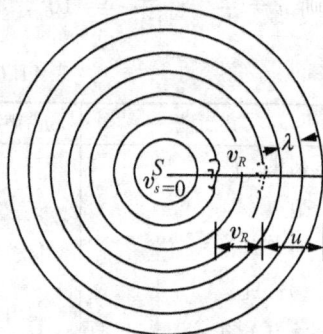

图 11.6-1 波源静止时的多普勒效应

v_R 为负时，远离波源。这说明：当接收器向着静止波源运动时，接收到的频率等于波源频率的 $1 + \dfrac{v_R}{u}$ 倍。

(2)观察者不动($v_R = 0$)，波源以 v_s 相对于介质运动(如图 11.6-2 所示)

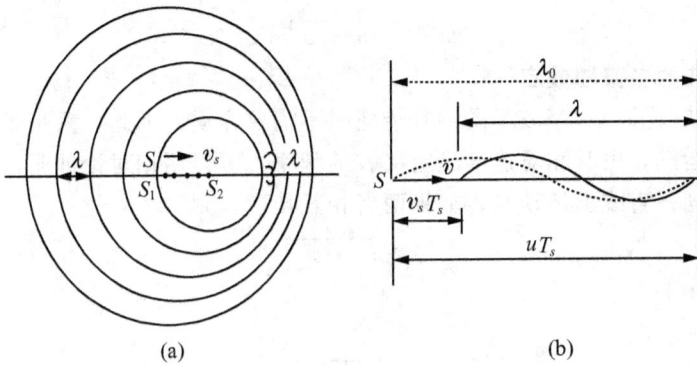

(a)　　　　　　　　　(b)

图 11.6-2　波源运动时的多普勒效应

在这段时间内，波源由 S_1 移到 S_2，移动距离为 u_sT_s。若波源静止时在介质中的波长为 λ_0，由于波源的运动，介质中的波长变小了，实际波长为 λ，相应的频率为 ν。即

$$\lambda = \lambda_0 - v_sT_s = (u - v_s)T_s = \frac{u - v_s}{\nu_s},$$

$$\nu = \frac{u}{\lambda} = \frac{u}{u - v_s}\nu_s$$

由于接收器静止，其接收到的频率就是波的频率，即

$$\nu_R = \frac{u}{u - v_s}\nu_s \tag{11.6.6}$$

此时接收器接收到的频率大于波源的频率。同理可得，当波源远离接收器时，接收器收到的频率为

$$\nu_R = \frac{u}{u + v_s}\nu_s \tag{11.6.7}$$

小于波源的频率。

（3）观察者与波源同时相对介质运动

由于波源的运动，介质中波的频率为

$$\nu_w = \frac{u}{u - v_s}\nu_s \tag{11.6.8}$$

由于观察者的运动，介质中波的频率为

$$\nu_R = \frac{u + v_R}{u}\nu_w \tag{11.6.9}$$

综合以上两种情况，联立上两式，解得

$$\nu_R = \frac{u + v_R}{u - v_s} \nu_s \qquad (11.6.10)$$

* 2. 电磁波的多普勒效应

电磁波（光波）和声波不同，其传播时不需要介质。因此，只是光源和接收器的相对运动，由其相对速度决定接收的频率，可以用相对论证明，当光源和接收器在同一直线上运动时，如果两者相互接近，则

$$\nu_R = \sqrt{\frac{1 + v/c}{1 - v/c}} \nu_s \qquad (11.6.11)$$

两者远离时

$$\nu_R = \sqrt{\frac{1 - v/c}{1 + v/c}} \nu_s \qquad (11.6.12)$$

由此可见，当光源远离接收器时，接收到的频率变小，波长变长；这种现象叫做光线的"红移"，既在可见光谱中移向红色一端。

电磁波的多普勒效应为跟踪人造地球卫星提供了一种简便的方法：在图 11.6-3 中，卫星从位置 1 运动到位置 2 的过程中，向着跟踪站的速度分量

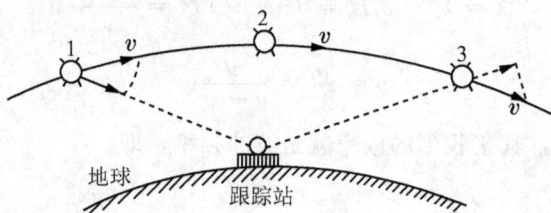

图 11.6-3　卫星与跟踪站连线方向上分速度的变化

减小；在从位置 2 到位置 3 的过程中，离开跟踪站的速度分量增大。因此，如果卫星不断地发射恒定频率的无线电信号，则当卫星经过跟踪站上空时，地面接收到的信号的频率是逐渐减小的。如果把接收到的信号与接收站另外恒定的信号合成拍，则拍频可以产生一个听得到的声音，卫星经过上空时，这种声音的音调降低。如上所述，当波源向着接收器运动时，接收器接收到的频率比波源的频率大，其值由式(11.6.6)给出。但是，这一公式当波源的速度超过波速时将失去意义，因为这时在任一时刻波源本身将超过它此前发出的波的波前。在波源的前方不可能有任何波动产生，这种情况如图 11.6-4 所示。当波源经过 S_1 位置发出的波在其后 τ 时刻的波阵面是半径为 $u\tau$ 的球面。但是，此时刻的波源已经前进了 $v_s\tau$ 的距离到达 S 位置。在整个 τ 时间内，波源发出的波到达的前沿形成了一个圆锥面，这个圆锥面叫马赫锥，其半顶角 α 由下式决定：

$$\sin \alpha = u/v_s \qquad (11.6.13)$$

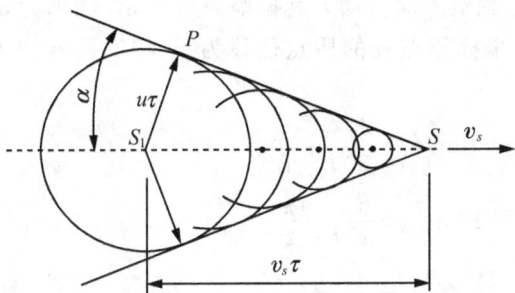

图 11.6-4　冲击波

当飞机、炮弹等以超音速飞行时，都会在空气中激起圆锥形的波，这种波，称为冲击波。冲击波面到达的地方，空气压强突然增大。过强的冲击波掠过物体时，甚至于造成损害（如使玻璃碎裂），这种现象，称为声爆。

类似的现象在水波中也可以看到，当船速超过水面上的水波波速时，在船后就激起以船为顶端的 V 形波，这种波，称为艏波，如图 11.6-5 所示。

当带电粒子在介质中运动，其速度超过该介质中的光速（此光速小于真空中的光速）时，会辐射锥形的电磁波，这种辐射，称为切连科夫辐射。利用切连科夫辐射制成高速粒子探测器，称为切连科夫探测器。这种探测器已经广泛性地应用于高能物理。

图 11.6-5　艏波

思考题和习题

1. 二胡调音时，要拧动上部的旋杆，演奏时手指压触弦线的不同部位，就能发出各种音调不同的声音。这是什么缘故？

2. 在有北风的情况下，站在南方的人听到在北方的警笛发出的声音和无风的情况下听到的有何不同？你能导出一个公式吗？

3. 一列平面简谐波的表达式为 $y = -0.05\sin \pi(t - 2x)$（SI），则该波的频率、波速及波线上各点的振幅依次为

(A)1/2，1/2，-0.05　　　　　　　(B)1/2，1，-0.05

(C)1/2，1/2，0.05　　　　　　　　(D)2，2，0.05

4. 一列波沿 x 轴负方向传播，其振幅为 0.2 m，频率为 50 Hz，波速为 30 m/s。当 $t=0$ 时，坐标原点处的质点位移为 $x=0$，且 $v_0>0$，则此波的波函数为

(A)$y=0.2\cos\left[100\pi\left(t-\dfrac{x}{30}\right)+\dfrac{\pi}{2}\right]$

(B)$y=0.2\cos\left[100\pi\left(t+\dfrac{x}{30}\right)-\dfrac{\pi}{2}\right]$

(C)$y=0.2\cos\left[100\pi\left(t-\dfrac{x}{30}\right)+\dfrac{3\pi}{2}\right]$

(D)$y=0.2\cos\left[100\pi\left(t+\dfrac{x}{30}\right)-\dfrac{3\pi}{2}\right]$

5. 频率为 100 Hz、波速为 350 m/s 的波，在同一波线上，相距为 0.5 m 的两点的相位差为_____。

6. 已知一列平面简谐波的波动方程为 $y=A\cos(at-bx)$，a，b 均为正值常数，则波沿 x 轴传播速度为_____。

7. 已知某列平面简谐波的波动方程为

$$y=0.6\sin\frac{\pi}{2}\left(t-\frac{x}{u}\right)(\mathrm{SI})$$

波速为 2 m/s，则离波源 5 cm 处质点的振动方程为_____
_____。

8. 如图 11.1 所示为一列平面简谐波在 $t=0$ 时刻的波形图，设此简谐波的频率为 250 Hz，且此时质点 P 的运动方向向下，求：

(1)此简谐波的波动方程；

(2)在距原点 O 为 100 m 处的振动方程和振动速度。

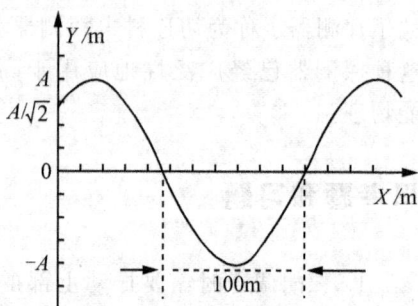

图 11.1

第 12 章　波动光学

光学是物理学的一个重要的分支，其主要研究光的本性，光的发射、传播和吸收的规律。以光的直线传播性质为基础，研究光在透明介质中传播的光学，称为几何光学。几何光学和量子光学又统称为物理光学。波动光学是在 19 世纪初由英国物理学家托马斯·杨和法国物理学加菲涅耳等人在研究光的干涉、衍射和偏振等现象时发展起来的，它是以光的波动性质为基础，研究光在透明介质中传播及其规律的光学。以光与物质的相互作用时显示的粒子性质为基础来研究的光学，称为量子光学。本章着重讨论波动光学。

12.1　光的电磁理论

光是一种电磁波，实验表明：光具有表现波动特性的反射、折射、干涉和衍射的现象。光在真空中传播的速度等于电磁波在真空中的传播速度 c，这些结果说明了光是电磁波。

12.1.1　电磁振荡

在电路中，电流和电荷以及与之相伴随的电场和磁场的振动，就是电磁振荡。最简单的电磁振荡由 LC 电路（由电容器 C 和自感线圈 L 组成的电路）产生，称为振荡电路，如图 12.1-1 所示。先由电源对电容器充电，使两极板的电势差 U_0 等于电源的电动势 ε，这时电容器两极板 A，B 上分别带有电荷 $+Q$ 和 $-Q$。然后，用转换开关 K，使电容器和自感线圈相连接。在电容器放电之前的瞬间，电路中没有电流，电场的能量全部集中在电容器的两板间，如图 12.1-2(a) 所示。

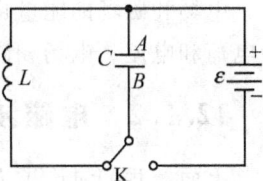

图 12.1-1　LC 电磁振荡电路

当电容器放电时，电流就会在自感线圈中激起磁场。由电磁感应定律可知，在自感线圈中将会激起感应电动势，以反抗电流的增大。因此，在放电过程中，电路中的电流将逐渐增大到最大值，两板上的电荷也相应地减少为零。在放电终了时，电容器两板间的电场能量全部转化为线圈中的磁场能量，如图

12.1-2(b)所示。

在电容器放电完毕时，电路中的电流达到最大。这时，由于线圈中的自感作用，就要对电容作反向充电。结果使 B 板带正电，A 板带负电。随着电流逐渐减弱到零，电容器两板上的电荷也相应地逐渐增大到最大值。此时，磁场的能量又全部转换成电场能量了，如图 12.1-2(c)所示。

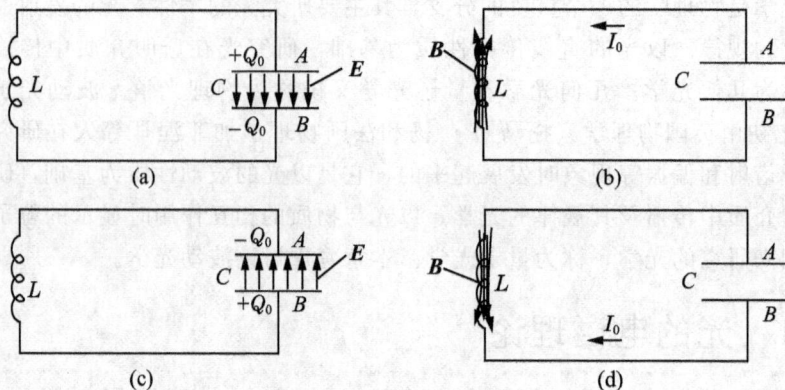

(a)

(b)

(c)

(d)

图 12.1-2　无阻尼自由电磁振荡

然后，电容器又通过线圈放电，电路中的电流逐渐增大，不过这时电流的方向与图 12.1-2(b)中的相反，电场能又转化成磁场能了，如图 12.1-2(d)所示。此后，电容器又被充电，回复到原状态，完成了一个完全的振荡过程。

综述可知：在 LC 电路中，电荷和电流都随时间作周期性的变化，相应地，电场和磁场的能量也都随时间作周期性的变化，而且不断地相互转换。这种电荷和电流、电场和磁场都随时间作周期性变化的现象，叫做电磁振荡。

12.1.2　电磁波的概念

上面，我们讨论了 LC 振荡电路及其产生电磁振荡的过程，并且知道：电场能和磁场能分别被局限于电容器和电感线圈内。如果设法改变电路的形状（实际上，就是将电容器的两板逐渐地张开，形成一开放的电路），可使变化的电场和变化的磁场被分散到周围空间。根据麦克斯韦电磁场理论：在某一区域中的电场发生变化时，在它的邻近的区域就会产生变化的磁场；这个变化的磁场又要在较远的区域产生变化的电场……这种变化的电场和磁场，不断地相互激发、并由近到远地传播出去，这种变化的电磁场在空间以一定的速度传播的过程，称为电磁波。

12.1.3　电磁波的性质

在离开波源很远的地方，电磁波可视为平面波，如图 12.1-3 所示。理论和实验都证明了电磁波有如下的性质。

1. 在任一给定点上的 E 和 H 同时存在，具有相同的相位、相同的速度。

2. E 和 H 相互垂直，且 E、H 和 u 满足右手螺旋关系。E 和 H 分别在各自的振动面内振动，这个特性称为偏振性。只有横波才具有偏振性，这说明其是横波。

3. 任一给定点上的 E 和 H 在数值上成比例，为

$$\sqrt{\varepsilon}\, E = \sqrt{\mu}\, H$$

4. 电磁波速度的大小决定于介质的电容率 ε 和磁导率 μ，且

$$\varepsilon = \varepsilon_0 \varepsilon_r, \mu = \mu_0 \mu_r$$

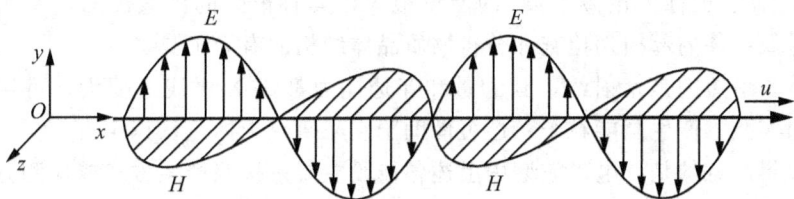

图 12.1-3　电磁波

在真空中，$u = \dfrac{1}{\sqrt{\varepsilon_0 \mu_0}} = \dfrac{1}{\sqrt{8.85 \times 10^{-12} \times 4\pi \times 10^{-7}}} \approx 3 \times 10^{8}$ m/s，这个数值与光在真空中的光速完全相等，这正是麦克斯韦预言光是一种电磁波的重要依据，从而把光和电磁波统一起来了。

5. 各种电磁波的波长及其产生方式

电磁波谱	真空中的波长	主要产生方式
无线电	长波：$3 \times 10^3 \sim 3 \times 10^4$ m，中波：$200 \sim 3 \times 10^3$ m 短波：$10 \sim 200$ m，超短波：$1 \sim 10$ m 微波段：0.1 cm ~ 1 m	由电子线路中电磁振荡所激发的电磁辐射
红外线	$0.76\ \mu m \sim 600\ \mu m$	炽热物体、气体放电、其他光源激发分子或原子等微观体的电磁辐射
可见光	红 $760 \sim 630$ nm，橙 $630 \sim 590$ nm 黄 $590 \sim 570$ nm，绿 $570 \sim 500$ nm 青 $500 \sim 460$ nm，蓝 $460 \sim 430$ nm，紫 $430 \sim 400$ nm	

在电磁波谱中，还有紫外线，其波长为 400 nm 以下；X 射线的波长为 0.04 ~ 5 nm，它是由高速电子流轰击原子中的内层电子而产生的电磁辐射；γ 射线波长为 0.4 nm 以下，是由放射性原子衰变时发出的电磁辐射。

在电磁波谱中，波长最长的是无线电波。长波在介质中传播时损耗很小，常用于远距离通信和导航；中波多用于航海或航空定向及无线电广播；短波多用于无线电广播、电报和通信等；超短波、微波多用于电视、雷达、无线导航以及其他专门用途。

红外线位于可见红光的外侧，故称为红外线。其广泛地应用在红外雷达、红外照相和夜视仪上。因为红外线有显著的热效应（也叫做热波），所以可用来取暖。在工业生产上，常用于烘干工艺加工产品。

紫外线能引起化学反应和荧光效应，在医学上用紫外线杀菌，在农业上用紫外线诱杀害虫。红外线、可见光和紫外线这三部分电磁波合称为光辐射。

X 射线（也称为伦琴射线）的能量很大，具有很强的穿透能力，是医疗透视、金属部件内部损伤检查和分析物质晶体结构的有力工具。

波长最短的是 γ 射线，其能量和穿透能力都比 X 射线还要大，可用来进行放射实验，产生高能粒子；还可借助于它来研究天体，认识宇宙。

值得注意的是：电磁波谱中上述各波段主要是按照产生方式或探测方法的不同来划分的。但是，随着科学技术的发展，不同方式产生的波会有一些共同的波段，从而出现不同波段相重叠的情况。

【玻璃宫殿——塑料大棚

生活中有许许多多奇怪的事情，其中包含着很多微妙的知识。就拿农民的"玻璃宫殿"来说吧，其中就包含着很多奥秘。农民的"玻璃宫殿"里可没有公主和王子，也不是给自己住的。那是谁住在里面呢？其实，受此殊荣的是我们常见的植物。

在寒冷的冬天，人们选用砖石作为建筑物的墙体，这样做也有经济上的原因。如果除去经济原因不谈，许多植物园，特别像南京中山植物园这样大型的植物园内的温室，不仅顶是玻璃的，而且四周的墙体也是玻璃材质做的。这是为什么呢？难道玻璃墙体比砖石墙体还要保温吗？我们知道，太阳光是由各种波长的电磁波组成的，如按波长的长短来排列，紫外线的波长最短，其次是紫光、绿光、黄光、红光等可见光，红外线的波长比可见光中的红光要长，而远红外线的波长最长。当这些不同波长的太阳光照射在玻璃上时，它们在玻璃上引起反射、透射和被玻璃吸收的情况是各不相同的。红外线和远红外线只有很少一部分被玻璃吸收，大部分被玻璃反射到大气中，另有极其微少的一部分能透过玻璃；紫外线则大部分被玻璃吸收；只有可见光能透过玻璃进入温室内。

白天在可见光的照射下，夜晚在加热器的加温下，温室内的温度可维持在一个适宜的温度，比如20℃左右。现在的问题是玻璃材质的墙体能比砖石墙体更好地起到保温作用吗？

要说明这个问题，首先要知道物体在任何温度下都是要激发热辐射的，而且在物体的热辐射中，还包含着从紫外线到远红外线各种不同的电磁波，只不过物体的温度不同，各个不同波长的电磁波的能量差异很大。举个例子：当物体的温度为6000℃时，物体呈白色，这时可见光的能量比其他波长占的份额要大；而物体的温度为3000℃时，物体呈红色，其辐射出的能量很大一部分来自红外线；当物体只有20℃时，或者比20℃低时，虽然肉眼看不到物体的颜色，但物体仍然发射出电磁波，不过此时的电磁波绝大部分属于远红外线的范围。

温室夜晚的温度在20℃左右，也就是说温室内各物体的温度也在20℃左右。这样温室内充满着远红外线，当远红外线照射到玻璃板材上时，由于玻璃板材对远红外线的吸收率和透射率都小，而反射率却很大，于是远红外线就反射回温室内，使温室保持较适宜的温度，这既有利于作物的生长，又节约了能源。

类似的例子还有很多。如冬天在花盆外罩一个大塑料袋，有些花卉可以安全过冬；又如穿上塑料雨衣，总觉得身体比较热也是这个道理。那些反季节瓜果蔬菜就是这样舒舒服服地住在农民的"玻璃宫殿"或者塑料大棚里无忧无虑地生长的。

火车车厢的玻璃窗总是两层的，因为如果只有一层玻璃窗，这层玻璃就成了冷空气和热空气的分隔物，它的温度可以降低到跟外面的冷空气差不多，车厢内空气里多余的水汽就要在玻璃上凝成霜、露，影响玻璃的透明性。

虽然玻璃窗的缝隙很小，冷风仍旧会从窗缝里源源不绝地钻进车厢，同时车厢里的热量也容易外散，降低了车厢内的温度。装了两层玻璃窗子，就找来了一个可靠的保暖的伙伴，那就是空气。

空气是不易传热的，用空气来做隔层，车厢好像穿了一件棉衣，外层玻璃虽已很冷，内层玻璃还可以很暖，这就不容易受到外面冷空气的侵袭了。

除了车厢以外，在北方，为了保暖，房屋的窗子也常用两层玻璃窗。】

12.2 相干光波的叠加

干涉现象是波动过程的基本特性之一，在前一章研究波的干涉现象时，我们讨论了两列波相遇时产生干涉的条件，并得出：频率相同、振动方向相同、相位相同或相位差保持恒定不变的两列波才是相干波。光是电磁波，具有波动的属性，两列光波在空间相遇是否能产生光的干涉现象，取决于两个条件：一是两列波要在空间相遇；二是这两列波是相干波。在两相干光波相遇的区域内，有些点的振幅始终加强；有些点的振幅始终削弱或完全抵消，形成明暗相间的图案，即产生光的干涉现象。

12.2.1 相干光源

对于光波来说，能引起视觉和照相的底片感光的是电场强度 E，所以通常把 E 矢量称为光矢量。若两列光矢量满足波的相干条件，则它们是相干光，其波源是相干光源。机械波的波源可以发出连续的余弦波，其相干条件比较容易满足，因此观察这些波的干涉就比较方便。对于光波，情况就有所不同。例如，在暗房放两只发光频率完全相同的钠光灯，在它们所发出的光都能照到的区域，却观察不到光强的明暗变化。这表明：虽然，它们所发出的光相同。但是，却不是相干光源，这是由光源发光本质的复杂性所决定的。

现代科学研究已经证明了：光是光源中的原子或分子的运动状态发生变化时辐射出来的。原子或分子每次发光的持续时间约为 $10^{-10} \sim 10^{-8}\,\mathrm{s}$，也就是说，原子或分子发出的光是一个很短的波列。普通光源中大量原子或分子是各自相互独立发出一个个波列的，它们的发射是偶然的，彼此之间没有任何联系。因此，在同一时刻，各原子或分子所发出的光，即便是频率相同，相位和振动方向也不一定相同，如图 12.2-1(a) 所示。此外，原子或分子的发光是间歇的，即使是同一个原子，它先后所发出的波列的振动方向和相位也很难相同。如图 12.2-1(b) 中波列的叠加所示，两个独立光源中原子 1 和原子 2 各自发出一系列的波列，当它们到达点 P 时，因为不符合相干条件，所以不会产生干涉。故两个独立的光源不能够成相干光源，不但如此，即便是同一个光源上不同部分发出的光，也不会产生干涉。

如何才能获得两束相干光呢？设想将一普遍光源上同一点发出的光，利用光的反射或折射等方法使它"一分为二"，沿两条不同的路径传播而相遇。这时，原来的每一个波列都分成了频率相同、振动方向相同、位相差恒定的两部

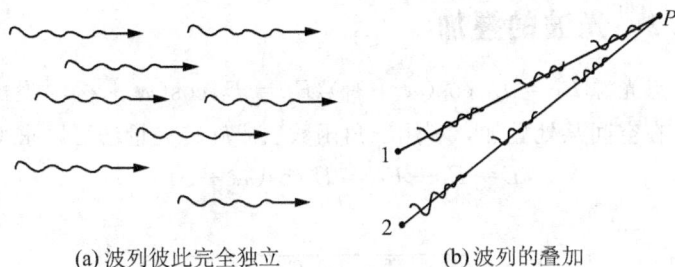

(a) 波列彼此完全独立　　　　(b) 波列的叠加

图 12.2-1　原子或分子发光

分，当它们相遇时，就能产生干涉现象。如图 12.2-2所示，A、B 分别为一油薄膜的两个表面，入射光 I 中某一个波列 W 在界面 A 上反射形成波列 W_1；另一部分经折射在 B 面上反射后，形成波列 W_2。这样 W_1 和 W_2 的频率相同、振动方向相同，位相差决定于两波列经过的波程差，即恒定的位相差。同理可知，对于入射光 I 中的其他波列，也是一样的：W_1 和 W_2 的频率相同、振动方向相同、位相差恒定。所以，

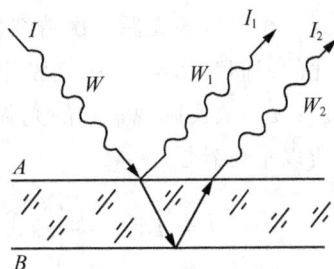

图 12.2-2　分振幅法干涉

它们在界面 A、B 上形成的两属束反射光 I_1 和 I_2 是相干光。这种方法称为分振幅法，其原理是利用反射和折射把波阵面上某处的振幅分成两部分，再使它们相遇而叠加产生光的干涉现象。

前面讨论的是普通光源，对于单一频率的激光光源，由于从激光器窗口输出的激光都具有相干性，从而可方便地演示光的干涉现象。图 12.2-3 是激光束干涉实验的示意图。相干激光束通过 A、B 两个窄缝后相互干涉，在远处屏幕 P 上产生明暗相间的干涉条纹。

产生相干光源的方法除了分振

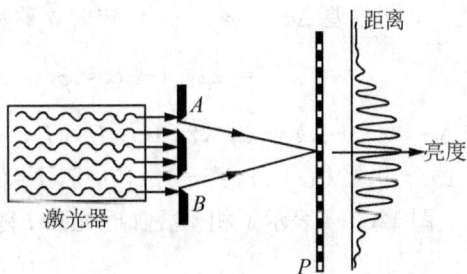

图 12.2-3　激光束干涉实验

幅法之外，还有分波阵面法。这种方法就是在光源的某一波阵面上，取出两部分面元作为相干光源的方法。下面，我们将介绍的杨氏双缝干涉实验和劳埃德镜实验，都是应用分波阵面法实现的。

12.2.2 光波的叠加

设两个点光源 $E_1 = E_{10}\cos(\omega t + \varphi_1)$，$E_2 = E_{20}\cos(\omega t + \varphi_2)$，发出相同频率的单色光，在空间某处叠加，利用三角函数法或旋转矢量法可以求得

$$E = E_1 + E_2 = E_0\cos(\omega t + \varphi) \tag{12.2.1}$$

式中

$$E_0 = \sqrt{E_1^2 + E_2^2 + 2E_1E_2\cos(\varphi_2 - \varphi_1)}$$

$$\varphi = \arctan\frac{E_{10}\sin\varphi_1 + E_{20}\sin\varphi_2}{E_{10}\cos\varphi_1 + E_{20}\cos\varphi_2}$$

由于普遍光源一次持续发光时间 $\tau_0 \approx 10^{-8}$ s，而人的眼睛所能感受光强变化的时间为 0.4 s，感光胶片一般不超过 10^{-3} s。因此，接收器所能感受的时间 $\tau \gg \tau_0$，故实际观察到的光强是 τ 时间内的平均光强，而平均光强正比于 E_0^2，所以平均光强

$$\overline{I} = E_0^2 = \frac{1}{\tau}\int_0^\tau E_0^2 \mathrm{d}t = E_1^2 + E_2^2 + 2E_1E_2\frac{1}{\tau}\int_0^\tau\cos(\varphi_2 - \varphi_1)\mathrm{d}t \tag{12.2.2}$$

物理意义：

1. 相位差 $\Delta\varphi = \varphi_2 - \varphi_1$ 不恒定时，

$$\int_0^\tau\cos(\varphi_2 - \varphi_1)\mathrm{d}t = 0,$$

$$I = I_1 + I_2 = E_{10}^2 + E_{20}^2$$

2. 相位差 $\Delta\varphi = \varphi_2 - \varphi_1$ 恒定时，称为相干叠加；若 $I = I_1 = I_2$，

$$I = 2I_1[1 + \cos(\varphi_2 - \varphi_1)] = 4I_1\cos^2\frac{\Delta\varphi}{2} \tag{12.2.3}$$

若 $\Delta\varphi = \pm 2k\pi, k = 0,1,2,\cdots n, I = 4I_1$，光强最大、最亮；

若 $\Delta\varphi = \pm(2k\pi + 1), k = 0,1,2\cdots n, I = 0$，光强最小、最暗。

图 12.2-4 表示了相干叠加时光强 I 随位相差 $\Delta\varphi$ 变化的情况，从图中可以

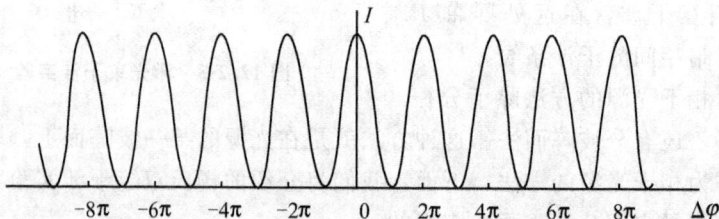

图 12.2-4 相干叠加的光强

看出:相干叠加时,空间各点的光强一般不同。因此,将产生一个稳定的光强分布图,称为干涉图样,这一现象称为光的干涉。

从上面的讨论可以看出:光的干涉条纹和机械波的干涉现象相同,即形成稳定的干涉图样;相干叠加的光波也必须满足相干条件:它们的光矢量应该是振动频率相同、振动方向相同和具有固定的相位差或相位相同。

12.3 杨氏双缝实验 劳埃德镜

杨氏双缝实验是最早利用单一光源形成两束相干光,从而获得光的干涉的实验。

12.3.1 杨氏双缝实验

1. 原理

根据惠更斯原理,利用分波阵面法产生两束相干光,从而获得光的干涉条纹。

2. 实验装置

如图 12.3-1 所示,由光源发出的单色光照射在单缝 S 上,使其在 S_1 和

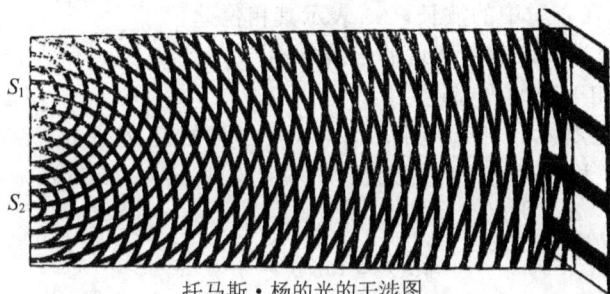

托马斯·杨的光的干涉图

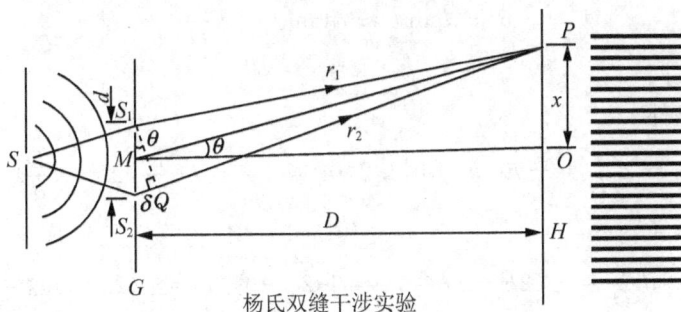

杨氏双缝干涉实验

图 12.3-1 杨氏双缝干涉实验

S_2 处形成两束相干光（它们的频率相同、振动方向相同、相位相同），由于 S 到 S_1 和 S_2 处的距离相等，S_1 和 S_2 处在同一波阵面上，所以它们的位相差为零。由此而来，它们在空间叠加，产生光的干涉现象。

3. 实验结果

两束相干光在屏幕上出现一组稳定的明暗相间的条纹，称为干涉条纹，如图 12.3-1 所示。

4. 几个重要概念

(1)光程：

光在某一介质中所经历的几何路程 r 与此介质的折射率 n 的乘积，称为光程。光程的数学表达式为

$$nr = \frac{c}{u} \cdot ut = ct \tag{12.3.1}$$

式中，u 为介质中的光波波速，c 为真空中的光速。

(2)光程差：两束光的光程之差，称为光程差，用 δ 表示。

$$\delta = n(r_2 - r_1) \tag{12.3.2}$$

(3)光程差与相位差的数学表达式为

$$\lambda_n = \frac{u}{\nu} = \frac{c}{n\nu} = \frac{\lambda}{n}, \Delta\varphi = \frac{2\pi r}{\lambda_n}, 所以 \Delta\varphi = 2\pi\frac{m}{\lambda} = 2\pi\frac{\delta}{\lambda} \tag{12.3.3}$$

式中，λ_n 表示光在介质中的波长，$\Delta\varphi$ 表示其相位差。

5. 用光程差或相位差所表达的干涉条件

(1)研究两相干光的光程差

如图 12.3-1 所示，相干光源 S_1 与 S_2 之间的距离是 d，$MO = D$，$\delta = S_2Q$。则光从 S_1 和 S_2 到达 P 的光程差：$\delta = r_2 - r_1 \approx d\sin\theta$。$\theta = \angle PMO = \angle QS_1S_2$，因 $D \gg d$，所以

$$\sin\theta \approx \tan\theta = \frac{x}{D}$$

从而

$$\delta \approx d\sin\theta \approx d\tan\theta = d\frac{x}{D} \tag{12.3.4}$$

(2)干涉条件

干涉加强条件

$$\delta = d\frac{x}{D} = \pm k\lambda, k = 0, 1, 2, \cdots 或 x = \pm k\lambda\frac{D}{d}, \Delta x = \frac{D}{d}\lambda \tag{12.3.5}$$

干涉减弱条件

$$\delta = d\frac{x}{D} = \pm(2k-1)\frac{\lambda}{2}, k = 1, 2, \cdots 或 x = \pm(2k-1)\lambda\frac{D}{2d} \tag{12.3.6}$$

12. 3. 2 劳埃德镜

劳埃德镜实验不仅显示了光的干涉现象，而且还显示了当光由光速较大（折射率较小）的介质射向光速较小（折射率较大）的介质时，反射光的位相发生了突变。图 12.3-2 中，M 是一放反射镜，从单缝 S_1 中射出的光①，一部分直接射到 P 点；另一部分光掠过 M 后（以②表示）到达 P 点，这束反射光可看作是由虚光源 S_2 发出的，S_1 和 S_2 构成一对相干光源。图中阴影的区域表示叠加的区域，此时此刻在屏幕上可以观察到明暗相间的干涉条纹。若把屏幕移到和镜面相接触的 P' 位置时，从 S_1 和 S_2 发

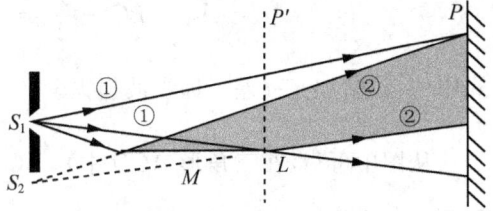

图 12.3-2 劳埃德镜

出的光到达接触点 L 的路程相等。在 L 处似乎要出现明条纹，但是实验事实却是暗条纹。这说明：直接射到屏幕上的光与由镜面反射的光在 L 处的位相相反，即位相差为 π。由于入射光的位相没有变化，所以只能是反射光（从空气射向玻璃并反射）的相位跃变了 π。

进一步实验证明：光从速度较大（折射率较小）的介质射向光速较小（折射率较大）的介质时，反射光的位相与入射光的位相跃变了 π。这一位相跃变相当于反射光与入射光之间附加了半个波长（$\lambda/2$）的波程差，所以常称此为半波损失。

例 射电信号的接收。如图 12.3-3 所示，河面上 $h = 0.5$ m 处有一电磁波接收器位于 C 处。当一射电星从地面逐渐升起时，接收器断断续续地检测到一系列电磁波的极大值。已知射电星所发射电磁波的波长为 $\lambda = 20.0$ cm。求第一次测到极大值时，射电星的方位与河面所成的角度 α。

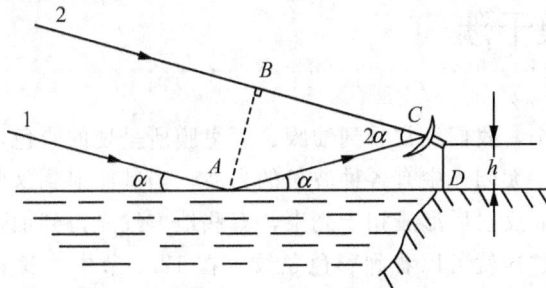

图 12.3-3 射电信号的接收

解：接收器测得的电磁波是射电星发射的信号直接到达接收器的部分和河水面反射的部分的叠加后相互干涉的结果。我们可以应用类似劳埃德镜的方法计算。

若射电星所在的位置与河面成 α 角，则反射波与入射波之间的夹角为 2α。设点 A 为河面的反射点，且 $AB \perp BC$，则两相干光的光程差为

$$\Delta r = AC - BC + \frac{\lambda}{2} = AC(1 - \cos 2\alpha) + \frac{\lambda}{2}$$

式中 $\frac{\lambda}{2}$ 是附加光程差，即半波损失。

从图中可得（在三角形 ACD 中），$AC = \dfrac{h}{\sin \alpha}$，$\cos 2\alpha = 1 - 2\sin^2\alpha$，接收器测到极大值时，光程差应该是其波长的整数倍，即

$$\delta = \Delta r = \frac{h}{\sin \alpha}(1 - \cos 2\alpha) = 2h\sin \alpha + \frac{\lambda}{2} = k\lambda, \ k = 1, 2, 3, \cdots$$

即　　$\sin \alpha = \dfrac{2k-1}{4h}\lambda$，第一次测得极大值时，$k=1$，所以

$$\alpha = \arcsin \frac{\lambda}{4h} = \arcsin \frac{20.0 \times 10^{-2}}{4 \times 0.5} = 10(\text{rad}) = 57.3°$$

值得注意的是：

在具体计算附加光程差时，取 $+\dfrac{\lambda}{2}$ 和 $-\dfrac{\lambda}{2}$ 都是合理的；但是，这两种取法都应该与所取干涉条纹的级数 k 相协调，才不会导致答案的不唯一。比如，在上述计算时，取 $+\dfrac{\lambda}{2}$，$k=1$；若取 $-\dfrac{\lambda}{2}$ 时，$k=0$，使得答案相同。也就是说：此题中的第一次测量，是指 k 应该是所有可能值中的最小的一个。总之，取 $+\dfrac{\lambda}{2}$ 和 $-\dfrac{\lambda}{2}$ 只会影响 k 的取值，而对问题的本质并无影响。

12.4　薄膜干涉

在日常生活中，我们经常看到油膜、肥皂膜所呈现的彩色，就是一种光的干涉现象。因为，太阳光中有各种波长的光波，当其照射到这些薄膜上时，经膜的上、下两表面反射后形成相干光束，有些地方红光得到加强，有些地方绿光得到加强……这样就可以看到彩色条纹。在 12.2 节中，我们进行了定性的讨论，下面将进一步地进行定量的研究，具体讨论等倾干涉和等厚干涉。

12.4.1 等倾干涉

我们选取一块平行平面薄膜，厚度为 e，折射率为 n_2，置于折射率为 n_1 的介质中，且 $n_1 < n_2$，如图 12.4-1 所示。

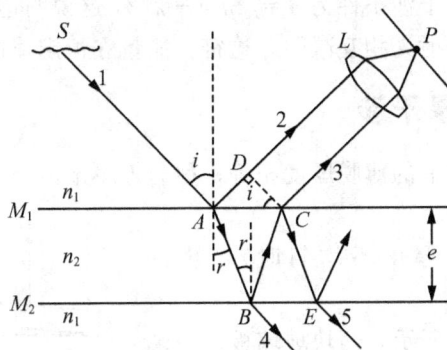

图 12.4-1 薄膜干涉

首先研究光程差

$$\delta = n_2(AB + BC) - \left(n_1 AD - \frac{\lambda}{2}\right) \tag{12.4.1}$$

式中附加 $\dfrac{\lambda}{2}$ 是由于光线 a 由光疏介质射到光密介质在薄膜上表面反射时产生的半波损失。

(1)由折射定律

$$n_1 \sin i = n_2 \sin \gamma, \quad \sin \gamma = \frac{n_1 \sin i}{n_2} \tag{12.4.2}$$

又

$$\sin^2 \gamma = \frac{n_1^2 \sin^2 i}{n_2^2} = 1 - \cos^2 \gamma, \quad \cos^2 \gamma = \frac{n_1^2 \sin^2 i}{n_2^2}$$

得

$$\cos\gamma = \sqrt{\frac{n_2^2 - n_1^2 \sin^2 i}{n_2^2}}$$

(2)由几何知识得

$$AB = \frac{e}{\cos \gamma} = BC, \quad AD = 2\tan \gamma \cos\left(\frac{\pi}{2} - i\right) \tag{12.4.3}$$

(3)数理逻辑推理：将式(12.4.2)和式(12.4.3)代入式(12.4.1)，则有

$$\delta = 2e\sqrt{n_2^2 - n_1^2 \sin^2 i} + \frac{\lambda}{2} \tag{12.4.4}$$

结论：

当 $\delta = k\lambda$，$k=1$，2，3…时，为明条纹；

当 $\delta = (2k+1)\lambda/2$，$k=0$，1，2，3…时，为暗条纹。

物理意义：当介质 (n_1, n_2)、薄膜厚度和入射光的波长一定时，光程差取决于入射角；同一级干涉条纹上的各点，对应同一倾角，所以称为等倾干涉。当光线垂直入射时，干涉条件为 $\delta = 2n_2e + \lambda/2$，这说明透射光也有干涉现象。反射光相互加强，透射光相互减弱，这符合能量守恒定律的要求。

12.4.2　等厚干涉

同一级干涉条纹下的薄膜厚度相等，称为等厚干涉。

1. 劈尖干涉

空气劈尖（薄膜厚度不均匀时）产生的干涉。

(1)如图 12.4-2 所示，两块玻璃板，一端叠合，另一端夹一细丝。

(2)研究光程差

$$\delta = 2e + \frac{\lambda}{2}$$

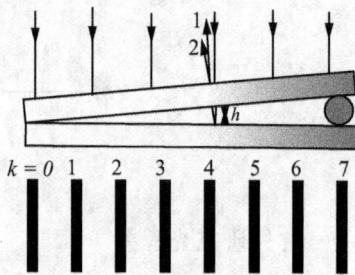

图 12.4-2　劈尖干涉

（光在玻璃板下表面反射时，产生半波损失），

(3)结论

当 $\delta = k\lambda$，$k=1$，2，3…时，为明条纹；

当 $\delta = (2k+1)\dfrac{\lambda}{2}$，$k=0$，1，2，3…时，为暗条纹。

(4)折射率为 n 的劈尖，条纹间距 l 为

$$l = \frac{\lambda}{2n\theta} \tag{12.4.5}$$

劈尖角越小，则条纹间距越大。

(5)物理意义：通过测条纹间距，可求入射光的波长、细丝直径或劈尖角。

2. 牛顿环

(1)实验装置

在一平板玻璃上，放置一个曲率半径为 R 的平凸透镜，如图 12.4-3 所示。

(2)研究光程差

在厚度为 e 处，两相干光程差

$$\delta = 2e + \frac{\lambda}{2}$$

（3）干涉条纹半径

在图 12.4-3(c)中，由几何三角形可知

$$r^2 = R^2 - (R-e)^2 = 2Re - e^2$$

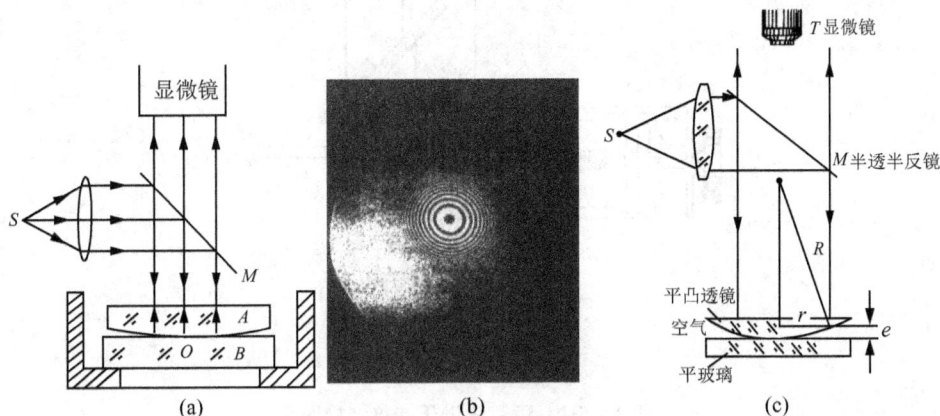

图 12.4-3　牛顿环

因为 $R \gg e$
则有

$$2e \approx r^2/R$$

结论：

当 $\delta = 2e + \frac{\lambda}{2} = \frac{r^2}{R} + \frac{\lambda}{2} = k\lambda$，$k = 1$，$2 \cdots$ 时，为明环；　　　　（12.4.6）

当 $\delta = (2k+1)\frac{\lambda}{2}$，$k = 0$，$1$，$2 \cdots$ 时，为暗环。　　　　（12.4.7）

明环时

$$r = \sqrt{\frac{(2k-1)R\lambda}{2}}, \quad k = 1, \ 2, \ \cdots \qquad (12.4.8)$$

暗环时

$$r = \sqrt{kR\lambda}, \quad k = 0, \ 1, \ 2 \cdots \qquad (12.4.9)$$

12.5　迈克尔逊干涉

1881 年，迈克尔逊（A. A. Michelson）为研究光速精心设计了该仪器。

1. 实验装置 如图 12.5-1 所示，是用分振幅法产生双光束干涉的仪器。

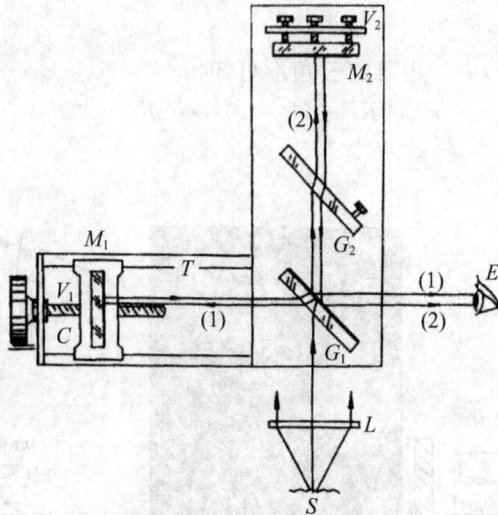

图 12.5-1 迈克尔逊干涉仪结构图

2. 特征 主要特点是两相干光束在空间是完全分开的，并且可用移动反射镜或在光路中加入另外的介质的方法改变光程差。

3. 迈克尔逊干涉仪工作原理

如图 12.5-1 所示，如果 M_1 与 M_2 严格垂直，则 M_2' (M_2 由 G_1 形成的虚像) 与 M_1 之间的空气层可等效成一等厚的空气薄膜，在 P 点可观察到等倾干涉条纹；如果 M_1 与 M_2 不严格垂直，则 M_2' 与 M_1 之间可等效成一空气劈尖，在 E 处可观察到等厚干涉条纹。

来自面光源 S 的光，经透镜 L 后平行射向 G_1，一部分被 G_1 反射后向 M_1 传播；经 M_1 反射后再穿过 G_1，向 E 处传播（光线(1)）；

另一部分透过 G_1 及 G_2，向 M_2 传播，经 M_2 反射后，再穿过 G_2 经 G_1 反射后，向 E 处传播（光线(2)）。显然，到达 E 处的光线(1)和光线(2)是相干光，G_2 的作用是使光线(1)和(2)都能三次穿过厚薄相等的平玻璃，从而避免光线(1)和(2)之间出现额外的光程差。因此，G_2 也称为补偿玻璃。

M_2' 是 M_2 由 G_1 形成的虚像，如图 12.5-2 所示，所以，从 M_2 上反射的光，可以看作是从虚像 M_2' 处发出来的。这样，相干光(1)、(2)的光程差，主要是由 G_1 到 M_1 和 M_2' 的距离 d_1 和 d_2 的差所决定的。通常 M_1 和 M_2 不是严格垂直的，那么 M_1 和 M_2' 也不是严格平行的，它们之间的空气形成一个劈尖。

这时就可以观察到干涉条纹。

当 M_1 与 M_2' 平行时，观察屏 E 垂直于轴放置，屏上将出现圆的干涉条纹，其位置取决于光程差，自 M_1 和 M_2' 反射的两路光的光程差

$$\delta = 2d\cos\theta \qquad (12.5.1)$$

式中 θ 为反射光(1)在平面镜上的入射角。对 k 级明纹，则有

$$\delta = 2d\cos\theta_k = k\lambda \qquad (12.5.2)$$

由于 θ 越小，$\cos\theta$ 越大，可见 k 越大，所以干涉条纹的级数以圆心为最大，这与通常的牛顿环的条纹不同。

图 12.5-2 迈克尔逊干涉仪的光路图

当 M_2' 向 M_1 靠近，即减小 d 时，对 k 级条纹来说，θ 变小，即该条纹变小，向中心收缩。当 d 减小 $\lambda/2$ 时，干涉条纹向中心消失一个；而当 M_2' 与 M_1 离开，即 d 增加时，对 k 级条纹来说，θ 变大，即该条纹变大，从中心向外冒出。每当 d 增加 $\lambda/2$ 时，就从中心冒出一个干涉条纹。

在等倾干涉条件下，当平面镜 M_2 移动距离 Δd 时，相应冒出（或消失）的干涉条纹数为 N，则有

$$\Delta d = N\frac{\lambda}{2} \qquad\qquad (12.5.3)$$

所以只要测出平面镜 M_2 移动的距离 Δd，同时数出相应冒出（或消失）的干涉条纹数为 N，就可以求出光波的波长。

当我们测出 M_2 移动的距离 Δd 和数出相应移动的条纹数 N，就可以利用上式来测定光的波长。1893 年，迈克尔逊利用他发明制造的干涉仪测定了镉的红色谱线的波长。在 $T = 15℃$、干燥的空气中，压强为 $p = 1.013 \times 10^5$ Pa 时，所测得波长

$$\lambda = 643.84696 \text{ nm}$$

例 在迈克尔逊干涉仪实验中，当条纹移动 $N = 1000$ 条时，M_2 移动的距离 $\Delta d = 0.2730$ mm，求入射光的波长.

解：应用式(12.5.3)

$$\lambda = \frac{2\Delta d}{N} = \frac{2 \times 0.2730 \times 10^{-3}}{1000} = 5.46 \times 10^{-7}(\text{m}) = 546(\text{nm})$$

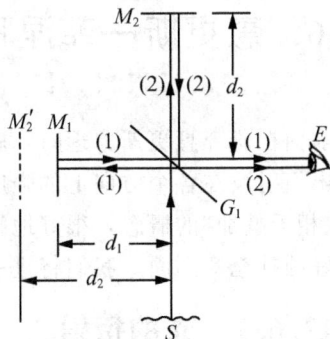

12.6　惠更斯—菲涅耳原理　单缝夫琅禾费衍射

前面在研究惠更斯原理时，就涉及惠更斯原理所面临的困境——不能定量地给出衍射波在各个方向上的强度。菲涅耳根据波的叠加和干涉原理，提出了"子波相干叠加"的概念，很好地解决了这一问题，从物理方面对惠更斯原理作了很好的补充。下面，我们将进一步介绍惠更斯—菲涅耳原理及其应用。

12.6.1　光的衍射

在日常生活中，人们对机械波的衍射现象比较熟悉。水波和声波的衍射现象也比较常见。比如常言道：隔墙有耳，就是说，声波可以绕过障碍物而传播。但我们似乎只能看到光是直线传播的，而看不见光的衍射现象。这是因为光的波长很短以及普通光源不是相干的面光源。但是，当光通过较狭窄缝隙时，甚至经过物体的边缘时，在不同的程度上会发生光在几何阴影处出现明暗不均匀的现象。这种光线绕过障碍物，偏离直线方向传播的现象，称为光的衍射。光的衍射现象显示了光的波动性。

12.6.2　惠更斯—菲涅耳原理

菲涅耳在研究光的衍射现象时，接受了惠更斯的子波的假设，他根据波的叠加和干涉原理，提出了"子波相干叠加"的概念，从物理方面对惠更斯原理作了很好的补充。从而发展为惠更斯—菲涅耳原理。该原理表述为：同一波前上的任一点，都可以看作新的"子波源"，并发射子波；在空间某点 P 的振动是所有子波在该点的相干叠加。

根据这个原理，如果已知某一时刻光波的波前 S，那么在空间任一点 P 处的光振动（光强）就是该波前 S 上的每个面元 dS 发出的子波在 P 点引起的振动的叠加，如图 12.6-1 所示。

设在 $t=0$ 时刻，将该波前 S 分为许多面元 dS，每一个面元 dS 发出的子波的振幅与面元的大小 dS 成正比，与 dS 到 P 点的距离成反比，且与倾角有关。由于同一波前上各点的位相相同，即各 dS 产生的子波的初相位相同，为了简便计算，假设初相为零。则 dS 发出的子波传播到 P 点

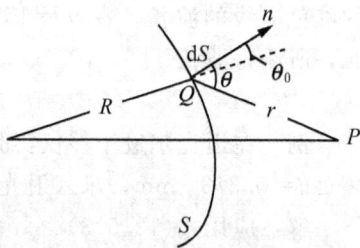

图 12.6-1　子波在 P 点叠加

的振动为：$\mathrm{d}E = kf(\theta)\mathrm{d}SE_0\cos(\omega t - ar)/r$，式中 k 为比例常数、$f(\theta)$ 称为倾斜因子，是 $\mathrm{d}S$ 的法线方向和 $\mathrm{d}S$ 到 P 点方向之间的夹角 θ 的函数。菲涅耳假设，当 $\theta = 0$ 时，$f(\theta) = 1$；当 $\theta \geqslant 90°$ 时，$f(\theta) = 0$；E_0 是波前上 Q 点的振幅的大小；ar 是从 $\mathrm{d}S$ 传播到 P 点间的相位的因子。P 点的总振动为

$$E_p = k\int_S f(\theta)E_0\frac{\cos(\omega t - ar)}{r}\mathrm{d}S \tag{12.6.1}$$

此式就是惠更斯—菲涅耳原理的数学表达式，亦称菲涅耳衍射积分公式。式(12.6.1)相当复杂，计算是困难的。因此，菲涅耳提出，用半波带法加以近似处理，该方法物理图像清晰、使用简便，以下将用半波带法研究光的衍射。

12.6.3　菲涅耳衍射

依据光源、衍射孔(障碍物)和屏幕三者的位置，可把衍射现象分为两种，如图 12.6-2 所示。当入射光是平行光，且用来观察衍射条纹的屏距离障碍物很远时，这种衍射称为夫琅禾费衍射；若点光源和观察衍射条纹的屏离障碍物距离是有限远，这种衍射称为菲涅耳衍射。

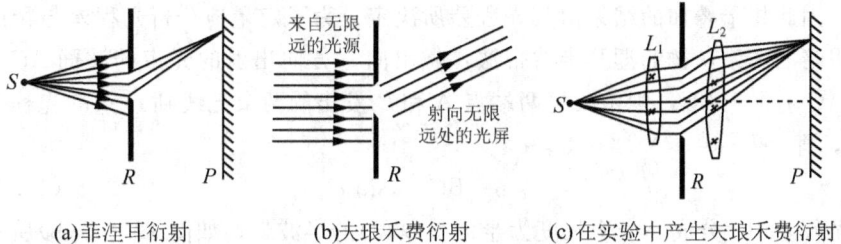

(a)菲涅耳衍射　　　　(b)夫琅禾费衍射　　　(c)在实验中产生夫琅禾费衍射

图 12.6-2　光的两类衍射

12.6.4　单缝夫琅禾费衍射

在单缝夫琅禾费实验中，我们看到衍射条纹特点是：中央亮纹最亮、最宽，其宽度是其他亮纹的两倍。其他亮纹在中央明纹两侧对称排列，宽度基本相同，级次越高，亮度越小，一般只能看到几级。当单缝减小时，亮纹宽度增加，亮度减小。

无论是干涉还是衍射，我们主要关心的是干涉条纹的位置和强度。下面，分析单缝衍射的情况。如图 12.6-2(c)所示，点光源 S 经透镜 L_1 形成平行光束，一束平行光经过窄缝后，平行光将聚焦于 L_2 的焦平面处的观察屏同一 P 点上。根据菲涅耳原理，这些"子波源"所发射的子波在 P 点的振动相干叠加

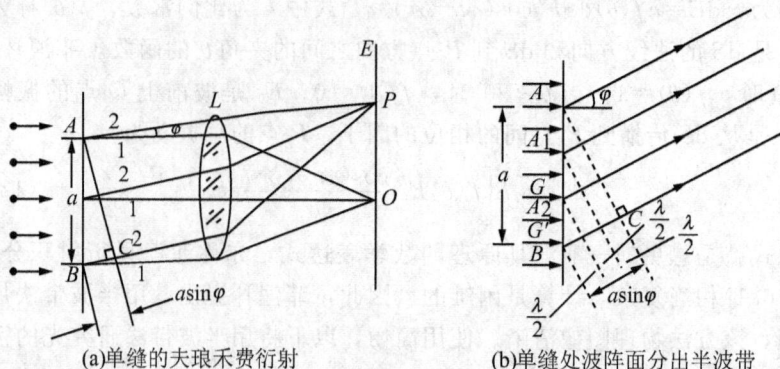

(a)单缝的夫琅禾费衍射　　　　　(b)单缝处波阵面分出半波带

图 12.6-3

产生光的衍射现象。观察屏 P 点上的光强决定于同一衍射角 φ 的平行光束中各光线间的光程差。如图 12.6-3(a)所示，光线 1 都与透镜的主光轴平行，经透镜后会聚于 O 点，它们到达 O 点的光程都相等，光程差为零，各光线形成相长干涉，O 点出现亮斑。对于光线 2 却有所不同，它们到达 P 点的光程不同，因此相干叠加的结果由其光程差所决定。为了定量地分析光程差与衍射条纹明暗的关系，按菲涅耳半波带法：做出向 φ 方向出射的光束的波面 AC，显然 AC 垂直于 BC，则由狭缝两端点 A 和 B 发出的两束光线到 P 点的光程差为 BC，即

$$\delta = BC = a\sin\varphi \tag{12.6.2}$$

将光程差 BC 分成一个个长度为半波长（$\lambda/2$）的半波带，如图 12.6-3(b)所示。

半波带法的物理意义：

1. 相邻两波带上的两对应点（G 和 G'）所发出的光到达 P 点，其光程差为半波长 $\lambda/2$，相位差为 π，因而相互抵消，成为暗纹；

2. 当 BC 长度为半波长的偶数倍数时，光波成对地相互抵消，出现暗条纹，即

$$\delta = BC = a\sin\varphi = \pm 2k\frac{\lambda}{2} = \pm k\lambda, \quad k=1,2\cdots \tag{12.6.3}$$

式中，若 $\varphi = 0°$，$k=0$，即为中央亮纹中心，不符合该式含义，所以式中 $k \neq 0$，对应于 $k=1,2,3\cdots$ 分别叫做第一级暗纹、第二级暗纹……

3. 当 BC 长度为半波长的奇数倍数时，由于任何一奇数总能分为一个偶数加 1，偶数倍的光波成对地抵消后，剩下一个半波带上的光波没有抵消，而会聚在 P 点，出现明条纹，即

$$\delta = BC = a\sin\varphi = \pm(2k+1)\frac{\lambda}{2},\ k=1,2\cdots \tag{12.6.4}$$

式中 $k=0$，虽然对应于一个半波带形成的亮点。但是，仍然处于中央亮纹的范围内，呈现不出单独的亮纹，对应于 $k=1,2,3\cdots$ 分别叫做第一级亮纹、第二级亮纹……

4. 当平行于主光轴的一组衍射光，会聚于过主焦点形成零级亮纹，我们把它称为中央亮纹宽度，也称衍射零级宽度，即在

$$-\lambda < a\sin\varphi < \lambda \tag{12.6.5}$$

区域内，其他各级亮纹的宽度为相邻两条暗纹之间的距离；

5. 一般情况下，光程差 BC 不能恰恰好是半波长的整数倍，即狭缝不能被分为半波长的整数倍，皆为亮纹；但是亮度不同。

单缝衍射的光强度分布如图 12.6-4 所示。

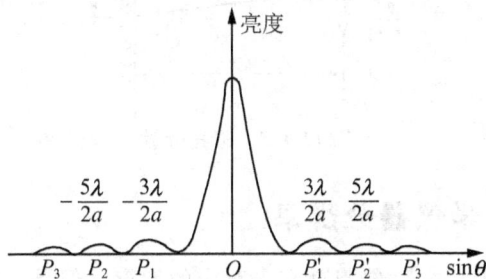

图 12.6-4　单缝衍射的光强度分布

12.6.5　圆孔衍射

前面我们讨论了光线通过狭缝产生干涉的现象，当光线通过小圆孔时也会产生干涉现象。下面，我们将讨论圆孔衍射。小圆孔代替狭缝，如图 12.6-5 (a)所示，当单色平行光垂直照射小圆孔时，在透镜 L 的焦平面上出现中央亮圆斑，其周围是明暗相间的圆环，如图 12.6-5(b)所示。

与单缝干涉相比，实验研究结果表明：中央亮斑（爱里斑）代替中央明纹中心。

爱里斑半角宽度

$$\theta_0 \approx \sin\theta_0 = 0.61\frac{\lambda}{R} = 1.22\frac{\lambda}{D} \tag{12.6.6}$$

式中，R 为圆孔半径，D 为直径。显然，D 愈小或 λ 愈大，则爱里斑半径愈大，衍射愈明显。

(a)圆孔衍射

(b) 衍射图样

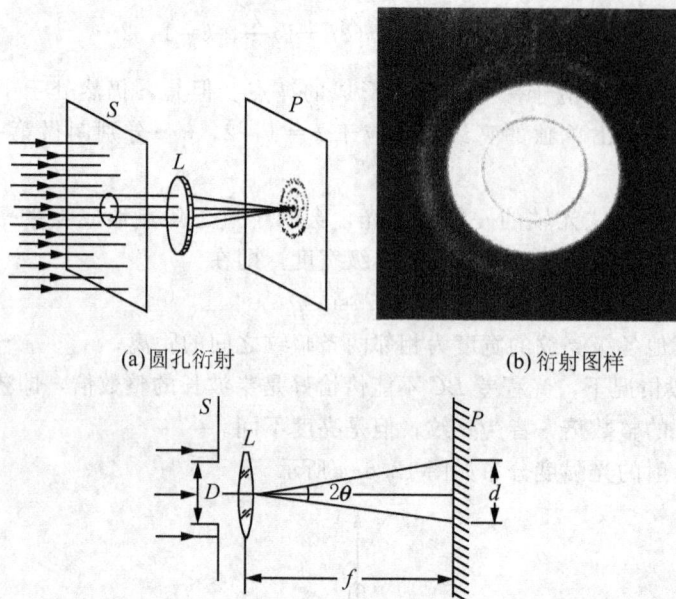

图 12.6-5　圆孔衍射

12.6.6　光学仪器分辨率

光学仪器成像时，每一物点就有一对应的像点。但是，由于光的衍射，像点就不是一个几何圆点，而是有一定大小的爱里斑。因此，对于两个相距很近的物体，其对应的两个爱里斑就会发生重叠，甚至于无法分辨出其像点。所以，由于光的衍射现象，使光学仪器的分辨率降低。

下面，以透镜为例研究光学仪器的分辨率，如图 12.6-6（a）中，两点光源 S_1 和 S_2 相距较远，两个爱里斑中心的距离大于爱里斑的半径。这时，两衍射图像虽然部分重叠。但是，重叠部分的光强比爱里斑中心的光强要弱得多，所以两物点的像是可以分辩的。在图 12.6-6

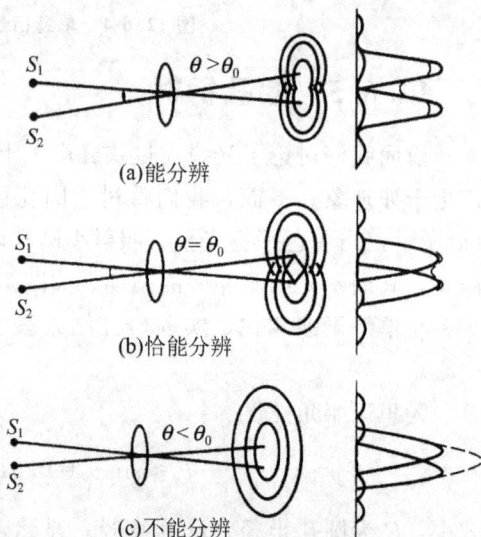

(a)能分辨

(b)恰能分辨

(c)不能分辨

图 12.6-6　瑞利判据

(c)中，两点光源 S_1 和 S_2 相距很近，两个爱里斑中心的距离小于爱里斑的半径。这时，两衍射图像重叠而混为一体。所以，两物点的像是无法分辨的。在图 12.6-6(b)中，两点光源 S_1 和 S_2 相距恰好使两个爱里斑中心的距离等于一个爱里斑的半径。这时，S_1 的爱里斑的中心与 S_2 的边缘、S_2 的爱里斑的中心与 S_1 的边缘相互重叠。此时，两衍射图像重叠部分的中心处的光强，约为单个衍射图像中央最大光强的 80%。通常把这种情形作为两物体刚好能被人或光学仪器所分辨的临界分辨的情形。这一判断分辨能力的准则称为瑞利(Rayleigh)判据。这一临界分辨的情形下的 S_1 和 S_2 对透镜光中心的张角 θ_0 为最小分辨角，且 $\theta_0 = 1.22\dfrac{\lambda}{D}$，分辨率 $\delta_\varphi = \dfrac{1}{\theta_0} = \dfrac{D}{1.22\lambda}$。

由此可以看出，分辨率的大小与入射光波长成反比，与光学仪器的透光孔径成正比。所以，在天文观察上，采用直径很大的透镜来提高望远镜的分辨率。近代物理研究表明：电子也具有波动性，此物质波的波长比可见光波长的要小三四个数量级。所以，电子显微镜的分辨率要比普通光学显微镜的分辨率大数千倍。

夜晚驾车行驶时，驾驶员可以根据迎面而来汽车的灯光判断彼此之间的距离。在彼此相距很远时，看到对方的车灯是一只，随着距离的接近，灯光由一只逐渐变成为两只。这个事实就是一个很好的不能分辨、恰能分辨和完全分辨的事例。

例　迎面而来的两辆汽车的车头灯的距离为 1.0 米，问在汽车离人多远时，它们刚能为人眼所分辨？设瞳孔直径为 3.0 mm，光的波长为 500 nm。

分析：两物体能否被分辨，取决于光学仪器通光孔(或人眼)的张角 θ 和光学仪器的最小分辨角 θ_0 的关系。当 $\theta \geqslant \theta_0$ 时，能分辨；其中 $\theta = \theta_0$ 时，为恰好能分辨。在本题中，$\theta_0 = 1.22\dfrac{\lambda}{D}$ 为定值，$\theta \approx \dfrac{l}{d}$，式中 l 为两灯的间距，d 为人与车之间的距离。d 越大或 l 越小，则 θ 越小。当 $\theta < \theta_0$ 时，两灯就不能分辨，这与现实生活的经验相符合。

解：当 $\theta = \theta_0$ 时，$\dfrac{l}{d} = 1.22\dfrac{\lambda}{D}$，人与车的距离为 $d = \dfrac{Dl}{1.22\lambda} = 4.918\,(\text{km})$。

12.7　衍射光栅和光栅光谱

在单缝衍射中，若缝较宽，明纹亮度虽然较强。但是，相邻明条纹的间隔很窄而不容易分辨；若狭缝较窄，间隔虽然可加宽。但是，亮纹亮度显著减小。在这两种情况下，都很难精确地测定条纹的宽度。所以，用单缝衍射并不能精确地测定光波的波长。那么，我们是否可以使获得的亮纹本身既明亮而又较窄，且相邻的亮纹分得很开呢？实验表明：光栅衍射可以获此效果。

当一束平行单色光垂直照射到光栅上时，每一条缝都产生衍射，而缝与缝之间透过的光束又要发生干涉。用透镜 L 把光束会聚到观察屏幕上，就会呈现如图 12.7-2 所示的光栅的衍射条纹。实验表明：随着狭缝的增多，明条纹的亮度将增大、明纹变细。

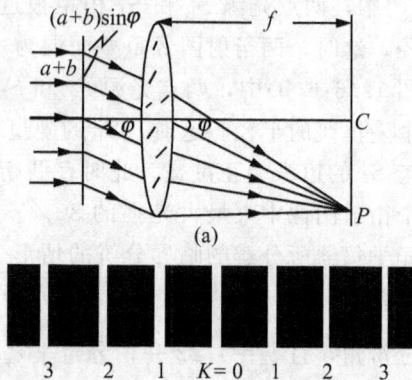

图 12.7-1　衍射光栅

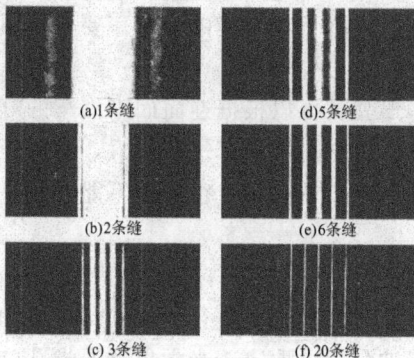

图 12.7-2　光栅衍射条纹

12.7.1　衍射光栅

在玻璃片上刻出许多等距离、等宽度平行直线，刻痕处相当于毛玻璃（不透光）而两刻痕间可以透光，相当于一个单缝。

这样平行排列的许多等距、等宽的狭缝就构成了透光式的平面衍射光栅。若在不透明（光）的材料（比如金属铝片）上，刻一系列平行排列的等距、等宽的槽纹而形成的光栅，称为反光式的平面衍射光栅。任何具有空间周期性的衍射屏，都可称为衍射光栅。

1. 光栅常数　$d=a+b$ 是相邻两缝之间的距离，称为光栅的光栅常数。其中 a 为狭缝宽度，b 为刻痕宽度。常见的光栅每厘米宽度内刻有数千条刻痕，

$d \approx 10^{-4} \, \text{cm}$。

2. 光栅的衍射条纹各个单缝衍射和不同狭缝的光产生相互干涉，这两种作用的综合效果，形成了光栅的衍射条纹。

12.7.2　光栅方程

因为光栅中每一条狭缝都能产生衍射现象，而由于各条狭缝产生的衍射光都是相干光。所以，当它们相遇时必将产生干涉效应。因此，光栅的衍射条纹是衍射和干涉的总效果。下面，我们研究在屏幕上出现衍射条纹必须满足的条件。

如图 12.7-1 所示，当相邻两缝的光到达屏幕 P 点上，其光程差是其相干波长 λ 的整数倍时，各狭缝发出的光会聚于 P 点。因为相干叠加而加强，形成亮纹。

对光栅来说：两缝中心距离为 d，且
$$d = a + b$$
相邻两缝的光的光程差为
$$\delta = (a + b) \sin \varphi \tag{12.7.1}$$
则相干条件为
$$(a + b) \sin \varphi = \pm k\lambda, \quad k = 0, 1, 2, \cdots \tag{12.7.2}$$
此式称为光栅方程。

物理意义如下。

1. 满足光栅方程的亮纹条件要求的亮纹，称为主极大条纹，也称为光谱线。

2. 当 $k = 0$，$\varphi = 0$ 时，为中央亮纹。

3. 式中 $\pm$ 号，表示各级条纹对称地分布于中央明纹两侧，$k = 1, 2, 3 \cdots$ 分别称为第一级、第二级、第三级……中央主极大条纹。

4. 从光栅方程可见：d 愈小，则明纹的衍射角就愈大，明纹分得愈开；对于给定的光栅，总缝数愈多，条纹愈明亮、愈细；对于同一干涉级别，波长愈长、衍射角 φ 愈大，这就是光栅的分光作用。在光栅方程中，$\varphi < 90°$，因此能观察到的主极大的最高级次为：
$$k < \frac{d}{\lambda} = \frac{a + b}{\lambda}$$
例如，当 $\lambda = 0.4d$ 时，只可能有 $k = 0$，± 1，± 2 级主极大；如果 $\lambda \geq d$，则除了 0 级外，无其他主极大。

(a)单缝衍射

(b)多缝衍射

(c)光栅衍射

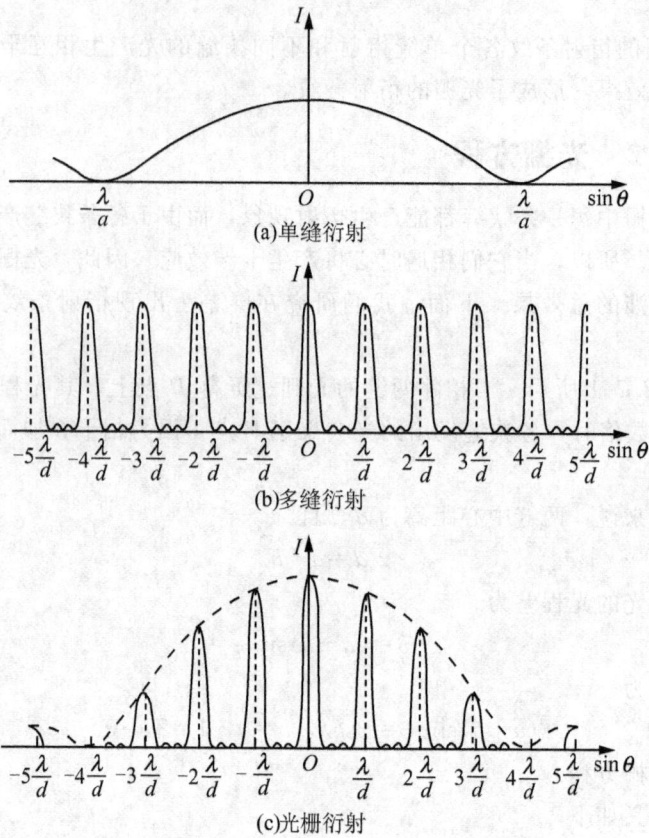

图 12.7-3   光栅衍射的光强分布

12.7.3   光栅谱线的缺级现象

光栅可视为由许多单缝组成的，那么一个单缝衍射的中央亮纹中有几条是由光栅产生的呢？首先看一下这个区域有多大。从单缝暗纹条件

$$a\sin\varphi=\pm k'\lambda，\ k'=1，2，3\cdots$$

可知，当 $k'=1$ 时，

$$\sin\theta=\pm\frac{\lambda}{a}$$

在这个区域内是原中央亮纹的范围。设光栅常数 $a+b=4a$，与光栅公式比较

$$k=0，\ \sin\theta=0 \qquad\qquad\qquad\qquad 0 \text{ 级亮纹}$$

$$k=1，\ \sin\theta=\pm\frac{\lambda}{a+b}=\pm\frac{\lambda}{4a} \qquad\qquad 1 \text{ 级亮纹}$$

$$k=2,\quad \sin \theta = \pm \frac{2\lambda}{a+b} = \pm \frac{\lambda}{2a} \qquad\qquad 2 \text{ 级亮纹}$$

$$k=3,\quad \sin \theta = \pm \frac{3\lambda}{a+b} = \pm \frac{3\lambda}{4a} \qquad\qquad 3 \text{ 级亮纹}$$

$$k=4,\quad \sin \theta = \pm \frac{4\lambda}{a+b} = \pm \frac{\lambda}{a} \qquad\qquad 4 \text{ 级亮纹}$$

计算出有 9 条亮纹，但是只能看到 7 条，第 4 级看不到，称为缺级。这是因为单缝衍射时 $\sin \theta = \pm \dfrac{\lambda}{a}$ 是暗纹。依此类推：在所有单缝衍射暗纹处，没有光栅的主极大出现，此现象称为光栅的缺级现象。且谱线的缺级条件为

$$k = \frac{a+b}{a}k',\quad k'=1,\ 2,\ 3\cdots \qquad\qquad (12.7.3)$$

12.7.4 光谱分析方法

由不同种类元素发出的各种光所形成的光谱是不同的。炽热固体发射的各光谱是各色光连成一片的**连续光谱**；放电管中气体所发出的光谱是由一些具有特定波长的分立的明线构成的**线状光谱**；也有一些光谱是由若干条亮带所组成，而每一明带实际上是一些密集的谱线，这类光谱叫**带状光谱**，是由分子发光产生的，所以叫做**分子光谱**。衍射光栅在科学研究和工业技术中有着广泛的应用，我们把某种未知材料燃烧发光，经过光栅后拍照，得到的光谱照片与已知的各元素的谱线进行比较，就可以定性地分析出该材料中某元素或化合物；还可以从谱线的强度定量地分析出该材料所含的元素或化合物含量的多少，这种分析方法叫做光谱分析方法。

12.7.5 X 射线的衍射

1895 年，德国实验物理学家伦琴（W. K. Rontgen，1845—1923）发现：高速电子撞击金属会发射一种具有很强的穿透力的辐射，称为 X 射线（又称为伦琴射线），图 12.7-4 是 X 射线管的结构原理图。G 为真空玻璃管，管内密封阴极板 K 和阳极 P。

由电源 E_1 对 K 供电，使之发出电子流，这些电子流在高压电源 E_2 的强电场的作用下，高速地撞击阳极（金属靶），从而产生 X 射线。阳极中有冷却液，以带走电子撞击产生的热量。

实验表明：X 射线在磁场或电场中仍然沿直线运动，这说明，X 射线是不带电的粒子流。1912 年，劳厄（M. V. Laue，1879—1960）提出：X 射线是一种

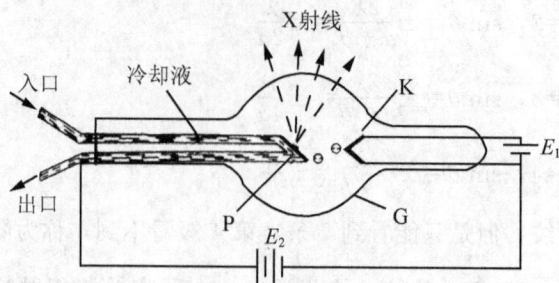

图 12.7-4 X 射线管

电磁波，可以产生干涉和衍射现象。他通过 X 射线的小孔衍射实验证明了他的论断。当 X 射线照射在晶片上时，由于晶片中大量的原子构成空间点阵而产生的衍射和干涉现象，如图 12.7-5 所示，在感光底片上所形成的斑点，叫做劳厄斑点。

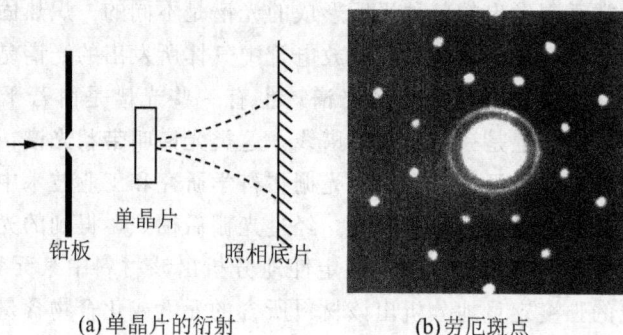

(a)单晶片的衍射   (b)劳厄斑点

图 12.7-5 劳厄斑点

1913 年，英国物理学家 W·L·布拉格（W. L. Bragg，1890—1971）和他的父亲 W·H·布拉格（W. H. Bragg，1862—1942）提出了一种解释 X 射线衍射的方法，并做出了定量的计算。他们认为：晶体是由一系列彼此相互平行的原子层所组成的，如图 12.7-6 所示。小圆点表示晶体点阵中的原子或离子，当 X 射线照射时，根据惠更斯原理，这些原子就成为子波波源，向各个方向发出子波，也就是说，入射光被原子散射了。在图 12.7-6

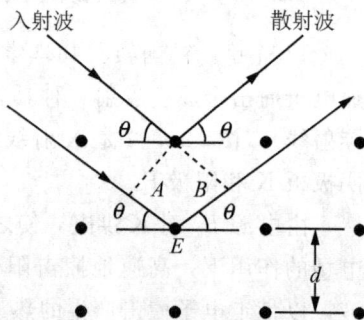

图 12.7-6 X 射线衍射原理图

中，设两原子平面层间距为 d，则两相邻平面反射的光程差为

$$AE + EB = 2d\sin\theta$$

式中 θ 是 X 射线入射方向与原子层面之间的夹角，称为掠射角。所以，干涉加强的条件为

$$2d\sin\theta = k\lambda,\ k = 1,\ 2,\ \cdots \tag{12.7-4}$$

式中掠射角 θ 叫做布拉格角，此式也称为布拉格公式，布拉格公式在研究晶体的结构方面很重要。由布拉格公式可以测出 X 射线的波长 λ 或晶面的间距 d。

图 12.7-7 是 X 射线衍射仪的示意图。

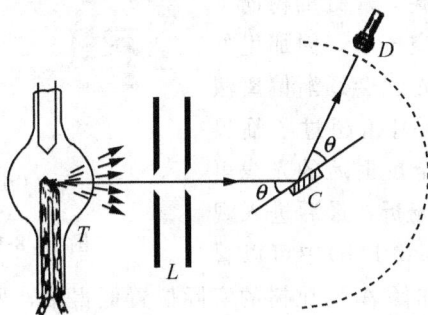

图 12.7-7　X 射线衍射仪示意图

12.8　奇妙的光学现象

12.8.1　海市蜃楼

海市蜃楼是由于海水的热容量很大，在强烈的阳光照耀下，水温也不容易升高。这时，海面上的空气层出现了上暖下冷的现象，使得空气的密度上层小下层大。在无风的天气里，这样的空气层保持着相对的稳定。

如果海边有一位观察者，海中 A 处有一个小岛。由 A 发出的光从密度大的空气下层（光密介质）向上射，由于空气的密度逐渐变小，所以光会逐渐偏离法线方向（即折射角逐渐增大），沿着一条曲线 AC 前进。光线到达 C 点时，由于入射角恰好大于临界角，发生了全反射。光从 C 点折回后，则从密度小的空气上层进入密度大的空气下层，光线会逐渐靠近法线方向，沿曲线 CO，进入观察者的眼睛。而观察者见到的小岛的像是沿着曲线 OC 在 O 点的切线方向，显然小岛的像 A' 比小岛 A 的位置抬高了许多，所以这种幻景也称为上现

蜃景（如图 12.8-2）。除了在海边看到的上现蜃景之外，还有一种下现蜃景，这要在沙漠中才能见到的。由于沙漠地区很干燥。在强烈的阳光下很容易升温。而空气不擅导热，这就使得下层的空气因靠近地面温度较高，离地几米高的空气层温度就要低得多。这样，空气层的密度是上面大下面小。如果在观察者前方较远的 A 处有一株树，A 处的树向下投射的光线进入下层空气时，因那里的空气密度较小，折射光线会逐渐偏离法线方向，并在 C 处入射角超过了临界角，发生了全反射。全反射后的光线再逐渐向靠近法线方向偏折，最后进入观察者的眼中。从图 12.8-1(b) 中可以看

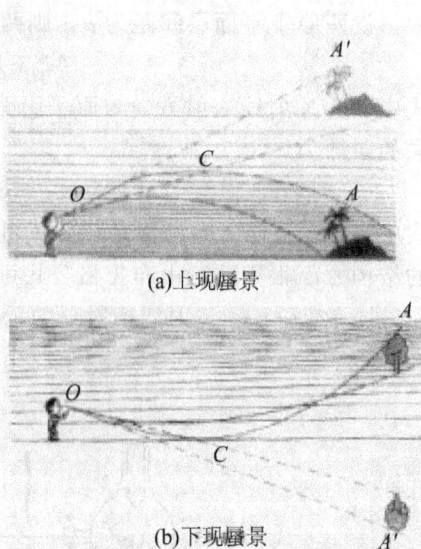

(a) 上现蜃景

(b) 下现蜃景

图 12.8-1　海市蜃楼

出，观察者见到的树的像 A′ 要比树的实际位置低得多，所以这种沙漠幻景也称为下现蜃景。在下现蜃景中看到的是倒像。

图 12.8-2　海市蜃楼 2009.02.11　18 时 13 分　烟台

12.8.2　峨眉佛光

佛光，古称"光相"，是日光成一定角度照射在云层上产生的衍射现象。有名的峨眉山"金顶祥光"，是峨眉山"十景"之一。每当雨雪初歇，午后晴明之时，阳光朗照，光映云海，游人立于睹光台上，可见自己身影被云面一轮七色光环笼罩，举手投足，影随身动，即使两人并肩而立，也各自只能看到自己的影子，绝无双影，故又名"摄身光"。佛光大小、色彩、形状不同，也有不同的名称。白色无红晕的，称"水光"；大如簸箕的，称"辟支光"；小如铙钹形的，称"童子光"；光稍上映，直东斜移的，称"仙人首"或"仙人掌光"；光环如虹的，称"金桥"；佛光出现往往依云而出，若无云出现，称为"清现"，最难得；还有一种称作"反现"的，即早上光环出现在金顶西面，此种现象极难见到。

佛光是日光在传播过程中，经过障碍物的边缘或空隙间产生的展衍现象，即衍射作用而形成的。当云层较厚时，日光在射透云层后，会受到云层深处的水滴或冰晶的反射。这种反射在穿过云雾表面时，在微小的水滴边缘产生衍射现象，有一部分光束会偏离原来的传播方向，其偏离的角度与水滴直径成反比，而与各色光的波长成正比。于是，不同的单色光就逐渐扩散开来，在人们的眼前，出现一个彩色的光环（如图 12.8-3）。为什么会形成环形的光反应，而且与同样形成环的彩虹又不一样呢？这是因为只有位于某个"光锥"面的单色

图 12.8-3　佛光

光（如图 12.8-4），才能为人的肉眼所能见到，而且自己所站的位置，即"光锥"的视夹角大约为 9°，而彩虹的视夹角达 84°。同时光在衍射时，光波愈短其偏离的角度就愈大，所以佛光色彩的层次分布，一般呈紫色在外、红色在内，愈接近中心部位，色彩的能辨程度就逐渐减弱，到了光环中心就像一面发光的彩色玻璃镜。再由于衍射和漫反射的复杂作用，佛光的色相往往不像彩虹那样清晰分明，而是像水彩画那样湿润地融合在一起。又为什么只能看到自己的身影呢？主要原因是：虽然云层中的水滴和冰晶点很多，但人们各自所见的光环，只是各自眼睛所视为顶点的那个光锥面的水滴或冰晶点的作用的结果。就如同各自对照着一面小圆镜，自然照见的也就是各自的身影了。至于出现影随人动，人去环空的景象，则是佛光中"摄身光"的原理，至今尚无科学解释。

图 12.8-4　光锥

12.8.3　绚丽的芬兰印象：北极光

被芬兰人称为 revontulet 的北极光，理论上在北极圈内全年晴朗的夜晚都可以观赏到，它在冬天的夜空最常出现。这种神秘壮丽的自然奇观的成因虽至今仍未有定论，但千百年来却吸引无数人仰望苍穹。很多北欧神话里都有关于其成因的猜测。有人相信北极光是死者的灵魂在舞动，也有人说它是女武神飞行时盾牌所发出的光辉。在芬兰语里，北极光是"狐狸之火"（Revontulet）的意思。古代的芬兰人相信有只神奇的狐狸在雪间奔跑，它的尾巴扫起雪花在月下反射，幻彩便映照成美丽的北极光。它开始时也许只是一丝微光，看起来如一抹淡绿水彩。跟着那彩带慢慢扩大成光晕，渐渐出现各种颜色，蓝、淡黄、红、绿……恍似一个神奇的魔术。有时光线会静止不动，有时却如瀑布从天外倾泻而下，有时则波涛起伏，如巨浪般在漆黑的天幕中翻滚。

　　无论您曾见过北极光多少次，仍难免会被那浩瀚、神秘的景象所折服。特别当它连绵百里，或高大如上烧到天庭的圣火，这一切都令人望而生叹，心中顿感人生渺小，宇宙无限。要清楚观赏北极光，选址应避开城市灯光骚扰。因此在拉普兰很多旅行公司均组织在野外扎营，让人围着暖暖篝火，一边吃着茶点，一边欣赏北极光。在类维和萨利色尔卡有酒店大建起圆形玻璃顶小屋，住客逗留室内便能舒适地慢慢等待奇景来临。

图 12.8-5　绚丽的芬兰北极光

　　根据统计分析：拉普兰最北部见到北极光的机会大约是四分之三；接近俄国的位置上有大约二分之一的机会；接近北极圈或者以南的芬兰中部，得其芳容的机会大约有四分之一。午夜前后是北极光出现几率最大的时候。

图 12.8-6　拉普兰北极光

　　"极光"这一术语来源于拉丁文"伊欧斯"一词。传说伊欧斯是希腊神话中"黎明"的化身，是希腊神泰坦的女儿，是太阳神和月亮女神的妹妹。从人类第一次仰望天际惊见北极光的那一刻开始，北极光就一直是个"谜"。长久以来，人们都各自发展出自己的极光传说，爱斯基摩人认为极光是"鬼神引导死者灵魂上天堂的火炬"。原住民则视极光为神灵现身，深信快速移动的极光会发出神灵在空中踏步的声音，将取走人的灵魂，留下厄运。长期以来，极光的成因一直众说纷纭。有人认为：它是地球外缘燃烧的大火；有人则认为，它是夕阳西沉后，天际映射出来的光芒；还有人认为，它是极圈的冰雪在白天吸收储存阳光之后，夜晚释放出来的一种能量。这个天象之谜，直到人类将卫星火箭送上太空之后，才有了物理性的、合理的解释。

　　本质上来说，极光是原子与分子在地球大气层最上层(距离地面 $100\sim200$ km 处的高空)运动激发的光学现象。它的形成有三大要素：太阳风、地球磁场、大气。所谓"太阳风"，是太阳对宇宙不断放射的一种能量，它由电子与质子所组成。由于太阳的激烈活动，放射出无数的带电微粒，当带电微粒流射向地球进入地球磁场的作用范围时，受地球磁场的影响，便沿着地球磁力线高速进入到南北磁极附近的高层大气中，与氧原子、氮分子等质点碰撞，因而产生了"电磁风暴"和"可见光"的现象，就成了众所瞩目的"极光"。

思考题和习题

1. 用普通的单色光源照射一块两面不平行的玻璃板作劈尖干涉实验，板的两面的夹角很小，但是板比较厚。这时观察不到干涉现象，为什么？

2. 隐形飞机所以很难为敌方雷达发现，可能是由于飞机表面涂敷了一层电介质(如塑料或橡胶薄膜)，从而使入射的雷达波反射极微。试说明这层电介质可能是怎样减弱反射波的。

3. 如何说明不论多缝的缝数有多少，各主极大的角位置总是和有相同缝宽和缝间距的双缝干涉极大的角位置相同？

4. 一个"杂乱"光栅，每条缝宽度是一样的，但是缝间的距离有大有小，随机分布。单色光垂直入射这种光栅时，其衍射图样会是什么样的？

5. 历史上，在关于光的本性的认识的研究中，以_____为代表的光的_____和以荷兰科学家_____为代表的_____最为重要。

6. 牛顿在用三棱镜研究太阳光的色散现象时发现，最容易折射的光是_____的，最不容易折射的光是_____的。

7. 利用微粒说，可以解释_____，但是在解释_____上遇到了困难。
(A)光的反射现象，光的干涉和折射
(B)光的折射现象，光的干涉和衍射
(C)光的干涉，光的反射和折射
(D)光的反射和折射，光的干涉和衍射

8. 利用惠更斯原理，可以解释_____，但是在解释_____上遇到了困难。

9. 全反射发生在光从_____射向_____时。

10. 干涉实验成功的必备条件是
①_____；
②_____；
③_____。

11. 以下哪个条件不是干涉实验成功的必备条件：
(A)两束光有相同的频率
(B)两束光有稳定的相位差
(C)两束光有相同的波长
(D)两束光有相同的振动方向

12. 根据惠更斯—菲涅耳原理，若已知光在某时刻的波阵面为 S，则 S 的前方某点 P 的光强度决定于波阵面 S 所有面积元发出的子波各自传到 P 点的：

(A)振动振幅之和

(B)光强之和

(C)振动振幅之和的平方

(D)振动的相干叠加

13. 在双缝衍射实验中，若保持双缝 S_1 和 S_2 的中心之间的距离不变，而把两条缝的宽度 a 略微加宽，则：

(A)单缝衍射的中央主极大变宽，其中所包括的干涉条纹数目变少

(B)单缝衍射的中央主极大变宽，其中所包括的干涉条纹数目变多

(C)单缝衍射的中央主极大变宽，其中所包括的干涉条纹数目不变

(D)单缝衍射的中央主极大变窄，其中所包括的干涉条纹数目变少

(E)单缝衍射的中央主极大变窄，其中所包括的干涉条纹数目变多

第五篇　热学新进展

　　热学是研究物质热现象和热运动规律及其应用的学科。在日常生活和生产实践中，常用温度来表示物体的冷热程度。当物体的温度发生变化时，物体的许多性质都将发生变化。热胀冷缩是自然界的普遍规律。我国山东大汶口文化(公元 600 年前)遗址发现的陶器上就出现了最古老的繁体"火"字，上面是日，中间是火，下面是山。它表示在太阳照射下，山上起了火。这当然反映了人们对热的感觉。今天的"热"字虽然和这一古老的繁体"火"字不同，但也离不开它下面的四点所代表的火字。

　　对冷热的客观本质和有关现象的定量研究约在公元 300 年前，伽利略曾经制造过一种"验温器"——用水面的高度来判断其周围的"热度"。人们认为物体温度的不同是由于含一种无重量的"热素"的多少不同，利用这种"热素"的守恒规律曾定量地说明了许多有关热传递、热平衡的现象，甚至热机工作的一些规律。直到 18 世纪末，经伦福特伯爵、迈耶、焦尔、亥姆霍兹、克劳修斯和开尔文的努力，逐步精确地建立了热量是能量传递的一种度量的概念，并根据大量实验总结出关于热现象的宏观理论——热力学第一定律和热力学第二定律。

　　对热现象研究的另一种途径是从物质的微观结构出发的，以每一个微观粒子遵循的力学定律为基础，利用统计规律来导出宏观的热学规律，这样形成的理论称为统计物理或统计力学。随着科学理论的创新，20 世纪初量子力学诞生。在量子力学的基础上，狄拉克、费米、玻色和爱因斯坦等人又创立了量子统计力学。量子统计力学使人们对自然界的认识深入了一大步，为在实践中的广泛应用（例如在控制材料的性能和制造新材料的研究上）提供了基础。因此，统计力学在近代物理的各个领域都起着很重要的作用。

第 13 章 统计物理学基础

　　宏观物体是由大量不停息运动的、彼此之间或强或弱地相互作用的分子或原子组成的。现代有许多仪器可以用来观察或测量分子或原子的大小和它们在物体中的排列或分布。例如：X 光分析仪、电子显微镜、扫描隧道显微镜、原子显微镜等。图 13.1-1 是一幅用扫描隧道显微镜"拍摄"的石墨晶体表面碳原子排列的照片。现在不仅能"看"到原子，而且能摆弄单个的原子，如图 13.1-2 表示用扫描隧道显微镜技术把一群混乱的氙原子排列成"IBM"三个字母的过程。

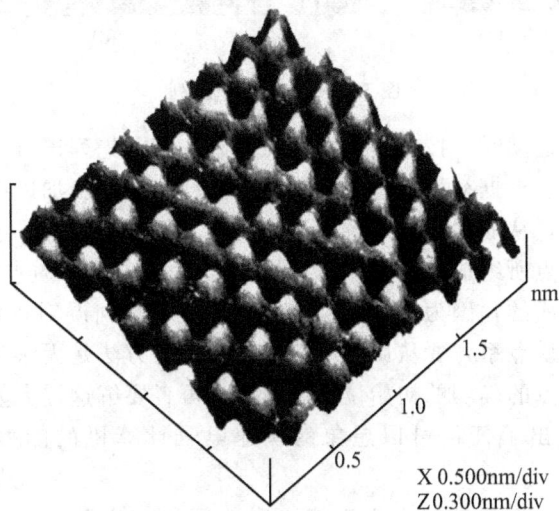

图 13.1-1　石墨晶体中的碳原子排列

　　用分子或原子的运动和相互作用来说明物质的各种现象、性能和规律并进而制造各种新材料是现代物理学及材料物理学的主要任务之一，而且取得了很大的成就。关于这方面的理论形成了统计物理学这门学科。本章所要讨论的气体动理论是统计物理学最基本的内容。通过介绍，我们可以了解一些气体性质的微观解释，同时也将领会一些统计物理处理问题的基本方法。由大量分子组成的物体都是质点系，它们所发生的热现象和遵循的热学规律就是这些质点系的现象和规律。

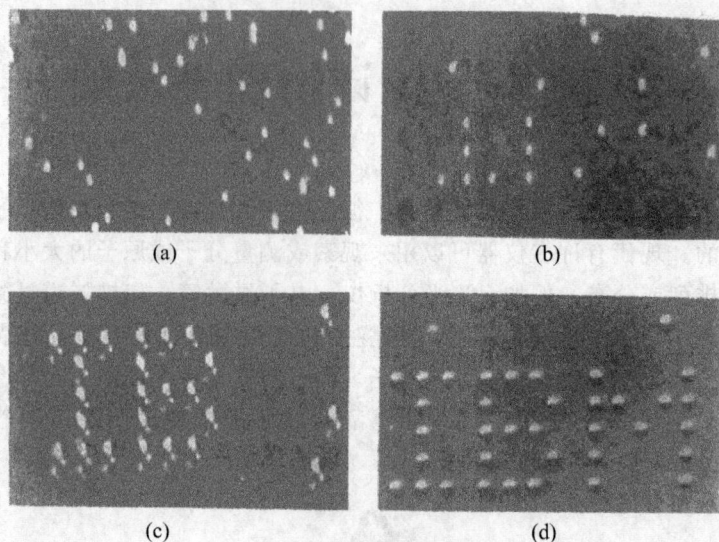

图 13.1-2 氖原子排列

研究质点系运动时，按经典力学的一般方法是首先列出每一个质点的动力学微分方程，然后根据初始条件（此时此刻的位置或速度）加以运算，得到每一质点的运动函数，从而得知质点系的运动情况。但是实际上，这种解题的方法只能用于两个质点所组成的质点系（两体问题），对于三个质点所组成的系统，用此法是无法解决的，因为会有"混沌现象"出现，更何况对于包含10^{23}个质点（分子或原子）的质点系，要从微观上按经典力学的方法是无法解决的。我们无法知道这样多质点的确切的初始位置和速度；再者要解这样大数目的动力学方程，已远远地超出了任何可以想象的快速电子计算机的能力，是根本不可能的。

对以大量分子组成的热力学系统，从微观上加以研究时，必须用统计方法，即对微观量求统计平均值的方法。本章先用这种方法说明气体压强和温度的微观意义，然后说明如何对分子集体的运动状态从微观上加以描述——气体按速率和按能量的分布，这些说明都是关于理想气体的。随后，简单介绍真实气体的一些性质和气体分子碰撞及平均自由程的概念。

13.1 分子运动的基本概念

人们不能用肉眼看见分子，更不能观察到气体、液体和固体内部的结构。

但是，借助于现代的实验仪器和实验方法，我们可以观察到气体、液体和固体这些物质是由大量的分子所组成的。

13.1.1 分子的密度和线度

大量的实验表明：宏观物体是由大量分子组成的。任何一种物质每 1 mol 所含有的分子(或原子量)数目都相等，这个数叫做阿伏伽德罗常数，用符号 N_A 来表示，且 $N_A = 6.022 \times 10^{23}$ 个/mol。可见：气体、液体和固体内部的分子数是很多的。单位体积内的分子数，称为分子密度，用 n 来表示。由实验测定，在通常温度和压强下，氮气的分子密度 $n \approx 2.47 \times 10^{19}$ cm^{-3}，水分子密度 $n \approx 3.3 \times 10^{22}$ cm^{-3}，铜分子密度 $n \approx 7.3 \times 10^{22}$ cm^{-3}。

众所周知：分子有单原子分子(He)，双原子分子(O_2)，多原子分子(CO_2)，甚至还有由成百上千的原子组成的分子(聚丙烯等化工产品)。实验表明：在标准状态(常温度和压强)下，每个氧气分子的直径约为 4×10^{-10} m；气体分子间的距离约为分子直径的 10 倍。所以，在标准状态下，每个氧气分子占有的体积约为其本身体积的 1000 倍。由此可以看出：在标准状态下，容器中的气体分子可以看成是大小可忽略不计的质点。应该指出：随着压强的增加，气体分子间的距离会变小；但是，在不太大的压强下，每个分子占有的体积仍然比分子本身的大小要大得多。

13.1.2 分子力

液体和固体的分子之所以会聚集在一起而不分散开，是因为分子之间有相互吸引力，这说明物体各部分之间存在着相互吸引力。大量的实验表明：分子之间有相互吸力，而且还存在排斥力。液体和固体都很难压缩，就说明了分子之间存在排斥力，阻止它们相互接近或靠紧。

图 13.1-3 是分子力 f 与其间距 r 的关系曲线，当 $r < r_0 \approx 10^{-10}$ m 时，分子力主要表现斥力；当 $r = r_0$ 时，$f = 0$；当继续增大时，到大于 10^{-9} m 时，分子间的作用力十分微弱，可忽略不计。由此

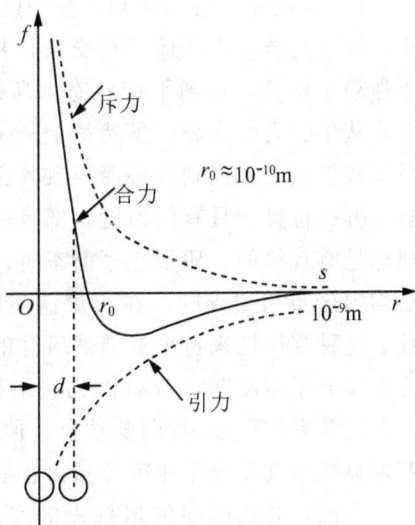

图 13.1-3 分子力曲线

可见：分子力 f 作用的范围极小，属于短程力。气体在低压时，分子力 f 可以忽略不计。应该指出：分子力属于电磁相互作用，每个分子都有带正电的核和带负电的电子，分子力是十分复杂的，不是静电力；此力的计算需用量子力学理论。

13.1.3 分子热运动的无序性及统计规律

大量的实验证明：一切宏观物体都是由大量分子组成的，分子之间还存在着相互作用力；同时，这些分子都在不停地做无规则的热运动。英国植物学家布朗(R. Brown, 1773—1858)1827 年发现：悬浮在液体上的花粉细小颗粒不断地做无规则的运动；后来还发现，就是悬浮在静止气体中的尘埃粒子也不停地做无规则的运动。为了纪念英国科学家布朗，人们将这种悬浮在流体中的细小颗粒不断地做无规则的运动，统称为布朗运动。这种运动是由于大量分子的不对称碰撞悬浮在流体中的颗粒而引起的，所以布朗运动是分子无规则的热运动的一种间接表现形式。一方面，物质内部的大量分子在分子力的作用下，使它们尽可能地聚集在一起；另一方面，无规则的热运动又使它们尽量分开。这样一来，物质内部的大量分子是集聚还是分开呢？实验表明：起决定作用的是，物质所处的环境的温度和压强。由于环境条件的差异，导致它们形成气、液、固和等离子态等不同的集合。由于气体分子的数目巨大，其热运动中相互碰撞频繁。在通常的温度和压强下，实验测定一个分子在 1 秒的时间内大约要经历 10^9 次碰撞。可想而知，在如此频繁的碰撞下，分子运动的速度不断地变化，导致其能量不断地进行交换，从而使它们的平均速率相同，各处的温度、压强趋于相等，达到平衡状态。所以说，无序性是气体分子热运动的基本特性。从牛顿力学来看，虽然每个分子的运动都遵循牛顿定律。但是，分子间的极其频繁而又无规则的碰撞导致其运动的无序性；使得它们在某一时刻位于容器的哪一位置、具有何速度，都有一定的偶然性。然而，大量分子的整体的表现却是有规律的，比如在平衡态时，容器内各处的温度、压强和分子的密度都是均匀分布和相等的。在大量偶然的、无序的分子运动中，包含着一种规律性。这种规律性来自大量偶然事件的集合，称为统计规律性。为此，我们在研究大量分子运动时，应该做到：牛顿力学的决定论和统计力学的概率性的统一，这就是辩证法(我们要学会这种辩证思维方法)。我们将采用这种方法来研究麦克斯韦气体分子速率分布律、能量均分定理、气体温度公式和压强公式。

下面，我们例举伽尔顿板的实验来说明统计规律性，如图 13.1-4 所示，有一竖直平板上部钉有一排排等间隔的铁钉，下部用隔板隔成等宽的槽狭；板的顶部装有漏斗形的入口，小球可以通过此口落入狭槽内，这个装置称为伽尔顿板。如果从入口处一个一个地投入小球，我们发现：第一个小球在下落的过程中，与一些钉子发生碰撞而落入某一狭槽中；同理，第二个小球落入某另一个与第一个小球完全不同的狭槽中……这就说明：小球从入口下落后，与哪些铁钉碰撞后，落入哪个狭槽完全是随机偶然的；如果把很多小球一次性地投入，可以发现：落入中间狭槽的小球较多，而两端狭槽中的小球则较少。重复多次实验，结果大致相似，出现小球有规律的分布。实验表明：小球落入哪个狭槽是偶然的，而其在各个狭槽的分布规律是确定的。

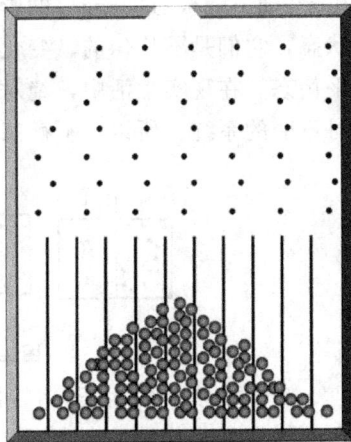

图 13.1-4　伽尔顿板的实验

13.2　平衡态　理想气体状态方程

我们将研究的对象称为热力学系统，简称系统。热学所研究的系统是由大量分子所组成的。一定量的物质正是由大量分子所组成的，比如气体、液体或固体。所以，我们可以将一定量的气体作为系统来研究。系统之外的一切物体或外界环境称为外界。若系统与外界既无能量交换，又无质量交换，这样的系统称为孤立系统；若系统与外界有能量交换，但是无质量交换，这样的系统称为封闭系统；若系统与外界既有能量交换，又有质量交换，这样的系统称为开放系统。

13.2.1　平衡态和状态参数

将系统的状态分为平衡态和非平衡态两种，如图 13.2-1 所示：系统的初始状态为一定量的气体均匀地分布在容器的左半侧，其右半侧为真空；然后，将隔板抽掉，空气向右扩散，系统出现不均匀现象，随着时间的延续，直到容器内的空气再一次地均匀分布为止(末态)。如果没有外界的影响(孤立系统)，系统始终保持这种状态，气体的温度、压强等热力学参数都保持稳定不变。我们把在没有外界影响的条件下，系统各部分的宏观性质长时间内不发生变化的状态，称为热力学平衡态。由此可见，系统的初态和末态均为平衡态。另外，由于"抽出隔板"这一外界的影响，使得平衡态被破坏了，而出现了许多的中间状态，它们是不均匀的、变化的状态，并引起宏观量的变化，这种状态称为非平衡态。在现实生活中，绝对孤立的系统是不存在的，也没有保持宏观性质绝对不变的系统。所以，平衡态是一种理想的概念。

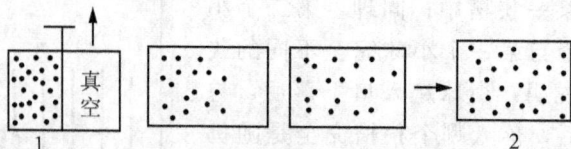

图 13.2-1 平衡态和非平衡态

当系统处于平衡态时，可以用一系列的确定的物理量来描述它的特征，这些特征量，称为状态参数。设气体的质量为 m，分子的总数量为 N，处于平衡态时，其压强 p，体积为 V，温度为 T，质量密度为 $\rho = m/V$，分子密度为 $n = N/V$ 等。但是，这些参量之间并不是相互独立的，而是紧密联系着的。以独立的参量为坐标，构成的空间，称为状态参量空间，如

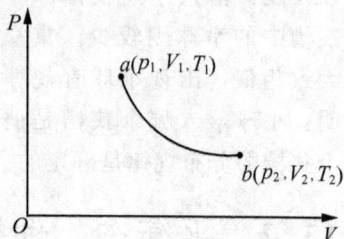

图 13.2-2 平衡态与平衡过程

图 13.2-2 所示。由于气体分子的每个平衡态都有一个确定的压强 p 和体积 V 值。所以，每个平衡态都有一个状态参量空间的确定的点与其对应。对于非平衡态，由于各处的密度不均匀而导致了压强 p、温度 T 和体积 V 的不均匀，无法用一个确定的参量值来描述。所以，非平衡态不能用参量空间的点来表示。有了参量空间后，系统的每一个平衡态都与参量空间的一个点对应起来了。

13.2.2　准静态过程

若气体状态从某一平衡态，变化到另一平衡态，经过的中间过程可以近似视为平衡态，则这样的状态变化的过程称为平衡过程或准静态过程。在 p-V 上，气体的每一个平衡态可以用一个确定的点来表示，如图 13.2-2 所示，点 $a(p_1, V_1, T_1)$ 和点 $b(p_2, V_2, T_2)$ 分别表示过程开始和结束时的平衡态，曲线 ab 则表示气体所经历的准静态过程。

下面，以气体膨胀过程为例，说明平衡态与准静态过程。在绝热的汽缸中有一定量的气体，经过一段足够长的时间，气体达到平衡态。这时拉动活塞使气体的体积由 V_1 变化到 V_2，如图 13.2-3 所示。若活塞拉动得很快，使系统没有足够的时间达到新的平衡，则过程为非准静态过程；若缓慢地拉动活塞，

使中间每一状态有足够长的时间气体达到平衡态。那么，气体经历的过程可以认为是准静态过程。由此可见，准静态过程是一个理想的过程。任何实际的过程，严格地说都是非平衡过程。但是，只要实际的过程进行足够缓慢，就可以视为准静态过程。怎样判断是否足够缓慢呢？我们将系统从偏离平衡态分布，靠自己内部运动达到平衡态分布所经历的过程称为弛豫过程，弛豫过程所经历的时间称为弛豫时间。弛豫时间的长短取决于系统的大小和弛豫的物理机制。例如：以绝热的汽缸中的气体为研究对象，活塞向外移动时，则靠近活塞处的压强变小，其他部分的气体要向活塞处运动，以恢复平衡。设汽缸的长度为 L（10^{-1} m 数量级），气体分子运动的平均速率为 $\bar{v}$（$10^2 \sim 10^3$ m·s^{-1} 数量级），则弛豫时间与 L/v 同数量级，约 $10^{-4} \sim 10^{-3}$ s。一般发动机活塞每秒往复运动十几次，往复运动一次所用时间约 $10^{-2} \sim 10^{-1}$ s，远大于 $10^{-4} \sim 10^{-3}$ s 的弛豫时间。因此，可以认为满足准静态过程的条件。

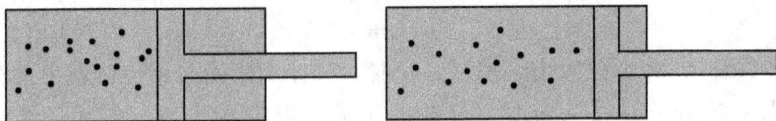

图 13.2-3　气体的膨胀过程

13.2.3　理想气体状态方程

我们知道：一定量的理想气体，在温度不变的情况下，压强与体积的乘积为常数，这就是玻意耳定律，即 $pV = C$，对于不同的温度，C 的值不同。各种气体都是近似地遵守该定律，且在压强越小，温度越高时，对此定律符合得较好。严格遵守玻意耳定律的气体称为理想气体，它是实际气体在压强趋于零时的一种理想的情况。若质量为 M，又已知一个分子质量为 m，则

$$M = Nm = \frac{N\mu}{N_0} \tag{13.2.1}$$

式中 μ 为摩尔质量，且 $\mu = N_0 m$，N_0 为阿伏伽德罗常数，$N_0 = 6.022 \times 10^{23}$ 个/mol。

则摩尔（个）数 $\nu = \dfrac{M}{\mu} = \dfrac{N}{N_0}$，摩尔体积为：$V_{\text{mol}} = \dfrac{V}{\nu}$，在标准状态下：$V_0 = \dfrac{M}{\mu} V_{\text{mol}}$。

令 R 为普适常数，则

$$R = \frac{p_0 V_{\text{mol}}}{T_0} = \frac{1.013 \times 10^5 \times 22.4 \times 10^{-3}}{273.15} = 8.31 (\text{J/mol·k})$$

玻尔兹曼常数

$$k = \frac{R}{N_0} = \frac{8.31}{6.022 \times 10^{23}} = 1.38 \times 10^{-23} \, (\text{J/K})$$

一定质量的理想气体状态方程为

$$\frac{pV}{T} = C, \quad \frac{P_1 V_1}{T_1} = \frac{P_2 V_2}{T_2}$$

在标准状态下

$$C = \frac{P_0 V_0}{T_0} = \frac{M P_0}{\mu} \frac{V_{\text{mol}}}{T_0} = \frac{M}{\mu} R$$

则理想气体状态方程为

$$pV = \frac{M}{\mu} RT \tag{13.2.2}$$

可以将理想气体状态方程式(13.2.2)改变为

$$p = nRT \tag{13.2.3}$$

从式(13.2.3)可以看出，温度一定时，气体的压强与单位体积中的分子数 n 成正比；当分子数 n 一定时，气体的压强与温度成正比。例如，给轮胎打气，使 n 增大，从而使压强增大；夏天温度高时，为防止爆胎，充气不宜太足。

13.3 理想气体的压力公式 温度公式

为了研究大量气体分子的运动规律，我们只有采用统计的方法求出其运动有关的物理量的平均值，比如：平均能量、平均速度、平均碰撞次数等，从而对其热运动相关联的宏观现象作出微观解释。

13.3.1 理想气体的微观模型

从气体动理论的观点来看，理想气体是一种最简单的气体。我们将理想气体的微观模型作如下几点假设。

1. 关于每个分子的力学性质的假设

(1)分子本身的大小与分子之间的平均距离相比，可以忽略不计。分子间的平均距离很大，分子可以看作是质点；

(2)除碰撞瞬间外，分子之间的相互作用力可以忽略不计。因此，在两次碰撞之间，分子的运动可以看作是直线运动；

(3)分子在不停地运动着，分子之间和分子与器壁之间发生着频繁的碰撞，这些碰撞都是完全弹性的。分子与器壁之间的碰撞只改变分子的运动的方向，不改变其速率，即遵循经典力学规律，分子的动能不因与器壁的碰撞而有任何的改变。

2. 关于分子集体统计性的假设

(1)每个分子运动的速度各不同，而且通过碰撞不断发生变化；

(2)在平衡态时，分子按位置的分布是均匀的。若 N 为分子容器体积 V 内的分子总数，则分子密度 $n = \dfrac{N}{V}$；（分子平均距离 $\bar{d} = \sqrt[3]{\dfrac{1}{n}}$）

(3)平衡态时，每个分子的速度指向任何一方的机会（或概率）是一样的，也就是说：每个分子的速度按方向的分布是均匀的，即 $\overline{v_x^2} = \overline{v_y^2} = \overline{v_z^2}$，其中各速度分量的平方的平均值定义为

$$\overline{v_x^2} = \frac{v_{1x}^2 + v_{2x}^2 + \cdots + v_{Nx}^2}{N}$$

(4)分子速率的每个分量的平均值应该相等，即

$$\overline{v_i^2} = \overline{v_{ix}^2} + \overline{v_{iy}^2} + \overline{v_{iz}^2}$$

可得

$$\overline{v^2} = \overline{v_x^2} + \overline{v_y^2} + \overline{v_z^2}, \quad \overline{v_x^2} = \overline{v_y^2} = \overline{v_z^2} = \frac{1}{3}\overline{v^2}.$$

这样，从气体动理论的观点来看，理想气体可看成是由大量的不断地做无规则运动的、本身体积可以忽略不计的、彼此之间相互作用可不予以考虑的弹性小球所组成。显然，这是一个理想模型，它只是真实气体在压强较小时的近似模型。

下面，我们以理想气体微观模型为研究对象，运用牛顿定律，采取求平均值的统计方法来推导出理想气体的压强公式。

13.3.2 理想气体的压强公式

利用气体分子运动概念导出作用于器壁上的气体压强公式，最早是由伯努利[①]提出的。后来，经过克劳修斯和麦可斯韦等人的发展，推导的方法越来越合理。伯努利认为，气体作用于器壁的压力是气体中大量分子对器壁碰撞的结果。碰撞时气体分子对器壁作用以冲量，由于分子与器壁的碰撞为弹性碰撞，

---

① 伯努利(D. Bernoulli，1700—1782)，瑞士数学家和物理学。1738 年，他首先从物质分子结构观点以及分子无规则运动的假设出发，对气体压强予以微观解释。建立了气体动理论和热学的基本概念。

所以作用于器壁的力的方向都与器壁垂直。

设有一边长分别为 $x=L_1$，$y=L_2$，$z=L_3$ 的长方体容器，如图 13.3-1 所示。在容器内有 N 个同类理想气体分子，做无规则热运动。每个分子的质量均为 m，由于处在平衡状态，容器内分子数目又十分巨大（在通常情况下，气体分子数密度 n 的数量级为 $10^{19}/cm^3$），所以容器壁上的每部分都受到大量分子的碰撞，容器中的每个器壁都受到均匀的、连续的冲力。因为气体处于平衡态，各处的压强都相等。因此，只要计算容器中任何一个器壁所受的压强就可以了。

下面，我们计算与 x 轴垂直的壁面 A_1 所受的压强，如图 13.3-1 所示。

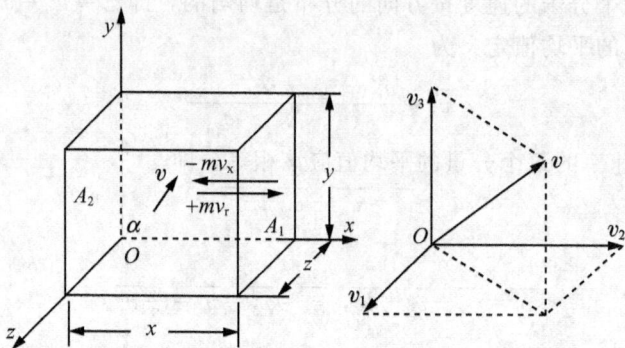

图 13.3-1 气体动理论压强公式的推导

设一分子 α，其质量为 m、速度为 v_i，且速度在直角坐标系的分量分别为 v_{ix}，v_{iy}，v_{iz}，与容器壁 A_1 相碰撞（完全弹性碰撞）时，在 x 轴方向碰撞一次动量的改变量为 $\Delta I=-2mv_{ix}$。

分子 α 对容器壁 A_1 碰撞的力是间歇的，而不是连续的。就它沿 x 轴的运动情况来看，它以 $-v_{ix}$ 从器壁 A_1 面弹回，飞向 A_2，并与面 A_2 碰撞，又以 v_{ix} 回到 A_1 面再作碰撞。分子 α 与 A_1 两次碰撞，在 x 轴方向所移动的距离是 $2L_1$，所需的时间为 $2L_1/v_{ix}$；则单位时间内，分子 α 与容器壁 A_1 相碰撞的次数为：$\dfrac{1}{t}=\dfrac{v_{ix}}{2L_1}$，器壁 A_1 面受的平均力 F 的大小，应该等于单位时间内所有分子与 A_1 面碰撞时所作用的冲力的总和

$$F=\sum_{i=1}^{N}2mv_{ix}\frac{v_{ix}}{2L_1}=\frac{m}{L_1}\sum_{i=1}^{N}v_{ix}^2 \tag{13.3.1}$$

根据压强的定义，我们有

$$p = \frac{F}{S} = \frac{m}{L_1 L_2 l_3} \sum_{i=1}^{N} v_{ix}^2 = \frac{m}{V} N \left(\frac{v_{1x}^2 + v_{2x}^2 + \cdots + v_{Nx}^2}{N} \right)$$

式中

$$\overline{v_x^2} = \frac{\sum\limits_{i=1}^{N} v_{ix}^2}{N}$$

且 $\overline{v^2} = \overline{v_x^2} + \overline{v_y^2} + \overline{v_z^2}$。由于气体处于平衡态，可以认为分子沿各个方向的概率是相等的，也就是说在平衡态下气体分子热运动的各向同性的表现。即

$\overline{v_x^2} = \overline{v_y^2} = \overline{v_z^2} = \frac{1}{3} \overline{v^2}$，故 $p = \frac{1}{3} nm \overline{v^2}$。又因为分子平均平动动能为 $\overline{\varepsilon_k} = \frac{1}{2} m \overline{v^2}$

所以理想气体压强公式为

$$p = \frac{1}{3} nm \overline{v^2} = \frac{2}{3} n \overline{\varepsilon_k} \qquad (13.3.2)$$

式(13.3.2)说明，理想气体作用于器壁的压强正比于分子数的密度 n 和分子的平均平动动能。分子数的密度越大，压强就越大；平均平动动能越大，压强就越大。实际上，分子对器壁的碰撞是不连续的，器壁所受到的冲量的数值是起伏不定的。只有在气体分子数量足够大时，器壁所受到的冲量才有确定的统计平均值。若说个别分子对器壁产生多大的压强，是毫无意义的，压强是一个统计量。

应当指出：压强虽然是由大量分子对器壁的碰撞而产生的，而公式(13.3.2)无法从实验直接验证。但是式(13.3.2)却揭示了宏观量压强 p 与大量分子微观量的统计平均值 n 和 $\overline{\varepsilon_k}$ 之间的内在联系。从式(13.3.2)出发，可以满意地解释或论证已由实验验证过的诸多实验定律。因此，理想气体压强公式是气体动理论的基本公式之一。

13.3.3　理想气体的温度公式

由理想气体物态方程和压强公式，可以得到理想气体的温度和分子平均平动动能之间的关系，从而说明温度这一宏观量的微观本质。

由理想气体物态方程

$$pV = \frac{M}{\mu} RT$$

$$p = \frac{N}{N_0 V} RT = \frac{N}{V} \frac{R}{N_0} T = nkT \qquad (13.3.3)$$

又有压强公式

$$p = \frac{1}{3} nm \overline{v^2} = \frac{2}{3} n \overline{\varepsilon_k} \qquad (13.3.4)$$

式(13.3.3)等于式(13.3.4)，即 $p=nkT=\dfrac{2}{3}n\overline{\varepsilon_k}$，所以温度公式为

$$\overline{\varepsilon_k}=\frac{1}{2}m\overline{v^2}=\frac{3}{2}kT \tag{13.3.5}$$

此式表示，温度(T)这一宏观量和分子平均平动动能($\overline{\varepsilon_k}$)这一微观量统计平均值之间的关系。它表明处于平衡态的理想气体，其分子平均平动动能与温度成正比，气体的温度越高，分子平均平动动能就越大，分子热运动就越激烈。因此，宏观量温度的微观本质是：温度标志着大量气体分子无规则运动的激烈的程度，是大量气体分子热运动的集体表现。因此，温度是一个统计量，对单个分子说温度是没有任何意义的。由式(13.3.5)可知，分子平均平动动能只与温度有关，与分子的种类无关，只要它们的温度相同，它们的分子平均平动动能就相同。

13.4　能量按自由度均分定理　理想气体的内能

上面，我们只讨论了分子平动动能和温度的关系，实际上各种分子都有一定的内部结构。例如：有的是单原子分子(氦 He、氖 Ne)，有的是双原子分子(氢气 H_2、氮气 N_2 和氧气 O_2)，有的是多原子分子(乙烷 CH_4、水分子 H_2O)。因此，分子除了平动之外，还可能有转动及其内部的振动。为了用统计的方法计算分子的平均转动动能和平均振动动能，以及平均总动能，需要引入运动自由度的概念。

13.4.1　自由度

决定一个物体在空间的位置，所需要的独立的坐标数目，用符号 i 表示。例如：质点(X，Y，Z)3 个自由度；亚铃 5 个(3 个平动，2 个转动)自由度，如图 13.4-1(a)所示；刚体 6 个自由度(3 个转动 α，β，γ)，如图 13.4-1(b)所示；双原子分子振动时有 7 个自由度，如图 13.4-1(c)所示。

在计算一个物体的能量时，我们注意到：其经典力学中的表达式常是以"平方"项之和出现的。例如：一个自由物体平动动能为

$$E_{k,i}=\frac{1}{2}mv_x^2+\frac{1}{2}mv_y^2+\frac{1}{2}mv_z^2 \tag{13.4.1}$$

转动动能为

$$E_{k,r}=\frac{1}{2}I_x\omega_x^2+\frac{1}{2}I_y\omega_y^2+\frac{1}{2}I_z\omega_z^2 \tag{13.4.2}$$

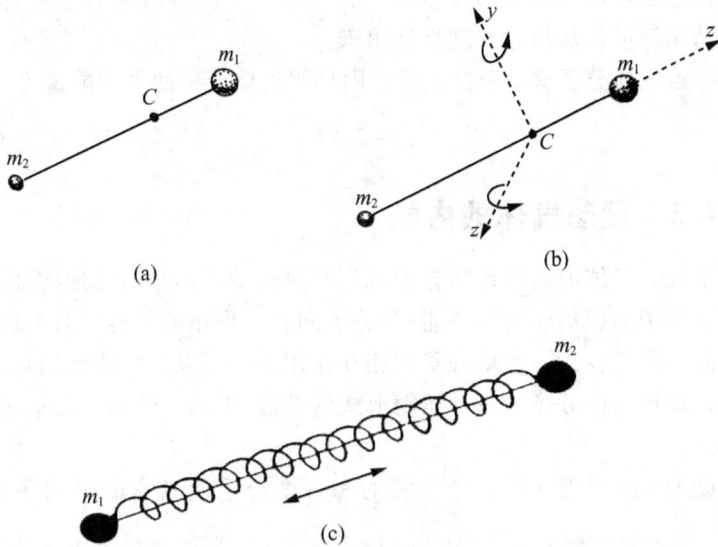

(a)

(b)

(c)

图 13.4-1 分子的自由度

而一维振子的能量为

$$E = \frac{1}{2}kx^2 + \frac{1}{2}mv^2 \tag{13.4.3}$$

由此可见，每一个这样的"平方项"都对应一个自由度。在讨论分子的自由度时，我们一般把分子看成是刚性分子，不考虑其内部的振动（那是量子力学所研究的范畴），所以刚性分子最多只有 6 个自由度。

13.4.2 能量按自由度均分定理

经过前面的研究，我们已得到：一个分子的平均平动动能为 $\overline{\varepsilon_i} = \frac{1}{2}m\,\overline{v^2} = \frac{3}{2}kT$，利用分子运动的无规则性和统计平均 $\overline{v_x^2} = \overline{v_y^2} = \overline{v_z^2} = \frac{1}{3}\overline{v^2}$ 可得

$$\frac{1}{2}m\,\overline{v_x^2} = \frac{1}{2}m\,\overline{v_y^2} = \frac{1}{2}m\,\overline{v_z^2} = \frac{1}{3}\left(\frac{1}{2}m\,\overline{v^2}\right) = \frac{1}{2}kT \tag{13.4.4}$$

此式说明：在平衡状态下，理想气体分子的每一个自由度都具有相同的平均平动动能，其大小都等于 $\frac{1}{2}kT$，这就是能量按自由度均分定理。它是经典统计物理学的一个重要结论，反映了分子热运动能量的统计规律。

在经典物理学中，能量按自由度均分原理也适合于液体和固体分子的无规

则运动。根据能量按自由度均分原理，若一个分子的自由度的个数为 i，则它的平均总动能就可以从均分原理推导出来。

推论：若气体分子有 i 个自由度，则理想气体分子的平均能量为

$$\bar{\varepsilon} = \frac{i}{2}kT \tag{13.4.5}$$

13.4.3 理想气体的内能

一般来说，气体的内能包括分子无规则热运动所具有的能量（温度较高时，分子内由于原子的振动还具有势能）和分子间相互作用的势能。对于理想气体，由于分子间的距离较大，忽略分子间相互作用力，所以分子间无相互作用的势能。因而，理想气体分子的各种运动形式的动能（平动、转动、振动……）总和称为其内能。

自由度为 i 的理想气体分子，它的每一个分子所具有的平均平动动能为 $\bar{\varepsilon} = \frac{i}{2}kT$，1 mol 气体有 N_0 个分子，则 $E = N_0\bar{\varepsilon}$，那么质量为 M，摩尔质量为 μ 的理想气体分子的内能为

$$E = N_0\bar{\varepsilon} = \frac{M}{\mu}N_0\,\frac{i}{2}kT = \frac{M}{\mu}\frac{i}{2}RT$$

即

$$E = \frac{M}{\mu}\frac{i}{2}RT \tag{13.4.6}$$

此式表明：对给定的理想气体，内能是温度的单值函数。当理想气体状态变化时，只要温度发生变化，内能也必然改变。

13.5 麦克斯韦速率分布定律

由大量分子组成的气体，因分子间的碰撞，每一个分子运动速度的方向和大小是不可预知的。但是，从整体上统计来说：气体分子的速度还是有规律的。早在 1859 年麦克斯韦（Maxwell. J. K）就用概率论证明了，在平衡状态下，理想气体分子按速率的分布有确定的规律，这个规律叫做麦克斯韦速率分布律。

13.5.1 测定气体分子速率的实验

1920 年由史特恩做了第一次实验，对麦克斯韦速率的分布进行了验证。

1955 年哥伦比亚大学的密勒又进行了一次高精度的实验，验证麦克斯韦速率的分布律。如图 13.5-1 所示，A 是金属蒸汽源，S 为一固定狭缝，从金属蒸汽源中产生的分子通过狭缝形成一条很窄的分子射线。B 和 C 是两个相距为 L 的同轴圆盘，盘上各开一个很窄的狭缝，两狭缝形成一个很小的夹角 θ，约为 2°。D 为接收分子射线的接收器。整个装置放在高真空容器中，以防射线中的分子与其他分子碰撞。当两个同轴圆盘以角速度 ω 匀速旋转时，并不是所有的分子都能通过 B 和 C 盘，只有速率满足如下关系式的那些分子，才能通过而被接收器 D 所接收到。

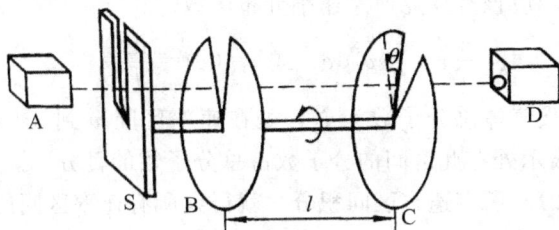

图 13.5-1 测定气体分子速率的实验装置

即要求满足

$$\theta = \omega t = \omega \frac{l}{v}$$

从而

$$v = \frac{\omega}{\theta} l \qquad (13.5.1)$$

可见，圆盘 B 和 C 起到速率选择器的作用。当改变角速度 ω 时，可以使不同速率的分子通过。考虑到 B 和 C 上狭缝都有一定的宽度，对应着一定范围的角速度 ω 对应的速率，即速率为 $v \rightarrow v + \Delta v$ 的分子都通过而被 D 所接收到。实验时，改变角速度 ω，D 所接收到分子的速

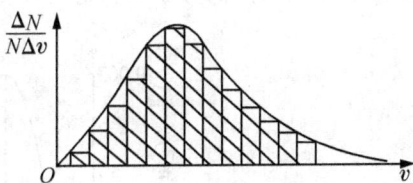

图 13.5-2 气体分子速率分布规律

率不同，相对数量也不同。使圆盘分别以角速度 ω_1，ω_2，… 匀速旋转，测出分子射线中，速率在 $v_1 \rightarrow v_1 + \Delta v$，$v_2 \rightarrow v_2 + \Delta v$，… 等各不同速率区间内的分子数 ΔN_1，ΔN_2，… 占总分子数 N 的百分比。在实验不变的条件下，分布在各个速率区间内分子数的相对比值是完全相同的。这说明对大量气体分子而言，其分子速率遵从一定的统计分布规律，如图 13.5-2 所示。

13.5.2　麦克斯韦气体分子速率分布律

从微观上说明所有的气体分子的速率是不可能的，只能用统计的方法加以研究说明。这种说明方法就叫做麦克斯韦气体分子速率分布律。说明分子按速率分布时，采取按速率区间分组的办法。一般说来，研究速率分布，就是要指出速率在 v 到 $v+dv$ 区间的分子数 dN 是多少，或者 dN 占总分子数 N 的百分比，即 dN/N 是多少。这一百分比在各个速率区间是不相同的，它应该是速率 v 的函数。同时，在速率区间足够小的情况下，这一百分比还应和区间的大小成正比。因此，应该有麦克斯韦速率分布函数

$$\frac{dN}{N} = f(v)dv \quad \text{或} \quad f(v) = \frac{dN}{Ndv} \tag{13.5.2}$$

其物理意义是，设气体总分子数为 N，处在速率区间 v 到 $v+dv$ 的分子数为 dN，则 dN/N 表示处在此区间的分子数占总分子数的百分比。

将式(13.5.2)对所有速率区间积分，就得到所有速率区间的分子数占总分子数百分比的总和(100%)，显然是 1(亦称为归一化)，因而有归一化条件

$$\frac{dN}{N} = f(v)dv, \int_0^N \frac{dN}{N} = \int_0^\infty f(v)dv = 1 \tag{13.5.3}$$

以 v 为横轴，$f(v)$ 为纵轴画出的图线叫做麦克斯韦速率分布曲线，如图 13.5-3 所示是氮气的麦克斯韦速率分布曲线。图中曲线下面宽度为 dv 的窄条的面积就等于该区域内的分子数占总分子数的百分比 dN/N。

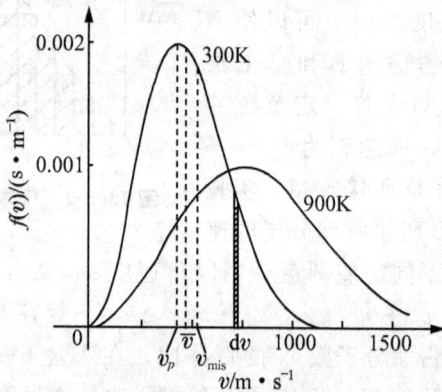

图 13.5-3　速率分布函数曲线

13.5.3 三种统计速率

从图中可以看出：麦克斯韦速率分布函数确定的速率很小和很大的分子数都很少。在某一速率 v_p 处有一极大值 v_p，叫做最概然速率。其物理意义是，若把整个速率范围分成许多相等的小区域，则在 v_p 所在的区间内的分子数占分子总数的百分比最大，v_p 可由下式求出：$\dfrac{\mathrm{d}f(v)}{\mathrm{d}v}\Big|_{v_p}=0$，由此可以得出

1. 最概然(可几)速率

$$v_p=\sqrt{\frac{2kT}{m}}=\sqrt{\frac{2RT}{\mu}}\approx1.41\sqrt{\frac{RT}{\mu}} \tag{13.5.4}$$

其中，m 为分子的质量，$\mu=N_0m$ 为气体的摩尔质量。此式表明，最概然速率随温度的升高而增大，随气体的摩尔质量的增大而减小。

2. 平均速率

大量分子速率的算术平均值称为平均速率，用 $\bar{v}$ 表示。由式(13.5-2)可知分布在 $v\to v+\mathrm{d}v$ 间的分子数为 $\mathrm{d}N=Nf(v)\mathrm{d}v$。由于 $\mathrm{d}v$ 很小，所以可以认为 $\mathrm{d}N$ 这些分子的速率都是相同的，都等于 v。因此，$v\mathrm{d}N=Nvf(v)\mathrm{d}v$ 表示 $\mathrm{d}N$ 个分子的速率总和，其和为

$$\int_0^\infty v\mathrm{d}N=\int_0^\infty Nvf(v)\mathrm{d}v$$

由此可以得出平均速率为

$$\bar{v}=\sqrt{\frac{8RT}{\pi\mu}}\approx1.60\sqrt{\frac{RT}{\mu}} \tag{13.5.5}$$

3. 方均根速率

大量分子速率平方的平均值再开方称为方均根速率，用 $\sqrt{\overline{v^2}}$ 表示。该速率与分子平均平动动能有关，与求平均速度的分析方法类比，分子速率平方的平均值为

$$\sqrt{\overline{v^2}}=\sqrt{\frac{3kT}{m}}=\sqrt{\frac{3RT}{\mu}}\approx1.73\sqrt{\frac{RT}{\mu}} \tag{13.5.6}$$

以上三者都是在统计意义上说明大量分子的运动速率的典型值，它们都与 $\sqrt{T}$ 成正比，与 $\sqrt{m}$ 成反比。

地球表面的逃逸速度为 11.2 km/s，氦原子和氢气的方均根速率分别为逃逸速度的 1/8 和 1/6，这样似乎它们都难以逃离地球，但是由于速率分布的原因，它们的大部分还是逃离地球了。与此不同的是，氮气和氧气的方均根速率

只有逃逸速度的 1/25，它们逃离地球的可能性很小了。因此，地球大气中今天就保留了大量的氮气(约占大气质量的 76%)和氧气(约占大气质量的 23%)。实际上，大气化学成分的起因是很复杂的，许多原因还不清楚。以氮气为例，1963 年根据人造地球卫星对大气上层稀薄气体成分的分析，证实在几百千米的高空，空气稀薄到接近真空。那里有一层氮气，叫做"氮层"，它的上面是一层"氢层"，实际上是质子层。

思考题和习题

1. 在大气中，随着高度的增加，氮气分子数密度与氧气分子数密度的比值也增大。为什么？

2. 地球大气层的电离中，电离气体的温度可达 2000 K，但是每立方厘米中的分子数不过 10^5 个。这温度是什么意思？一块锡放到该处会不会被熔化？

3. 液体的蒸发过程是不是其表面一层一层地变成蒸汽？为什么蒸发时液体的温度会降低？

4. 金属棒一端与沸水接触，另一端与冰水接触，可以达到棒内各处温度不随时间变化，能否说棒处于平衡态？为什么？

5. 一个绝热容器，用质量可忽略的绝热板 P 将其分开成体积相等的两部分，两边分别装入质量相等、温度相等的氢气和氧气，如图 13.1 所示。开始绝热板 P 固定，然后释放之，板 P 将发生移动(绝热板与容器壁之间不漏气，且摩擦忽略不计)。

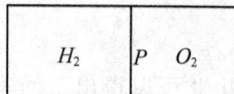

图 13.1

在达到新的平衡位置后，若比较两边温度的高低，则结果是

(A)H_2 比 O_2 高

(B)H_2 比 O_2 低

(C)两边温度相等，为原来的温度

(D)两边温度相等，且比原来的温度降低了

6. 在推导理想气体压强公式时，体现统计意义的两条假设是：

(1)假设：_____；

(2)假设：_____。

7. 一容器贮有氧气，其压强 $p=1.0$ atm，温度为 $t=27\ ℃$。则：

(1)单位体积内的氧气分子数为 $n=$ _____；

(2)氧气分子的密度 $\rho=$ _____；

(3)氧气分子间的平均距离 $d=$ _____。

8. 目前可获得的极限真空为 10^{-13} mmHg 的数量级，若气温为 27 ℃，此时真空室内每立方厘米的空气分子数为_____。

9. 两容器内分别盛有氢气和氮气，若它们的温度和质量分别相等，则

(A)两种气体分子的平均平动动能相等

(B)两种气体分子的平均动能不相等

(C)两种气体分子的平均速率相等

(D)两种气体分子的内能相等

第 14 章　热力学定律

　　前面一章我们从气体的分子热运动的微观角度出发，运用统计学的方法研究了热力学系统处于平衡状态的热现象，揭示了热现象的微观本质。本章将以观察和实验事实为依据，得出热力学定律；并以此为基础，用能量转化的观点研究热运动过程中有关热、功和内能的基本概念和它们之间的相互转换的关系和条件。从宏观的角度研究物质的热现象和热运动。物质热现象的宏观理论，称为热力学。本章主要讨论热力学两条基本定律，以及理想气体的等值过程和循环过程。

14.1　热力学第一定律

　　在热力学中，我们把研究的对象(如气体、液体和固体)称为热力学系统，简称系统。系统从一个状态变化到另一个状态的变化过程，称为热力学过程。如果一个热力学过程所经历的所有的中间过程都是无限接近平衡态，这个过程就称为准静态过程，准静态过程是一个理想的过程。在实际过程中，由于状态的变化必然会破坏系统的原平衡态，需要经过一段时间后才能达到新的平衡态。如果过程进行得很快，新的平衡还未达到就开始了下一步的变化，使得系统处于一种非平衡的状态，直到过程结束才达到新的平衡，这种过程称为非静态过程。如果过程进行得相当缓慢，使得过程中的每一步系统都非常接近平衡态，这样的过程就可以近似地看成准静态过程。准静态过程是实际过程的抽象和理想化，许多进行足够缓慢的实际过程就可以看成是准静态过程。

14.1.1　内能　功和热量

1. 内能

　　在气体动理论中，我们从微观的角度定义了系统的内能，它是系统内所有分子无规则热运动能量的总和，是温度的函数。对于理想气体，分子间的相互作用可忽略不计，其内能仅仅是温度的单值函数。理想气体的内能可用下式来计算

$$E=\frac{M}{\mu}\frac{i}{2}RT \quad 或 \quad \Delta E=\frac{M}{\mu}\frac{i}{2}R\Delta T \tag{14.1.1}$$

当系统从一个状态变化到另一个状态时，内能的变化只与初态和终态有关，而与中间过程无关，如下式所示

$$\Delta E = \int_{E_1}^{E_2} dE = E_2 - E_1 \tag{14.1.2}$$

若系统经历一系列过程，又回到初始状态，我们称这个过程为循环过程。那么系统内能的变化量为

$$\Delta E = \oint_L dE = 0 \tag{14.1.3}$$

2. 功

如图 14.1-1 所示的汽缸中，气体的压强为 p，活塞的面积为 S。当活塞发生微小位移 dl 时，气体对外界所做的功

$$dA = fdl = pSdl = pdV$$

当气体膨胀时，$dV>0$，则 $dA>0$，此时系统对外做正功；在气体压缩时，$dV<0$，则 $dA<0$，此时系统对外做负功。

当气体由体积 V_1 膨胀到体积 V_2 时，气体对外界所做的总功为

$$A = \int_{V_1}^{V_2} dA = \int_{V_1}^{V_2} pdV \tag{14.1.4}$$

上式中，定积分的值的大小（积分线下的面积），与其积分路线有关，所以功和热量都不是系统的状态函数，只有内能才是系统的状态函数。

p-V 图上曲线下的面积即为气体膨胀过程中对外所做的功，故图 14.1-1（b）又称为示功图。由图可以看出：当系统经历不同的过程，由状态 I 变化到状态 II

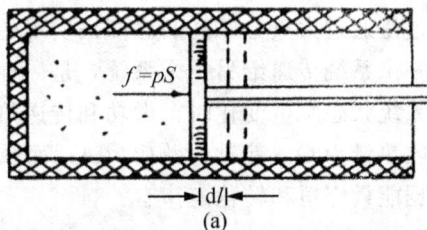

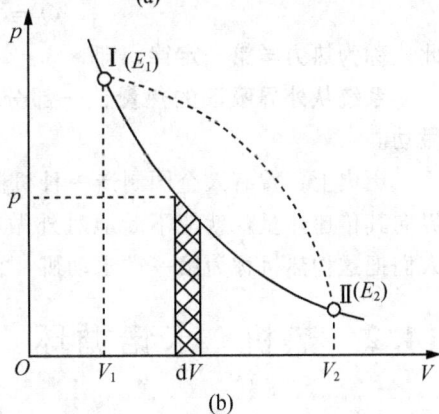

图 14.1-1 气体膨胀对外做功

时，曲线下所围的面积不同，系统所做的功也不同。这说明系统所做的功不仅与系统的始末状态有关，而且还与过程有关，功是过程量，不是系统的状态函数。

3. 热量

在热传递过程中，所传递的能量称为热量，通常用 Q 表示。在国际单位制中，它的单位是与功和内能的单位相同的，都是焦耳(J)。热量传递的方向可以用 Q 的正、负来表示。我们规定：当系统从外界吸热量时，$Q>0$ 为正值；当系统向外界放出热量时，$Q<0$ 为负值。需要指出的是：当系统所经历的过程不同时，所传递的热量也不同。热量和功一样是过程量，不是系统的状态函数。

14.1.2　热力学第一定律

加热可以提高系统的温度，这说明热量的传递可以改变系统的内能；做功同样能改变系统的内能。但是，两者的本质是完全不同的。做功是将机械运动的能量转化为分子热运动的能量，而传热只是把高温物体的分子热运动的能量传递给了低温物体，能量的形式并未改变；做功是通过宏观位移来实现的，做功改变内能是有规则的运动与无规则运动两种不同运动形式能量的转换，而热量的传递是通过大量分子间的碰撞来实现的，传递热量改变内能是无规则运动能量由一个系统传递给另一个系统，是一种运动形式能量的传递。在一般情况下，当系统状态发生变化时，做功和传递热量往往是同时存在的。如果系统从外界吸收热量为 Q，其对外做功为 A，而系统的内能由 E_1 初态改变为 E_2 的末态，根据能量守恒和转化定律有

$$Q = \Delta E + A \qquad (14.1.5)$$

此式称为**热力学第一定律**，即

系统从外界吸取的热量，一部分使系统的内能增加，一部分用于其对外做功。

历史上，曾有人企图制造一种机器，这种机器既不消耗内能，也不需要外界向其传递热量，就能不断地对外做功。显然，这是违背热力学第一定律的。人们把这种热机称为第一类永动机，它是绝不可能实现的。

14.2　热机　卡诺循环

热机：利用热能做功的装置。

汽车发动机就是一个例子，它在有规律的循环往返中运转，用燃烧汽油的热能做功。另一个例子是蒸汽机，它在循环往返中运转，用热蒸汽做功。

汽车发动机和蒸汽机的一个共同的特点是：除了做功之外，还要放出大量热量。比如说，汽车会通过散热器和排气管放出没有做功的热能。因此，并不是发动机或蒸汽机产生的全部热能都用来做功。我们发现，对一切热机都是一样。一切热机排出的热能叫做热机的损耗（或废热），所有热机的能量转化过程是：

热能输入＝功（它可以产生任何别的形式的能量）＋热能损耗

任何设备的能量效率等于输出的有用能量除以输入到设备的总能量。因此，任何热机的能量效率就是

$$能量效率＝\frac{输出的功}{输入的能量}$$

从图 14.2-1 中可以看出，输出的功必定小于输入的热能。所以，热能效率总是小于 1，即小于 100%。我们不能全额消费（或使用）热能，

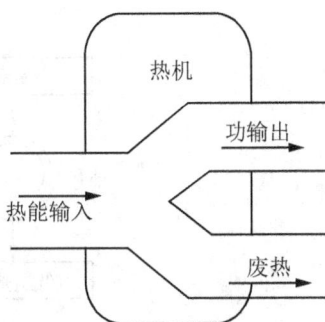

图 14.2-1　热机中的能流

总得损耗一部分，这一事实每次检验都是正确的，它是自然界的一条基本原理，可表述为热机定律的热力学第二定律。

图 14.2-2　斯蒂芬孙发明的第一台蒸汽机车

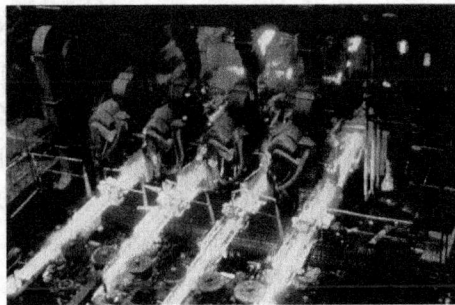

图 14.2-3　现代炼钢工业

用热能做功的任何循环过程必定有热能损耗，也就是说：热机做功的效率永远小于 100%。

14.2.1　正循环和热机效率

在生产实践中，往往需要持续不断地将热量转化为机械能，即系统吸热对

外做功。理想气体的等温膨胀是最理想的，吸的热量全部对外做功。但是，这样的气体膨胀对外做功只是一次性的，要使气体对外做功，就需要利用循环过程。系统经过一系列状态变化过程后，又回到原来状态的过程叫做循环过程。

图 14.2-4 是热机功能转换示意图，热机至少要与两个热源交换热量（图中每个热源代表的温度可以不是唯一的）。当热机经过一个正循环后，它从高温热源吸热 Q_1，一部分用于对外做功，另一部分向低温热源放出热量 Q_2，由热力学第一定律得

$$A = Q_1 - Q_2$$

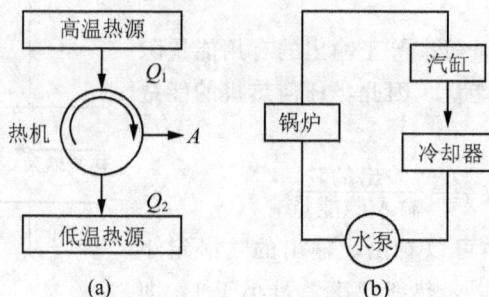

图 14.2-4　热机

由此可定义热机效率，即循环效率

$$\eta = \frac{A}{Q_1} = \frac{Q_1 - Q_2}{Q_1} = 1 - \frac{Q_2}{Q_1} \tag{14.2.1}$$

由于热机从高温热源吸取的热量不可能完全都转化为功，不可避免地要向低温热源放出一部分热量，也就是说 Q_2 不可能等于零。所以，热机的效率永远小于 1。17 世纪诞生的第一部实用的热机是蒸汽机，其工作原理和过程如图 14.2-4(b)所示，水泵将冷却器中的水送到锅炉，锅炉将水加热成高温高压的蒸汽，蒸汽进入汽缸推动活塞运动，对外做功；蒸汽温度降低，变为废气，进入冷却器冷却成水，再次由水泵进入锅炉形成循环。汽车、火车上的内燃机，飞机、火箭上的喷气机等都是热机。虽然它们的工作方式不同，但是其工作原理都是基本相同的。

14.2.2　逆循环和制冷系数

图 14.2-5 是制冷机的工作示意图，外界对系统做功为 A，使其从低温热源吸收热量 Q_2，向高温热源放出热量 Q_1，根据热力学第一定律：$A = Q_1 - Q_2$。由此而来，逆循环是通过外界对系统做功，将热量从低温处传向高温处，从而

达到制冷的目的。通常用

$$e = \frac{Q_2}{A} = \frac{Q_2}{Q_1 - Q_2} \qquad (14.2.2)$$

来衡量制冷机的工作性能，式中 e 称为制冷系数。制冷机的工作原理是：压缩机从蒸发器吸收低压制冷剂蒸汽，压缩并在冷凝器放热后，成为高压的液态制冷剂，经节流阀进入低压蒸发器吸收汽化热，再次成为制冷剂蒸汽，经压缩机压缩，继续循环。循环过程中，外界对系统做功，热量从低温传向高温。

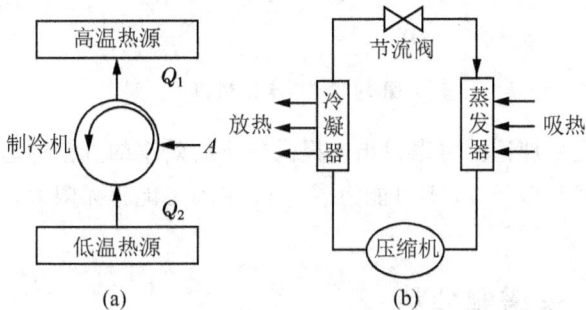

图 14.2-5 制冷机

14.2.3 卡诺循环

蒸汽机自发明后，其效率一直很低，只有 3% 到 5%。在 19 世纪上半叶，不少科学家和工程师都在寻找提高热机效率的途径。1824 年，法国青年工程师卡诺提出了一个理想循环：在循环过程中，工作物是在两个恒定的热源(一个高温热源 Q_1，一个低温热源 Q_2)之间工作，这个循环过程是由两个准静态的等温过程和两个准静态的绝热过程组成，此过程称为卡诺循环。能实现卡诺循环的热机称为卡诺热机。

卡诺循环从理论上指出了提高热机效率的途径，图 14.2-6 为一卡诺循环，它由两个等温过程 $a{\rightarrow}b$，$c{\rightarrow}d$ 和两个绝热过程 $b{\rightarrow}c$，$d{\rightarrow}a$ 组成。设工作物是理想气体，其经两个绝热过程 $b{\rightarrow}c$，$d{\rightarrow}a$ 时没有热量交换，所以在循环过程中的热量的交换仅仅在两个等温过程中进行。

循环效率

$$\eta = 1 - \frac{T_2}{T_1} \qquad (14.2.3)$$

式(14.2.3)说明：卡诺循环的效率只与两个热源的温度有关，高温热源的温度越高，低温热源越低，循环的效率就越高。但是，因为低温热源的温度受到环

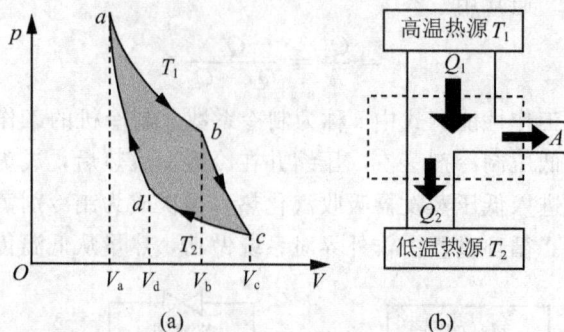

图 14.2-6　卡诺热机

境的限制，因此从理论上可以得出，提高热机的效率的真正的途径是尽量增大高温热源的温度。由于 T_2 不可能为零，T_1 也不可能为无限大，所以卡诺机的效率不可能为1。

14.2.4　卡诺制冷机

图 14.2-7 是一个由两个等温过程和两个绝热过程组成的卡诺逆循环和卡诺制冷机的工作示意图。假设工作物是理想气体，经过一个循环，外界对系统做功使工作物从低温热源 T_2 吸收热量 Q_2，向高温热源 T_1 放出热量 Q_1，所以制冷机的效率为

$$e = \frac{Q_2}{A} = \frac{Q_2}{Q_1 - Q_2} = \frac{T_2}{T_1 - T_2} \tag{14.2.4}$$

此式说明，对一般的制冷机，低温热源的温度 T_2 是设定的，高温热源的温度 T_1 一般为环境温度，其越高，制冷系数就越小，需要对系统做的功就越多。

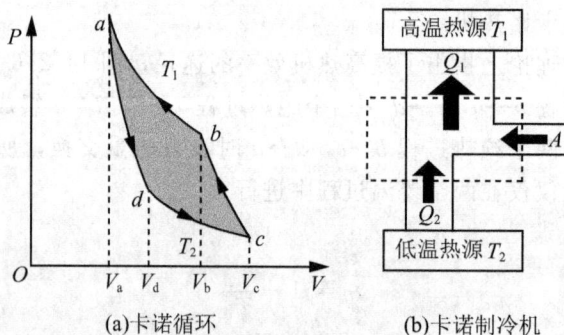

(a)卡诺循环　　　　　　(b)卡诺制冷机

图 14.2-7　卡诺制冷机

14.3　热力学第二定律

热力学第一定律告诉我们：一切热力学过程中，能量一定守恒。但是，满足能量守恒的过程是否都能实现呢？不一定！一切实际的热力学过程都只能按一定的方向进行，反向的热力学过程不可能发生。热力学第二定律就是研究关于自然过程的方向的规律，它决定了实际过程是否能够发生以及沿什么方向进行，所以也是自然界的一条基本的规律。

14.3.1　可逆过程和不可逆过程

自然界的许多过程是不可逆的。例如："人生自古谁无死"，这个过程是人生的自然规律，是不可逆的。通过摩擦做功使物体变热的过程是不可逆的，热量由高温物体传向低温物体的过程是不可逆的。气体向真空中绝热自由膨胀的过程是不可逆的。因此可以说：一切与热现象有关的实际宏观的过程都是不可逆的。

在自然界中，有关热力学过程的可逆性和不可逆性的讨论是很多的，必须给予确切的理解。可逆性和不可逆性的定义如下：

在系统状态变化过程中，如果逆过程能重复正过程的每一状态，而且不引起其他变化，这样的过程叫做可逆过程；反之，在不引起其他变化的条件下，不能使逆过程重复正过程的每一状态，或者说，虽然重复但是必然会引起其他变化，这样的过程叫做不可逆过程。

实现可逆的条件是什么呢？只有当系统的状态变化过程是无限缓慢进行的准静态过程，而且在进行中没有能量耗散效应，这时系统所经历过程才是可逆过程；否则，就不是可逆过程。我们举例说明：

设汽缸中有一定量的理想气体，当汽缸中的活塞无限缓慢地运动时，气体在任意时刻的状态近似地处于平衡态，故而气体状态变化的过程可看成是准静态过程。这时，如果能略去活塞与汽缸壁间的摩擦力、气体间的黏滞力等所引起的能量耗散效应。那么，不仅气体的正逆两过程经历了相同的平衡态，正逆两过程都是准静态过程，而且由于没有能量耗散效应，在正逆两过程结束时，外界也没有发生任何变化。总之，汽缸中的活塞无限缓慢地运动，致使气体的变化过程可视为准静态过程，系统又能无能量耗散效应时，气体状态变化过程才为可逆过程。然而，活塞与汽缸间总有摩擦，摩擦力做功的结果要向外界放出热量，从而使外界的温度有所升高，使外界的状态发生变化。所以，有摩擦的过程是不可逆过程。

此外，实际上活塞的运动不可能无限缓慢，在正逆过程中，不仅气体的状态不能重复，而且也不能实现准静态过程，在这种情况下的过程是不可逆过程。综上所述，要使逆过程能重复正过程的所有状态，且又不发生其他变化，其条件是：

1. 过程要无限缓慢地进行，即属于准静态过程；

2. 没有摩擦力、黏滞力或其他耗散力做功，能量耗散效应可略去不计。

符合这两个条件的过程为可逆过程，不符合其中任一个条件的过程是不可逆过程。

14.3.2　热力学第二定律的两种表述

自热机发明以来，人们一直关心热机效率的提高。热力学第一定律从能量守恒的观点指明热机的效率不可能大于 100％；那么，热机的效率等于 100％可不可以呢？热机的效率等于 100％就意味着从高温热源吸收的热量可以全部变为有用功，而不向低温热源放出热量，因而效率等于 1 的热机又称为单热源机。如果这种热机能够制造成功，就可以把我们周围的海洋和大气作为一个单一热源，从中吸收热量，并把它们 100％转化为功。曾有人计算过，只要使海水的温度下降 0.01 K，就能使全世界的机器转动一千多年。这样一来，地球上辽阔的海洋和厚厚的大气层便成了我们取之不尽、用之不竭的新能源。这样美妙的设想能实现吗？

我们怎么知道没有任何热机的效率能够达到 100％？我们相信热机定律的一个理由是：如果这条定律不成立，就有可能违背热传递定律，让热能从冷流向热。

下面，我们做一个思想实验：假设有一部热机能够违反热机定律，将热能全部转化为功。我们就可以利用这部热机（比如说）从一罐温水中提取热能并将其全部转化为功。然后，这个功可以在较高的温度处产生热能（例如，摩擦一块金属使其发热），其结果是：将全部热能从较低的温度输送到较高的温度，而不发生其他的变化。这正是违背热力学第二定律的。从实验知道，热传递定律是不会被违反的。因此，热机定律也是不能被违反的。

从以上的论证我们不难得出结论：热机是依靠热能从热向冷处自发流动来驱动的。事实上，一部热机可以看做是一台设备，它实际利用热能从热向冷自发流动，分出一部分流动的热能来做功。为了驱动热机，首先就必须存在一个温差。虽然，海洋含有大量的热能，但是，如果没有一个更冷的系统让海洋的热量流进去，就不能用这种热能做功，这意味着海洋中不同深度的温差可以用来驱动热机。热机总是在两个温度不同的系统之间运转，如图 14.3-1所示。

一部优良的热机的能量效率有多大？由于当今社会上的大部分能量是供热机使用的（主要是运输机械和蒸汽发电），这是一个重要的问题。如何提高热机的效率，就必须预料它的能量效率会受到其较热的输入温度（热量输入热机的温度）及其较冷的输出温度的影响。由于温差驱动热机，我们可以预料，输入温度与输出温度之间的温差越大，热机的效率就越高。19 世纪物理学家卡诺，通过大量试验，得出了卡诺定理，证实了我们的预言的正确。

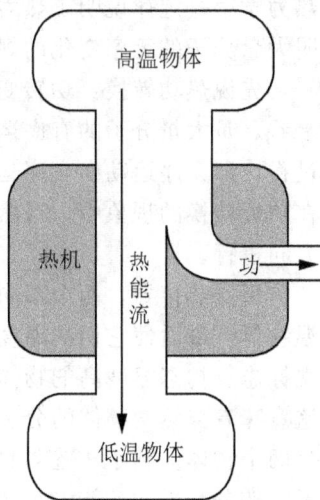

图 14.3-1 热机示意图

热力学第二定律

1. 开尔文表述

开尔文通过热机效率、热机功转换的研究，于 1851 年提出：不可能从单一热源吸取热量，使之完全变为有用的功而不放出热量给其他物体，或者说不产生其他影响。

应当指出，在等温膨胀过程中，系统从单一热源吸收热量，全部用来对外做功。但是，在该过程中，体积膨胀了，即产生了其他影响。要使系统压缩到原来的状态，必然要放出一部分热量给其他物体。开尔文表述指明，单热机或者说效率为 100% 的热机是不能实现的。所以，人们称效率是 100% 的热机为第二类永动机。热力学第二定律的开尔文表述也可简述为：第二类永动机是不可能实现的。

2. 克劳修斯表述

1850 年克劳修斯提出：热量不可能自动地从低温物体传到高温物体，而不放热给其他物体，或者说不产生其他影响。

克劳修斯表述指明了热传导的方向，即热量自动地由高温物体传向低温物体，而不能自动地由低温物体传向高温物体。若要将热量自动地由低温物体传向高温物体，外界必须要做功，否则是不可能实现的。制冷机就是通过外界对系统做功，将热量从低温物体传向高温物体的。

从微观上看，任何热力学过程总是包含大量分子的无序运动状态的变化，热力学第一定律说明了热力学过程中能量要遵守的规律。热力学第二定律则说明大量分子的无序变化的规律。

先说热功转换：功转变为热是机械能（或电能）转变为内能的过程。从微观上看，是大量分子的有序运动向无序运动转化的过程，这是可能的。而反向的过程，即无序运动向有序运动自动地转化，是不可能的。因此，从微观上看，在功能转换的现象中，自然过程总是使大量分子运动从有序状态向无序状态的方向进行。

再看热传导，两个不同的物体放在一起，热量将自动地从高温物体传到低温物体，最后使它们的温度相同。温度是大量分子无序运动平均动能大小的宏观标志。初态温度高的物体分子平均动能大，温度低的物体分子平均动能小，这意味着虽然两物体的分子运动都是无序的，但是还能按分子平均动能大小区分两个物体。到了末态，两物体温度变得相同，所有分子的平均动能都一样了，按分子平均动能大小区分两个物体也成为不可能的了。这就是大量分子运动的无序性，由于热传导而增大了。相反的过程，即两个物体的分子运动从平均动能完全相同的无序状态自动地向两个物体平均动能不同的较为有序的状态进行的过程，是不可能的。

因此，从微观上看，在热传导过程中，自然过程总是沿着使大量分子的运动向更加无序的方向进行的。

最后看气体绝热膨胀，自由膨胀过程是气体分子整体从占有较小空间的初态变化到占有较大空间的末态。经过这一过程，从分子运动状态来说是更加无序了。我们说，末态更加无序了。相反的过程，即分子运动自动地从无序向较为有序的状态的变化的过程，是不可能的。因此，从微观上看，自由膨胀过程也说明，自然过程总是沿着使大量分子的运动向更加无序的方向进行的。

综上分析可知：一切自然过程总是沿着分子运动的无序性增大的方向进行的，这就是不可逆性的微观本质，它说明了热力学第二定律的微观意义。

通过对可逆过程和不可逆过程的讨论，我们对热力学第二定律有了进一步的理解。热力学第二定律与热力学第一定律都是热力学的基本定律，而热力学第二定律指明，一切涉及热现象的过程不仅必须满足能量守恒，并且具有方向性和局限性，即指出了自然界的自发过程都是不可逆过程。下一节，我们将引入一个新的状态函数——熵，并在此基础上给出熵增加原理，从而进一步对热力学过程的方向性作出定量的表述。

14.3.3 卡诺定理

卡诺提出在温度为 T_1 的热源和温度为 T_2 的热源之间工作的循环动作的

机器，必须遵守以下两条结论，即卡诺定理

1. 在相同的高温热源(T_1)和相同的低温热源(T_2)之间工作的任意工作物质的可逆机，都有相同的效率；

2. 在相同的高温热源(T_1)和相同的低温热源(T_2)之间的一切不可逆机的效率都不可能大于可逆机的效率。

如果我们在可逆机中，取一台以理想气体为工作物质的卡诺机。那么，由卡诺定理 1，可得

$$\eta = 1 - \frac{Q_2}{Q_1} = 1 - \frac{T_2}{T_1} \tag{14.3.1}$$

同样，如果以 η' 代表不可逆机的效率，而由卡诺定理 2，可得

$$\eta' \leqslant 1 - \frac{T_2}{T_1} \tag{14.3.2}$$

式中"＝"适用于可逆机，而"＜"适用于不可逆机。

14.3.4　蒸汽发电厂——改变了当代社会的热机

当今世界上，燃煤蒸汽发电仍然是获得电能主要手段之一，煤是用得最广泛的发电能源。其他利用原油、天然气、核能或者太阳能将锅炉中的水变成蒸汽的发电厂，在从蒸汽生产电力方面与燃煤蒸汽发电的运行流程非常相似。如图 14.3-2 所示，燃烧室中的煤在锅炉下方燃烧，其热能传给锅炉中的水，大多数燃烧产物(烟尘和气体等)经过排污处理后，通过烟囱排出。锅炉产生超过 500℃(这一温度远远地高于沸点的温度)的高压蒸汽，高压蒸汽通过管道送到蒸汽涡轮机。当蒸汽涡轮机前部压强高于其后部压强时，它就会转动起来，将热能转化为功，涡轮机带动发电机产生电力。

蒸汽涡轮机只能将一部分的能热转化为功，而其余的热能流向一个较低的温度系统。为了维持一个所需要的温差，涡轮机的排气部分用水流或者用在大气中蒸发致冷的方法冷却。为了获得最大的效率，排出的废气被充分地冷却，将蒸汽凝结成水，大大地降低涡轮机后部的压强。这样，蒸汽就会强有力地冲过涡轮机，从一边极高的压强流向近似真空的另一边。蒸汽一旦凝结成水，就会被泵送回锅炉，循环重新开始。发电机厂就是一部热机，热能从锅炉中流入，在冷凝流出，由涡轮机做功。

图 14.3-3 是 1 000 兆瓦燃煤蒸汽发电厂每秒的能流图，该发电厂可供一个大城市使用。由于一座典型发电厂的效率为 40%，这么大的电力输出要求大约 2 500 兆瓦或每秒 2 500 兆焦耳能量的输入，这需要每秒燃烧 1 000 公斤煤炭！在这么大的输入中，有 300 兆瓦能量随着氮和硫的氧化物、二氧化碳和

烟尘的微粒从烟囱排出。氮和硫的氧化物导致酸雨，二氧化碳则是全球变暖的主要原因。现代发电厂将大部分硫的氧化物、一部分氮的氧化物和几乎全部烟尘除去，不过，被清除出来的烟尘又带来了固态废物处理这个大问题。

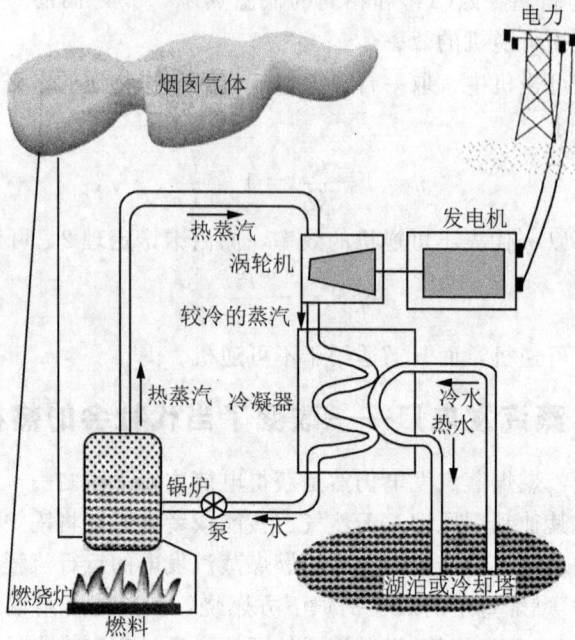

图 14.3-2　燃煤蒸汽发电厂示意图

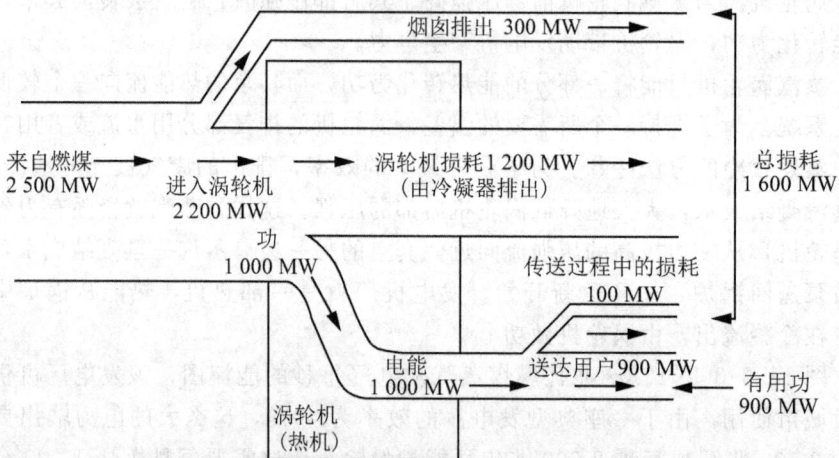

图 14.3-3　典型的 1 000 MW 燃煤蒸汽发电厂的能流图

由于煤主要由碳组成，因此，二氧化碳是最主要的烟囱气体。尽管从原则上说能够将二氧化碳除掉并将它以气体形式注入地下或海洋，但是今天人们并没有把任何二氧化碳除掉。然而，所有这些"碳回收"计划都要冒环境风险和需要财政开支，任何人都会问，大规模的碳回收究竟是否有可能。

涡轮机将蒸汽以 1 000 MW 的热能转化为有用功，这些功驱动发电机发出 1 000 MW 的电力。发电厂的最大有用能量损失，即 1 200 MW 的损耗，是第二定律的一个不可避免的结果。这些损耗的能量跑到冷凝管的冷水中去了。假如冷水来源于湖泊或河流，废热就会把水烧热，造成所谓热污染。许多发电厂使用称为冷却塔（如图 14.3-4 所示）的大型蒸发式冷凝装置，用大气作冷却剂。最后，大约 100 MW 发出的电力在通过输电线路输送的过程中变成热能损失了，剩下 900 MW 到达用户手上。

图 14.3-4　大型蒸发式冷凝装置

*14.4　热学新进展　熵

热力学第二定律指出了自然界宏观过程进行的方向，为寻找热力学第二定律的数学表达式，克劳修斯提出了一个新的状态函数——"熵"的概念。现代熵的概念已经扩展成为了"广义"的概念，渗透到经济学、社会学、生物学、化学等自然科学和社会科学的各个领域；并且，由熵的概念引出了与信息的关系，由此，信息成为可定量研究的问题，成为现代信息社会和信息学的理论基础。熵不仅对物理学，而且对经济发展、社会问题的都起着重要的作用。熵的理论和耗散结构理论使人们对生命这一复杂系统有了清晰的认识，使人们有可能为系统的存在、发展找到最基本的规律。

14.4.1　熵的概念

克劳修斯提出热力学第二定律的表述后，试图找到一个不变量，有了这个不变量，一个新的状态函数——"熵"的概念就可由此产生。

克劳修斯发现：如果把卡诺定理的表达式中的 Q_2 取绝对值，则 Q_1 也取绝对值，否则等式不成立（因为热力学温度都是正值），$\left|\dfrac{Q_2}{Q_1}\right| = \dfrac{T_2}{T_1}$，将其改写为

$$\frac{Q_1}{T_1} = \frac{|Q_2|}{T_2} = -\frac{Q_2}{T_2} \tag{14.4.1}$$

则由卡诺定理的表达式可得

$$\frac{Q_1}{T_1} + \frac{Q_2}{T_2} \leqslant 0，或 \sum_1^2 \frac{Q_i}{T_i} \leqslant 0$$

$$\tag{14.4.2}$$

式(14.4.2)称为克劳修斯不等式，"＝"对应可逆循环，"＜"对应不可逆循环，系统吸热 Q_1 为正，放热 Q_2 为负。该式表明：双热源可逆循环的热温比的代数和为零；而不可逆循环的热温比的代数和小于零。

对于如图 14.4-1(a)所示的任意循环，在循环的每一步可以温度不同，可能涉及同许许多多的热源接触，这时可以将过程分割为成许多过程，对每一微小过程，系统与热源 T_1 的热交换为 dQ_1，从而这一微小过程的热温比为

$$\frac{dQ_i}{T_i}$$

可以证明

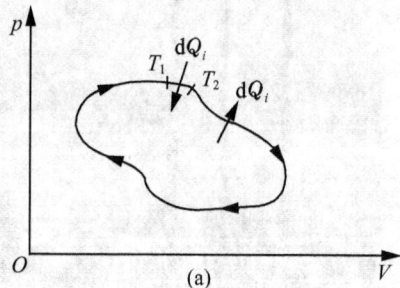

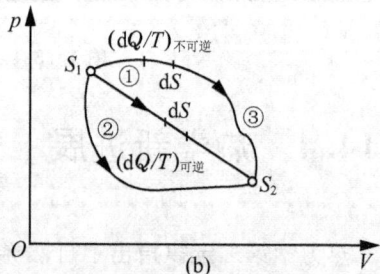

图 14.4-1　过程与熵变

$$\sum_{i=1}^{\infty} \frac{\mathrm{d}Q_i}{T_i} \leqslant 0 \tag{14.4.3}$$

克劳修斯注意到，对于可逆循环

$$\sum_{i=1}^{\infty} \frac{\mathrm{d}Q_i}{T_i} = 0 \tag{14.4.4}$$

是一个不变量，与态函数内能 E 对照，它也应是态函数。

1865 年，克劳修斯把这个态函数命名为熵，用 S 表示。对于一个可逆循环过程的熵变为

$$\mathrm{d}S = \left(\frac{\mathrm{d}Q}{\mathrm{d}T}\right)_{可逆} \tag{14.4.5}$$

在图 14.4-1(b) 中，孤立系统由状态 Ⅰ 变化到状态 Ⅱ，对应状态 Ⅰ 系统的熵值为 S_1，状态 Ⅱ 系统的熵值为 S_2；系统由状态 Ⅰ 变化到状态 Ⅱ 的过程中，态函数——熵的增量与其初、末状态有关，而与其路径无关，即熵变为 $\Delta S = S_2 - S_1$。显然，从状态 Ⅰ 变化到状态 Ⅱ，不管是路径①还是②、③；不管经历的是可逆过程还是不可逆过程，只要初、末态相同，其熵变就相同，由此可以得出

$$\oint \mathrm{d}S = \oint \frac{\mathrm{d}Q}{\mathrm{d}T} \tag{14.4.6}$$

14.4.2 热力学第二定律的数学表达方式

在图 14.4-1(b) 中，从状态 Ⅰ 变化到状态 Ⅱ 之间的不可逆过程③和可逆过程②的逆过程构成一个循环过程，由式 (14.4.5) 可得

$$\mathrm{d}S = \left(\frac{\mathrm{d}Q}{\mathrm{d}T}\right)_{可逆} \tag{14.4.7}$$

和

$$\mathrm{d}S > \left(\frac{\mathrm{d}Q}{\mathrm{d}T}\right)_{不可逆} \tag{14.4.8}$$

以上两式综合可得

$$\mathrm{d}S \geqslant \frac{\mathrm{d}Q}{T} \tag{14.4.9}$$

此式给我们提供了区分可逆过程和不可逆过程的依据：如果 $\mathrm{d}S = \frac{\mathrm{d}Q}{T}$，该过程必可逆；如果 $\mathrm{d}S > \frac{\mathrm{d}Q}{T}$，该过程不可逆，$\mathrm{d}S$ 与 $\frac{\mathrm{d}Q}{T}$ 相差越大，不可逆性越强。对于任意有限过程，只要将它们切割成任意小的微小过程，这些微小过程一定满足热力学第二定律表达式，然后对它们进行相加或积分，则可得到热力学第二定律的表达式

$$\Delta S \geqslant \int \frac{\mathrm{d}Q_i}{T_i} \qquad\qquad (14.4.10)$$

14.4.3　熵与混乱度

玻尔兹曼首先建立了熵与系统微观性质的联系，提出了熵的统计表达式为

$$S = k \ln W \qquad\qquad (14.4.11)$$

式中 k 为玻尔兹曼常数，W 代表某一定宏观状态所对应的微观态的数目（或称为热力学概率）。因此，可以把熵可作是与系统状态无序程度相联系的量。系统无序程度越高，即系统越"混乱"，其对应的微观态的数目越多，熵就大；反之系统越有序，熵就越小。

由物态变化可以看出熵与混乱度的关系。例如，固体分子以某种结构组成，分子随吸热振动加强，熵值增加。当熵值增大到一定值时，分子摆脱固体结构的束缚，在其表面内自由运动，变为液态；随着进一步吸热，分子运动更加激烈，挣脱液面束缚的空间自由运动，变为气体，其熵值变得更大。由此可以看出：随着熵的增大，物质的有序度下降，混乱度增加。因此，熵是系统内部混乱度（或无序度）的度量。将熵理解为系统混乱度的度量，为熵概念的推广和超出热力学的范围打开了一个缺口，熵的概念很快地被管理科学和社会科学借用，企业管理混乱和经济过热是熵增大的原因，加强管理就是要把熵减下来。

14.4.4　熵增加原理

根据热力学第二定律的数学表达式，对于外界既无能量交换又无物质交换的孤立系统，或者是绝热系统，必定有 $\mathrm{d}Q = 0$，从而

$$\mathrm{d}S \geqslant 0 \qquad\qquad (14.4.12)$$

这就是熵增加原理。它表明：在孤立或绝热系统中，系统的熵永远不减少。对可逆过程，熵不变（$\mathrm{d}S = 0$），对不可逆过程，熵总是增加的（$\mathrm{d}S > 0$）。

这样，我们就有了判断过程演变方向和限度的准则，在孤立或绝热系统中进行的一切不可逆过程向熵增加的方向演变，直到熵达到最大为止。在孤立或绝热条件下，系统自发地由非平衡态趋向平衡态的过程，正是一种熵增加的过程。平衡态对应熵最大，一定的外部条件，确立系统一定的平衡态，最大熵也是指在一定外部条件下才有的。例如：原先在容器内的浓密度气体分子，会自动地扩散到整个容器，直到分子均匀地分布在整个容器里。在扩散的过程中，系统的熵在逐步增加，当气体分子均匀地分布在整个容器里时，系统对应的熵

最大。

我们讨论理想气体的等温自由膨胀过程，设初态（1 态）时，理想气体的状态参数分别为（p_1，V_1，T_1，S_1）；末态（2 态）时，状态参数分别为（p_2，V_2，T_2，S_2），且 $V_2 > V_1$，$p_1 > p_2$。我们设想此过程的逆过程是由 2 态等压压缩回到 1 态，其熵变为

$$S_1 - S_2 = \int_2^1 \frac{\mathrm{d}Q}{T} = \frac{1}{T} \int_2^1 \mathrm{d}Q = \frac{Q}{T} < 0 \qquad (14.4.13)$$

此逆过程是外界对气体做功，气体向外界放热，Q 为负值，该系统的熵增加了。

如图 14.4-2 所示，高温热源 T_1 和低温热源 T_2 之间用一金属杆相连，两者间就会产生热传导。若传导的热量为 Q，则高温热源熵变为 $\Delta S_1 = \dfrac{-Q}{T_1} < 0$；低温热源的熵变为 $\Delta S_2 = \dfrac{Q}{T_2} > 0$。

高温热源、导热杆和低温热源构成一个孤立系统，它的熵变为

$$\Delta S = S_1 + S_2 = Q\left(\frac{1}{T_2} - \frac{1}{T_1}\right)$$

因为 $T_1 > T_2$，所以 $\Delta S = \Delta S_1 + \Delta S_2 > 0$，由此可以看出热传导是一个不可逆过程。

图 14.4-2　热传导

对于非孤立系统，如何使用熵增加原理？为了造成"孤立"的条件，可以把与系统有相互作用的那部分环境分割出来，与系统一起构成一个孤立系统，再对此系统运用熵增加原理。因此，对此孤立系统，熵增加原理可表示为

$$\Delta S = \Delta S_{系统} + \Delta S_{环境} \geqslant 0 \qquad (14.4.14)$$

对于封闭系统，自发过程只能在按系统熵增加的方向发生，对于任何自发过程也总是沿着熵增加的方向进行，这里的熵包括系统和环境的熵。

14.4.5　奇妙的耗散结构

当代科学中的赫拉克利特——伊利亚·普利高津（Ilya Prigogine）1917 年 1 月 25 日出生于莫斯科，1945 年在比利时布鲁塞尔自由大学获得博士学位，留校任教，两年后被聘为教授。1977 年，因他提出了"耗散结构"理论获诺贝尔化学奖。2003 年 5 月 28 日在比利时布鲁塞尔的伊拉斯谟医院病逝，享年 86 岁。

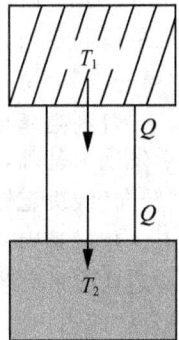

普利高津，是人类自哥白尼、牛顿、爱因斯坦以来，第四位最伟大的科学家。他的伟大，不光在于提出了耗散结构理论，获得了诺贝尔奖，更主要的是，他代表人类思想的又一次重大"转向"。哥白尼、牛顿和爱因斯坦加在一起，其实只做了一件事：完成科学从前现代（第一次浪潮）向现代（第二次浪潮）的转变，人们称为"现代性转向"；而普利高津一人，开启了科学从现代（第二次浪潮）向后现代（第三次浪潮）的转变，人们称为"后现代转向"。从"浪潮级"启蒙思想转向"第一人"上说，只有哥白尼可以和普利高津并称；从"浪潮级"科学纲领转向"第一人"上说，只有牛顿可以和普利高津并称。

图 14.4-3　普利高津像

普利高津与哥白尼、牛顿一样，都是以重大科学发现为基础，对人类世界观和各领域、各学科（包括社会科学）方法论，产生"转向"级决定性影响的人。所以人们将会把普利高津评价在哥白尼、牛顿水平上，超过爱因斯坦的地位。随着信息社会的日益发达，普利高津的历史地位，肯定还会进一步看涨，最终达到哥白尼加牛顿的水平。普利高津与牛顿，也许是最"门当户对"的。牛顿的纲领是确定性，普利高津的纲领，是不确定性。如果把牛顿的确定性及其机械的、分析的世界观，作为工业化生产力思想的第一块基石，作为人类从自然社会向工业社会转向的思想转折点；那么就可以把普利高津的不确定性及其自组织的、整体自然的世界观，作为信息化生产力思想的第一块基石，作为人类从工业社会向信息社会转向的思想转折点。人类一直说要终结牛顿机械论，只有到了普利高津时代，才第一次真正实现了这种终

普利高津和耗散结构理论

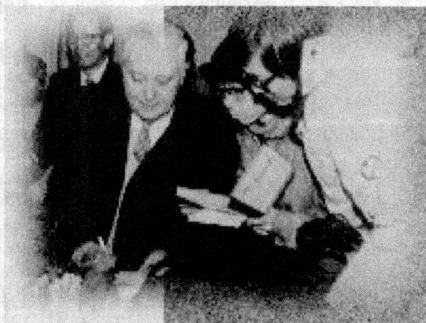

普利高津和北京师范大学学生在一起

图 14.4-4

结。因此，普利高津的耗散结构学说，与日心说、万有引力定律、相对论一样，将成为人类思想永恒的财富。

正如曾国屏在《普里戈金——当代科学中的赫拉克利特》中总结的那样，"在普里戈金（普利高津）看来，在近代科学的经典——牛顿力学中，时间作为一个描述运动的参数，是反演对称的，把 t 换为 $-t$ 有相同的结果，这意味未来和过去看来没有实质性的区别。"这是划分现代性与后现代性、工业化与信息化的时间观的根本标准。爱因斯坦虽然批判了牛顿的机械粒子观，达到了互联网世界观的入门水平，但在时间观上，却认为"时间是一种错觉"（即相当于认为"把 t 换为 $-t$ 有相同的结果"），因此把自己历史性地归入了牛顿的现代性大范畴。爱因斯坦的一只脚，迈入了美丽新世界的门槛；另一只脚却永远留在了传统旧世界。普利高津站在新时代的天庭上，庄严宣布："我们认为，传统的物理学定律描述了一个理想化的、稳定的世界，一个与我们所生活的、动荡的、演化的世界完全不同的世界。抛弃不可逆性平庸化的主要原因是，我们不再把时间之矢仅仅与无序增加相联系了。"普里高津把这种新的时空观，概括为"时间先于存在"。"时间先于存在"，以铁肩顶住了整个旧世界的闸门，为整个信息时代新的一族，带来了思想解放的自由。它和萨特的"存在先于本质"（当然不光是萨特）一起，构成了上一次浪潮启蒙期牛顿与伏尔泰那样的完美星光组合。日后 IT 和生物技术的滚滚洪流（包括滚滚财源），只不过是这一事件的儿孙辈的成果，是世界观伟大突破后，水到渠成的结果，是思想解放之后的物质能量释放。在给《确定性的终结》中文版序中，普利高津把美丽新世界的无限希望，寄托在中国身上，因为他认为，信息化的新理性，就是中国传统在更高阶段的复归。他像传递衣钵那样，透底地谆谆告诫华人："西方科学和西方哲学一贯强调主体与客体之间的二元性，这与注重天人合一的中国哲学相悖。本书所阐述的结果是把现代科学靠近中国哲学。自组织的宇宙也是'自发'的世界，它表达了一种与西方科学的经典还原论不同的整体自然观。我们日益接近两种文化传统的交会点。我们必须保留已证明相当成功的西方科学的分析观点，同时必须重新表述把自然的自发性和创造性囊括在内的自然法则。"

1. 奇妙的耗散结构

从烧开水说起，研究由电炉、装有一定质量的水的水壶、加水器和一定的空间所组成的开放的系统。

（1）热量的传递（传导——对流——辐射）

由接触传导——产生温度梯度；水沸腾时，水流上下翻滚，热量的传递的形式转化为对流传导；

（2）水沸腾时产生的贝纳德对流

1900 年法国学者贝纳尔（H. Benard）发现：从下面均匀加热水平容器中的液体时，若上下温差超过一临界值（阀值），液体中突现类似蜂房的六边形网格。

液体的传热方式由热传导过渡到了对流，每个六角形中心的液体向上流动，边界处液体向下流动。

（3）耗散结构（液体出现贝纳德花纹时，该结构是活的结构）

产生耗散结构的条件：

开放系统、水的相变（由液态变化为汽态）、物质的耗散（水被蒸发）、能量的耗散（水蒸气带走大量能量）和远离平衡态。

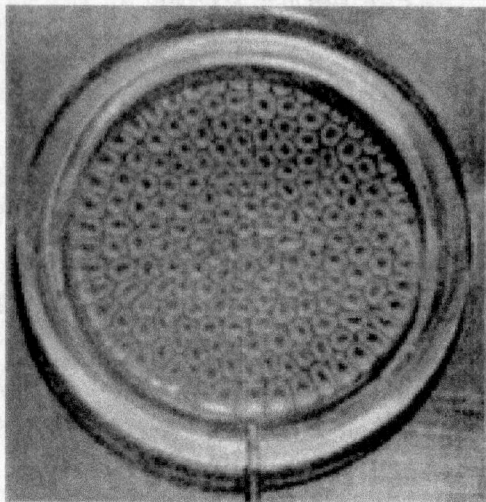

图 14.4-5　贝纳德花纹

2. 耗散结构理论

耗散结构理论也称为自组织理论，自组织理论是 20 世纪后半叶形成的新科学，并继续得到发展。

我们大家都知道，水能结冰，也能蒸发为气体。水、水蒸气和冰都是由大量分子组成的，称为多体系统。蒸发和凝结是这些多体系统在无序和有序或不同序之间的相互转变。这种转变可以在准静态过程中进行，可以在平衡态保存，称为平衡相变。自组织理论也研究多体系统的无序到有序或从一种有序到另一种有序的转变。但是它是在非平衡条件下实现的，所形成的序也必须在非平衡条件下保存。只有在变量随时间的变化率与状态变量之间是非线性关系时，即在非线性系统中，才能实现自组织。自组织有两种发展前景，一种是规则的序，另一种是貌似无序的序，即混沌。自组织理论是非线性科学和非平衡热力学发展的成果，不仅涉及物理学，还可以应用于化学、生物学和社会科学中的问题，从而引起工作在不同领域的人们的广泛兴趣。

只有在非平衡系统中，在与外界有着物质与能量的交换的情况下，系统内各要素存在复杂的非线性相干效应时才可能产生自组织现象，并且把这种条件下生成的自组织有序态称为耗散结构。普利高津在建立了耗散结构概念的基础上，进一步探讨了产生耗散结构的几个必要条件。

第一，系统必须是一个开放系统。

根据热力学第二定律，一个孤立系统的熵自发地趋于极大，因此，不可能自发地产生新的有序结构。而对于一个开放系统来说，熵（S）的变化则可以分为两部分，一部分是系统本身由于不可逆过程（例如热传导、扩散、化学反应等）引起的熵的增加，即熵产生（d_iS），这一项永远是正的；另一部分是系统与外界交换物质和能量引起的熵流（d_eS），这一项可正可负，整个系统熵的变化dS就是这两项之和

$$dS = d_eS + d_iS$$

根据熵增加原理，$d_iS \geqslant 0$（平衡态 $d_iS = 0$），而 d_eS 可以大于或小于零。如果 d_eS 小于零，其绝对值又大于 d_iS，则

$$dS = d_eS + d_iS < 0 \tag{14.4.15}$$

这表明只要从外界流入的负熵流足够大，就可以抵消系统自身的熵产生，使系统的总熵减少，逐步从无序向新的有序方向发展，形成并维持一个低熵的非平衡态的有序结构。这样，普利高津在不违反热力学第二定律的条件下，通过引入负熵流来抵消系统自身的熵产生，说明了开放系统可能从混沌无序状态向新的有序状态转化，从而解决了克劳修斯和达尔文的矛盾，回答了科学上这个似是而非的问题。他把热力学和进化论统一起来，把物理世界的规律和生物发展的规律统一起来，为用物理学、化学方法研究生物学开辟了道路。

显然，开放系统仅仅是产生耗散结构的一个必要条件而不是充分条件。如果开放系统从外界引入的是正熵流而不是负熵流，那么将只能加快系统无序化的过程，而不可能形成新的有序结构。

第二，系统应当远离平衡态。

普利高津根据最小熵产生原理指出，不仅系统在平衡态时的自发趋势是趋于无序，在近平衡态线性区时的系统，即使有负熵流流入，也不能形成新的有序结构，而只能是逐步趋于平衡，导致有序性破坏。系统只有远离平衡时才具有新的规律性，才有可能形成新的有序结构。只有在远离平衡的条件下，系统才可能在不与热力学第二定律发生冲突的条件下向有序、有组织、多功能方向进化。因此，他提出了"非平衡是有序之源"这一著名论断。

第三，系统内部各个要素之间存在非线性的相互作用。

普利高津说："对于形成耗散结构必需的另一个基本特性是在系统的各个元素之间的相互作用存在着一种非线性的机制"。例如在化学中的自催化或交叉催化反应，流体力学中存在的非线性流机制。这种相互作用使各个要素之间产生相干效应和协调动作。例如，激光器中各个发光原子的同步振荡，使无序

的自然光转化为有序的激光；又如化学钟，一切分子在有规则的时间间隔内，同时改变它们的化学同一性，它们的颜色随着化学钟反应的节奏而变化。如果没有非线性相互作用，即使有负熵流存在，也不可能产生耗散结构。另外，由于各个要素之间的关系是非线性的，因此只能用非线性方程来描述其运动变化。非线性方程必然存在着多种解，其中有些解可能是稳定的，有的解是不稳定的，从而使系统的演化发展可能出现几种不同的结果，这就产生了进化的复杂性和多样性。因此这里要用数学中的分支点理论才能进行计算。

第四，系统从无序向有序演化是通过随机的涨落来实现的。

普利高津说："在耗散结构里，系统不稳定之后出现的宏观有序是由增长最快的涨落决定的。因此，这个新型的有序可以叫作'通过涨落的有序'。"涨落在不同的条件下起着迥然不同的作用。对于近平衡区的系统，在一定条件下，正是这种涨落引起了在相空间中系统运动轨道的混乱，导致了无序。而对于耗散结构来说，涨落却成了促使系统从不稳定的定态跃迁到一个新的稳定的有序状态的积极因素，是形成新的稳定有序结构的杠杆。普利高津说："令人惊异的是，同样的过程在接近平衡时导致结构的破坏，而远离平衡时却可能导致结构的出现。"通过涨落导致有序，是耗散结构理论的另一个重要结论。

关于熵流 dS_e，生物系统提供一个很好的例子。例如，一片生长的叶子能用简单的 CO_2 和 H_2O 分子制造出复杂的葡萄糖分子。葡萄糖分子比起制造它的那些随机运动的 CO_2 和 H_2O 分子来，是高度有序的物质。叶子必须创造出这种组织，它是如何产生这种熵减少的呢？这似乎违反热力学第二定律。这是因为叶子得到外界的帮助，在叶子生成的过程中一个不可少的参与者是太阳。

太阳表面温度为 5500℃，其辐射到地球表面被叶子吸收时，大约只有 2％的能量转化为化学能，其余的太阳能被辐射到空间。叶子温度为 25℃。因此，大部分的太阳能从 5500℃的高温流向 25℃的低温，这个热能流动中熵值有很大的增加，从而允许其余的太阳能有序化为低熵的化学能，而不违反热力学第二定律，如图 14.4-6 所示。太阳能既给地球上的生命提供能量，又将它们组织起来！

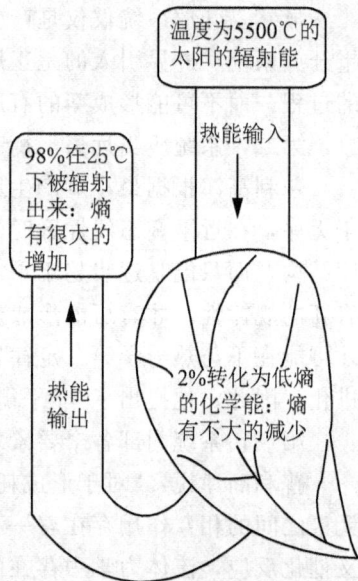

温度为5500℃的太阳的辐射能

热能输入

98%在25℃下被辐射出来：熵有很大的增加

2%转化为低熵的化学能：熵有不大的减少

热能输出

图 14.4-6 叶子的能流图

地球上的生命可以依靠自身从简单的单细胞生物演化成今天的高度有序的植物与动物，这从热力学第二定律看似乎是荒谬的。不过，像叶子一样，生物的进化也有来自太阳的帮助。太阳光从高温流过低温植物使熵值有很大的增加，补偿了植物进化所减少的熵值，这就帮助了植物的进化。动物不直接利用太阳能，它们通过吃高度有序的食品(动、植物)来减少自身的熵。因此，生物进化并不违反热力学第二定律。

3. 耗散结构理论的应用

(1)在物理学领域的运用

德国物理学家哈肯(H. Haken)首先将激光作为自组织过程来研究。激光是自组织的一个典型例子。如图 14.4-7(a)所示，原子自激发态落入基态并发出光子，称作自发辐射。如图 14.4-7(b)所示，原子吸收光子由基态跃入激发态，称为受激吸收，同时发射出两个光子，称作受激辐射。如图 14.4-7(c)中处于激发态的原子吸收一个光子又落入基态。受激辐射的存在是爱因斯坦于1917 年首次提出的。原子处于激发态的时间大体为10^{-8} s 的数量级，且大多数经自发辐射落入基态。因此，在热平衡的条件下，大多数原子处于非激发态。这时，假设有适当能量的光子射入处于激发态和非激发态的原子的混合物，虽然它使基态原子发生受激吸收和使激发态的原子发生受激辐射的概率是相同的，但因大多数原子处于基态，故很少发生受激辐射。

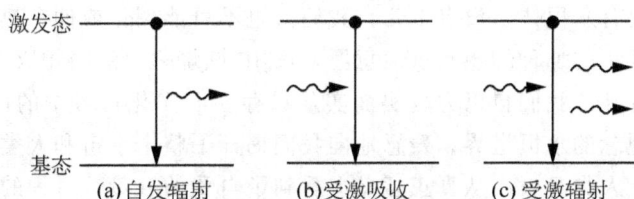

图 14.4-7　受激辐射

设想存在待定的三能级系统，则情况发生变化，外来光子使处于基态的原子受激吸收跃入激发态。随即，经自发辐射进入一个能量介于基态和激发态之间的亚稳态，原子在亚稳态停留的时间达10^{-3} s，比10^{-8} s 长得多。利用外来光子使原子自基态跃入亚稳态的原子数与基态原子数的比率大大地增加，称作"粒子数反转"。原子自亚稳态吸收光子经受激辐射发生更多光子，如此发展下去，形成具有自催化性质的光放大，又因散射等多种损失使光强达到某种稳态。图 14.4-8 中平行的反射镜 A 和半透镜 A' 形成谐振腔。偏离轴向的光子逸出谐振腔，谐振腔还起着挡板的作用，在 A 和 A' 间形成驻波。通过半透镜 A'

发出单色性和相干性非常好的激光。产生激光的系统是由大量激光物质的原子组成的，在谐振腔形成的自催化受激辐射的光放大又具有非线性的特征，激光本身则高度有序。

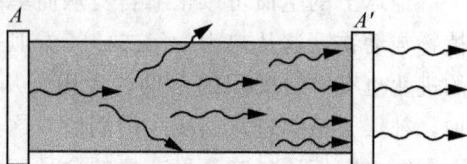

图 14.4-8　激光器的谐振腔

激光器产生的理论于 1958 年由美国的汤斯（G. H. Townes）和肖洛（A. L. Schswlow）以及苏联的巴索夫（N. G. Basov）和普罗克霍夫（A. M. Prchorow）提出。为此，汤斯、巴索夫和普罗克霍夫荣获 1964 年诺贝尔物理奖，肖洛获 1981 年诺贝尔物理奖。梅玛曼（Maman）于 1960 年制成第一台红宝石激光器。

（2）生命以负熵为生

克劳修斯 1865 年提出第二定律的宇宙论推论："宇宙的能量是常量；宇宙的熵趋于最大"，即所谓的"宇宙热寂说"。"热寂说"虽有争论，但现代宇宙大爆炸说已经证明，宇宙是有自身时间箭的，因而是有一个从生到死的生命演化过程的。这样，人类在追求宇宙和自身的永恒中，通过热力学语言，很不情愿地发现了与我们人类的生命感觉相一致的、正如远古哲人孔子所述的"逝者如斯夫"那样的宇宙事实。时间并不是幻觉，而是物质有方向的变化过程。时间具有方向性，是不可逆的，无论是宇宙还是我们人类，只能从生到死，而不可倒逆。宇宙没有永恒体，没有上帝，我们人也不可能羽化成仙。热力学毫不顾忌我们人类童年的那种幻想和价值意愿，仅用"燃烧之火终将熄灭"这样一个简单的事实就打破了我们自以为真实而实际只存在于文化符号中的诸如"天堂"、"理想国"等理念的永恒世界，残忍地向我们揭开了整个宇宙和人类的一种悲剧化的过程，让人类又一次从真正意义上看到了自我的分量。过程的终点虽然被认为是热寂与死亡，但由热力学所开创的复杂性科学同时也就揭示了与热寂、死亡对应的"生"、"成长"、"生命力"、"自然演化"的时间秘密，开拓了建立人与自然的一种新型关系的道路，使我们人类能正确认识自身在整个自然中的位置，从而有可能建构出一种促成人类与自然和平共处、共同发展的新的科学体系和价值体系。

第一，复杂性科学研究发现，生命组织和生命活力，无论是宇宙宏观系统还是细胞的微观系统中，都只能产生在系统远离平衡态的对称破缺时，而不是我们以往所理解的应当产生在平衡态之中。如《时间之箭》作者彼得·柯文尼所说的"生机在远离平衡态时萌动"。在非线性状态，由于反馈形成的相关性，使得系统内部微小的变化就能激发大的振荡，从而促使结构突变而产生新的结构组织形态。如果这个系统是封闭的，在振荡和自组织变化过程中，由于熵增，系统将很快达到平衡，结构变化消失，趋于混沌。而如果系统是开放的，就可以通过与外界能量的交换，把增熵输出到外部去，从而保持系统非平衡状态中的自组织结构，保持生命和生命的活力。

第二，在远离平衡态的系统中，"熵"不再只是能量的耗散和浪费，而是具有伟大的创生和建设性作用的。

首先，在非平衡、对称破缺的初始条件中，熵增加暗示着系统的一种内在极化，是一种选择性原则，使只有使系统做功并最终达到热平衡的那种趋势（即生命的趋势）可以产生并演进。其次，演进过程中所产生的熵垒，阻止系统返回过去，使系统只能向前，演进是不可逆的。最后，由于熵增加，系统内部个体的相对运动和相干性加强，从而增强了系统的生命活性。

第三，复杂性科学使人们醒悟，经典科学在认识自然时，所以把"时间"定义成可逆的，正暗含着控制、操作自然的价值心态。

在这个文化背景中，熵减、随机、不可逆、非线性的振荡就被看作是一种负价值的东西，不但是物理科学意义上的能量的耗散与浪费，而且是文化意义上的不和谐、不可控、不安分，是与真、善、美的世界相悖的东西。然而，大量的科学实验表明，熵减、随机、不可逆、非线性的振荡恰恰是"生命"、"自然"和"自然生机"这些现象最本质的原因。熵增则意味着最终的混沌、无序、热寂和死亡。然而，熵减意味着它孕育了这个过程之中的那短暂却壮丽辉煌的"生命"、"生命力"，创造了大自然最神奇的"成长"和"自然演化"的机制，显示着物质自身运动真正的"时间"，包含整个宇宙生与死、从混沌到有序的全部秘密。热力学开创的复杂性科学在 20 世纪得到了全面的发展，取得了一系列令人瞩目的科学成果，大大拓展了人们的科学视野，为建立人与自然之间的一种新型关系，建立一种没有"上帝"的新的价值观提供了科学文化基础。今天环境与生态科学的发展使我们知道，整个自然生态环境及其中物种间的关系远比人类以往所知道的复杂得多。早期工业化过程中的人对自然的控制、操作和改造，使人类在享受其成果的同时，也招致变异了的自然的报复。这使我们要重新认识自然，也就要重新思考人类自身。我们都在不断地进行人生的定位思考，却没有给予整个人类、整个大自然足够的重视。一种新的世界观应该是：人类的科学和理性并不是要最终控制自然，把自然作为人类的奴隶，甚至愚蠢地提出"人定胜天"等口号，而应该尊重自然，理解自然，在与自然的平等对话、和谐相处中与自然共同发展，正如同中国古代儒、道达成的共识"天人合一"一样。时间是一种建设，它正担负着这种伦理责任。

既然主宰着宇宙中一切运动过程的至高无上的热力学第二定律（也称为熵增定律）告诉我们宇宙中的能每时每刻都在不可逆转地耗散着，任何孤立系统都会伴随着能量的耗散而趋于无序、互解和热寂。那么为什么我们所见到的社会却又在不断的进化和趋于有序呢？一直到20世纪60年代，这个问题的答案才浮出水面：普利高津创立了耗散结构理论，解决了这一难题。普利高津以他卓越的研究表明，开放系统在外界能量的驱动下有可能通过随机涨落和非线性相互作用而形成有序的耗散结构——而在这一从混沌到有序的过程中，能量的耗散起到了决定性的作用。耗散结构理论是1969年在"结构、耗散和生命"论文中提出的。这个理论主要是针对非平衡热力学和非平衡统计物理学的发展而提出的一个科学假说。它的杰出贡献在于把克劳修斯的热力学第二定律与达尔文的进化论相统一，证明了自然界乃至人类社会是一个和谐、有序的整体。在自然界中，广泛存在着一种稳定的时空有序结构。它出现于多粒子、多层次、多组分的开放系统的远离平衡态，是由原来的混沌、无序结构靠外界不断供应能量和物质，通过量变到质变的突变而形成的。这种结构称之为"耗散结构"。耗散结构理论的问世，引起了各学科理论工作者的广泛注意，并被应用于研究化学、医学、社会学、经济现象等，已经取得了许多突破性的进展。但从根本上来说，耗散结构理论只是对熵的研究历程中的一个里程碑，远远不是尽头。新近国内在生命科学领域又兴起了一股研究信息熵、近似熵的热潮；亦有多人将熵的概念应用到中医理论研究中，前景不容小视。

生命系统之所以能维持自身的有序，就是因为它有新陈代谢，有自由能的驱动。在热力学上，与无序相对抗的自由能和信息都称为负熵，所以薛定谔曾经说过"生命以负熵为生"——谁要是不相信薛定谔的这句话，那么他可以切断对自己生命体的负熵流的供应来体会一下，四天不吃饭，就能体味到"生命以熵为生"的真理。熵，一个生命的度量尺；熵，一把研究生命的利器；熵，开启人们认识生命之门的钥匙。但愿人类从本质上认识熵、认识生命的那天尽早到来。

英国的数学家杜灵想为生物学中所谓的"形态来源论"，找出一个化学基础。一个有机体是如何把一个化学浑汤整理成为一个生物结构的呢？让我们先来考虑一下胚胎的发展过程：一个哺乳动物的胚胎，本来是一个由多细胞组成的球体，这球体渐渐失去它的对称性，有些细胞发展成头，有的发展成尾巴。我们本认为生物化学反应是均匀的、不可逆的，应该保持这胚胎的对称性，那么人就是一团团球体了。杜灵证明，受精卵变成生物复杂形态所必需的对称性破坏，确实能出现，这可以用"反应—扩散"理论来解释。

1968年，普利高津和勒菲弗引用了杜灵的启发性论文，构建了一个具有空间自组织必需条件的、起化学反应的模型系统——布鲁塞尔振子，在诸如布鲁塞尔振子的化学钟的情况下，巨大的数目的分子在产生图案的过程中，似乎在互通信息。耗散结构自组织理论在许多领域受到欢迎，生物学家开始把这一理论运用到生物起源及进化上。

普利高津曾经多次强调一种科学信念，现代科学革命要把强调实验、分析和定量公式描述的西方科学传统，和强调一个"自发的有组织的世界"的中国传统哲学结合起来，以达到一种新的结合。他认为，这是我们时代的科学精神，它"将导致新的自然哲学和自然观"。

思考题和习题

1. 有可能对系统加热而不改变系统的温度吗？有可能不作任何热交换而使系统的温度发生变化吗？

2. 如何理解内能是系统状态的单值函数，而功和热量则与系统状态变化的过程有关？

3. 一卡诺机在两个温度一定的热库间工作时，如果工作物质体积膨胀得多些，它做的净功是否就多些？它的效率是否就高些？

4. 在热力学中，"做功"和"传递热量"有着本质的区别。"做功"是通过＿＿＿＿＿＿＿；"传递热量"是通过＿＿＿＿＿＿＿＿。

5. 热力学第一定律的数学表达式为：＿＿＿＿＿＿＿＿＿＿＿＿＿＿＿，此式称为热力学第一定律，即＿＿＿＿＿＿＿＿＿＿＿＿＿＿＿＿＿＿＿。

6. 可逆性和不可逆性的定义如下：

＿＿＿＿＿＿＿＿＿＿＿＿＿＿＿＿＿＿＿＿＿＿＿＿＿＿＿＿＿＿＿。

7. 热力学第二定律的两种表述为：

＿＿＿＿＿＿＿＿＿＿＿＿＿＿＿＿＿＿＿＿＿＿＿＿＿＿＿＿＿＿＿

＿＿＿＿＿＿＿＿＿＿＿＿＿＿＿＿＿＿＿＿＿＿＿＿＿＿＿＿＿＿＿。

8. "理想气体和单一热源接触做等温膨胀时，吸收的热量全部用来做功。"对此说法，有如下几种评论，哪种是正确的？

(A) 不违反热力学第一定律，但是违反热力学第二定律

(B) 不违反热力学第二定律，但是违反热力学第一定律

(C) 不违反热力学第一定律，也不违反热力学第二定律

(D) 不违反热力学第一定律，也违反热力学第二定律

第六篇 近代物理

　　"光阴似箭，日月如梭。"这是老一辈的人给朋友写信时常用的套话，说的是时间过得很快。现在有了相对论，我们知道时间过得快与不快是相对的。这里"光阴似箭"说明时间的不可逆性——如离弦之箭，不可回头。光阴似箭，时光不会倒流。时光倒流是什么样子？看倒放的电影就知道了：雨点从地面飞起，回到天上的乌云；瀑布从深潭跃起，飞向悬崖之巅；落英返回花朵，再变为含苞的蓓蕾；大公鸡变鸡雏，再钻回蛋壳里去……当然这些都是不可能的，因为时光不会倒流。时间是什么，李白在《春日宴桃李园》中作了回答："光阴者，百代之过客。"自古以来，空间概念来源于物体的广延性，时间概念则来源于过程的持续性，我国战国时期的著作《墨经》上说："宇：弥异所也"，"久：弥异时也"。这里的"宇"是空间的总称，"久"是时间的总称。"弥"是普通的意思，"弥异所"即"不同地点的总称"，"弥异时"即"不同时刻的总称"。这是从具体过程中抽象出来的空间、时间概念。牛顿基本上也是这种观念，他把空间-时间看作为物理事件的载体或框架，一切事物都相对于它们而用空间坐标和时间坐标来加以描述。具体地说空间既作为物质世界位置性质的表现，又作为容纳一切物质客体的容器。在这两种空间概念的结合上，牛顿作了更进一步的假定，即在时空坐标的参考系中，存在一种优越地位的"惯性系"，对于它来说物体运动遵从惯性定律，即不受力的物体保持其原来的静止或匀速运动状态。当物质受力 F 时，按牛顿定律 $F=ma$ 产生加速度 a，这时的加速度是相对于惯性系的坐标来定义和测量的。因此，在牛顿力学中，空间和时间不仅被看作为同物质一样的独立存在，而且还扮演了某种具有绝对意义的角色，它作为一种惯性作用于一切物质客体。

"上下左右谓之宇，古往今来谓之宙"古人造出"宇宙"这个词早就将时间与空间联系起来看了。【但时间与空间有一个重要的区别：空间可逆，时间不可逆。任何人都可以做这个实验：向前走一步，再向后退一步，就可以回到空间中原来的出发点；但却不可能回到原来出发的时刻，失去的时间永远无法追回。】爱因斯坦的相对论用严密的公式将时间与空间构成统一的四维时空，使两者间的联系更为密切，可谓时空观的革命！

想象比知识重要——科学巨匠爱因斯坦

爱因斯坦（Albert Einstein，1879—1955），举世闻名的美籍德裔科学家，现代物理学的开创者和奠基人，是20世纪最伟大的自然科学家，物理学革命的旗手。1879年3月14日生于德国乌耳姆一个经营电器作坊的小业主家庭。一年后，随全家迁居慕尼黑。父亲和叔父在那里合办一个为电站和照明系统生产电机、弧光灯和电工仪表的电器工厂。在任工程师的叔父等人的影响下，爱因斯坦较早地受到科学和哲学的启蒙。1894年，他家迁到意大利米兰，在慕尼黑上中学的爱因斯坦因厌恶德国学校禁锢自由思想的军国主义教育，自动放弃学籍和德国国籍，前往米兰。

图 15.1-1　16岁时的爱因斯坦　　　　图 15.1-2　4岁时的爱因斯坦

爱因斯坦在慕尼黑度过了他的童年，很晚才会说话，而且话很少，却勤于思考。有一天，父亲给他看指南针。他久久地、仔仔细细地观察这一稀罕的东西，突然间说道："我想，指针周围一定有什么力量在推动它。"13 岁时，发生了一件对他科学生涯极有影响的事情：一位犹太的穷大学生，给了他一本阿隆·伯恩斯坦的《自然科学通俗读本》，并介绍他读康德的书，从而极大地激发了他对光速这样一种难以理解的理论物理问题的兴趣。

1895 年爱因斯坦转学到瑞士阿劳市的州立中学；中学毕生两年后，1896 年他才考取苏黎世理工大学师范系学习物理学。1900 年，他的落拓不羁的性格和独立思考的习惯为教授们所不满，大学一毕业就失业，毕业后他无业可就，只能找一些临时工来勉强度日。1901 年取得瑞士国籍。年轻的爱因斯坦并不走运，他的生涯是从失败开始的[失败乃成功之母]，1902 年，在朋友的帮助下，他好不容易找到了伯尔尼瑞士专利局三级技师的工作。在这里度过了他一生中最有创造性的岁月。他结识了索洛文（M. Solivne）和哈比希特（C. Habicht），三人组成了"奥林比亚科学院"，这里既不是大学，也没有博士帽，更谈不上院士袍，他们每晚聚集在一起以极大的兴趣和热情研读了斯宾诺莎、马赫、休谟、亥姆霍兹、黎曼、庞加莱等人的科学与哲学著作，沉浸在巨大的科学创造激情中。1905 年，20 岁的爱因斯坦在德国《物理年鉴》上连续发表了 5 篇学术价值很高的论文。"关于光的产生和转变的探讨"一文中，开创性地提出光量子学说，1921 年，获得诺贝尔奖；"论运动物体的电动力学"中，提出了具有划时代意义的相对论；"物体惯性与能量的关系"中，从数学上对狭义相对论进行注释，并提出了质量和能量关系的公式；"根据分子运动论研究静止液体中悬浮微粒的运动"中，从理论上解释了分子的布朗运动；"分子尺度的新测定"，是他的博士论文，同年取得苏黎世大学的博士学位。1908 年兼任伯尔尼大学编外讲师，从此他才有缘进入学术机构工作。1909 年离开专利局任苏黎世大学理论物理学副教授。1911 年任布拉格德语大学理论物理学教授。1912 年任母校苏黎世联邦工业大学教授。1914 年，应 M. 普朗克和 W. 能脱的邀请，回德国任威廉皇帝物理研究所所长兼柏林大学教授，直至 1933 年。1920 年应 H. A. 洛伦兹和 P. 埃伦菲斯脱（即厄任费斯脱）的邀请，兼任荷兰莱顿大学特邀教授。回德国不到四个月，第一次世界大战爆发，他投入公开的和地下的反战活动。随后，他经过 8 年艰苦探索，于 1915 年最后完成了广义相对论。他所作的光线经过太阳引力场要弯曲的预言，于 1919 年由英国天文学家 A. S. 爱丁顿等人的日全食观测结果所证实，全世界为之轰动。爱因斯坦的相对论在西方成了家喻户晓的名词，同时也招来了德国和其他国家的沙文主义者、军国主义者和排犹主义者的恶毒攻击。1933 年 1 月纳粹攫取德国政权后，爱因斯坦是科学界首要的迫害对象，幸而当时他在美国讲学，未遭毒手。3 月他回欧洲后避居比利时，9 月 9 日发现有准备行刺他的盖世太保跟踪，星夜渡海到英国，10 月转到美国普林斯顿，任新建的高能研究院教授。1945 年在匈牙利物理学家 L·西拉德的推动下，上书罗斯福总统，建议研制原子弹，以防德国占先。第二次世界大战结束前夕，美国在日本两个城市上空投掷原子弹，爱因斯坦对此强烈不满。战后，为开展反对核战争的和平运动和反对美国国内法西斯危险，进行了不懈的斗争。1955 年 4 月 18 日因主动脉瘤破裂逝世于普林斯顿。遵照他的遗嘱，不举行任何丧礼，不筑坟墓，不立纪念碑，骨灰撒在永远对人保密的地方，为的是不使任何地方成为圣地。

图 15.1-3

19 世纪末期是物理学的变革时期，爱因斯坦从实验事实出发，重新考查了物理学的基本概念，在理论上做出了根本性的突破。他的一些成就大大推动了天文学的发展。他的量子理论对天体物理学，特别是理论天体物理学有很大的影响。理论天体物理学的第一个成熟的方面——恒星大气理论，就是在量子理论和辐射理论的基础上建立起来的。爱因斯坦的狭义相对论成功地揭示了能量与质量之间的关系（$E=mc^2$，$E_0=m_0c^2$），解决了长期存在的恒星能源来源的难题。近年来发现越来越多的高能

图 15.1-4　中年时的爱因斯坦

物理现象，狭义相对论已成为解释这种现象的一种最基本的理论工具。广义相对论也解决了一个天文学上多年的不解之谜，并推断出后来被验证了的光线弯曲现象，还成为后来许多天文概念的理论基础。爱因斯坦对天文学最大的贡献莫过于他的宇宙学理论。他创立了相对论宇宙学，建立了静态、有限、无边、自洽的动力学宇宙模型，并引进了宇宙学原理、弯曲空间等新概念，大大推动了现代天文学的发展。

爱因斯坦是一位尊重事实、勤于思考并勇于创新的科学家。在经典理论和现代科学实验相矛盾时，他以特有的敏锐直觉到伽利略和牛顿的"绝对时空"观应以扬弃，汲取精华，剔除糟粕。经典力学认为：物质的质量是绝对的，不依

图 15.1-5　老年时的爱因斯坦

赖于物质的运动而变化；描述物体运动的时间、空间也是绝对的，时空也不相关。爱因斯坦认为：时间和空间并不是绝对孤立的，而是与物质的运动相联系，他创造性地建立了相对论，这是科学创新的又一光辉典范。波恩认为这是"认识自然的人类思维中最伟大的成就，哲学的深奥、物理学的洞察力和数学技巧最惊人的结合"。现代时空观的建立，是人类对自然界认识的一次伟大的革命性的飞跃。相对论作为人类探索自然界奥秘的强有力的理论武器，不仅为物理学的发展开辟了一个全新的方向，而且为现代科学技术的发展奠定了基础。同时也成为原子能科学、基本粒子理论、宇航和天文学的理论基础。相对论和量子力学的结合，导致了 20 世纪最伟大的科学革命。爱因斯坦成为最伟大的科学巨匠。相对论的创建是现代科学发展史上的奇迹，它引发了 20 世纪一场伟大的科学革命。

第 15 章　时空观革命

20 世纪降临之际，著名热力学家开尔文在英国皇家学会迎接新世纪的庆祝会上致辞说：经典物理学的大厦已经建成，未来的物理学家们只需要做些修修补补的工作就行了。他的讲话，显示了当时物理学界对自己在力学、热学、电磁学、光学诸领域取得的成就的自豪感和自信心。然而，开尔文不愧为杰出的物理学家，他同时指出晴朗的天空中还有两朵乌云，一朵与"以太"理论碰到的困难有关，另一朵与黑体辐射碰到的困难有关。第一朵乌云是 1887 年的迈克尔逊—莫雷实验，它否定了绝对参考系的存在；第二朵乌云是 1900 年瑞利—金斯的黑体辐射实验，又称为"紫外线灾难"。经典物理受到严峻考验，迫使物理学家们不得不去寻找新的解决途径。经过艰苦卓绝的奋斗，终于在 20 世纪初建立了近代物理——相对论和量子物理学。

牛顿力学的基础是牛顿三定律，也称为经典力学。经典力学是在 17 世纪形成的，在以后的两个多世纪里，牛顿力学对科学和技术的发展起了很大的推动作用，而其自身也得到了很大的发展。将牛顿力学应用到光的传播速度的研究上，遇到了不可克服的困难。爱因斯坦抛弃了绝对时空观，根据相对论原理和光速不变原理这两条基本原则，导出了与牛顿力学的伽利略变换式不同的洛伦兹时空变换式，由洛伦兹变换式可得出物质运动状态与时空有着不可分割的联系，可得出质速关系，质能关系等。相对论包括狭义相对论和广义相对论，狭义相对论是在经典电动力学的基础上诞生的，其着重讨论的是时间与空间的概念和时空理论。这种时空理论所阐明的时空效应是非常奇特的，在日常生活中很难看到，只有接近光速运动的物体中，才明显地表现出来。广义相对论是严格的引力理论，然而在地球上引力是较小的，牛顿的引力理论已经足够用了。但是，当我们研究致密天体和整个宇宙时，牛顿的引力理论就无能为力了，此时必须应用广义相对论。

15.1 力学相对性原理

15.1.1 力学相对性原理中的相对性和不变性

在力学中，我们研究过在不同的惯性系中物体的速度、加速度和位置的关系，从而认识了运动的相对性和不变性。

1. 相对性

在两个相对运动的惯性参照系 $S(x, y, z)$ 和 $S'(x', y', z')$ 中，对同一事物的观察结果不同，或对同一物理量的测量结果不同，称为事物或物理量的相对性。

2. 不变性

任何两个相对运动的惯性参照系中的观察者对某一物理量的测量结果总是一样，或对某一物理定律的表述形式完全一样，称这一物理量或物理定律具有不变性。

15.1.2 伽利略相对性原理

描述力学现象的规律不随观察者所选用惯性参照系的不同而改变，或者说，在研究力学规律时一切惯性参照系都是等价的，这称为力学相对性原理或称为伽利略相对性原理。

15.1.3 伽利略相对性原理的数学描述——伽利略变换

设有两个惯性参照系 $S(x, y, z)$ 和 $S'(x', y', z')$，为简便，设它们对应的坐标轴彼此平行，且 $S(x, y, z)$ 的 x 轴与 $S'(x', y', z')$ 的 x' 轴重合，S' 系以速度 u 沿 x 轴正方向运动。

由力学相对性原理可知，一个质点 P，在两个惯性参照系 $S(x, y, z)$ 和 $S'(x', y', z')$ 中的坐标的关系为

$$x' = x - ut (或 x = x' + ut),$$
$$y' = y, x' = x, z' = z, t' = t \qquad (15.1.1)$$

例 15.1-1 设有一根杆 AB，沿 x 轴放置（如图 15.1-6 所示），在惯性参照系 $S(x, y, z)$ 和惯性参照系 $S'(x', y', z')$ 中，同时测得的空间坐标分别为 x_1，x_2 和 x'_1，x'_2；观察者在两个惯性参照系 S 和 S' 测得它们的长度分别为：

$$L = x_2 - x_1, \ L' = x'_2 - x'_1$$

由式(15.1-1)可得

$$x'_2 = x_2 - ut$$
$$x'_1 = x_1 - ut$$

则有

$$L' = x'_2 - x'_1 = x_2 - x_1$$

$L = L'$，表明，在一切惯性参照系中，两
点间的距离与参照系无关；$t = t'$表明，在
不同的两个惯性参照系中时间的流逝是一样的，与参照系无关，也就是说：力
学规律的数学表达方式不随人们采用的惯性参照系变化而改变，反映了力学规
律的数学表达式具有不变性。

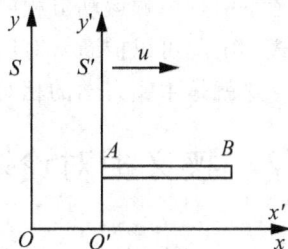

图 15.1-6　伽利略变换的空间不变性

15.1.4　伽利略相对性原理的时空观

例题 15.1-1 证明了伽利略变换的空间的绝对不变性。显然，杆的长度在
两个参照系 $S(x, y, z)$ 和 $S'(x', y', z')$ 中任何时候都是不变的；同时测得
的时间也是不变的。这就证明了伽利略绝对时空观的正确性。根据伽利略相对
性原理，伽利略时代的科学家们普遍地认为：时间(t)和空间(x, y, z)都是绝
对的，可以脱离物质运动而存在，而且时间和空间也没有任何的联系。

15.1.5　伽利略相对性原理力学规律的数学表达

设物体 P 在两个参考系 $S(x, y, z)$ 和 $S'(x', y', z')$ 中的速度、加速度
和所受的力，分别为：$v, v'; a, a'; f, f'$。将式(15.1.1)对时间求导数，
可得到质点 P 在两惯性系中的伽利略变换式——力学规律的数学表达为

1. 伽利略速度变换

$$v' = v - u \tag{15.1.2}$$

2. 伽利略加速度变换

$$a' = a \tag{15.1.3}$$

3. 伽利略牛顿定律变换

$$F = ma, F' = ma' \tag{15.1.4}$$

由此可见

(1)在不同的惯性参考系中，同一质点的加速度是相同的，即物体的加速
度对伽利略变换是不变的；

(2)在不同的惯性参考系中，牛顿运动定律形式是相同的，即在不同的惯

性参考系中，牛顿运动方程的形式是不变的，即牛顿运动方程对伽利略变换是不变式。由此可以推断：对所有的惯性参考系，牛顿力学的规律应具有相同的形式，这就是牛顿力学的相对性原理。

15.2 狭义相对论基本原理

自从 1801 年托马斯·杨用波动理论解释光的干涉条纹以后，光的波动说终于战胜微粒说，为广大物理学家所接受。但是，既然是波，就应该有一个载体。水波的载体是水，声波的载体是空气，水波是水的波动，声波是空气的振动。那么光的载体是什么呢？光是什么物质的振动呢？人们想到了亚里士多德的以太理论。亚里士多德认为"月上世界"充满了轻而透明的以太。于是，人们发展了这一理论，认为以太也能渗入到"月下世界"，"以太"就是无孔不入的，充满全宇宙。光波就是以太的弹性振动。光波既然是电磁波，以太就应看作是电磁场的载体，电磁波就是以太的弹性振动波。因为"以太"是绝对静止，一切物体相对于"以太"的运动就是绝对运动。地球以每秒钟 30 公里的速度相对于"以太"公转，因而在地球表面就应该存在着与"以太"反方向的相对运动，即"以太风"。但人们做了一系列的光学和电磁学的"以太飘移"的实验，结果都失败了。

1876～1887 年间，美国的物理学家迈克尔逊（A. A. Michelson）和化学家莫来（E. W. Morley）合作，设计了高精密度的"以太飘移"的实验。但是，多次反复观测的结果是地球上同一光源发出的光线，包括"顺地球"运动方向和"逆地球"运动方向的光线，它们速度的差异是零，即实验根本就没有测出地球相对于"以太"的运动，根本就没有"以太风"，反而证明了光速是个完全不变的量，即光速不变。此时，物理学家面临一个尖锐的矛盾：要么尊重实验的事实，否定"以太"的存在；要么不顾事实，坚持"以太"理论。为此，"以太飘移"的实验的零结果，成为笼罩在物理学上空的一朵乌云！

笼罩在物理学上空的这朵乌云，使得经典物理学两大部分（力学和电磁学）之间发生了不可调和的矛盾。为了解决这个矛盾，在洛伦兹、庞加莱等物理学家的部分先期工作的基础上，爱因斯坦于 1905 年创立了狭义相对论。

15.2.1 爱因斯坦相对论的理论基础

爱因斯坦在前人工作的基础上，分析了经典力学和电磁学现象之间的矛盾，提出了一些崭新的概念。

第一，电磁场本身是独立的实体，电磁波的传播并不需要介质。

第二，他把力学中的伽利略相对性原理进行推广，提出了对于一切物理现象都适用的狭义相对论(又称相对性假设)。

第三，他提出崭新的时空概念，他认为信号不能以无限大的速度传播。描写一个物体的运动需要时间坐标和空间坐标，某一地点的"时间"可以用位于该地点的时钟来定义。如果把发生在不同的地点的一系列事件在时间上联系起来，就必须对各地点的钟进行校正，该用光信号进行校正，以确立"公共时间"，因此他提出光速不变原理(又称光速不变假设)。根据爱因斯坦的假设，他提出了两条著名的原理：

(1)相对性原理

在所有惯性系中，一切物理定律都相同，即具有相同的数学表达式，或者说，对于描述一切物理现象的规律来说，所有惯性系都是等价的。

(2)光速不变原理

在所有惯性系中，真空中的光沿各个方向传播的速度都等于同一个恒量c，与光源和观察者的运动状态无关。

原理 1 是伽利略力学相对性原理的推广和发展，它肯定了一切物理定律(包括力、电、光等)都同样遵从相对性原理。

原理 2 实际上对不同惯性系之间的坐标、速度变换关系提出了一个新的要求，在这种新的变换下，在各个惯性系，真空中的光沿各个方向传播的速率都等于一个恒量c。

光速的不变性：奇怪，然而是真的！

16 岁时，正在瑞士苏黎世附近的阿劳中学读书的爱因斯坦就思考着这样的问题：如果行驶在海面上的轮船的速度与海浪的波动是同步的，那么在船上的观察者看来，海面就会是静止的；考虑到光也是一种波，如果设想一个观察者与光一样的速度运动，那么在他的眼里光的传播就会停止。然而，这样的事实是不会发生的——这就是著名的"阿劳悖论"。

在爱因斯坦看来，同一束光一起同步运动的可能性显然是不可思议的。其理由是：在同一束光一起同步运动的观察者看来，这一束光本身将是静止的。在这个观察者看来，这一束光将显得是一个静止的电磁波！这显然是荒谬的。因为，19 世纪麦克斯韦电磁场理论建立后，光被证明也是电磁波。麦克斯韦预言：电磁场中的任何扰动，比如一个带电体引起的扰动，一定会作为一个波以速率$c=3\times10^8$ m·s^{-1}(每秒 30 万公里)通过电磁场向外传播。

爱因斯坦相信，麦克斯韦理论像一切其他自然定律一样，也应当服从相对性原理，并得出结论：每一个观察者都应该观察到，每一束光都以速率 $c=3\times10^8$ m·s^{-1} 运动，不论观察者的运动状态如何。如果每一个人都看到光束以速率 c 运动，那么就没有人能够追上一束光。这个想法很简单，但是也很古怪，这就是为什么只有爱因斯坦才能想到它的原因。

我们怎么知道对一切观察者，光都以同样的速率运动？

光速不变尽管显得很奇怪，却每天都得到证实。不过，大部分实验涉及的是快速运动的微观粒子，而不是宇宙飞船。在 1964 年的一次实验中，一个接近光速运动的亚原子粒子向前和向后各发射一束电磁辐射。伽利略相对性原理预言，在实验室测量，向前的辐射应当以比光速快得多的速率运动，向后的辐射应当以比光速慢得多的速率运动。但是，实际测量表明，两束辐射相对于实验室都以速率 c 运动。大量的实验表明，每一束光都以速率 c 运动，不论光源或观察者的运动状态如何。尽管这个奇怪的观念侵犯了我们预先抱有的信念，但是决定科学的真理性的，是对自然的观察，而不是我们预先抱有的信念。我们关于物体运动的先入之见，是建立在对运动速率远远小于光速的物体观察上的，它们在这种速率上是近似正确的。但是，在更高的速率上，就根本不对了。

15.2.2　由光速不变原理导出运动的钟变慢

利用一个标准钟——光钟来说明同时的相对性。也就是要利用光速不变原理来导出"运动钟"比"静止钟"走得慢。走得慢说明时间的单位变长了。

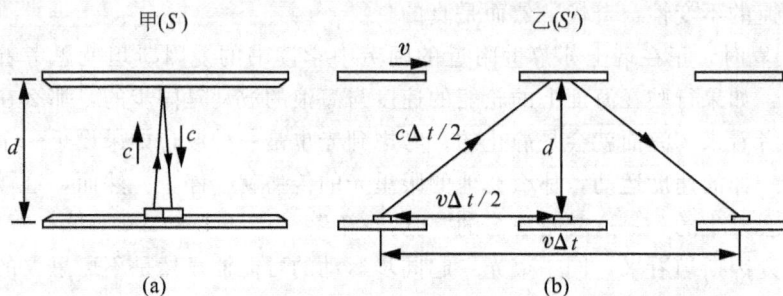

图 15.2-1　"运动钟"变慢

如图 15.2-1 所示，两个标准的光钟，分别位于静止的 $S(t_0)$ 系和以速度 v 相对 S 运动的 $S'(t)$ 系。对静止在 S 系中的钟，甲看到光来回反射一次的时间是：

$$\Delta t_0 = \frac{2d}{c} \tag{15.2.1}$$

图 15.2-1(b)中，$\left(\dfrac{c\Delta t}{2}\right)^2 = \left(\dfrac{v\Delta t}{2}\right) + d^2$，将式(15.2.1)代入可得

$$\Delta t = \frac{\Delta t_0}{\sqrt{1 - \dfrac{v^2}{c^2}}} \tag{15.2.2}$$

在 S' 系静止的钟，在甲看来是运动的钟，来回一次的时间是 Δt。但是必须指出，在 S' 系中静止的乙看来，此钟来回一次的时间是 Δt_0。由于计时单位 $\Delta t > \Delta t_0$，所以甲说：运动的钟变慢了。当然在乙看来，S 系的钟也变慢了。这在实验上已得到了证实，包括高速宇宙飞船中原子钟变慢(1971 年)，高速飞行的 μ 子衰变寿命由静止时的 t_0 延长到运动时的

$$t = \frac{t_0}{\sqrt{1 - \dfrac{v^2}{c^2}}} \tag{15.2.3}$$

* 15.2.3　洛伦兹变换

爱因斯坦根据相对性原理和光速不变原理，得到了能同时满足这两条基本原理的变换的方程组，即洛伦兹坐标变换式。它是一个关于一个事件在两个惯性系中的两组时空坐标之间的变换关系。新的变换式必须满足的要求是：

1. 狭义相对论的两条基本原理，尤其是变换式中的真空中的光速 c 是一普适常数；

2. 当物体的运动速度小于真空中的光速时，新的变换式应过渡到伽利略变换式；

3. 新的变换式应该是线性的。因为时空是均匀的，非线性变换会破坏时空的均匀性。

下面，我们采取两个惯性参照系 $S(x,\ y,\ z)$ 和 $S'(x',\ y',\ z')$，如图 15.1-6 所示。

取 O，O' 重合时刻为计时起点($t=0$，$t'=0$)，假设有一个事件在 S 系中于 t 时刻发生在 O 点，即 $x_0=0$；在 S' 系中该事件则发生在 $x'_0 = -ut'$ 处，即 $x'_0 + ut' = 0$，也就是说，对于发生在 S 系中 O 点处的事件，x_0 和 $x'_0 + ut'$ 有相同的值，所以对于发生在任一点 p 的事件，必须有

$$x = k(x' + ut') \tag{15.2.4}$$

同样对于发生在 S' 系中 O' 点的事件，它在 S' 系中，恒有 $x'=0$，而在 S 系中有 $x_0 - ut = 0$，这样一来，发生在任一点的事件，应该有

$$x' = k'(x - ut) \tag{15.2.5}$$

式中 k 和 k' 都是与时间 t 和 t' 无关的比例常数，否则就不是线性变换。根据原理 1，这两个惯性系对于物理定律是等价的，即可以认为 S 系以 $-u$ 的速度沿 x 轴相反的方向，相对于 S' 系运动，因此式(15.2.4)中的 k 和式(15.2.5)中的 k' 的值相同，即 $k=k'$。故有

$$xx' = k^2(x-ut)(x'+ut') \tag{15.2.6}$$

这是在两个惯性系中测量同一事件所得坐标、时间的关系式。

当 O，O' 重合时，发生一个光信号，沿 $x(x')$ 轴的正方向前进，根据原理 2，在 S，S' 系中测量的光速值均为 c，所以在 S 系中，此刻到达 $x'=ct'$，这是同一事件在两个坐标系中测量得到的结果。将 $x=ct$ 和 $x'=ct'$ 代入式(15.2.6)，可得

$$c^2 tt' = k^2(c^2-u^2)tt'$$

$$k = \frac{1}{\sqrt{1-\dfrac{u^2}{c^2}}} \tag{15.2.7}$$

将 k 和 k' 值分别代入式(15.2.4)和式(15.2.5)，可得

$$x = k(x'+ut') = \frac{x'+ut'}{\sqrt{1-\dfrac{u^2}{c^2}}} \tag{15.2.8}$$

又因为 $x=ct$，$x'=ct'$，所以

$$t = \frac{t'+\dfrac{ux'}{c^2}}{\sqrt{1-\dfrac{u^2}{c^2}}} \tag{15.2.9}$$

同理可得

$$t' = \frac{t-\dfrac{ux}{c^2}}{\sqrt{1-\dfrac{u^2}{c^2}}} \tag{15.2.10}$$

结论 1　同一事件在两个相互做匀速直线运动惯性系中时空坐标的洛伦兹坐标变换式

$$x' = \frac{x-ut}{\sqrt{1-\dfrac{u^2}{c^2}}}, \quad y'=y, \quad z'=z,$$

$$t' = \frac{t-\dfrac{ux}{c^2}}{\sqrt{1-\dfrac{u^2}{c^2}}} \tag{15.2.11}$$

结论 2　洛伦兹坐标变换式的逆变换为

$$x=\frac{x'+ut'}{\sqrt{1-\dfrac{u^2}{c^2}}},\quad y=y',\ z=z',$$

$$t=\frac{t'+\dfrac{ux'}{c^2}}{\sqrt{1-\dfrac{u^2}{c^2}}} \tag{15.2.12}$$

结论 3　关于洛伦兹坐标变换式的物理意义。

(1)在洛伦兹坐标变换式中，可以看到，时间与空间是不可分割的。同一事件不仅在不同惯性系中的时间坐标不同，而且时间坐标与空间坐标紧密联系，与彼此之间截然分开的绝对时间和绝对空间的伽利略变换形成鲜明的对比；

(2)在变换式中，$(x，y，z，t)$ 和 $(x'，y'，z'，t')$ 的关系是线性的，这是因为一个事件在 S 系中的一组坐标和在 S' 系中的一组坐标是一一对应的，反之亦然，这就是真实事件必须满足的条件；

(3)若 $u\ll c$（即低速运动情况），则 $u/c\rightarrow0$，洛伦兹坐标变换转变为伽利略变换，表明伽利略变换是洛伦兹变换在惯性系作低速运动条件下的近似，只有在运动物体的速度远小于真空中的光速时，经典力学才是正确的。在日常生活中物体的运动速度往往远小于真空中的光速，所以用经典力学来处理这类问题是足够精确的；

(4)若 $u>c$，则 $u/c>1$，变换式中出现虚数，洛伦兹变换失去意义，由此可以得出一个结论：任何两个惯性系间的相对运动速率都应该小于真空中的光速 c。因此，真空中的光速 c 是一切物体的运动速率的极限。迄今为止的所有实验尚未发现有物体的运动速率超过真空中的光速。

(5)由洛伦兹坐标变换式(15.2.11)和式(15.2.12)，很容易得出两个事件在不同的参考系中的时间间隔和空间间隔之间的变换式。设有两个事件 1 和事件 2，事件 1 在 S 系和 S' 系中的时空坐标分别为 $(x_1，y_1，z_1，t_1)$ 和 $(x'_1，y'_1，z'_1，t'_1)$，事件 2 在 S 系和 S' 系中的时空坐标分别为 $(x_2，y_2，z_2，t_2)$ 和 $(x'_2，y'_2，z'_2，t'_2)$，则这两个事件在 S 系和 S' 系中的时间间隔和空间间隔之间的变换式

$$\Delta t'=\frac{\Delta t-\dfrac{u\Delta x}{c^2}}{\sqrt{1-\dfrac{u^2}{c^2}}},\ \Delta x'=\frac{\Delta x-u\Delta t}{\sqrt{1-\dfrac{u^2}{c^2}}} \tag{15.2.13}$$

变换为

$$\Delta t = \frac{\Delta t' + \dfrac{u\Delta x'}{c^2}}{\sqrt{1 - \dfrac{u^2}{c^2}}}, \Delta x = \frac{\Delta x' + u\Delta t'}{\sqrt{1 - \dfrac{u^2}{c^2}}} \qquad (15.2.14)$$

上式中

$$\Delta x = x_2 - x_1, \ \Delta t = t_2 - t_1;$$
$$\Delta x' = x'_2 - x'_1, \ \Delta t' = t'_2 - t'_1$$

都是代数量。不难看出，对这两个事件的时间间隔和空间间隔，在不同参考中的观测，所得结果是不同的。它们的时间间隔和空间间隔都是相对的，随观察者的不同而不同。这反映出相对论时空观和绝对时空观的根本区别。

15.3　狭义相对论时空观——长度缩短、时间膨胀

牛顿力学认为，时空的度量是绝对的，与惯性系的选择无关，时空之间没有联系；而狭义相对论提出了一种新的时空观：认为时空的度量是相对的，时空之间有联系。洛伦兹变换集中反映了狭义相对论的时空观。由洛伦兹变换可得出许多与我们日常生活经验相违背、令人惊奇的重要结论，而有些结论已被近代物理中的许多实验所证实。

15.3.1　同时的相对性

牛顿力学中，同时是绝对的。在惯性系 S 中观察到同时发生的两个事件，在另一惯性系 S' 中观察也是同时发生的。但是，在狭义相对论中，同时是相对的。研究两个事件的发生是否"同时"，在不同的参考系看来是不同的，具有相对性，这一结论称为同时的相对性。爱因斯坦曾经举过一个著名的例子"爱因斯坦火车"，来说明同时性的相对性。我们以图 15.3-1 为例说明。

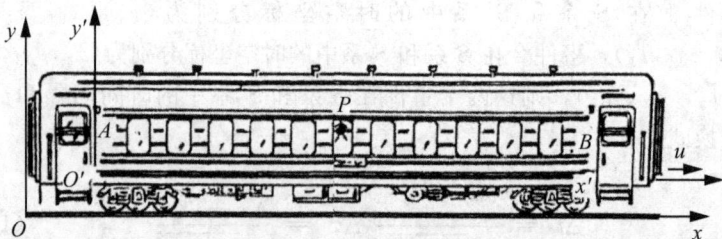

图 15.3-1　爱因斯坦火车

设有一列火车以速度 u 相对于地面(惯性系 S)沿 Ox 轴做匀速直线运动，在车厢正中间的 P 点有一灯，在其运动过程中某时刻 t_1 将灯点亮，此时灯光同时向车厢两端 A 和 B 传递。请问：分别从地面 S 系和车厢 S' 系来看，光到达 A 和 B 的先后顺序各如何？对车厢 S' 来说，由光速不变原理得知，光向 A 和 B 传播的速度相同。因此，光在 t_2 同时到达 A 和 B。可是，对于地面 S 系来说，因为车厢的 A 端以速度 u 向光(P 点发出的光，而不是 P 点)接近，而 B 端以速度 u 离开光，所以光到达 A 端要比 B 端早一些。也就是说，从 S 来看，由 P 发出的光并不是同时到达 A 和 B 的。既然，由 P 发出的光到达 A 和 B 这两个事件的同时性与所选取的惯性有关。那么，就不应当有与惯性系无关的绝对时间。反之亦然，事件的同时性，随所选的参考系的不同而异，这就是同时的相对性。

同时的相对性也可由洛伦兹变换式求得。设在车厢 S' 系中，A 和 B 的坐标分别为 x'_1 和 x'_2，同时发生两个事件(P 点的光向 A 和 B 传播)，即 $\Delta t'=t'_2-t'_1=0$，$\Delta x'=x'_2-x'_1$，由洛伦兹变换式(15.2.14)得

$$\Delta t=\frac{\Delta t'+\dfrac{u\Delta x'}{c^2}}{\sqrt{1-\dfrac{u^2}{c^2}}}, \quad \Delta x=\frac{\Delta x'+u\Delta t'}{\sqrt{1-\dfrac{u^2}{c^2}}},$$

此时，$\Delta t'=0$，$\Delta x'\neq0$，所以 $\Delta t\neq0$。

这表明：不同地点发生的两个事件，对 S' 系的观察者来说是同时发生的；而对于 S 系的观察者来说不是同时发生的，"同时"具有相对意义，它与惯性参考系有关。只有在 S' 系中同地点($\Delta x'=0$)、同时($\Delta t'=0$)发生的两件事，S 系才会认为是同时发生的。

同理，对相反的情形不难得出同样的结论：在 S 系不同地点、同时发生的两个事件，S' 系的观察者也不认为是同时发生的。由此可见，不同的惯性参考系各有自己的"同时"性；并且所有的惯性参考系是"平等"的，这正是相对性原理所要求的。

15.3.2 物体在运动方向上长度缩短——长度的相对性

在经典物理学中，不论观察者相对于物体的速度如何，在所有的观察者看来，物体的长度都是一样的，即长短不变。那么，在洛伦兹坐标变换中，会发生什么样的变化呢？

设两个观察者分别静止在惯性参考系 S 和 S' 中，S' 系以速度 u 相对 S 于系沿 Ox 轴运动。有一棒 AB 固定在惯性参考系 S' 中，沿 x' 轴放置，随 S' 系以

速度 u 相对于 S 系运动，如图 15.3-2 所示。在参考系 S' 中，观察此棒时，其长度为 $l_0 = x'_2 - x'_1$，其中 x'_2 和 x'_1 是 S' 系中观察者测得物体沿 x' 轴方向上两个端点的坐标，l_0 称为物体沿 x' 轴方向上的静止长度或固有长度。

在某一时刻 t，同时（$t_2 = t_1$）分别对两个惯性系 S 和 S' 中的棒进行测量，棒两端点的空间坐标分别为：(x_1, t_1)、(x_2, t_2) 和 (x'_1, t'_1)、(x'_2, t'_2)，由洛伦兹坐标变换式可得

图 15.3-2　长度缩短

$$x'_1 = \frac{x_1 - ut_1}{\sqrt{1 - \beta^2}}, \text{其中 } \beta = \frac{u}{c} \tag{15.3.1}$$

$$x'_2 = \frac{x_2 - ut_2}{\sqrt{1 - \beta^2}} \tag{15.3.2}$$

故有

$$\Delta x' = \frac{(x_2 - x_1) - u(t_2 - t_1)}{\sqrt{1 - \beta^2}} \tag{15.3.3}$$

因为 $x'_2 - x'_1 = l_0$，$x_2 - x_1 = l$；$\Delta t = t_2 - t_1$，所以

$$l = l_0 \sqrt{1 - u^2/c^2} \tag{15.3.4}$$

此式说明：

（1）当 $u \neq 0$，则总有 $l < l_0$，即相对于物体在运动的观察者（S 系中）测得物体在运动方向上的长度要比它的静止长度短，由此可以看出，只有在 u 大到可以与光速相比较时，这种现象才是明显的；

（2）当 $u \ll c$ 时，$u/c \approx 0$，所以 $l \approx l_0$ 可以认为在各个惯性系中测得的长度相等，也就是说在低速的情况下，我们所得到的结论通常都是如此。

由此可以得出结论：当物体沿其长度方向、以速率 u 相对于某惯性系运动时，静止在该系中的观察者测得物体在运动方向上的长度 l 等于 l_0 的 $\sqrt{1 - u^2/c^2}$ 倍；显然 $l < l_0$，这称为运动物体的长度收缩效应。一般情况下，只有沿物体运动方向的长度才发生收缩。这就是狭义相对论中的长度的相对性。

例 15.3-1　一艘火箭飞船，其静止时的长度为 10 m；当它在太空中相对于地球以 $u = 0.6c$ 速率飞行时，地面上的观察者测得其长度为多少？

解：由 $l = l_0 \sqrt{1 - u^2/c^2}$ 有

$$l = l_0 \sqrt{1 - u^2/c^2} = 10 \sqrt{1 - (0.6c)^2/c^2} = 8 (\text{m})$$

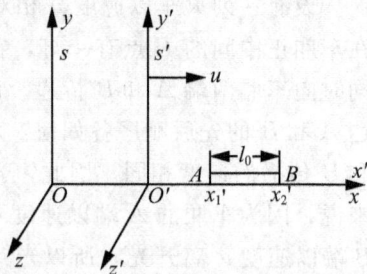

即地球上的观察者测得火箭的长度缩短了。

15.3.3 物体在运动方向上时间膨胀(时钟变慢,时间延缓)

在狭义相对论中,时间间隔和空间间隔一样,也不是绝对不变的,而是随观察者的相对运动而异。我们借助洛伦兹坐标变换来研究在狭义相对论中的时间的相对性问题。

设在某一时刻 t,某两个事件,在两个惯性系 S 和 S' 中的坐标分别为:(x_1, t_1)、(x_2, t_2) 和 (x'_1, t'_1)、(x'_2, t'_2)。设在惯性系 S 中观测到这两个事件发生在某一固定点 $(x_2 = x_1)$,由洛伦兹坐标变换式,考虑到 $\Delta x = x_2 - x_1 = 0$,可得

$$\Delta t' = t'_2 - t'_1 = \frac{t_2 - t_1}{\sqrt{1-\beta^2}} \qquad (15.3.5)$$

或

$$\tau = \frac{\tau_0}{\sqrt{1-\beta^2}} \qquad (15.3.6)$$

因为 $\sqrt{1-u^2/c^2}<1$,所以 $\Delta t' > \Delta t$。

由此可见,在与发生事件相对运动的惯性参考系中所测得的时间,要比在相对静止的惯性参考系中所测得的时间长,这就说明时间的相对性。

这一现象称为时间膨胀效应,常称 $\sqrt{1-u^2/c^2}$ 为膨胀因子。

1915 年,爱因斯坦发表了广义相对论,进一步指出:

时间和空间的结构均受物质和能量分布的影响,在引力场中或加速时,时间会变慢。如果孪生兄弟的哥哥乘接近光速的宇宙飞船到外太空旅游,返回时,发现家中的弟弟已年迈,如图 15.3-3 所示。这可真是"天外方七日,世上已千年"。

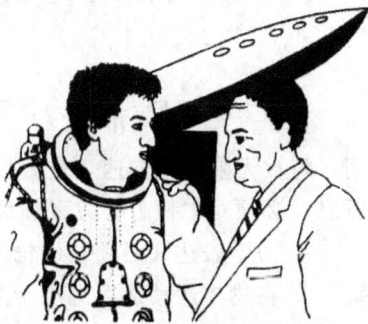

图 15.3-3 孪生兄弟佯谬图

15.3.4 爱因斯坦狭义相对论时空观的实验证明

爱因斯坦的卓越见识已为现代科学实验所证实。在高速坐标系中,一切物理过程变慢,这可以在"基本粒子"衰变的情况下直接观测到。μ 介子在海拔 10 km 的高空产生,它以接近光速的速度飞向地面。相对于 μ 介子处于静止的

一个观察者，求得它的静止寿命为 $2.3026\ \mu s$，则它在衰变为一个电子和两个中微子之前所通过的平均距离不能超过 $600\ m$，这与很大一部分 μ 介子能到达地面这个事实相矛盾。如果考虑到时间膨胀效应，可以算出 μ 介子平均寿命 $(\Delta t')$ 要长 90 多倍。因此，μ 介子在衰变为一个电子和两个中微子之前所通过的平均距离超过 $600\ m$ 的数 10 倍，这就是从高空产生的大量的 μ 介子能到达地面的原因。爱因斯坦的卓越见识的另一个"惊人"的结论是：粒子的能量无论增加到多大，它的速度大小都不能超过真空中的光速 c 这一极限值。

高能物理实验证明：在使电子通过加速器逐步获得很大的能量时，电子能量每次都增加同样的值，这时电子的速率虽然也是逐步增加的，但是能量增加到一定值时，速率的增值却并不是每次都相同，而是愈来愈少，速率总是逐渐接近真空中的光速 c 而不能超过它。

在美国斯坦福大学的高能加速器，可以使电子在一次加速中获得 $10\ GeV$ 的能量，其速度可达到 $0.999999999c$。如果相对于以速度为 $0.999999999c$ 随电子运动的参考系 (S')，电子的速度同样是个高速，那么相对于地面参考系 (S) 而言，在一次加速后，经计算可知电子的速度仅仅只增加了 $0.29\ m/s$。如果再给电子增加 $10\ GeV$ 能量，电子的速度增加得更少，仍然不能使电子的速度达到 c，这一事实证明光速 c 是物体运动速度的极限。

15.4 狭义相对论质点动力学

牛顿力学中 $\boldsymbol{F}=\dfrac{\mathrm{d}}{\mathrm{d}t}(m\boldsymbol{v})$，且认为质量 m 是恒量。当质点持续地受恒力作用，将被无限制地加速，最终以超光速运动，这是狭义相对论所不能容许的！所以，必须对牛顿力学方程加以修正：

1. 力学表达式必须在洛伦兹变换下具有不变性；
2. 在物体运动速度远小于光速时，应还原为牛顿力学形式；
3. 在低速的情况下，仍然保留质量、动量和能量守恒的不变性。

15.4.1 相对论质量

动量守恒定律是一条普遍规律，在狭义相对论中也应该成立。根据狭义相对论原理，如果在一个惯性系中系统动量守恒，经过洛伦兹变换在另一个惯性系中，系统的动量仍然守恒。因此，从动量守恒定理出发，可推导出以速度 u 运动的物体的质量与速度的关系为

$$m = \frac{m_0}{\sqrt{1-\beta^2}} ① \tag{15.4.1}$$

式中 $\beta = \dfrac{u}{c}$，m_0 是静止质量。

图 15.4-1 中曲线是得到大量实验验证的物体质量 m 随着速度 u 的变化关系，只有当速度 u 与光速 c 可比较时，m 与 m_0 才有明显的差别；当速度 u 远小于光速 c 时，$m \approx m_0$，还原到牛顿力学。假设 $u > c$，则由式（15.4.1）可知，质量变成虚数，这是没有物理意义的！所以，爱因斯坦认

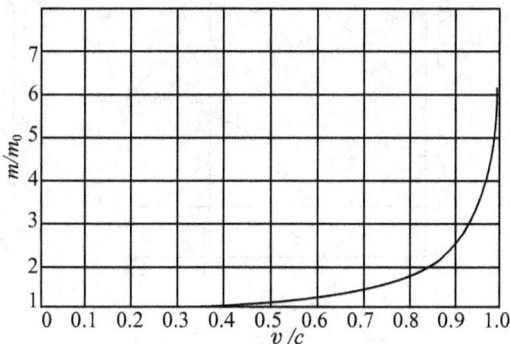

图 15.4-1　m 随 u 的变化曲线

定：任何物体的运动速度都不能超过真空中的光速 c，光速是物体运动的极限速度。

由式（15.4.1），可得动量为

$$\boldsymbol{P} = m\boldsymbol{u} = \frac{m_0}{\sqrt{1-\beta^2}}\boldsymbol{u} \tag{15.4.2}$$

这样定义了物体的质量和动量后，牛顿第二定律可保留其在经典力学中同样的形式

$$\boldsymbol{F} = \frac{\mathrm{d}\boldsymbol{P}}{\mathrm{d}t} = m\,\frac{\mathrm{d}\boldsymbol{u}}{\mathrm{d}t} + \frac{\mathrm{d}m}{\mathrm{d}t}\boldsymbol{u} \tag{15.4.3}$$

这就是狭义相对论的力学基本方程。

当 $u \ll c$ 时

$$\boldsymbol{F} = m_0\,\frac{\mathrm{d}\boldsymbol{u}}{\mathrm{d}t} = m_0\boldsymbol{a}$$

还原到牛顿力学表达式。

由此可以看出：狭义相对论的质量概念、动量概念和相应的动力学方程具有普遍意义，牛顿力学则是在低速运动条件下狭义相对论力学的很好的近似。

1908 年，为了从实验上证明质速关系，德国物理学家布雪勒（A. H. Bucherer，1863—1927）成功地实现了与质量公式非常接近的实验结果。布雪勒的实验结果也可以用图 15.4-2 表示，图中的点为实验值，实线是理论

---

① 理论证明请参阅：大学基础物理学（上册）. 张三慧. 清华大学出版社，2004：183 ～ 184.

计算值。从图中可以看出，两者符合得很好。

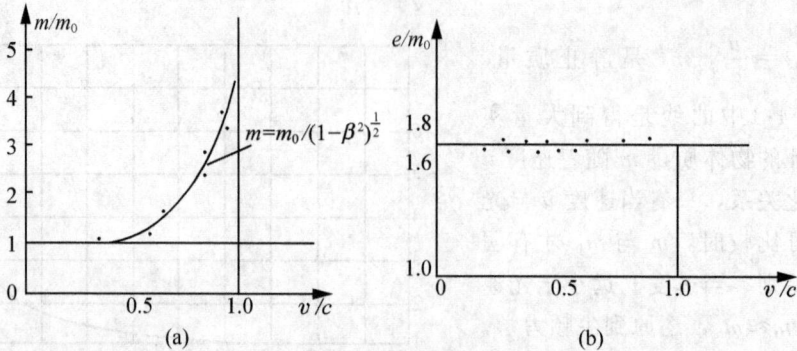

图 15.4-2　布雪勒实验

图 15.4-2(b)中，布雪勒的部分实验结果见表如下：

v/c	实验值 $e/m(10^{11}\,\mathrm{C \cdot kg^{-1}})$	计算值 $e/m_0(10^{11}\,\mathrm{C \cdot kg^{-1}})$
0.3173	1.661	1.752
0.3787	1.630	1.761
0.4281	1.590	1.760
0.5154	1.511	1.673
0.6870	1.283	1.767

从表中看出 $\dfrac{e}{m_0}$ 是常数，而 $\dfrac{e}{m}$ 不是常数，表中所列数据证明了

$$m = \frac{m_0}{\sqrt{1-\beta^2}}$$

15.4.2　相对论质量与能量的关系

从狭义相对论的力学基本方程式(15.4.1)出发，按级数展开

$$m = \frac{m_0}{\sqrt{1-\beta^2}} = m_0\left(1 + \frac{1}{2}\frac{v^2}{c^2} + \cdots\right)$$

即 $mc^2 = m_0 c^2 + \dfrac{1}{2}m_0 v^2 + \cdots$ 这样，在约去高次项的条件下，一个运动着的物体的总能量 $E = mc^2$，可分为两项，一是运动的动能 $E_k = \dfrac{1}{2}m_0 v^2\,(v \neq 0)$，另一项是静止时的能量，叫做静能 $E_0 = m_0 c^2$，由此可以得到

$$E_k = mc^2 - m_0 c^2 \tag{15.4.4}$$

当 $u \ll c$ 时

$$\gamma = \frac{1}{\sqrt{1-\beta^2}} = \frac{1}{\sqrt{1-u^2/c^2}} \approx 1 + \frac{u^2}{2c^2} + \cdots$$

则有

$$E_k = \frac{m_0}{\sqrt{1-\beta^2}}c^2 - m_0 c^2 \approx \left(1 + \frac{u^2}{2c^2}\right)m_0 c^2 - m_0 c^2 = \frac{1}{2}m_0 u^2$$

这正是牛顿力学的动能表达式。由此可以看出：牛顿力学的动能表达式是狭义相对论动能表达式在物体运动速度远小于光速时的近似。

爱因斯坦对式(15.4.4)作了具有深刻意义的说明：mc^2 是物体运动时所具有的总能量，而 $m_0 c^2$ 是物体静止时所具有的能量，静能包括组成物体的"动能"、"势能"和一切其他形式的能量。

$$E = mc^2 \qquad\qquad (15.4.5)$$

这就是具有重要意义的质能关系式。它表明质量和能量这两个重要的物理量之间有着密切联系：如果物体的能量有 ΔE 的变化，则不论能量的形式如何，都有相适应的 Δm 的质量变化(称为质量亏损)，即有

$$\Delta E = \Delta m c^2 \qquad\qquad (15.4.6)$$

爱因斯坦相对论的质能关系式不仅为大量的实验所证实，而且对原子能事业的发展起到了重要的指导作用。

公式 $E = mc^2$ 简单而玄妙，而且容易被误解。大部分混乱来自对惯性质量和静止质量(实物)两个概念的混淆。有时听到这样的不正确的说法：爱因斯坦关系式意味着"质量并不总是守恒的"。的确，实物静止质量不总是守恒的，但是惯性质量永远是守恒的。因为，质量等于能量除以 c^2，而能量永远是守恒的。

还有一个不正确的说法是：爱因斯坦关系式意味着"质量可以转化为能量"。的确，实物的静止质量可以转化为非实物形式的能量，例如辐射。但是，我们刚刚提到质量永远是守恒的，因此质量绝对不会转化为别的什么东西！例如，在质子—反质子湮灭中，粒子对的质量正好等于所产生辐射的质量。但是，静止质量或实物则被摧毁了。我们必须小心对待"质量"一词。爱因斯坦的想法是，质量和能量是同一样东西，只是以不同的单位测量(差一个因子 c^2)。

*15.5　广义相对论——宇宙空间是弯曲的

1919 年 2 月在著名的天文学家阿瑟·爱丁顿(A. S. Eddington)率领下的科

学探险船队，从英国出发前往西非的普林西比岛，为了要验证一个大胆的理论。这支探险队差一点儿就一无所获，空手而回。因为他们等待已久，所要观测的日全食久久藏在云中。所幸的是，就在日全食即将结束时，云层消失了，随着照相机紧张的拍照，那个大胆的理论的预言留在了底片上。不久，阿瑟·爱丁顿发出一封急电："爱丁顿在9/10s和9/5s之间发现了太阳边缘的恒星位移，致贺致贺"，而收电人正是爱因斯坦。

阿瑟·爱丁顿率领的船队是1919年美国派出的两个天文考察队之一，目的是为了验证爱因斯坦广义相对论所做出的一项预言：恒星发出的光线经过太阳表面附近时，因为太阳引力场的作用，会使光线弯曲。这两支船队，都必须在半年前对某一区域的恒星照相，半年后，当太阳运动到这一地区同时发生日全食时再拍照，有的恒星射来的光线因为离太阳很近而弯曲明显，也可以认为这颗恒星的位移发生了变化。之所以选择日全食，是因为平时太阳很亮，只有日全食时才能把太阳背景后的区域拍清楚。11月6日，英国皇家学会和皇家天文学会联合举行会议，气氛紧张而神秘，会议发起人戴森宣布："在仔细研究过这些照片之后，可以肯定爱因斯坦的预言。我们得到了一个十分肯定的结果，光线是按爱因斯坦的引力定律偏转的。"皇家学会主席汤姆逊(J. J. Thomson)在会上认为爱因斯坦的广义相对论是人类思想史上最伟大的成就之一，他说："这不是发现一个孤岛，而是发现了整个新的科学思想的新大陆，这是继牛顿首创万有引力以来，人类所做的和引力相关的最伟大的发现。"很快，全世界都获知：光线是弯曲的，宇宙空间是弯曲的！

15.5.1 爱因斯坦广义相对论的基本理论

爱因斯坦在1905年创立了狭义相对论之后，不得不思考这样的一个问题：狭义相对论只有在做匀速直线运动或静止不动的惯性参考系里才能成立；如若一个参考系(S')相对于另外一个参考系(S)做恒定加速运动时，情况将如何？根据爱因斯坦狭义相对论原理，物理定律在所有的惯性系中都具有相同的形式，因此各个惯性系都是等价的，不存在特殊的绝对惯性系。然而，牛顿万有引力定律在洛伦兹变换下会改变形式，可见它不是一个相对论化的方程式。将牛顿万有引力定律推广成相对论性时，难以将它变成一个平面时空中的相对性理论。后来，爱因斯坦根据等效性原理、广义相对论性原理和马赫原理，采用黎曼几何来描述具有引力场的时间和空间，得出了引力场方程。

1. 等效原理

在经典力学中曾经引入两个质量的概念：一个是反映物体惯性大小的惯性

质量 m；另一个是反映物体产生和接受引力大小的引力质量 m'。但是，这两个质量之比对一切物体都是相同的。所以，在运用上，我们就把它们当成一个量来对待，这就叫做惯性质量 m 和引力质量 m' 的等同性或等效性。伽利略的自由落体实验就证明了惯性质量 m 和引力质量 m' 的等同性。设有两个物体 A 和 B 在地面附近自由下落的加速度为 a_A 和 a_B，地球引力质量为 M'，地球半径为 R，则有

$$m_A a_A = G \frac{M' m'_A}{R^2}, \quad m_B a_B = G \frac{M' m'_B}{R^2}$$

两式相除，得

$$\frac{m_A a_A}{m_B a_B} = \frac{m'_A}{m'_B}$$

实验表明 $a_A = a_B = g$，所以 $m'_A/m_A = m'_B/m_B$。只要令某一标准物体的惯性质量等于引力质量，则所有物体的惯性质量等于引力质量；令 $m_A = m'_A$，则对所有物体都有 $m = m'$。后来牛顿的单摆实验、厄阜的扭称实验及后人改进的实验，都证明了所有物体的惯性质量等于引力质量。考虑一个没有窗户的密封舱中的观察者，爱因斯坦通过舱内的理想实验发现，舱内的一切物体都会自由下落，下落的加速度与物体的固有属性（惯性质量 m）无关。在经典力学的基础上，他指出，有两种可能的解释：

（1）密封舱是一个惯性系，舱内的物体自由落下，是舱下面地球的引力场造成的，如图 15.5-1(a)所示；

（2）密封舱是一个非惯性系，舱内的物体自由落下，是密封舱在太空向上加速飞行下造成的，如图 15.5-1(b)所示。

由于引力正比于引力质量，惯性力正比于惯性质量，而这两种质量又是严格相等的，因此，观察者在密封舱内再进一步做任何实验，也不可能区分他的舱是属于上述两种可能性中的哪一种。

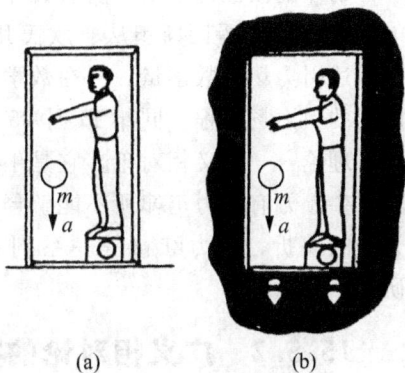

图 15.5-1 密封舱实验

也就是说，他的任何力学实验都无法区别：这是引力的效果，还是惯性力的效果。所以说，引力和惯性力是等效的。

事实上，也可以引进场的概念。把产生惯性力的场，称为加速场。密封舱是一个非惯性系，当密封舱的加速度 $a = -g$ 时，在这个做匀加速直线运动的非惯性系中，如图 15.5-1(b)所示，所引起的力学效应（如物体以加速度 g 自

由落下)可以用加速场来表示。它和一个静止于地球表面(具有均匀的恒定的引力场影响)的惯性系中，如图 15.5-1(a)所示的力学效应(物体自由落体)完全相同。这就清楚地告诉我们：在加速场中和在引力场中一样，密封舱内的物体的加速度和物体的重量无关。正是在这个意义上，我们看到了关于引力场和加速场的等效性。因此，我们可以得出结论：在处于均匀的恒定的引力场影响下的惯性系中，所发生的一切物理现象，可以和一个不受引力场的影响，但是以恒定的加速度运动的非惯性系中(即在相同条件下和引力场等效的加速场)的物理现象完全相同，这就是等效原理。

2. 广义相对论的相对性原理

爱因斯坦把狭义相对性原理推广到一切惯性系和非惯性系的参考系。由于引力场和加速场的等效性的事实，我们可以确定：物理学定律在惯性系和非惯性系(包括有引力场在内的情况)中，是完全一样的，这就是广义相对论的相对性原理。

3. 马赫原理

爱因斯坦在马赫对牛顿绝对时空观的批驳中汲取了精华，提出时间、空间不能先验的给定，而应该由物质及运动所决定，这就是马赫原理。在马赫看来，根本不存在绝对空间和绝对运动，物体的运动是相对于宇宙中天体的运动；物体的惯性是宇宙中所有天体作用的结果。

1915 年，爱因斯坦从非欧氏几何中找到了合适的数学工具，即用张量作为描述引力场的数学量，并在数学家格罗斯曼卓有成效的合作下，建立了广义协变的引力场方程。同年 11 月 25 日，爱因斯坦提出了一个四维弯曲时空中的引力理论——广义相对论，它是牛顿万有引力定律的相对论推广。它成功地解释了牛顿万有引力定律所不能解释的现象——水星轨道近日点的旋进，预言了光线的偏折、引力红移等一系列新的效应，并对宇宙结构进行了开创性的研究。

15.5.2　广义相对论的检验

爱因斯坦广义相对论检验的几个实例。

1. 水星近日点的"反常旋进"

按牛顿引力定律，水星在太阳的作用下，围绕太阳做封闭的椭圆运动，太阳位于椭圆的一个焦点上。水星离太阳最近的位置称为水星近日点，它的位置应该是不变的。但是，1859 年实际的天文观测告诉我们：水星的轨道并不是严格的椭圆，而是每转一圈，它的长轴也略有转动(如图 15.5-2 所示)，长轴的这一转动称为行星近日点的旋进。

牛顿力学认为，这种旋进是由其他行星对水星的引力所致，计算表明：其他行星对水星近日点旋进速率为 5557.62″/100 年，但是水星近日点旋进速率为 5600.73″/100 年，仍有 43.11″/100 年的旋进值（称为反常旋进值）一直得不到解释，成为牛顿理论多年不能克服的困难。

爱因斯坦广义相对论成功地预言了：水星近日点旋进还有 43.03″/100 年的附加值，这是时空弯曲对平方反比律的修正引起的。由于此数值和观察结果十分接近，被看作广义相对论初创期的重大验证之一。

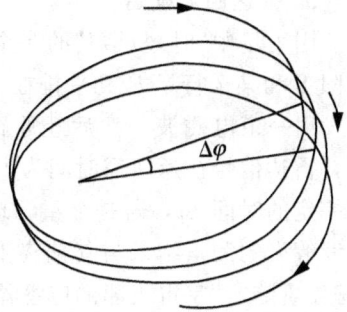

图 15.5-2 水星近日点"反常旋进"

2. 引力红移

在广义相对论中，根据等效性原理可以得出：处在引力场中的原子辐射的频率，要受到引力势的影响而向红端移动，这就是"引力红移"。由于太阳表面的"引力场"比地球的要强，一个在太阳表面上的氢原子所发射的光到达地球时的频率，比地球上的氢原子所发射的光的频率要低一些。1964 年得到的实验结果，在约 1‰ 的精度上检验了等效性原理关于引力红移的预言，如图 15.5-3 所示。

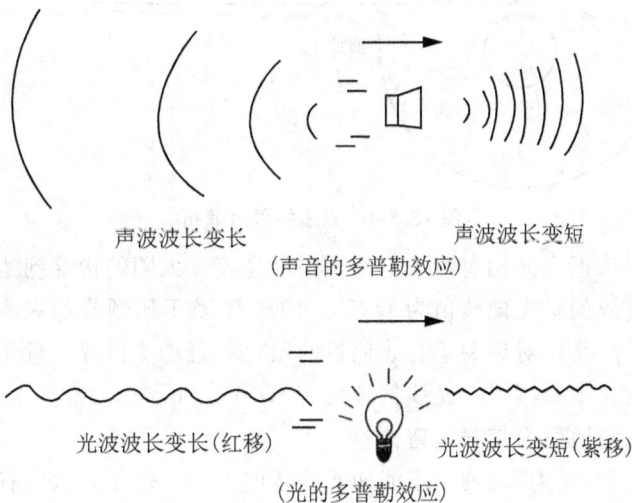

声波波长变长　　　　　　声波波长变短

（声音的多普勒效应）

光波波长变长（红移）　　　光波波长变短（紫移）

（光的多普勒效应）

图 15.5-3 引力红移

3. 雷达回波延迟

引力场中"时缓尺缩"的一个可观测的效应，是雷达回波延迟。当地球 E、太阳 S 和某个行星 P 几乎排在一条直线上的时候，从 E 掠过 S 表面 Q 点，向 P 发射一束电磁波，然后经原路径反射回来。令 $EQ=a$，$QP=b$，按牛顿理论，雷达信号往返所需时间为 $t=2(a+b)/c$，广义相对论预言：雷达回波将延迟一定的时间 Δt，若是金星，理论计算的结果是 $\Delta t=20.5\times10^3$ s。1971 年夏皮罗等人的测量结果与其偏离不到 2%；20 世纪 80 年代，利用在火星表面的"海盗着陆舱"宇宙飞船的应答器来代替反射的主动实验，使相对论性延迟测量中的不确定度，从 5% 减到 0.1%，检查精度提高了 50 倍。广义相对论的所有预言，都令人惊叹地得到了检验。人们正在筹划建造新的仪器设备，以便能够在地球上直接探测引力辐射，用新型"引力望远镜"来研究宇宙，以及宇宙中所发生的各种引人入胜的现象。

4. 光线的引力偏折

在爱因斯坦广义相对论中，我们讨论了光线经过质量为 M 的引力中心附近时，由于时空弯曲而偏向引力中心的现象，其偏转程度要比仅仅考虑光的运动质量受万有引力作用而偏转的程度要大，如图 15.5-4 所示。

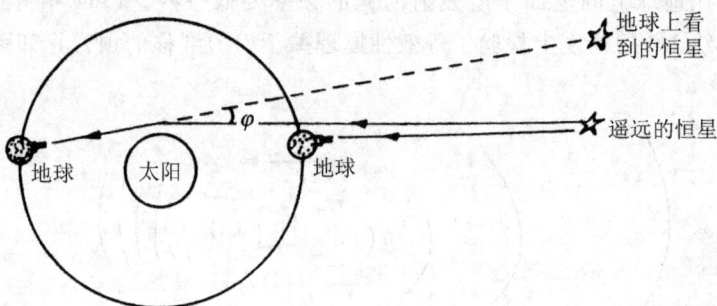

图 15.5-4　光线的引力偏折

爱因斯坦依据广义相对论预言：如果星光擦过太阳的边缘到达地球，则太阳引力场所造成的星光偏转角为 1.75″。1919 年爱丁顿领导的观测队，第一次定量地证实了广义相对论关于光线偏折的预言，轰动了世界。近年来，用射电天文学的定位技术所测得的光线偏转角为 1.761″±0.016″。

我们怎么知道引力使光线弯曲？

地球的引力（重力）太弱，不能使光线弯曲多少。但是，太阳有足够大的质量，能够使遥远恒星发出的光经过太阳附近时产生的弯曲变得可以测量出来。对这些星星的测量表明，星光经过太阳时的确被弯曲了，而且弯曲的程度与爱因斯坦的预言相符。

我们还记得，光速不变使爱因斯坦得到令人惊奇的发现：时空是相对的。爱因斯坦再一次使我们惊奇：引力使光线弯曲意味着空间的一个令人惊奇的性质，这一性质同直线概念有关。正像时间是宇宙中一种可以用光钟测量的物理性质一样，直线也是宇宙的一种物理性质，它可以用光束走的路径来定义。事实上，测绘员就是用激光光束决定直线，射击沿着枪管瞄准时也是用光束决定直线。既然，光束本身就是直线的定义，那么光束弯曲又是什么意思呢？正像运动着的光钟变慢意味着时间变慢一样，爱因斯坦看出：光束的弯曲意味着空间本身被引力弯曲。对于一个光速的路程的最佳的描述是"可能最直的"路程。在一个弯曲的空间里，即使是这样一条可能最直的路程也一定是弯曲的。

空间是弯曲的，这是一个古怪的概念。正如斯蒂芬·霍金所说："形象地想象普通的三维空间已经够难了，更不用说弯曲的三维空间。"困难在于，空间只有三维，没有更高的维数，从哪里能看到弯曲的三维空间呢？我们只能够从三维的视角看一张二维的纸像弯曲一样。我们能做的顶多是形象地想象这个重要的弯曲空间的概念的类比。如图 15.5-5 所示，一张平面的桌面是二维的，可以把它看成是"平直的二维空间"的一个区域。如果我们使桌面部分凹陷（如图 15.5-6 所示），这个表明就变成了一个弯曲的二维空间。另一个例子是，一个球的表面是一个弯曲的二维空间。例如，一个地球仪表面上的两个标准维叫做经度（与一个经过两极和英国格林尼治天文台的圆的东西角距离）和纬度（离开赤道的角距离）。在这个弯曲的二维空间里可能最直的线（类似于弯曲的三维空间里光束的路线）是"大圆"。实际上，三维空间本身就是弯曲的。

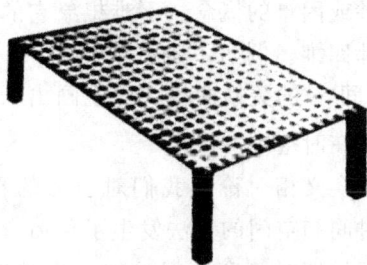

图 15.5-5 平直的二维空间   图 15.5-6 弯曲的二维空间

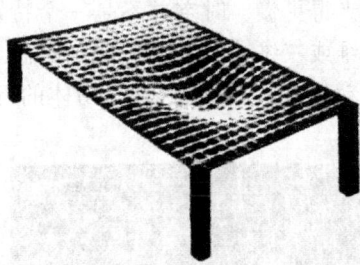

我们怎么知道空间是弯曲的？

光束的弯曲真的表明空间是弯曲的吗，还是表示光束在普通的或"平直的"三维笛卡儿空间里的弯曲？1972 年做的一个实验排除了后面这种可能性，在这个实验中一个绕火星飞行的太空飞船定向反射回从地球发射的雷达信号，如

图 15.5-7 所示。在一年中，当从地球到火星的信号经过太阳附近时，测量雷达信号的传送的时间，由此可以判断弯曲的光束是穿过一个平直的空间还是一个弯曲的空间。

我们可以很容易用观察到的弯曲路径来预言在平直的空间中的传送时间，只要把雷达波束的弯曲路径按缩小的比例尺画在一张平纸上，看看它比直线长多少就行了。实验给的答案是大约长 10 m，因此如果雷达波束仅仅是在平直空间中弯曲，它应当延迟大约 30 ns(1 ns 是 10^{-9} s)，即光走 10 m 路程的时间。但是你不能用一张平纸来测量弯曲空间中的距离，其理由与你不能在一张平的地图上精确量出从北京到上海的距离一样，因为弯曲"比例尺"不断变化。爱因斯坦的公式预言会有 200 μs(1 μs 是 10^{-6} s)的延迟，是预言穿过平直空间的延迟的 7000 倍。实验证实了爱因斯坦的预言。

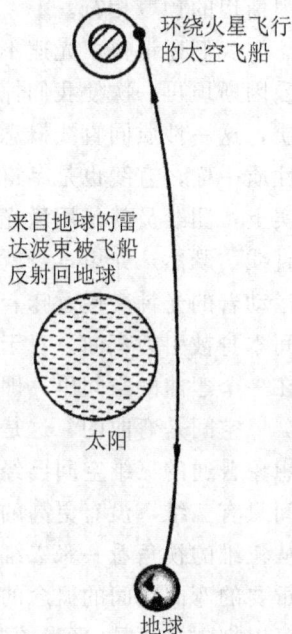

图 15.5-7 1972 年的实验

迄今我们忽略了一件事实，现在必须说一说。我们记得，空间和时间是相互纠结在一起的。例如，要测量一个运动窗户的宽度，你需要至少两个钟，以保证你正好是在同一时刻测量窗户两边的位置。因此距离测量含有时间测量。在广义相对论中，空间和时间的这种纠结意味着空间的任何弯曲一定也使时间发生畸变，使时钟(换句话说就是时间)在更强的引力场中走得更慢。时空并不是一个特别微妙或困难的概念。不难想象它的维数中的两维或三维，但是不可能同时想象全部四维。例如，如果你画出了一个沿直线运动的物体的位置"x"与物体的行进时间"t"的关系曲线，你就画出了这个物体在时空中的运动。

广义相对论使我们对引力的看法，对时间和空间的看法发生了革命。牛顿物理学把时间和空间看作一个被动的、不变的背景，事件就在这个背景上演出。而牛顿物理学则把时空看作事件的一个主动的、变化的物理参与者。时空形成一种"织物"，其形状由质量决定(如图 15.5-8 所示)，就像一柄铁锤能

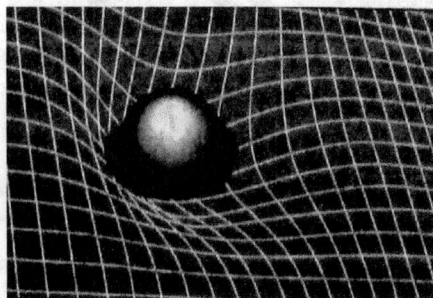

图 15.5-8 质量(如太阳)使时空弯曲

够使一片金属弯曲一样。时空的形状由物质决定，而这一形状又影响实物和辐射在空间的运动。

对于地球上熟悉的情况如石头的下落，广义相对论的预言和牛顿的预言近乎相同。对于异乎寻常的情况如黑洞附近或宇宙创生的早期阶段，广义相对论的预言与牛顿的预言有很大的差异。从概念上说，这两个理论有根本的不同。在爱因斯坦的理论中，诸如地球环绕太阳的圆运动这样的引力效应，根本不是由力引起的，而完全是由时空的弯曲引起的。地球的轨道并不是被引力拉成一个圈，而是因为太阳使时空弯曲，地球只是沿着这些弯曲自由"下落"（根本不受任何力）。地球必定沿着时空中的弯曲路径运动，因为时空本身是弯曲的。为了避免一个常见的误解，必须讲清楚，在这里并没有说空间弯曲成环绕太阳的一个圆，而地球循着这些圆运动。相反，时空是这样弯曲的：随着在时间维中向着时间增加的方向运动，地球在空间诸维中均在一个圆轨道上运动，从而在时空中产生一条螺线。

我们怎么知道曾经发生过一次大爆炸？

宇宙学是对大尺度宇宙起源、结构和演化的研究。我们正生活在宇宙学的黄金时代，它开始于 1992 年，这一年一个观测卫星绘制出了早期宇宙的第一幅详尽的空间分布图。做出这些宇宙学新发现的关键是那些奇妙的新观测仪器，像哈勃空间望远镜。理解新发现的关键是广义相对论，它在研究一个整体宇宙时，预言了我们的三维空间在整个过去和未来时间中的演化方式。在补充了若干天文观测结果后，广义相对论对宇宙的起源和演化得出了惊人的结论：137 亿年（误差小得令人惊奇，不超过 1%）前，发生了一次叫做大爆炸的事件，宇宙就是从这次事件开始的。大爆炸创造了不同形式的能量和物质，从一个小得多的初始大小膨胀出今天可观察到的宇宙（可用望远镜看到的那一部分宇宙）。

有四个独立的证据支持大爆炸理论。

1. 1929 年，天文学家发现整个宇宙的一切星系都在相互退离，好像它们是被一次大爆炸推动散开似的。从我们今天观测到的星系退离速率和距离出发，在时间中回溯，所有星系在大约 137 亿年前应当统统聚集在一起。

2. 1964 年，射天天文学家探测到宇宙微波背景，它是炙热的初始爆炸的余烬，现在仍然充满整个宇宙。这个辐射已经冷却到 −270℃，这个冷却了的辐射的能量太小，不在可见光谱段内，它只能作为微弱的无线电干扰，在微波和射电频段观察到。观察到它的特征如温度和大爆炸理论的预言相符。

3. 1992 年，然后再次在 2003 年，观测卫星测绘出从太空各个方向射到地球的宇宙微波背景辐射的分布图。结果表明，这个辐射包含有微弱而高度复杂的"起伏"。如果初始的大爆炸真的要发展成为我们今天所看到的由星系和星系团构成的宇宙结构，这种起伏正是我们所期望的。所描绘的辐射的存在，以及这个辐射与我们今天看到的我们周围之间的密切关系，是大爆炸理论强有力的证据。

4. 在大爆炸的最初的千分之一秒内，生成的最早的几种寻常物质是质子、中子和电子。此后的 3 分钟内的条件适合于质子和中子"聚变"成更复杂的原子核。3 分钟后，宇宙又变得太冷、太稀薄，不适合于质子和中子的聚变了。根据原子核物理学的计算预言：在最初的 3 分钟结束时，大约 75% 的原来的初质子仍然留存，而 25% 的质子和中子聚合成另外四种原子核($^2_1$H，$^3_2$He，$^4_2$He 和 $^7_3$Li)，留下单个质子是氢核$^1_1$H。那时的宇宙由两种氢，两种氦和一种锂组成。

天文学家曾对来自最古老的恒星的光或光谱进行了测量，测量表明这五种同位素的相对含量与理论的预言符合得很好，是支持大爆炸理论的强有力的证据。关于$^2_1$H 的预言及其证实特别有说服力，因为原子物理学预言，除了大爆炸外，在宇宙中不可能有任何过程能够制造这种材料。

15.5.3　暗物质和暗能量

我们习惯于认为，宇宙主要是由发光的恒星和少量其他不发光的星体如行星构成的。在过去的 20 年中，我们已经知道构成宇宙的成分远比这些多。首先，在大爆炸中生成的大量的氢和氦即不聚集成恒星，也没有被收集在可见的星系中；相反，它们散布在星系之间的广大区域中，在那里它们既不可见，又很难探测出来。天文学家通过观察从遥远的恒星来到地球上的光在穿越星系际空间时是怎样被部分吸收时首次检测到它。现在已经知道，这种看不见的星系际气体的质量大约是宇宙中的全部恒星、行星和发光气体质量的 10 倍！

在过去二三十年中，科学家已经得知还有另外一种物质，它们不是由质子、中子、电子或其他已知的别种粒子(比如中微子)构成的。虽然提出过几种假设，还是没有人知道这种物质的组成。它不与电磁辐射相互作用，因此它不能因发光(像恒星那样)或吸收光(像星系际气体那样)而被人发现，也没有人在实验室里检测到它。但是，由于它对星系中星体的引力效应，我们能知道它是存在的，而且知道它的含量很多。这种所谓暗物质的总重量是所有恒星总重量的 60 倍！

我们怎么知道暗物质的存在？

有几种独立的观察方法表明：大部分星系(包括我们本星系在内)，主要是由暗物质构成的。其中一种方法是，根据星系都是旋转结构（其中恒星和气体环绕星系中心公转）的事实。像行星环绕太阳公转一样，恒星和气体是被星系的大质量中心引力拉力保持在它们的大致为圆的轨道上的。在天文学家观察恒星和气体云环绕它们的星系中心公转时，发现它们的速度如此之高，使得星系将会飞散，除非它们被比我们实际看到的多许多倍的物质的引力拉力保持在一起。

但是，天文学家是怎样能够测量遥远的星系的公转速度呢？对这样遥远的地方，要分辨出单独的一颗星都是很困难的，更不用说测量它们的速度了。女科学家薇拉·鲁宾比较了来自此星系的亮心一侧的点上的光与来自另一侧的点上的光。既然星系在旋转，那么从侧面看一个星系，一侧的星星在朝向鲁宾的望远镜运动，而另一侧的星星在离开鲁宾的望远镜运动。来自朝向鲁宾的望远镜运动的星星的光的频率要比离开鲁宾的望远镜运动的星星的光的频率高，这和你在人行道上听警车上的警笛时，当警车驶近你时警笛的音调变高，而警车驶离你时警笛的音调变低是一样的道理（多普勒效应）。从这两个频率的差异，鲁宾能够算出星星的速度。

第二种方法是，从遥远的星系到地球的光，在经过其路程上散布的星星的引力场时，光会弯曲。通过这种叫做"引力聚焦效应"的弯曲，天文学家可以推出，途中的这些星系包含有比能看见的物质多得多的物质。现今最大的粒子加速器，2009年在日内瓦附近的欧洲核研究中心（CERN）投入运行后，物理学家们相信：它将使暗物质的许多理论得以发现。从这些观察我们知道，我们的银

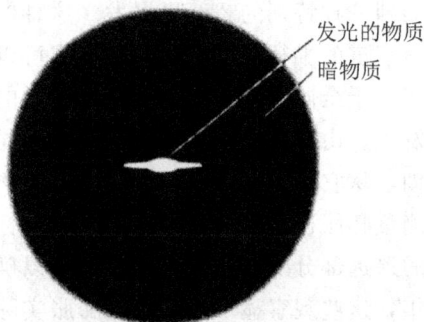

发光的物质
暗物质

图 15.5-9　暗物质形成球状云

河系以及别的星系，是浸在一团巨大的球形暗物质云中的，其直径是看见的星系的直径的许多倍，如图 15.5-9 所示。

暗物质是什么呢？没有哪种已知的物质形式能够说明它。科学家预期将会发现全新的物质形式，并且对它可能取什么形式已经有了若干理论建议。它同寻常物质作用必定很弱，否则它现在就被发现了。暗物质已经激发了在宇宙射线中和高能物理实验室中的许多探索工作。类似的情况存在于 1914 年至 1955 年期间，那时理论建议在 β 衰变中有一个没有观察到的粒子产生，但是一直到 1955 年才探测到这种粒子，它叫做中微子。在实验室里发现暗物质将是一件

里程碑性的工作，宇宙的大部分是由暗物质构成的。

我们怎么知道宇宙在加速膨胀？

宇宙将永远膨胀下去，还是最终又将回过来向内崩塌？这个问题类似于问从地球表面向上抛出一物体将会如何。如果我们垂直向上抛一个苹果，苹果在重力的作用下，上升到最高点时静止，然后加速落回到地面。但是，如果发射一空间飞船，其速度快于 $11\ \mathrm{km \cdot s^{-1}}$，那么随着它的上升速度会变慢，但它绝对不会回到地面；相反它会保持上升而逃离地球。

像上升的苹果和空间飞船一样，宇宙膨胀将会变慢是合乎情理的。正像苹果和空间飞船受地球的重力作用而减慢下来，宇宙膨胀也应当被宇宙所有物质的向内的拉力作用而减慢。在 20 世纪 90 年代，宇宙学家设法测量出宇宙膨胀速度的减少率。这个结果于 1998 年发表，令人大吃一惊：宇宙膨胀根本没减慢，反而在加速膨胀。

20 世纪 20 年代，首次发现来自遥远星系的光的红移现象，我们通过测量来自遥远星系的光的红移的大小，由此推出星系的速度。近年来，天文学家发明一种特别有效的方法测量宇宙膨胀的距离和速度。现代的大型望远镜能够检测到一种特别的超新星爆发。这种"1A 型超新星"足够明亮，即使在大于可观察宇宙的半径的一半的距离上都可以看见。我们还知道所有的 1A 型超新星都接近于全同，并且它们都在爆发后的大约一个月的最大强度阶段以相同的亮度发光。由于它们的实际亮度全都相同，离地球越远的这种超新星看起来就越模糊，从它们的亮度就可以推断它们离我们多远。于是，1A 型超新星成了我们测量膨胀速率和大距离的最精确的标识物。它们的精确程度不但可以决定宇宙的遥远部分膨胀的速率，而且可以确定膨胀的速度的变化率——加速度。1998年，这些观察显示出：宇宙膨胀实际上是在加快。

宇宙膨胀实际上是在加快，这使我们更加感到困惑，宇宙所有物质的向内的拉力应当使宇宙膨胀减慢，但它却在加速，是什么在推动它？由于加速度是由力引起的，加速膨胀意味着有什么东西把空间结构向外推，是什么东西呢？肯定它既不是普通物质又不是暗物质，因为它们的引力只能是拉力而不是推力。科学家们相信，全部空间，甚至包括真空，必定包含某种新形式的非实物的能量，使它们向外推，这种非实物的能量称为暗能量。这个令人惊讶的新概念，是 1998 年随着宇宙加速膨胀的发现突然出现在物理学界面前的。没有人知道暗能量是什么，暗能量与暗物质相似，但比暗物质更神秘。我们有证据表明它是存在的，但是对于它到底是什么却不清楚。

暗能量一定会影响宇宙的形状，因为爱因斯坦说过：一切形式的能量都有质量，而质量影响空间的弯曲程度。从宇宙微波背景的详细情况（如图 15.5-10所示）能够推断宇宙中暗能量的含量。把这个暗能量的质量加到宇宙中的发光物质、不发光寻常物质和暗物质的质量上，得出的总质量正好是使宇宙的总体几何变成平直所需要的质量。于是，宇宙的平直性质、暗物质、宇宙的加速膨胀和暗能量这些东西相互配合，一起构成一幅一致的但是完全出乎意料的预兆图像。所以这些为"宇宙是什么构成的"这个古老的话题提供了一个新的答案。

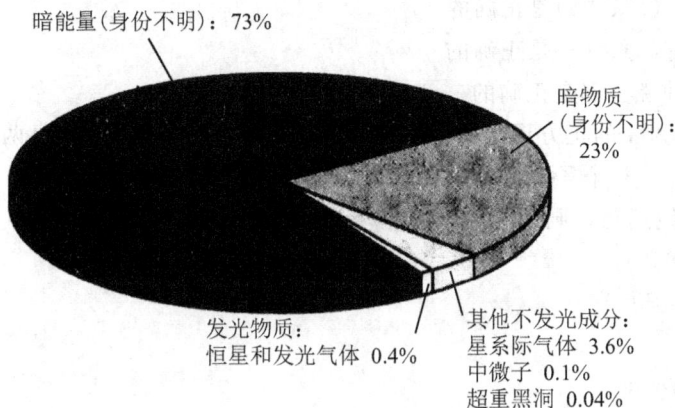

暗能量（身份不明）：73%

暗物质（身份不明）：23%

发光物质：恒星和发光气体 0.4%

其他不发光成分：
星系际气体 3.6%
中微子 0.1%
超重黑洞 0.04%

图 15.5-10　宇宙的构成

对宇宙微波背景和宇宙加速膨胀的观察表明，宇宙主要是由暗物质构成的！它的另一成分是物质，而其中的大部分是暗物质。宇宙比我们想象的还要奇怪：它的 96% 是我们完全不了解的物质和能量构成的，剩下的 4% 中的大部分是不可见的，而可见物质（我们总以为万物是由它们构成的）只占所有这些的1% 不到。

思考题和习题

1. 爱因斯坦建立狭义相对论的两个基本假设是：

(1)＿＿＿＿＿＿＿＿＿＿＿＿＿＿＿＿＿＿＿＿＿＿＿＿＿＿＿＿＿＿＿＿＿＿＿；

(2)＿＿＿＿＿＿＿＿＿＿＿＿＿＿＿＿＿＿＿＿＿＿＿＿＿＿＿＿＿＿＿＿＿＿＿。

2. 爱因斯坦的质能关系式是＿＿＿＿＿＿＿＿＿＿＿＿＿＿＿＿＿＿＿＿＿＿。

3. 前进的一列火车的车头和车尾各遭到一次闪电轰击，据车上的观察者的测定，这两次轰击是同时发生的。试问地面的观察者是否测得是同时发生的？

4. 有下列几种说法：

(1) 所有惯性系对物理基本规律都是等价的。

(2) 在真空中，光的速度与光的频率、光源的运动状态无关。

(3) 在任何惯性系中，光在真空中沿任何方向的传播速率都相同。若问其中哪些说法是正确的，答案是

(A) 只有 (1)、(2) 是正确的

(B) 只有 (1)、(3) 是正确的

(C) 只有 (2)、(3) 是正确的

(D) 三种说法都是正确的

5. 边长为 a 的正方形薄板静止于惯性系 K 的 Oxy 平面内，且两边分别与 x、y 轴平行. 今有惯性系 K' 以 $0.8c$ (c 为真空中光速) 的速度相对于 K 系沿 x 轴做匀速直线运动，则从 K' 系测得薄板的面积为

(A) $0.6a^2$

(B) $0.8a^2$

(C) a^2

(D) $a^2/0.6$

6. 有一直尺固定在 K 系中，它与 Ox' 轴的夹角 $\theta'=45°$，如果 K' 系以匀速度沿 Ox 方向相对于 K 系运动，则 K 系中观察者测得该尺与 Ox 轴的夹角

(A) 大于 $45°$

(B) 小于 $45°$

(C) 等于 $45°$

(D) 当 K' 系沿 Ox 轴正方向运动时，大于 $45°$；而当 K' 系沿 Ox 负方向运动时，小于 $45°$

7. K 系与 K' 系是坐标轴相互平行的两个惯性系，K' 系相对于 K 系沿 Ox 轴正方向匀速运动。一根刚性尺静止在 K' 系中，与 $O'x'$ 轴成 $30°$ 角. 今在 K 系中观测得该尺与 Ox 轴成 $45°$ 角，则 K' 系相对于 K 系的速度是

(A) $(2/3)c$

(B) $(1/3)c$

(C) $(2/3)^{1/2}c$

(D) $(1/3)^{1/2}c$

8. 有一速度为 u 的宇宙飞船沿 x 轴正方向飞行，飞船头尾各有一个脉冲光源在工作，处于船尾的观察者测得船头光源发出的光脉冲的传播速度大小为 _____；处于船头的观察者测得船尾光源发出的光脉冲的传播速度大小

为_____。

9. 某加速器将电子加速到能量 $E=2\times10^6$ eV 时，该电子的动能 $E_K=$_____ eV。（电子的静止质量 $m_e=9.11\times10^{-31}$ kg，1 eV$=1.60\times10^{-19}$ J）

10. 设有宇宙飞船 A 和 B，固有长度均为 $l_0=100$ m，沿同一方向匀速飞行，在飞船 B 上观测到飞船 A 的船头、船尾经过飞船 B 船头的时间间隔为 $\Delta t=(5/3)\cdot10^{-7}$ s，求飞船 B 相对于飞船 A 的速度的大小。

第 16 章　物质观的革命——量子论

19 世纪末期，经典物理理论正处在一个既有辉煌的过去，又面临新的挑战的时代。一些新的实验事实，无情地冲击着经典物理学大厦：首先是 1887 年，迈克尔逊-莫雷实验否定了"以太"和绝对参考系的存在；紧接着是 1896 年，贝克勒尔发现了放射性现象，否定了原子是物质的基本单元。随后，1900 年，瑞利和金斯用经典物理的能量均分定理来说明热辐射现象时，出现了"紫外灾难"。经典物理理论在理解热辐射、光电效应、康普顿效应等问题上无能为力，从而使经典物理理论处于非常困难的境地，也使一些物理学家深感困惑。

为了摆脱困境，一些思想敏锐而又不为旧观念所束缚、富有创新思维的物理学家们重新思考物理学中的某些基本概念，经过艰苦卓绝的历程，终于在 20 世纪初期，诞生了相对论和量子理论，人们才逐步认识量子化的概念，以及微观粒子特有的本质，并在量子论的基础上发展成量子力学。

本章着重介绍量子理论，其主要内容有：黑体辐射、普朗克能量子假设、爱因斯坦的量子假设和光电效应方程、康普顿效应、玻尔氢原子理论、波粒二象性、不确定关系、量子力学的薛定谔方程等。

16.1　黑体辐射　普朗克的能量子假说

任何物体在任何温度下都要发射电磁波，这种因物体内部带电粒子的热运动而引起发射电磁波的现象称为热辐射。热辐射是普遍现象，不论是高温物体还是低温物体都有热辐射。一物体向四周发射的辐射能及辐射能的波长分布，主要取决于物体的温度。例如：金属、碳，当温度 $T < 800$ K 时呈红色；$T > 800$ K 时，随温度的升高，颜色由红→黄→白→青，辐射能量增多。

16.1.1　黑体辐射

任何物体在任何温度下，自身除了产生热辐射之外还能吸收外部的电磁波，对外来辐射有发射和吸收作用。其发射包括两部分：自身发射和反射，两者无法分开。实验表明：不同的物体在某一频率范围内发射和吸收能力是不同的，深色的物体发射和吸收电磁波的能力比浅色物体要大些。但是，对同一物体来说，若物体在某一频率范围内发射电磁波的能力越强，那么，它吸收该频率范围内电磁波的能力也越强，反之亦然。所以，良好的辐射体必定是良好的吸收体。例如：我们在现实生活中就体验到，深色的衣服吸热效果好，最黑的煤炭可吸收95％的入射电磁波。我们设想有一种物体能吸收一切外来的电磁辐射，这种物体称为黑体，或称为绝对黑体。这种能全部吸收入射的辐射而无发射的物体是很难实现的。怎样的物体是黑体？在日常生活中，我们会发现：白天在室外通过一个小窗户，看见室内是黑暗的，什么也看不见，这就是黑洞效应。如图16.1-1所示，对空腔小孔，任何辐射进入小孔后在腔内进行多次反射吸

图 16.1-1　黑体模型

收后，从小孔透出的很少，故空腔可视为黑体。空腔的内表面越粗糙越好，外部任何一种辐射进入小孔内，都将有进无出，全部被吸收。所以小孔的行为就和黑体的行为一样。如果把空腔加热，就有热辐射从小孔往外跑。只要研究小孔的热辐射，就能了解黑体辐射的特征。实验表明：空腔小孔向外发射的电磁波是会有各种成分的，而且不同频率的电磁波的强度也不同，随黑体的温度而异。对黑体只需考察其发射的辐射能，而无须考察其反射辐射能。

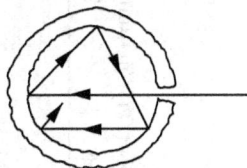

下面，说明与黑体有关的物理量。

1. 单色辐出度 $M_\lambda(T)$

黑体在单位时间内、单位面积上，在单位波长范围内所辐射的电磁波的能量，称为单色辐射出射度，简称为单色辐出度。显然，单色辐出度是黑体的热力学温度 T 和波长 λ 的函数，用 $M_\lambda(T)$ 表示

$$M_\lambda(T) = \frac{\mathrm{d}M_\lambda}{\mathrm{d}\lambda} \tag{16.1.1}$$

2. 辐出度

在单位时间内，从温度为 T 的黑体的单位面积上，所辐射出的各种波长的电磁波的能量总和，称为辐出度，它是黑体的热力学温度 T 的函数，用 $M(T)$ 表示。其值可由 $M_\lambda(T)$ 对所有波长的积分来求得

$$M(T) = \int_0^\infty M_\lambda(T)\mathrm{d}\lambda \tag{16.1.2}$$

单色辐出度 $M_\lambda(T)$ 的单位是 $\mathrm{W/m^3}$，辐出度 $M(T)$ 的单位是 $\mathrm{W/m^2}$。实验得出的单色辐出度 $M_\lambda(T)$ 随波长的变化关系曲线如图16.1-2所示，不难看出：曲线下的面积为式(16.1.2)定义的对应温度为 T 的黑体辐出度 $M(T)$ 的大

小。随着温度的升高，曲线下的面积迅速增大，而曲线极大值所对应的峰值波长 λ_{max} 移向波长减小的方向。

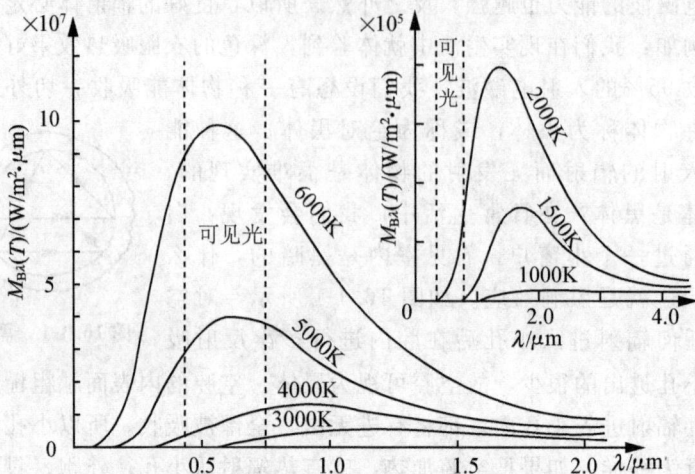

图 16.1-2　黑体单色辐出度随波长变化曲线

16.1.2　黑体辐射的基本规律

由实验结果总结出两条有关黑体辐射的定律，一是斯特藩—玻耳兹曼定律，二是维恩位移定律。

1. 斯特藩—玻耳兹曼定律

斯特藩（J. Stefan，1835—1893）于 1879 年，玻耳兹曼（L. E. BOltzmann，1844~1906）于 1884 年，两位物理学家从实验中得到了同样的结论：黑体的辐出度与黑体温度的四次方成正比，即

$$M(T) = \int_0^\infty M_\lambda(T)\,\mathrm{d}\lambda = \sigma T^4$$

$$(16.1.3)$$

此式称为斯特藩—玻耳兹曼定律，式中 $\sigma = 5.67 \times 10^{-8}$ W·m^{-2}·K^{-4} 称为斯特藩—玻耳兹曼常数。测定黑体单色辐出度的实验曲线如图 16.1-3 所示。

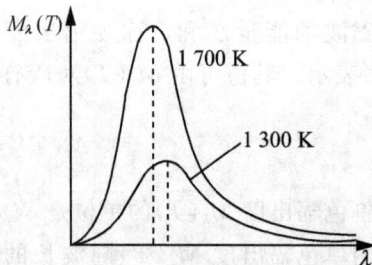

图 16.1-3　黑体单色辐出度的实验曲线

2. 维恩位移定律

维恩(W. Wien，1864—1928)于 1893 年应用热力学理论找到了 T 与 $\lambda_{\max}$ 的关系为

$$\lambda_{\max} T = b \qquad (16.1.4)$$

式中 $b=2.898\times10^{-3}$ m·K。此式表明：当黑体的温度升高时，在 $M_\lambda(T)$-λ 曲线上，与单色辐出度 $M_\lambda(T)$ 的峰值相对应的波长 $\lambda_{\max}$ 向短波方向移动，这称为维恩位移定律。

维恩位移定律有许多实际的应用：测定星体的谱线分布来确定其热力学温度；比较物体表面不同区域的颜色变化，来确定其热力学温度的分布，又称热图像。利用热图像的遥感技术可以监测森林防火、监测人体某些部位的病变。热图像的应用范围日益广泛，在宇航、工业、农业、医学和军事等方面的应用前景很好。

16.1.3　经典物理学的困难

19 世纪末，在德国钢铁工业大发展的背景下，许多实验和理论物理学家都很关注对黑体辐射的研究，有人精心地绘制图 16.1-4 所示不同温度下的热辐射曲线。从图中所示的实验结果与当时被认为"完善"的经典电磁学理论和热力学理论得出的结果完全不符，特别是在高温范围内差别更为明显。这一经典理论与实验结果的巨大差别就被当时的科学家称为"紫外灾难"，这就是开尔文说的两朵乌云之一。

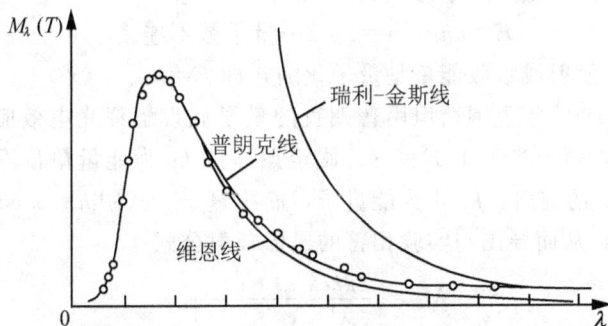

图 16.1-4　黑体辐射公式与实验曲线

当时最有代表性的经典理论就是瑞利(J. W. Rayleigh，1842—1919)和金斯(J. H. Jeans，1877—1946)的经典理论得出的 $M_{B\lambda}(T)$ 的数学表达式

$$M_{B\lambda}(T) = \frac{2\pi c}{\lambda^4}kT \tag{16.1.5}$$

式中 k 是玻耳兹曼常数。从图 16.1-4 可以看出，式(16.1-5)在长波部分与实验结果符合得较好；但是在短波部分出现了巨大的误差，即在短波部分黑体将辐射出无限大的能量，史称"紫外灾难"。

维恩于 1893 年运用热力学理论导出了 $M_\lambda(T)$ 的数学表达式

$$M_\lambda(T) = \alpha\lambda^{-5}e^{-\beta/\lambda T} \tag{16.1.6}$$

式中 α、β 为常数，且由实验确定。式(16.1.6)称为维恩公式。该式在短波段与实验符合较好，长波部分相差较大，这说明经典物理无法解释黑体辐射问题。

16.1.4 普朗克量子假设

用经典物理学研究热辐射所得公式与实验不符，明显暴露经典物理的缺陷，普朗克(Max Planck，1858—1947)根据量子假设，并用经典的玻耳兹曼统计代替能量均分原理，于 1900 年 12 月 14 日提出量子概念和光量子假设。

1. 背景：针对瑞利—金斯公式在长波部分与实验符合较好，而维恩公式在短波范围与实验接近，普朗克用内插法找到一个在长短波范围均与实验相符的黑体辐射经验公式，但须做出革命性假设才能给予理论性解释。

2. 普朗克的光量子假设

(1)构成黑体的原子可视为带电的线性谐振子；

(2)谐振子的能量是最小能量 $h\nu$ 的整数倍，即

$$E = nh\nu，n = 1，2\cdots量子数不连续$$

(3)谐振子发射或吸收能量是量子化的，即 $E = h\nu$。

3. 发展：1905 年爱因斯坦用普朗克的量子假设解释光电效应，进一步提出光量子概念，每个光量子 $E = h\nu$。假定黑体以 $h\nu$ 为能量单位不连续地发射和吸收频率为 ν 的辐射，$h\nu$ 称为能量子，简称量子。式中 $h = 6.63 \times 10^{-34}$ J·s 为普朗克常数，从而导出与实验相符的黑体辐射公式

$$M_\lambda = \frac{2\pi hc^2}{\lambda^5}\frac{1}{e^{hc/\lambda kT} - 1} \tag{16.1.7}$$

普朗克理论的意义

普朗克理论突破了经典理论在微观领域内的束缚，打开了认识光的微粒性的途径，1900 年 12 月 14 日被誉为量子论的诞生日。另外，可以从式(16.1.7)直接推导出斯特藩－玻耳兹曼定律和维恩位移定律；从实验结果可以决定普朗克常数 h 和玻耳兹曼常数 k 的数值，与其他方法所得到的相符合。所

以，普朗克公式是热辐射理论中最基本的公式。

值得一提的是：普朗克本人对能量子的概念的理解经历了一段艰难困苦的过程，直到 1915 年才逐渐认识到量子化的重要作用。这也说明，科学创新是多么地不易！

16.2　光电效应　爱因斯坦的光子假说

1905 年，当普朗克对自己提出的能量子假设犹豫不决、迟疑不前之际，青年爱因斯坦勇敢地接过旗帜，更大胆地提出光子的概念，成功地解释了光电效应的实验定律，并因此获得 1921 年的诺贝尔物理奖。

16.2.1　光电效应及经典物理面临的困境

在光的照射下，电子从金属表面逸出的现象称为光电效应。这种现象是 1887 年，德国物理学家赫兹（Heinrich Rudolf Hertz，1857—1894）在研究电磁波时偶然发现的。图 16.2-1 是研究光电效应的实验装置示意图，当紫外线照射到金属板 K 的表面时，若 K 接电源的负极，A 接电源的正极，则可以观察到电路中有电流。这时电子从 K 的表面逸出，并在加速电势差 $U = U_A - U_K$ 的作用下，从 A 到达 K 形成光电流，此刻的电子叫做光电子。当 K、A 之间加上反向电势差 U_0 时，光电流为零，动能最大的电子也到达不了 A。这时的 U_0 叫遏制电势差，则有

$$E_{K\max} = \frac{1}{2}mv^2 = eU_0 \tag{16.2.1}$$

式中，v 为电子从 K 的表面逸出时的最大速度。

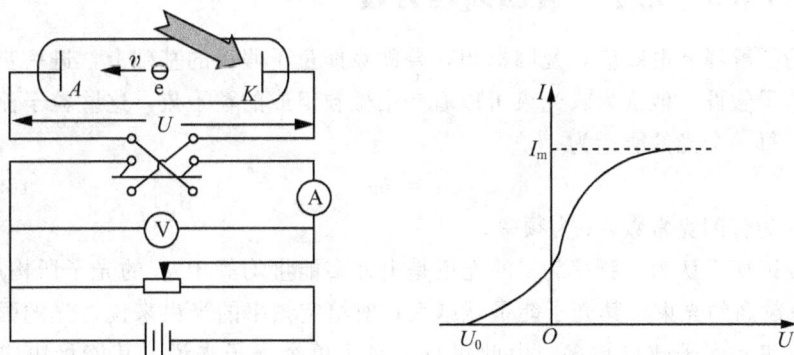

图 16.2-1　光电效应和饱和曲线

实验表明：

1. 在光电效应中，每种不同的金属都存在不同的(红限)极限频率 ν_0，当光照频率 $\nu < \nu_0$ 时，不论光强多大，$I = 0$。光电子能量 $E_K = E_K(\nu)$，与光强无关，$I \propto$ 光强。表 16.2-1 给出了几种金属的红限。

表 16.2-1 几种金属的红限

金属	铯	钠	锌	铱	铂
红限(ν_0)/Hz	4.55×10^{14}	4.39×10^{14}	8.07×10^{14}	1.15×10^{14}	1.53×10^{14}
所在波段	可见红光	绿光	近紫外	远紫外	远紫外

2. 实验表明，增加入射光的频率，当 $\nu > \nu_0$ 时，光电流遏制电势差的绝对值也增大，如图 16.2-2 所示。因为遏制电势差 U_0 与光电子的动能成正比，所以光电子的初动能随入射光的频率线性地增加，而与入射光的强度无关。

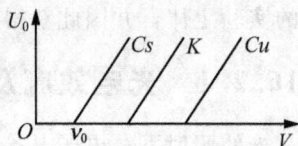
图 16.2-2 遏制电势与频率的关系图

3. 光电效应有瞬时性的特性。当 $\nu > \nu_0$ 时，立即发射光电子(间隔不超过 10^{-9} s)，经典理论无法解释 $E_K(\nu)$，ν_0，及 10^{-9} s 的这一瞬间。按波动理论：$I = ne$，$n \propto$ 光强，$E_K \propto$ 光强，只要时间长，能量可积累，不存在 ν_0，无瞬时性。按波动说，光照射到金属的表面上，使其内部的电子作受迫振动，电子的能量与光强成正比，只要入射光足够强，就可以释放电子，不可能存在红限的问题。即便入射光强怎样弱，只要金属内的电子吸收光波的时间长一些，积累足够的能量，电子总是可以逸出金属的。这些都与上述的实验事实相违背。

16.2.2 光子 爱因斯坦方程

为了解释光电效应，爱因斯坦在普朗克能量子假设的基础上，进一步提出了光量子假设，他认为：光束可以看是由微粒组成的粒子流，这些粒子流称为光子，每一个光的能量为

$$\varepsilon = h\nu \tag{16.2.2}$$

式中 h 为普朗克常数，ν 为频率。

爱因斯坦认为：频率为 ν 的光束是由许多能量均等于 $h\nu$ 的光子所构成的；频率 ν 越高的光束，其光子能量就越大；对给定频率的光束来说，光的强度越大，就表示光子数目越多。由此可见，对于单个光子来说，其能量决定于频率；而对一束光来说，其能量既与频率有关，又与光子数目有关。

爱因斯坦指出：当频率为 ν 的光照射到金属时，光子的能量被电子吸收后，一部分是使得电子从金属内部逃逸出来所需做的功 A；另一部分转换为电子的动能。根据能量守恒定律，则有

$$h\nu = \frac{1}{2}mv^2 + A \qquad\qquad (16.2.3)$$

式(16.2.3)称为爱因斯坦光电效应方程。式中，ν 为入射光的频率；m 为电子的质量；v 为电子的速度；A 为逸出功。

实验规律解释：

(1)光强大，光子数多，打出的光电子数多，$n_{光电子} \propto$ 光强。

(2) $\frac{1}{2}mv^2 = h\nu - A$，$h\nu$ 越大，E_K 越大。

(3)当 $h\nu > A$ 时，$\frac{1}{2}mv^2 > 0$，当 $h\nu_0 = A$ 时，红限

$$\nu_0 = \frac{A}{h} \qquad\qquad (16.2.4)$$

(4)从式(16.2.4)可以直接看成：光电子的初动能与光的频率成线性关系；同时，只要 $\nu > \nu_0$，电子就会从金属中释放出来。光电子的释放与光的照射几乎是同时的，无需积累过程，这说明了光电效应的瞬时性。为此，爱因斯坦的光量子假设圆满地解释了光电效应的实验规律，完全克服了经典物理所面临的困难。

16.2.3　光的波粒二象性

光的干涉、衍射和偏振等现象说明了光的波动性；而光的光电效应使人们认识到光具有粒子性。由此看来，光既具有波动性又具有粒子性，即光具有波粒二象性。光在传播时，其波动性显著；当光与物质相互作用时，其粒子性显著。

由狭义相对论的动量和能量关系式有

$$E^2 = P^2 c^2 + E_0^2$$

对光子，$E_0 = 0$，所以光子的动量和能量的关系为：$E = Pc$。动量为

$$P = \frac{E}{c} = \frac{h\nu}{c} = \frac{h}{\lambda} \qquad\qquad (16.2.5)$$

由此看出：是普朗克常数 h 把粒子性（E、p—粒子量）和波动性（ν、λ—波动量）有机地联系在一起，所以常称普朗克常数 h 为作用量子。

16.2.4　光电效应在现代科技中的应用

光电效应在现代科技中有着广泛的应用。下面，简单地介绍常见的几种光电效应的应用。利用光电管制成的光控继电器可用于光电自动控制，比如：自动计数、自动报警和自动跟踪等。图 16.2-3 是光控继电器示意图，它的工作原理如下。

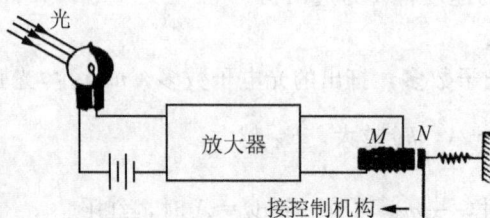

图 16.2-3　光控继电器示意图

当光照射在光电管上时，光电管的电路中产生光电流，经过放大器放大，使电磁铁 M 磁化，把衔铁 N 吸住。当光电管上没有光照射时，光电管电路中没有电流，电磁铁 M 就把衔铁 N 放开。将衔铁 N 和控制机构相连接，就可以进行自动控制。利用光电效应还可测量一些转动物体的转速。

光电电度计是利用光电管制成的，它利用光电流与入射光强度成正比的原理，通过测量光电流来测定入射光强度。

除光电管外，利用光电效应还可以制造多种光电器件。比如，光电倍增管，电视摄像管等。光电倍增管可以测量非常微弱的光，图 16.2-4 是光电倍增管的大致结构，它的管内除有一个阴极 K 和一个阳极 A 外，还有若干个增电极 K_1，K_2，K_3…使用时，不但要在阴极和阳极之间加上电压，而且还要在各倍增电极上加上电压，使阴极电势最低，各个光电倍增管的电势依次升高，阳极电势最高。这样，相邻两个电极之间都有加速电场。当阴极受到光的照射时，就发射光电子，并在加速场的作用下，以较大的动能撞击到第一个倍增管电极上，光电子能在这个倍增管电极上激发出较多的电子。这样，激发出的电子数不断地增加，最后阳极收集到的电子将比最初从阴极发射的电

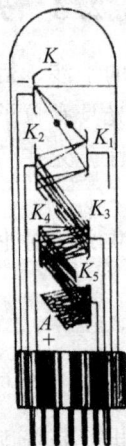

图 16.2-4　光电倍增管

子数增加很多倍(一般为$10^4 \sim 10^8$倍)。因此,这种倍增管只要受到微弱的光,就能产生很大的电流,它在工业、天文、军事和国防等方面都有重要的应用。

16.2.5　太阳光伏电能的利用

当电力、煤炭、石油等不可再生能源频频告急,能源问题日益成为制约国际社会经济发展的瓶颈时,越来越多的国家开始实行"阳光计划",开发太阳能资源,寻求经济发展的新动力。太阳能作为一种可再生的新能源,越来越引起人们的关注。中国蕴藏着丰富的太阳能资源,太阳能利用前景广阔。目前,我国太阳能产业规模已位居世界第一,是全球太阳能热水器生产量和使用量最大的国家和重要的太阳能光伏电池生产国。我国比较成熟的太阳能产品有两项:太阳能光伏发电系统和太阳热水系统。

目前光伏发电居世界各国前列的是日本、德国和美国。中国光伏发电产业于 20 世纪 70 年代起步,经过 30 多年的努力,已迎来了快速发展的新阶段。在"光明工程"先导项目和"送电到乡"工程等国家项目及世界光伏市场的有力拉动下,我国光伏发电产业迅猛发展。

图 16.2-5　太阳能路灯工程图

我国是世界上最大的能源消费国之一,要满足未来社会经济发展的需要,完全依赖煤炭、石油等常规能源,既不现实也不可行,积极开发和利用可再生能源,尤其是分布最普遍的太阳能将是我国可再生能源利用的必由之路。

太阳能发电系统由太阳能电池组、太阳能控制器、蓄电池(组)组成。如输出电源为交流 220 V 或 110 V,还需要配置逆变器。各部分的作用如下。

1. 太阳能电池板:太阳能电池板是太阳能发电系统中的核心部分,也是太阳能发电系统中价值最高的部分。其作用是将太阳的辐射能力转换为电能,或送往蓄电池中存储起来,或推动负载工作。太阳能电池板的质量和成本将直

图 16.2-6 太阳能发电站工程图

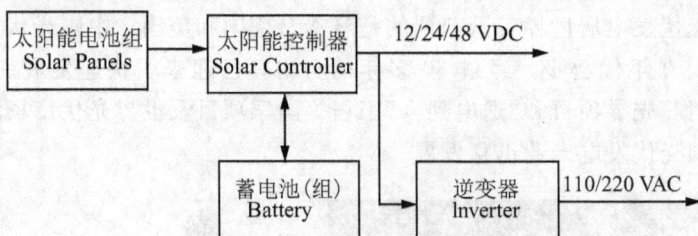

图 16.2-7 太阳能发电系统示意图

接决定整个系统的质量和成本。

2. 太阳能控制器：太阳能控制器的作用是控制整个系统的工作状态，并对蓄电池起过充电保护、过放电保护的作用。在温差较大的地方，合格的控制器还应具备温度补偿的功能。其他附加功能如光控开关、时控开关都应当是控制器的可选项。

3. 蓄电池：一般为铅酸电池，小微型系统中，也可用镍氢电池、镍镉电池或锂电池。其作用是在有光照时将太阳能电池板所发出的电能储存起来，到需要的时候再释放出来。

4. 逆变器：在很多场合，都需要提供 220 VAC、110 VAC 的交流电源。由于太阳能的直接输出电源一般都是 12 VDC、24 VDC、48 VDC。为能向 220 VAC 的电器提供电能，需要将太阳能发电系统所发出的直流电能转换成交流电能，因此需要使用 DC-AC 逆变器。在某些场合，需要使用多种电压的负载时，也要用到 DC-DC 逆变器，如将 24 VDC 的电能转换成 5 VDC 的电能（注意，不是简单的降压）。

图 16.2-8　太阳能电池板安装 示意图一

图 16.2-9　太阳能电池板安装 示意图二

16.3　康普顿－吴有训效应

在光电效应中，光子与电子的作用除了遵循爱因斯坦光电效应之外，还有其他的形式。1923 年，美国物理学家康普顿（A. H. Compton，1892—1962）在研究 X 射线被物质散射时，发现散射线中含有波长发生变化的成分，这种现象称为康普顿－吴有训效应（苏联学者鉴于吴有训的工作对肯定康普顿效应有功绩，因此将康普顿效应改称为康普顿－吴有训效应）。康普顿效应进一步证明了光量子概念的正确性，同时还证明微观粒子的相互作用过程中遵守动量守恒和能量守恒定律。因此，康普顿荣获 1927 年的诺贝尔物理奖。

【吴有训（1897—1977），字正之，汉族，江西高安人。中国近代物理学奠基人，教育家。1897 年 4 月 26 日生于江西高安。1920 年毕业于南京高等师范学校。1921 年赴美入芝加哥大学，随康普顿从事物理学研究，1926 年获博士学位。1926 年秋回国，先后在江西大学和中央大学任教，1928 年秋起任清华大学教授、物理系主任、理学院院长（包括 1938 年以后在西南联合大学的 8

年）。1945 年 10 月任中央大学校长。吴有训曾任中
国物理学会理事长。1977 年 11 月 30 日在北京逝世。
吴有训在物理学领域中的重要成就是：在参与康普
顿的 X 射线散射研究的开创工作时，他以精湛的实
验技术和卓越的理论分析，验证了康普顿效应。
1924 年他与康普顿合作发表"经过轻元素散射后的
钼 Ka 射线的波长"。】

吴有训

16.3.1 康普顿—吴有训效应

在经典物理学中，我们知道当光照射到线度小
于波长的微粒时，会产生散射现象，散射光的波长
与入射光的波长相同。但是，康普顿—吴有训的实
验发现经典物理学无法解释的现象——康普顿效应。

1. 康普顿效应：当波长很短的电磁波通过物质被散射时，在散射中除有
与入射线波长相同的射线外，还有比入射线波长更长的射线的现象。

2. 实验装置如图 16.3-1 所示，用波长
为 λ_0 的 X 射线照射到石墨上，被石墨 D 散
射后用晶体 C 反射在 θ 角方向测出波长 λ，
用电离室 S 测量强度，结果如图 16.3-2 所
示。从图中可以看出：在不同方向 θ，除有
波长 λ_0 之外，还有更长的波长 λ 的射线。波
长的增加 $\Delta\lambda = \lambda - \lambda_0$ 称为康普顿位移，实验
结果如图 16.3-2 所示，这是经典物理学无法
解释的。

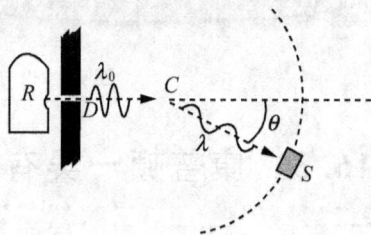

图 16.3-1 康普顿—吴有训实验装置

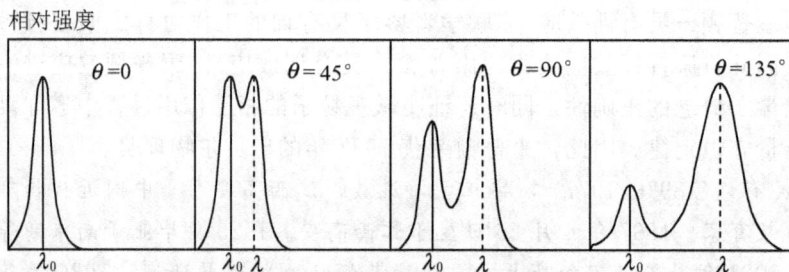

相对强度

图 16.3-2 康普顿散射实验结果

16.3.2　光子理论解释

康普顿认为，根据光量子理论，X 射线的散射是单个光子和电子进行的完全弹性碰撞的结果。在光子与自由电子（原子中的束缚电子可视为自由电子）的弹性碰撞过程中，应遵守动量和能量守恒定律，碰撞过程中电子带走了部分能量，使得散射后光子的能量和动量都相应减小。为此，就可以解释散射光波长变长的原因。由光电效应可知：电子在原子中的束缚能只相当于紫外线光子的能量，比 X 射线光子的能量小得多。所以，康普顿效应可看成是 X 射线光子与自由电子的散射，电子在散射前可视为静止。设光子在散射前后的动量和能量分别为 $\boldsymbol{P}_0$、E_0 和 $\boldsymbol{P}$、E。在碰撞过程中，电子获得动量 $\boldsymbol{P}_e$ 和 E_k。散射光子和电子的动量与入射光子动量的夹角分别为 θ 和 φ，如图 16.3-3 所示。根据动量守恒和能量守恒定律，则有：$\boldsymbol{P}_e = m\boldsymbol{v}$，$P_0 = \dfrac{h\nu_0}{c}$，从而

$$P_e^2 = P_0^2 + P^2 - 2P_0 P \cos \theta \tag{16.3.1}$$

$$E_0 - E = E_k \tag{16.3.2}$$

将式(16.3.1)改为

$$(mv)^2 c^2 = (h\nu_0)^2 + (h\nu)^2 - 2h^2 \nu_0 \nu \cos \theta \tag{16.3.3}$$

将式(16.3.2)改为

$$mc^2 = h(\nu_0 - \nu) + m_0 c^2 \tag{16.3.4}$$

将式(16.3.4)两边平方与式(16.3.3)相减，得

$$m^2 c^4 \left(1 - \frac{v^2}{c^2}\right) = m_0 c^4 - 2h^2 \nu_0 \nu(1 - \cos \theta) + 2m_0 c^2 h(\nu_0 - \nu) \tag{16.3.5}$$

由狭义相对论质量和速度的关系，可知 $m = \dfrac{m_0}{\sqrt{1 - v^2/c^2}}$，式(16.3.5)可改变为

$$\frac{c}{\nu} - \frac{c}{\nu_0} = \frac{h}{m_0 c}(1 - \cos \theta) \tag{16.3.6}$$

或

$$\Delta\lambda = \lambda - \lambda_0 = \frac{2h}{m_0 c} \sin^2 \frac{\theta}{2} \tag{16.3.7}$$

式(16.3.7)给出了散射波长的改变量与散射角 θ 之间的关系，当 $\theta = 0$ 时，波长不变；θ 增大时，$\Delta\lambda$ 也随之增加。这个结论与图 16.3-3 所表示的实验结果是一致的。式(16.3.7)中电子的康普顿波长

$$\lambda_{\alpha} = \frac{h}{m_0 c} = \frac{hc}{m_0 c^2} = 2.4 \times 10^{-8} \text{ m}$$

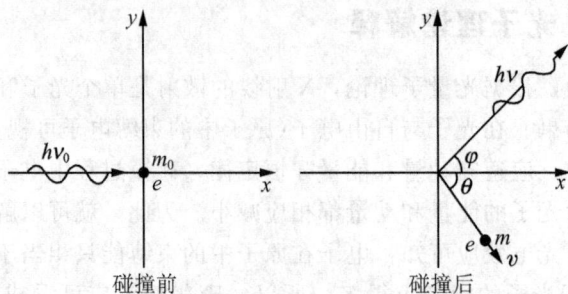

碰撞前　　　　　　碰撞后

图 16.3-3　光子与电子碰撞

由式(16.3.7)可见，散射波长的改变量的数量级一般为10^{-12} m。对于波长较长的可见光(波长的数量级为10^{-7} m)以及无线电等更长的波来说，波长的改变量 $\Delta\lambda$ 与入射光波长 λ_0 相比要小得多。例如：微波 $\lambda_0 = 10$ cm，$\Delta\lambda/\lambda_0 \approx 2.43 \times 10^{-11}$。这时，量子结果与经典结果是一致的。只有波长较短的电磁波(如 X 射线)，波长的改变量 $\Delta\lambda$ 与入射光波长 λ_0 才可以相比较。例如：$\lambda_0 = 10^{-10}$ m，$\Delta\lambda/\lambda_0 \approx 2.43 \times 10^{-2}$，这时才能观察到康普顿效应。在这种情况下，经典理论就失败了，也就是说，波长比较短的波，其量子效应才较为显著，这也和实验相符合。

当光子与原子中束缚很紧的电子碰撞时，光子与整个原子间交换能量，原子质量比光子质量大得多，光子不易损失能量，λ 不变。轻原子中电子束缚较弱，可视为自由电子，重原子中仅外层电子束缚较弱，内层电子束缚紧，故轻原子的光电效应反应强，重原子反应弱。

16.4　原子结构的玻尔理论

【玻尔(N. Niels Henrik David Bohr，1885—1962)，丹麦物理学家，哥本哈根学派的创始人。1885 年 10 月 7 日生于哥本哈根，1903 年入哥本哈根大学数学和自然科学系，主修物理学。1907 年以有关水的表面张力的论文获得丹麦皇家科学文学院的金质奖章，并先后于 1909 年和 1911 年分别以关于金属电子论的论文获得哥本哈根大学的科学硕士和哲学博士学位。随后去英国学习，先在剑桥汤姆逊主持的卡文迪许实验室，几个月后转赴曼彻斯特，参加了以卢瑟福为首的科学集体，从此和卢瑟福建立了长期的密切关系。

1913 年玻尔任曼彻斯特大学物理学助教，1916 年任哥本哈根大学物理学教授，1917 年当选为丹麦皇家科学院院士。1920 年创建哥本哈根理论物理研究所，任所长。1922 年玻尔荣获诺贝尔物理学奖。1923 年接受英国曼彻斯特大学和剑桥大学名誉博士学位。1937 年 5、6 月间，玻尔曾经到中国访问和讲学。1939 年任丹麦皇家科学院院长。第二次世界大战开始，丹麦被德国法西斯占领。1943 年玻尔为躲避纳粹的迫害，逃往瑞典。1944 年玻尔在美国参加了和原子弹有关的理论研究。1947 年丹麦政府为了表彰玻尔的功绩，封他为"骑象勋爵"。1952 年玻尔倡议建立欧洲原子核研究中心（CERN），并且自任主席。1955 年他参加创建北欧理论原子物理学研究所，担任管委会主任。同年丹麦成立原子能委员会，玻尔被任命为主席。】

玻尔像

20 世纪物理学科学理论创新的重大成果之一就是量子论的建立。1900 年，普朗克引入了能量子概念，从而克服了经典物理解释黑体辐射所遇到的困难，为量子理论奠定了基础。继而，爱因斯坦提出了光量子说，圆满地说明了光电效应的实验规律，为量子论的发展开创了新的局面。另一方面，19 世纪 80 年代，光谱学得到了长足发展。特别是 1885 年，巴耳末把看似毫无规律可言的氢原子线光谱，归结为有规律的公式，这就促使人们意识到光谱规律的实质显示了原子内在的机理，线光谱传递的是原子内部的信息。接着，在 1897 年，汤姆逊发现了电子，这进一步促使人们去探索原子的结构。应该说：量子论、光谱学和电子的发现这三大线索，为运用量子论研究原子结构提供了坚实的理论和实验基础。在所有的原子中，氢原子是最简单的。下面，我们就从氢原子着手研究。

16.4.1　氢原子光谱的规律性

用光谱仪分析氢放电管和星体的光谱，可以得到氢原子光谱。最早发现的是可见光区域的一个谱系，叫作巴耳末系，其中最亮的四条谱系在空气中的波长分别为：

红光　　H_α：$\lambda_\alpha = 656.28$ nm　　深绿　　H_β：$\lambda_\beta = 486.13$ nm

蓝色　　H_γ：$\lambda_\gamma = 434.05$ nm　　紫色　　H_σ：$\lambda_\sigma = 410.17$ nm

1885 年，巴耳末发现的氢 14 条谱线在空气中的波长可用下面的经验公式来表示

$$\lambda = \frac{364.56n^2}{n^2 - 4}\text{nm}, n = 3,4,5 \qquad (16.4.1)$$

1890 年，里德伯发现，用波长的倒数（即波数）可将上式改变为更为简单的形式

$$\tilde{\nu} = \frac{1}{\lambda} = R_H \left(\frac{1}{2^2} - \frac{1}{n^2} \right) \tag{16.4.2}$$

式中，$R_H = 1.0967758 \times 10^7 \ m^{-1}$ 称为氢的里德伯常数，此光谱系称为真空中的巴耳末系。在多年的研究过程中，里德伯发现，可将式(16.4.2)推广为

$$\tilde{\nu} = \frac{1}{\lambda} = R_H \left(\frac{1}{m^2} - \frac{1}{n^2} \right), m = 1, 2, 3, \cdots; n = m+1, m+2, m+3, \cdots$$

$$\tag{16.4.3}$$

式(16.4.2)称为广义巴耳末公式或里德伯公式，式中当 $m=2$ 时，给出巴耳末系，m 取其他值时，给出另外一些谱系线，如下表所示。

线系列	莱曼系	巴耳末系	帕邢系	布拉开系	普丰德系	汉福莱系
区域	紫外	可见光	红外	红外	红外	红外
m	1	2	3	4	5	6
发现年份	1914	1885	1908	1922	1924	1935

氢原子光谱的规律说明了原子内部存在一定的规律，根据卢瑟福的原子有核模型，氢原子由核和核外旋转的一个电子组成。从电磁学来看，电子围绕原子核的加速运动应该引起电磁波的辐射，其频率与其旋转的频率相同。随着能量的辐射，轨道半径将逐渐减小，直到电子与其核重合为止，如图 16.4-1 所示，这与大量原子稳定存在的事实相矛盾；另外，随着电子轨道半径逐渐减小，旋转频率将不断地增加，其所发射的频率应该是连续的，这也与氢原子的光谱不相符合。由此可以看出，经典理论是无法解释稳定而不辐射的原子的存在和原子光谱的规律的。为此，我们必须另外寻找新的途径，科学又面临再次创新。

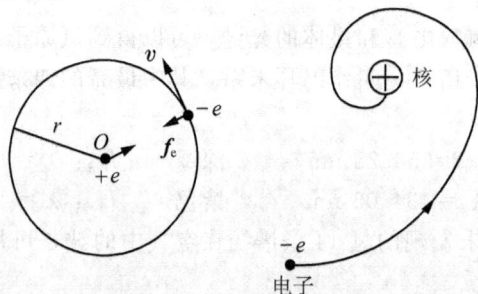

图 16.4-1　按经典理论氢原子结构是不稳定的

16.4.2 玻尔的量子论

1911 年 10 月间，卢瑟福到剑桥来参加卡文迪许实验室年度聚餐会，在会上发表了长篇演讲，论述了自己的新发现。玻尔后来回忆说，"卢瑟福性格上的魅力和魄力"给他留下了深刻的印象，从而产生去曼彻斯特工作的愿望。

J. J. 汤姆逊(1856—1947)   E. 卢瑟福(1871—1937)   N. 玻尔(1885—1962)

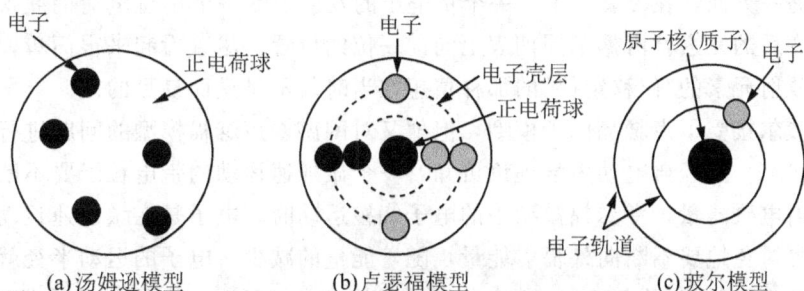

(a)汤姆逊模型   (b)卢瑟福模型   (c)玻尔模型

图 16.4-2　现代物体构造观(原子构造模型)的发展

在拜访卢瑟福时，卢瑟福向他介绍了他刚刚参加第一次索尔维物理会议的情况(会议的议题是辐射和量子理论)，也提到了普朗克和爱因斯坦的看法以及自己对物理学发展前景的看法。这次谈话对玻尔以后的科学生涯产生了十分重要的影响，使他了解到量子论进一步发展的情况，种下了他不久将普朗克的能量子、爱因斯坦光子的概念和原子核式模型结合起来的种子。

1912 年 3 月到 7 月，玻尔在曼彻斯特大学卢瑟福的实验室工作。这在他的终身事业中是一个最有决定意义的转折。玻尔到来时，卢瑟福等人已经证实了原子核的存在，追求原子核所将引起的各方面的后果成为整个曼彻斯特科学集体的兴趣的中心。玻尔接受了卢瑟福原子核式模型(参见图 16.4-2)，而且很快就认识到它的深远意义。他指出元素的化学、物理性质，由原子的核外电子所决定，原子所含电子的数目决定原子在周期表中的位置。也就是说，在决定原子化学性质上，原子序数比原子量更根本。当玻尔听说周期表在原子量顺序方面显示了一两处反常，已经鉴定下来的稳定元素和衰变元素的数目超过了门捷列夫元素周期表中可以利用的位置时，他一下子就想到这些化学上的无法分离的物质具有相同的核电荷，其不同只在质量和内在的结构上。玻尔证明了如果人们承认电荷相同而质量不同的原子核的存在，从而有不止一个原子品种占据周期表的同一位置，则所有这些反常性都可以消除。后来，把这种具有不同质量而在化学上不可区分的原子命名为"同位素"。

玻尔还指出：元素的放射性直接与原子核有关，由放射性元素放出的 α 粒子及电子来自原子核。早在 1902 年，卢瑟福就提出了放射性元素的嬗变理论。他指出放射性物质是不稳定的，它不断地放射出某种射线进行衰变，即由母元素变为子元素直至变为稳定元素为止。玻尔按照原子核式模型，认为放射性衰变必须被设想为原子核的实际的嬗变。于是玻尔就论证说，通过 α 射线的发射，原子核就失去两个单位电荷而变成周期表上退后两位处的那一元素的同位素。另一方面，在 β 衰变中，一个负电子的发射导致一个单位电荷的获得，从而嬗变后的元素就占据了周期表上向前一位的位置。尽管看起来很简单，导致这些放射元素的"位移定律"的那种猜想在当时却不是显而易见的。

玻尔接受了卢瑟福原子模型，但他又对困惑着卢瑟福模型的问题进行了深入的研究。按经典电动力学理论可知，一个做加速运动的带电粒子要不断地向外辐射电磁能量，卢瑟福模型中的电子绕核运动时，电子是在做加速运动，因而不可避免地要不断向外辐射能量，随着能量的减少，电子的运动半径就要减少，经很短时间（约 10^{-12} s）就会落到原子核内去。所以，卢瑟福原子模型是不稳定的，而且，在此过程中，辐射出的能量是连续的，则形成的光谱也应是连续的，这两点均与实验测得的事实相矛盾（如图 16.4-1 所示）。

为此，玻尔以原子稳定性与原子光谱实验规律为基础提出三点基本假设：

（1）氢原子中的一个电子绕原子核做圆轨道运动；

（2）同经典理论相反，电子只能在处于一些分立的轨道上，它在这些轨道上运动不会辐射电磁波，每一允许的轨道对应于一个确定的能量值 E_n，即在氢原子中存在着一些具有确定能量的稳定态；

（3）当电子从一个允许轨道跳跃到另一允许轨道时，便会发射（或吸收）一份电磁辐射，即发射（或吸收）光子，光子的能量 $h\nu$ 由两轨道的能量差 $E_n - E_{n'}$ 决定

$$h\nu = E_n - E_{n'}$$

$$E_n - E_{n'} > 0，发射光子$$

$$E_n - E_{n'} < 0，吸收光子$$

根据玻尔理论，氢原子光谱的产生可以解析如下：由 $E_n = \dfrac{Rch}{n^2}$ 可知，n 愈大，原子系统能量的绝对值愈小，亦即电子离核愈远，原子能量愈大。电子在第一轨道亦即最内层（$n=1$）时，能量最小，原子最为稳定，这种状态称为基态。量子数 n 大于 1 的各个稳定状态，其能量都大于基态，称为受激状态。当原子由基状态跃迁到受激状态时，原子必须吸取一定的能量。处于受激状态的原子能够自发地跃迁到能量较低的受激状态或基态，在跃迁过程中，将发射一个一定频率的光子，其频率大小由 $\nu = \dfrac{1}{h}(E_2 - E_1)$ 决定。根据巴耳末式 $\tilde{\nu} = \dfrac{1}{\lambda} = R_H\left(\dfrac{1}{2^2} - \dfrac{1}{n^2}\right)$ 和 $\lambda = \dfrac{c}{\nu}$，可得：$h\nu = Rhc\left(\dfrac{1}{2^2} - \dfrac{1}{n^2}\right)$，若令 $E_n = -\dfrac{Rhc}{n^2}$，则 $h\nu = E_n - E_2$。此式暗示人们：可以猜想氢原子中的电子可以处于一些分立的能级上，每一个能级用一个"量子数 n"联系着，n 取正整数。当氢原子中的电子在分立的能级上跃迁时，则会发出一定频率的光子而形成光谱，氢原子光谱得到了合理的解释。图 16.4-3 是氢原子能级与相应的轨道图。

1913 年，玻尔寻找到了一条新的途径：在卢瑟福的有核原子模型和氢光谱的并合原则以及普朗克量子论的基础上，创建了玻尔量子论。玻尔假设如下。

（1）原子只能处于不辐射能量的定态——定态假设。它们的能量取量子化的分离值，称为能级，且

$$E = E_n, n = 1, 2, 3, \cdots \tag{16.4.4}$$

（2）频率定则：原子在定态间跃迁的频率为

$$\nu_{mn} = \frac{|E_m - E_n|}{h} \tag{16.4.5}$$

此式称为玻尔频率条件；其实质就是能量守恒的里德伯公式。

（3）量子化条件：电子绕核运动的稳定轨道条件为

$$L_n = m\nu_n r_n = nh/2\pi = n\hbar, n = 1, 2, \cdots \tag{16.4.6}$$

即电子的角动量等于 $h/2\pi$ 的整数倍时，轨道才是稳定的。

玻尔从三条假设出发，推导出氢原子轨道半径和能量的公式。

电子绕核作圆周运动时

$$\frac{m\nu^2}{r} = \frac{1}{4\pi\varepsilon_0} \cdot \frac{e^2}{r^2}, \nu^2 = \frac{e^2}{4\pi\varepsilon_0 rm} \tag{16.4.7}$$

根据量子化条件 $L=mvr=n\dfrac{h}{2\pi}$, $n=1$, 2, …从而

$$v^2=\frac{n^2h^2}{4\pi^2m^2r^2}$$

比较得

$$r_n=n^2\left(\frac{\varepsilon_0h^2}{\pi me^2}\right)=n^2r_1 \qquad (16.4.8)$$

有玻尔半径

$$r_1=\frac{4\pi\varepsilon_0h^2}{4\pi^2me^2}=0.529\times10^{-10}\ \text{m}$$

$E_A=E_e+E_N+E_p=E_{ek}+E_p$, 取 $E_{p\infty}=0$。

电子在第 n 轨道上的总能量为

$$E_n=\frac{1}{2}mv_n^2-\frac{e^2}{4\pi\varepsilon_0r_n}$$

根据式(16.4.7)有 $\qquad \dfrac{1}{2}mv^2=\dfrac{e^2}{8\pi\varepsilon_0r_n}$

将式(16.4.8)代入得玻尔能级公式

$$E_n=\frac{e^2}{8\pi\varepsilon_0r_n}-\frac{e^2}{4\pi\varepsilon_0r_n}=-\frac{e^2}{8\pi\varepsilon_0n^2\frac{\varepsilon_0h^2}{\pi me^2}r_1}=-\frac{1}{n^2}\left(\frac{me^4}{8\varepsilon_0h^2r_1}\right)=\frac{E_1}{n^2}$$

$$(16.4.9)$$

可知 $E_n\propto\dfrac{1}{n^2}$, E_n 为量子化能量, 称能级。

$n=1$ 时

$$E_1=-\frac{2\pi^2me^4}{(4\pi\varepsilon_0)^2h^2}=-13.6\ \text{eV}, E_n=-\frac{13.6}{n^2}\ \text{eV} \qquad (16.4.10)$$

E_1 基态能量就是电子在氢原子第一玻尔轨道的能量(无穷远处的能量值为零)。$|E_1|$ 为电离能的大小, 这与实验值相当符合。式(16.4.9)表示氢原子的能量是量子化的, 其具有一系列不连续的值

$$E_1, E_2=\frac{E_1}{4}, E_3=\frac{E_1}{9}, \cdots \qquad (16.4.11)$$

图 16.4-3 是氢原子能级与相应的轨道图。当 $n=1$ 时, 氢原子处于最低能级 E_1, 对应的状态称为基态。当电子受到外界激发, 可从基态跃迁到较高的能级——激发态: E_2, E_3, …

由玻尔频率条件, 当电子从较高能态 E_n 跃迁到较低能态 E_m 时, 发射光子的能量为

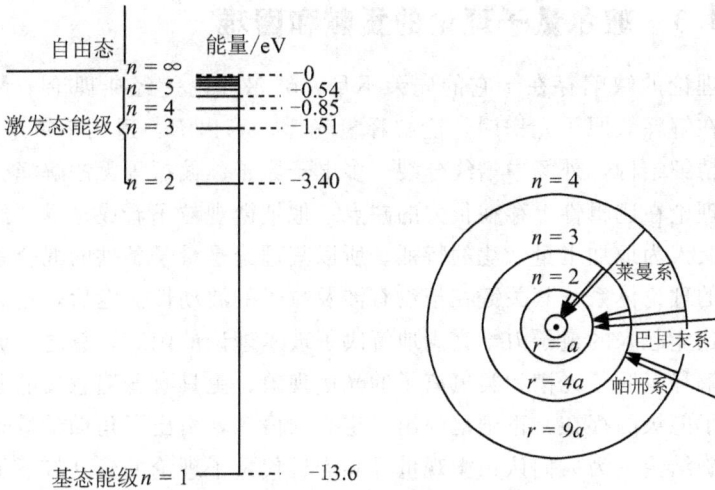

图 16.4-3 氢原子能级与相应的轨道

$$h\nu = E_n - E_m$$

因为

$$\tilde{\nu} = \frac{1}{\lambda} = \frac{E_1}{hc}\left(\frac{1}{n^2} - \frac{1}{m^2}\right) = \frac{me^4}{8\varepsilon_0^2 h^3 c}\left(\frac{1}{m^2} - \frac{1}{n^2}\right) \qquad (16.4.12)$$

与式(16.4.3)比较，可得

$$R_H = \frac{me^4}{8\varepsilon_0^2 h^3 c} = 1.0973731534 \times 10^7 \text{ m}^{-1}$$

图 16.4-4 是氢原子光谱与能级跃迁之间的关系图，这些谱线的理论值与实验值仅相差万分之五，两者十分一致，符合得很好。

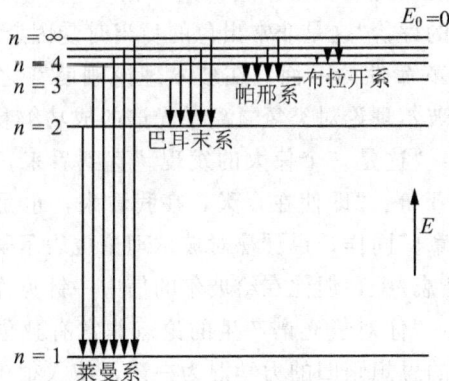

图 16.4-4 氢原子光谱与能级跃迁

16.4.3　玻尔量子理论的贡献和困难

玻尔理论的缺陷存在于它的先天不足：玻尔理论＝经典理论＋量子化条件。只是在解释氢原子光谱时，能解释氢光谱，算出 R，适用于单电子系统。但是，对精细结构，外场中谱线分裂，多电子原子、偏振等无法解释。

玻尔理论在逻辑性上存在很大的缺点：他把微观粒子看成是遵守经典力学的质点，又人为地加上量子化的特征。所以其理论是量子条件的混合物，不是一套完整的理论体系，其关键在于没有涉及粒子的波动性。随后，在波粒二象性基础上建立起来的量子力学完满地解决了玻尔理论的困难。总之，玻尔理论能成功地解释氢原子光谱和类氢离子的光谱现象；更具有普遍意义的是，他正确地指出了能级的存在，正确地提出了定态的概念，引出了角动量量子化这一普遍的正确结论，为人们认识微观世界和为近代量子理论的建立打下了坚实的基础，值得我们高度地关注。

玻尔第一个将普朗克和爱因斯坦的量子化概念用到了卢瑟福的原子有核模型中，给出了量子化的原子结构，并成功地给出了对氢原子结构的定量描述，揭开了 30 年来令人费解的氢光谱之谜。这正是玻尔奉献给人类的一篇"和谐的乐章"。鉴于玻尔对量子论和原子物理的发展做出的重大贡献，1922 年他荣获了诺贝尔物理学奖。

量子化的原子模型刚提出时，也是多灾多难的。在一些学术会议上，玻尔理论被一些物理学家评论为"这是胡说八道"。在 1913 年英国召开的一次学术会议上，著名的经典物理学家瑞利爵士也对原子的量子理论持怀疑态度，他表示"我很难接受这一切都是发生在自然界的真实情况"。但是玻尔理论受到了爱因斯坦、卢瑟福等人的赞许和肯定。爱因斯坦在 1913 年瑞士召开的学术会议上，作出了截然相反的评价"这是非常出色的！"当时爱因斯坦也只有 34 岁，但他看到了玻尔理论的革命性的一面，在玻尔理论刚萌芽之际表示了支持。不久，爱因斯坦在听到玻尔理论对类氢氦离子光谱的成功解释后，他对玻尔理论更是心悦诚服，他说："这是一个伟大的发现。"直到后来，他年迈时，对玻尔理论仍是给予极高的评价："即使在今天，在我看来，也是一个奇迹！这简直是思维上最和谐的乐章。"同样，卢瑟福对玻尔理论也表示赞赏，并推荐将论文发表在英国的《哲学杂志》上，但他在给玻尔的信中一针见血地指出了玻尔模型所存在的根本性问题："你对氢光谱产生的论点非常有独创性，工作也非常出色；但是，把普朗克的思想跟旧的力学混为一谈，使人很难理解，究竟什么是这种物理思想的基础。"确实，在玻尔的理论中，主要的问题是玻尔仍把电子看作经典力学中的粒子，在静电作用下绕核作圆周轨道运动。但是电子在圆周轨道上作加速运动时，却不会辐射电磁波，只有从高能级向低能级轨道跃迁时才会辐射电磁波。也就是说经典电磁理论在这里失效了，要由量子理论所取代。但在玻尔理论中却同时存在着两种不协调的概念：经典的连续性和量子的不连续性。另外，在玻尔模型中对电子是否能从高能态向任一个低能态跃迁（实际不可能）以及到不同末态的跃迁的概念是否一样（实际不一样）等问题都无法回答，对于简单程度仅次于氢原子的氦原子（核外有两个电子）光谱也无法作出合理的解释等。在当时玻尔是完全意识到这些困难的存在的。因此，玻尔在1922年领诺贝尔奖时，谦虚地说："这一理论还是十分初步的，许多基本问题还有待解决。"面对这些困难，人们又开始期待着新的物理思想的产生。

16.4.4　哥本哈根精神

谈到玻尔，除了被公认为是与普朗克，爱因斯坦齐名的一位量子理论的奠基人之外，他所倡建的玻尔研究所以及由他所倡导的哥本哈根精神也为国际科学界广为传颂。

玻尔理论得到成功后，当时世界上许多科学发达国家的著名大学和研究所都对他发出邀请，但他一心致力于在自己诞生的国土（丹麦）上建立一个理论物理研究所。1921年3月3日由他倡建的哥本哈根大学理论物理研究所（1965年改名为尼尔斯·玻尔研究所）宣告成立。在成立大会上，这位年仅35岁的所长指出研究所不仅是科学研究的场所，也是教育的中心。他说："科学的道路从来都不是平坦的，只有不断引进崭新的思想才能实现科学的进步。"因此，"极端重要的是，不仅仅要依靠少数科学家的才能，而是要不断吸收相当数量的年轻人，让他们熟悉科学研究的结果和方法。只有这样才能在最大限度上不断地提出新问题。更重要的是，通过年轻人的贡献，新的血液和新的思想就不断涌入科研工作。"玻尔以他崇高的声望，吸引了世界上一大批优秀的青年物理学家到他的研究所工作，在科学家们的不懈努力下，玻尔研究所生气勃勃地发展起来，在原子物理和原子核物理领域作出了一系列重大贡献。在这个人口不到500万的国家，很快就建立了一个当时与英国剑桥、德国哥廷根齐名的国际物理学研究中心，哥本哈根被许多著名物理学家誉为"物理学界的朝拜圣地"。

玻尔研究所的成立和发展是近代物理发展史上的一件大事，它不仅为近代物理的发展作出了重大贡献，而且为国际物理学界创立了一种独特的学术氛围——许多人爱称它为"哥本哈根精神"，正是在这种精神感召下，玻尔研究所很快就发展成了国际物理学的一个研究中心。什么是哥本哈根精神呢？让我们首先来看一下尼·玻尔的儿子奥格·玻尔（A. Bohr，1975 年因发展了原子核结构理论而获诺贝尔物理学奖）在为彼得·罗伯森（P. Robertson）所著的《玻尔研究所的早年岁月》一书所写的前言中的两段话，一段是："彼得·罗伯森对研究所的诞生和迅速成长过程，成功地给出了一个生动的描述，并形象地阐明了研究所作为一个国际合作中心所起的作用——新的量子论正是通过这样的合作而创立的。"另一段是："这本书也为我父亲的工作风格描绘了一幅栩栩如生的图画……不论是处理科学问题，还是涉及实际问题，我父亲都是在与亲密同事的交谈中受到鼓舞的。正是通过这样的交谈，他自己的想法得到了发展，并变得更为清晰。这种公开和非正式的交换思想和协作形式，恰是在研究所内发展起来的，是生气勃勃的国际合作的决定性因素。我父亲把这种合作视为头等重要的事情。"奥格·玻尔的两段话点出了哥本哈根精神所包含的两个最基本的内容：一是科学国际主义；二是独特的研究风格。这都是与玻尔个人的思想和性格分不开的。

玻尔深信国际合作在物理学的发展中发挥积极作用，并能培养不同国家的物理学家互相了解、合作的精神。1922 年 2 月 10 日在瑞典斯德哥尔摩所举行的诺贝尔物理学奖授奖仪式上，玻尔在发言中特别强调了科学国际性的重要，他说，他的工作"包含着我们对自然界知识的共同的贡献，是科学传统极不相同的许多国家的研究成果"。他的关于原子结构的玻尔模型正是汇合了当时物理学两个重要潮流，一是以英国人卢瑟福和汤姆逊为先驱的有关物质结构的实验发现，一是以德国物理学家普朗克和爱因斯坦为代表的量子论观点。对此玻尔又说道："我在事物发展过程中作为链条中的一环，实在是不该有这样的好运。不过，在科学世界中，把在不同人事条件下取得的研究进展最紧密地交织起来，必然会导致丰硕的成果，我只是许许多多这样事例中的一个。"玻尔在结束他的讲话时，提议"为促进科学的国际事业的苦壮成长而干杯"。玻尔研究所的成立，使玻尔可把他关于科学国际主义重要性的信念，付诸现实。在玻尔研究所成立的第一个 10 年里，共有 17 个国家（美国、德国、英国、日本、荷兰等）的 63 位物理学家来研究所长期逗留过，其中大部分是有才华的年轻科学家，特别是量子力学的创建者们纷纷应邀来这里，相互切磋，合作研究。在这些人中有 2/3 的人都小于 30 岁，其中既有 22 岁当讲师，27 岁当教授的海森堡和作为"上帝的鞭子"的近代物理学中出名的评论家泡利，又有开玩笑不讲究分寸的朗道，以及"几乎把画漫画、作打油诗为主要职业，而把物理倒变成副业"的伽谟夫，还有把相对论与量子力学完美结合起来的年轻人狄拉克等，中国科学家周培源也曾在 1929 年访问过玻尔研究所。在玻尔担任所长的 40 年中，共培养了 10 多位诺贝尔奖获得者，大批优秀的物理学家，他们在学术思想上深受玻尔的影响，形成了现代物理学的哥本哈根学派。这个学派对 20 世纪物理学与哲学的发展产生了重大影响。

玻尔又是靠什么才能把这些来自不同国家的科学家团结合作起来，取得一系列的重大研究成果的呢？这就是玻尔倡导下所形成的"平等、自由地讨论和相互紧密地合作的浓厚的学术气氛"。这种独特的研究风格是与玻尔本人喜欢与人合作、讨论的工作作风分不开的。

对这种气氛，当时很有感受的一位年轻物理学家韦斯科夫说："玻尔找到了一种很有特色的工作方法。他不是一个人孤独地工作，而是把世界上最活跃的，最有天赋的和最有远见的物理学家聚集在他周围。这是他最大力量所在。"玻尔的挚友、著名物理学家罗森菲尔德把哥本哈根精神描述为："完全自由的判断与讨论的美德。"那么，为什么玻尔对这么多有才华的年轻人有这么大的吸引力呢？在玻尔访问苏联时有人问过他这个问题。玻尔毫不迟疑地回答："因为我不怕在年轻人面前承认自己的不足。"对量子力学诞生有杰出贡献的海森堡在访问期间客居在哥本哈根理论物理学院的顶楼上，玻尔则住在厢房中，他们的讨论常常从挂有黑板的教室转移到家中。有时是在年轻的海森堡的单身宿舍里，两人争论到深更半夜，有时甚至通宵达旦，彻夜不眠，间或加点提神的葡萄酒。对此，海森堡有一句名言"科学扎根于讨论"。狄拉克也非常喜欢与玻尔谈话和展开讨论，他评论说："在他边想边说的时候，我常常只是他的一个听众。我非常钦佩玻尔，他似乎是我有生以来遇到的一位最深刻的思想家。他的思想、哲理性是极强的。"正是这样的研究风格和学术气氛把玻尔周围的科学家的聪明才智充分发挥出来，为这些科学家提供了一个能引起决定性突破的灵感或源泉，激发科学家们的创新思维的平台，一个又一个新思想、新观念、新理论在研究所诞生。这种精神的影响不仅限于研究所，而且通过访问者传播到世界各地。

16.5　粒子的波动性

光的干涉和衍射现象说明了光的波动性，而黑体辐射、光电效应和康普顿散射效应却充分证明了光的粒子性，综合而言，光具有波粒二象性，德布罗意在光的二象性的启发下提出物质波概念，之后很快被大量的实验验证，由此为量子力学的建立奠定了基础。

16.5.1　德布罗意假设　粒子的波动性

1934 年法国青年物理学家德布罗意在光的波粒二象性的启发下，在他的博士论文中推论：自然界在许多方面都是明显对称的，如果光具有波粒二象性，则实物粒子，如电子，也应该具有波粒二象性。他大胆提出假设：实物粒子具有波粒二象性。表征波动性的物理量波长 λ 和频率 ν 与表征粒子性的物理量动量 p 和能量 E 之间的联系为

$$\nu = \frac{E}{h} = \frac{mc^2}{h} \tag{16.5.1}$$

$$\lambda = \frac{h}{P} = \frac{h}{mv} \tag{16.5.2}$$

式(16.5.2)称为德布罗意波长公式。和实物粒子相联系的波称为物质波或德布罗意波。

例　计算质量为 0.01 kg，速率为 300 m/s 的子弹的德布罗意波长。

解：根据德布罗意波长公式得

$$\lambda = \frac{h}{P} = \frac{h}{mv} = \frac{6.63 \times 10^{-34}}{0.01 \times 300} \text{m} = 2.21 \times 10^{-34} \text{ m}$$

可以看出，由于普朗克常量是个非常小的量，所以宏观物体的波长是非常小的，因此宏观物体仅表现出其粒子性的一面。

16.5.2　实验验证　电子衍射

德布罗意假设提出之后，很快被实验所证实。1927 年，戴维逊和革末做了电子束在晶体表面的散射实验，观察到了和 X 射线衍射类似的电子衍射实验，首先证实了电子的波动性。图 16.5-1 是 G.P. 汤姆逊于 1927 年做的电子透射多晶片的衍射实验，同样地证实了电子的波动性。除电子以外，以后还陆续用实验证实了中子、质子、原子及分子等都具有波动性，且德布罗意波长公式对这些粒子同样正确。这就说明，一切微观粒子都具有波粒二象性，德布罗意波长公式就是描述微观粒子波粒二象性的基本公式。微观粒子的波动性已经在现代科学技术得到了广泛的应用，电子显微镜就是一例，它是德国的鲁斯卡于 1912 年研究成功的。电子显微镜的原理与光学显微镜相似，只不过它是用磁透镜聚焦成像，并将放大成像的电子束轰击感光板或荧光屏便可将放大了的物体显现出来。电子显微镜的分辨率较光学显微镜高得多，这是因为电子的波长较可见光的波长小得多的缘故。由于光学仪器的分辨率与波长成反比，若用可见光波长最小的紫光($\lambda = 400$ nm)作光源，其最大分辨间距仅 200 nm，最大

放大倍数也只有 2 000 倍左右。

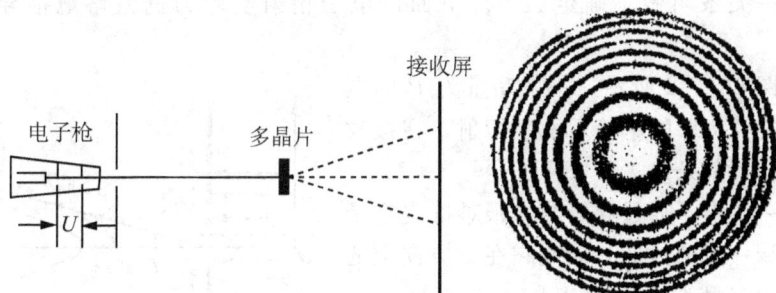

图 16.5-1 电子衍射实验示意图

电子波的波长仅为可见光波长的万分之一，所以电子显微镜的分辨率和放大倍数都远远大于光学显微镜。目前电子显微镜的分辨间距已达 0.2 nm，放大倍数已达几十万倍。因此，在医学和生物学领域可用电子显微镜观察蛋白质和有机物质的分子结构，研究病毒和细胞的结构。电子显微镜已成为现代科学研究必不可少的工具。随着科学技术的进步，目前人们已研制出了扫描隧道显微镜，其横向分辨率可达 0.1 nm，纵向分辨率可达 0.005 nm。它对纳米材料、生命科学和微电子学的发展有着不可估量的作用。

电子衍射实验充分说明了实物粒子的波动性，然而如何正确理解粒子与波动两重性呢？显然，运用经典机械波的概念的确很难将粒子与波统一到一个客体上去，粒子是物质的一种集中形态，而波是振动在空间的传播，是物质的散开形态。一个实物粒子不能既是粒子同时又是波，二者很明显是矛盾的。因此，绝对不能把物质波简单理解成经典物理中波的概念。1926 年玻恩用概率波的概念，给出了物质波的统计解释，即：在某处德布罗意波的强度与粒子在该处出现的概率成正比。由此可见，电子衍射图样实际上是电子在接收屏上的概率分布。亮纹处概率大，暗纹处概率小。在电子衍射中，各个电子都用同样的概率波表示，大量电子到达接收屏后，在概率大处电子多，出现衍射亮纹。在概率小处电子少，出现衍射暗纹。因此，用概率波描述电子能很好地将电子的波动性和粒子性结合起来。同样，对于光子和其他微观粒子也是如此。

16.5.3 不确定关系

由于粒子的波动性，它的空间位置需要用概率波来描述，而概率波只能给出粒子在各处出现的概率。所以，与经典力学不同，粒子的运动不再沿着一定的轨道，在任一时刻粒子也不具有确定的位置和动量。量子力学可证明，粒子在某方向上的位置不确定量 Δx 和在该方向上的动量不确定量 ΔP_x 有一简单关系，这一关系叫做不确定关系。下面以电子衍射实验为例粗略地推导这一关系。

如图 16.5-2 所示，一束动量为 P 的电子通过缝宽为 b 的单缝后发生衍射，在接收屏上形成衍射条纹。

当一个电子通过狭缝时，很难确定它是从缝中哪一点通过的，因此它在 x 方向上的位置不确定量为

$$\Delta x = b$$

由于电子的波动性，它们穿过单缝产生衍射现象，电子的动量方向有所改变，若只考虑一级衍射图样，则电子被限制在一级最小衍射角范围内，即

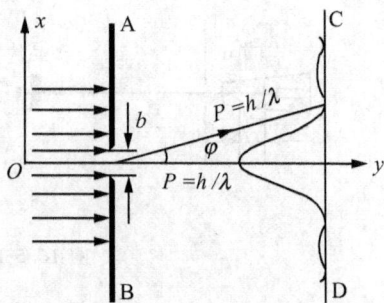

图 16.5-2　电子衍射说明不确定关系

$$b \sin \varphi = \lambda$$

因此电子在 x 方向上的动量不确定量为

$$\Delta P_x = P \sin \varphi = P \frac{\lambda}{b} = P \frac{\lambda}{\Delta x}$$

由德布罗意波长公式

$$\lambda = \frac{h}{P}$$

上式可写成

$$\Delta P_x \Delta x = h$$

考虑到衍射条纹的次极大，上式改写为

$$\Delta x \Delta P_x \geqslant h \qquad\qquad (16.5.3)$$

这就是不确定关系式，它不仅适用于电子，也适用于其他微观粒子。

不确定关系表明：对于微观粒子，不能同时用确定的位置和动量来描述。粒子位置不确定量越小，则同方向上的动量不确定量就越大。

在不确定关系中，普朗克常量 h 是一个非常重要的物理常数。在经典范围内，之所以观察不到实物粒子的波动性，其原因就在于 h 的值非常小。尽管 h 值很小，但它不是零。假如 h 的值为零的话，$\Delta x \Delta P_x$ 就可以同时为零，则无论是宏观领域还是微观领域，粒子不再具有波动性。粒子的坐标和动量不再具有概率性，而具有经典观念的确定性。反之，如果 h 值很大，即使是在经典范围内，粒子的波动性也将会变得非常显著，我们将首先认识到物质的波动性而并

非像今天这样首先认识的是物质的粒子性。

16.6 波函数 薛定谔方程

由于微观粒子具有波粒二象性,其运动不能用经典的位置和动量来描述。德布罗意提出物质波假设后不久,在 1925 年,薛定谔便提出用波函数来描述粒子的运动状态,并建立了波函数所遵从的方程,即薛定谔方程。它揭示了微观物理世界物质运动的基本规律,是量子力学的基本方程。

16.6.1 波函数

首先考虑一个自由粒子的波函数。自由粒子不受力,动量不变,所以其德布罗意波长也不变,相应的波为平面简谐波。由波动理论知,平面简谐波的波动方程,此时称波函数,为

$$y(x,t) = A\cos\left[2\pi\left(\nu t - \frac{x}{\lambda}\right)\right] \tag{16.6.1}$$

将上式写成复数形式

$$y(x,t) = Ae^{-i2\pi\left(\nu t - \frac{x}{\lambda}\right)} \tag{16.6.2}$$

实际上,式(16.6.1)是式(16.6.2)的实数部分。

对于动量为 P 和能量为 E,沿 x 轴运动的自由粒子,其波长和频率分别为

$$\lambda = \frac{h}{P}, \quad \nu = \frac{E}{h}$$

代入式(16.6-2),得自由粒子的波函数

$$\Psi(x,t) = \psi_0 e^{-i\frac{2\pi}{h}(Et - Px)} = \psi_0 e^{-\frac{i}{\hbar}(Et - Px)} \tag{16.6.3}$$

式中 ψ_0 为波函数的振幅。

1. 波函数的统计解释

式(16.6.3)是一个自由粒子的波函数,这个波函数究竟代表什么呢? 1926 年玻恩提出了德布罗意波的统计解释,认为德布罗意波并不像经典波那样代表什么实在的物理量的波动,波函数描述的是粒子在空间的概率分布。

综上所述,德布罗意波函数统计解释为:粒子在某处出现的概率与德布罗意波的波函数振幅的平方成正比。

由式(16.6.3)知,波函数 Ψ 为一复数,所以波函数的平方为

$$|\Psi|^2 = \Psi \cdot \Psi^* \tag{16.6.4}$$

式中 Ψ^* 是 Ψ 是共轭复数。粒子在空间某处体积为 dV 内出现的概率为

$$|\Psi|^2 dV = \Psi \cdot \Psi^* dV$$

于是，粒子在单位体积内出现的概率为 $|\Psi|^2$。因此，$|\Psi|^2$ 又称为概率密度。概率概念正确地把微观粒子的波动性和粒子性统一了起来。

2. 波函数满足的条件

波函数的统计解释赋予了波函数以确切的物理含义，从而物理上对波函数提出了以下要求。

(1)归一化条件

由于粒子在整个空间出现的概率为 1，所以波函数应满足下面的归一化条件，即

$$\int_V |\Psi|^2 dV = 1 \tag{16.6.5}$$

如果某波函数 Ψ 尚未归一化，$\int |\Psi|^2 = A(>0)$，则有

$$\int \left| \frac{\Psi}{\sqrt{A}} \right|^2 dV = 1 \tag{16.6.6}$$

式中的 $\dfrac{1}{\sqrt{A}}$ 称为归一化因子；$\dfrac{\Psi}{\sqrt{A}}$ 称为归一化的波函数。应该强调，对于概率分布来说，重要的是相对概率分布。如果 C 是常数(可以是复数)，则 $\Psi(r)$ 和 $C\Psi(r)$ 所描述的相对概率是完全相同的。因为在空间任意两点 r_1 和 r_2 处，总有

$$\frac{|C\Psi(r_1)|^2}{|C\Psi(r_2)|^2} = \frac{|\Psi(r_1)|^2}{|\Psi(r_2)|^2}$$

这就是说，$C\Psi(r)$ 与 $\Psi(r)$ 所描写的是同一个概率波。所以，波函数有一个常数因子的不确定性。在这一点上，概率波与经典波有着本质的差别。一个经典波的波幅若增大一倍，则相应的波的能量将为原来的 4 倍，因而代表完全不同的波动状态。正因为如此，经典波根本谈不上归一化，而概率波却可以进行归一化。

(2)标准条件

另外，由于粒子在任意时刻、任意点出现的概率应该是唯一的，还应该是有限的；并且不能在某处发生突变，所以，在一般情况下，Ψ 作为可以接受的波函数，从物理上往往要求 Ψ 还必须同时满足有限、连续和单值的条件，这一条件称为波函数的标准条件。

16.6.2 薛定谔方程

$$\Delta\Psi + \frac{2m}{\hbar^2}(E - E_p)\Psi = 0 \tag{16.6.7}$$

对定态薛定谔方程可以这样来理解：一个质量为 m，处于势能不随时间变化的势场中运动的微观粒子，用波函数 $\Psi(x, y, z)$ 描述粒子的运动，该函数满足薛定谔方程。方程的每一个解表示粒子运动的某一个稳定状态，与之相对应的常数 E 表示该粒子在这个稳定状态的能量。在求解薛定谔方程时，波函数要满足单值、有限、连续和归一的条件。由于这些条件的限制，只有当薛定谔方程中总能量 E 具有某些特定值时才有解，即微观粒子的能量是不连续的，是量子化的。

薛定谔方程和物理学中的其他基本方程(如牛顿运动方程、麦克斯韦电磁场方程)一样，其正确性只能由实验来检验。1926 年薛定谔方程提出后，很快就被应用到有关原子、分子等许多微观物理问题中，并取得了很大的成功。

16.6.3 埃尔温·薛定谔

埃尔温·薛定谔(Erwin Schroumldinger，1887—1961)，奥地利物理学家，量子力学的创始人之一，曾获得 1933 年诺贝尔物理奖。1887 年 8 月 12 日生于维也纳。1906 年入维也纳大学物理系学习，1910 年获博士学位。毕业后，在维也纳大学第二物理研究所工作，1920 年以前主要在维也纳大学任教。第一次世界大战期间，他服役于一个偏僻的炮兵要塞，利用闲暇研究理论物理学。战后他回到第二物理研究所。1920 年移居耶拿，担任 M·维恩的物理实验室的助手。1921～1927 年在苏黎世大学任教，开始几年，他主要研究有关热学的统计理论问题，写出了有关气体和反应动力学、振动、点阵振动(及其对内能的贡献)的热力学以及统计等方面的论文。他还研究过色觉理论，他对有关红－绿色盲和蓝－黄色盲频率之间的关系的解释为生理学家们所接受。

图 16.5-3 薛定谔像

1913 年与 R·W·F·科尔劳施合写了关于大气中镭 A(即 Po)含量测定的实验物理论文，为此获得了奥地利帝国科学院的海廷格奖金。

　　1925 年年底到 1926 年年初，薛定谔在爱因斯坦关于单原子理想气体的量子理论和德布罗意的物质波假说的启发下，从经典力学和几何光学间的类比，提出了对应于波动光学的波动力学方程，奠定了波动力学的基础。他最初试图建立一个相对论性理论，得出了后来称之为克莱因-戈登方程的波动方程，但由于当时还不知道电子有自旋，所以在关于氢原子光谱的精细结构的理论上与实验数据不符。以后他又改用非相对论性波动方程——以后人们称之为薛定谔方程——来处理电子，得出了与实验数据相符的结果。1926 年 1～6 月，他一连发表了四篇论文，题目都是"量子化就是本征值问题"，系统地阐明了波动力学理论。在此以前，德国物理学家 W. K. 海森堡、M. 玻尔和 E. P. 约旦于1925 年 7～9 月通过另一途径建立了矩阵力学。1926 年 3 月，薛定谔发现波动力学和矩阵力学在数学上是等价的，是量子力学的两种形式，可以通过数学变换，从一个理论转到另一个理论。薛定谔起初试图把波函数解释为三维空间中的振动振幅，把粒子解释为波包。但他无法解决"波包扩散"的困难。最后物理学界普遍接受了玻恩提出的波函数的几率解释。

　　1927～1933 年薛定谔接替普朗克任柏林大学物理系主任。因纳粹迫害犹太人，1933 年离德到澳大利亚、英国、意大利等地。1939 年转到爱尔兰，在都柏林高级研究所工作了 17 年。1956 年回维也纳，任维也纳大学荣誉教授。1924 年，L. 德布罗意提出微观粒子具有粒子性，在此基础上，1926 年薛定谔提出用波动方程描述微观粒子运动状态的理论，后称为薛定谔方程，奠定了波动力学的基础，因而与狄拉克共获 1933 年诺贝尔物理学奖。1944 年，薛定谔著《生命是什么》一书，试图用热力学、量子力学和化学理论来解释生命的本性。这本书使许多青年物理学家开始注意生命科学中提出的问题，引导人们用物理学、化学方法去研究生命的本性，使薛定谔成为蓬勃发展的分子生物学的先驱。在后期，薛定谔研究有关波动力学的应用及统计诠释，新统计力学的数学特征以及它与通常的统计力学的关系等问题。他还探讨了有关广义相对论的问题，并对波场做相对论性的处理。此外，他还编写了有关宇宙学问题的一些论著。与爱因斯坦一样，薛定谔在晚年特别热衷的是把爱因斯坦的引力理论推广为一个统一场论，但也没有取得成功。

　　薛定谔对哲学有浓厚的兴趣。早在第一次世界大战期间，他就深入研究过斯宾诺莎、叔本华、马赫、西蒙、阿芬那留斯等人的哲学著作。晚年，他致力于物理学基础和有关哲学问题的研究，写了《科学和人文主义——当代的物理学》等哲学性著作。薛定谔晚年定居在爱尔兰。1956 年，薛定谔返回维也纳大学物理研究所，获得奥地利政府颁发的第一届薛定谔奖。1957 年他一度病危。

1961 年 1 月 4 日，他在奥地利的阿尔卑巴赫山村病逝。

薛定谔猫是关于量子理论的一个理想实验

量子力学是描述原子、电子等微观粒子的理论，它所揭示的微观规律与日常生活中看到的宏观规律很不一样。处于所谓"叠加态"的微观粒子之状态是不确定的，例如电子可以同时位于几个不同的点，直到被观察测量（观测）时，才在某处出现。这种事情如果发生在宏观世界的日常生活中，就好比：我在家中何处是不确定的。你看我一眼，我就突然现身某处——客厅、餐厅、厨房、书房或卧室，都有可能；在你看我以前，我像云雾般隐身在家中，穿墙透壁到处游荡。这种魔术别说常人认为荒谬，物理学家薛定谔也想不通。于是他就编出这个佯谬。果然！物理学家争论至今。

薛定谔佯谬是一个理想实验，实验内容：这个猫十分可怜，它（假设这是一只雌性的猫，以引起更多怜悯）被封在一个密室里，密室里有食物，有毒药。毒药瓶上有一个锤子，锤子由一个电子开关控制，电子开关由放射性原子控制。如果原子核衰变，则放出 α 粒子，触动电子开关，锤子落下，砸碎毒药瓶，释放出里面的氰化物气体，雌猫必死无

图 16.5-4　薛定谔猫

疑。这个残忍的装置由薛定谔所设计，所以此猫便叫做薛定谔猫。

薛定谔在 1935 年发表了一篇论文，题为"量子力学的现状"，在论文的第 5 节，薛定谔描述了那个常被视为噩梦的猫实验：哥本哈根派说，没有测量之前，一个粒子的状态模糊不清，处于各种可能性的混合叠加。比如一个放射性原子，它何时衰变是完全概率性的。只要没有观察，它便处于衰变/不衰变的叠加状态中，只有确实地测量了，它才随机选择一种状态而出现。那么让我们把这个原子放在一个不透明的箱子中让它保持这种叠加状态。现在薛定谔想象了一种结构巧妙的精密装置，每当原子衰变而放出一个中子，它就激发一连串连锁反应，最终结果是打破箱子里的一个毒气瓶，而同时在箱子里的还有一只可怜的猫。事情很明显：如果原子衰变了，那么毒气瓶就被打破，猫就被毒死。要是原子没有衰变，那么猫就好好地活着。

当它被锁在箱子里时，因为我们没有观察，所以那个原子处在衰变/不衰变的叠加状态。因为原子的状态不确定，所以猫的状态也不确定，只有当我们打开箱子察看，事情才最终产生定论：要么猫四脚朝天躺在箱子里死掉了，要么它活蹦乱跳地"喵呜"直叫。问题是，当我们没有打开箱子之前，这只猫处在什么状态？似乎唯一的可能就是，它和我们的原子一样处在叠加态，这只猫当时陷于一种死/活的混合。

一只猫同时又是死的又是活的？它处在不死不活的叠加态？这未免和常识太过冲突，同时以生物学角度来讲也是奇谈怪论。如果打开箱子出来一只活猫，那么要是它能说话，它会不会描述那种死/活叠加的奇异感受？恐怕不太可能。换言之，薛定谔猫概念的提出是为了解决爱因斯坦的相对论所带来的祖母悖论，即平行宇宙之说。

薛定谔佯谬提出了一个问题：什么是量子力学的观测？观测或测量都与人的主观有关，而人在箱外，所以必须打开箱子看一眼才能决定猫的死活。谁都知道猫的死活是由原子核衰变决定的——衰变前猫是活的，衰变后猫是死的，这与是否有人打开箱子进行观察根本不搭界。所以毛病就出在观测的主观性上，应该从这个方向上去寻根问底。微观的测量与宏观的不同：宏观的观测对被观测的对象没有什么影响。俗话说："看一眼总行吧。"意思是对所看之物并无影响，用不着担心。微观的观测对被观测的对象有影响，会引起变化，以观测电子为例，要用光照才能看见，光的最小的单位是光子，其能量虽小但不是零。光子照到被测的电子上对它的影响很大。所以，在微观世界中，看一眼也会惹祸！量子力学认为：观测的结果使得被观测的对象的状态改变了，一个确定态从原先不确定的叠加态中蹦了出来。再追下去，观测无非是观测手段（如光子）与被观测对象（如电子）之间的一种相互作用，这种相互作用并不一定非与被观测者联系起来不可，后者可以用检测仪器代替，这就可以将人的因素完全排除——薛定谔猫的死活不是由人打开箱子看一眼所决定的。

箱中猫"死—活"叠加态究竟是怎么回事呢？

物理学是实验科学，一切要由实验来判定。较早的一批关于薛定谔猫的实验是将处于叠加态的单个原子或分子从周围环境中孤立起来，然后以可以控制的方法使之相互作用，以观察其变化。结果发现关键在于与环境的相互作用，它导致原先的量子叠加态变为经典确定态。但将这些实验对象当作薛定谔猫是一种极度的简化，单个分子与薛定谔猫相去何止十万八千里！

在《自然》杂志上，美国纽约州立大学石溪分校的费德曼（J. R. Friedman）等人发表文章，他们拿来做实验的"薛定谔猫"不是单个粒子，而是在环形电路中由几十亿对电子构成的超导流。实验证明这种宏观量子系统也可以处于叠加态——相当于薛定谔猫"死—活"叠加态。几十亿对电子构成的超导流当然还不能与由若干亿亿亿个原子构成的猫相比，但较之单个原子分子，毕竟前进了一大步。所以有人惊呼："薛定谔猫变胖了！"这次最新实验的结果使物理学家对量子力学有了更深刻的理解。在某种意义上说，薛定谔猫佯谬已经解开。

"不就是一只假想的猫吗，让霍金拿枪打死不就完了。"事情并非那么简单，否则许多物理大师就不会那么孜孜以求了。薛定谔猫佯谬衍生出一个根本问题：由大量分子构成的生物与这些微观粒子所遵从的量子力学规律之间的关系是什么？这不仅是理论问题，而且具有实际意义。例如自我意识的机制至今仍是未解之谜，有人认为可能与量子力学或更深层次的微观规律有关。又如思维过程中的"顿悟"，会不会与"一个确定态就从原来不确定的叠加态中蹦了出来"有关呢？可能有关。还有：生命的起源，物种的变异，光合作用的机制，如此等等，总之，生命的秘密和思维的奥妙不可能与量子力学的规律无关。这就难怪薛定谔后来对生命科学感兴趣了，1946 年他写了著名的《生命是什么》一书，提出了一些很有创建的观点。薛定谔高明之处在于，他提出的薛定谔猫佯谬不仅挑战了物理学家达 60 多年之久，而且衍生的问题还在继续挑战下一代科学家——不仅仅是物理学家。

思考题和习题

1. 可见光能产生康普顿效应吗？能观察到吗？

2. 电子显微镜所用电子波长常小于 0.01 nm，为什么不用此波长的光子来制造显微镜？

3. 如果普朗克常数 $h \to 0$，对波粒二象性会产生什么样的影响？如果光在真空中的速率 $c \to \infty$，对时空的相对性会有什么样的影响？

4. 已知某色光照射到一金属表面，产生了光电效应，若此金属的逸出电势是 U_0（使电子从金属逸出需做功 eU_0），则此单色光的波长 λ 必须满足

(A) $\lambda \leqslant hc/eU_0$

(B) $\lambda \geqslant hc(eU_0)$

(C) $\lambda \leqslant (eU_0)/(hc)$

(D) $\lambda \geqslant (eU_0)/(hc)$

5. 爱因斯坦的光电效应方程是 _____。

6. 康普顿实验比光电效应更进一步地证实了光的"粒子性"，因为在解释

光电效应实验时，只涉及了_____，而在解释康普顿效应时，不仅考虑了光子的能量，而且还考虑了_____。

7. 到 19 世纪末，物理学有了突破性的发现，这就是世纪之交的三大发现，分别是：_____、_____和_____的发现。人类从此打开了奇妙的微观世界研究的大门。

8. _____发现了放射性。

（A）伦琴

（B）卢瑟福

（C）居里夫人

（D）贝克勒尔

9. _____发现了电子。

（A）J. J. 汤姆逊

（B）卢瑟福

（C）居里夫人

（D）贝克勒尔

10. 黑体是能 100% _____的物体。

11. 普朗克的"能量量子化"假设是，在辐射场中有大量包含各种频率的谐振子，一个频率为 ν 的谐振子的能量是_____，ε_0 _____的整数倍。能量元 $\varepsilon_0 =$ _____，h 为普朗克常数。

12. 玻尔对氢原子或类氢原子创造性地提出了两个著名的基本假设，分别是：

（1）_____；

（2）_____。

13. 康普顿效应的现象是：在散射角 $\theta = 0$ 的方向，只有谱线波长 λ _____，而当 $\theta > 0$ 时，除原来的 λ 外，出现了波长为 λ' 的新谱线，λ' 比 λ _____（填"长"或"短"），λ' 随 θ 增大而_____。

14. 当我们站在火车站台上，列车飞速驶来时，听到它的汽笛声分外尖厉，当它一过我们身边而高速离去时，其汽笛声立刻变为低沉。这是由于声音的_____频率发生变化，这种现象称为_____。

15. 1900 年，历史上第一个诺贝尔物理学奖授予_____，表彰他发现了_____。

（A）伦琴，X 射线

（B）居里夫人，放射性

(C)居里夫人，X 射线

(D) J．J．汤姆逊，放射性

16. 为研究原子的结构，许多科学家都曾提出过自己的假设，其中，J.J. 汤姆逊的假设被称为＿＿＿＿＿＿＿＿＿＿。但这个模型被＿＿＿＿＿＿＿的＿＿＿＿＿＿＿＿＿实验推翻。

17. ＿＿＿＿＿＿＿预言了"中子"的存在，＿＿＿＿＿＿＿发现了中子。

(A)伦琴，居里夫人

(B)卢瑟福，查德维克

(C)居里夫人，查德维克

(D)居里夫人，卢瑟福

18. 法国物理学家德布罗意在自己的博士论文里，提出电子具有＿＿＿＿＿＿＿＿＿＿＿。

(A)波动性

(B)质量

(C)粒子性

(D)动量

19. ＿＿＿＿＿＿＿的＿＿＿＿＿＿＿＿＿实验验证了德布罗意关系式。

20. 为了检验以太是否真的存在，＿＿＿＿＿＿＿和＿＿＿＿＿＿＿曾经做过一个著名的实验，叫做＿＿＿＿＿＿＿＿＿，结果是＿＿＿＿＿＿＿＿＿。

21. 2002 年英国著名的《物理学世界》杂志组织读者评比历史上"最美丽"的十大物理实验。这些实验的共同处：都是用很简单的仪器设备，发现了非常基本、重要的科学概念，获得了重大科学发现，使留在人们头脑中的长期的困惑和含糊顷刻间一扫而空，对自然界有了更清晰的认识。请你列举 4 个书中提到的这样的实验。

第七篇　物理文化

　　物理文化作为一种文化，是以一大批著名的物理学家为代表所创造的科学文化。他们在长期的科研活动中，首先对观察者和参考物进行抽象处理形成概念、建立模型、再经过分析、类比、推理、判断、归纳、综合和演绎，最后得出结论和推论。然后，将这些结论和推论用于实践，经受实践的考验后，再指导人们的实践活动。在人们的实践活动中不断地推动着理论的前进。这就是现代物理学的认识论、方法论和实践论，即科学发展观。

第 17 章　物理文化

17.1　现代物理学的认识论

　　"认识论"作为"本体论"的近代形式，是哲学中最重要的组成部分之一，它的目的是探讨"人如何认识世界"。从笛卡儿起，哲学家们就毫不含糊地把作为认识主体的人，即"我"，放在认识论的突出位置来加以研究。然而在 20 世纪出现了一种奇怪的现象：在许多哲学家和科学家中，往往强调世界事物规律的"客观性"，而讳言认识中的"主观能动性"。一个重要原因是在前苏联及其影响下的 1950～1970 年间的中国，讲"我"或"主观"似乎就是"唯心论"，它成了一顶帽子；另一个原因是随着物理等近代科学的发展，测量和计算的精确度越来越高，使人们感觉到那些"数据"的"客观存在"似乎是不以人们的意志为转移的，似乎认为"主体"的作用只是尽可能准确地把它们"反映"出来罢了。

　　被称为 20 世纪物理学两大支柱的相对论和量子力学，往往给人们两种很不相同的印象，即相对论讨论的对象是高速运动的物体，粒子轨道还是很明确的，而量子力学中的研究对象是微观粒子，它们的运动有"波粒二象性"，没有轨道的概念，只能用一种复数表示，因而用看不见的"波函数"作概率性的描写。人们感到相对论尽管奇妙，却不神秘，而量子力学却不但奇妙，而且神秘得使人难以理解。例如著名物理学家费曼（1918—1988）于 1964 年在康奈尔大学演讲时说："曾经有一个时期报纸上说只有 12 个人懂相对论。我不相信真有那样的时候，可能有一段时间只有一个人懂，因为在他写文章之前只有他一个人明白了。但是当人们读了他的文章后有许多人在各种程度上懂了相对论，肯定超过了 12 个人。不过在另一方面，我想我可以挺有把握地说，没有人懂量子力学。假如可能避开它的话，你千万不要不停地对自己说：'事情怎么会变成这样？'因为这样一来，你将会'掉到阴沟里去'而进入一个死胡同，从那里还没有一个人能够逃出来过。没有人知道事情怎么会变成这样"。费曼讲这话时，离量子力学建立（1925）已经有 39 年了，而他的忠告确实非常重要，我们不要在时机没有成熟的时候，对量子力学或相对论的解释去苦思冥想——徒然在死胡同里浪费时间。一直到 20 世纪末，情况才发生根本性变化，一系列新的实验终于使我们看到了曙光。量子力学和相对论的发展，深刻地揭示了人类认识论的基本道理。

正如爱因斯坦所说的那样："认识论要是不同科学接触，就会成为一个空架子。科学要是没有认识论，就是原始的混乱的东西。"

17.1.1 认识论的相对性原理

相对论，顾名思义，就是强调事物和现象的相对性。爱因斯坦经过 10 年的思考和研究，终于认识到牛顿力学中关于绝对空间和绝对时间的观念是没有根据的。他勇敢地建立狭义相对论，其中有一条"相对性原理"，意思是两个互相作匀速直线运动的惯性参考系（S 和 S'）是平等（平权）的，谁也不比谁更基本，它们之间的差别不过是相对的。换言之，世界上不存在绝对的参考系。

牛顿认为绝对参考系是存在的，当然也有他的道理。牛顿曾提出一个"水桶实验"来论证"绝对空间"的存在：在地面上拿一桶水来看，水的表面是平坦的，然后让这桶水绕中心轴高速转动起来，水的表面便呈曲面形状，牛顿指出：这证明，与我们地球表面相联系的参考系 S 是（或足够近似地是）惯性系，而与旋转桶相联系的参考系则是"非惯性系"。把这种概念引申出去，牛顿自然地认为：空间好像是一个空的大箱子那样客观地存在着，而日月星辰在其中运动着。后来马赫为了批判这种绝对空间观念，指出旋转捅中水面之所以会弯曲乃是由于宇宙中大量遥远的星星都绕着 S' 系观察者作（反向的）高速旋转而引起引力的缘故。马赫这种"相对主义"的观念对爱因斯坦后来（1913～1915）发明"广义相对论"有一定的影响。不过 1905 年爱因斯坦建立"狭义相对论"时主要从批判绝对时间入手，强调"同时性的相对性"。他告诫说：我们不要去讨论什么绝对空间、绝对时间或绝对运动，而应该去研究相对空间、相对时间或相对运动。这就是说，两个互相以匀速运动（或一个运动，另一个静止）的惯性系 S 和 S' 的观察者都分别有自己的尺和钟，分别记录一个"事件"在 S 系的空间—时间坐标 (x, t) 与在 S' 系中的相对坐标 (x', t')，我们只需要（也只应该）关心 (x, t) 与 (x', t') 之间的关系，而它们之间的变换关系一定是相对的，即对称的（只要将相对速度 v 改一下符号就可以了），这就是用一条"光速不变原理"这个"相对论性"原理导出的洛伦兹变换公式，于是描述物理现象规律性的微分方程式，在洛伦兹变换后必定保持形式不变（只差 x, t 变为 x', t' 或者相反），这就是"相对性原理"的严格表达。

狭义相对论的伟大胜利证明爱因斯坦思想方法的高明。他的高明首先在于把"观察者"S 和 S' 作为"认识主体"放进理论中去，各人用自己使用的空间、时间坐标去描写同一个物理"事件"（例如一个闪光），然后再讨论两套坐标之间的相对（变换）关系。假如谁要问这个事件究竟发生在"绝对空间"的何处？或"绝对时间"的哪一时刻？在爱因斯坦看来，是毫无意义的问题。

我们现在要"举一反三"，把爱因斯坦的经验推广为一条一般的认识论原理，就不妨叫"相对性原理"：你既然要谈知识，便首先必须把自己作为"认识主体"放进去。其次要考虑客体所处的环境。任何一种事物，都只有在相对于其他事物的运动和变化中才能被认识，当脱离它的对立物（即其环境，包括认识主体及其测量仪器在内）而孤立地（即抽象地）存在着的时候，势必成为神秘而不可理解的东西。例如中国古典名著《红楼梦》中的贾宝玉，看见林黛玉整天悲悲戚戚，自己也感到十分苦恼，并且很不理解，终于有一天，他悟出了"禅机"，写下了几句话，开始两句是：

　　　　　无我原非你，从她不解伊。

这就是说，为了理解林黛玉，就必须同时考察她周围的环境：作为一个具体的人，林黛玉是在贾府整体环境下生活着的，离开了她与贾宝玉，与贾母，以及与王熙凤、薛宝钗等人关系的实际表现及其矛盾分析，人们就无法理解她为什么会那样地悲伤。有些读者看了上面的话，或许会说：这道理太显而易见了，还有谁会不懂呢？然而事实上，人们甚至是科学家有时候还是会忘记这个道理。人们长期以来对量子力学理解困难，在很大程度上就是忽视了这一点。

17.1.2　实验（或试验，即实践）是检验真理的唯一标准

初学物理的人，拿到一本物理书，一看书中有很多公式，往往会以为物理学是一门很深奥的理论科学。实际不然，物理学首先是一门实验科学，几乎所有物理知识都来自于实验的观测。

伽利略是当之无愧的科学实验的开创者或奠基人。当时（公元 1600 年代）有一些错误观念（如重物落得比轻物快，物体在时间 t 跑过的距离 S 与 t 成正比）很深入人心，伽利略觉得单做比萨斜塔那样的大型示范性实验还不够，不能单单观察自然界已有的现象，还必须做严格控制条件下的观测，于是他仔细地做了斜面实验。

传统观念为什么错？原因是大家都只凭日常生活经验。例如人用手去推车，便会得出"运动（速度）是靠（外）力来维持的，力大则速度大"的错误观念，直到伽利略弄清楚"维持速度不需要力，产生加速度才与力有关"。从"速度"到"加速度"，纠正一字之错，前后竟花了 2 000 年的时间，可见认识真理之难。原因是分析和控制外界的条件，往往不是简单的事。就以人推车为例，车子受到的力至少有人手的力，车轮与地面的摩擦力，轮子与轴承间的摩擦力，车子运动时受到的空气阻力等，在几千年前要分清楚它们是困难的。爱因斯坦说："伽利略的发现以及他所应用的科学推理方法，是人类思想史上最伟大的成就之一，而且标志着物理学的真正开端。"

后来牛顿在伽利略和开普勒的基础上进一步发现力学规律和万有引力定

律。天文观测从开普勒－牛顿时代起就是物理实验中极为重要的组成部分。而在 21 世纪其重要性将与日俱增。

在物理学中，检验真理的标准是实验———一种严格控制条件下的测量，任何物理理论都必须接受实验的检验。然而，这不等于说，理论完全处于被动的地位。有时候正是理论决定人们要做什么样的实验，并且在实验中可以看到什么。

17.1.3　测量与信息

从伽利略—开普勒时代起，在物理学和天文学中引入数学，对自然科学在实验测量和理论解释两方面都提出了严格的定量的要求。例如一个粒子沿着某方向运动，为了描写它，人们先沿此方向引入一个坐标轴，在上面每单位长度作均匀的刻度后，则粒子的坐标 x 便可用一个数来度量，表示它距离原点有 x 远。对一个运动中的粒子，其坐标 x 随时间 t 而变化，记为 $x(t)$，表示 x 是 t 的函数。

那么实验上怎样测量这个 $x(t)$ 呢？可以用高速摄影的近代技术：每隔一段时间 Δt（例如 0.01 s），拍摄一次它的位置，则在以 t 为横坐标，x 为纵坐标的图 17.1-1 中，测量得到的数据排成许多点，可以连成相当光滑的曲线。若进一步减小 Δt（例如 0.001 s），则曲线的光滑性将更好。这种实验越做越精确，人们便越来越坚信：粒子运动有确定的轨道，而人们的测量不过是把它"反映"出来罢了，不但粒子的位置 x 是客观存在的，而且它在某一瞬时的"速度"也是确定的，它定义为

$$v(t) = \lim_{\Delta t \to 0} \frac{\Delta x}{\Delta t} = \lim_{t_{i+1} \to t_i} \frac{x_{i+1} - x_i}{t_{i+1} - t_i} \tag{17.1.1}$$

随后，人们认为高速摄影时用的闪光乃是对粒子运动的一种"干扰"。为了使测量结果尽可能准确，应该尽可能减小干扰，即尽可能使用微弱的测量手段。20 世纪量子力学的发展从根本上动摇了上述经典观念。1927 年海森堡考虑一个理想实验，用显微镜去观察一个电子的位置 x。当使用波长为 λ 的光照电子时，光子的动量 $P_{光子} = h/\lambda$ 必定与电子动量（$P_x = mv$）发生交换，光子冲撞电子后可朝各个方向反射，使电子动量获得 $\Delta P_x \geqslant h/\lambda$ 的不确定性；另一方面，光的波动性引起衍射，使电子位置 x 的不确定范围为 $\Delta x \geqslant \lambda$。我们希望 x 测得准，必须用短波长（$\lambda_小$）的光，但这将使光子变得更"硬"，从而增大电子动量的不确定性，两者乘积得出 $\Delta P_x \Delta x \geqslant h$ 的限制条件

$$\Delta x \Delta P_x \geqslant \frac{h}{4\pi} \tag{17.1.2}$$

这就是著名的海森堡不确定关系，以玻尔和海森堡为代表的哥本哈根学派认为

此式反映了 x 与 P_x 在测量上的排斥性，对 x 的测量必然会"干扰"对 P_x 的测量。反之亦然。而这种排斥性也可看成是互补性的另一种反映：我们只能在"互补"的意义上获得关于微观粒子的信息。有些物理学家虽然承认此式的正确性，仍怀疑量子力学在描写微观世界时是否已经"完备"了？例如爱因斯坦等认为：在不作测量去干扰物理体系之前，粒子的位置与动量应该作为"物理实在"的两个要素而在一种"完备"的理论中有相应的描述。在我们看来，问题的关键是在对"信息"来源的认识上。许多科学家或明说或默认"信息的客观性"。相反地，我们认为信息不是客观存在的，而是"客观存在"的信息（如 x 与 P_x）"反映"出来的，现在我们才懂得："测量"过程不是一种"反映"过程，而是一种"变革"过程，"信息"乃是"变革"的结果，矛盾只有当充分尖锐时才有可能被认识，这种认识是 20 世纪粒子物理学发展所揭示出来的。请看人们用能量越来越高的加速器去轰击靶核，制造出一个又一个新粒子来加以研究。连粒子自身都是"人造"的，何况它的位置和动量？（"皮之不存，毛将焉附"）

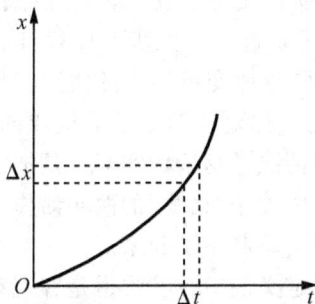

图 17.1-1　粒子位置函数

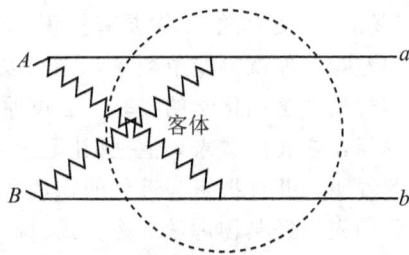

图 17.1-2　不确定关系

　　一个原来不含任何信息的客体，在图 17.1-2 中用一个虚线图来表示。人们依据一定的测量手段（A）施加于它才能得出信息（数据）a，反映了客体属性的一个方面；另一个手段（B）可得出相应的信息 b，A 对 a（或 B 对 b）而言是必要的变革手段，但倘若两者并不一致而又同时加于客体的时候，A 对 u（或 B 对 b）便成为"干扰"。由此可见，我们不可把"变革"与"干扰"混为一谈，但它们确实在一定条件下可以互相转化，图 17.1-2 中所表示的不确定关系便是这种矛盾性质的反映。英国物理学家爱丁顿曾讲过一段很有趣的话："我们在未知之岸上找到了一个奇怪的脚印，我们设计出一个接一个的深奥理论来说明它的来源。最终，我们成功地重现了留下这个脚印的生物。哦，那是我们自己的脚印。"

　　量子力学创始人薛定谔说："不知不觉中……我们就把认识主体从我们力

求理解的自然领域内排除了。我们回到了一个旁观者的角色，不属于这个世界，而这个世界通过这一步骤就变成了一个客观的世界。（我们的）科学是建立在客观的基础上的，依靠这个办法科学就把自己同……对心灵的适当理解割裂开来，但是我的确相信这正是我们现在的思维方式需要修补的地方，也许得从东方的思想中吸取营养。"

物理学家惠勒说："没有一种只讨论物理的物理学理论能够解释物理学。我相信随着我们继续不断地试图理解宇宙，我们同时也在试图理解人。物理世界在某种深刻的意义上是同人类连在一起的，以某种奇特的方式，这个宇宙是一个让人参与的宇宙。"确实，当我们查阅了中外几千年的哲学史后，才恍然大悟："客体不含信息"这一点，原来正是我国（东方）哲学"古已有之"的观点，而西方的康德哲学也已殊途同归了。并且与这一点互补（相容）的第二个基本观点恰恰是"信息来自变革"，它在我国哲学中有同样悠久的历史。孔子主编的古书《礼记·大学》中说："致知在格物，物格而后知至"，这里关键是"格"字的意思，宋朝的程颐把"格物"解释为"至物"，明朝的王守仁把"格物"讲成为"看物"，反而是退步了。王解释"格"为"量度"之意，进了一大步。1937年，毛泽东在《实践论》一文中说："你要有知识，你就得参加变革现实的实践。你要知道梨子的滋味，你就得变革梨子，亲口吃一吃。你要知道原子的组成同性质，你就得实行物理学和化学的实验，变革原子的情况。"这段话实际上是把"格"作"变革"解释，在我们看来，他把《礼记·大学》中关于"格物"的两句话作了正确而深刻的说明，并且把它与近代的物理和化学实验联系了起来。

让我们先看经典物理学。像公式(17.1.1)定义的"速度"难道是客观存在的吗？不，它被定义为一个"微商"，即两个变量的微分（Δx 与 Δt）之比。这表明，仅当我们观察两个量相对变化时，才能获得关于速度的信息。这一事实同时反映了认识论的两个原理——相对性原理和变革性原理。1925年发明的量子力学，其伟大历史功绩在于：它把认识论的道理在最基本的层次上揭示出来了，例如一个自由粒子的运动用平面波函数来描写

$$\Psi(x,t) = \exp\left[\frac{2\pi i}{h}(Px - Et)\right] \tag{17.1.3}$$

式(17.1.3)中 $i = \sqrt{-1}$ 是虚数的单位，它在实际世界中不存在对应，这表明波函数 $\Psi(x,t)$ 是"不可观测量"，正是粒子这个"客体"本来不含信息这句话的数学表述. 那么，式(17.1.3)中的 E 和 P 是否是"可观测量"？回答是："既是又不是可观测量"。在测量之前，它们在式中含 i 的指数里隐藏着，但一旦测量时，它们便转化为实际可观测量。测量时，我们通过仪器把原来看不见的 $\Psi(x,t)$ 推动一下，让它在空间移动一个小距离 Δx。然后，把 $\Psi(x,t)$ 的变

化除 Δx，即量子力学要化为一个算符 $-i\dfrac{h}{2\pi}\dfrac{\partial}{\partial x}$ 可观察的 P 便冒出来了。这正是"信息来自变革"这句话的严格的数学表述。

17.2　现代物理学的方法论

拉普拉斯：认识一位天才的研究方法，对科学的进步，甚至对他本人的荣誉，并不比发现本身更少用处。

巴普罗夫：科学是随着研究法所获得的进步而前进的。

贝尔纳：科学中难能可贵的创造性才华。这种才华由于方法的拙劣可能被削弱；而良好的方法则会增长、促进它。

认识论和方法论本来是密切而不可分的。从知识的结构层次上来说，也许认识论更基础一些，而实际上现代物理学许多新的认识往往有赖于思维方法和研究方法的不断深入才可能获得。

物理学作为一门基础科学，从它辉煌的发展史中就可以看出它在社会发展中的重要作用。从牛顿的《自然哲学的数学原理》到爱因斯坦的相对论，以及同时诞生的量子力学；时至今日，物理学已经建立了非常完整的科学理论体系，然而这一理论体系的建立过程却是漫长而曲折的。在创造过程中，我们发现有一些物理学方法原理对其建立起着至关重要的作用。物理学方法原理是对物理学知识体系的某种规范，以特定的方式影响研究过程，使之朝着一个明确的目标发展，从而对科学创造过程起着调节和启示的作用。它对物理学理论的探索、建立和发展起着指导作用，制约着物理学的一般方法和特殊方法。

17.2.1　物理学方法原理

物理学方法原理主要包括：简单性原理、统一性原理、数学化原理、对称和守恒原理、对应和互补原理、可观测性原理。

现代物理学几乎对于人类社会的各方面都有深刻的影响，它已成为自然科学的基础。而自然科学与技术科学的结合使我们的生活条件发生了根本的变化，不管这种变化是采用有益还是有害的方式。现在很难找到一门工业没有利用物理学的成果。人们也清楚地知道，源于武器的应用，对于世界的政治结构产生了多么大的影响。但是，现代物理学的影响远远超出了技术领域，它扩展到了思想与文化的领域，从而导致人们对于宇宙及与它有关的观念进行重大的修正。20 世纪对原子与亚原子世界的探索揭示了经典思想意想不到的局限性，这就有必要对我们的许多基本概念进行根本性的修正。

例如，在亚原子物理学中，关于物质的概念与经典物理学中关于物质的传统思想截然不同。像空间、时间或者因果关系这类概念也是这样。但是这些概念在我们观察周围的世界时带有根本性的意义。它们的彻底变化就使我们的整个世界观也开始变化。在过去几十年中，物理学家和哲学家广泛地讨论了由现代物理学所引起的这些变化，但是人们很难认清这一点。它几乎总是朝着这样一个方向，即趋向一种与东方神秘主义所持观点非常相似的世界观。现代物理学的概念与东方哲学所表现出来的思想具有惊人的平行之处。虽然对这种平行性还没有进行深入的讨论，但是我们这一世纪的一些伟大的物理学家在印度、中国和日本进行巡回讲课时，接触到了东方文化，当时他们已经注意到了这种平行性。

以下几段话就是例子。

"在原子物理学的发现中所表现出来的……关于人类认识的一般概念……就其本质而言并非我们根本不熟悉、前所未闻或者完全是新的。即使在我们自己的文化（西方文化）中它们也有一定的历史，而在佛教和印度教的思想中更具有中心的地位。我们所要作的发现只是古代智慧的一个例证、一种促进和精细化。"

"J·R·奥本海默为了与原子理论的教程作一类比……这样一些方法论的问题，如来佛与老子这样一些思想家早就遇到了，就是在存在这幕壮观的戏剧中，如何使我们既是观众又是演员的身份能够协调起来。"

"N·玻尔认为自从第一次世界大战以来，日本科学研究对于理论物理的巨大贡献可能是一种迹象，它表明东方传统的哲学思想与量子力学的哲学本质之间有着某种确定的联系。"

"W·海森堡的这本书的目的，就是要探索现代物理学的概念与东方的哲学和宗教传统中的基本思想之间的联系。我们将会看到，20 世纪物理学的基础——量子理论与相对论——迫使我们观察世界的方式与印度教、佛教或道教信徒观察世界的方式极为相似，最近的努力是要把这两种理论结合起来去描述亚原子世界的现象：组成所有物质的亚原子粒子的相互作用性质，当我们考察这一点时将会更清楚地看到这种相似性。现代物理学与东方神秘主义之间的相似性是非常引人注目的，我们将会碰到许多论述，几乎无法区别它们究竟是物理学家还是东方神秘主义者说的。"

我们所说的"东方神秘主义"是指印度教、佛教与道教的宗教哲学。虽然这些宗教包括了大量微妙地交织在一起的宗教原则与哲学系统，但是它们世界观的基本性质却是一样的。几乎在近东、中东、远东的所有神秘主义哲学中都可以发现某种程度的这种观点。

17.2.2　物理学中常用的几种分析方法

定性分析法

所谓定性分析，就是判断性的分析，如判断某种因素是否存在、判断某种事物有何性质等。如正电子的发现。其实在安德逊发现正电子以前，约里奥·居里夫妇就曾清楚地在云室中看到过正电子的径迹，但他们把它理解为向放射源移来的电子了，其实安德逊的成功就在于他对照片成功的定性分析。约里奥·居里夫妇的失误也就是他们以"想当然"的态度对待，未能进行认真的定性分析造成的，他们没有认真地想一想向放射源移动的电子究竟来自何方？这使他们继中子发现之后，与再次获得诺贝尔的机会失之交臂。

定量分析法

定量分析就是对事物作数量上的分析。一切事物都是质和量的统一体，事物的质变和量变是紧密联系和相互制约的，所以，对任何事物都必须进行定量分析。从定性到定量，这是物理发展的必然。"定性是定量的不足"，这是卢瑟福早就下过的定义。从科学研究来看只有量化才能深化。

哈雷彗星回归是定量分析的一个有力例证。在牛顿以前，人们认为彗星是神秘的星体，牛顿却认为，彗星并不神秘，它同样遵循力学规律。英国天文学家哈雷根据牛顿理论进行定量计算，指出 1682 年彗星会再次出现。克雷洛计算了木星和土星对它的摄动作用，指出它下次出现应在 1759 年。到 1759 年 3 月 13 日人们果真观察到彗星近日点的位置，这件事轰动了全欧洲。

海王星的发现也是一个实例。1781 年，英国天文学家赫谢耳发现了天王星。以后人们总是发现天王星的轨道结果与实验观察有出入，于是有人怀疑起牛顿的万有引力定律了。1845 年，年仅 23 岁的剑桥大学学生亚当斯认为可能有一个未知的行星影响天王星。但是，在茫茫宇宙里，要找到这颗未知的星体，犹如大海捞针，是何等的困难！但亚当斯勇敢地面对这个难题，经过两年艰苦的计算，找到了这颗未知的行星，从而证明了天王星运动的"不正常行为"不是万有引力定律不灵，而恰恰是其他一颗未知行星对天王星施加了万有引力的结果。可惜亚当斯这个无名小辈的看法并未引起权威们的重视，他的计算结果被置之不理。1846 年，法国巴黎天文台的青年天文学家勒维烈独立地计算出这个未知行星的方位，接着德国人伽勒，在勒维烈所指示的方位，通过观察很快发现了海王星。巴黎天文台台长阿拉戈风趣地说："勒维烈发现了这个新的天体，却没有朝天空望过一眼，他在他的笔尖便看见这颗行星了。"

因果分析法

我们认识物理现象时，必然会遇到现象之间的错综复杂的关系，即现象之间的相互制约和普遍联系，而因果关系则是物理现象间相互制约和普遍联系的主要表现形式之一。通俗一点讲，定性分析是解决"是什么"的问题，定量问题是解决"有多少"的问题。而因果关系是解决"为什么"的问题。

本书前面介绍过的伽利略的科学推理的理想实验，正确讨论了"力"和"运动"之间的因果关系，得出了力是产生加速度的原因的结论。伽利略正确的因果分析为牛顿的动力学奠定了基础。

比较分析法

所谓比较分析，就是确定研究对象之间的差异性和同一性的思维方法。这里所说的"差异性"和"同一性"不是指表面现象，而是指本质上的"差异性"和"同一性"。对于比较分析，我们所要求的是要能看出异中之同、同中之异。物理学研究中的比较分析，就是要在表面差异极大的物理现象中看出它们本质上的共同点，在表面极为相似的物理现象间看出它们本质上的差异点。

运用比较分析，可以对事物进行定性鉴别和定量分析。例如通过光谱的比较分析，可以测定物质的化学成分和含量。1859 年，德国科学家基尔霍夫首先用这个方法，确认太阳上含有地球上常见的化学元素。

运用比较分析，还可揭示出不易直接观察到的运动和变化。例如：恒星在短时间内的运动是不易观察到的，因此，长期以来被人们误认为是永恒不动的星体。但是，1718 年，哈雷将他在圣赫勒纳岛所作的观测，同一千年前古希腊天文学喜帕恰斯与托勒密所做的观测相比较，看到了四个恒星(毕宿五、天狼、大角、参宿四)的位置有明显的差异，因而发现了恒星的运动。

元过程分析法

在物理学研究中，有一种特有的分析方法——元过程分析法，也叫做"微元法"。它是把研究对象分割成无限多个无限小的部分，或把物理过程分解成无限小的部分，抽取其中一部分加以研究的方法。比如，从有一定质量分布的刚体内部抽取一个非常小的质量元进行研究，通过分析这些小单元的局部运动中各物理量之间的关系和变化规律，建立描述整个物理过程的运动方程。有了这个方程，不仅可以求出物理过程在某一特定条件下的瞬间，而且可以把握整个物理过程的运动变化趋势和特点。

分析与综合法

分析与综合是人类认识事物的两种思维方式。人们对物理世界的认识，也是经历了以分析为主和以综合为主的两种过程。在物理学发展初期，人们对物理现象、规律的认识是零碎的、分散的、孤立的和局部的。随着认识水平的提高，人们找到了各种物理现象、物理规律之间的相互联系，逐步把物理学的研究推进到以系统、综合为主的阶段。在物理学发展中有三次伟大的综合，这就是：17 世纪牛顿力学的建立，19 世纪能量守恒及转化定律的建立，以及 19 世纪麦克斯韦电磁场理论的建立。

科学的发展总是沿着"分析—综合—再分析—再综合……"的轨迹前进的。

17.2.3　归纳与演绎

牛顿曾说过："在实验物理学上，一切定理均由现象推得，用归纳法推广。"爱因斯坦也认为："运用于科学幼年时代的以归纳法为主的方法，正让位于探索性的演绎法。"

归纳法

归纳法就是一种从个别事实中概括出一般概念、一般规律的思维方法。它是一种推理形式，运用归纳法进行推理时，可以分为三个基本步骤。

第一步：搜集材料。一般说，搜集的材料越多、越全面，推出的普遍结论越可靠。

第二步：整理材料。从自然界和实验所获得的材料，往往是纷杂繁多的，难以直接洞察内在所蕴涵的规律性。英国著名哲学家培根在谈到归纳法时曾说过："我们如果不把它归类在适当的次序以内，则它一定会使人的理解迷离恍惚起来。"整理从观察和实验所得到的材料，这是归纳法极为重要的一步。

第三步：概括抽象。通过对材料进行比较、分析，剔除其非本质的成分，把事物的本质因素及其内在的规律揭示出来。

归纳法是人们认识自然、研究自然的一种古老的方法。古希腊哲学家苏格拉底(公元前 469—前 399)所提出的著名的问答法中，已有归纳的含义。他的归纳只是简单地从许多个别事物中找出它们的共性，这种归纳法还没有科学的地位。现代归纳法是培根提出的，他指出："人类在认识过程中必须从因果关系，从分析个别事物、现象出发，任何现象的真理都必须以大量事实为依据，通过对大量事物的比较，就可能使单一的、个别的东西上升到一般，上升到结论。"

归纳法可分为完全归纳法和不完全归纳法两种。前者是从所有个别对象的全部总和中归纳出一般结论的方法；后者则是在没有列举全部对象，得出结论后再推理的方法。这种方法又可以分为简单枚举法和科学归纳法。由于简单枚举法不能保证在没有考察的对象中不出例外，因而可靠性不强。但是，作为一种初步的探索的方法，或作为提供假说的方法，在初步的研究中仍有其作用。在不完全归纳法中，根据某类事物的初步分对象的本质分析，找出它们的内在联系，推出该事物的一般性结论，称为科学归纳法，它是优于简单枚举法的一种不完全归纳法，其结论是可靠的。

演绎法

归纳法是从特殊到一般，而演绎法是从一般到个别的推理方法。作为出发点的一般性判断称为"大前提"，作为演绎的中介判断称为"小前提"，把由"大前提"和"小前提"推演出来的结果称为演绎的结论。演绎推理的主要形式就是由"大前提"、"小前提"和结论组成的"三段论"。下面是一个很有趣的故事：

法国的动物学家居维叶（G. B. Cuvier，1769~1812）的一个顽皮的学生扮演成"怪兽"，把有角的头和两只前蹄伸进老师的窗口，同时发出怪叫声，一副张牙舞爪的样子。居维叶醒来，定眼一看，然后又满不在乎地重新入睡。那个学生很惊奇："老师为什么不害怕呢？"。事后，他带着这个问题请教老师。

居维叶说："有蹄有角的动物都是食草动物，不是食肉动物，我才不怕呢！"实际上，当他定眼看"怪兽"时，心中就在进行演绎推理，完成了两个"三段论"：

第一个"三段论"：

"大前提"——凡是有蹄有角的动物都是食草动物，不吃人；

"小前提"——我见到的是有蹄有角的动物；

结论——我遇见的动物是不吃人的。

第二个"三段论"：

"大前提"——不吃人的动物不必害怕；

"小前提"——我见到的动物是不吃人的动物；

结论——我不必害怕。

演绎法是逻辑推理证明的很好的工具。如果选择确实可靠的命题作为大前提，经过合乎逻辑的推理，得到的结论就一定是正确的。因此，演绎推理是一种必然性的推理，这个特点在几何学中表现得极为突出。爱因斯坦说过："如果一个人初次接触欧几里得几何学而不为它的严密的逻辑性所感动的话，那他是不会成为一个出色的理论科学家的。"

演绎推理也是作出科学预见的一种手段，把一般性的原理（理论）运用到具体场合，作出正确的推论来，这就是科学预见。由于科学理论是已经被实践证明了的真理，由此做出的推论就是有科学根据的，我们才可称之为科学预见。

归纳法和演绎法是非常辩证的，两者之间既有区别又有联系。归纳法是有偶然性的，前提和结论并无必然联系；而演绎法则是有必然性的，其前提和得出的结论是有必然联系的。归纳法从个别到一般，而演绎法则是从一般到个别。在结论范围方面，归纳法的结论范围超出前提范围是可以的，而演绎法的结论范围则是不可能超出前提范围的。

当然，演绎是以归纳为基础的，归纳又是以演绎为指导的，没有演绎为指导，归纳往往要失败。所以，归纳和演绎互为条件，相互渗透，在一定条件下相互转化。杨振宁从自身的经历体会到：中国缺乏实验手段，实验结果少，演绎型的训练多；而美国从大量实验结果中构造新模型，提出新观点，归纳出物理定律的训练多。

17.3 研究自然界的科学方法

17.3.1 观察(调查研究)是科学研究的基础

伽利略总结和归纳出"相对性原理"是通过对大自然现象的仔细观察得出的,他观察到:船静止在水面上和它匀速地在河水中划行时,船舱内的所有现象丝毫没有变化,你也无法从任何一个现象来确定,船是在运动还是停着不动……伽利略认为:知识来自观察,来自实验,来自自然界。"自然界是经常展示在我们面前的伟大的书"。他认为:考察问题的方法——首先是通过感觉、实验和观察所得到的结果,尽可能地弄清楚自己的哪些结论无误;之后才设法加以证明。在实验科学里,大部分都是这样的:当结论是真实时,人们就可以使用分析方法探索出一些已经证实的命题,或者找到某种自明的公理;如果结论是错误时,人们就可能永远探索下去而找不到任何的真理——即使到处碰壁或者碰上某种明显谬误的话。也就是说,不是先臆测事物发生的原因,而是先观察自然现象,由此发现自然规律。他摒弃神学的宇宙观,认为世界是一个有秩序的服从简单规律的整体,要了解大自然,就必须进行系统的实验,定量观测,找出它的精确的数量关系。这样做在方法论上是一个伟大的进步。亚里士多德和中世纪经院哲学的方法是先验的。不管他们是否承认观察和实验,他们总是先有一个先入为主的命题。具体的结论则从这些先验的命题中演绎出来。例如亚里士多德的力学,是从"宇宙所有物体都有天然的位置""地上物体与天上物体迥然不同"这些先验命题中演绎出来的。这种先天基本原理,在哥白尼那里也还没有完全消除,哥白尼还保留着圆的运动是最完美的运动这个先验观念。在开普勒那里,还认为宇宙具有前定的和谐。只有到了伽利略那里,才比较彻底地摆脱了先入为主的方法,肯定科学的基本原理,结论都应从实验、观察中来,按实验、观察的本来面目加以接受,一切与经验不符的判断都应抛弃。

17.3.2 "实验—数学方法"揭示自然规律

伽利略开创性地设计小球在斜面滚下的实验(如图 17.3-1 所示),最早对运动做了细致的实验和理论研究。为此,他做了一块长约为 6 m,宽约 25 cm 的木板,中间刻一个凹槽,尽可能地磨光。将木板斜放后,让一个铜球沿斜面无滑动地滚下,然后测定球滑下的时间 t 及其与滑下距离的关系。伽利略用这样的实验定量证明：s 不是与 t 成正比，而是与 t^2 成正比，这样他逐渐弄清楚了加速度 a 的概念：加速度 a 是速度对时间的改变率。对匀加速运动，有

$$v = at, \quad s = \frac{1}{2}at^2$$

在图 17.3-1 小球从斜面滚下的实验中，小球在重力沿斜面分力 F 和摩擦力 f 的作用下，沿斜面做匀加速度的滚动。通过实验，他发现：小球的加速度 a 与小球的重量无关，且与斜面的陡度有关，斜面与地面的夹角越大，小球的加速度 a 就越大。他设想，若把斜面竖立起来，小球的下滑运动就是自由落体。由此可以推论：在没有空气阻力时，自由落体的加速度与下落物体的重量无关，这就是著名的伽利略落体定律。用现代摄影技术拍

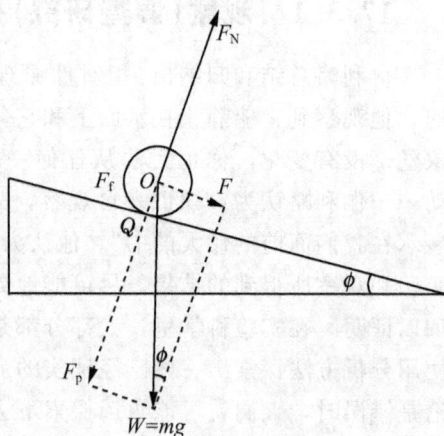

图 17.3-1　小球在斜面滚下

下来的照片显示：如果在真空中没用空气阻力的条件下，一根羽毛和一个铁球确实是以同一加速度下落，也就是说同样高度下落时，不同时刻的速度也保持一致，同时着地。

伽利略在斜面实验中，观察到一个沿着光滑斜面向下滑动的物体，因斜面的斜角不同而受到不同程度的减速，斜角越小，减速越小（如图 17.3-2）。如在无阻力的水平面上滑动，则应保持原速度滑动，因而得出这样的结论："一个运动的物体，假如有了某种速度以后，只要没有增加或减小速度的外部原因，便会始终保持这种速度——这个条件只有在水平的平面上才有可能，因为在斜面的情况下，朝下的斜面提供了加速的起因，而朝上的斜面提供了减速的起因；由此可知，只有在水平面上运动才是不变的。"这样，伽利略便第一次提出了惯性概念，并第一次把外力和"引起加速或减速的外部原因"即运动的改变联系起来，与前述的匀加速运动实验结合在一起。伽利略提出了惯性和加速度这两个全新的概念，以及在重力作用下，"物体作匀加速运动"的全新的运动规律，为牛顿力学理论体系的建立奠定了基础。这种新的惯性概念，推翻了一千多年以来亚里士多德学派认为物体运动靠精灵或外界迂回空气推动的说法，也澄清了中世纪含糊的"冲力"说。这是人类长期以来研究机械运动的理论成果，并且得到了当时地动说支持者们的拥护。

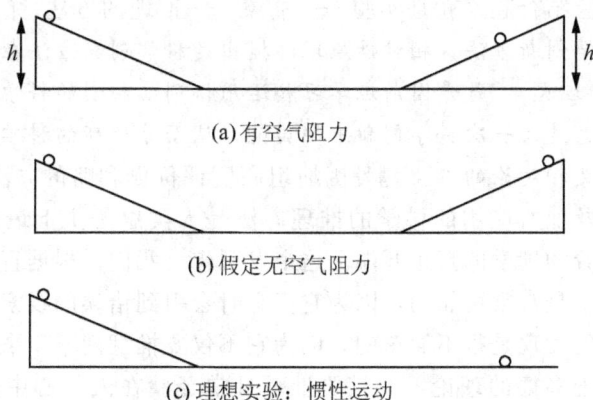

(a) 有空气阻力

(b) 假定无空气阻力

(c) 理想实验：惯性运动

图 17. 3-2　伽利略的斜面实验

伽利略虽然没有明确地写出惯性原理，可是表明了这是属于物体的本性的客观规律，在研究其他物理问题时，他熟练地运用了它。然而他未能摆脱柏拉图关于行星做圆运动的观点，相信"圆惯性"的存在，因此未能将惯性运动概念推广到一切物体运动上。完整的惯性原理是在伽利略逝世后两年，由笛卡儿表述的。

17.3.3　实验（包括"思想实验"）——抽象——推理法

在伽利略研究"相对性原理"时，首先把观察者和参考物抽象为"质点"，形成概念、再经过分析、类比、判断、归纳，推理、演绎，有时还要经过数理逻辑推理，甚至还需要进行辩证思维。最后，得出结论和推论。伽利略的惯性原理，来源于他进行了两种实验。

第一种实验是现实的科学实验，即尽可能排除干扰，在最纯粹的状态下（例如，将摩擦力减少到最大限度）做实验，以暴露出自然规律；

第二种实验是设想在没有任何阻力的绝对光滑的平面上做的实验，叫做"理想实验""思想实验"或"想象中的实验"，这个实验虽然是在想象中做的，但它是建立在可靠的事实基础上的，是抽象的思维与精确的事实的高度结合。

这对于那些认为新的理论总是以某种方式从事实推导出来的经验主义者来说是一个难以置信却又不可否认的事实，但是，当人们认识到精确的实验只有在有了能够产生以精确的观察陈述为其形式的预见的精确理论时才有可能进行。以后，那种难以置信的事实就是可以理解的了。伽利略当时正处在为创立一种新的力学做出重大贡献的过程之中，那种力学后来证明是能够为详细的实验提供支持的。他的努力包括思想实验、类比和说明性比喻，而不是详细的实验。这两种实验结合起来就是实验——抽象——推理的方法。【思想实验是伽利略独创的科学创新方法，相对性原理的提出是科学创新方法在科学创新中的典范。"爱因斯坦火车"是爱因斯坦学习和运用伽利略独创的科学创新方法的一次思想实验，也是又一次科学创新中的典范，从而导致新的科学的诞生——狭义相对论和广义相对论的诞生。】爱因斯坦高度评价伽利略的方法。他说："伽利略的发现以及他所应用的科学的推理方法是人类思想史上最伟大的成就之一，而且标志着物理学的真正开端。这个发现告诉我们，根据直接观察所得出的直觉的结论不是常常可靠的，因为它们有时会引到错误的线索上去。"

惯性定律的发现是很不简单的，因为它不仅要推翻两千年来一直妨碍物理学进步的亚里士多德的理论，而且要推翻日常经验在人们心中造成的顽固观念。因为日常的经验告诉我们，推动某一物体向前运动时，一旦不再施加推力，物体便趋于静止。如一驾马车，当马匹不再拉它时，它就静止在地面上。因此，用直觉——推理的方法（或现象——推理的方法）来研究它，就会得出错误的结论：要维持物体的匀速运动，必须保持一个力的作用。亚里士多德就是用这种就现象论现象，按现象的表面形态来认识现象的方法得出这个结论的。但是伽利略的研究方法与此不同，他认识到问题的复杂性，认识到现象是由各种因素交织而成的。因此不依靠对事物的表面现象进行推理，而是通过实验来寻求结论。伽利略把物体速度的大小和方向的改变或加速度的产生归于诸多力的作用，这是对力的性质的客观认识，也是牛顿第二定律的雏形。惯性原理的发现破除了力是运动原因的旧概念，而认为力是改变运动状态的原因。牛顿在《自然哲学的数学原理》一书中高度评价伽利略对第一、第二两运动定律所作的开创性工作。在弹道的研究中，伽利略发现水平与垂直两方向的运动各具有独立性，互不干涉，但通过平行四边形法则又可合成实际的运动轨迹。他从垂直方向和水平方向匀加速运动的两个方面，完整地解释了弹道的抛物线性质，这是运动的合成研究的重大收获，并具有实用意义。伽利略由于彻底研究了落体运动和惯性运动，推翻了亚里士多德关于运动分为天然运动和被迫运动，以及地上运动和天上运动的运动分类。而将运动区分为匀速运动和加速运动（即变速运动）两种。在人类历史上首次建立了速度和加速度的明确概念。同样他由于研究水平方向的惯性运动和垂直方向的落体运动，因而也就解决了这两种运动的合成运动——抛射体的抛物线运动问题。并由于研究了曲线运动，又将速度的概念和速率的概念区分开来。伽利略还有一个重要贡献，就是他引进了动量的概念。他说："显然，推动者或阻挡者的力（动量）并不是一个简单的概念，它是由两个共同决定运动量度的观念所决定。其一是重量（质量），其二是速度。"

附录　世界十大经典物理实验

　　科学实验是物理学发展的基础，又是检验物理学理论的唯一的手段，特别是现代物理学的发展，更和实验有着密切的联系。现代实验技术的发展，不断地揭示和发现各种新的物理现象，日益加深人们对客观世界规律的正确认识，从而推动物理学向前发展。

　　了解在物理学发展史过程中起关键作用的一些实验，对我们学习本课程及相关课程有着积极的意义。美国物理学家特里格曾编著了《20世纪物理学的重要实验》和《现代物理学中的关键性实验》这两本重要教材。

　　2002年，美国两位学者在全美物理学家中做了一次调查，请他们提名有史以来最出色的十大物理实验，结果登在2002年9月的美国《物理世界》杂志上，其中多数都是我们耳熟能详的经典之作。令人惊奇的是十大经典物理实验的核心是他们抓住了物理学家眼中最美丽的科学之魂：由简单的仪器和设备，发现了最根本的、最单纯的科学概念。十大经典物理实验犹如十座历史丰碑，扫开人们长久的困惑和含糊，开辟了对自然界的崭新认识。从十大经典物理实验评选本身，我们也能清楚地看出2 000年来科学家们最重大的发现轨迹，就像我们"鸟瞰"历史一样。

排名第一：托马斯·杨的双缝演示应用电子干涉实验

　　在20世纪初的一段时间中，人们逐渐发现了微观客体（光子、电子、质子、中子等）既有波动性，又有粒子性，既所谓的"波粒二象性"。"波动"和"粒子"都是经典物理学中从宏观世界里获得的概念，与我们的直观经验较相符。然而，微观客体的行为与人们日常经验毕竟相差很远。如何按照现代量子力学的观点去准确地认识、理解微观世界本身的规律，电子双缝干涉实验为一典型实例。

　　杨氏双缝干涉实验是经典的光学实验，玻尔和爱因斯坦试图以电子束代替光束做双缝实验，以此来讨论量子力学中的基本原理。可是，由于电子技术的原因，当时它只是一个思想实验。直到1961年约恩孙制作出长为50 μm、宽为1 μm的双缝，并把一束电子加速到50 keV，然后让它们通过双缝。当电子撞击荧光屏时显示了可见的图样，并可用照相机记录图样结果。电子双缝干涉实验的图样与光的双缝干涉实验的结果的类似性给人们留下了深刻的印象，这是电子具有波动性的一个实证。更有甚者，实验中即使电子是一个一个地发射，仍有相同的干涉图样。但是，当我们试图决定电子究竟是通过哪个缝的，不论用何手段，图样都立即消失。这实验告诉我们，在观察粒子波动性的过程中，任何试图研究粒子的努力都将破坏波动的特性，我们无法同时观察两个方面。要设计一种仪器，它既能判断电子通过哪个缝，又不干扰图样的出现是绝对不可能的。这是微观世界的规律，并非实验手段的不足。

排名第二：伽利略的自由落体实验

伽利略是近代自然科学的奠基者，是科学史上第一位现代意义上的科学家。他首先为自然科学创立了两个研究法则：观察实验和量化方法，创立了实验和数学相结合、真实实验和理想实验相结合的方法。从而创造了和以往不同的近代科学研究方法，使近代物理学从此走上了以实验精确观测为基础的道路。爱因斯坦高度评价道："伽利略的发现以及他所应用的科学推理方法是人类思想史上最伟大的成就之一。"

16世纪以前，希腊著名的思想家和哲学家亚里士多德是第一个研究物理现象的科学巨人。他的《物理学》一书是世界上最早的物理学专著。但是亚里士多德在研究物理学时并不依靠实验，而是从原始的直接经验出发，用哲学思辨代替科学实验。亚里士多德认为每一个物体都有回到自然位置的特性，物体回到自然位置的运动就是自然运动。这种运动取决于物体的本性，不需要外部的作用。自由落体是典型的自然运动，物体越重，回到自然位置的倾向越大，因而在自由落体过程中，物体越重，下落越快；物体越轻，下落越慢。

伽利略当时在比萨大学任职，他大胆地向亚里士多德挑战。伽利略设想了一个理想实验：让一重物体和一轻物体束缚在一起同时下落，按照亚里士多德的观点，这一理想实验会得到两个结论。首先，由于这一联结，重物受到轻物的牵连与阻碍，下落速度将会减慢，下落时间会延长；其次，也由于这一联结，联结体的重量之和大于原重物体，因而下落时间会更短。显然这是两个截然相反的结论。

伽利略利用理想实验和科学推理，巧妙地揭示了亚里士多德运动理论的内在矛盾，打开了亚里士多德运动理论的缺口，导致了物理学真正的诞生。人们传说伽利略从比萨斜塔上同时扔下一轻一重的物体，让大家看到两个物体同时落地，从而向世人展示了他尊重科学、不畏权威的可贵精神。

排名第三：罗伯特·密立根的油滴试验

很早以前，科学家就研究电。人们知道这种无形的物质可以从天上的闪电中得到，也可以通过摩擦头发得到。1897年，英国物理学家托马斯已经得知如何获取负电荷电流。1909 年，美国科学家罗伯特·密立根开始测量电流的电荷。他用一个香水瓶的喷头向一透明的小盒子里喷油滴，小盒子的顶部和底部分别放有一个通正电的电极和一个通负电的电极。当小油滴通过空气时，就带了一些静电，它们下落的速度可以通过改变电极的电压来控制。当去掉电场时，测量油滴在重力作用下的速度可以得到油滴的半径；加上电场后，可测出油滴在重力和电场力共同作用下的速度，并由此测出油滴得到或失去电荷后的速度变化。

经过反复试验，密立根得出结论：电荷的值是某个固定的常量，最小单位就是单个电子的带电量。他认为电子本身既不是一个假想的也不是不确定的，而是一个"我们这一代人第一次看到的事实"。他在诺贝尔获奖演说中讲到了他的工作的两条基本结论："电子电荷总是元电荷的确定的整数倍而不是分数倍"和"这一实验的观察者几乎可以认为是看到了电子"。

"科学是用理论和实验这两只脚前进的"密立根在他的获奖演说中讲到，"有时这只脚先迈一步，有时是另一只脚先迈一步，但是前进要靠两只脚：先建立理论然后做实验，或者是先在实验中得出了新的关系，然后再迈出理论这只脚并推动实验前进，如此不断交替进行。"他用非常形象的比喻说明了理论和实验在科学发展中的作用，作为一名实验物理学家，他不但重视实验，也极为重视理论的指导作用。

排名第四：牛顿的棱镜分解太阳光

牛顿是伟大的科学家、经典物理学理论体系的创立者。他对光学问题的研究是他工作的重要部分之一，也是他最后未完成的课题。牛顿 1665 年毕业于剑桥大学三一学院，当时大家都认为白光是一种纯的没有其他颜色的光，而有色光是一种不知何故发生变化的光（亚里士多德的理论）。1665～1667 年间，年轻的牛顿独自做了一系列实验来研究各种光现象。他把一块三棱镜放在太阳下，透过三棱镜，光在墙上被分解为不同颜色，后来我们将其称为光谱。在他的手里首次使三棱镜变成了光谱仪，真正揭示了颜色起源的本质。1672 年 2 月，牛顿怀着揭露大自然奥秘的兴奋和喜悦，在第一篇正式的科学论文"白光的结构"中，阐述了他的颜色起源学说，"颜色不像一般所认为的那样是从自然物体的折射或反射中所导出的光的性能，而是一种原始的、天生的性质。""通常的白光确实是每种不同颜色的光线的混合，光谱的伸长是由于玻璃对这些不同的光线折射本领不同。"

牛顿《光学》著作于 1704 年问世，其中第一节专门描述了关于颜色起源的棱镜分光实验和讨论，肯定了白光由七种颜色组成。他还给这七种颜色进行了命名，直到现在，全世界的人都在使用牛顿命名的颜色。牛顿指出，"光带被染成这样的彩带：紫色、蓝色、青色、绿色、黄色、橙色、红色，还有所有的中间颜色，连续变化，顺序连接"。正是这些红、橙、黄、绿、青、蓝、紫基础色不同的色谱才形成了表面上颜色单一的白色光，如果你深入地看看，会发现白光是非常美丽的。

这一实验后人可以不断地重复进行，并得到与牛顿相同的实验结果。自此以后七种颜色的理论就被人们普遍接受了。通过这一实验，牛顿为光的色散理论奠定了基础，并使人们对颜色的解释摆脱了主观视觉印象，从而走上了与客观量度相联系的科学轨道。同时，这一实验开创了光谱学研究。不久，光谱分析就成为光学和物质结构研究的主要手段。

排名第五：托马斯·杨的光干涉试验

牛顿在其《光学》的论著中认为光是由微粒组成的，而不是一种波。因此在其后的近百年间，人们对光的认识几乎停滞不前，没有取得什么实质性的进展。1800 年，英国物理学家托马斯·杨向这个观点提出了挑战，光学研究也取得了飞跃性的发展。

杨在"关于声和光的实验与研究提纲"的论文中指出，光的微粒说存在着两个缺点：一是既然发射出光粒子的能量是多种多样的，那么，为什么又认为所有发光体发出的光都具有同样的速度？二是透明物体表面产生部分反射时，为什么同一类光线有的被反射，有的却透过去了呢？杨认为，如果把光看成类似于声波那样的波动，上述两个缺点就会避免。

为了证明光是波动的，杨在论文中把"干涉"一词引入光学领域，提出光的"干涉原理"，即"同一光源的部分光线当从不同的渠道，恰好由同一个方向或者大致相同的方向进入眼睛时，光程差是固定长度的整数倍时最亮，相干涉的两个部分处于均衡状态最暗，这个长度因颜色而异"。杨氏对此进行了实验，他在百叶窗上开了一个小洞，然后用厚纸片盖住，再在纸片上戳一个很小的洞。让光线透过，并用一面镜子反射透过的光线。然后他用一个厚 1/30 英寸的纸片把这束光从中间分成两束，结果看到了相交的光线和阴影。这说明两束光线可以像波一样干涉。这就是著名的"杨氏干涉实验"。

杨氏干涉实验是物理史上一个非常著名的实验，杨氏以一种非常巧妙的方法获得了两束相干光，观察到了干涉条纹。他第一次以明确的形式提出了光波叠加的原理，并以光的波动性解释了干涉现象。随着光学的发展，人们至今仍然从中提取出很多重要概念和新的认识。无论是经典光学还是近代光学，杨氏实验的意义都是十分重大的。爱因斯坦指出：光的波动说的成功，在牛顿物理学体系上打开了第一道缺口，揭开了现今所谓的场物理学的第一章。这个试验也为一个世纪后量子学说的创立起到了至关重要的作用。

排名第六：卡文迪许扭秤实验

牛顿的万有引力理论指出：两个物体之间的吸引力与它们质量的乘积成正比，与它们距离的平方成反比。但是万有引力到底有多大？

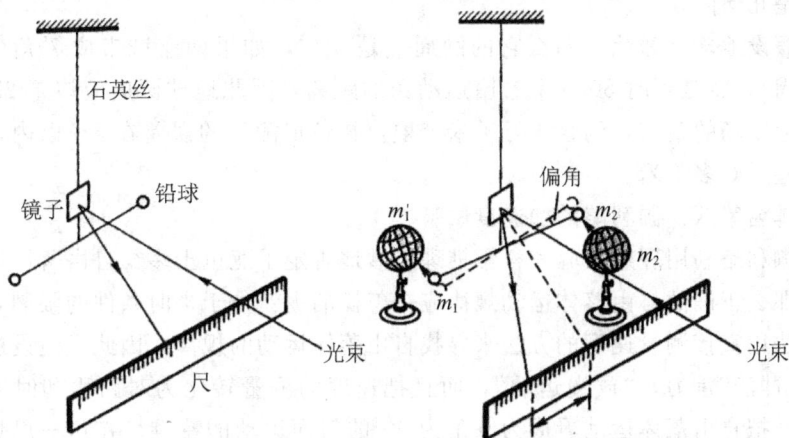

卡文迪许测定万有引力常数所用的扭秤

18 世纪末，英国科学家亨利·卡文迪许决定要找到一个计算方法。他把两头带有金属球的 6 英尺长的木棒用金属线悬吊起来，再用两个 150 磅重的皮球分别放在两个悬挂着的金属球足够近的地方，以吸引金属球转动，从而使金属线扭动（如上图所示），然后用自制的仪器测量出微小的转动。

测量结果惊人的准确，他测出了万有引力常数 G。牛顿万有引力常数 G 的精确测量不仅对物理学有重要意义，同时对天体力学、天文观测学，以及地球物理学具有重要的实际意义。人们在卡文迪许实验的基础上可以准确地计算地球密度和质量。

排名第七：埃拉托色尼测量地球圆周

埃拉托色尼生于北非城市塞里尼（今利比亚的沙哈特）。他兴趣广泛，博学多才，是古代仅次于亚里士多德的百科全书式的学者。只是因为他的著作全部失传，今天才对他不太了解。

埃拉托色尼的科学工作极为广泛，最为著名的就是测定地球的大小。其方法完全是几何学方法。假定地球是一个球体，那么同一个时间在地球上不同的地方，太阳线与地球平面的夹角是不一样的。只要测出这个夹角的差以及两地之间的距离，地球的周长就可以计算出来。他听说在埃及的塞恩（即今天的阿斯旺）夏至这天中午的阳光是在头顶，物体没有影子，光线可以直射到井底，表明这时的太阳正好垂直塞恩的地面，埃拉托色尼意识到这可以帮助他测量地球的圆周。他测出了塞恩到亚历山大城的距离，又测出夏至正中午时亚历山大城垂直杆长和影长，发现太阳光线有稍稍偏离于垂直方向大约成 7 度角。剩下的就是几何问题了。

假设地球是球状，那么它的圆周应是 360°，如果两座城市成 7°角（7/360 的圆周），就是当时 5000 个希腊运动场的距离，因此地球圆周应该是 25 万个希腊运动场的距离，约合 4 万千米。埃拉托色尼测量的误差在 5% 以内，仅与实际差 100 多千米。

排名第八：伽利略的加速度试验

伽利略利用理想实验和科学推理巧妙地否定了亚里士多德自由落体运动理论。那么正确的自由落体运动规律应是怎样的呢？由于当时条件的限制，伽利略无法用直接测量速度的方法来寻找自由落体运动的规律。因此，他设想用斜面来"冲淡"重力，"放慢运动"，而且把速度的测量转化为对路程和时间的测量，并把自由落体运动看成为倾角为 90°的斜面运动的特例。在这一思想的指导下，他做了一个 6 米多长，3 米多宽的光滑木板槽，在把这个木板槽倾斜固定，让球从木板槽顶端沿斜面滚下，然后测量钢球每次滚下的时间和距离的关系并研究它们之间的数学关系。亚里士多德曾预言滚动球的速度是不变的：铜球滚动两倍的时间就走出两倍的路程。伽利略却证明铜球滚动的路程和时间的平方成比例，两倍的时间里，铜球滚动四倍的距离。他把实验过程和结果详细记载在 1638 年发表的著名的科学著作《关于两门新科学的对话》中。

伽利略在实验的基础上，经过数学的计算和推理，得出假设，然后用实验加以检验，由此得出正确的自由落体运动规律。这种研究方法后来成了近代自然科学研究的基本程序和方法。伽利略的斜面加速度实验是把真实实验和理想实验相结合的典范。伽利略在斜面实验中发现，只要把摩擦减小到可以忽略的程度，小球从一斜面滚下之后，可以滚上另一斜面，而与斜面的倾角无关。也就是说，无论第二的斜面伸展多远，小球总能达到和出发点相同的高度。如果第二个斜面水平放置，而且无限延长，则小球会一直运动下去。这实际上是我们所说的惯性运动。因此，力不再是亚里士多德所说的维持运动的原因，而是改变运动状态（加速或减速）的原因。

把真实实验和理想实验相结合、把经验和理性（包括数学论证）相结合的方法，是伽利略对近代科学的重大贡献。实验不是也不可能是自然现象的完全再现，而是在人类理性的指导下的对自然现象的简化和纯化，因而实验必须有理性的参与和指导。伽利略既重视实验，又重视理性思维，强调科学是用理性思维把自然过程加以纯化、简化，从而找出其数学关系。因此，伽利略开创了近代科学中经验和理性相结合的传统。这一结合不仅对物理学，而且对整个近代自然科学都产生了深远的影响。正如爱因斯坦所说："人的思维创造出一直在改变的宇宙图景，伽利略对科学的贡献就在于毁灭直觉的观点而用新的观点来代替它。这就是伽利略的发现的重要的意义。"

排名第九：卢瑟福散射与原子的有核结构

卢瑟福在 1898 年发现了 α 射线。1911 年，卢瑟福在曼彻斯特大学做放射性实验时，原子在人们的印象中就好像是"葡萄干布丁"，即大量正电荷聚集的糊状物质，中间包含着电子微粒。但是，他和他的助手发现向金箔发射带正电的 α 射线粒子时有少量被弹回，这使他们非常吃惊。通过计算证明，只有假设正电球集中了原子的绝大部分重量，并且它的直径比原子直径小得多时，才能正确解释这个不可想象的实验结果。为此，卢瑟福提出了原子有核模型：原子并不是一团糊状物质，大部分物质集中在一个中心的小核上，称之为核子，电子在它的周围环绕。

这是一个开创新时代的实验，是一个导致原子物理和原子核物理肇始的具有里程碑性质的重要实验。同时，他推演出一套可供实验验证的卢瑟福散射理论。以散射为手段研究物质结构的方法，对近代物理有相当的影响。一旦我们在散射实验中观察到卢瑟福散射的特征，即所谓"卢瑟福影子"则可预料到在研究的对象中可能存在着"点"状的亚结构。此外，卢瑟福散射也为材料分析提供了一种有力的手段。根据被靶物质散射回来的粒子能谱，可以研究物质材料表面的性质（如有无杂质及杂质的种类和分布等），按此原理制成的"卢瑟福质谱仪"已得到广泛应用。

排名第十：米歇尔·傅科钟摆试验

1851 年，法国著名物理学家傅科为验证地球自转，当众做了一个实验，用一根长达 67 m 的钢丝吊着一个重 28 kg 的摆锤（摆锤直径 30 cm），摆锤的头上带有钢笔，可观测记录它的摆动轨迹。傅科的演示说明地球是在围绕地轴旋转。在巴黎的纬度上，钟摆的轨迹是顺时针方向，30 h 一周期；在南半球，钟摆应是逆时针转动；而在赤道上将不会转动；在南极，转动周期是 24 h。

这一实验装置被后人称为傅科摆，也是人类第一次用来验证地球自转的实验装置。该装置可以显示由于地球自转而产生科里奥利力的作用效应，也就是傅科摆振动平面绕铅垂直线发生偏转的现象，即傅科效应。实际上，这等同于观察者观察到地球在摆下的自转。

参考书目

1. 倪光炯，王炎森. 文科物理. 高等教育出版社，2005.

2. 王梓坤. 莺啼梦晓——科研方法与成才之路. 上海教育出版社，2002.

3. 大学物理课程报告论坛文集. 高等教育出版社，2006.

4. 高崇寿，谢柏青. 今日物理. 高等教育出版社，2004.

5. Charles Dickens. A Tale of Two Cities. 珠海出版社，2004.

6. 吴宗汉. 文科物理十五讲. 北京大学出版社，2004.

7. 吴大江. 新世纪物理学. 北京邮电大学出版社，2007.

8. 吴大江. 新世纪物理学实验教程. 北京邮电大学出版社，2007.

9. 爱因斯坦文集. 第1卷. 北京：商务印书馆，1976.

10. (美)阿特·霍布森. 物理学的概念与文化素养. 高等教育出版社，2008.

11. 蔡枢，吴铭磊. 大学物理. 高等教育出版社，2004.

12. 沈致远. 科学是美丽的. 上海教育出版社，2007.